季红真 著

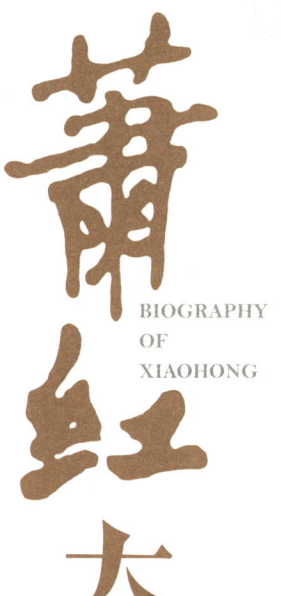

萧红大传

BIOGRAPHY OF XIAOHONG

人民文学出版社

图书在版编目(CIP)数据

萧红大传 / 季红真著. —北京：人民文学出版社，2021
(民国名人传记：插图本)
ISBN 978-7-02-016385-4

Ⅰ.①萧… Ⅱ.①季… Ⅲ.①萧红(1911—1942)—传记 Ⅳ.①K825.6

中国版本图书馆CIP数据核字(2020)第095376号

责任编辑　刘　伟　陈　悦
装帧设计　李思安
责任印制　宋佳月

出版发行　人民文学出版社
社　　址　北京市朝内大街166号
邮政编码　100705

印　　刷　三河市鑫金马印装有限公司
经　　销　全国新华书店等

字　　数　507千字
开　　本　680毫米×960毫米　1/16
印　　张　36.25　插页11
印　　数　1—8000
版　　次　2021年4月北京第1版
印　　次　2021年4月第1次印刷

书　　号　978-7-02-016385-4
定　　价　76.00元

如有印装质量问题，请与本社图书销售中心调换。电话：010-65233595

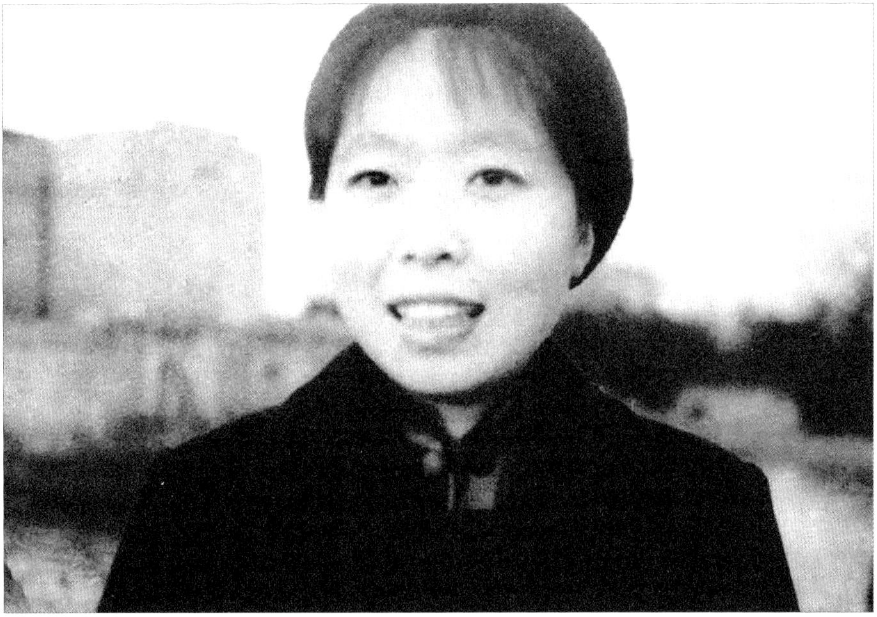

·三岁萧红和母亲姜玉兰

· 上图：1930年春，萧红赴北京读书之前摄于哈尔滨
· 下图：1932年秋，生产之后的萧红与萧军摄于中央公园

- **左图**：1934年6月，萧红与萧军离开哈尔滨之前
- **右图**：1934年，萧红与萧军在青岛

• 1935年，第一次出席鲁迅召集的宴会之后拍摄

· 1936年7月16日，黄源为去日本的萧红饯行，
  萧军同往，宴会后三人在上海万氏照相馆合影。左起为黄源、萧军、萧红

・1936年，摄于鲁迅墓前

・1936年,萧红与许广平在上海大陆新村鲁迅寓所

·上图：1937年3月，上海法租界霞光坊许广平寓所前。前排左起：鹿地亘、小田岳夫；后排左起：胡风、许广平、池田幸子、萧军、萧红。
·下图：1937年夏，（左起）萧军、蒋锡金、萧红、罗烽摄于武昌东湖

· 1937年，萧红、萧军摄于上海

·1938年，萧红摄于西安公园门口

・1938年夏，萧红与梅志摄于武汉小朝街胡风寓所

·1938年摄于西安八路军办事处。
左起塞克、田间、聂绀弩、萧红、端木蕻良,后排是丁玲

・1938 年，萧红与端木蕻良摄于西安

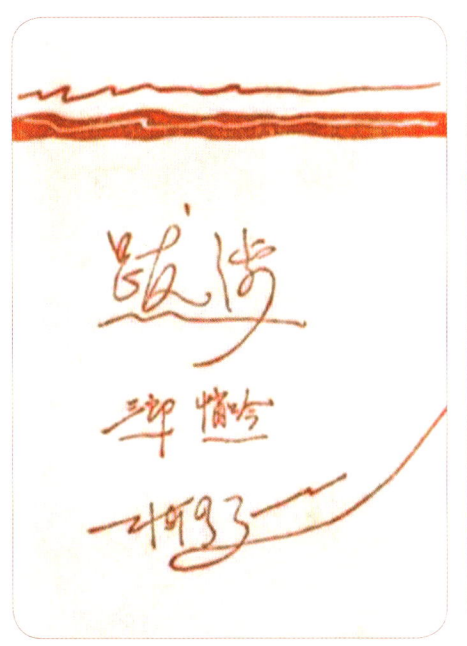

- 左图：萧军和萧红合著的小说散文集《跋涉》初版封面
- 右图：萧红亲手设计的《生死场》初版封面

・上图：呼兰萧红故居
・下图：萧红故居原院落布局平面图

目录

第 一 章	富饶的北国边陲小城	1
第 二 章	乡绅地主之家	14
第 三 章	顽童生涯	24
第 四 章	祖母死了之后	39
第 五 章	母亲之死与继母过门	50
第 六 章	觉醒的少女时代	61
第 七 章	升学风波	73
第 八 章	进入现代大都市	85
第 九 章	投身学生爱国运动	98
第 十 章	祖父死了以后	111
第十一章	出走北平求学	119
第十二章	再次出走北平	129
第十三章	软禁与逃脱	136
第十四章	陷落东兴顺	147
第十五章	投书裴馨园	165
第十六章	热恋萧军	173
第十七章	逃出囚笼	189

第 十 八 章	"生产的刑罚"	197
第 十 九 章	落脚欧罗巴	205
第 二 十 章	筑巢商市街	215
第二十一章	走上左翼文艺之路	226
第二十二章	爱情的烦恼	243
第二十三章	逃离伪满洲国	250
第二十四章	驻足青岛	262
第二十五章	初到上海	275
第二十六章	进入上海文坛	294
第二十七章	在鲁迅夫妇身边	307
第二十八章	爱情的"苦杯"	324
第二十九章	躲到东京	335
第 三 十 章	重回上海	362
第三十一章	最后的北平之行	374
第三十二章	"八一三"前后	388
第三十三章	暂居武汉	405
第三十四章	临汾：两萧分手	426
第三十五章	西安：情结端木蕻良	440
第三十六章	退回武汉	456

第三十七章	奔逃重庆	478
第三十八章	栖身北碚	492
第三十九章	避居香港	506
第 四 十 章	情系呼兰	520
第四十一章	在战火中挣扎	537
第四十二章	与蓝天碧水永处	550

原版自序 错动历史中的文学飞翔	560
原版后记	571
主要参考书目	573

第一章
富饶的北国边陲小城

  祖国的东北地区,是指山海关以外的所有领土。在清代被称为满洲,辛亥革命之后,则称为前清东北地区。1928年,张学良易帜以后,才称为东三省,除了目前的三省之外,还有被划归内蒙古的呼伦贝尔盟等五个盟,所谓东蒙五盟。

  这块广袤的土地,历来是生命进化与文明发展的宝地。中生代的地质年代,生物向陆地攀缘迁徙的时候,这里就已经繁衍密布着各种生命,包括最高级的物种。朝阳古生物化石的发现,使这里成为"世界第一朵花开放的地方,第一只鸟飞起的地方"。早在17.5万年以前,就有人类在东北地区活动。1996年,在黑龙江省阿城县交界镇,开采石灰石意外发现的溶洞中,大量存留的动物化石上人工打击的痕迹与地面残留着的过火遗踪,都证明着这个事实。[1]那里土地肥沃、物产丰富,还有各种矿产。历来以盛产木材、人参、兽皮、山货、珍珠等著称。在漫长的文明史上,各民族人民在那里生息劳作,由采集、渔猎、游牧、农耕到近代的工业文明。中古时期,满族、蒙古族、达斡尔族、鄂温克族、鄂伦春族、赫哲族和锡伯族人民,在长期的历史生活中,居住在这块广大的土地上。其中,达斡尔、鄂温克和鄂伦春这三个部族,均为契丹血统,由于共同居住在黑龙江中上游两岸,而且在经

---

[1] 刘学颜:《神醉金源故地哈尔滨》,哈尔滨出版社,2007,第1页。

济和文化方面往来密切、彼此交融,清朝文献中统称为"索伦三部"。①

东北地区最早的居民主要是四大族系,以蒙古族为主体的东胡族、包括高句丽在内的扶余族、满族的祖先肃慎族和汉族。其中满族的祖先是那里最古老的居民,世代居住在乌苏里江、黑龙江和松花江的中下游,以及长白山里。周、秦之前,称之为肃慎,汉魏称挹娄,隋唐称靺鞨,之后称为女真。1635年,皇太极改女真为满族,从此,满族居住的东北地区被称为满洲。商、周时期开始,满族就与中原地区来往密切,据史书记载,周武王时进贡"楛矢石砮","周代来服",可以参加国家的各种典礼,是王室近族。唐代著名的渤海国是靺鞨族为主兼容扶余族的地方政权,比照长安建立的东京城是当时亚洲第二大城市,不久臣服于武则天执政的唐朝。隋唐、宋明时期,中原政权对他们都有册封。在漫长的历史征战过程中,东北各民族彼此融合,开发了这块寒冷而富庶的土地。元末明初,女真人南迁之后,逐渐形成三部:建州女真、海西女真和野人女真。女真人在传统渔猎的生活方式中,已经有一部分具有初步农耕的文明,只有与鄂温克、鄂伦春融合的野人女真仍然以渔猎为生。建州女真逐渐征服统一其他女真部落,至17世纪,满族已经成为一个新的民族伦理共同体。1616年,建州女真首领努尔哈赤征服海西女真和大部分野人女真之后,建立起与中原王朝分庭抗礼的大金政权,并且把统治下以满族为主的东北各民族人民,组织成政治、军事和生产高度一体化的社会组织,即著名的八旗制度,满族人由此被称为旗人。次年,皇太极改大金为大清,在李自成率领农民起义军攻打北京的硝烟中,说服吴三桂回兵一起打败李自成,多尔衮迎顺治皇帝入关,从沈阳迁都北京,从此统治中国268年。

黑龙江流域是满族的故乡,在清王朝被视作"龙兴之地"。明清之际,辽东地区由于战祸频仍而受到严重的破坏,大片的土地荒芜,人口大量减少。清政府为了田赋收入,掠夺劳动力,从顺治元年到康熙六年(1644—

---

① 王魁喜等:《近代东北史》,黑龙江人民出版社,1984。

1667)的二十三年间,曾颁发《辽东招垦条例》,奖励移民开垦,使辽河流域一度出现了繁荣的景象。但这项政策旋即被废止。从康熙七年(1668)开始,对东北实行了近二百年的封禁政策,禁止关内的汉族人民出关谋食。同年,下令"辽东授官永著停止",并对出关的汉族人民,实行"事先起票,过关记档"的限制手续。自乾隆朝开始,对东北的封禁日益强化。乾隆五年(1740)令:"奉天沿海地方官,多拨官兵稽查,不许内地流民,再行偷越出口……山海关、喜峰口及九处边门,皆令守边旗员,沿边州县,严行禁阻。"①对已迁入奉天境内的汉人,迫令取保入境,不愿者限10年内勒令回籍。乾隆二十七年(1762),颁布《宁古塔等处禁止流民条例》,对柳条边外的吉林和黑龙江地区实行严厉的封禁。乾隆四十一年(1776),再次重申禁令:"盛京地方与山东、直隶接壤,流民渐集。若一旦驱逐,必致各失生计,是以设立州县管理。至吉林,原不与汉地相接,不便令流民居住,今闻流寓渐多。著传谕溥森,查明边理,并永行禁止流民,毋许入境。"②柳条边以西以北的蒙古王公领地,也于乾隆三十七年(1772)严封禁止,"违者照私开牧场例治罪"③。至此,清王朝对东北地区实行了全面的封禁,吉林和黑龙江成为封禁的重点地区。

清王朝在东北施行封禁政策,主要原因有三:

首先是为了保持"龙兴之地"固有的风俗习惯。满族以马背得天下,特别重视尚武精神和骑射本领,而东北旗民正是清王朝赖以统治全国的军力所在。乾隆四十一年(1776)上谕明确指出:"盛京、吉林为本朝龙兴之地,若听流民杂处,殊与满洲风俗攸关。"因此,"永行禁止"流民入境。④道光十三年(1833)吉林绅士奏请建立考棚,令满族子弟应试。道光皇帝阅后斥道:"朕恭阅列《实录》,俱以我满洲根本,骑射为先。""况吉林为发祥之地,

---

① 《大清会典事例》,上海:商务印书馆,石印本,第158卷。
② 〔清〕蒋良骐等辑录《东华录》第32卷。
③ 《大清会典事例》,上海:商务印书馆,石印本,第979卷。
④ 〔清〕朱寿朋编纂《东华续录》第28卷,第24页。

非各省驻防可比,尤应以骑射为重,何得专以应试为能,转致抛荒弓马旧业。""非朕教育旗人之意也。保昌等率为此奏,殊属忘本,关系不小。保昌、倭楞泰、礼部堂官俱著传旨申饬,所奏俱不准行。"①

其次是为了独占东北的特产。人参、珍珠和兽皮历来是东北官员向清朝进贡的主要贡品,向来为皇室所独占。长白山以产参著称,更被列为禁区。对禁区内的"紧要隘口,或安设卡伦",或"设立封堆,按时遣官巡查。一切采捕事项,均由专员办理,送达朝廷。"

其三则是为了维护满洲八旗的生计。为了保证满洲八旗兵力的来源,加强对人民的统治和镇压,清政府在奉吉等地保留一部分上等土地或熟地,"仍留作本地官兵及京旗官兵随缺地亩之用","或以备退革兵丁恒产之用。"②嘉庆八年(1803)的上谕也指出:"东三省为满洲之根基,若许移民杂居,私垦土地,势必危及旗人生计。"

为此,清政府修复明代的柳条边墙,又延长了近千米,圈起与关内的边界,把明代防御胡人南侵的军事功能转变为阻止汉人北上的文化保护功能。所谓柳条边墙就是深挖土壕,在垒起的土坡上种植柳树,间隔一段开设一个边门。每年4月到10月派军队把守,设立各种衙门,目的都是阻止人民到东北开垦、淘金、捕猎、挖参和采珠。在清朝的绝大部分时间,东北内陆除了军事机构之外,几乎没有行政区划,大量区域是王公贵族的领地,基本是军政合一的管理体制。直到1900年,也就是戊戌变法失败两年之后,慈禧迫于国内外的压力,在西安联翩下诏声言变法,开始了"慈禧新政",才结束了这个局面。封禁期间,官方允许迁徙到东北的只有被称作"流人"的罪犯。其中著名的如有清代身陷文字狱的第一人,江南名士和尚函可被发配盛京慈恩寺,十二年以后圆寂。在他之后,有150万罪人被发配东北。沿途水土不服,生活条件恶劣,加上押送的士卒又打骂虐待,不少人都倒毙路途。有一次出发150人,到达时只剩50人。在大批流放东北的

---

① 《清朝续文献通考》第98卷,商务印书馆,民国二十五年。
② 〔清〕季桂林:《吉林通志》第31卷,第28页。

人犯中,著名的有爱国将领郑成功之父郑之龙、金圣叹的家属、吕留良的家属。当时大量流人发配到黑龙江的宁古塔,现在的宁安县。宁古塔是清朝入关前后重要的军事、政治、经济中心,属于统治黑龙江、吉林广大地区的宁古塔将军辖区,相当于一个大军区。发配到那里的流人,有写《秋茄集》的著名爱国诗人吴兆骞。流人多数困苦不堪,不少死于贫寒。幸存下来的,传播了中原文化,沟通南北文明,因此,对"此帮的文明开化"起了重要的作用。他们改变了当地人以渔猎为主的原始生产方式,开始种植稷、麦、粟、烟叶,采集人参和蜂蜜,发展了农耕文明。"流人通文墨,以教书自给。"有的开家馆,有的则到官员和贵族家里当教师,影响了当地的风气。他们结社,带来歌舞伎,昆弋戏曲,成立戏馆,编纂县志,考察地理,参加抗俄活动……留下当时宝贵的文献资料。

其实,封禁也仍然有政治军事方面的需要,东北是清朝的后方,大量满、鄂伦春、鄂温克和赫哲人等都是后备军。不仅如此,如果关内守不住,还可以退到关外。清朝初年,东北的版图北接西伯利亚,东北至黑龙江以北的外兴安岭与库页岛。沙皇俄国一直想实现黄色俄罗斯的计划,看到满族进军关里,便乘虚而入。自16世纪末叶开始,沙俄派遣骁勇善战的哥萨克兵团,越过两个汗国,进攻黑龙江,屠杀各族人民。早期,清廷忙于镇压关里汉族人民的反抗,之后又有平定三藩等战争,鞭长莫及,以和约方式割土让权一味妥协,方有晚清俄人在东北的长驱直入。后来的开禁,也是由于边患日益严重。

尽管封禁政策严酷,在有清一代,以汉族为主的劳动人民,还是不顾清政府的禁令,纷纷偷越。翻长城,渡渤海,扶老携幼,担子偕妻,长途跋涉,源源不断地涌进东北移垦。东北的土地由此得到开发。随着封建租佃关系的发展,手工业和商业也发展起来。在广大农民长期反封禁斗争的推动下,清政府被迫做出了一些让步。这首先是因为,山东、直隶等地的农民为了生存,不顾清政府的禁令,从古北口、喜峰口进入东北,也有"泛海自天津、登州来者。"盛京、吉林的柳条边墙,已阻挡不住流民涌入东北的洪流。

乾隆九年（1744）和嘉庆元年（1796），均曾援例允许关内饥民无业贫民出关谋食，实际上否定了封禁政策。其二则是东北旗人庄主，需要招徕更多的劳动力，地方官吏也希望招民垦地，以增加税收。各庄园主一向是渴望人工的，非特不加拒绝，反极尽招徕之能事，于是供垫牛粮籽种，白住房屋，能下田的去下田，能伐木的去伐木，能种菜的去种菜，放羊的放羊，喂猪的去喂猪，铁匠送到铁匠炉，木匠送到木匠铺，念过书的功名人则留在房里，"教少东家念书，伴老东家清谈"①。并且"地方官吏亦与之有相通的希望，默认流民私垦，以时借词收其土地，地方既承认租佃权，增益官府收入，复以种种名目，清丈私垦土地，大事搜刮。"②他们对清政府的禁令阳奉阴违。道高一尺，魔高一丈，越封禁民人越多，辟地越广，最后清政府不得不承认："查办流民一节，竟成悬文。"③

1860年至1866年东北爆发了大规模的农民起义，横扫辽、黑、吉三省，冲破了清朝以来为封禁而设置的藩篱和障碍。起义军纵横驰骋，不管什么封禁重地，都出入自由，甚至把奉天围场（即皇家猎场）变成了活动的中心。起义失败以后，清政府为了解决财政困难和不使"匪徒藏匿"，于咸丰同治年间，实行部分的弛禁放荒，允许农民垦殖。由于农业生产力的提高，东北的经济结构发生了重要的变化。在封禁时期，"据统计，'关东豆麦每年至上海者千余万石'④。"当时，经济作物主要是棉、烟、麻和蚕丝。主要的手工业部门是酿酒业（即烧锅）和榨油业（即油坊），这些都促进了城镇贸易的发展。东陲重镇宁古塔，吉林乌拉、齐齐哈尔，以及盛京等大城市，都有相当规模的商贸交易。奉天沿海和关内各省的贸易往来也十分密切。每年自春至秋，福建、浙江、江苏、山东、直隶五省商船往来贸易，至冬初全行回棹。"东北的土特产运销各地。"

---

① 钱公来：《逸斋随笔》。
② ［日］稻叶岩吉：《东北开发史》。
③ 〔清〕朱寿朋编纂，《东华续录》第30卷，第9—10页。
④ 〔清〕齐彦槐：《海运南漕议》，见《皇朝经世文编》第5卷，中华书局影印，1992。

1858年至1860年第二次鸦片战争之后,根据《天津条约》,牛庄即后来的营口,被迫于1867年开埠。从此,东北被拖入了世界资本主义市场,成为外国资本主义倾销商品、掠夺原料和廉价劳动力的半殖民地。西方宗教势力也乘机接踵而至,在东北建教堂、办学校、开医院,一方面配合侵略掠夺的需要,以"基督教征服中国"。同时,也为现代文明的传播做了大量的工作。为了抵制沙俄的军事侵略,在19世纪80、90年代,清朝在东北设防过程中,近代工业开始在东北出现。为了增强边防军作战能力,筹集军饷及以杜外人觊觎矿产出发,在东北以官办、官督商办、官商合办、商办等方式,建立了一批近代军火工业和采矿业。80年代东北各地建立了电报局,1884年,旅顺、锦州、山海关至天津之间架设了电线。次年,电线延续架设到奉天。1886年,又从奉天延长至吉林、宁古塔、晖春。1887年,又从吉林架设到黑河。1891年4月,清政府决定修筑关东铁路,以林西(现内蒙古赤峰市林西县)现有铁路,接造干路至吉林,另由沈阳造支路至营口。为了加强边防实力,抵制沙俄侵边,清政府决定废除吉林东部边疆的封禁政策,一再下令"招民试垦""妥筹垦务"。办防期间不断派人"前往登、莱、青各州属招募"农民前来垦荒。同时又奏准朝鲜难民垦荒种地,"领照纳税租"。

1894年,甲午战争之后,日本人长驱直入,侵占了东北大量土地,同时以保护侨民的名义,军队进驻辽东半岛关东州(大连、旅顺和金州),遂有关东军日后的滔天罪行。1895年4月17日,《马关条约》签订,准许外国在中国投资办厂,大量外国过剩资本开始倾入中国。同年11月8日签订了《交收辽南条约》。1898年3月,沙俄在"租借名义下,夺得旅顺和大连地区。1891年3月,沙俄开始修筑从莫斯科到海参崴的铁路。1896年6月3日清政府和沙俄签订了《中俄御敌互相援助条约》,即《中俄密约》。1896年9月8日,签订了《中俄合办东省铁路公司合同章程》(即《中东铁路合同》)。其路由我国满洲里入海拉尔、齐齐哈尔、哈尔滨、牡丹江,最后从绥芬河出境到达海参崴,长达1700多公里。1898年3月《旅大租地条约》签订之后,沙俄又得到了修筑中东铁路支线的权力,从哈尔滨向南,经长春、沈阳直到旅顺,从而形成一条2800多公里的"丁"字形铁路。与此同时,沙俄以哈尔滨为中心,逐渐建立了许多重、轻工业工厂。在中东铁路开始修建之前,沙俄就以护路队的名义派遣军队常驻哈尔滨,到1900年,已经逐渐增加到2.5万人。至此,沙俄黄色俄罗斯的计划有了稳固的基地。清朝政府对俄一贯割土求和的妥协政策,无疑助长了沙俄的气焰。早在中俄最早冲突的雅克萨战争之后,1689年9月7日签署的《尼布楚条约》中,清政府就割让了相当两个日本大的领土。在此后的历次条约中,不仅使中国丧失了大片领土,前前后后屠杀了上千万的民众,被称为通古斯人的东北各民族原住民几乎被杀尽,作为清朝后方的东北地区成了最残酷的战场,也使清朝几乎断绝了兵源,为最后的覆没埋下伏笔。1900年的庚子之乱时期,6月末,为了争夺旅顺港,也为了进一步实现黄色俄罗斯的计划,沙俄集结了10万兵力在外贝加尔、黑龙江、乌苏里江等处的中俄边境。7月9日,悍然发布命令,分七路先后侵入东北。1904年至1905年,日俄在东北地区进行了大规模的战争。战后签订重新划分势力范围的《朴次茅斯和约》,将俄国在南部东北的权益转让给日本。东北这块由各民族人民开发出来的富饶土地,就这样以半殖民地的方式进入了近代化的过程。[①]

在黑龙江流域的南部,松花江的北岸,有一座开化较早的古老县城——呼兰县,它是黑龙江最早建筑的五城之一,清雍正十二年(1734)正式建成,具有二百八十多年的历史。松花江中游左岸的大支流,发源于小兴安岭西南侧的呼兰河,一路奔淌从西而来绕城南而过。这条河很早就和人类的生活密切相关,金代称"胡剌温水",又名"活剌浑河",明代称"呼剌温河",清代才叫呼兰河。呼兰是满语"胡剌温"的音转,意思是烟囱。明代在河边设防屯兵,建有炊事取暖用的烟囱,河与城皆因此得名。小城的周围,有一江四水经过,除呼兰河之外,还有松花江和泥河、少陵河等,形成堆

---

① 王魁喜等:《近代东北史》,黑龙江人民出版社,1984。

积与冲击的波状平原。这样的自然地理条件,非常宜于人类的生存繁衍。4000年以前的旧石器时代,就有人类在那里活动。新石器时期,古人类活动的遗迹至今保留在境内最高的团山子。在历史分分合合的演进中,它一直都是黑龙江各种势力必争之地,各族政权都对其施行管辖。早在商、周时期,就是以渔猎、农耕为生的扶余族系濊貊族活动的区域。秦汉的大部分时间,属扶余国。汉末,肃慎系的挹娄族兴起,属挹娄西境。魏晋时期,属扶余后裔建立的寇漫汗国。南北朝时,肃慎系的勿吉族建国,受勿吉黑水部所辖。唐代,黑龙江纳入了唐代的版图,改旧制建新政,为黑水都督府所制。辽代归东京道术甲部管辖。金代,因踞金上京(阿克楚勒城境内,今哈尔滨市阿城区)北面不远,遂属金上京会宁府所治,是京畿之地。这大概是呼兰历史上最辉煌的时期,当年这里政治经济文化都居于中心地位,非常的兴旺发达。最早见于史书记载的呼刺温屯就在呼兰境内,著名的穆尔昆城、石人城古墓石人和团山子七级浮屠宝塔保留至今。蒙古灭金之后,成吉思汗将之赐予幼弟贴木格斡赤斤为封地。忽必烈建元朝后,改行省制,属辽阳行中书省开元路,后为合兰府水达达路所辖。明代,东北实行都司卫所制,属奴儿干都司指挥使司治下。永乐五年(1407),在这里设呼兰河卫,亦称哈夫卫。

有清一代,呼兰一直在各级军政府治下。随着边患日益严重,雍正十二年(1734),也就是小城建成的那一年,呼兰设立了守卫(团一级的军事机构),由呼兰守卫直辖。筑城既是为了御敌,也是为了御民。呼兰城北山河一带,"出产参珠,是以封禁为采参捕珠之地,遂遣官兵巡查,以防民人侵盗"①。同治元年(1862),在呼兰守卫下设呼兰厅(设在巴彦),呼兰为其所制,这是有清一代黑龙江最早的民治机构,在此之前,黑龙江基本是以八旗制度为基础,军政一体化管理。光绪五年(1879),改呼兰守卫为副都统,仍然归其所辖。当时,广州也只是副都统的设置,可见,呼兰政治军事地位的

---

① 民国《黑龙江志稿》第8卷,第9页。

重要，相当于一个军分区所在地。"慈禧新政"也包括对东北的政治体制改革，光绪三十三年（1907），清王朝制定了"东三省督府办事纲要"和"官职章程"。颁布新的官制之后，呼兰即设府，也可见当年地位的显赫。光绪三十三年（1907），清廷废将军，改行省制，呼兰便在黑龙江省辖区。民国二年（1913），实行省、道、县制，撤府、州，呼兰县公署成立，遂归黑龙江省绥兰道管辖。

呼兰地处东经126.58度、北纬46度，南濒江与阿城、宾县相望，东临巴彦，西与肇东毗邻，北与绥化、兰西接壤。这里气候寒冷，9月底初霜，5月初终霜，无霜期年平均144天。呼兰四季分明，气候变化剧烈。冬季漫长，从10月到次年3月，年平均气温为23℃。1月最冷，平均—19.4℃。一年当中有半年时间冰天雪地，白雪皑皑，冻土深达197厘米。4、5两月是春天，干旱少雨，多西南大风；夏季从6月到8月，高温多雨，气候湿润，酷暑难当，多偏南风。秋季只有9、10两个月，气候凉爽宜人，多偏西风。

呼兰遍地膏腴、千里沃野，各民族的农民开发了这块土地，至今居住着汉、满、蒙古、回、朝鲜、达斡尔、锡伯、壮、鄂温克和赫哲等15个民族。其中，从封禁到开放期间，关里大量破产汉族农民的涌入，尤其使它的农业经济迅速发展。至光绪末年，已有"满洲粮仓"的名声。加上水陆交通发达，是哈尔滨的门户，各县运粮的必经之路，商贸活动也很繁荣。城内店铺林立、舟船辐辏、客商云集，成为黑龙江南北经济交流的中心。民间的宗教文化也很兴盛，佛教、道教、伊斯兰教、天主教，都有自己活动的寺庙或教堂。此外，还有文昌阁、城隍庙、龙王庙等，具备所有封建城市的文化设施。这样的历史文化积淀，使呼兰文风昌盛，涌现了不少著名的文化人，其中有著书论史的富永阿、崇尚儒学的乌珍布、藏书数千卷的舒昶等。光绪改元以后，推行科举考试制度，呼兰城里大兴官学，遂有"江省邹鲁"的美名，在文化教育上也被誉为"甲于江省"。近代资本主义也侵袭到这块富饶的土地，随着俄国的"黄色俄罗斯"计划的不断推进，在19世纪末叶，俄人在呼兰建起了糖厂。"以基督教征服中国"的文化浸润也渗透到这块古老的土地，法国人在这里建造了天主教堂，是比照巴黎圣母院的形制建筑的，只是规模略小一些。尽管如此，其规模的宏伟也让人惊叹,比北京王府井的东堂还要大。加上与东亚最大的国际化大都市、素有"东方的莫斯科"或"东方小巴黎"之称的哈尔滨隔江相望,外来文化的影响也很深厚。现代商贸的辐射,使多种货币同时流通。

呼兰的衰落是由于中东铁路的开通(1901),铁路四季运行,冰封的冬季运粮不再限于河道,丧失了交通要道的地理位置。另外,呼兰地势偏低,水患频繁严重,农业生产受到限制,商贾也因此外迁。还有一次更大的灾祸,是宣统二年(1910),东北地区流行鼠疫(黑死病),呼兰尤其严重,造成6427人死亡,呼兰成了一座死城。就是在大范围的鼠疫被遏制之后,呼兰也还不时小规模蔓延,持续了好多年。为了逃避这个死亡之地,呼兰城的人口有一半外迁,彻底失去了往昔的繁华。

商贾云集的繁华虽然不再,但是农业随着辛亥革命的爆发而得到大力发展,呼兰的经济进入了一个新的昌盛期。民国初年,土地"全县为13856平方公里,耕地为30万垧(1垧为10亩),当时已有耕地236910垧,年产各类粮食105万普特(1普特为16.38公斤)。全县有71127户,282443人。城内人口有34000余人。"由于县内商业经济的发展,相继出现了现代的财政金融司法和文化等机构,如商会、呼兰地方农产交易公司、广信公司、中国银行东三省官银号、实业银行、海兰储蓄会,哈尔滨银行呼兰办事处钱业信托公司、广信当。还有地方审判厅、税捐征收局、烟酒事务局、硝磺分局、邮政局、检察厅、监狱署、劝学所、农会,以及基督教会堂、慈善会、中小学教育会等宗教和群众团体组织,可谓麻雀虽小五脏俱全。又据民国五年统计,全县城乡仅各类手工业工人就有2367人。城内工厂、手工业作坊、商业店铺就有200多家。另外城内还有戏园子、说书馆,旅店业也十分发达。县内还有航运船只140艘,帆船20艘。据资料记载,仅民国三年,从呼兰运出的粮食(运往海参崴)就达3326319普特[①],可见呼兰由商业性繁华,转向

[①] 主要引自王化钰、李重华:《呼兰河考论》,见李重华主编《呼兰学人说萧红》,哈尔滨出版社,1991,第172—173页。

了农业生产型经济。

呼兰人民是富于反抗斗争精神的人民。19世纪遍及东北的农民起义也波及这里，1862年，阿克楚勒（即阿城）界属荒山嘴等地农民数百人，在张玉领导下，经莫湖屯，渡江北进，直抵呼兰城一带。1880年10月，呼兰所属地方有王白眉起义，"马贼滋扰"①使官方大为紧张，不久即遭镇压。1878年，呼兰发生焚毁教堂事件。呼兰厅守尉惠安在办理教案期间，"被法国教士殴伤"②，法国教士反咬一口，说惠安"危害传教"。这使法国公使感到惊诧，"满洲之省地方旧有教堂，从未见有如呼兰并新近海城之事，如此严重者③"。1900年，呼兰在关内形势影响下，也建立了义和团。同年，东北各地出现抗俄义勇军，8月在呼兰起义的有刘振棠领导的"义胜军"，孙本荣领导的"义效军"。"义胜军"曾占领呼兰厅所在地的巴彦。年底，又一支义军袭击呼兰，"俄军溃出"。在呼兰一带，还有"与官军喋血十年，未尝败北"的"打五省"于江等抗俄义军④。

1920年呼兰县城各旅馆一律关门歇业，以对抗军队吃住给钱少，声称无法营业；1922年11月，黑龙江下令查缉《共产党宣言》印刷品，在县城的知识界影响很大；1923年7月，在赤塔出版的《华工醒世报》传入黑龙江省，省下令各市县严加查禁；是年10月下旬，日本关东发生大地震，为了支援日本震灾，呼兰在西岗公园义演5天，动员各界捐大洋759元1毛5分，江钱1030吊；1924年，因江贴缺乏，影响了百姓日常生活，人们排队去县广信公司换小贴；1925年，县中学教师成立沪难救援会，募捐支持上海五卅工人大罢工……是年，当地驻军胁迫商民摊款为两个营士兵购被褥，引起商民极大不满；尤其值得深思的是，1926年直奉战争结束以后，奉系军阀张作霖令东三省摊战费1000万元，黑龙江省分摊450万元，而省令呼兰必须交

---

① 《德宗实录》第148卷，第10页。
② 《德宗实录》第80卷，第15页。
③ 《清光绪朝中法交涉史料》第1卷，故宫博物院文献馆编印，1922—1933，第37页。
④ 王魁喜等：《近代东北史》，黑龙江人民出版社，1984，第294页。

纳225万元,为全省应摊战费之半。而为了承担这笔战费,有30余种日常生活品涨价2年,给呼兰人民生活带来了沉重的负担,群情激愤,叫苦不迭。而当时省政府又下令如有抗拒不缴战费者,严惩不贷[①]。由此可见,呼兰虽然只是一个偏远的县城,但经济却相当繁荣,社会政治思潮也随着国内外大势时时风起云涌。随着整个东北地区的近代化过程,民风受到各种风气的濡染,在沉滞闭塞中,时时掀起波澜。

这就是著名女作家萧红的故乡。

萧红在这里度过了她的童年和少年。这里的山川风物养育了她的筋骨血肉,也带给她深重的苦痛,赋予她质朴灵动的诗魂。她是呼兰河的女儿,以灼人的文学才华还报了母亲的养育之恩。

---

① 主要引自王化钰、李重华:《呼兰河考论》,见李重华主编《呼兰学人说萧红》,哈尔滨出版社,1991,第172—173页。

第二章
乡绅地主之家

在乾隆朝,东北还被封禁的时候,山东连年灾荒,土地高度集中,大批的农民破产,生计无着,流离失所,四处逃荒。其中的一大批人,按照祖辈的路线,向东北进发。他们明明知道朝廷禁止出关,但是被饥荒逼得走投无路,只好铤而走险。他们冲破清廷的封锁,成群结队,担着简单的行李和幼小的孩子,历经艰难险阻,忍饥挨饿,沿途乞讨,顶风冒雨,在黑土地上寻找可以落脚谋生的立锥之地。在逃往东北的大批难民中,有一个叫张岱的破产农民,他原籍在山东省东昌府莘县长兴社十甲梁丕营村,地处鲁西,是与河北、河南两省交界的地方。由于饥荒的逼迫,在家乡实在无法生活,他担着简单的行李,带着妻子章氏,跋山涉水,风餐露宿,一路乞讨,来到了辽宁,在朝阳、凤凰城两地给旗户地主当雇工。后来,迁徙到吉林的伯都讷青山集镇东半截河子屯,"查其土质膏沃",便报领了明代遗民的一块荒地。辛勤垦荒耕耘,终于摆脱了逃荒难民的贫苦生活,在黑土地上扎下了根。[①]

张岱就是萧红的远祖。他与妻子章氏生有三子:长子张明福(1789—1868)、次子张明贵(1794—1856)、三子张明义(1797—1879)。清嘉庆年间,张明福率妻子王氏(1784—1869)和弟弟张明贵到阿城县三区二甲福昌

[①] 见《〈东昌张氏宗谱书〉序》,转引自王连喜:《萧红故居建筑与文物综合考》,孙茂山主编《萧红身世考》,哈尔滨出版社,2003,第370页。

号屯一带(现哈尔滨市道外区民主乡福昌号屯)开荒,逐渐发达起来。张家聚族而居的阿城县福昌号屯的名字,就是得自张家烧锅(酿酒作坊)等产业的字号"福昌恒",烧锅是从屯子的其他人家兑过来的。张明贵于清同治元年(1862)到宾县猴石开荒,与妻生五男一女。其长子张弼(1814—1869)即萧红的曾祖父,大约在道光年间到呼兰经商,设置烧锅福昌恒,因懂医术,后又在呼兰行医,并在呼兰、兰西等地广置田地,张家在呼兰的房产和田地即来源于此。他与妻子生有一男一女,儿子即萧红的祖父张维祯。在人丁兴旺的张氏家族中,这一支也算得上是门庭祚薄了。

经过十几年的艰苦奋斗,张家三兄弟都创立了一份家业。每年生产的大批粮食无法倾销储藏,便放火大量烧毁。后来觉得太可惜,就运往吉、辽两地销售,并在当地办起了烧锅、油坊和杂货店,开始向工商业方面发展。至道光年间,张家步入盛世,在榆树、阿城、宾县、呼兰、兰西、五常、绥化、海伦、拜泉、克山有大片田产、房屋、牲畜、作坊与杂货铺,成为吉黑两省有名的汉族工商大地主。光绪年间,清廷苟延残喘,匪祸连年,张家已呈衰落之势。

萧红近亲的这一支,主要经营农业,到土改的时候,他们总共还有1万多亩地,在福昌号屯就有2000多亩上好良田。自己种1200亩,分别租给其他三家农户800亩。张家的院子居于这个屯子的中心,东北俗语以"腰"比喻中心,所以屯子里的人称他们是腰院张家。一直到土改,张家雇着长工二十来个,固定干半年的工人十几个,加上更夫、厨子等,有三四十号人。遇到农忙的时候,还要雇短工三四十个。土改时,给张家定的成分是大地主。① 此外,他们还有商铺,特别是萧红的六叔张廷献任哈尔滨道外税务分局局长之后,水晶街有半条街都是张家的产业,主要经营粮米铺、皮草铺等。②

到了第四代,由于家业庞大,内部矛盾不断激化,张氏家族开始分崩离

---

① 孙茂山主编《萧红身世考》,哈尔滨出版社,2003,第171页。
② 王化钰:《访萧红叔伯妹妹张秀珉老师》,孙茂山主编《萧红身世考》,哈尔滨出版社,2003,第42页。

析。分家时,萧红的祖父张维祯分得呼兰的房产和一处油坊,据说还有当铺和烧锅等产业。于光绪初年(19世纪末),带领父母、妻女离开张家的大本营阿城县福昌号屯,搬到呼兰定居。

张维祯生于道光二十九年二月初五(1849-02-27),死于农历己巳年五月初一(1929-06-07)。《东昌张氏宗谱书》记载:"公秉性温厚,幼读诗书约十余年,辍学时,正逢家业隆盛之际,辅助父兄经营农商事物。"①他有相当的文学修养,但生性懦弱,不善理财。加之东昌张氏家族因是靠农商发家致富,家族的规矩是只许子弟读书,不得出仕为官。到第四代张维祯,依然如此,所有的子弟无论读书多少,都要在家务农习商。张维祯性情懒散,辍学以后,赋闲在家,整天和妻子在一起厮混消磨时光,以哄孩子玩儿为乐趣。搬到呼兰,独立门户之后,他依然倦于理事,把一切都推给父母。父母双双过世之后,他大约理过一个时期的家,因不谙农商诸事,屡屡受伙计坑蒙拐骗,当铺、油坊和烧锅接连倒闭②。他把外面的事交给一个仆人(族侄)有二伯③去管理,家里的事全由妻子主持。连年亏空,张维祯也不在乎,靠出租少许土地和旧房屋过活。即使他善于经营,恐怕也没有挽颓败家势的回天之力。19世纪末,外来资本已经开始侵袭到黑龙江,而且愈演愈烈,传统的农耕经济整体处于破产的边缘。加上频繁的战争与革命,崩溃只是时间的问题。从张家的第五代开始,已经有人违抗了不得入仕为官的家规。张维祯只有吃着祖先给他准备好的口粮,怡然自得地过着乡镇小地主的平淡日月。

张维祯的妻子范氏,生于道光二十五年(1845)四月十七日,死于民国六年(1917)五月二十一日。据说她的娘家颇有势力,有一个哥哥是某地督军。范氏是一个精明强干的女人,公婆死后,一切家务都由她一手管理,在

---

① 张抗:《萧红家庭情况及其出走前后》,孙延林主编《萧红研究》第一辑,哈尔滨出版社,1993,第63页。
② 叶君:《从异乡到异乡》,中国社会科学出版社,2009,第3页。
③ 又一说是有二伯姓李,30岁到张维祯家,60多岁死于阿城福昌号屯,乳名叫有子,大家多叫他乳名,久而久之,忘记了姓,小辈的都叫他有二伯。见张秀琢《重读〈呼兰河传〉,回忆姐姐萧红》,孙茂山主编《萧红身世考》,哈尔滨出版社,2003,第31页。

家说一不二。她喜欢热闹,在所有张家亲戚的记忆中,她都是一个神神道道好走动、很神通的人。她生有三女一男,三个女儿相继出嫁,幼子夭折。家里只有他们老夫妻两个,过着不愁吃穿、无忧无虑、无欢无乐、孤单寂寞的生活。比孤单寂寞更加不堪忍受的是没有子嗣的绝户处境,分家的时候已经吃了亏,死后由谁来摔孝子盆、打幡送葬呢?! 这份不小的家业由谁来继承呢?! 当然张氏家族中的近亲也有他们的忧虑,两个老人过世之后,呼兰这份不算薄的老张家财产谁来继承?! 会不会落到外人手里?! 这是不需求证也可以想见的难题。双方自然而然的解决办法,当然就是在族中选嗣过继,这对双方都有好处。张维祯的堂弟(当为张明贵之子)张维岳(1861—1910),一生只活了49年,却有七子一女,长子张廷蓂,次子张廷选,三子张廷举,四子张廷会,五子张廷禄,六子张廷献,七子张廷勋。其女嫁滨江本街杨氏。前四子为前妻王氏所生,后三子一女为后妻徐氏所生。张维祯在张维岳众多的儿子中,选中了第三个儿子,他就是萧红的父亲张廷举。

张廷举,生于光绪十四年(1888)四月十七日,死于1959年。他3岁时丧母,12岁过继给堂伯父张维祯。因此,字选三,意思是父亲让四伯父在他们四兄弟中任选一个做儿子,四伯父选中了他(老三)。张廷举原在家乡阿城福昌号屯读书,到呼兰后,继续读书。范氏认为读书费钱无用,让他在家学习经营农商。张廷举坚决不肯,执意到省城卜奎(齐齐哈尔)去上学。张维祯不愿失信,决定按挑选过继子前许下的诺言去做,送张廷举去齐齐哈尔读书。他先是毕业于黑龙江省立高等小学堂,因考试成绩优秀,奖励廪生。尽管教育体制已经改革,但是科举制度的一些成规却保留在了新的体制中。廪生是考试名列优等的秀才,可以获得官府发放的廪米的津贴,类似于现在的奖学金。可见,张廷举天资很高,而且是保送上的中级学堂。古时的廪生因为享受津贴,名额有限,属于正式的生员,另有指标之外的生员,没有津贴。推荐上国子监的贡生也叫廪生,是延续古代诸侯郡定期向朝廷推荐人才的制度。明、清两代,一般每年或两三年,从府、州、县学中送廪生升入国子监读书,称之为岁贡。张廷举21岁毕业的时候,被授予了师范科举人,还有从七品虚衔官职的中书科中书衔,被分配到黑龙江省汤原县任农业学堂教员、劝业局劝业员。读书时秘密加入了国民党,还曾经想到北京"留学"。他是张家顺应时代潮流维新的尖兵,自家厨房灶台墙上不贴灶王爷夫妇的神像,这在二三十年代的呼兰城里,也算是"文化革命"了。当时,绝大多数的人家都要贴一张长40厘米、宽30厘米的神像,两侧还要有对联一副:"上天言好事,下界保平安",横批是"一家之主"。①他第一个冲破了家规的约束,走出了先人耕读工商的传统人生道路。他的六弟张廷献,1928年毕业于北京国民大学教育系,由当教员到当官吏;他直系的后人都沿着他的方向,进入现代文明的体制,彻底脱离了乡土。后来,他调回呼兰,历任呼兰农工两级小学校长、呼兰义务教育委员会委员长、呼兰县立通俗出版社社长、呼兰县教育局局长、黑龙江省教育局秘书、巴彦县教育局督学兼清乡局助理员等职。②日伪统治时期,曾充当过呼兰县协和会副会长③,日本投降之后,又出任呼兰县维持会会长。人民政府成立之后,他积极拥护人民政府和土地改革,支持儿女参军参战,被呼兰县人民政府确认为开明士绅,曾被选为松江省参议员,1946年4月,以开明士绅的身份,参加了在宾县召开的东北人民代表大会④。后来他离开呼兰,在临走的时候,他把前任县长廖鹏飞督修的《呼兰县志》献给了人民政府,当时在

---

① 王连喜:《萧红故居建筑与文物综合考》,孙茂山主编《萧红身世考》,哈尔滨出版社,2003,第351页。
② 铁峰:《萧红传》,哈尔滨出版社,1991,第2—5页。铁峰主要是根据《东昌张氏宗谱书》的记载。
③ 根据张廷举的老同事陈治国回忆,他事伪完全是不得已,几次推辞都不行,迫于日伪势力的压力,顾虑身家性命的危险,只好就任伪职。1934年,《跋涉》被查抄没收,萧红与萧军出走青岛,日伪特务立刻到呼兰张家进行大搜捕,连续两次,翻找信件、拍照取证,后来不了了之。据说,当时张廷举感到事态严重,为了避免灾祸,通过表哥疏通,日伪政府军政部大臣于琛徵、日伪军管区司令长官王济仲等把巨幅戎装照片送给他挂在屋里,又给他到呼兰县里通融。呼兰县日伪政府决定让他出任协和会副会长(见王化钰《访陈治国老人》与《萧红生父张廷举其人其事》,见《萧红身世考》)。新中国成立后,人民政府曾经重点审查张廷举,"经过严格审查,政府认定他在任期内只是徒有虚名,没有实际的罪恶活动,他成为教育释放对象"(见彭增喜《四次审查张廷举未有"杀人夺妻"之嫌》,见《萧红身世考》,第116页)。
④ 叶君:《从异乡到异乡》,中国社会科学出版社,2009,第4页。

场的同志给了他四个字的评价:"德高望重"①。

到张廷举成年的时候,家里的经济情况已呈颓势。他家在呼兰县河西(现乐业)乡有涝洼地200来亩,全部租给农民租种;在县城东门外有20多亩菜地(现属伟光村菜地),包给一户纪姓菜农经营,是个小地主。此外,在商号里还有些股份②。但是,涝洼地几乎没有收成,城里的菜地也没有太多的进项。在那个时代,随着外来资本的疯狂入侵,靠出租土地是没有太大收益的。此外,他在呼兰城内有一处房产,正房一排五间自家居住,院外西侧还有二十多间危旧房屋,全部出租给极其贫困的底层市民,房租经常是以一些自产的东西充抵。

福昌号屯的长工现在还记得:"三掌柜的(指张选三,因为他排行老三,所以人们便叫他三掌柜的)经常来福昌号屯,常到长工房和我们唠嗑,他待人和气,从不发脾气。他是念书人,不会管家,大掌柜的张廷蒉去呼兰住过,替他管过家。"③此外,因为福昌号屯没有分家,那里还有他名下的财产。这也使这个特殊的家庭关系复杂,不仅血缘关系复杂,父子之间没有直接的血缘联系,财产也分割得不清楚。福昌号屯张家的孩子长年住在张廷举家上学,张廷举家的开销要由张廷蒉接济,逢年过节吃的米面、肉和燃料都要由福昌号屯送到呼兰。特别是家境开始破落之后,呼兰的房、地产没有什么进项,他的工资又有限,子女越来越多,要靠福昌号屯的接济维持日常家用。

张维岳去世早,张廷蒉自然长兄如父,具有家长的精神权威。他生于光绪八年(1882)十一月二十日,比张廷举大6岁。《东昌张氏宗谱书》载,"幼年读书,颇有心得。仪容端方,举止庄严,身体魁伟,望之凛凛焉。喜围猎,爱枪马,尤长于管弦之属。非风尘中人,实山林逸者,视宦途如河海。精通俄语,尚义侠之举。迨民国二年(1913年),只身到江省拜泉县贞字四

---

① 李重华等:《〈小城三月〉的思想性与人物形象来源漫谈》,李重华主编《呼兰学人说萧红》,哈尔滨出版社,1991,第156页。
② 彭增喜:《"四次"审查张廷举未有"杀人夺妻"之嫌》,孙茂山主编《萧红身世考》,哈尔滨出版社,2003,第114页。
③ 王化钰等:《〈呼兰河传〉考论》,李重华主编《呼兰学人说萧红》,哈尔滨出版社,1991,第176页。

甲十二井开荒,艰俭备尝者20余年,于兹中间千百磨炼,胆略不为之挫。长于谈论,每坐家,对于匪患,防之极严,恒终夜而不寐,日中任聚三五知己高谈阔论。其精神健旺,概可知矣。"张廷蒉是张家这一支的中兴之人,自然有话语权和威慑力,他参与张廷举的家事就势在必然。而且,他精通俄语,必与当时在哈尔滨的俄商有交易来往,他是在家族传统中顺应时势改革经营方式的维新之士。特别是在张维祯去世之后,张廷举家境日渐窘迫,不时要靠卖点地应付支出。张廷举经常带领妻儿到福昌号屯居住就食,理由是"我们是过继出去的,老爷子不在了,我们过穷了就得回来。"①实际上,张廷蒉当着张廷举一半的家。

张廷举是封建文化传统培养出来的知识分子,但也经历了辛亥革命和反封建的五四新文化运动的洗礼。因此,他的思想有着明显的两重性。一方面,维护封建礼教,家长制的道统思想严重。另一方面,又有民主、平等的维新思想。前者使他和萧红父女关系紧张,并最终导致反目。后者则使他做出了一系列进步的举动。他参加过国民党,是第一个破坏祖师庙偶像的人,他那时正任祖师庙小学校长,这对呼兰人破除迷信、解放思想,曾产生过很大的影响。他终于同意萧红到哈尔滨读书;他自愿在家照顾孩子,让目不识丁的续弦妻子梁亚兰到平民学校补习文化。他支持妻子在呼兰县城内第一个穿起了高跟鞋。日本投降之后,萧红的胞弟张秀珂回家同家人团聚的时候,张廷举在自家大门上贴过这样一副对联:惜小女宣传革命南粤殁去,幸长男抗战胜利苏北归来。横批写了"革命家庭"四个大字。②可见,张廷举是一个在政治上极善于变通的人物,处于混乱的历史情境中,又有家族责任的束缚,这个兼容新旧的小知识分子,能够经历4个政治时期,没干什么坏事,而安然活到古稀之年,并且能够保护所有家人平安,也是很不容易的。他自己循规蹈矩、胆小怕事,自然看不惯萧红在祖父的宠

---

① 张抗:《萧红家庭情况及其出走前后》,孙延林主编《萧红研究》第一辑,哈尔滨出版社,1993,第64页。
② 王化钰等:《〈呼兰河传〉考论》,李重华主编《呼兰学人说萧红》,哈尔滨出版社,1991,第176页。

爱之下,养成的无所顾忌的天性。

从呼兰城向西北,45里地的乡下,有一个叫姜家窝棚屯的村庄。这里住着一位被称为呼邑硕学鸿儒的姜大先生,名叫姜文选。他原籍山东登州府,读过孔孟的书,深达周公之礼。他年轻的时候,曾两次赴吉林应试,都落第了,从此,再也无心猎取功名。虽然他的家里很有钱,拥有土地1200多亩,但他却不务农耕,把地租给另外两家人耕种。他先在兰西的大王家窝棚屯教书9年,又在田家窝棚屯教书3年,回到呼兰本乡开家馆课徒授业,也教自己的儿女读书识字。①他写得一手好字,最擅长"八分体"。四书五经讲得透,讲得深,呼兰、巴彦一带的人都乐于把子弟送到他这里来读书。由于在呼兰名声日大,民国初年被选为省议员②。后来,为躲避匪患,姜家搬到呼兰镇四福胡同4号③。姜文选生有一男四女,都已长大成人。正值家业鼎盛的时期,他的儿女又都自幼跟他读书、有文化,自然被视为名门之后。

1900年夏天,沙皇尼古拉二世亲任总司令,统率大军入侵东北,目的是直取沈阳,占领整个东北,这就是著名的庚子之乱。东北民众四处躲藏,名之为"跑毛子"。时任黑龙江将军的寿山(袁崇焕后裔,汉军正白旗人,吉林将军富明阿之子,生于1860年,1900年战败自杀殉国)带领清军攻打俄军占领的哈尔滨。战事影响了呼兰的治安,满城人心惶惶。张维祯带领全家逃到距姜家窝棚屯西三里的麻家围子屯,住在一户李姓人家。呼兰老宅全权交给有二伯负责,因为他护宅有功,有恩于张家,深得主人的信任,在张家的地位介于家人与长工之间,类似于贾府中的焦大,可以随意骂人、发牢骚。躲在乡下的张家,大约听说了姜家的家声和姜玉兰的名气,离开的时候,范氏就托李家人去提亲。姜大先生没有答应,一来女儿只有19岁,

---

① 王化钰:《访萧红亲三姨——92岁老人姜玉凤》,孙茂山主编《萧红身世考》,哈尔滨出版社,2003,第81页。
② 张抗:《萧红家庭情况及其出走前后》,孙延林主编《萧红研究》第一辑,哈尔滨出版社,1991,第62页。
③ 王化钰:《访萧红叔伯妹妹张秀珉老师》,孙茂山主编《萧红身世考》,哈尔滨出版社,2003,第42页。

大户人家女儿出嫁早了要被人笑话；二来对张家不了解。后来，他向别人谈起过结亲家的条件："门当户对，人能读书"。至光绪三十三年，即公历1907年，姜大先生的大女儿姜玉兰已经22岁了。她的个子像她的父亲，细高挑的；她的脸盘像她的母亲，鼓鼓正正的，俊眉俊眼。姜玉兰自幼聪敏，跟着父亲习字读书，还学会了打算盘，16岁就能熟读唐诗宋词，文理初通，成为几个姐妹中的佼佼者。尤其是她的针线活更为出色，描凤绣花，样样精通。她纳的鞋底，任怎么有劲的汉子，都不容易撅出弯来。待人接物识礼知节，谈吐文雅，举止大方。

  呼兰县城里有一个做买卖的人叫范老万，他媳妇是宋六子的姐姐。正月初二，宋六子的儿子娶媳妇，宋六子把他姐姐接到屯里来喝喜酒。张维祯的妻子范氏和范老万认户为一家子，所以，宋六儿结婚那天，她也到屯里来喝喜酒。这门曾经提过放下的亲事旧话重提，张家老太太趁喝喜酒的机会，和宋六子与李家人提起，并且请姜玉兰帮助招待城里来的客人。范氏亲眼看见了姜玉兰，又借故到姜家看到了庄户。范氏觉得姜玉兰是个全乎人，命好有福，又听说识文断字、针线也棒，就相中了，回去就托宋六子做媒。姜文选听说张家是大家子，儿子又在齐齐哈尔读书，就请人合婚，批了八字，姜玉兰23岁属狗，张廷举21岁属鼠，狗和鼠不犯相①，又合民间"女大二，抱金块儿"的谚语，觉得很合适。他就和妹夫王玉峰（亦称傅八先生的中医）去呼兰相看，看到张家在呼兰城东南隅龙王庙路南新起的房屋院落，了解了张维祯家的情况，没有看到在外读书的张廷举，只看了他的照片就满意了。农历十一月，婚事就定了下来。②

  按照当时的风俗，张家派张廷选（张廷举的亲二哥）带着订婚的大布、小布、烟袋钱等乡俗定规的财物，跟着媒人到姜家过了礼。第二年（1909）8月，姜玉兰和张廷举结了婚。"他们结婚那天正赶上下大雨，而且是连续了

---

① 白执君：《萧红身世之谜》，孙茂山主编《萧红身世考》，哈尔滨出版社，2003，第132页。
② 姜德坤：《萧红的母亲——萧红童年生活片断序》，孙茂山主编《萧红身世考》，哈尔滨出版社，2003，第47页。

十几天的阴雨。送亲的去了20多人,坐了满满两大车,车上用席子搭的棚。"姜玉兰的两个叔叔、堂兄弟、姐妹们,喜气洋洋地送她到张家,所有女人都衣着整齐、戴着花朵,头天住在张家找好的下处王家店。那天,张家大摆宴席,院子里搭了席棚,连看热闹的小孩子都得到了糖吃,还打发人赶车到哈尔滨购买了礼品。呼兰北烧锅那天淌的二锅头酒,都让张家拉来了。张廷举在阿城县的几个兄弟,也都赶来贺喜。当天早晨阴雨不停,午后放晴了,张廷举和姜玉兰才拜了天地。婚礼结束以后,姜家人就回去了。女方家人走了之后,张家的宴席还连续摆了几天。为了他们的婚事,张家特意择地盖房,新房在新院子中心的五间正房,按照旧俗东大西小的规矩,中间的厨房两侧,公婆应该住东边两间,新人应该住西边两间,因为张维祯夫妇已经住进西侧,不想再挪动,姜玉兰和张廷举就住进了东侧。按照那个时代的乡俗,过门之后7天,新人要回访娘家,因为连阴雨,直到20多天之后,天气晴了,他们才回门看望姜文选及其家人①。

结婚以后,张廷举先是在齐齐哈尔读书,后来又被分配到汤原、巴彦等地教书。丈夫长年在外,姜玉兰侍奉公婆,协理各种家务。她知书达理,对老人十分的孝敬。晚上不管多晚,只要公公、婆婆不睡,她也不躺下。晚上为两个老人铺被窝,早晨叠被,天天如此。娘家的人问她,你那么"英跃",怎么还干那活?姜玉兰说,这是老人家规矩,到哪家随哪家。她"手一分,嘴一分,能说能做,深得范氏的欢心,教给她做家务,领着她到亲戚家帮衬做事,学着处理各种事物。"②她在婆婆去世之后,独立持家,显示出精明强干的性格。她一手操办,在张家的院子里建成了厢房③。《东昌张氏宗谱书》上记载:"夫人姜氏玉兰呼邑文选公女,幼从父学,粗通文字,来归十二年,勤俭理家,躬操井臼,夫妻伉俪最笃,惟体格素弱,不幸罹疫逝世。"

---

① 王化钰:《访萧红亲三姨——92岁老人姜玉凤》,孙茂山主编《萧红身世考》,哈尔滨出版社,2003。
② 姜德坤:《萧红的母亲》,孙茂山主编《萧红身世考》,哈尔滨出版社,2003,第47页。
③ 张抗:《萧红家庭情况及其出走前后》,孙延林主编《萧红研究》第一辑,哈尔滨出版社,1993,第62页。

第三章
顽童生涯

　　1910年，张廷举放弃外地的官职，回到呼兰，效力乡梓的教育事业，任农业学堂的改造私塾总教习、小学教员等职。第二年，也就是结婚三年之后，姜玉兰在张家大院正房东侧外间生下了萧红，这是1911年6月1日。这一年辛亥革命爆发，萧红属猪。[①]她出生在历史的节骨眼，一生处于中华民族的多事之秋，也处于东北历史急剧错动的缝隙中。这一天是阴历的五月端午，是屈原的忌日，勾连着中国文学的一个久远源头，作为全民记忆的节日，她好像承受了前定的文学宿命。在民间的信仰中，认为忌日出生的人不吉利，至今民间还有"男莫占三、六、九，女莫占二、五、八"[②]的说法，张家对外把萧红的生日推迟了一天，每年都在端午节之后过生日。

　　在一个重男轻女的社会里，萧红的出生使全家都略感到失望。特别是老祖母，尤其懊丧，花钱领子娶媳都是为了要一个延续香火的孙子，死后的

---

① 钟汝霖所著《萧红的道路》（载《萧红研究》，《北方论丛》第四辑）、李重华《萧红年表》及铁峰《萧红传》等，都说萧红生于该年农历五月初六。这里采用王云等《萧红生平年谱》（见《萧红身世考》第224页）。当地民间认为生于五月端午便是不吉利，女孩尤其不吉利，故将生日推后一天。至于有学者认为呼兰并没有忌日出生不祥的说法，作者以为也还可存疑。因为萧红在《呼兰河传》中讲到七月十五盂兰盆会的时候，有乡间认为这一夜出生的孩子是野鬼乘着河灯托生的，不被父母喜欢，要隐瞒生日等等说法。同是忌日，五月端午出生的不祥之说，未必就不存在。可能年代久远，加上1949年之后大破迷信的宣传，以及"文革"中破"四旧"等运动，这个禁忌已经淡出了人们的记忆。

② 李重华等：《漫论萧红》，李重华主编《呼兰学人说萧红》。这种文化禁忌，也可以旁证忌日出生不吉利的民间信仰。

哀荣又没着落了,但儿媳妇能生养,总有希望,盼着以后的日子更好,就给她取名荣华①。作为承担着传宗接代责任的媳妇姜玉兰,承受的心理压力也可想而知,自然不免有些沮丧。父亲张廷举就是碍于情面不说,心里也会有遗憾。只有年过花甲的老祖父对她的出生感到喜出望外,自从女儿们出嫁以后,家里已经二十多年没有小孩子了。这个童心未泯的老人,后来给她取了学名张秀环。自张岱一百多年前逃进黑土地以来,后人瓜瓞绵绵,遍布黑龙江各地。为了祭祀祖先筚路蓝缕的开创之功,也为了亲族之间的联络,从第四代开始,张家确立自己的宗谱。从萧红的祖父辈起,张家后人按照一首诗的字序起名排辈:"维廷秀福荫,麟凤玉芝华。道成文宪立,树德万世佳。"按照这个规约,萧红属于"秀"字辈,而张家这一辈儿的男女名字中间的字都要带上玉字边。所以,祖父给她起了这个合乎家族约定的名字。②

据说萧红刚出生的时候,哭声很大,接生婆老石太太把她从水盆中拎出来说:"这丫头蛋子,真厉害,大了准是个茬儿。"③萧红从小的性格就很倔强,她出生不久,姜玉兰在她睡前要用裹布缠住她手脚,以便使她安睡,也防止她抓坏自己的脸,她却拼命挣扎不让人抓住她的胳膊。来串门的大婶看到这种情景也笑着说:"这小丫头真厉害,大了准是个'茬子'。""茬子"在东北方言中是指与众不同的能人,在亲友们看来,她这种倔强性格是天生的。④萧红满月的时候,按照乡俗要回娘家住,名之为"躲臊窝子"。姜文选坐车到呼兰,接了姜玉兰母女回姜家窝棚屯,刚走到呼兰城北烧锅跟前的时候,姜玉兰觉得身体不舒服,发烧头晕,呕吐不止,只好就近转到住在附近的姜玉兰表弟晋学志家。坐了一会儿,她仍然觉得很难受,姜文选

---

① 姜德坤:《萧红的母亲》,孙茂山主编《萧红身世考》,哈尔滨出版社,2003,第47页。
② 王连喜:《萧红故居建筑与文物综合考》,孙茂山主编《萧红身世考》,哈尔滨出版社,2003,第370页。
③ 李重华、曹桂珍:《萧红外传》,李重华主编《呼兰学人说萧红》,哈尔滨出版社,1991,第298页。
④ 张秀琢:《重读〈呼兰河传〉,回忆姐姐萧红》,孙茂山主编《萧红身世考》,哈尔滨出版社,2003,第28页。

就另雇了车把姜玉兰母女送回城里张家。他们回到姜家窝棚屯,第二天,泥河就涨了大水,两岸一片汪洋,平地可以行船。洪水冲进屋里没了炕沿,全屯的房子全被冲塌了。姜文选没有办法,就带了妻子儿女等乘船进城到张廷举家住了40多天,直到大水退了,房屋修好,他们才回去。①

直到这一年的腊月,姜玉兰才抱着萧红回到姜家。她的弟弟姜俊武幼年就订了亲,未婚妻全家却惨死于鼠疫,连个收尸的人都没有。后来又订了河西的一家亲,在这一年的腊月迎娶新人。这种情况之下,姜玉兰是不能不去参加弟弟的婚礼的。于是,萧红也就第一次到了姥姥家。姜家人素来敬重姜玉兰,她在知书达理的婆家又有脸面,加上小萧红生得结实可爱,又白又胖,黑黑的一双大眼睛,全家人都喜欢她。她从这个人的手里传到那个人的手里,被亲来亲去,还唱着歌谣逗她玩儿。实际上,萧红的童年不仅有祖父的溺爱,也受到母族姜家人的宠爱,养成了她自由而富于情感的性格。

萧红虽然是个女孩子,但张家在呼兰的生活状况是比较优越的,从某种意义上说,对她也算得上娇惯了。②特别是性情宽厚的老祖父,更是把她看作掌上明珠,倍加溺爱。在萧红的眼睛里,"祖父是长得很高的人,身体很健康,手里喜欢拿着手杖,嘴里则不住抽着旱烟管"。由于这种特殊的宠爱,萧红的智力发展得很快,最早的记忆是在3岁的时候,别人把她抱到祖母住的西屋炕上,她发现祖母窗户上糊着雪白的窗户纸,和其他房间里窗玻璃周围糊的暗黄土纸不一样,出于好奇就用小手去捅,听到纸张破裂的响声,她十分高兴,又连续捅起来。这使有洁癖的老祖母十分不快。有一次,她又到祖母炕上,跑到窗前,刚把手指捅向窗纸,就感到刺痛,赶紧把手抽了回来。这时祖母正等在窗户外面,用一根针刺了她的手指。范氏的初衷大约只是想吓唬吓唬她,因为不凑巧真的扎上她的手指。③可见,最

---

① 姜世忠等:《萧红身世考》,孙茂山主编《萧红身世考》,哈尔滨出版社,2003,第169页。
② 张秀琢:《重读〈呼兰河传〉,回忆姐姐萧红》,孙茂山主编《萧红身世考》,哈尔滨出版社,2003,第28页。
③ 萧红:《呼兰河传》,人民文学出版社,2018,第57页。

早开启她空间感觉的是张家老宅室内的环境,成为她来到世间的初始情境。这件事她终生难忘,也是心灵最早的创伤记忆。所以,她一直不喜欢祖母,除此之外,大概还有其他难以启齿的原因。在旧式家庭中,以惩戒的方式给孩子教训是非常普遍的现象,萧红的祖母并没有想到这种延续了千百年的教育方式,会给萧红带来如此难以平复的心灵创痛。据亲友回忆,祖母对萧红也是很溺爱的。①

也是在这一年(1914),母亲生了弟弟富贵。这自然更影响到萧红在家庭中的地位,全家人欢天喜地,张家的这一支终于有了继承人,全家关注的目光都集中到弟弟身上。特别是母亲姜玉兰要哺育婴儿,更是不可能把爱心分给她太多,萧红不免受到忽视,只能和祖父在一起。次年,富贵夭亡。这无疑使全家人都感到悲痛,祖母范氏大概更加沮丧,煞费苦心、刚刚看到的希望萌芽,再一次随着这个幼小的生命一起夭折了。小萧红还不懂事,对弟弟的死没有留下什么印象。萧红6岁的时候(1916),次弟张秀珂出生,这是张氏家族里的一件大事,在一个男权中心的社会里,又是在失去一个男孩子之后,喜得贵子全家当然高兴异常,祖母、父母对萧红更加淡漠。在萧红8岁的时候,母亲又生了一个弟弟连贵。在连续的生产和忙于抚养婴儿的过程中,身体羸弱的姜玉兰投入了全部的心血,自然没有多少精力照顾萧红。此外,她和范氏一样,极为重男轻女,一直都不让萧红读书,让她在家帮助看孩子。②还有见识的问题,她所受的教育能够理解的女性人生,就是在家孝敬父母,过门孝敬公婆,相夫课子,打理好家务。大约无法想象女人走出家庭自立的前景,女孩儿总要嫁人,光会读书也没有什么用。更隐蔽的心理症结,大概与萧红的生日禁忌也有关系。从先秦开始,就流传着"恶月恶日出生的孩子,男杀父,女杀母"的神秘信仰。而父亲在外地工作,几乎就是缺席的,萧红一年也看不到他几次。所以,萧红对家人

---

① 李重华等:《萧红外传》,李重华主编《呼兰学人说萧红》,哈尔滨出版社,1991,第257页。
② 张抗:《萧红家庭情况及其出走前后》,孙延林主编《萧红研究》第一辑,哈尔滨出版社,1993,第62页。

也没有多少感情,只有和从小呵护着她的老祖父感情深厚。

当萧红刚会走路的时候,祖父就领她到后园子里去玩耍。张家的大院始建于1908年,占地7125平方米,共有房屋三十间,分东西两个院落,由木板围墙隔开。东院是主人居住的地方,西院是库房和出租的房屋。至1909年8月间,张廷举娶姜玉兰的时候,整座建筑还没有进入最后扫尾阶段。而在萧红回忆故居的文字中,它已经衰败得不成样子,可见家道滑坡的迅速。萧红家的后花园,其实是以生产为主的菜园子,是正房以北至院墙,西靠跨院栅栏,东到东院墙的所有地方,占地1423.5平方米,东西长36.5米,南北长29米。东侧墙下种植着樱桃和李子树,树下放着一副寿材;由北侧后门通往正房的斜径两侧,种植着小桃红、玫瑰花和山丁子树;后墙底边则栽着晚香玉、夜来香、百合、西番莲、向日葵等各种观赏的花草;此外,园子里还长着柳树、榆树和杨树等寻常树木。正房后墙架着一个布做的凉棚,靠东放着酱缸、酱缸帽子等。其余的地方,每年按时种植各种北方的蔬菜,沿着墙种植的是黄瓜、倭瓜和西葫芦一类爬蔓儿的菜,里面则种着小白菜、小葱、韭菜等等[1],还有黄烟、苞米[2]等作物,可提供家常生活基本的所需。一到春天,冰消雪融,大地回春,万物复苏,暖风吹拂,后花园一片新绿。到了夏天,园子里的景象更加绚丽多彩,使人眼花缭乱。五颜六色的花卉争相怒放,蜂飞蝶舞,空气馨香,令人陶醉。这里是萧红儿时的乐园,这个乐园开阔了她的视野,陶冶了她的思想感情,培养了她对大自然与生命最初的理解与热爱。

萧红的祖父一天到晚是自由自在地闲着的,一切家务都由祖母管着,他只做一件事,就是擦一套锡器。这套锡器大约是礼器,祭祖时用的东西,必须时时擦拭洁净。春节祭祖是新党张家最后保留的传统风俗[3]。祖父因此常常挨祖母的骂,骂他懒,骂他擦不干净。祖母骂祖父的时候,也连萧

---

[1] 王连喜:《萧红故居建筑与文物综合考》,孙茂山主编《萧红身世考》,哈尔滨出版社,2003,第365页。

[2][3] 张秀琢:《重读〈呼兰河传〉,回忆姐姐萧红》,孙茂山主编《萧红身世考》,哈尔滨出版社,2003,第28页。

红一起骂上。她骂祖父是"死脑瓜骨",骂萧红是"小死脑瓜骨"。每当祖母骂他们的时候,萧红就拉着祖父到后园里去,那是另外一个世界,是一个属于他们两个人的世界,也是一个自由舒畅的世界。无疑,这祖孙俩是这个家族中被歧视的弱势群体,一个是不善经营理家的挂名家长,一个是无法延续香火的赔钱女孩儿,都处于边缘的位置,这也是他们喜欢在后花园里待着的原因——逃避家人的话语施暴。祖父一天都在后园里边,萧红也在后园里边。祖父戴着一个大草帽,萧红戴着一个小草帽。祖父栽花,萧红就栽花;祖父拔草,萧红就拔草。祖父下种,萧红就跟在后面,把下了种的土窝,用脚一个一个地溜平。有时不但没有给菜籽盖上土,反而把菜籽踢飞了。祖父铲地,萧红也铲地。因为拿不动锄把,祖父就把锄把拔下来,让她拿着锄头来铲。萧红哪里是铲地,只不过是趴在地上,用锄头乱钩一阵就是了。她认不清哪个是苗哪个是草,往往把韭菜当作野草一起割掉,把狗尾巴草当作谷穗留着。祖父就耐心地给她讲,什么是谷子,什么是狗尾巴草,萧红并不认真地听。她看见一根黄瓜大了,就跑过去摘下来吃。看到蜻蜓飞过来,就去追蜻蜓。蜻蜓没追到,看到蝴蝶飞来,又去追蝴蝶。一会采一个倭瓜花,一会捉一个大绿豆蚂蚱。玩腻了,又跑到祖父那去乱闹一阵。祖父浇菜,她也抢过来浇,拿着水瓢,拼尽了力气,把水往天空里一扬,嘴里还大喊着:"下雨了,下雨了!"

　　在萧红童年的想象中,一切生命都是自由的。鸟飞了,就觉得鸟上天了。虫子叫了,就觉得虫子在唱歌。大自然的一切,都是自由自在的,要做什么就做什么,引起她无穷的遐想:倭瓜愿意爬上架就爬上架,黄瓜愿意开一个谎花就开一个谎花,愿意结一个黄瓜就结一个黄瓜。玉米就是长上天去,也没有人管,蝴蝶随意地飞,一会从墙头上飞来一对黄蝴蝶,一会又从墙头上飞走了一个白蝴蝶。它们是从谁家来的,又飞到谁家去?萧红玩累了,想累了,就在房子底下找个阴凉的地方,盖着草帽睡着了。

　　萧红在后园里尽情地奔跑,祖父怕她累了想招呼住她,可他越招呼,萧红越不听话。等到自己跑不动了,才坐下来休息,那休息也不过随便摘一个黄瓜,吃了就好了。休息好了,又是跑。这花园从前是一个果园,萧红祖母喜欢吃果子就种了果树。祖母又喜欢养羊,羊就把果树给啃了。最后,园子里只剩一棵不结果的樱桃树和一棵不结果的李子树。后园中还有一棵玫瑰,一到五月就开花。萧红在樱桃和李子树上找不到果实,别的一切又都玩厌了的时候,就去摘玫瑰花。有一次,她趁祖父不注意的时候,把玫瑰花插在祖父的帽子上,祖父闻到香气,不知道是萧红在恶作剧,反而说:"今年春天雨水大,咱们这棵玫瑰开得这么香,二里路也怕闻得到的。"萧红笑得哆嗦起来,几乎没有力气再往上插,直到祖父回到屋里,祖母、父母亲都笑起来,祖父才知道是怎么回事,他笑了十多分钟,萧红笑得最厉害。祖父刚有点忘记的时候,萧红就提着说:"爷爷……今年春天雨水大呀……"祖父就又笑起来,萧红笑得在炕上打起滚来。就这样,萧红每天和祖父、后园待在一起,一到刮风下雨的天,就觉得寂寞难耐①。

后花园里有一片用秫秸搭成屋顶的三脚架,萧红喜欢藏在黄瓜架下。这片菜园子主要是靠二伯收拾,忙不过来的时候,家里的其他人也进去帮忙。有二伯很喜欢萧红,到菜园干活的时候,经常带着她。有一次,把她领来了。临走的时候到处找不见她,喊她,也不答应,后来发现她在黄瓜架下睡着了。除了爷爷以外,有二伯是萧红童年接触最多的人,也是对她关爱比较多的人。他在张家待了三十多年,已经是张家固定的成员了,一直到生命接近终点的时候,萧红浓浓的乡愁中,还晃动着有二伯生动的身影。她常和有二伯在一起,跟着上街、逛公园、跟着干活儿②。

一到冬天,后园就要封闭起来。萧红对于时间最早的感觉就是自然的时序,早晨醒来,夜晚睡去,春去秋来,寒暑交替。冰雪封住了后花园的门,萧红没有了玩的去处,只好在屋里观察各种各样的家具。母亲的房间里东西都很一般,萧红觉得没有太大的意思,印象也不深刻。祖母

---

① 萧红:《呼兰河传》,人民文学出版社,2018,第60页。
② 张秀琢:《重读〈呼兰河传〉,回忆姐姐萧红》,孙茂山主编《萧红身世考》,哈尔滨出版社,2003,第28页。

住的两间房子,摆设特别多。外间摆着朱砂瓶的大躺箱、放着座钟的地长桌、铺着红椅垫的太师椅。座钟的两边还放着帽筒,只是不挂帽子,却插着几根孔雀翎。她特别喜欢祖母帽筒子上的孔雀翎,觉得它有金色的眼睛,总想摸一摸,但有洁癖的祖母不让她动。祖母的躺箱上,雕刻了二十多个各种姿势的古装小人,喝酒、吃饭、作揖……成年之后,她才知道那是饮宴图。她很想走近看清楚些,刚上前几步,就被祖母制止了:"可不许用手摸,你的手脏。"躺箱上还有一个座钟,画了古装的大姑娘,好像是活的似的,老用眼睛瞪着萧红。祖父说,那是画的,她不会瞪人。祖母的里屋墙上还挂了一个洋式的钟,下面用铁链子坠着两穗可以打死人的铁苞米,里面有一个黄头发、蓝眼睛的小人,眼珠随着钟摆的响声转动。在祖父嘴里,她知道那个和自己不一样的小人,是毛子人。毛子人是东北人对所有欧洲种族人的称呼,小萧红从来没有见过真的欧洲人,以为所谓毛子人就是因为他们的头发是毛茸茸地卷着的缘故。祖母屋子里的三个钟,显然是她对现代文明时间的最早感觉;而不同装束的两个小人,则是对种族最初的体认。

　　张家的正房里,除了四间居室一间堂屋之外,北墙还隔出两个"道闸",即在居室里面隔出的暗室。因为正房是两进的深度,所以有足够空间可以间隔。一个道闸在西侧的内间的尽头,是萧红祖母的储藏间;一个道闸在东侧。是萧红母亲的储藏间。萧红母亲的那间储藏间有两个门,除了寝室中的一扇以外,西侧还有通向堂屋的一扇门。这个道闸横跨两间屋子的长度,有7.2米长,宽仅1.2米,是一个狭而长的长廊暗室。只有到下午太阳夕照的时刻,会从北窗户透进一点亮光①。这两个道闸中黑咕隆咚的,只有点着灯进去才能看清楚,成了萧红探险的地方。这两个储藏室装了各式各样的东西,坛坛罐罐、箱子柜子、筐和篓子,除了自己家的还有别人寄存的。每一个打开来,都有许多好玩儿的东西,而且关联着家族的往事与远

---

① 王连喜:《萧红故居建筑与文物综合考》,孙茂山主编《萧红身世考》,哈尔滨出版社,2003,第315页。

方亲人的信息。花丝线、各种颜色的绸子条、烟荷包、衣领、裤脚、马蹄袖、搭腰等等，都因为古色古香而让她觉得美观，这是她对色彩最初的感悟。箱子里面还常常会有翠蓝的耳环和戒指，她看见了就想要来玩儿，母亲就顺手扔给她一个。在桌子的抽屉里，则是一些小工具，她拿着小木刀到处乱砍，用观音土私下里乱画。她又发现了一把小锯子，就随身携带着，到处毁坏东西，吃饭的时候用来锯馒头，把自己的小木刀也锯坏了。有一次，在母亲狭长的道闸深处，发现一个小红玻璃灯笼，祖父给她擦干净点上蜡烛，她拎着在房子里跑了好几天，直到灯笼破碎为止。她又发现了一块奇怪的木板，祖父告诉她是印帖子的帖板，是开烧锅的时候发帖子用的，还用墨和西洋红颜料印了一些给她看。翻出清朝的帽子，她就戴在头上；翻出鹅毛扇子，她就拿着扇风。有不少东西是她出嫁的姑母们用过的，"这是你大姑的扇子，那是你三姑的花鞋……"某个东西是三姑还没生的时候就有了，某个东西是还没分家的时候曾祖父送的。萧红对她们全无概念，倒是在这些有来历的物件上，感到岁月的流逝，这是她对生命周期最早的感知，形成了她的第三种时间形式。还有的东西联系着伤感的家族记忆，比如某个物件来自别人家的馈赠，而这家人已经家败人亡了。有一个葡萄藤的手镯，是祖母年轻时戴的，看见旧物引起祖母对于惊险往事的回忆：有一年夏天，她抱着头生女儿回娘家，半路遇到土匪打劫，摘走了金耳环，没有要这个镯子。如若是金的银的，那该多危险，祖母不无侥幸地说。还有一些器物带给她无限神奇的感觉，让她接触了物理世界的丰富与精深。一包绿色的染料闪着金光，往哪里一抹哪里就绿了一片，像飞来一张树叶似的，实在好看，也实在莫名其妙。可以画出白色的观音粉，好像是白色的墨；一块叫作显微镜的圆玻璃，可以在太阳照射下点燃祖父烟袋里的烟；比牙硬不知多少倍的带坑四方铁块儿，可以放进榛子迅速砸开……这些东西有的被萧红玩儿坏了，有的玩儿过了就扔了，有的很快就被她玩儿光了。这些东西也打开了祖父祖母尘封的记忆，使他们在平板的生活中生出一线回忆的满足。尽管祖母骂她"小不成器的"，但是并不苛刻。这是她有记忆来的第一个冬天,没有感到十分的寂寞,但是终究没有后园好玩儿①。

萧红在《呼兰河传》中说:"等我生来了,第一给了祖父无限的欢喜,等我长大了,祖父非常地爱我。使我觉得在这世界上,有了祖父就够了,还怕什么呢?虽然父亲的冷淡,母亲的恶言恶色,和祖母的用针刺我手指的这些事,都觉得算不了什么。何况又有后花园!后花园虽然让冰雪给封闭了,但是又发现了这储藏室。这里边是无穷无尽的什么都有,这里边宝藏着的都是我所想象不到的东西,使我感到这世界上的东西怎么这样多!而且样样好玩,样样新奇。"可见,后花园和储藏室,是萧红童年的两个乐园。

在祖父的溺爱下,萧红的天性得到了充分的发展,是一个活泼、顽皮、机灵的孩子。由于难以忘却的针刺手指记忆,她对祖母生出反感,两个人的感情很淡漠。虽然祖母给她糖吃,她咳嗽的时候吃猪腰川贝母,也分给萧红吃,可萧红还是不喜欢她。萧红5岁的时候,有一次,祖母一个人坐在炕上熬药,药壶坐在炭火盆上,萧红趁祖母不注意,就用拳头在板壁上咚咚地打了两拳。祖母"呦"的一声,铁火剪子就掉在了地上。萧红一探头,祖母就骂起她来,好像就要下地来追她似的。萧红就一边笑着,一边跑了。萧红这样做,并不是为了报复祖母,只是觉得好玩②。萧红6岁的时候,她想要一个皮球,听大人说街里有卖的,就一个人偷偷走出家门,朝母亲领她去过的那家铺子走去。她从来没有一个人上过街,走出门后不远就迷路了。一位好心的车夫问明她的姓氏和父亲的名字,用马拉的斗子车把她送回家来。她头一回坐斗子车,觉得十分新鲜。她像大人一样坐在车后的长木椅上,对这种"探险"生活十分满意。车到她家门口的时候,她想起听祖母讲过的一个乡下人为了省钱,蹲在洋车上的故事。就蹲在车斗里,嘴里喊道:"乡巴佬蹲东洋驴子!乡巴佬蹲东洋驴子!"一不小心,从一米多高的车斗里跌落下来。祖父对她的丢失本来就很着急,又见她摔了下来,就把气发泄到车夫身上,不容分说就打了车夫一个耳光,不但不说一句感谢的

---

①② 萧红:《呼兰河传》,人民文学出版社,2018,第65页,第58页。

话,连车费也不给,就打发车夫走了。萧红看到这般情景,心里十分不快。她问祖父为什么要打车夫?祖父说:"有钱人家的孩子是不受什么气的。"①这件事情对她影响很深,成年后还写成文章,最早感受到社会阶级的差异、人和人之间的不平等,连祖父这样善良的人也不能摆脱贫富的偏见。所谓"乡巴佬蹲东洋驴子",是流传在东北市民中的一个笑话,传说一个乡下人进城,雇了斗子车,但是不坐在位置上而蹲在车厢里,到了目的地,他支付给车夫一半钱,车夫和他理论,他回答说,我蹲着,没坐你的车,就应该给一半。萧红肯定在家人的闲谈中听到过这个故事,所以,高兴起来,就模仿乡下人来吸引家人的注意。日后,她走上左翼文艺的道路,以表现乡土人生的苦难震惊文坛,艺术创作的灵感应该来自这最初的困惑。

萧红的母亲一心要把萧红培养成大家闺秀,对她的管束很严格。萧红稍大一点,她便常对亲人们说:"荣华这孩子,都让他们(指萧红的祖父和祖母)给惯坏了,说话都学着咬舌头了,可惯不得。"每年,姜玉兰都要带萧红到娘家住一两次,有时是三次。萧红的姥姥家正坐落在呼兰河最大的支流泥河的左岸。村庄的南山是一个漫平的山头,就像一个土馒头落在地面。北面也是类似这样的一座土山,但它南坡显得更陡一些,离这座山不远,在它的东南,有两汪明镜似的水,再旱的天,再热的天,据说也没有被晒干过,传说曾有一条龙落在这里,为了保护它不被晒死,当地的人几乎把水都挑干了,往它身上浇,这条龙终于活了下来。后来,它被一条小白龙救走了,从此,这里出现了两汪水,并没有再干过。因此,人们给这两汪水起了个名字:"双龙泉"。在双龙泉的东面,是东西走向的一条漫岗,叫作东山,它对面也是这样一条漫岗,叫作西山,它们之间有着深不可测的柳条沟相通连。萧红的姥姥家所在的姜家窝棚屯就坐落在北山脚下,因为是一个姜姓人家所首立,因此得名。姜家窝棚屯的正南面,不过十里的地方,就是呼兰境内最大最高的山——团山子。②

---

① 萧红:《蹲在洋车上》,《萧红全集·散文卷》,北京燕山出版社,2014,第44页。
② 李重华、曹桂珍:《萧红外传》,李重华主编《呼兰学人说萧红》,哈尔滨出版社,1991,第298页。

童年萧红在姥姥家度过了不少快乐的时光。她刚会说话,姥姥就问她想吃什么?她说她爱吃苞米楂子煮芸豆,姥姥就为她做了这样的饭。聪明伶俐的小萧红,把芸豆挑出来,用小细棍儿穿起来,放在屋外冻硬了再吃,说是小冰糖葫芦。可见,她是一个富于想象力的孩子,而且模仿能力也很强。她在外婆家经常玩儿的是"嘎拉哈"(大概是满语,猪、羊腿上的关节骨,关里汉族称之为"拐"),这是民间女孩儿的传统玩具。有的时候是和姜家的表姐妹们一起玩,有的时候是自己玩儿。她还喜欢剪纸,这也是民间女工的重要内容,大概是受到母亲和其他女性亲属的影响。她独创的一个游戏,是用"嘎拉哈"摆成城墙,剪些纸人去攻城。她对姥爷说,自己摆的是天门阵,她是穆桂英,能破天门阵。可见民间的女英雄传奇,也自小滋养着她的心灵,她的想象世界中具有与众不同的自我镜像,而且富于创造力。姜大先生摸着她的头说:"小荣华,看你的心劲,将来肯定错不了。"萧红6岁这一年的瓜秋,像往年一样,她又随同母亲来到了姥姥家。这次来,她带来了一个小纸盒,里面装满了字块。这是父亲为她准备的,让她识字。这时候,她的祖父已经为她起了"张秀环"的学名。"环"字正好和她二姨的名字"姜玉环"重了一个字,二姨便执意要她改名。姜大先生便认真起来,先查《康熙字典》,再翻《说文解字》,终于给她起了一个名字,叫"张迺莹",也就是如玉之莹的意思。"迺"通"乃",是"秀"字的下半部,"莹"含"玉"字,都合乎东昌张氏族谱的旧规。从此,小荣华就以"张迺莹"的名字,为其他的人所知了。

再大一些,在姥姥家,萧红又结识了一批小伙伴儿。夏天,经常跟着他们在山上四处乱跑。还到双龙泉去抓蛤蟆,抓到之后,拧下蛤蟆的大腿,剥开外面的皮,撒上一点盐,看那蛤蟆的大腿肉一跳一跳的,像是活了一样,让萧红感到无限的新奇。小伙伴儿们用麻果叶包上蛤蟆腿,缠上麻批子,放进火里烧熟,吃在嘴里喷香。①姥姥家的经历无疑开阔了她的眼界,滋

---

① 李重华、曹桂珍:《萧红外传》,李重华主编《呼兰学人说萧红》,哈尔滨出版社,1991,第298页。

养了她的心灵,她早期作品中所有以山地为背景的内容,都与她这一时期的见闻分不开。她在日本的时候,曾经计划写一篇长的童话,终于因为对于民间生活了解不够而放弃,大约是以童年在姥姥家与小伙伴的游戏为题材。在生命接近终点的时候,她还计划写一部表现移民开发北大荒的长篇《泥河传》,就是以姥姥家附近的河命名,当为她的母系家族史。

萧红所生活的呼兰,是一个民间活动非常多的地方。作为历史上萨满教盛行的地区,在历次的政治文化动荡中,万物有灵的泛神信仰的宇宙观,已经随着大量满族的内迁和其他原住民的消逝,退居到偏僻的山林中,坚船利炮推动着登陆的西方科学理性与基督教的信仰也覆盖了现代都市的思想空间,只剩下了跳大神的仪式被贫困而缺医少药的底层移民社会所接受,用来祛病禳灾,更多的功能则是心理治疗。在东北乡间,跳大神通常是为了治病,一般的老百姓有了小灾小难,都找跳大神的人来治病。大神通常是女的,陪伴在一旁的二神则是男的。大神打着鼓又唱又跳,二神则在边上对答如流。两个人配合默契,呼风唤雨。跳大神一般是在天黑的时候开始,半夜时分送神归山。那时,鼓声敲得分外响,使夜显得特别凄凉。童年萧红听到鼓声便生出"人生何如"的感叹,可见是一个敏感而富于艺术感觉的孩子。每当有人家跳大神的时候,男女老幼都前去看热闹,成为一种群众性的娱乐活动。其次,则是农历七月十五盂兰盆会。每当这个时候,呼兰河上就要放河灯。和尚、道士吹着笙、管、笛、箫,穿着描金大红缎子的褊衫,在河沿上打起场子来做道场,乐声传出老远。七月十五是鬼节,放河灯是为了让鬼托生。这是一项民间的祭祀活动。呼兰的说法是,这夜出生的孩子是不吉利的,是野鬼托着莲花灯投生来的。这样的孩子,长大以后不被父母所喜欢,婚嫁时要隐瞒生日。每年放河灯的时候,都有成千上万的人前去观看,要一直闹到夜半三更。其三,则是唱野台子戏。一般是为了收成好,或是求雨有效,用这种方式感谢天地。通常,一唱就是三天。这也是呼兰的一种节日式的盛事,是老百姓探亲访友的好机会。每当台子搭好的时候,呼兰城里的人就要接亲戚唤朋友,在一起团聚几天。甚至也是说媒相亲的时机,通常是通知男家不通知女家,叫作偷看。而女孩子们去看野台子戏的时候,通常都打扮得很漂亮。周围的老百姓,每当这个时候,都赶着车骑着马从四面八方赶来,各种各样的小买卖也在台下支起小摊。总之,是难得热闹的日子。其四,是四月十八娘娘庙大会,也是为着祭祀鬼神。赶庙会的俗称"逛庙",以女子来得为多。娘娘庙在北大街,老爷庙和娘娘庙离得不远,但那些烧香求子求孙的人,以为阴间也一样的重男轻女,所以总是先到老爷庙打过钟,磕过头,而后才上娘娘庙去烧香。老爷庙供的是关公,娘娘庙供的是道教的碧霞元君。以上这些民俗,都是为了敬神祭鬼的,只有跳秧歌是为活人预备的。正月十五的时候,正是农闲的时节,化装成各式各样的人物,男人扮成女人,装得滑稽可笑。舞狮子、耍龙灯、走旱船,都是这个时候的节目。① 这些民间风俗,使萧红认识了乡土社会的精神生活方式,它的艺术形式也熏陶了萧红,使幼小的萧红得到艺术的启蒙,成为她创作的重要素材。

萧红童年的世界是分裂的,父系和母系一城一乡,在父亲家是被忽视冷落的,在姥姥家是被大家宠爱的。就是在自己的家中,她的世界也是分裂的,首先空间是分裂的,后园和正房形成两项对立:后花园是自然和自由的象征,正房则是文明与文化制度的象征。这样的分裂与对立,培养了她对时间的独特感觉,自由与不自由都是和季节联系在一起的,对于时序的感觉是她对于时间最早的领悟;在祖母的房间中看见的钟表,是对现代文明时间形式的最早认知,尽管是和其他各种器物摆放在一起,但是象征着十九世纪二十年代小城乡绅之家维新的倾向,也是她一生跋涉的基本方向。而贮藏室里杂七杂八的陈年旧物与祖母安然的回忆,使她只鳞片羽地了解了家事,也接触到家事所连接的衰败中的传统文化,这是所有孩子进入历史的最初门径,而对于包孕在生命周期中历史时间的最初感悟,是她得以进入文学殿堂最重要的时间形式。其次,她的情感世界是分裂的。她

---

① 萧红:《呼兰河传》,人民文学出版社,2018,第37页。

活泼好动,好奇任性。父亲、母亲对她管束很严,祖母对她很苛刻,萧红对他们都没有什么感情。只有祖父的溺爱,使她感到人间的温暖。善良、温暖与冰冷、憎恶,是分裂的情感世界中价值天平的两极,也是促使萧红反叛而早熟的契机。

在成名之后,她写道:"可是从祖父那里,知道了人生除掉冰冷和憎恶而外,还有温暖和爱。""所以我就向这'温暖'和'爱'的方向,怀着永久的憧憬和追求。"[①]

[①] 萧红:《永久的憧憬与追求》,《萧红全集·散文卷》,北京燕山出版社,2014,第233页。

第四章
祖母死了之后

萧红7岁那年,她的祖母范氏病重。范氏喜欢吃韭菜馅的饺子,后花园种了不少韭菜,"可当韭菜长起来时,祖母就病重了,而不能吃这韭菜了,家里别的人也没有吃这韭菜,韭菜就在院子里荒着。"[①]萧红的祖父张维祯和祖母有三个女儿,大女儿嫁到双城县城王氏家,二女儿嫁到呼兰县双口面屯韩氏家,三女儿嫁到伊通县四台子屯齐氏家,去世很早。听到母亲病重的消息,大女儿和二女儿都带着孩子赶回呼兰家中,张家大院立即热闹起来。

二姑母还是坐着自家的骡子车来的,拉车的骡子挂着金属的铃铛,哗哗啷啷地响着,车停在了正房的窗前。车上第一个跳下来的是二姑母的儿子小兰,比萧红要高一点,祖父让萧红叫他兰哥。萧红终于有了一个年龄相近的伙伴,很快就熟悉起来,把他带到后花园去玩儿。她指点着各种花草,告诉兰哥草木的名字和果树的情况。有些不等她说完,兰哥就说出结果,这使她心里生出嫉妒,觉得花园是自己和祖父的,其他的人应该一无所知才对。她和兰哥简短问答之后,知道他前年来过,还送了萧红一个毛猴子。当时,萧红抱着毛猴子跑,跌倒了就哭了。对于这些事情,萧红已经全无印象。但是,觉得他送了自己毛猴子,是友好的表现,就不再嫉妒生气,

---

① 萧红:《呼兰河传》,人民文学出版社,2018,第67页。

从此天天在一起玩儿。兰哥比她大3岁,已经在学校读书了。他带来了几本小画书,晚上就拿出来,在煤油灯下给萧红看。书上有大山、河流、天地、牛、羊、剪刀、短刀、小人、房子……萧红有一盒看图识字的小画块儿,也拿出来给兰哥看。从此,他们整天在一起玩儿,对祖母的病一点也不知道,只看到祖母穿上了满身的新衣服,好像要出门做客的样子。

家里又来了好多亲戚,更加热闹了。家人已经在为祖母准备后事,忙得一塌糊涂,但萧红不知道他们在忙些什么。只看见有的拿了些白布撕,旁边的人拿着白布缝。还有的把一个小罐装了米,罐口蒙上红布。还有的在后园门口拢起火来,在铁勺里面炸面饼。小萧红好奇地问是什么?她们回答说是打狗饽饽,人到阴间有十八关,过到狗关的时候,狗就上来咬人,用饽饽一打,狗吃了饽饽就不咬人了。大约是觉得这些事与己无关,家里的人越多,萧红就越寂寞。她走到屋里,问问这个,问问那个,一切都不理解。祖父忙于各种杂事,也似乎把她忘了。她从后花园捉了一只特大的蚂蚱,拿给祖父看,祖父连看也不看,敷衍着说,真好真好,到后园玩儿去吧!连新来的兰哥也不陪她玩的时候,萧红就一个人在后园里玩。

祖母已经死了,到土地庙报庙的人已经回来了,而萧红还在后园里面玩儿。报庙的风俗来自道教的观念,形成民间社会鬼魂的信仰。民间认为,人死了以后,鬼魂暂时在土地庙中栖身,要由道士做超度仪式,由长子端着灵位,随敲锣打鼓的道士前往土地祠,向一方保护神土地爷报告,并燃放香火、燃烧纸钱、摆放供品致祭,还要由道士做一项专门的法事。这样一大套程序下来,费时大概不少,自然没有人顾得上萧红。她很寂寞,一个人在后园,天下雨了,她想进屋去拿草帽。看到酱缸帽子,就想酱缸帽子那么大,遮起雨来一定比草帽更好。于是,她把酱缸帽子从缸上翻下来,好不容易钻了进去。酱缸的帽子很大,差不多和她一样高,像小房子一样扣着她。她吃力地顶着很重的酱缸帽子,一路摸索着来到了后门口,她是想顶给祖父看看的。她家的后门槛特别高,萧红费了好大的劲才算走了过去。虽然进了屋,但仍不知道祖父在什么方向,于是她就大喊起来。萧红的父亲作为一个过继嗣子,对于养母的丧事必须严阵以待,不能出任何差池,否则就要被人指责不孝、没良心等等,甚至受到乡规家法的制裁。特别是对养母的娘家人,尤其需要周到,否则就会引出无法承受的讨伐。他在连日的紧张忙乱中着急上火,正烦躁不堪,一怒之下,一脚踹向小萧红,差点没有把她踢到灶口的火堆上去,酱缸帽子也在地上滚着。这对于一个孩子来说,自然是一个很大的惊吓与刺激,以至于她终生难忘,与父亲的隔阂与敌意也更深。等家里人把她抱起来之后,萧红才看见满屋的人都穿着白衣服。祖母不是躺在炕上,而是睡在一张长板上。她这才知道祖母已经死了。

这一天是7月9日,农历五月二十一日。不久,祖母入殓,尸体被放进了棺材里。老祖父默默地流着眼泪,半天滴下一滴,顺着满是皱纹的眼角流下来。父亲张廷举没有哭,也没有流眼泪,只是要在来客面前,不时地到棺材前面磕头。①小萧红看着他们,并不理解其中的含义。

祖母死了之后,萧红家里陆续又来了许多亲戚,有的拿着香、纸,到灵前哭了一阵就回去了,有的就带着大包小包地住了下来。大门前吹着喇叭,院子里搭了灵棚,哭声终日,一连好多天。还请了和尚道士吹吹打打,一闹闹到半夜。来的人都在吃、喝、说、笑,萧红也觉得好玩,便又高兴起来。她家来的亲戚中有四五个小男孩儿,有的比她大,有的比她小。萧红以前从来没有小伙伴,现在有了这样多,自然高兴异常。她跟着他们上树爬墙,几乎连房顶也要上去。那几个孩子胆子都比萧红大,他们带萧红到小门洞顶上去捉鸽子,搬了梯子到房檐头上去捉家雀。萧红跟着他们到井边,从井沿往里面看。冲着里面大声喊叫,听里面的回音。用小石头往下投,传出很深远的响声。他们还带萧红到粮仓里面去,到碾磨房去,萧红大概第一次这样深入地熟悉自家的院子。张家大院的规划设计,一开始就具备了东北旧日小农经济殷实之家所需的全部设施,从加工到储藏一应俱

---

① 李重华、曹桂珍:《萧红外传》,李重华主编《呼兰学人说萧红》,哈尔滨出版社,第298页。

全。他们甚至还把她带到街上去,萧红离开大人,从来没有走到离家这样远的地方,觉得很新奇。由此知道了除去后花园,还有更大的地方。她在心里暗自想着,是不是将来我一个人也可以走得很远?

有一天,他们把萧红带到南河沿上去了。虽然离家只有半里地,但萧红从来没有去过,所以觉得实在很远。走过一个黄土坑,又走过驻军的南大营,南大营的门口有兵把守着。她觉得那营房实在大得不应该,走过之后还回头去看。路上有一家人家把花盆摆到墙头上,萧红觉得这不大好,若是看不见让人家偷去呢?还看见一座小洋楼,比自己家的房子不知道要好多少倍。她第一次看见了河水,她不知道这河水是从哪里来的,走了几年了。她抓了一把沙子抛下去,那河水并没有因此脏了一点点。河上有船,有的往东,有的往西,也有的划到河对岸。对岸没有人家,只有一片柳树条的丛林。再往远看,就不知道那是什么地方了,萧红想是不是将来我也可以到那没有人的地方去看一看?她越想越不明白,可见自己不知道的一定还有。"所以祖母死了,我竟聪明了。"①

有了这一次结伴玩耍的快乐经历,小萧红不再满足后花园的天地,渴望走向更广阔的未知世界。她也不再满足仅仅和家人在一起,渴望寻找同龄的伙伴。从此以后,萧红就走出了自己家的四面高墙。她经常偷偷地走出角门,结识了一批穷孩子,和他们一起玩儿。有的时候,还拿了家里的馒头、红枣、鸡蛋,与小伙伴们同吃同乐。②母亲姜玉兰发现之后,就要打她。但是,她仍然经常拿家里的东西,和小朋友一起吃,一起玩儿。她已经初省人事,对家里的人际关系有了初步的疑惑。在一个落叶的深秋季节,后花园已经荒凉了,没有什么好玩儿的,百无聊赖之中,她就到母亲道闸中翻找好玩儿的东西。爬上房顶的时候,发现了一个装着黑枣的琉璃罐子,高兴地拿着下到地面,就吓了一跳。她看见有二伯在翻找东西,把红绸椅

---

① 萧红:《呼兰河传》,人民文学出版社,2018年,第73页。
② 王化钰:《萧红家事及其青少年时代》,孙茂山主编《萧红身世考》,哈尔滨出版社,2003,第151页。还可参见萧红小说《家族以外的人》。

垫子打好了捆,还拿了一个铜酒壶。一老一小,两个人各揣同样的心事,彼此对峙了一会儿,简短问答之后就达成了默契,萧红又从门边的筐里抓了四五个馒头,顾自跑了出去。有二伯偷东西家人皆知,也因此代人受过,家里一丢了东西,就赖上有二伯。老厨子偷的、萧红偷着拿出去玩儿的,都被赖在有二伯的身上。有些忘了放置地点的东西,也怀疑是有二伯偷的。萧红对有二伯的终身惦念中,有感情的深厚记忆,也有愧疚和不平。

她孤独、寂寞的童年基本就结束了,萧红已经走出了冷漠的家,开始寻找伙伴了。这是最初的尝试,逃离家庭是她成长过程中最基本的冲动。她一生都渴望生活在朋友当中,但是,战争、家庭的变故与情感的挫折,都使她的一生"总是一个人走路",历史没有给她提供克服孤独境遇的条件。这也是一种宿命,是无法抗拒的人生定数。而且,人从基本的处境来说,都是孤独的。

不知是什么时候,祖父和祖母搬到正房东两间的里间居住。7岁这一年,萧红出生的东两间外屋,则成为全家进餐的地方,晚上是有二伯和老厨子的卧室。后来,祖父和祖母又搬到西侧的里屋居住,祖母死了之后,祖父张维祯又从西两间的里屋搬回东两间的里屋。东侧成了老年男人居住的地方,而张廷举和妇孺则居住在西侧房间。大约是怕祖父孤单,也是为了躲避父母的管束,萧红闹着搬到祖父的房子里住。祖父就教她念诗,早晨念,晚上念,半夜醒了也念。念一阵,困了再睡去。祖父教一句,萧红就念一句。祖父教的是《千家诗》,并没有课本,全凭口头传诵。萧红对诗的意思并不理解,只觉得念起来的声音很好听,所以很高兴地跟着喊。她喊的声音,比祖父的声音更大,五间房都可以听见。祖父怕她喊坏了喉咙,常常警告着她说:"房盖被你抬走了。"听了祖父的笑话,萧红略微笑了一会儿,很快就又喊起来了。夜里也照样地喊,母亲吓唬她,说再喊她就要打她。祖父也说:"没有你这样念诗的,你这不叫念诗,你这叫乱叫。"但萧红觉得这乱叫的习惯不能改,若不让她叫,她念它干什么呢。每当祖父教她一首新诗,她一开头要是听着不好听就说:"不学这个。"祖父于是就换一个,换一个不好,萧红还是不要。祖父念道:"春眠不觉晓,处处闻啼鸟。夜来风雨声,花落知多少。"她很喜欢这首诗,一念到第二句"处处闻啼鸟"那"处处"两字,就高兴起来了。觉得这首诗实在好,真好听!还有一首她更喜欢的:"重重叠叠上楼台,几度呼童扫不开。刚被太阳收拾去,又为明月送将来。"她根本不明白是什么意思,把"几度呼童扫不开",读成"西沥忽通扫不开"。越念越觉得好听,越念越有趣味。每当客人来了的时候,祖父总是让她念诗,她就总是念这一首。而且,她明白诗的意思之后,也照样误读,客人不知听懂了没有,只是点头说好。可见萧红对于诗歌最早的接受是从语音开始的,对音韵的最初感觉则是从双声叠韵开始。她大声喊叫的深层心理,大约也有驱除"人生何如"的悲凉感和对抗凄凉夜晚的无边恐惧。一到黄昏,整个呼兰小城就沉入了沉寂的梦乡。夏秋之际只有如期而至的大黑乌鸦呱呱大叫着飞过县城的头顶,个别没有睡的孩子嚷着儿歌:"乌鸦乌鸦你打场,给你二斗粮⋯⋯"乌鸦最终飞到哪里去,为什么要给它二斗粮?在荒野一样只有天籁的夜晚,唯有高声叫喊可以缓解一个早慧的小女孩儿,在孤独与寂寞中所有无法释解的疑问。

  念了几十首之后,祖父开始给她讲诗:"少小离家老大回,乡音无改鬓毛衰,这是说家乡的口音还没有改变,胡子可白了。"萧红问祖父:"为什么小时候离家?离家到哪里去?"祖父说:"好比爷爷像你那么大离家,现在老了回来了,谁还认识呢?儿童相见不相识,笑问客从哪里来。小孩子见了就招呼着说,你这个白胡子老头,是从哪里来的?"萧红一听觉得不大好,赶快就问祖父:"我也要离家吗?等我胡子白了回来,爷爷你也不认识我了吗?"她的心里很恐惧,可见她对失去家园有着本能的危机感,而最终客死异乡的命运也来自这多少带些预感的童年恐惧,和逃离家庭的基本冲动互为表里,这是萧红乡土情结矛盾着的两个方面。她至今主要是以乡土作家的身份进入文学史,这复杂的乡土情感激发的乡愁是最主要的灵感之源。祖父一听就笑了:"等你老了还有爷爷吗?"祖父说完,看萧红还是不高兴,他又赶快说,"你不离家的,你哪里能够离家⋯⋯快再念一首诗吧!念春眠不觉晓……"萧红一念起"春眠不觉晓"来,又是满口的大叫,得意极了。高兴起来,什么都忘了。但从此再念新诗,一定要先讲,没有讲过的也要重讲。她大嚷大叫的习惯似乎稍稍好了一点。"两个黄鹂鸣翠柳,一行白鹭上青天。"这首诗本来萧红也很喜欢的,黄梨是很好吃的。经祖父这一讲,说是两个鸟,于是就不喜欢了。"去年今日此门中,人面桃花相映红。人面不知何处去,桃花依旧笑春风。"这首诗祖父讲了萧红也不明白,但是她喜欢这首。因为其中有桃花,桃树一开花不就结桃吗?桃子不是好吃吗?所以每念完这首诗,萧红就问祖父:"今年咱们的樱桃树开花不开花?"①这个时候的萧红,对于视觉形象还没有欣赏的能力,处于懵懂的混沌状态。从此,萧红变得安静,念诗时不再大喊大叫,对中国古典诗词发生了浓厚的兴趣。这是她最早的文学启蒙,对她以后写作《呼兰河传》这样散文诗式的抒情小说,奠定了音律节奏的基础,应该归功于老祖父最初的启蒙。

这个时期的萧红,还很喜欢吃。有一天,一只小猪掉到了井里,人们用抬土的筐子把小猪从井口吊了上来。此时,小猪已经死了,祖父要了过来。他用黄泥把小猪裹了起来,放在坑里烧好了,给萧红吃。萧红觉得自己从来没有吃过那么好吃的东西。第二次,又有一只鸭子掉井里了,祖父也用黄泥包起来,烧好了给萧红吃。萧红觉得鸭子比小猪更好吃,因为那肉不怎样肥。这次吃鸭子的印象非常之深,之后等了好久,也不见鸭子再掉进井里。萧红馋得不行,看井沿有一群鸭子,就拿了秫秸秆将它们往井边赶。可是鸭子不进去,围着井口转,而且呱呱地叫着。萧红就招呼在旁边看热闹的小孩子来帮忙。祖父来了,问她在干什么。萧红说:"赶鸭子,鸭子掉井,捞出来好烧吃。"祖父说:"不用赶了,爷爷抓个鸭子给你烧着。"萧红不听祖父的话,还是追在鸭子后面跑着。祖父上前来把她抱在怀里,一面给她擦汗一面说,"跟爷爷回家,抓着鸭子烧上。"萧红想,不掉井的鸭子,抓都抓不住,可怎么能规规矩矩贴起黄泥来让烧呢?于是她从祖父的

---

① 萧红:《呼兰河传》,人民文学出版社,2018,第75页。

身上往下挣扎着喊:"我要掉井的!我要掉井的!"祖父几乎抱不住她了。这是萧红最后的童年记忆,"小儿无赖"般的撒泼,是拒绝成长的心灵记录。

无论怎样的拒绝,成长都无法逃避,祖父讲的诗歌内容也启发了她对人世的感受力。她已经会观察评价身外的世界,这世界是从自家的环境和房客的生活状态开始。荒凉是她对世界最早的感觉,夏天茂密的蒿草,高到大人的腰,雨中一片迷蒙,到处扔着废旧的农具、木槽子、破损的陶器和建筑石料,还有沙土砖瓦。带瓦花的七间大门楼内容已经空虚,门窗都已经破损不堪。用作粮仓的三间,耗子成群结队,麻雀也飞来就食;租给养猪人家的三间,里里外外都充斥着臭气,远近都可以听到猪的叫声、人的吆喝声和敲打猪食槽子的响声。三间碾房也出租给养猪人家,彻夜工作的磨倌打着单调的梆子,带给人无尽的凄凉。三间歪斜的草房则租给了漏粉的人家。每到雨后,房顶上就会长出蘑菇。带给漏粉人们意外的快乐,像是发了一笔露水财,给他们苦多乐少的艰难生活平添了荣耀,也引起其他人的艳羡。草房在不断倾斜,支柱越来越多,他们却满不在乎,只说房子在走,晚上照样拉着胡琴、打着梆子唱着秦腔《叹五更》。这些贫苦的房客,一生只是想吃饱了、穿暖了,但从来没有吃饱穿暖过。逆来的,顺受着,一辈子也没有过顺来的时候。粉坊旁边小偏房里,住了一户三代同堂的赶车人家,父慈子爱、兄弟和顺、家风严谨、吃苦耐劳。在家一盆火,出外父子兵,成为发家致富的理想模式,受到邻人们的羡慕。孝顺的儿媳,也成为女性的楷模。儿媳们经常为生病的老太太跳大神,从傍晚到夜半,大神和二神随着鼓声一问一答说仙道鬼,更是苍凉、幽眇,让人不知今世何世。

在这样荒凉的景物和人世场面中,童年萧红的日子是随着季节,每天不断地重复。天未明,鸡先叫,梆子还没停,天就发白了,乌鸦也叫着飞来了。祖父一醒,她就让祖父念诗讲诗,每讲必是"春眠不觉晓……"住在外间的老厨子就起来,咳嗽着担起水桶去挑水,井绳哗啦啦地响着,然后是刷锅的声音……整个早晨,全家都没有起来,萧红和祖父念诗,要一直念到太阳出来。祖父催促她起来,她总是说再念一首吧。然后,仍然是赖着不起,每天都这样纠缠不清地闹一阵儿。终于走出居室,太阳的万道金光已经照进院子。她蹦蹦跳跳地随了祖父去放鸡、放鸭,大黄狗摇着尾巴跟在她的后面。鸡鸭叫着跳出来,抢着啄食通红的高粱粒子和金黄的苞谷粒子,那是祖父撒给它们的。她和祖父回到正屋,在小桌上吃早饭。早饭通常是汤米饭加白糖,萧红不肯吃,偏要吃烧苞米,祖父只好领着她到后园,蹚着露水掰了一穗苞米,让老厨子烧上。老厨子烧好苞米的时候,她已经吃了两碗多白糖汤米饭,完全饱了,吃了几粒苞米,就说不好吃,就把剩下的拿去喂大黄狗。墙外挑着担子的小贩走着叫卖,吆喝着各种吃食与蔬菜。家里越发显得冷冷清清,只有满院子蒿草中的虫子在叫着,直到中午,院大人少,家便终日静悄悄的。就是到了秋天,蒿草中开出了蓼花,引来成群的蜻蜓蝴蝶,不但不觉得繁华,反而增加了荒凉寂寞的感觉。

　　童年在迅速地逝去,无论她怎样抗拒,都无法回避成长的苦难。最直接的三件事,是童年落幕的最后场景。其一,是小团圆媳妇的死,其二,是有二伯的遭遇,其三,是磨倌冯歪嘴子一家的命运。

　　赶车的老胡家的童养媳,无疑是寂寞的小萧红喜欢的人物,虽然由于婆家的管束不能过多亲近,但是在水井边偶然相遇的寥寥数语,也给她留下温厚的印象。她仅仅因为长得高大、不知羞而遭毒打,病了以后又请神问道吃偏方,被以各种善良的名义虐待,终于在光天化日之下被赤裸着放在水缸里用开水烫死。蒸蒸日上的胡家也因此疯的疯、逃的逃,家败人亡彻底败落。这样的惨剧显示了无知与愚昧的巨大能量,眼看着一个活生生的小朋友被迫害致死,对于她心理的影响是深刻的。小团圆媳妇的哭声衬托在萧红和祖父朗朗读诗的声音中,祖父对胡家的评价也体现着一种知识素养形成的文化价值,由此也分割出两项对立的文化精神空间,只是力量的悬殊不成比例,一如呼兰河城中小学校等现代文化的萌芽,陷落在大泥坑所象征的古旧生存中的强大信仰力量一样,理性是脆弱的。

　　萧红幼年依恋的有二伯是张家多年雇佣的家人,他在贫困无望的生存状况中,孤独得只有和自然物对话,遭到毒打之后求死不得反倒落下话柄,唯有旧年护宅的功绩成为支撑一生的精神支柱,在主人家卑微的尴尬地位也消解在"有二爷"一类空头名号的虚荣中,唯一不能释怀的是没有子嗣的身后恐惧。他所有的反抗都无法动摇坚如磐石的社会制度,唯一可以缓解精神压力的就是话语的释放,这种柔性的反抗也有节制地停留在对身份的自我约束中,每每还成为别人的笑柄。

磨倌冯歪嘴子是张家房客王四掌柜的雇工,他与王大姑娘非婚的恋爱,成为众人耻笑的话题。王大姑娘无疑也是小萧红童年喜欢的人物,她的质朴健康体现着生命的自然活力。但是,在保守势利的乡土社会,却引来无聊乡人话语的精神绞杀,由以人见人爱的乡村佳人变成了一个人人唾骂的野老婆。贫富阶级的势利心理使人们质疑好好的一个姑娘为什么不嫁给有钱人,妇道的封建礼教使她成为众矢之的,被各种谣言包围着,而东家则从愚昧的巫术观念出发诅咒她破了风水……冯歪嘴子在贫贱中默默生存,妻子死了,孩子还很小。所有人都恶毒地等着看他笑话,他却满怀希望坚韧地活着。这些平凡而惨烈的人世悲剧,使萧红的童年过早地结束了。

从萧红自述的这些情节,也可以看出,在祖父的庇护下,萧红的性格得到了充分的发展,几乎是为所欲为。据她的亲属回忆,童年萧红比男孩子还要淘气,比如,一边往梯子上爬,一边往下拉屎,还大声地喊叫:"爷爷,我下蛋了!"七八岁的时候,还跳墙、爬树、尿裤子[①]。正民间所谓"七、八、九,嫌似狗"。这倒验证了心理学家证明过的一个"公理",男人女性化与女人男性化,是创造性思维的源泉。一般来说,比较平等、开明的文化家庭,就容易产生性格随和的男人和意志坚强的女人。萧红活泼好动、自由、骄纵的性格,是比直接的文化教育更深刻地影响了她的艺术思维,实际上,她的一生都保持了儿童的天真烂漫,特别是顽童爱自由的天性与顽皮、幽默。这是她的文学通往永恒人性理想的心灵之窗,也是所有被文化压抑而枯萎

---

① 李重华、曹桂珍:《漫论萧红》,《呼兰学人说萧红》,哈尔滨出版社,1991,第1页。

的生命内心深处潜藏的诗性源头。这个源头在一代又一代的人生延续中,流淌着鲜活的生命汁液。

至此,萧红经历了文字的启蒙、音律的启蒙和人世的启蒙之后,随着岁月的流逝满怀忧伤地脱离了天真无邪的童年时代。这是她失去天堂的完整过程,也是她进入社会和文化制度的起点。从此,她就要在更严酷的规训中,为了生存发展挣扎,所有的童年记忆都成为主题的动机,在流亡与回望中展开,以自己的方式完成诗性的文学表述,使苦难的生命焕发出绚丽的光彩。

第四章 祖母死了之后

第五章
母亲之死与继母过门

民国八年,即公历1919年夏,五四运动爆发不久,萧红住在河西的二姑老韩家,家中着了一把大火,烧得片瓦不存。二姑家的日子没法过了,便拖儿带女地投奔到张家来。这一年,姜玉兰的婆婆、萧红的祖母去世还不到三年,也就是说姜玉兰持家还不到三年。张家的日子过得好坏,是兴旺发达,还是没落衰败,全看姜玉兰这个当家人了。在婆婆去世之后,她的能力充分施展开来,把家打理得井井有条,而且勤俭度日,很快在正房的东侧盖起了三间厢房。韩家全家破产而来,给她的精神自然带来极大的压力。而这两口子,又抽大烟,到这步田地,仍然恶习不改,这更使姜玉兰暗中生气。她秉性刚强,家中来了两个烟鬼,看在老爷子的面上不便说什么,每天都得强装笑脸,这更使她毒火郁结于心,不得外溢,结果病倒了。谁知这一病就没有再起来,张廷举请了多位医生来看,也不见起色。等到姜大先生得知女儿病重,赶到呼兰来探望她的时候,她已经血凝心窍,不省人事,张家开始为她料理后事了。①姜玉兰得的大概是心血管的急症,所以很快就不行了。

---

① 李重华、曹桂珍:《萧红外传》,李重华主编《呼兰学人说萧红》,哈尔滨出版社,1991,第295页。又一说是感染急性传染病患虎烈拉(霍乱)身亡(见王化钰《萧红家事及其青少年时代》,《呼兰学人说萧红》,哈尔滨出版社,1991,第28页)。霍乱是肠胃道的恶性传染病,有腹泻、呕吐等症状。张家没有其他人染病,因此不大可能是霍乱。曹革成在《我的姊姊萧红》中说是肺结核,姜玉兰死得突然,不像是慢性病肺结核。《东昌张氏宗谱书》记载因"瞿疫"而亡,也说是传染病。大约是怕姜玉兰的娘家人追究死因,故隐瞒真实的病因。根据萧红的描述,更像是心血管方面的急症。所以采用此说比较合理。

萧红在《感情的碎片》中,这样回忆母亲去世的情景:

……一看到这样的眼睛,又好像回到了母亲死的时候,母亲并不十分爱我,但也总算是母亲。她病了三天了。是七月的末梢,许多医生来过了。他们骑着白马,坐着三轮车,但那最高的一个,他用银针在母亲的腿上刺了一下,他说:

"血流则生,不流则亡。"

我确确实实看到那针孔没有流血,只是母亲的腿上凭空多了一个黑点。医生和别人都退了出去,他们在堂屋里议论着。我背向了母亲,我不再看她腿上的黑点。我站着。

"母亲就要没有了吗?"我想。

大概就是她极短的清醒的时候:

"……你哭了吗? 不怕,妈死不了!"

我垂下头去,扯住了衣襟,母亲也哭了。

而后我站到房后摆着花盆的木架旁边去。我从衣袋取出来母亲买给我的小洋刀。

"小洋刀丢了就从此没有了吧?"于是眼泪又来了。

花盆里的金百合映着我的眼睛,小洋刀的闪光映着我的眼睛。眼泪就再没有流落下来,然而那是热的,是发炎的。但那是孩子的时候。……

8月26日,萧红的生母姜玉兰去世了。从发病到去世,前后只有一个月左右。张廷举竭尽财力发送姜玉兰,为她买了描金的大棺材。装殓之后,他捶棺痛哭,说姜玉兰心狠,闭眼一走倒轻松,三个孩子扔给谁呀?! 萧红也跪在棺材前面哀哀地哭,知道再也看不到母亲了。父亲张廷举摸着她的头说:"我的苦命的孩子……"[1]表现出少有的温和,父女关系在那一瞬

---

[1] 李重华、曹桂珍:《萧红外传》,李重华主编《呼兰学人说萧红》,哈尔滨出版社,1991,第295页。

间是无比深挚的。自幼丧母的张廷举,少年过继给别人,才到中年又痛失爱妻,原本孤苦的处境更加艰难,精神受到严重刺激,陷入极度的沮丧,心理的创伤影响了他的性格,经常暴露出理智无法约束的暴戾与刚愎自用。这是母亲死了以后,萧红要直接面对的暴虐家长,也是父女关系一直不甚和谐的根本原因。

张家立即失去了秩序,没有主妇的家庭,肯定是一片混乱。三代同堂家庭的日常生活,靠张廷举一个人无论如何也无法支撑。他当时是呼兰初高两级小学校的校长,既要工作,还要打理家政,照顾老人孩子。饮食可以由歪脖子的老厨子管起来,洗洗涮涮和缝缝连连的事情由谁担呢?让这个家庭继续维持正常运转的唯一办法,就是娶一个新的主妇。他的同事们也很同情张家的厄运,帮助相看适婚的女子。姜玉兰死了以后,一过百日,张廷举就续弦了。

萧红的继母是梁亚兰,原名梁秀兰,因为秀字与张家晚辈的秀字重复,张廷举给她改成这个名字。亚兰即有续弦的意思,又包含了对原配亡妻的怀念,还有鼓励效法前妻的意思。这对她来说,是很不公平的。[1]据萧红回忆,梁亚兰也很怕张廷举,可见姜玉兰的去世,对于张廷举来说是多么巨大的精神打击。《东昌张氏家谱》记载,"续配夫人梁氏亚兰亦名门之女,佐理家务俱有条理。"她是呼兰城里一户旗人名门大户家的长女,人称她的父亲"梁三爷"。[2]据说,她家境殷富。[3]她的母亲也刚刚去世,姐弟三人跟着父亲过日子。梁亚兰生于1898年,当时她只有22岁,比萧红只大13岁。梁三爷有一个朋友和他家住对门,名字叫做田维国,是东关小学的校长,也是张廷举在教育界的朋友。张廷举看梁亚兰性格温顺、待人和气,就托田维国提亲。田维国平时没大事也不常到梁家串门,为了张廷举的亲事

---

[1] 曹革成:《我的姆姆萧红》,时代文艺出版社,2005,第12页。
[2] 王化钰、李重华:《〈呼兰河〉考论》,李重华主编《呼兰学人说萧红》,哈尔滨出版社,1991,第171页。
[3] 张抗:《萧红家庭情况及其出走前后》,孙延林主编《萧红研究》第一辑,哈尔滨出版社,1993,第64页。

他拎了酒和点心,突然到梁家,说了一会话就走了。如是者三四次,带来的酒把梁家的酒罐子都快灌满了。梁三爷说,是不是有啥事要说呢?咱们不是外人,有话就讲嘛。于是,田维国才道出原委。梁三爷知道张廷举,觉得他人倒是老实厚道,不抽烟不喝酒,可是考虑到张廷举有三个孩子,女儿给人当填房,过去就要当后妈,心里就不自在。田维国走了之后,梁三爷15岁的儿子说,有孩子怕什么?慢慢都会长大,对他们好一点就完了,这门婚事我同意,人家张选三在县里教育界也是个属于上等的人物。妹妹梁静芝也同意了,因为张廷举有文化,比干别的职业的人要好。媒人反复来提这件事,梁家又了解了张家的详细情况,就定下了这门婚事。1919年12月15日(农历十月廿四日),张廷举和梁亚兰举行了婚礼。① 梁亚兰过门的时候,萧红穿的鞋面上还缝着白布。别人觉得不好,才把白布撕掉,领她到梁亚兰跟前认母磕头,张秀珂则是别人抱着给她磕的头,她还抱了抱连富,算是当了妈。②

结婚以前,梁父一再嘱咐女儿要善待前房留下来的三个孩子。不久,张廷举把只有9个月、还在吃奶的连富,送给了阿城福昌号屯的四弟张廷会,1岁左右的时候,就染上鼠疫,经外国医生的野蛮治疗,夭亡了。③ 据梁亚兰的妹妹梁静芝回忆说,她姐姐从结婚到萧红出走,对她没有过一次恶言恶色,更不用说打骂了,萧红也从来没有在她面前抱怨过继母。梁亚兰过门不久,就支持萧红入学读书。萧红后来到哈尔滨去上学,有时临走了家里没有钱,继母就偷偷到西院做小买卖的杨老三家去借。有一次,一下就借了两三百元给她拿走。有一次,萧红从哈尔滨回来对继母说:"妈,我要吊一件皮大衣,你看行不行?"继母笑着说:"你自己去挑,咱家幛子有的是,相中什么颜色的就要什么颜色,皮料也由你自己去挑。"还说,"放着也

---

① 王化钰:《访梁亚兰亲妹梁静芝及其丈夫马天浩老师》,孙茂山主编《萧红身世考》,哈尔滨出版社,2003,第69页。
②③ 张抗:《萧红家庭情况及其出走前后》,孙延林主编《萧红研究》第一辑,哈尔滨出版社,1993,第65页,第12页。

是放着,倒不如做了穿上。"还为萧红拿了做工钱。萧红提出的要求,继母没有一次不答应的。萧红在家里整天看书、写字,继母从来不说她,也不支使她干这干那,母女相处很融洽。①

继母对萧红显然是客气的,但两个人的感情很淡漠。萧红回忆道:"这个母亲对我很客气,不打我,就是骂,也是指着桌子椅子来骂我。客气是越客气了,但是冷淡了,疏远了,生人一样。"②

在《两朋友》一文中,萧红写了这样一件事,其中的樱花就是萧红。13岁的金珠随母亲到萧红家来帮佣,一开始,她们相处得很好。萧红管她叫金珠姐。金珠问萧红:"你念几年书了?"萧红说:"4年,你呢?"金珠说:"我没上过学——"萧红说:"你怎么不念书呢?13岁了,还不上学?我10岁就上学的……"金珠说:"我不是没有爹吗!妈说等她积下钱让我念书。"两个人在一起拍皮球,个子差不多高,夜里就挨着睡,白天就一道玩。有一天,金珠把被褥搬到里屋去睡了!从那天起她不和萧红交谈一句话。萧红叫她:"金珠姐,金珠姐。"金珠把嘴唇突起来不应声。萧红伤心地想,不知道新来的小朋友怎么会这样对她。过了几天,金珠骂萧红——孩崽子。什么玩意儿呢!甚至连张秀珂也挨金珠的骂。张秀珂叫她:"金珠子,小金珠子!"金珠骂道:"小,我比你小多少?孩崽子!"张秀珂说完了,就跑到爷爷身边去,他怕金珠要打他。张秀珂推小车的时候,金珠跑来,把小车夺过去,张秀珂哭起来。祖父叫他:"来吧!别哭,小珂听说,不要那个。"萧红和金珠吵起来:"这也不是你家的,你管得着?不要脸!"金珠骂她:"什么东西,硬装不错。"萧红回骂道:"我看你也是硬装不错,'帮虎吃食'!"金珠反问道:"我怎么'帮虎吃食'?我怎么'帮虎吃食'?"萧红的后母和金珠是一条战线,她也骂萧红说:"金珠,进来关上窗子睡觉吧!别理那小疯狗。"萧红不服气,顶嘴说:"小疯狗,看也不知谁是小疯狗,不讲理者小疯狗。"继母

---

① 梁静芝口述,王化钰记录整理《回忆我的挚友萧红》,孙茂山主编《萧红身世考》,哈尔滨出版社,2003,第66页。
② 萧红:《祖父死了的时候》,《萧红全集·散文卷》,北京燕山出版社,2014,第61页。

生气了,大声地喊起来:"你爸爸回来,我要不告诉你爸爸才怪呢,还了得啦! 骂她妈是'小疯狗'。我管不了你,我也不是你亲娘,你还有亲爹哩!叫你亲爹来管你。你早没把我看到眼里。骂吧! 也不怕伤天理!"

第二天,金珠更大胆,故意借着事由来让萧红屈服,她觉得她必定胜利,她做着鬼脸说:"看谁丢人,看谁挨骂? 你爸爸要打呢! 我先告诉你一声,你好预备着点!"萧红骂道:"别不要脸!"金珠回骂道:"骂谁不要脸?我怎么不要脸? 把你美的! 你个小老婆,我告诉你爹爹去,走,你敢跟我去……"金珠的母亲是个胖老太太,她说金珠:"都是一般大,好好玩,别打架,干什么金珠? 不好那样!"萧红被金珠扯住肩膀:"走就走,我不怕你,还怕你个小穷鬼! 都穷不起了,才跑到别人家来,混饭吃还不够,还瞎厉害。"金珠感到羞辱,满脸流泪说:"娘,我们走吧! 不住她家,再不住……"金珠的母亲也和金珠一样哭。家里所有的人,都没有把金珠和萧红打架当回事,但是,她们俩的关系却越来越紧张。终于有一天中午,金珠追着萧红打,萧红停下来斗一阵再跑,一直跑进了柴栏里去,拾起高粱秆打着。金珠狂笑,但那是变样的狂笑。双方都打累了的时候,萧红问道:"进屋去吧,怎么样?"金珠不肯罢休:"进屋! 不打死你这小鬼头对不住你。"萧红嘴里说道:"好,让你打死我。"把一条木板打到金珠的腿上去。金珠去抢母亲手里的菜刀,被母亲拦住了。她因为金珠和萧红打架,既伤心又生气,在背后说金珠。金珠好了两天,第三天的时候,萧红的继母翻箱倒柜,一面找些旧衣服给金珠,一面告诉金珠:"你和那丫头打仗,就狠点打,我给你做主,不会出乱子的,那丫头最能气人没有的啦! 我有衣裳也不能给她穿,这都给你。跟你娘到别处去受气。到我家我可不能让你受气,多可怜哪! 从小就没有了爹……"萧红的继母为了笼络金珠,连锁柜箱的钥匙也交给金珠,还送给她金耳环。金珠常常在萧红和小珂面前随便吃梨,可萧红和小珂却不能吃。小珂去找祖父。祖父说:"你是没娘的孩子,少吃一口吧!"小珂哭起来。萧红和继母起着冲突,祖父和继母也起着冲突。

秋天,附近小学开了一个贫民教育班,金珠也想去,但没有去成,她要留在家里抱孩子。她很忧愁,想和萧红交谈,借萧红的书来看一下。她鼓足了勇气,趁没有人的时候,向萧红借铅笔。萧红不理睬她,金珠把眼睛都哭肿了。金珠得了眼病,萧红就帮她抱孩子打水。两个人的感情又好起来,从仇人变成了朋友。又搬到一个房间去睡。金珠要把金耳环还给萧红的继母,还没等她还,萧红的继母就向她要了:"小金珠,把耳环摘下来吧!我告诉你说吧,一个人若没有良心,那可真算个人!我说,小金珠子,我对得起你,我给你多少衣裳?我给你金耳环,你不和我一条心眼,我告诉你吧!后悔的日子在后头呢!眼看你就要戴上手镯了!可是我不能给你买了……"金珠的母亲听到这话,比看到金珠和萧红打架更难过,帮工是帮不成啦!萧红的继母和父亲骂萧红和小珂的时候,也同时骂着金珠。终于有一天,金珠和母亲一起被赶走了。两个朋友,哭着分开了。

可见,萧红和继母梁亚兰之间是心存芥蒂的,甚至勾心斗角,面和心不和。在大面上,梁亚兰做得很周到,使亲朋好友、左邻右舍都没有话说,基本上没有虐待过萧红姐弟。但她经常在萧红的父亲张廷举面前告状,致使张廷举斥责乃至殴打萧红。萧红小时候经常爬树上房去掏鸟窝,同邻居的孩子偷偷跑出去玩耍。以前生母碰到这种事骂一顿也就算了,萧红少不了祖父的一顿爱抚。但此时却不同了,继母常把萧红调皮的事告诉父亲,由父亲出面严加训斥。萧红回忆:"9岁时,母亲死去,偶然打碎一只杯子,他就要骂到使人发抖的程度。后来连父亲的眼睛也转了弯,每从他的身边经过,我就像自己的身上生了针刺一样;他斜视着你,他那高傲的眼光从鼻梁经过嘴角而后往下流着。"[1]生母姜玉兰死后,萧红姐弟的生活主要是靠祖父照顾,祖父后来染上了大烟瘾,也就无暇顾及萧红他们了,萧红姐弟俩从此在家中的境遇每况愈下。张秀珂描述自己当时生活时说:"母亲死后,我们的生活虽然没有怎样挨饿受冻,但条件的确是恶化了。失去母爱,无人照顾,给我们的身体和精神造成了很大损失。"[2]"爷爷后来有了嗜好(抽大

---

[1] 萧红:《永久的憧憬与追求》,《萧红全集·散文卷》,北京燕山出版社,2014,第233页。
[2] 张秀珂:《回忆我的姐姐——萧红》,孙茂山主编《萧红身世考》,哈尔滨出版社,2003,第12页。

烟),我就搬到下屋同老厨子睡在一起,我的被子冰凉凉滑腻腻的,黑得发亮,我和大厨子身上的虱子来回爬。""我和姐姐的学费、纸笔钱,都是父亲年初离家时算好的,没有多少余头。有一次馋糖吃,我就在家里偷了个小瓶子换了个糖球,糖球中还粘着草棍,放在嘴里含着慢慢品尝滋味。"①可见是没有零用钱的。据萧红的堂妹、大伯父张廷蒙的女儿张秀珉回忆,"每天早上我们和秀珂都是胡乱吃几口小米饭就上学了。因为三婶(梁亚兰)爱看牌,睡得晚起得也晚,我们背书包走时,才听到厨房又熘又炒准备早饭。上学的路上,秀珂肚子饿,上东豆腐坊的木盘子拿两块豆腐边走边吃。后来豆腐坊上家里要钱,三婶就把这事告诉三叔了,为此秀珂受到三叔的责骂。"②母亲死了以后,萧红姐弟的生活是相对艰苦的,萧红和父亲的关系也因此日益恶化。

继母的角色是非常不好扮演的,梁亚兰在张家的处境也就很尴尬。在传统的民间口头文学中,继母是凶恶而歹毒的形象,类似于外国童话中的老巫婆,通常的说法是"有后妈就有后爹"。梁亚兰过门的时候只有22岁,当时应该算是老姑娘,可放在现在还是一个年轻人,张家的家庭关系又很复杂,丈夫长年在外,就使梁亚兰更加难以胜任这个角色。她到张家不久,又前前后后生了三男两女五个孩子③,本能决定了她不可能在情感上没有倾向。即使是对自己的孩子,都免不了有厚有薄,何况是没有血缘关系的子女。连续的哺乳与育婴,也使她忽略了萧红祖孙的生活。"张家的亲属是很多的,绥化、阿城的亲属来,一住就是几个月,有时候还住上一年半载。特别是阿城福昌号他亲叔伯的孩子,加上老张家姑奶奶的孩子好几个,都成年住在老张家,在呼兰上学念书。"梁亚兰要给他们洗衣做衣,侍奉那么多孩子

---

① 张抗:《萧红身世释疑》,孙茂山主编《萧红身世考》,哈尔滨出版社,2003,第18页。
② 王化钰:《访萧红叔伯妹妹张秀珉老师》,孙茂山主编《萧红身世考》,哈尔滨出版社,2003,第42页。
③ 张抗:《萧红家庭情况及其出走前后》,孙延林主编《萧红研究》第一辑,哈尔滨出版社,1993,第65页。

上学,还要侍奉公公张维祯抽大烟、喝茶水,一天下来是很劳累的。①除此之外,梁亚兰有很深的自卑感,从萧红的文章中可以看出这是她心里最大的症结,老是认为萧红看不起她。这在中国旧式妇女中也很自然,当填房本身就跌了身价,何况有一个富家闺秀的前任妻子比照着,她更是万事不如人。一个识文断字、能写能画还会打算盘,一个则是睁眼瞎,自然会给她的心理造成很大的压力。萧红又在学校读书,而她却要在家里伺候人,心里更加不平衡。而且,在这样的参照之下,不光是亲属,就是家族中的旧人,也很可能看不起她。在张秀珂的回忆中,连老厨子都讥讽他们"你的命苦啊,没有亲妈,爹也不是亲爹"②,更强化了对他们的心理暗示,以至于萧红姐弟后来都怀疑自己不是张廷举所出。

梁亚兰在张家的处境显然是孤独的,只有拉拢新来的仆人结成统一战线,所以就有了萧红文章中的那一场"鹭雀之战"。萧红对于情感的质量要求很高,自然不满足客客气气的关系。梁亚兰指桑骂槐的做法,也是旧式家庭妇女在万般无奈的压抑中发泄自卑的通常手段,至于向张廷举告状,除了诉说委屈之外,也还有推卸责任、核实账目等动机。因为萧红姐弟的顽皮事端,如果不及时报告一家之长,万一出了事,她也担不起责任。张廷举难得回家,自然要安抚长年持家劳碌的妻子,也要训斥子女以尽家教之责。总之,这个本来就关系复杂的家庭,由此更加畸形。每个人都自顾不暇,包括萧红祖父张维祯的吸大烟,大概也是由于对家事的无奈与生活的无聊。在这样阴沉暧昧的家庭气氛中,萧红和祖父、弟弟又一次沦为边缘的弱势群体。至于梁亚兰拐弯抹角的恶骂,就更加难以承受,爆发出和继母的直接冲突,也在情理之中。年龄也是一个因素,萧红回忆的往事,是在梁亚兰刚过门的头几年,她只有十二三岁,梁亚兰过门不过三年,而且已经生了孩子,两个人有一个性格磨合的过程。她正处于女孩子的青春反抗

---

① 梁静芝口述,王化钰记录整理:《回忆我的挚友萧红》,孙茂山主编《萧红身世考》,哈尔滨出版社,2003,第65页。
② 张抗:《萧红身世释疑》,孙茂山主编《萧红身世考》,哈尔滨出版社,2003,第17页。

期,加之很难不接受别人挑唆的心理暗示,和继母发生冲突是不可避免的。而梁亚兰的妹妹梁静芝的回忆,则主要是在萧红比较大的时候,特别是到哈尔滨读中学以后。经过七八年的磨合,两个人也逐渐互相适应了。萧红晚期写的《小城三月》具有维新家风的环境,就是以自己的家为背景,主人公翠姨原型是继母的异母妹妹开子,小于萧红几岁,萧红却一直称呼她开姨。其中的继母也是开明善良的,应该是以梁亚兰为原型。

还有性格的问题,萧红自幼受祖父溺爱顽皮任性,又接受了"五四"个性解放的新思想,有着桀骜不驯的倔强性格;而梁亚兰是满族格格,原本没有汉族女性的妇道修养,加上性格活泼贪玩、好热闹,两个人的个性相似的一面,自然容易相斥相克。据萧红的堂妹、张廷蕚的女儿张秀珉回忆,"我三婶那时年龄也不算大,每到冬天放学回来,我三婶就像个活蹦乱跳的小孩子一样,领着我们玩'咬狗'的游戏。""玩腻歪了,就打牌(玩麻将)或推牌九。谁输了就拿钱去买冻梨……我们和三婶玩得很开心。""唯独萧红不玩,躲在西屋看书。我们多次让她跟我们一块玩,她一次也没玩过。我们买了冻梨、冻柿子、冻花红(即海棠)给萧红和有二伯送去。""我三婶这个人对人很热情,待我们也很好,她像个孩子头领着我们玩。玩时,我们故意让三婶输,她即便输了也就是咧咧嘴,还把钱掏出来让我们去买吃的,从未因输了急过眼说过什么。"①梁亚兰这样爱扎堆儿的活泼天性,自然是受不了萧红的不合群,很容易误解为看不起没有文化的她,后来到夜校学文化大概也和这样的心理症结有关。而已经开智了的萧红一心求知,喜欢独处沉思,自然没有兴趣参与他们的游戏,只好躲开了事。因此,不少人认为她性格孤僻,一直到成年,她都被指责为"不通世故"或者"少于世故"。其实,这也有父亲性格的遗传,张廷举留给同事的就有"落落寡合"的印象。②有二

---

① 王化钰:《访萧红叔伯妹妹张秀珉老师》,孙茂山主编《萧红身世考》,哈尔滨出版社,2003,第42页。
② 王化钰:《萧红生父张廷举其人其事》,孙茂山主编《萧红身世考》,哈尔滨出版社,2003,第148页。

伯看见梁亚兰领着孩子们玩儿,也会管束训斥:"你们这些败家子玩什么'咬狗'?……你们这帮没出息的货,放学回来也不看书写字,怎么老玩起来没完没了?你瞧瞧人家荣华子怎么总看书不玩儿呢?"①这样的比较评论,自然也强化了梁亚兰的自卑感,加深了两个人之间的隔膜。

　　这些,都是她和父亲、继母感情淡薄的原因,在家里倍感冷漠与压抑。这样复杂的家庭关系与心理氛围,激化着萧红逃离家庭的冲动。流亡成为她一生的象征,也是她的作品中最基本的行动元叙事模式。

---

① 王化钰:《访萧红叔伯妹妹张秀珉老师》,孙茂山主编《萧红身世考》,哈尔滨出版社,2003,第42页。

第六章
觉醒的少女时代

1920年,即萧红母亲去世的第二年夏天,五四新文化运动的风暴席卷了整个中国,风气也传播到了北国边陲的小城呼兰。反对封建文化,提倡科学民主;反对封建礼教,提倡女权,兴办女学的呼声越来越高涨。张廷举顺应时代的文化潮流,推动着呼兰的文化革新与教育革新,率先冲进祖师庙砸了孔子的牌位,积极推动兴办女学。1921年,张廷举升任呼兰第一初高两级小学校长。因为提倡科学民主,被推举为县通俗出版社社长、义务教育委员会委员长;1922年又被推举为第三届教育会的评议员。①呼兰县里原有三所小学,一所是回族小学,一所初级小学,一所初高两级小学。后两所小学于1920年春天首先创立了女生部,开始招收女生。萧红是首批获益者,当年就进入了初小读书。这所学校的全称是呼兰城内乙种农业学校,因校址在龙王庙内,俗称龙王庙小学。②这所学校离她家很近,只有一百多步路。

萧红在《呼兰河传》中,对于自己的母校有详细的介绍:"东二道街上还有两家学堂,一个在南头,一个在北头,都是在庙里,一个在龙王庙里,一个在祖师庙里。龙王庙里的那个学的是养蚕,叫农业学校。"两个学校没有太

---

① 王化钰:《萧红生父张廷举其人其事》,孙茂山主编《萧红身世考》,哈尔滨出版社,2003,第147页。
② 王云等:《萧红生平年谱》,孙茂山主编《萧红身世考》,哈尔滨出版社,2003,第227页。

大的分别，祖师庙有高级班，而叫农业学校的，"到了秋天把蚕用油炒起来，教员大吃几顿就是了。"一入学，念"人、手、足、刀、尺"，学生顶大也不过十六七岁。张廷举是一个非常顺应潮流的维新人物，在萧红上学的问题上，他的态度是开明的。"或许与他受过师范教育，又任职于教育界有关。张廷举在家庭生活中崇尚民主开化的作风，不讲一家之主的道统。平时，子女可以争论问题，随便请教父亲。他常常对家人子弟们说，张家不管小子姑娘，一样同等对待，谁能出人才，我们就供他读书，女孩子有本事更要抬举，在我们张家不讲男尊女卑。"[1]

这样的家训无疑鼓励着子女的上进心，萧红读书异常用功，除了在学校认真听讲之外，回家也继续用功。她家后园窗下搭了一个小棚，是萧红乘凉、学习的地方。夏天，她多半在这里读书。她读起书来不知疲倦。有时到了吃饭的时间，她还不回来，常常要人去喊她。她喜欢在书里夹花叶，常常顺手拿起一片花叶夹在书中"备忘"。冬天则躲在张家正房的西侧外屋自己的居室中，埋头看书写作，从来不参加家人的玩耍娱乐。她居住的房间里整洁、淡雅、素净，除了简单的家具，没有任何装饰摆设，却放着各种书籍。萧红课上认真地听讲，回家后祖父再行辅导，学习成绩在班上名列前茅。家里的藏书不少，她几乎每一本都翻一翻，有些她开始看不懂，可她坚持学习。随着年龄的增长，就越来越用心了。她读起书来不知道满足，从同学家里、从父亲的朋友手中借书看。她最爱读的是《千家诗》《宋词》，祖父在她心田中种下的诗歌种子，到这个时期萌发出茁壮的新苗，凝聚成她人生观的核心，也逐渐滋养出她文学作品美学品格的基调，这使后来的论者与史家多把她放在诗化的抒情小说中论述。除了喜欢读书之外，萧红还热衷于画画。她经常画小房子，画小鸟给爷爷看，还说长大要当画家。[2]她对民间艺术有着浓厚的兴趣，经常给街坊邻居的姑娘媳妇们设计花鞋和衣服的

---

[1] 萧原：《萧红家事匡补》，《丹东师专学报》1983年第1期。
[2] 张秀琢：《重读〈呼兰河传〉，回忆姐姐萧红》，孙茂山主编《萧红身世考》，哈尔滨出版社，2003，第30页。

纹样。这大概来自母亲姜玉兰的熏陶,民间艺术一开始就以实用的方式启发了萧红最初的美术兴趣。呼兰城的各种民间艺术开启了萧红对于造型的感觉,带给她未来的创作丰富而简约的画面效果。

大致是在这个时期,萧红乡下的舅舅姜俊武(姜福林)因为害怕土匪绑票,在呼兰四福胡同4号广胜元粮栈买了房子,全家搬到了呼兰城里。[1]虽然姜玉兰去世了,两家人仍然有走动,她的舅舅也经常到张家来,和张家人处得不错。[2]萧红经常带着弟弟到舅舅家串门,母亲姜玉兰去世以后,她就没有再到姜家窝棚屯的姥姥家去过。舅舅家无疑继续着她童年的温馨记忆,带给她快乐的回忆。而且,这时候的萧红,要帮助祖父照看呵护只有几岁的弟弟张秀珂,母亲家的亲属自然也会给她一些帮助。特别是她和继母、父亲的关系紧张,唯有到舅舅家可以倾诉,获得情感的慰藉。姜家后人一直坚持认为张廷举和梁亚兰对萧红姐弟不好,连她的同学都知道,可见当时是有相当影响的。"由于继母的唆使,父亲也变了样,到祖父一去世,萧红就开始了她'遭白眼冷遇'的生活"。[3]呼兰还有人说,张廷举把自己的亲生儿女都逼走了。[4]

当时的国立教育已经有了明显的改革,"五四"平民教育的基本思想体制化在教材等各个方面,加上老祖父的言传身教,都培养了萧红善良、富于同情心的性格,世界观的胚胎已经初露端倪。张家只供应有二伯吃穿,每天起早干活,吃饭却在全家之后,和老厨子一起吃。萧红对有二伯非常好,给他缝补破旧的衣物,送给他吃的东西。有的时候,背着家人把冻梨、花生送给他。有二伯在张家的特殊地位,鳏寡孤独的身世,造成他有些古怪的性

---

[1] 李重华、曹桂珍:《萧红外传》,《呼兰学人说萧红》,哈尔滨出版社,1991,第295页。
[2] 王化钰:《访萧红叔伯妹妹张秀珉老师》,孙茂山主编《萧红身世考》,哈尔滨出版社,2003,第46页。
[3] 姜德坤:《萧红的母亲》,孙茂山主编《萧红身世考》,哈尔滨出版社,2003,第52页。
[4] 原呼兰县委常委、副县长彭增喜在《"四次"审查张廷举未有"杀人夺妻"之嫌》中写道:"其父张廷举对萧红和张秀珂背叛封建地主家庭走上革命的行为是极力反对的,对他们的态度和所采取的措施达到了毫无人性的地步,这也是不可否认的事实。"(出处孙茂山主编《萧红身世考》,第119页)可以看出这一说法在当地流传甚广。

格。东西若不给他吃,他就骂"有猫、狗吃的,有蟑螂、耗子吃的,就是他妈没有人吃的……"若把东西送给他,他还不要。只有萧红送去东西的时候,他立即露出笑容说,小荣华,你二伯不吃这个,你们拿去吃吧!萧红离开家乡以后,还打听这位老人的情况,惦记着他。张家西院住着好几户人家,都是张家的房客。其中崔家、李家最穷,李家的男主人在外边打短工,有时卖点蔬菜,女主人在家里为别人缝补衣服度日。9月中,南方人穿着衬衣还嫌热,北方的呼兰河边却要穿绒衣了,早晚甚至还要披棉袄。有一次,萧红到李家,看见李家最小的女孩蜷缩在炕的一角,冻得浑身发紫。她看了一眼自己身穿的绒衣,就飞快地跑回家里,把母亲新给她买的一件绒衣拿到李家给小女孩穿上。为这事,惹得继母生了一顿气,埋怨她不该把新买的衣服就送了人。由于她对街坊邻居中的劳动人民很同情,从不歧视贫苦人,而且尽自己的力量去帮助他们,因此大家都说她不像有钱人家的姑娘。①

由于学制由春天入学改为秋天入学,萧红在初小读了四年半。②1924年秋,萧红考入呼兰县北关初高两级小学校,校址在北二道街祖师庙院内,因此也叫祖师庙小学(后来又叫道文小学、第二完全小学校和胜利校)。③这所学校的学生年纪很大,竟有二十四五岁的,也有在乡下私塾教了四五年书的,还有在粮栈当了二年管账先生的。有的小学生写家信的时候,竟有问候8岁的长子"小秃子闹眼睛好了没有?"可见已经儿女成群了,作为一家之主,他要关心地租、过问粮食的行情。这样的学生受到先生的尊敬,一不留神,他就站起来,拿出《康熙字典》常常把先生问住。④

这所学校距萧红家有三里地,上学路上要经过一个大泥坑。经常有大车陷下去,也有行人掉下去,可见是很深的一个大泥潭。有一次,农业小学校长的儿子掉了下去,人们便说是他的父亲得罪了龙王等等。萧红如果绕

---

① 张秀琢:《重读〈呼兰河传〉,回忆姐姐萧红》,孙茂山主编《萧红身世考》,哈尔滨出版社,2003,第30页。
② 曹革成:《我的姐姐萧红》,时代文艺出版社,2005,第13页。
③ 王云等:《萧红生平年谱》,孙茂山主编《萧红身世考》,哈尔滨出版社,2003,第227页。
④ 萧红:《呼兰河传》,人民文学出版社,2018,第5页。

行的话,要多走两三里路。好在人行道旁有一户人家有一道板墙,过路的人只能贴着板墙,一个一个地走。萧红第一次过水坑的时候,也很紧张,心里直跳。男孩子们很快就过去了,他们带着嘲笑的口气朝萧红喊:"还是绕着走吧,这道你们女孩子走不了!"萧红不服气,瞪着眼睛对男孩子们说:"你们等着瞧吧!"说着就挽起裤腿,两手扳着板墙,很吃力地过去了。从此,男孩子们再也不敢轻易地嘲笑她了。通过这件事,可以看出萧红倔犟好强的性格。

因为张廷举不善理财,也因为自己的孩子不少住在弟弟家读书,萧红的大伯父经常到呼兰来,帮助打理各种事情。空下来的时候,他就给萧红讲古文,这使萧红在课外读了不少文言文章。有一次,他给萧红讲唐代李华的《吊古战场文》,性格暴烈的壮汉居然声音哽咽,萧红也被感动得痛哭失声。从那时候开始,她就深深感到"战争的痛苦与残忍"。可见,大伯父和萧红之间,在性格和精神情感方面是有相似之处。大伯父是萧红童年唯一崇拜的人,在萧红小的时候,她的伯父待她很好,经常抱着她给她东西吃,讲故事给她听,买小书给她看。稍大,就给她讲各种道理,所有的话都关系到正理。有一次,她参加邻居林姐姐出嫁的婚宴回来,向母亲诉说,婆家说新娘笨,还有人羞辱她,挑剔她坐的姿势、站的姿势,新娘一声也不吱,"假若是我呀!哼!……"大伯父知道了,就教训她:"你不说假若是你吗?是你又怎么样?你比别人更糟糕,下回少说这类话,小孩子学着夸大话,浅薄透了!假如是你,你比别人更糟糕,你想你总要比别人高一倍吗?再不要夸口,夸口是最可耻,最没出息。"伯父还经常发表女人衣着的意见,以为素色最好,不要涂脂抹粉,要保留本来面目。萧红很听他的话,从来不涂脂抹粉,也不穿花衣服。伯父给她讲解古文的时候,经常是把族里的其他兄弟们也叫来听。等书讲完的时候,伯父总是说:"别看你们是男孩子,樱花(萧红)比你们全强,真聪明。"伯父经常当着人夸奖萧红,"好记力,心机灵快。"可见萧红的聪慧,从读高小的时候就已经很显露。那些男孩子们就不愿意听,当伯父不在的时候就齐声说:"你好啊!你有多聪明!比我们这一群混蛋强得多。"他们还扯住萧红,要打她,"你聪明,能当个什么用?我们有气力,要收拾你。""什么狗屁聪明,来,我们大家伙看看你的聪明到底在哪里!"①这件事对她的影响很深,就是在具有维新倾向的家庭中,女性的智慧也要受到男性的打压,因为野蛮无知必然崇尚武力。男性的压迫除了话语的暴力之外,也包括直接诉诸武力的身体暴力,这是萧红一生不幸的原因之一。

　　经过五四新文化运动的洗礼,那时的萧红已经具备了反封建迷信的思想,对于落后的风俗习惯敢于挑战。有一次,她的继母请来了一个算命的瞎子。他吹嘘自己如何未卜先知、通晓生死。萧红对他极为反感,就站在窗户外面大声地喊叫:"瞎子瞎子来干啥,瞎说瞎算骗钱花!"惹得周围看热闹的孩子都哄笑起来。每到年节祭祖的时候,张家都要举行隆重仪式。特别是在春节的前后,蒸年糕、做馒头、杀年猪、包冻饺子……所有人一边干活,一边念叨古老的风俗口诀:二十一,杀年鸡;二十二,写字块儿;二十三,灶王上西天……直到三十守岁。对于这些风俗,萧红连看也不看。张家比较开明,已经简化了不少风俗,张廷举家不贴灶王爷的像,这在整个呼兰城也是为数很少的。但是,也不能完全不应付,特别是祭祖的时候。大年三十夜半吃饺子之前,要先祭拜祖先。从祖父、祖母开始,然后是父亲、母亲,最后是孩子们。张廷举碍于家长的尊严,也出于新党的顾忌,不愿意当着孩子下跪磕头,总是偷着磕完头走开再叫孩子进去。萧红也学会了这种改良的折中办法,虽然规定女孩儿不磕头,只鞠躬就可以了,她也是偷着进去点个头,甚至只在供桌前绕一圈,就高喊:"我拜过了!我拜过了!"可见,她对于传统的风俗习惯是不以为然的,基本是应付。张廷举家过年还有一项不可省略的内容,就是给有二伯磕头拜年。每当这个时候,有二伯总是从炕沿上下来,站到地上,把张廷举夫妇拉住说:"三弟、三弟媳,咱们是一家人,不用这个,快起来,快起来。"萧红大概也要走这个程序,有二伯不知受不受她的拜。②

---

① 萧红:《镀金的学说》,《萧红全集·散文卷》,北京燕山出版社,2014,第50页。
② 张秀琢:《重读〈呼兰河传〉,回忆姐姐萧红》,孙茂山主编《萧红身世考》,哈尔滨出版社,2003,第28页。

这个时期,她还有一次伤心欲绝的朦胧初恋。她童年的第一个异性好友、二姑家的表哥,已经上到中学。《呼兰河传》中称为兰哥,《叶子》中化名莺哥。因为家道败落,母亲去世,父亲靠打柴谋生,他是靠舅舅张廷举给他出学费读书,寒暑假的时候也要住到张家。暑假快到的时候,小萧红就独自在后园里幽思,"莺哥"一来,她就高兴得活蹦乱跳、载歌载舞。两个人在后园里,有说不完的话。假期一过,"莺哥"走了,她就陷入忧郁,病得黄皮蜡面,躺在床上起不来。父母都很着急,给她请了不少医生,床头摆满药瓶,可就是不见起色。一直到冬天,母亲问她为什么,她也不回答,只是默默地翻着日历,等待"莺哥"的到来。文弱的"莺哥"和张家粗野的堂兄弟们很不一样,他有学生的沉静,而且少年老成,很有兄长的气度。寒假终于到了,穿着黑色学生制服的"莺哥"回来了。可是,他住在张家正房东侧的屋子里。小萧红听着他和母亲关于病情的对话,默默地流着眼泪。她关注"莺哥"的动静,知道他在发闷,有时整夜不灭灯,后来就开始咳嗽。他的叔叔来和他谈定亲的事情,并且告诉他舅舅和舅母也同意,说服他同意这门亲事。第二天,他的父亲来看他,两个人相对哭泣。小萧红走进东屋,看见火炉里没有生火,窗子上都是冰霜,就招呼仆人把炉子生上,又到自己住的西屋抱来厚被子。小萧红在心里感叹,穷人没有亲戚。她经常待在"莺哥"的屋子里,陪伴着病情日益严重的他。这遭到继母的呵斥,因为他已经是订了婚的人,这么大的姑娘不可以总和他在一起。连续八天,只有穷苦的父亲陪着"莺哥"。一开始的时候,继母给他花钱请医生,后来也不给他请了。小萧红只能在别人都睡了以后,让管家王四给"莺哥"送些书刊。"莺哥"在病中,一直盼望着小萧红过来,但是,他的父亲不敢打扰张家人。第二天,不到中午,"莺哥"就去世了。萧红只能看着他父亲独自随着棺材,送这个青梅竹马的伙伴儿离去⋯⋯

第二年(1925)夏天,暑假之前,父亲张廷举把她转入呼兰县第一女子初高两级小学校,插班上六年级。① 公开的原因是张廷举认为这所学校的

---

① 王云等:《萧红生平年谱》,孙茂山主编《萧红身世考》,哈尔滨出版社,2003,第227页。

教学质量比较高,可见,他对萧红的教育是上了心思的。这所学校最初叫南关劝学小学校,一色的青砖灰瓦房,带玻璃的老式木格子窗棂。当时男女不同校,名为一所学校,其实是两个管理体系,用木板隔开,分男校和女校,女校后来改为县立第一女子初高两级小学校。张廷举当时已经担任了不少呼兰教育界的公职和社会职务,这所学校是他分管的,与校长、教师都熟悉,大约也有保护照顾和监管的意思。

当年的同学回忆萧红刚入学时的情景,个子稍高,白净的圆脸上,闪着一双聪明又秀气的大眼睛,左眼皮下还有一颗小瘩子。阴丹士林布的蓝上衣,黑布裙子,白袜子,黑布鞋,穿着和大家一样的标准学生装。班主任介绍过之后,她微微一笑,便走向了老师给她安排的座位。教室里有双人桌三纵排、七横排,萧红坐在靠窗户倒数第三排横排桌。后来,接触多了,同学觉得她性格温和、恬静,平易近人,只是不大爱说话。① 逐渐知道了她的家事,以为是因为家人的冷淡养成她孤僻的性格。在家庭中,萧红和父亲、继母关系不好,但是,对弟弟妹妹们却很关爱。她曾经带着6岁的张秀珂到自己的学校,上课的时候,把他放在自己和赵姓同桌中间。张秀珂趁她们听课的时候,偷着吃了赵同学的馅饼。赵同学不但不生气,而且还欢迎他再去玩儿。② 她对异母的弟弟也很好③,足见她心地的善良。

张家虽然在呼兰属于比较富裕的家庭,萧红却没有阔家小姐的派头,不搞任何特殊。当时,有钱人家的女孩儿都是坐自家马车上学,尽管离学校都很近,也要兜风摆谱,来显示家庭的地位与财力。萧红从来不坐车,来来回回都步行。同学觉得很奇怪,就问她,你怎么不坐马车上学呢?她听了以后,笑着说,我又不是小姐,我可怕把身体坐坏了。萧红没有娇生惯养的毛病,在班里集体劳动中很认真,无论是扫地、擦黑板和桌椅,都要做到

---

① ③ 傅秀兰口述,何宏整理:《女作家萧红少年时代二三事》,孙延林主编《萧红研究》第一辑,哈尔滨出版社,1993,第178页。
② 张秀珂:《回忆我的姐姐——萧红》,孙茂山主编《萧红身世考》,哈尔滨出版社,2003,第12页。

干干净净为止。特别是擦窗棂子中心的玻璃,她耐着性子擦好。萧红课上从不做其它事情,而且非常遵守学校的纪律,来得早,走得还晚。呼兰河边唱野台子戏的时候,戏台的对面要搭上专供权贵和太太们看戏的坐台。萧红和同学一起利用午休时间赶去看戏,她们对戏剧情节没有兴趣,主要是看那些盛装打扮的太太们,她们穿着描金绣凤、华美鲜艳的旗袍,十分抢眼。有一次,萧红对同学颇有感慨地说:"有钱人家的太太成串,还穿那么贵重的衣裳,哪里来的那么多钱?咱若也有她们那么多钱,不也上台了吗?"她的思想往往超过同龄人,可见心智能力是比较早熟的。当年的呼兰城里,劳苦大众被生活逼迫得无奈,只好盗窃为生,甚至还有的卖儿鬻女。一个贫苦人家不幸死了女主人,养不起孩子,就想为他找个好人家逃生。他托邻家女孩儿傅秀兰(萧红的同学)到学校打问,看有没有教师想要。萧红知道了这件事,瞪圆了眼睛说:"啊!真有卖人的!"可见,她从周边平民同学的生活见闻中,也了解了一些社会崩溃中的现实。

这一年(1925),发生了震惊中外的五卅惨案。上海日本纱厂资本家枪杀工人顾正红,激起了全国人民反日爱国的怒潮。6月4日,哈尔滨各界闻讯而动,纷纷组织"救国会""沪难后援会"。消息传到呼兰,小城也掀起波澜。教育局局长王锡三带头倡议,呼兰成立了"县沪难后援会"。他们走上街头、游行、募捐、抵制日货,唤醒了呼兰民众的爱国热情。[①]7月初,第一中学为首的中学生联合会领导了这场运动。青年学生、店员和工人纷纷走上街头游行、讲演、募捐……当时,所有学校都已经放了暑假,所以学生可以全力投入这场爱国运动。游行、讲演持续了一周多,募捐的时间则更长,将近一个月。每次游行有两三百人,男生居多,讲演、刷标语,女生主要是募捐。那个时候,封建礼教无处不在,对女孩子的文化禁忌极多,男女分校,妇女无子不能独自上街,包办婚姻,养童养媳,纳妾……女生参加社会活动带有革命的性质,开始的时候,人数很少。女学生分成几个人一组,分

---

① 曹革成:《我的婶婶萧红》,时代文艺出版社,2005,第15页。

头去募捐,每天晚上把募到的钱及时交给学生联合会,再由他们转给上海的工人组织。一般的商家多是捐一元钱,普通老百姓家则能捐到一两角钱,捐过的商家在动员下,也能再捐一元。后来,大家嚷着要到城东南隅"八大家"募捐,那是呼兰最有钱的人家居住的地方。具体落实到人的时候,又谁都不敢去了。"八大家"的房子都集中在县公署后胡同,那里住着高县长、冯司令、省议员、大地主王百川、梁德禄……王百川有良田上万亩。他们每家都有套院,还有花园。大家不愿意去的原因,除了大家大户门口都有狗、越有钱的人越小气之外,就是那些人家往往瞧不起穷人家的孩子,当时那些女生都已经十五六岁了,唯恐被赶出来。萧红约了一个同学,一起去募捐。她们没有遇到狗,和门房说明来意,就走进了院子。穿过头道门、影壁和摆满了花的花墙,看见一座带飞檐和风铃叮当作响的小二楼,那是当时呼兰第一座小楼,用红绿油漆髹饰鲜艳,是王百川家小姐的绣楼。王百川已经五十多岁了,居然有五个老婆,住在一趟五间摆设相同的房子里,只有在最西头的大老婆多一个客厅。他们说明来意之后,那些女人说,找大姐去。五十多岁的大太太拿出五角钱,萧红皱着眉头说:"你拿一元钱也不多呀,还有那几位太太的呢?上海工人在水深火热之中,难道你不愿意帮助他们吗?"弄得大太太脸上一阵红一阵白,不得不又拿出五角钱来。7月末,学生联合会在西岗公园举行了募捐义演,尽管事先发了请帖,有钱的官宦和家人都不来,来的人多数是学生、工人和店员。当时盛况空前,人山人海,成为西岗公园有史以来最热闹的一天。萧红参加了演出,在反封建包办婚姻的话剧《傲霜枝》中,饰演一个小女孩。据说,她虽然缺乏舞台经验,但是演得还很逼真,对人物的感情掌握得还适度。[①]

  这一次的社会活动,开阔了萧红的眼界,也解放了她的性格。她第一次汇入民族抗争的行列,感到集体的声势与力量。就是在这次社会运动

[①] 傅秀兰口述,何宏整理:《女作家萧红少年时代二三事》,孙延林主编《萧红研究》第一辑,哈尔滨出版社,1993,第183页。

中,她第一个剪掉了长辫子,像一匹不驯服的小马横冲直撞,毫不理会父亲"端庄稳重""三从四德"的严格家训,把它看作是不可容忍的精神束缚。还拉上几个同学上街"示威",当路人以奇异的目光注视她们,发出种种不堪的议论的时候,她也毫不在意。家人好意劝阻她,她干脆说:"我又不是做什么坏事情,不要你们管!"第二天,好像故意和那些封建卫道士挑战似的,她穿上白衣黑裙,从南街游到北街,还说,"你们不是要大发议论吗?好吧,再给你们提供一点新内容,看你们怎么样。"在她的带动下,街坊邻里的几个小姑娘都剪了辫子,加入了"示威"的行列。张家有一个远亲,是王家的大姑娘,当时只有十几岁,就是萧红给她剪的辫子。①

萧红的这些作为引起舆论的非议,肯定会传到父亲张廷举的耳朵里,也会带给他不好的影响,得罪的是顶头上司,官场的潜规则必然也会给以压力。以张家在呼兰的地位与影响,萧红肯定是众人关注的对象。保守、愚昧的风俗与偏见,自然都会造成舆论的绞杀,洋学生本来就是被众人讥讽和嫉妒的话题,而且要和家教相联系,整个家族都会受牵连。她的父亲张廷举虽然对萧红的这些举动不甚满意,但是受到群众反日情绪的感染,又是县里提倡科学民主、兴办女学、招收女生的头面人物,也未敢加以阻拦,怕影响自己的地位。但父女之间的矛盾,开始扩大和发展了。

1926年5月3日夜里,下了一场暴雨,呼兰城里不少穷人房屋倒塌,他们无家可归,流离失所。第二天,同学们在教室里议论这件事。一个同学讲了这件发生在自己家附近的事情,在一条大道旁边有一个大坑,一户贫苦的农民在旁边盖了一间小土屋。雨水冲进屋里,淹没了炕,他抱着孩子逃命,不幸滑入坑中双双淹死,留下一个寡妇,十分悲惨。萧红听得很认真,感叹着说,天下如此之大,竟没有穷人的立足之地!不久老师出了一道作文题,就叫《大雨记》。萧红把听到的故事,加以艺术的加工,用文言写成作文,非常生动感人,受到老师的表扬,轰动了全校。

---

① 张秀琢:《重读〈呼兰河传〉,回忆姐姐萧红》,孙茂山主编《萧红身世考》,哈尔滨出版社,2003,第28页。

这年6月,毕业班进行了考试。最初听说的前几名是另外几个同学,其中没有萧红。但红榜直到毕业典礼前10分钟才贴出来,出人意料的是,萧红的名字列在了第一名。大家议论纷纷,搞不清楚是怎么回事。原来张廷举要来参加毕业典礼,校长为了讨好他,硬将萧红列为第一名。萧红读书很认真,名次却经常在十名左右。看到这个结果,她先是吃惊,然后又难堪得涨红了脸,而且有苦说不出,有无地自容的感觉。而且,她还作为毕业生代表上台讲话,这就更加难堪。① 整个毕业典礼上,她都红着脸、低着头,心里很难受,连唱毕业歌的时候,她都沮丧得低着头。她的父亲张廷举倒是神气十足,坐在同学对面的桌子旁。同学指指点点地说,看张廼莹和她的父亲长得多像啊,那圆脸,那稍大的鼻子。这些无关宏旨的闲话,对于敏感的萧红也是不小的刺激。这件事对她也是一个很大的心灵创伤,使她更加渴望脱离父亲的影响,走独立、创造的人生奋斗之路,离开家庭、离开呼兰小城便是她最强烈的冲动。②

高小毕业了。多数同学继续升学,少数在家准备嫁人,萧红的命运将是怎样的呢?等待着她的还有一场严峻的斗争。

---

① 傅秀兰口述,何宏整理:《女作家萧红少年时代二三事》,孙延林主编《萧红研究》第一辑,哈尔滨出版社,1993年,第183页。
② 傅秀兰在后来接受采访的时候说,毕业考试、发榜的时候,自己第一名,萧红是第二名(见王化钰记录整理《访萧红同学傅秀兰》,《萧红身世考》,第194页)。萧红以文章美著名,很可能偏科,故采用傅秀兰早期的说法。

第七章
升学风波

1926年夏天，萧红16岁，高小毕业了。她已经长成一个亭亭玉立的大姑娘，身高1.65米左右，不胖不瘦，气质清新素朴。

那时候的小学六年制，初小四年，高小二年。所有的同学，都面临着毕业后的出路问题。在封建旧中国的小县城里，女孩子的天地是非常狭窄的，一般都是在家做女红，准备嫁人，以后便在公婆的鼻息下，受丈夫的供养。然而，对于萧红她们这些受了新式教育，又受过五四新文化运动精神洗礼的新女性来说，显然不再满足于这种旧式妇女受人摆布的命运，都想继续升学，以便将来寻找职业自立。呼兰县只有一所县立中学，且不招收女生。要升学只有到哈尔滨上正式中学，但所需费用很高。或者到齐齐哈尔上公费的省立黑龙江女子师范学校，费用可以便宜些。

尽管如此，萧红和她的同学们还是尽最大的努力，拼命挣扎着走自立的道路。因为，她们目睹了无数女性悲惨的身世，绝不愿意自蹈死地。她们身边就有一个现成的例子，一个叫陈瑞玉的同校同学，在读到五年级的时候，被广信公司经理李广闻看中了，要娶做儿媳妇。她的父亲是呼兰县杏花天银行的经理，能攀上这样一门阔亲戚正求之不得，没等到毕业，就让李家把她娶了过去。陈瑞玉到了婆家，才知道丈夫是个吃喝嫖赌的纨绔子弟，老婆婆又抽大烟，每天要侍奉到下半夜，熬得她又黄又瘦。她的老婆婆每逢夏天，还要到后花园里的小屋睡一觉，同学只能借这个机会去看她。

她看见同学也不说什么，只是默默地掉眼泪。同学们也爱莫能助，也只能陪着她流眼泪。关于她的结局有不同的传说，一说是跳井自杀，一说是郁闷而死。萧红也去看过她①，陈瑞玉的身世显然给了她很大的刺激。

萧红家的经济状况是比较好的，供她上学完全没有问题。萧红的学习成绩也是不错的，无论考哈尔滨的正式中学，还是考齐齐哈尔的师范学校，都有十足的把握。张家子弟都是在哈尔滨读书，六叔张廷献还在北京的国民大学读书，萧红满以为到哈尔滨读书是不成问题的。但是，当她向父亲提出来的时候，父亲把脸沉了下来。萧红向他讲升学的问题，他瞪一瞪眼睛，在地上转两圈，必须过半分钟才能给一个答话："上什么中学？上中学在家上吧！"据说阿城师范在呼兰设有走读的"通校"，大概类似分校。张廷举所谓"在家上"的意思，是让萧红上这一类学校。父亲在萧红的眼里，变成了一只没有一点热气的鱼类，是完全不具情感的动物。所有的亲戚朋友，只要来劝张廷举让萧红上学，他扭头就走出家门，别人也不敢再向他提起这件事了。升了学的同学纷纷给萧红来信，告诉她学校里各种新鲜的事情，打网球、各种热闹、开设的各种课程，这些都是萧红闻所未闻而备感新鲜、无限神往的，更加重了她继续上学的决心。一到吃饭的时候，她就向父亲力争升学的事情，父亲和继母就粗声大气地恶言相对，两下里争吵得不可开交，闹得全家连饭也吃不成。老祖父只好出来打圆场，勉强维持家里的安宁。在升学的问题上，萧红和家庭蓄积已久的矛盾终于爆发出来。

她为了抗议家庭的武断，开始消极反抗，除了在房间里看书，就是在后花园闲溜达。这自然让继母梁亚兰十分愤怒，全家的衣食杂务都要她打理，又有老人孩子需要照顾，张秀珂已经上到三年级，自己头生的孩子满地跑，手里还抱着一个，肚子里又怀上了，身心劳顿的她自然不愿意伺候张家的大小姐，终于不客气地骂了起来，连冷言冷语的指桑骂槐都顾不上了。萧红自然也不示弱，两个人终日争吵，闹得不亦乐乎。梁亚兰自然会把这

---

① 傅秀兰口述，何宏整理：《女作家萧红少年时代二三事》，孙延林主编《萧红研究》第一辑，哈尔滨出版社，1993，第183页。

些事情告诉丈夫张廷举,张廷举也愤怒已极,便斥骂萧红:"你懒死了!不要脸的!"萧红自然也气愤不过,实在受不了这样一架机器的碾压,便顶撞父亲:"什么叫不要脸呢?谁不要脸!"她的父亲听了她这句话,便像火山一样暴怒起来,一巴掌把她打倒在地上,这大概是她和父亲之间最初的激烈对抗。萧红从地上爬起来,一声也没有哭。她觉得盛怒的父亲头上好像冒了火,满头的发丝都被烧焦了。从那时候开始,她的父亲感到自己的尊严受到冒犯,于是越发地想恢复自己的父权。他想做父亲的更该尊严些,或者加倍地尊严着才能压住子女。每逢他从街上回来,都是黄昏的时候,一走到土墙的地方便从喉管发出响动,咳嗽几声,或者吐上一口痰。渐渐地只是咳嗽而不吐痰,萧红想父亲一定是感到痰不够用了!她不明白做父亲的为什么必须尊严呢?或者因为父亲的肚子太清洁?!把肚子里所有的痰都全部吐出来了?

这样的对峙持续了半年,与继母终日争吵,与父亲怒目相对,萧红终于病倒了。她躺倒在床上,看到同学的频繁来信,心情更加烦闷,加重了她的病情。看见萧红病病歪歪的样子,老祖父心如刀绞,他便挂着拐杖,仰着头,抖动着白胡子对张廷举说:"让荣华上学去吧!给她拿火车费,叫她收拾收拾起身吧!小心病坏了!"萧红的父亲根本不把祖父放在眼里,可能在心里还抱怨祖父对萧红的宠爱,冷冷地说:"有病在家养病吧,上什么学上学!"后来,连萧红的祖父也不敢问了。所有的亲戚朋友到张家来,只要提到萧红上学的事,张廷举就连话都不答,径自走出院子。连舅舅姜俊武也不肯管萧红的事,理由是姐姐已经去世,姐夫又已续娶,不好过问他的家事。

萧红在家中整整闷了三个季节,一直到来年的正月。张廷举在家里大宴宾客,来了不少亲戚,萧红看着满桌子的好吃喝,却全无食欲。萧红的继外祖母、梁亚兰的继母也来做客,离家半年的大伯父也回来了。继外祖母啜着汤食问她:"荣华,你怎么不吃什么呢?"萧红的眼泪都要流出来了,又倒在桌旁的枕头上。她又向萧红的大伯父说:"她伯伯,向荣华爸爸说一声,孩子病坏了,叫她上学去吧!"一向很爱萧红的大伯父,一听萧红要上学的事,就微笑着说:"不用上学,家里请个老先生念念书就够了!哈尔滨的女学生们太荒唐。"继外祖母说:"孩子在家里教养好,到学堂也没有什么坏处。"但伯父顾自斟酒吃着香肠,不再接续外祖母的话荐。萧红对他也生出由衷的厌恶,讨厌他喝酒用的杯子,讨厌他上唇生的小黑髭。伯父并不理会萧红的情绪,顾自说道:"女学生们靠不住,交男朋友啦,恋爱啦,我看不惯这些。"从那时候起,萧红觉得伯父和父亲没有什么区别,变成严凉的石块。

大伯父主要的理由是怕萧红离开家庭的管束,自由恋爱闹出丑闻。而他自己年轻的时候是有过婚外恋的,他曾经和张家收留的孤女王大姑娘,张家孩子都叫她王大姑,有过刻骨铭心的爱恋。大约张家家规不许纳妾,所以只能中断暧昧的关系。王大姑娘后来嫁人了,萧红亲眼看见大伯父遇到旧情人,回到家里的时候,痛苦、悲哀的可怜相。而且,他熟读传奇与言情小说,《西厢记》和《红楼梦》都是他推崇的作品。日后,萧红写道:"我需要恋爱,伯父也需要恋爱。伯父看着他年轻时候的情人痛苦,假若是我也一样。"[1]可见,她的挣扎与奋斗,除了追求自立和创造的人生价值以外,也还有情感自主选择的动机,这两者都要借助升学的方式,离开小城呼兰才能够实现。沉寂、萧条、保守的生活环境,是没有爱情机遇的。

从这一段萧红的自述,可以看出阻止萧红上学的主要是父亲、继母和伯父。祖父一向没有话语权,就是哀求也没有效果。其他的亲戚也不愿意过问张家的事情,过问也没有作用。受过现代教育,又就职教育界的张廷举,为什么坚持不让萧红上学,实在是一个匪夷所思的问题。当绝大多数毕业生继续升学之后,阻止自己的女儿读书,就是同事的舆论也会带给他很大的压力,何况他还是呼兰提倡女学的代表人物,肯定会给他造成"伪新派"的恶劣影响。此外,萧红又是他原配留下的孩子,母系的姜家亲属和民

---

[1] 萧红:《镀金的学说》,《萧红全集·散文卷》,北京燕山出版社,第50页。

间的议论也不会小。张廷举已经是呼兰教育界的头面人物了,官气越来越重,在家里说一不二,自然要在子女面前树立自己的绝对威严,而对女儿施之以暴力,则是在繁重的公务与家庭的重负之下,以弱小者发泄自己压抑的内心焦虑。继母没有文化,只知道过日子,又要为自己子女的将来打算,自然不会理解,也不会支持她的人生选择。萧红上学的时候,在家的时间少,眼不见心不烦,毕业以后,整天待在家里,自然成为她的眼中钉。伯父是保守的地主,除了挣钱,满脑子封建礼教的思想,自然不会理解萧红的理想。而且,张廷举的家政需要他分担,同意萧红上学就意味着增加自己的经济负担。在萧红之前,张家的女儿都是在家学习家务针线,等待合适的人家出嫁。萧红已经是这个家族读书最多的女孩儿,家人对女子求学的前途没有想象力。张廷蕙走南闯北,知道社会上没有多少女人的位置,读的书再多也很难找到可以自立的职业,多数女学生最终也还是嫁人,文凭不过是一纸奢侈的嫁妆,如果错过了婚嫁的年龄,或者失去了贞操,连嫁都嫁不出去,只好由家里养一辈子。智力投入没有回报,自然不赞成这赔本的买卖。他当着张廷举一半的家,呼兰的日常开销要由他接济很大一部分,他在张家的地位自然举足轻重,说话是很有影响力的。

除此之外,经济的原因也还是一个主要的因素,张家实际上已经开始破落,连续的添丁进口使张廷举的负担越来越重,工资有限,地租与房租又经常收不上来,一向温文尔雅、不会打理家务的张廷举也要直接参与家政。在《永久的憧憬与追求》中,萧红记叙了这样一件事情,有一户房客拖欠房租,张廷举把他全套的马车赶了过来。房客的家属向她的祖父下跪哭诉,祖父把两匹棕色的马解下来送还回去。从这件事可以看出,祖父把车留下了,可能他认为房客欠的房钱以车就可以抵了,不必多要两匹马;也可能是打折优惠,或者分期偿还的方式。为此,两个没有直接血缘关系的父子,"起着终夜的争吵。"祖父的理由是,"两匹马,咱们是算不了什么的,穷人,这两匹马就是命根。"父亲说了什么?萧红没有记叙,显然也有他的理由,所谓不当家不知柴米贵。这就是私有制的怪圈,大家都在一个牢笼里。张廷举可以减免房客的房租,但是,不会有人减免他家的各项开支。特别是那么多嗷嗷待哺的孩子,病弱的老人,教育费用、医疗费用及其他的各种费用,都是他这个当家人不得不考虑的,精打细算也是梁亚兰持家必须顾及的问题。供萧红上学的费用,当时是不成问题,但是将来其他子女的升学问题也不能不筹划,不早些积蓄做打算,特别是好几个儿子,如果没有好的教育背景,将来是很难在社会立足的,张廷举的家产肯定不够他们像祖父母那样,一生在祖辈给准备好的口粮中生活。这也是父权制社会的怪圈,儿子要延续香火,女儿终究是别人家的人,家长分担的责任不一样,所以经济的分配制度也不一样。在一个历史急剧动荡的时代,早早把女儿打发出去,也是所有家长们通常可能有的心理。大伯父的理由是表面的,在一个维新之家,经济分配的性别差异是不能公开名言的。

  此外,还有一个至今不甚清楚的原因,也是萧红一生最为扑朔迷离的疑案,就是婚姻的问题。关于她订婚的时间,历来说法不一,最早说是3岁[1],另有一说是14岁上高小的时候[2],比较确定的说法是18岁[3]。但是对象却是一个人,小官僚之子汪恩甲。名字或有出入,家世也有混淆,但是,人似乎没有太大的误差,都是一个人。所以就不能不仔细辨析她订婚的时间,而所有的说法也就都不会是空穴来风。根据张廷举的老友于兴阁的回忆,呼兰保卫团的游击帮统王廷兰有意让萧红做他家的儿媳妇,托自己给张家过话儿,张廷举也有意。王廷兰大概见过萧红,非常中意。但是,当时萧红还在读高小,只有14岁,没有正式地过礼。[4]这是有可能的,当年,她的外祖父姜文选,就没有答应萧红祖母范氏托人为儿子初次的提亲,萧红父母的婚事是几年以后才正式定下来的。而且,当时东北地区订婚大约要

---

[1] 沈玉贤:《回忆萧红》,孙延林主编《萧红研究》第一辑,哈尔滨出版社,1993,第265页。
[2] 张抗:《萧红家庭情况及其出走前后》,孙延林主编《萧红研究》第一辑,哈尔滨出版社,1993,第67页。
[3] 可见李重华等《漫论萧红》,王化钰《访萧红叔伯妹妹张秀珉老师》,皆出自张家后人。
[4] 铁峰:《萧红生平事迹考》:"1960年秋,我寻访到张廷举的老朋友于兴阁(萧红称他为三姨夫),他是萧红和汪恩甲的证婚人,又与汪恩甲的父亲王廷兰同在马占山帐下为将,了解萧红的很多事情。"载《萧红全集》下卷,哈尔滨出版社,1998,第396页。

经三个步骤,其一是口头商议,其二是吃订婚酒,其三是正式下聘礼。而一经吃了订婚酒之后,一如童养媳,婆家会按定制年年送财物,直至正式娶亲,萧红在《呼兰河传》中,小团圆媳妇一章已经叙述得非常详尽。目前已经知道,王廷兰只有一个儿子王凤桐,比萧红大3岁,于16岁时娶了呼兰北街开皮铺的孟家之女,次年生一子。1928年,王凤桐考入齐齐哈尔东北讲武堂黑龙江分校,毕业后分配到张学良的部队。其父殉国之后,不堪日本人骚扰,全家逃往关里,投奔张学良抗日。1949年之后,去北京汽车五厂工作,1986年病逝。[①]因此家里为萧红订的亲肯定不会是这个儿子,14岁与王廷兰次子订婚的说法,因此被推翻。但是,也还有另外的可能,汪恩甲也许是王廷兰的义子,或者有其它的隐秘关系。一直有一种说法,汪家与王廷兰家有亲戚关系,认为汪恩甲本姓王。[②]就其姓氏源流来说,"王"系王者之后的姓,历来是望族,所谓"昔日王谢堂前燕"。汪姓人多以文王为祖,而汪是王的音转,汪氏至今是哈尔滨顾乡屯的望族。所以也可能两家认了当家子,这在那个时代的东北是非常普遍的。张廷举和姜玉兰的媒人,就是和萧红的祖母范氏认作一家子的范老万。而且,按照当时的社会文化习俗,认当家子或者干亲,是要举行正式仪式的,所以会很郑重。是否和王廷兰有过继子名义的父子关系,或者,他和王廷兰还有更隐秘的血缘关系,过继到汪家也未可知。

这一口头的婚约,很可能是萧红的祖母范氏答应的,所以有3岁订婚的最早传说。根据范氏精明强干、很神通的性格,在家里执掌一切的地位,加上喜欢联络走动的天性,是有这种可能的。如果她的哥哥确实是某地督军的话,她联姻的选择就会是军界人家,或者与王廷兰本有旧交。张家的家训是不许子弟做官,连萧红豪气霸道的大伯父张廷蓂都"视宦途如海河",即使早早给萧红订婚,也不会找行伍人家,耕读传家的传统偏见是"好铁不打钉,好汉不当兵"。而张廷举受了新式教育,也不会愚蠢得早早给萧

---

① 姜世忠:《萧红生平考订》,孙茂山主编《萧红身世考》,哈尔滨出版社,2003,第189页。
② 曹革成:《我的婶婶萧红》,时代文艺出版社,2005,第45页。

红订上一门虚无缥缈的婚姻。在东北民间社会,无论是军政合一的特殊政治体制,还是近代兵戎频仍的历史条件,都使军人具有极其强势的特权地位,只有以范氏的精明,才会想到与权势无边的军人联姻。范氏过世以后,这个口头的婚约自然知道的人很少,14岁时的旧话重提,也可能是基于当初曾有的许诺。对于上一代人的约定,张家兄弟自然无法否认,诗书礼仪之家要"一诺千金",何况是儿女亲家的大事,岂可当作儿戏。于兴阁作为两家共同的熟人,王家托他过一个话,也是完全有可能的,而且,他大概也不知道两家早年的婚约。

如果以上推测基本可靠的话,张家兄弟阻止萧红读书,更根本的原因可能是怕她挣脱管束之后,闹出自由婚恋的结局,使这一婚约彻底瓦解。还有一条旁证,是萧红中学时期的密友徐淑娟的回忆,她关于萧红的叙事基本都属实,比如幼年丧母,与父亲、继母关系不好,只和爷爷和弟弟张秀珂亲。据她回忆,萧红对她说,她家早把她许配给一个姓汪的,正是为攀这门高亲,才让她到哈女中读书的。①汪恩甲的父亲是个小官吏,谈不上什么"高亲",张廷举也是小官吏,应该说是门当户对。只有和王廷兰有关系,才可以算得上是"高亲"。骆宾基在《萧红小传》中也记叙了萧红被家里订给了一个将军之子。王廷兰由呼兰保卫团帮统,改为省警备队第一路统带,骑兵团上校团长,"九一八之后随马占山抗日。"江桥抗战之后,随之撤到海伦一带。他代表马占山会见李顿调查团专门委员海伊林之前,被授予陆军少将军衔。而且,在萧红与汪恩甲正式订婚的1929年,其父张廷举连升两级,6月出任呼兰教育局局长,9月升迁任黑龙江省教育厅秘书。在当时,一方擅自解除婚约是非常严重的失信行为,更不用说是与权贵之家的婚约,何况又是长辈做的主。一直到80年代,东北民间讽刺不守信用的人,经常的说法还是,你家一个姑娘也得许两个婆家。可见当时,张家在萧红升学问题上的两难处境。只有继母梁亚兰大概是希望这位大小姐早早

---

① 李丹、应守岩:《萧红知友忆萧红》,孙延林主编《萧红研究》第一辑,哈尔滨出版社,1993,第41页。

嫁出去,又省钱又省心。直到小学毕业,萧红肯定都没有见过汪恩甲,接受了新思想的她,也必然不愿意答应这门不着边际的婚事。另外,升学、自立的理想压倒了她对婚姻的想法,大概连想也不愿想结婚的事情。总之,张廷举不让萧红到哈尔滨求学的原因是多方面的,不会仅仅一个原因。除了躺在床上消极反抗之外,萧红显然还会想出其他的斗争方式。

这时,还有一件抗婚事件轰动呼兰,也对她产生启发。萧红有一个同班的同学叫田慎如,长得漂亮,性格泼辣,而且非常聪明,是她们班的班长。她已经考取了齐齐哈尔的女子师范,却被张廷举前任的教育局局长王锡三看中了,非要娶她为小老婆不可。她的父亲在呼兰开着一个木匠铺,胆小怕事,立即给女儿写信,把她骗了回来。田慎如一听气得七窍生烟,跑到王锡三家门前大骂:"王锡三,你身为教育局局长,专挑女学生做小,娶了一个白雅致还不够,又打我的主意,我问你,你是人不是?!"骂得四邻都来听,王锡三不敢吱声。据说当时他喝了碗凉茶,得了肋膜炎,后来开刀拿出两根肋骨。他怀恨在心,又怂恿高县长去提亲,结果高县长也挨了田慎如的骂。她的父亲怕得要命,对她说:"你把县长、局长都骂了,我这木匠铺还怎么开?!"几乎要哭了出来。田慎如毅然决然地说:"我绝不连累你,我出家去!"她真的到呼兰的天主教堂当了修女。这件事情对萧红的刺激也很大,反抗的怒火更加强烈。她曾经去找过田慎如,被修女阻拦了,没有见到昔日同窗。嬷嬷以她入教会不到一年为由,阻挡了同学的探视。县上的同学去探视也被同样的理由阻挡,门口修鞋的老人告诉她们,昨天张廷举的姑娘来,也没让见。①

呼兰天主教堂建于1908年,是模仿巴黎圣母院、典型的哥特式风格,只是规模小了一点。灰色砖墙的外观朴素庄严,里面的装修华丽典雅。萧红也可能在教堂做弥撒的时候去过,为了逃避家庭机器一样的精神碾压,喘一口气,获得短暂的精神舒展。外来的文化,不仅是以思想的方式,也以

---

① 傅秀兰口述,何宏整理:《女作家萧红少年时代二三事》,孙延林主编《萧红研究》第一辑,哈尔滨出版社,1993,第185页。

特殊的文化物理空间,为她提供了精神的庇护。升学对于萧红来说,意味着从一个文化空间进入另一个文化空间,跳过被撕裂的历史时间的峡谷,寻找新的人生彼岸。经过萧红坚持不懈的斗争,父亲终于让步了。萧红后来回忆说:"当年,我升学了,那不是什么人帮助我,是我自己向家庭施行的骗术。"①至于实行了什么骗术,她则一生讳莫如深。

据说,寒假里,和她同班的傅秀兰、吴鸿章等几个同学从齐齐哈尔回来,专门去看她,大家非常同情她的遭遇,自然也谈到田慎如当修女的事情。萧红说,我爸不让我到外地求学,我也去当修女。这话立即传遍了呼兰,谁都知道张廷举的大女儿要去当修女了,闹得满城风雨。先是老祖父张维祯跳起来大骂张廷举,他说如果荣华去当修女,他就死给他们两口子看。这自然使张廷举夫妇很紧张,不得不缓和对萧红的态度。这时,王廷兰已经晋升为黑龙江警备队第一路统带,是县里军界的头面人物。如果确有婚约的话,萧红一闹起来,也要损害王家的声誉。当初为两家联姻搭桥的于兴阁,受王家之托前来询问。这里里外外的压力让张廷举无法承受,只好放弃初衷,允许萧红到哈尔滨读书。②是否张、王两家还有秘密的协商?包括当初阻止她上学的更深原因,是否也有王家的意思?因为王廷兰的儿子王凤桐16岁就结婚了,次年生了一个儿子,早婚的家风自然希望他们早些完婚。

这些都是难以推断的,因为没有文字材料支撑,两家的中间人于兴阁也已经过世了,带走了所有的秘密。当年采访他的人,也逝世多年。如果3岁婚约确实存在,那么萧红的升学之谜就比较容易解开。张家和汪(王)家之间,从一开始就会有协商。现代知识分子张廷举违背知识者良知的举措就可以理解,大伯父张廷蒉的担忧也就不是泛泛之谈。而轰动呼兰的抗婚事件,对于萧红命运转机的重要作用,是否也可以透露出一些端倪呢?!张廷举对于所有来为萧红说项的人,一概不予理睬,怕也是有无法启齿的

---

① 萧红:《镀金的学说》,《萧红全集·散文卷》,北京燕山出版社,第50页。
② 曹革成:《我的姐姐萧红》,时代文艺出版社,2005,第20页。

难言之隐,作为过继子的他,无法推翻养母的决定。而萧红的骗术是否还包括,只要让她到哈尔滨读书,就答应这门婚事,很可能是同意中学毕业以后就完婚?张廷举和汪(王)家大概也通了气,双方都觉得可以接受,而且汪家就在哈尔滨的顾乡屯,萧红上学离她未来的"婆家"也更近了。总之,父女双方从极端的对抗中达成妥协,萧红才得以走出呼兰,实现了到现代大都市的求学之梦。

考辨说明一

关于汪恩甲的身世,自2013年起有了新的资料,这个消逝了半个多世纪的家族终于走出了沉默。来源最直接的是端木蕻良的嫡亲侄子曹氏兄弟的调查,2014年2月的《世纪》发表了曹革成的文章《萧红的第一个恋人》,转述汪氏后人的口述,几乎推翻了以往的所有说法。据这篇文章介绍,汪氏家族系满族正白旗人,是近代完颜阿骨打之后,清初"从龙进关",乾隆九年从北京回迁,定居吉林省(此处有误,清代黑龙江军政合一,无行政区划,当为吉林将军)阿克楚勒城(今哈尔滨阿城区)完颜阿骨打陵墓附近,逐渐繁衍成一个世代务农的地主家族。所居之地始称长发号窝棚,后改为长发号屯。汪父汪子勤在家排行老五,人称汪五先生。清末民初随父迁至哈尔滨故乡屯的永发屯,终生务农,成为大地主,从未涉足官场。他生有三男二女,大儿子子承父业终生务农;二儿子王恩厚(汪大澄)大学毕业,一直在哈尔滨的教育界工作,1945年以前,曾任哈尔滨教育局视学,新中国成立以后无固定职业,死于"文革"期间。王恩甲系其三子。

这一说法几乎推翻了以往的所有结论,首先否认汪父是小官吏,也就排除了汪恩甲与王廷兰的关系;连王恩甲是萧红未婚夫的身份都颠覆了,文章以"第一个恋人"确认其与萧红的关系;其他如两家为他们举行了正式订婚仪式、萧红以未婚儿媳的身份为汪父披重孝奔丧得重赏等事情,皆一概否认。这明显是站在汪氏家族的立场,要把汪恩甲及整个家族和萧红落难事件撇清。而且,被采访对象一是汪恩甲的儿媳,一是他的堂侄女,都属于汪家亲族,且又与事发时间相隔甚远,信息多来自家族中的口耳相传,多有含糊其词之处,明确说汪恩甲生前没有提起过与萧红的婚恋,连作者也承认是孤证,流露出"为长者讳"与回避家族苦难记忆的心迹。此外,2013年年初,网上曾有信息披露,汪恩甲之父是高级将领,现已经被删除,原因不详。还有一个传说,是汪恩甲是因为舅舅被日本人抓了,去打探消息而失踪,过继给别人的孩子通常称自己的生父为舅舅,这些新披露的资料还是不能彻底排除他和王廷兰的关系。因此,本书仍然基本保持原有的说法,特别是保留存疑与开放的叙事结构,同时也保留了研究和考辨的学理逻辑。

第八章
进入现代大都市

1927年秋,萧红考入哈尔滨东省特别区区立第一女子中学校。[①]她终于离开了呼兰小城,进入五方杂处的现代大都市。

哈尔滨地处松花江的中游,是东北平原的中心地带,北连小兴安岭山区。它被称为"没有城墙的城市",说明了它一贯开放的文化品格。早在3200年以前,这里的先民就进入了文明的青铜时代,属于被称为"白金宝文化"的分布区域。它是女真人崛起的最早政治文化中心,金代的第一个都城金上京、清代阿喀楚勒副都统驻地,都在哈尔滨的阿城区,阿城即是阿喀楚勒城的简称,成为北方的重镇。由于水路交通发达,元明两朝,这里已经遍布重要的驿站。关于哈尔滨名字的来源说法很多,多数是满语或者蒙古语的音转,尽管意思不同,但多数都与水有关。比如肃慎人对于天鹅的称呼,变形的岛屿,晒网的地方等等。可见,自古这里就是水路交通的要道,曾经是拉林十大网场之一,网场即渔场。而拉林是乾隆七年实行屯垦制度以后,最早由关里迁回老家的满族人聚集区,区别于一直留居本地的旗人,他们的特征被称为京旗文化。可见,从清代中期开始,这里的居民就融合了汉文化。哈尔滨这个词最早出现在历史文献中,是在道光二年

[①] 关于这所学校的全称经常有一两个字的差别,这里是按照当年的学生、萧红同班同学徐薇(徐淑娟)的回忆。见李丹、应守岩《萧红知友忆萧红——访徐薇同志》,孙延林主编《萧红研究》第一辑,哈尔滨出版社,1993,第37页。

(1822)的黑龙江将军衙门档案中。

随着封禁政策的无形解体,大批汉族移民逐步会集到这个地方。光绪二十四年(1898),《黑龙江舆图》测绘完成,上面显示哈尔滨一带已建立了近百个村落。远近闻名的傅家店,就是道外的前身。1890年前后,祖籍山东的傅氏兄弟,在现在的道外南头道街盖房落户,开大车店等,因而得名傅家店,后来因名过俗,官方设治的时候改名傅家甸。19世纪末,傅家甸一代已经形成大的村镇,其中有一大块区域因四户姓氏的人家最早落户,故得名"四家子"。至20世纪初,哈尔滨已是有众多村屯和居民繁多的大市镇,以农业加工为主的手工业作坊遍布市井,田家烧锅是北满第一大作坊,附近有一家做线香的作坊墙上写着"香坊"两个字,由此形成了香坊区的前身。秦家岗相传是在300年以前,秦琼的后人开发、世代繁衍居住的地方,是南岗区的前身。当时的哈尔滨在这三个区域的中心。①

1896年夏天,《中俄密约》签订之后不久,又签订了《国俄合办东省铁路公司合同章程》,次年,1898年,中俄签订了《旅大租地条约》。中东铁路工程局以哈尔滨为"总埠"筹备筑路,1897年,开始动工。1903年7月,中东铁路全线通车。哈尔滨火车站设在香坊,俄国人把蒸汽火车第一次开进了哈尔滨。德、英、法与犹太等40多个国家和地区的侨民纷至沓来,建工厂、开商号、立宗教。外国的大小银行、商社有2000余家,19个国家设有领事馆,这座城市与40多个国家和地区建立商贸联系,形成了仅次于上海的国际商埠。中东铁路的开通使哈尔滨成为现代交通的枢纽。十月革命前后的逃亡资本,又给她注入新的血液,现代城市迅速膨胀。1927年,哈尔滨出现了有轨电车,老百姓称之为"摩电",现代城市的交通业也开始设施配套。按照拉摩铁尔的说法:"哈尔滨和大连是现代化的大城市,它的潜力在北京、南京之上,甚至可以和上海并驾齐驱。"②新移民们带来不同文化的建筑风格,哈尔滨成为教堂之城。据说,沙俄规划城市的时候,是仿照莫斯科设计的,遂有

---

① 刘学颜:《神醉金元故都》,哈尔滨出版社,2007,第9页。
② 拉摩铁尔:《斗争的源泉》,转引自张毓茂《萧军传》,重庆出版社,1992,第88页。

"东方的小莫斯科"之谓。这座城市不但没有城门,也没有国界,是座老牌殖民地大都市。其中旧俄的影响最深,既有白俄开办的工厂、商店和电影院等娱乐业,又有许多东正教的教堂。1904年,日俄为了瓜分东北,在辽东半岛爆发战争,哈尔滨是俄军的后方供应基地。20年代初,凭借着优越的地理位置,作为交通枢纽的哈尔滨已经成为东北北部的经济中心。

1905年,鉴于哈尔滨的迅速兴起与俄人的嚣张气焰,清政府为了加强稽征关税和署理铁路交涉事宜,批准设立"吉林滨江关道",相当于一个省部级的行政机构,衙署设于傅家甸的四家子(今道外区北十八道街附近),从此,哈尔滨有了自己独立的行政机构,在国中之国的租界边缘揳进了自己的政权。① 哈尔滨虽然华洋杂处,但是一分为二,外国人主要盘踞在南岗、道里两个地区,而中国人则以道外为中心分布居住在其他城区。两个地区形神各异,使这个殖民地的城市更加凸显文化时间固态化的空间对立。当年的哈尔滨,以在秦家岗制高点修建的尼古拉中央教堂(俗称喇嘛台)为中心,向东、南、西、北、东北、西北六个方向,辐射出六条主要的道路。改名南岗的秦家岗是中东铁路的行政办公区,以中国大街(后改名中央大街)两侧的道里区是商业区,隔江的太阳岛是外国人的别墅区,道外则是中国人居住的地方。当时的民谚云,南岗是天堂,道里是人间,道外是地狱。十月革命以后,沙俄势力缩小,结束了他们把持市政的历史。哈尔滨遂被分割成四大块,道里、南岗两区归奉系军阀辖制,东省特别区辖制老哈尔滨地区(包括马家沟、顾乡屯、太阳岛等),属于滨江市的道外、太平桥归吉林军阀管辖,松浦市则归黑龙江军阀辖制。

萧红考入的东省特别区区立第一女子中学校,就坐落在南岗区邮政街135号。②它的前身是崇德女子中学,简称"东特女一中"。所谓东省特别

---

① 以上资料来源于《哈尔滨史话》,哈尔滨出版社,1998。
② 东特区区立第一女子中学校,"九一八"东北沦陷之后,更名为哈尔滨第一女子中学校。新中国成立以后,改为哈尔滨六中,开始男女混校。哈尔滨七中,是新中国成立以后新建的学校,地址在哈尔滨道里区尚志大街7号,后来搬迁到南岗区奋斗路359号。1949年,六中被定为重点中学,为了改善条件,1949年与七中交换校舍。1953年,六中又迁到香坊区公滨路105号,即现在的六中现址。因此,萧红真正的母校应该是六中,目前的萧红中学是七中。艾国忱:《萧红母校考》,孙延林主编《萧红研究》第一辑,哈尔滨出版社,1993,第60页。

区是由中东铁路的修筑而形成。沙俄根据《中俄密约》的有关条款,修路时任意侵占铁路沿线的土地,称之为"铁路附属地"。通车后又设立中东铁路管理局,除经营管理铁路外,还在沿线和哈尔滨许多大小城镇拥有行政、司法等自治权。前前后后,占据了中国100多万亩的土地。中华民国成立之后,于1917年起,中国政府逐渐收回这些附属地的管辖权,吉、黑两省派兵陆续在哈尔滨及中东铁路沿线布防,成立中东铁路警备司令部。1919年,又改称护路军总司令部。1920年3月,中东铁路工人大罢工胜利,中国军队解除俄军武装、接管路务。同年10月31日,北京政府颁布《东省特别区法院编制条例》,规定中东铁路附属地为东省特别区。东省特别区的首任行政长官朱庆澜,就是从德女中的创办人。朱庆澜(1874—1941),字子桥、子樵、紫桥。浙江绍兴人,随父游幕山东,幼年失怙,少年丧母,孤贫而力学。青年时代随友赴东北,投在东三省总督赵尔巽部下,又随之入川,响应武昌起义,独立之后,被推举为大汉军政府副都督。后回到东北,做到黑龙江省将军。后被段祺瑞任命为广东省省长,张勋复辟之后,响应孙中山"护法"运动,通电讨伐,得罪段祺瑞,寓居上海。1911年,应张作霖之邀,再次回到东北,任护路军总司令,全数收回俄人强占的所有土地。1925年辞职之后,从事慈善事业和抗日救国事业,积劳成疾而亡,是一个革命先驱与爱国将领。学校设有董事会,萧红入学的时候,首席校董事是特区教育厅厅长傅义年,学校的各样经费开支均由校董事会来筹措。从德女中的校名来自"三从四德"的封建伦理,校歌中明确唱道:"从德兮,松江滨,广厦宏开气象新,学子莘莘,先生谆谆,莫道女儿身,亦是国家民,养成简朴敏捷高尚德,方为一个完全人"。改为东省特别区区立女子中学校后,归哈尔滨教育厅所管。①

由于有这样强大的后盾,东特女一中条件很好。它位于南岗区的住宅区,环境十分幽美,操场很大,分球场、田径运动场,设有秋千架、爬杆架及其

---

① 丁言昭:《萧红传》,江苏文艺出版社,1993,第14页。

荡船等运动器材,冬天泼上水,就成了天然的滑冰场,操场周围环绕着高大的白杨树。食堂和风雨操场,设在地下室。学校分初、高两部,面向所有社会阶层开放招收学生。有两百个床位的学生宿舍,同时也招收走读的学生。①

校长孔焕书是一位近三十岁的独身女子,是从关里某个学校过来办学的,据说其兄在道里开办了一家"孔氏医院"。她重视师资,不少教师毕业于名牌高校。她鼓励学生开展各种课外活动,组织兴趣小组,自己办墙报等,使学校成为一所高度现代化的女子中等教育基地,所以在哈尔滨很有名气。因为费用比较贵,有钱人家的女孩儿比较多,萧红所在的四班,就有花旗银行买办的女儿、督办的两个女儿,有缠过足又放足的大家闺秀,坐着汽车来上学。入学的时候,全班四十几个人,不断有人出嫁,毕业的时候只剩二十多个人,像一个待嫁的现代文化大闺房。全校班级统一排序,数字越大年级越高,萧红所在的四班主修英语。她入校的时候,梳着两条又粗又黑的大辫子,白白的大脸盘,明亮的大眼睛,平时沉静寡言,中等偏高的身材,坐在教室靠后的座位上。②她的年龄大概处于中等偏上,因为班里有十二三岁的小同学。

女校在中国是新生事物,是借鉴英美女校,结合私塾的治理。孔焕书治校严厉,制定了一整套严格的校规。学生一律只许穿校服,不得私自外出,私自会客,电话要由工友转。学校门禁森严,所有学生来信,只要不是未婚夫的,都要被拆封检阅。学校知道谁有未婚夫,未婚夫的确切情况。孔焕书是一个封建思想较为严重的人,校规的严苛带来窒息的气氛。在萧红这些受过"五四"精神启蒙,又处于青春反抗期的女孩看来,整个学校就像是一个"密封罐头"。③孔焕书对学生的管理比较苛刻,一批旧式教师造

---

① 丁言昭:《萧红的同学和朋友——访陈涓和杨范同志》,孙延林主编《萧红研究》第一辑,哈尔滨出版社,1993,第26页。
② 刘俊民讲述,何宏整理:《我的同学萧红》,孙延林主编《萧红研究》第一辑,哈尔滨出版社,1993,第20页。
③ 李丹、应守岩:《萧红知友忆萧红》,孙延林主编《萧红研究》第一辑,哈尔滨出版社,1993,第38页。

成了学校里压抑窒息的气氛。学校里除一般文化课以外,还要兼习女红。绰号叫"老母鸡"的刺绣教员兼训导员,教训学生说:"什么是我们女人的责任呢? 就是嫁了丈夫,应该赚得他的欢喜;有了孩子就得会做娘。你们不要小瞧了刺绣呀……这是发展女人天才的大道理哩,女人不同于男人……"这种奴化教育使萧红和她的同学们,强烈地感受到精神被束缚、个性被摧残。有的同学当面顶撞教师说:"惟有'奴心未死'的女人才会这样做……"学生给校长孔焕书起了两个外号,一个是"鹰",一个是孔大包牙,以此来反抗那些封建卫道士。有一天,黑龙江的大军阀吴督军到学校里来讲演,对女学生们说:"喔喔……你们……喔喔……全要好好读书……喔喔……你们将来才能做个……喔喔……七房……八房姨太太的喔喔……好好念书……"女学生们哄笑成一团,私下里骂那个军阀是蠢猪。

如此低气压的环境,使所有的学生都感到压抑和窒息,她们忍无可忍的时候,就会恶作剧,采取柔性的反抗。当时有一门公民课,授课教师照本宣科,同学们都不感兴趣。有一节讲法律的课,坐在前排的小个子徐淑娟竟然睡着了。这位胖秀才老头发火了,说我讲公民课,你们不爱听;我讲"妈妈好糊涂",你们就爱听了! 说完摔门就走了。这一下把学生们都惹火了,因为《妈妈好糊涂》是首民歌,唱的是女孩儿抱怨妈妈不给找婆家,一致认为是侮辱学生,于是,决定反击。在他又来上课之前,就在黑板上写上"一、何谓'妈妈好糊涂',二、试述'妈妈好糊涂'的含义。"为了不让老师看出来是谁的笔迹,一人写一笔,据说是萧红出的点子。那位老师来了,就问班长郭淑媛,这是谁写的? 她回答说大伙写的。他看问不出来,就气哼哼地走了。这件事几乎闹成学潮,后经训育主任出面调解,才平息下去。①

受学生欢迎的是新式课程与教学方式,比如体育课。授课教师就是校歌的曲作者黄淑芳,她是北京体育学院的毕业生。上体育课的时候兼有美

---

① 刘俊民讲述,何宏整理:《我的同学萧红》,孙延林主编《萧红研究》第一辑,哈尔滨出版社,1993,第23页。

育的形式,在课上,除了篮球、排球、划船之外,还教同学做舞蹈操,她手持两朵红纸花,身着一条白裙子。同学从沉闷的文化课堂走出来,上活泼优美的体育课,身心放松,自然兴趣盎然。学校经常组织运动会,还到道里体育场,和其他学校一起参加市里的运动会。萧红自然也上过黄老师的课,体育课在改变她形体的同时,也锻炼了她的意志、心灵。①她和一群朋友尽量"男化",剪短头发,穿男装。她们经常打篮球,按男子的比赛规则进行。有一次,她们到松花江上学划船,为了显示自己具有男子的气概,硬是不让船工帮忙。回程时,遇到了逆风逆水,差点回不来,把手掌都磨烂了。②也是由于这种新式的课程设置,因为体育的成绩为学校赢来的巨大声誉,首先凿开了"密封罐头"的外壳。这所学校连续出了几个出色的运动员,孙桂云、王渊、吴梅仙和郭淑贤等,在全国运动会上夺得好多冠军,被称为"五虎将"。一时间,名震全国,各地的贺信如雪片般飞来,冲破了学校管理的制度,外面的信息涌入了学校的大门,校方已经无法防范。③

这所学校出名的原因,还因为有几个有名的教员。比如共产党人楚图南,当时以学者身份在哈尔滨活动,曾经教过这所学校高中四班的"教育学",还是这个班的级任教师。④这所学校里有一些思想开放的教师,也很受学生的欢迎。其中,对萧红影响最大的是语文教师王荫芬、历史教师姜寿山和图画教师高仰山(即高昆)。王荫芬老师是鲁迅作品的爱好者,经常给学生们讲解鲁迅先生的作品。在他以前,语文课只讲文言,连作文都是用文言。王荫芬老师把白话文引进课堂,给学生们介绍"五四"以后的新文学,使萧红开始接触一批新文学作品,也开始阅读域外的文学。姜寿山老师新近才从北京大学毕业,教授她们历史,也激发了同学的学习兴味。高

---

① 刘俊民讲述,何宏整理:《我的同学萧红》,孙延林主编《萧红研究》第一辑,哈尔滨出版社,1993,第26—27页。
② 丁言昭:《萧红中学时代拾零》,《西湖》1981年第12期。
③ 李丹、应守岩:《萧红知友忆萧红——访徐薇同志》,孙延林主编《萧红研究》第一辑,哈尔滨出版社,1993,第38页。
④ 陈隄:《走向生活第一课》,《哈尔滨文艺》1978年第10期。

仰山老师毕业于上海美术专科学校,是刘海粟的弟子,他的教学系统、认真。他教素描、色彩、透视等技法,引起学生们强烈的兴趣。①因为高仰山负责学校的图书室,爱读书的萧红经常去借阅,所以和他接触比较多。

　　高仰山原名高昆(1901—1974),仰山是他作画时的署名。1901年3月生于吉林市粮米行街(后改民主路)一个贫困中医家庭。1910年,他入私塾读书。1918年7月,考入吉林省立第一中学校(旧制四年),三年级时,由新式教员的影响,接受五四新文化的洗礼,逐渐走进新文艺的天地。三年级开始,他已经在吉林绘画界崭露头角。毕业以后,考入刘海粟执掌的上海美专造型美术系西洋美术画科。1926年,失业在吉林家中赋闲,受孔焕书之聘,到东特女一中任美术教师。据他回忆,孔焕书"非常趋奉当时的资产阶级家庭,管理学校很守旧、专制,对教学上似乎还有一点改革"。他的绘画题材主要是自然和平民生活,以水彩画名世。他也爱好文学,曾在一些中学教国文。写过一本《孟子评传》,没有机会出版。他平生以美术教育为己任,在多所学校授课,酷爱绘画,有很高的造诣。他在近半个多世纪的教学生涯中,培养出不少杰出的人才。②

　　萧红和高仰山老师的交往,是她世界观与人生观形成的重要环节。萧红一开始和一些同学喜欢看的是张资平、叶灵凤的言情小说,被高老师知道了,就加以阻止,让她们不要看那些无聊的东西,介绍她们看鲁迅、郭沫若、茅盾、郁达夫、莎士比亚、歌德等中外名著。③萧红由此全面接触了"五四"以后的新文学,在校三年,读遍了学校所藏的所有新文艺书籍。她对新文学的热爱几近痴迷,有好几次在课上偷偷看小说,被老师发现,没收书籍不算,还当堂叫起来严厉批评,有的时候,还要被叫到校长室,由孔焕书直接训斥。这显然给她的心灵留下阴影,对这所学校的管理深恶痛绝。高仰

---

① 钟汝霖:《一九六二年访问萧红图画教师高昆纪实》,《东北现代文学史料》第6辑。
② 刘树声:《萧红的画师高仰山》,孙延林主编《萧红研究》第一辑,哈尔滨出版社,1993,第46页。
③ 李丹、应守岩:《萧红知友忆萧红——访徐薇同志》,孙延林主编《萧红研究》第一辑,哈尔滨出版社,1993,第40页。

山还经常给学生讲述革命道理和文艺知识,启发她们的艺术感觉。萧红虽然不是学校美术小组的成员,但是也酷爱绘画,有一次在校园里写生被高仰山发现,将她列入重点培养的对象之一。①

由于思想一致和对文艺的共同兴趣,萧红在中学时期结识了一群爱好文学与绘画的朋友。一群好朋友,经常聚在一起讨论各种问题,如徐淑娟、沈玉贤、孟克勤、李雨琴、张志远等。②其中,萧红和沈玉贤、徐淑娟最要好,她们在一起阅读鲁迅、茅盾、郭沫若、郁达夫的文学作品,读冰心、徐志摩的诗,读俄国小说《复仇》《猎人笔记》,美国作家辛克莱的《屠场》《石炭王》,读歌德的《浮士德》,读《娜拉》《雪莱诗选》《海涅诗歌集》,普希金的《自由歌》,她们还贪婪地读中国古典名著——《琵琶行》《长恨歌》《孔雀东南飞》等等。她们对鲁迅先生极其崇敬,鲁迅的许多句子都能背诵,经常是一个人说鲁迅先生作品中的上句:"在我的后院,可以看见墙外有两株树,一株是枣树……"另一个人立即接着说下句,"还有一株也是枣树。"③

中外文学的熏陶,使萧红的修养大大提高。她在课余,不时地写一些散文、诗等,刊在学校的黑板报上或校刊上。1930年初夏,学校组织学生到吉林旅游。家在吉林的高仰山老师事先托朋友在当地订好了住处。她们很兴奋,因为从来还没有出过省。她们最高兴的是爬山,一群人叽叽喳喳,又说又笑,和大自然融合在一起。一会儿她们亲亲热热,一会儿她们又打翻了。有的要干这个,有的要干那个,结果只好分道扬镳。沈玉贤坐在大树下,拿出速写本,开始画山景,萧红走过来,看着她画说:"好好画吧!小妹妹,回头大姐给你题首诗。"说着就挨着沈玉贤坐下来,拿出笔写起来。过了不久,她的诗以"悄吟"的笔名发在校刊上,题名《吉林之游》。其中有一首是这样写的:"以前,我们都是很要好的朋友,为什么在北山上却你争我吵?啊!原来是爬山爬累了!"沈玉贤问萧红,为什么用"悄吟"这个

---

① 刘俊民讲述,何宏整理:《我的同学萧红》,孙延林主编《萧红研究》第一辑,哈尔滨出版社,1993,第21页。
② 沈玉贤:《回忆萧红》,1981年6月16日《哈尔滨日报》。
③ 高原:《离合悲欢忆萧红》,《哈尔滨文艺》1980年第12期。

笔名,她说:"悄悄地吟咏嘛。"①这个笔名一直沿用下来,成为萧红最早使用的笔名。这些发表在黑板报和校刊上的散文和诗,是萧红最早的创作。她写作文的时候,是用毛笔,工工整整,封面端端正正地写着她的名字。②

　　除了写作之外,萧红大量的时间用在绘画上。在美术课上,她受到了严格系统的训练。课下,又在高仰山先生的带动下,一些同学组织了一个野外画会。萧红和沈玉贤学西画,徐淑娟学国画。萧红第一年学铅笔画,第二年学水彩画,第三年学油画。她同时还学习书法和篆刻,到三年级的时候,迷恋上郑板桥的书法,经常自己琢磨布局。她大量搜集各种绘画资料,经常侃侃而谈地讲述自己的美术理想,想当一个中国的女画家。休息日的时候,她们带上食物,背上画夹,到松花江两岸去写生。1929年夏,高仰山给学生们布置了最后一幅作业,是画静物。他在教室里布置了好多种静物,有蔬菜、瓜果、花卉、瓶子、罐子、玫瑰花,甚至还有一颗人头骷髅。同学们各自选择了自己的题材和角度,开始作画。沈玉贤选中了玫瑰和骷髅,萧红却什么也没选中。她跑到老更夫那里,借了一支黑杆的短烟袋锅子和一个黑布的烟荷包,又搬来一块灰褐色的石头。她把烟袋和荷包放在石头边上,就认真地画了起来。有人问她,这是什么意思?她说:"劳动者干活累了,坐下来抽袋烟休息一会儿。"③高仰山很欣赏这幅画,给它起名叫《劳动者的恩物》。萧红很满意高老师的命名,说同她想到一起去了。④

　　由于受到爱国思想的影响,萧红她们勤奋学习,不谈恋爱,喜欢和有思想、有头脑的男孩子做朋友。因为在她们看来,还是男的"思想性"多一些。当年,她有两个形影不离的密友,一个是徐淑娟,一个是沈玉贤。徐淑娟是萧军小说《涓涓》中的原型,由淑字和娟字左右两个部分组成。她是江

---

① 刘俊民口述,何宏整理:《我的同学萧红》,孙延林主编《萧红研究》第一辑,哈尔滨出版社,1993,第85页。
② 张秀琢:《重读〈呼兰河传〉,回忆姐姐萧红》,孙延林主编《萧红身世考》,哈尔滨出版社,2003,第37页。
③ 高原:《离合悲欢忆萧红》,《哈尔滨文艺》1980年第12期。
④ 沈玉贤:《回忆萧红》,1981年6月16日《哈尔滨日报》。

苏常熟人,1915年生人,因为父亲在哈尔滨工作,随家来到东北。"九一八"之后,随家迁回南方,后入复旦大学读书,40年代以宣传养生的《十叟长寿歌》著名,1949年代以后主要从事科普工作。沈玉贤与徐淑娟同岁,家住哈尔滨市区偏脸子,离学校很近,是走读生。中学毕业以后,考上师范班,毕业以后,一直在哈尔滨从事小学教育,离休前是兆麟小学教师。沈玉贤在全校个子最高,和萧红一样坐在靠后的座位,萧红坐在她的后排。两个人接触比较多,谈心的时候也比较多。萧红经常向她倾诉自己的家事,告诉她母亲死了之后,是爷爷把她带大的,爷爷对她如何的好。①三个人中,徐淑娟个子矮小,最不安分,活泼好动,机灵淘气,她为所有订婚的同学代写情书。上课的时候,会情不自禁地回转头看住自己的好朋友,彼此莞尔微笑。上晚自习的时候,会从第一排跑到最后一排,看萧红写字、画画,因为年纪小,成绩又特别好而得到老师的宽容。三个人都是同学中的另类,且脾气又都倔强,反感学校苛刻的校规,也看不惯社会上人压迫人的现象。徐淑娟最同情的是马,看见车夫举起鞭子,就心惊胆战。她们都热爱文学,特别推崇鲁迅的《野草》,喜欢凑在一起讨论人生的意义,本能地反抗沉默、没有生气的社会现实,追求个性解放。徐淑娟认为,身处动荡的时代,应该做自觉的革命者,萧红和沈玉贤都表示同意。有人批评她太自负的时候,萧红和沈玉贤就会高声为她辩护。当一个"自觉的革命者"成为她们共同的人生理想,这是她们亲密无间的思想基础。②萧红平时不大说话,但是经常由于正义感的冲动,喜欢打抱不平。有一次,伙食委员出去买菜回来晚了,让二师傅给她炸馒头片、炒白菜,引起大家纷纷议论。萧红写了一首打油诗,放在伙食长的饭桌上。大意是:"×伙食长真叫馋,出去买菜回来晚,还吃油炸馒头片,大伙便宜不该占。"第二天,吃饭的时候,伙食长看见了,大为光火。萧红走过去,拿起诗稿看了看说,是写得有些过分,不过,假如没有这事,她就不会写了。知底的同学看了她的恶作剧,忍不住

---

① ② 李丹、应守岩:《萧红知友忆萧红——访徐薇同志》,孙延林主编《萧红研究》第一辑,哈尔滨出版社,1993,第38页。

偷偷地笑。①

在东特女一中读书期间,周末没有其他事情的时候,萧红都要坐火车回呼兰看望老祖父和弟弟张秀珂,这是家族中最让她惦念的人。有一次,她给张秀珂买回一个五颜六色的万花筒,使张秀珂高兴了好长时间。②1928年,萧红的六叔张廷献从北平的国民大学毕业,回到了哈尔滨,先是在东特区立小学校任教员,后来又任道外税务分局局长。这个时候,萧红已经读到初二,课余时间会到道外水晶街的六叔家去。张家在哈尔滨还有一门亲戚,是住在太平桥的远房姑姑。这位姑姑是福昌号屯后腰院张家的二姑娘,但是和萧红家并非直系亲属,是已经出了五服的一支,早年嫁到了哈尔滨太平桥陆家,家道殷富,是个不小的地主。萧红大概也跟随着亲戚,去认过门。远房二姑家有四个儿子,都范一个哲字,分别以尧、舜、禹、汤命名,可见也是有文化的人家。二儿子陆哲舜,字宗虞,正在道外的三育中学读书,后来又上了东省特别区办的法政大学。他比萧红要大一些,已经结婚生子。③萧红在课余时间,大概也到二姑家串过门,与二表哥陆哲舜有些接触。

萧红在寒暑假回家的时候,经常和继母的妹妹梁静芝在一起。她一回到自己家里,就把梁静芝接过来,两人同住一铺炕,同吃一桌饭,开怀地畅谈。萧红非常地健谈,说话速度很快,她向梁静芝讲述各种新思想,一边说还一边问,问梁静芝听懂了没有,直到听懂了才算了事。有一天晚上,两个人谈了两个多钟头,肚子饿了,萧红就跑到街上买回面包,就着咸马哈鱼边吃边说。梁家很穷,有一次,她和萧红上街去买布,说是做裤衩,一下子就扯了七尺布。梁静芝有些不解地问:"有三尺就够了。扯这么多干啥?"萧

---

① 刘俊民口述,何宏记录整理:《我的同学萧红》,孙延林主编《萧红研究》第一辑,哈尔滨出版社,1993,第21页。
② 张秀珂:《回忆我的姐姐——萧红》,孙茂山主编《萧红身世考》,哈尔滨出版社,2003,第12页。
③ 王化钰:《访萧红叔伯妹妹张秀珉老师》,孙茂山主编《萧红身世考》,哈尔滨出版社,2003,第43页。

红笑着说:"老姨,你真糊涂,咱们俩一人一条嘛!"当时卖布的将布扯成两块,用纸包好交给她们。她们各自拿着一块布往家走,梁静芝不小心把布掉在了地上,还没等她去捡,一个身着破烂不堪的衣服的男人拾起来就跑掉了。梁静芝很生气,要去追赶,被萧红一把扯住胳膊说:"算了,老姨,别追他,他是个穷人,追他干什么? 不要了,我再给你买一块不就完了吗!"萧红对穷人是同情的,看邻居宋家孩子饿成那个样子,她有时就偷偷将家中的馒头、黑枣拿去给他们吃。她对梁静芝说:"他们也是人啊,难道他们就该挨饿吗?"

萧红这个时期的女友中还有继母的异母妹妹,小名叫开子,她是萧红晚期短篇名作《小城三月》中翠姨的原型。梁亚兰的生母是和萧红的生母同年去世的,她的父亲也续了弦,给她们娶的新妈是一个寡妇,带来一个12岁的女孩儿,因为年龄接近,所以她们经常在一起。每年正月十五,张廷举和梁亚兰就要打发萧红到梁家,把梁静芝接到自己家去住几天,开子也一块跟着去,应该算是少年密友。梁亚兰的继母为她定了一个农村的寡妇儿子为亲,对方给了几万吊的彩礼。而开子看不上那家的儿子,暗恋着萧红的堂兄、一个洋学生,整日郁郁寡欢,又不能明说,因为自己找婆家是被认为大逆不道的,终于得了肺结核,青春生命不治而亡。[1]这件事对萧红刺激很大,看到残酷的旧式婚姻的恐怖结果,也看到传统女性命运的悲惨,特别是那些在两种文化中都处于边缘、受歧视的女性,命运更加悲惨。

在这所学校的学习生活使萧红开阔了眼界,比较切近地观察了现代文明,体验了大都市的生活。她置身于世界前卫的思想潮流之中,对于历史的大趋势有了基本的了解,形成比较自觉的社会理想。她广泛地接触了中国现代新文学与世界左翼文学思潮,对于前卫的艺术思潮也有涉猎。她世界观的构型在这里完成,艺术观也在这里萌芽。日后,她的短篇小说《手》,也是以这所学校为背景。

---

[1] 王化钰:《访梁亚兰亲妹梁静芝及其丈夫马天浩老师》,孙茂山主编《萧红身世考》,哈尔滨出版社,2003,第69页。

第九章
投身学生爱国运动

1927年4月,以"中国征服派"闻名的田中义一和森恪等日本军国主义分子,乘日本经济危机之际,推翻了他们认为对华"软弱"的若规内阁,于同年4月20日成立了以田中为首相(兼外相)、以森恪为外务次官的田中内阁。两人都是出名的对华强硬派,一上台就疯狂地推行侵华政策。他们扬言,满洲是日本的生命线,总结以往和平殖民失败的经验,要推行武装殖民,计划在二十年内向东北移民二十万人,五千个家庭。1927年6月17日至7月7日,田中于东京召开策划侵华(特别是东三省)的"东方会议"。会议着重讨论满蒙问题,发表了《对华政策纲领》。这一纲领的重要内容是,使满洲脱离中国本土,特别强调了用武力干涉东北。在"东方会议"后产生的"田中奏折"明确地宣称:"要征服世界,必先征服中国;要征服中国,必先征服满蒙。"在日本军国主义的胁迫之下,10月15日,张作霖和日本达成了《满蒙新五路协约》,即由日本贷款,承包下列五条铁路:1.敦化经老头沟至图们江岸线;2.长春至大赉线;3.吉林至五常线;4.洮南至索伦线;5.延吉至海林线。这五条铁路是伸向吉、黑腹地的利爪,一旦修通,对于日本进兵东北,抵制苏联的南侵,都极为便利。

与此同时,日本与蒋介石秘密谈判,彼此达成协议。日本承认与共产党分离、与苏联切断关系的国民革命的成功,蒋介石承认日本在满洲的特殊地位和权益。蒋介石在取得日本"谅解"和美国支持之后,于1928年1

月,重任"北伐军"总司令,决定北攻张作霖。同年4月,他联合冯玉祥、阎锡山、李宗仁等对奉张发起进攻。在张作霖危急之际,田中内阁强迫张正式签署拖延未决的《满蒙新五路协约》。张作霖为了"借日本武力,留在北京",终于签署了出卖东北铁路权益的密约。

日本军阀看到目的已经达到,张作霖没有什么利用价值了,便决定除掉他。6月4日,张作霖的专车驰到皇姑屯大铁桥,被日本特务埋下的炸药炸毁,张作霖重伤而死。①张作霖死后,张学良出任东三省保安司令。奉系军阀内部争权夺利矛盾重重,日本军阀趁张学良地位不稳,迫使他承认张作霖与日本人秘密签订的《满蒙新五路协约》。消息传出后,舆论大哗,东北各地掀起反日新高潮。各大中心城镇,纷纷举行反对日本修筑铁路,抵制日货,保护路权的爱国运动。北满日本统治的势力不强,又受到俄国十月革命的影响,反日情绪一直很高涨。1928年11月初,除了日本人办的《大北新报》之外,哈尔滨所有的报纸,纷纷披露张学良与日本秘密签订《满蒙新五路协约》的消息和内容,揭露日本修筑五条铁路的目的和侵略东北的阴险用心。哈尔滨商界、文化界、教育界等,纷纷集会,发表演讲,通电张学良,要求拒绝日本的无理要求,保护路权。

哈尔滨各大、中学校成立了"哈尔滨学生保路联合会"。11月9日,哈尔滨工业大学、法政大学、一中、医专、女一中等十几所学校数千名学生集合示威游行,这就是著名的"一一·九"反帝护路爱国运动。11月7日,"哈尔滨学生维护路权联合会"向全市和滨江县大中小学发出通知,决定11月8日起一致罢课,到长官公署和教育厅请愿。当局为了阻止学生的请愿活动,通令各校一律不准停课,劝阻学生上街。②

东特女一中校长孔焕书为了封锁消息,阻止学生上街,以女学生不宜

---

① 见常城等著《现代东北史》第三章第三节,黑龙江教育出版社,1986。近些年披露的史料又有苏联特工所为的说法,但当时日本军部没有否认,也可能是两大国联手,一起除掉他们共同的障碍。
② 铁峰:《萧红传》第42—43页,北方文艺出版社,1993。另外可参看曹革成《我的婶婶萧红》中的有关章节。

与男学生混杂为借口,扣压"哈尔滨学生维护路权联合会"关于8日罢课的通知和报纸。8日一早就将校门关闭,只准进不准出,强迫学生照常上课①。9日,请愿队伍走到东特女子中学校门前的时候,看见校门紧闭,学生们还在上课。萧红正在二层楼上带壁炉的教室里读英文,双层玻璃的通气孔隐隐传进人声。一位男教师正在写一个英文字母,一个字还没有写完,外面就传进巨大的声响,玻璃窗像是被雷电暴雨震动着,抖动着发出轰响。她们拥挤到窗子跟前,看到板墙外的石头道路上,有许多的人在呼叫,像军队、像马群,又像波浪,萧红感到了恐惧。校门前跑动着拿棒子的童子军,据说都是一中和二中的学生。他们翻过校围墙,冲进教员室,冲进校长室,萧红听见里面传出很大的动静。年轻的男声在和孔焕书辩论:"你不放你的学生出动吗?……我们就是钢铁,我们就是熔炉……"同时,还用木棒敲打门扇和地板,还有乱糟糟的脚步声。所有的女同学都意识到一件大事将要发生,血管里沸腾起一种庄严宏大的情绪。

一会儿,男学生架着孔焕书出来了。一个左边袖子上围着一圈白布,没有戴帽子的学生,站在楼梯上对学生们喊:"走!跟着走!"孔焕书吓得脸色发青,眼睛里闪动着恐惧。她被两个戴大帽子的童子军拖着,无可奈何地说:"你们跟着去吧!要守秩序!"她失去了往日的威严,像被鹰类捉拿到的鸡似的。女中的四百名学生迅速主动地按班级在操场上排好了队。女校长刚一摆脱童子军的胳膊,又恢复了女皇的架子,训斥女学生们说:"你们跟他们去,要守秩序,不能破格……不能像那些男同学们那样,没有教养,那么野蛮……"而后,她又抬起一只袖子来说,"你们知道你们是女学生吗?记得住吗?是女学生。"萧红和她的同学们顾不上理睬孔焕书带有侮辱性的言语,跟着男学生拥出了校门。②连解放脚、平时要坐汽车上学的大家闺秀,都意气风发地跑了出去。慑于这样的形势,孔焕书不得不答应学生联合会的要求,指定几个学生为代表参加学联的会议。萧红的好友徐淑娟是其中之一,孔焕

---

① 见铁峰《萧红传》、曹革成《我的姊姊萧红》中有关章节。
② 萧红:《一条铁路底完成》,《萧红全集·散文卷》,北京燕山出版社,2014,第268页。

书对她说:"你去学联,什么话都不要说,只是听,每天向我报告。"因为她的个子矮小,学联的人拿她当小孩儿,管她叫"小嘎子",派她去管小学生。①

那一天,大学生、中学生和小学生,会集成四千多人的游行队伍,浩浩荡荡地拥向街头。萧红置身在这集体的队列中,感到浑身都迸发出力量,觉得脚步很有力。街头所有的平凡景物在这一刻,都变成了严肃的东西,包括马路上的石头、落尽叶子的街树。第一天的主题是游行请愿,计划要到位于南岗区民益街45号的东省特别区长官公署。他们向着位于车站附近、建于1900年、以沙皇的名字命名的圣尼古拉大教堂方向行进,这就是位于哈尔滨南岗区制高点中心的喇嘛台,那是一座用原木堆积起来的典型井木式结构、没有一颗铁钉、完全由榫卯联结的东正教教堂,老百姓称之为"喇嘛台"。高喊着"打倒日本帝国主义"的口号,向着火车站拥去。经过车站大街左侧日本领事馆的时候,大家一起朝着那座红楼咆哮。整座楼一片死寂,只有房顶上的日本太阳旗被大风撕扯着。一个穿和服的女人走到阳台上,萧红她们立即高喊:"就打倒你!"她立刻抽身回到走廊。走到石头街道又碰到一个日本女人,她背上背着一个小孩,手里拎着一棵大白菜。学生们又喊:"就打倒你!"那个女人很狼狈,学生们用自己的光荣感体会着她狼狈的样子。那一天,她走过道里和南岗两个市区,主要都是外国人居住区,萧红觉得好像走在租界里。学生请求政府抵制"日本的无理要求"。每个地方,都有官员出来接见学生,他们拍手击掌地演讲一通,结论都是"回学校去上课!"谁也都绝口不提日本要修建吉敦路这件事。

学生很愤怒,也不甘心,又浩浩荡荡地走到道里外交特派员兼滨江道道尹公署家,堵在道尹蔡运升的门前,要求他出来解答问题。学生高喊着"打倒卖国贼蔡运升!""反对日本强修五路!"的口号声响彻云天,吓得蔡运升从后门逃走了。②学生们不知道,还聚集在那栋灰色的建筑前面不肯离

---

① 李丹、应守岩:《萧红知友忆萧红》,孙延林主编《萧红研究》第一辑,哈尔滨出版社,1993,第88页。
② 曹革成:《我的婶婶萧红》,时代文艺出版社,2005。

去,有的坐在喷水池的边沿,一直到星星出现在天空,挎着短枪的卫兵站在台阶上戒备森严,还有的在学生周围转来转去。学生在严寒中浑身发抖,不少人冻得连鼻涕都流了下来。终于等出来一个姨太太,跺脚的声音淹没了她的声音。男生高叫着:"不要她……去……去,只有官僚才要她!"萧红觉得这声音已经有点野蛮了。姨太太只好退回去,不久,又出来一个年纪比较大的女人,是一个矮小的女人,她的声音也被淹没了。因为一整天没有遇到厕所,不少女同学尿了裤子。一直到天色暗淡下来,学联决定解散,明天继续游行。

11月10日,学生又在许公路二中门前的空场中集合。不少男学生骑着自行车组成飞行车队,在空场周围绕来绕去。学生联合会的主席是一个大脑袋、戴眼镜的人,在小雪纷飞的严寒中,连帽子也不戴,头发和雪花一起飞扬着。他慷慨激昂地演说日本修筑吉敦路的危害,二十几个小时之内就可以把兵运进整个东北,而且经过高丽等等,就可以占领整个东三省。学生们明确了斗争的意义,抗日情绪立即高涨,口号声音震得地动山摇。萧红觉得他真有学问,崇敬之情油然升起,而且觉得和他之间的距离遥远得好像隔着大海一样。大家推举宣传队,萧红自告奋勇,参加宣传工作。她站在雪地里,读发给她的传单,有人给她一面小旗,还有人在她的胳膊上系上印了红章的白布条。这一天,学生的行动是示威,要走到道外的道尹公署。游行开始的时候,组织得非常好,八个人一排,手拉着手,口号声此起彼伏。萧红和好友沈玉贤都积极地发传单,呼喊着各种口号。队伍行进到许公路的尽头,马上就要进入滨江县境的时候,遇到了荷枪实弹的警察列成的警戒线。学联代表们在大队的旁边跑来跑去,学联主席拿着银白色的大喇叭,像牛鸣一样呼喊着:"诸位同学!我们是不是有血的动物!我们愿不愿意我们的老百姓给日本帝国主义做奴才……我们怕不怕死!"群情激奋地高呼:"不怕!"萧红也跟着大声呼喊,但是内心却感到了脆弱与焦虑。在头一天,学生们已经估计到这种局面,做好了"冲"的准备,此刻,萧红觉得真的要冲了。学联主席的声音忽远忽近,一问一答的口号此起彼伏,还没有开始"冲",枪声就响了起来。大队完全溃乱了,不少人摔进了阴沟里,多数是女同学。男同学开始往上拉她们,满身污秽的女同学疯了一样在人群中跑来跑去。受伤学生的血凝结在石头上,这给萧红的触动非常大。大队重新组织好,又发出号令,枪声又响了起来。群情更加激愤,学生们已经忘记了示威的初衷,打倒日本帝国主义和反对修筑吉敦路,变成唯一要打倒的是滨江县政府。后来,连滨江县政府也忘记了,只要打倒警察。萧红在稀疏下来的人缝中穿过去,把手里的传单顺风撒开,只剩下一把小旗子。街灯亮起来了,她在各种轮子的响声中,追赶自己学校的队伍,但是终于没有赶上。从她身边走过的男生,议论着伤员和急救车。①

那一天,学生队伍不顾军警阻拦殴打、鸣枪恫吓,包围了滨江县公署。在与军警的冲突中,学生重伤八人,轻伤一百四十多人,有四十三人住进医院,造成惨案,报纸上登着受伤学生的照片。东北边防长官张学良迫于强大舆论的压力,只得惩罚肇事者,还派出代表到哈尔滨慰问受伤学生。

哈尔滨学生反日运动得到全国各地的声援,又持续了一个时期。萧红的好友徐淑娟听到枪声,怕小学生们发生危险,让他们赶紧回家,独自一人跑到前面的游行队伍中,参与了一些活动。这使孔焕书很失望,取消了她代表的资格,另外派别人参加市学联。萧红对她说,代表当不当没关系,"密封的罐头"被打破了。②这次学生爱国运动,大大开阔了女中学生的眼界,扩展了她们的思维领域。学生的情绪好长时间没有平息下去,运动大概还断断续续地延续了一个时期。游行之后,大约受到校方的压力,徐淑娟转学到法政大学预科班。刘俊民和萧红秘密商量,每天下晚自习之后,去学校附近的中长铁路护路军司令部,偷着在墙上贴"打倒日本帝国主义""日本帝国主义滚回去""打倒卖国贼""反对日本强修五路"等标语。她们事先在宿舍里偷着写好,藏着带到那里,一个人负责监视哨兵,一个人往墙

---

① 萧红:《一条铁路底完成》,《萧红全集·散文卷》,北京燕山出版社,2014,第268页。
② 李丹、应守岩:《萧红知友忆萧红》,孙延林主编《萧红研究》第一辑,哈尔滨出版社,1993,第35页。

上贴。每次贴十张左右,连续贴了近半个月。每次贴完标语回来,她们都挂着胜利的微笑,萧红尤其兴奋异常。①

然而,由于政府的软弱,那条铁路还是修通了。②

萧红在"一一·九"事件中的勇敢表现,显然激怒了孔焕书,报告给张廷举,引起整个家族的恐慌。两下里商量,为了确保婚约的践行,甚至要取消她的学籍。孔焕书曾经扬言要开除她,或者真就把萧红除名了。事发当初,校方为了应对上峰的严令追查,惩戒学生以儆效尤,拿几个活跃的学生开刀,也是可能的。萧红的好友徐淑娟转学到法政大学,大约也有躲避风头的原因,后来,受不了法政大学预科班学生普遍大龄热衷勾心斗角、争权夺利的污浊环境又转回东特女一中。事后,经人劝说,张家改变主意,或者经过张家托人斡旋,孔焕书撤销成命也有可能。有一种说法,孔焕书是张家亲戚。③查《东昌张氏宗谱书》,萧红的大伯父张廷蓂娶阿城义兴泉孔公女为妻,所以这一说法也有可能。萧红虽然从呼兰挣扎出来,但是并没有摆脱家族的亲戚网络,这也是她后来坚持到北京读书的重要心理原因。

大概学期还没有结束,萧红就回到呼兰家中。她免不了又要受到家人的奚落,过着几乎是隐居的生活。一个人住在张家正房西侧的外屋,不免落寞,便到继母梁亚兰的家里,找她的妹妹梁静芝来和自己做伴儿。梁静芝坚持说,她是因为参加反五路的游行示威、发传单,被学校开除的。④萧红白天躺在炕上,偷着用白报纸写文章,写了有很多本,就是不让别人看。为了掩人耳目,怕有人闯进来,就让梁静芝给她打掩护。梁静芝比她小两岁,萧红一口一个老姨。晚上,两个人躺在炕上睡不着,就凑在一起说闲话。她对梁静芝说,以后自己要用笔写作,中国的农村太落后了,农业生产

---

① 刘俊民口述,何宏整理《我的同学萧红》,孙延林主编《萧红研究》第一辑,哈尔滨出版社,1993,第23页。
② 萧红:《一条铁路底完成》,《萧红全集·散文卷》,北京燕山出版社,2014,第268页。
③ 肖凤:《悲情女作家萧红》,文化艺术出版社,2004,第27页。
④ 王化钰:《访梁亚兰亲妹梁静芝及其丈夫马天浩老师》,孙茂山主编《萧红身世考》,哈尔滨出版社,2003,第72页。

也太落后了,今后非得实现机械化不行。可见,萧红已经有了比较成熟的社会理想,而且是比较温和的改良倾向。梁静芝不能完全理解她的话,但是,听着很新鲜,都是她闻所未闻的事情。当时,梁静芝已经进入道德会办的学校读书,萧红对她说:"老姨,你是个老实人,怎么这么傻呢?道德会那是骗人的,你不要相信他们那个假道德,那都是封建迷信愚弄人的东西。"后来,她又逼着梁静芝转到第一女子小学去读书。童年密友开子,这时,已经听凭父母之命、媒妁之言,和一个农村大地主的寡妇儿子定了亲,萧红听到这个消息以后,沉默不语。过后,两个人谈起找对象的事情,她对梁静芝说:"你可千万别找有钱的花花公子,要找有文化的穷人,只要人可心就行。人家苏联推翻旧政权,有钱的地主、富农都挨斗了……"梁静芝是第一次听说这样的话,自然难以忘怀。从中可以看出,萧红的爱情理想中有对历史大势的了解判断,人生的执着里,也便有了一种顺应历史文化潮流的自觉。

比让校方开除更让张家长辈紧张的是,萧红来往的男同学越来越多,特别是表哥陆哲舜与她来往密切,是学生运动中同一战壕的亲密战友。"一一·九"运动之后,慕名去找萧红的进步学生引起校方的警觉,通过各种渠道,流言会传到张廷举的耳朵里。1928年6月,他已经出任呼兰教育局的局长,9月中旬,又升任黑龙江省教育厅秘书。作为教育界的头面人物,教子有方是他渴望的声誉。张家害怕萧红的风言风语传出去,有损张家的门风,给她定亲的事情就迫在眉睫了。①可能有过的婚约在这个时候被提上议事日程,成为张、汪(或王)两家的当务之急。而萧红自己大概还蒙在鼓里,并不知道全家总动员,正在计划把她这盆水及早泼出去。

春季开学的时候,她到学校继续读初中二年级。

1928年底,东北发生了又一件大事。12月29日,张学良宣布东北易

---

① 李重华、曹桂珍:《漫论萧红》,《呼兰学人说萧红》,哈尔滨出版社,1991,第1页。

帜,中国从此完成了形式上的统一。次年的1月10日,张学良秘密处决父执重臣杨宇霆和常荫槐,从此建立起自己在东北的真正权力和威望。

张学良清除内部隐患之后,着手为中东路和苏联政府谈判。十月革命之后,中东铁路局局长、白俄霍尔瓦特宣布中东铁路及其附属地"独立",并且纠集旧俄势力扩充武装。1918年,日人与北洋军阀段祺瑞政府签订共同防御协定,借着出兵西伯利亚企图吞并中东铁路。夏天开始,霍尔瓦特联合起国际势力,中东铁路由中、俄、日、美、英、法、意七国"共同监管"。不久,随着西方国家武装干涉俄国革命的失败而告终。1919年和1920年,苏联政府曾两次发表对华宣言,声称放弃沙俄与中国签订的一切不平等条约,放弃在华的一切特权。当时的北洋政府不承认苏联政府,又忙于打内战,没有做出答复。1923年,两国协商签署了《使用中东铁路办法的条约》,仍然是共同管理。同年9月,签署了《奉俄协定》,将原来80年的租期改为60年。1927年,苏联顾及中国民众收回路权的强大舆论压力,害怕未来丧失在华利益,准备把中东路转让给日本,10月,签署了《中东铁路草约》。消息传出,舆论大哗,加上国际社会的压力,没有真正地实施。1929年,张学良下令收回中东路电话权,苏联予以默认,但苏联驻奉天领事库兹涅佐夫就东三省交通委员会收回中东路电话权问题向张学良提出抗议,要求偿还百万元安装费。由此开始,东北和苏联之间开始谈判,在同意中国官员担任高层管理职务的同时,也同意在中东铁路系统成立工会组织,张学良逐步收回中东铁路的配套设施。5月27日,张学良得蒋介石密电。电文大意是:冯玉祥组织"护党救国军"叛乱,与苏联驻哈尔滨领事馆有关,让张派人搜查苏驻哈领事馆。张学良立即密电哈尔滨特区长官张景惠,后者即派军警搜查了苏联驻哈使馆,搜走两箱秘密资料,并称苏共定于本日正午12点至下午3点在哈尔滨苏联领事馆地窖内,召开"第三国际共产宣传大会",以"俄人宣传赤化,显违奉俄协定"为由,在搜查中将前来领事馆的中东路沿线各站、三十六棚地区各工厂职工联合会等苏联驻中国机构39名负责人逮捕,抓走了苏联驻哈总领事,同时封闭了苏联职工会,强令中东路苏方正、副局长停职。晚10点,张景惠电令"沿线军警严加防范"。29日,张景惠下令封闭哈尔滨、齐齐哈尔、海拉尔等地苏联领事馆。中东路事件由此爆发,一场新的战争也随之开始。局部的冲突逐渐升级,8月还是小打,10月发展为东、西两线的规模战争。西线在满洲里和海拉尔一带推进,东线则沿着松花江西下,直指战略要地哈尔滨。11月下旬,以东北军的惨败近于尾声,12月22日,签订了《伯力协定》,标志着事件的最后结束。①

这场持续半年的战争,影响了萧红她们正常的学习生活。事件开始的6月,苏联大使馆被检查。萧红的宿舍正在它的斜对面,都在吉林街上。那天晚上,萧红和同学们下了晚自习,回宿舍走到必经的吉林街路口,就被人拦住了,这一带已经戒严。手电灯光晃在这条街上,有好几辆双轮的小卡车停在街口,行人经过检查才能够通过。萧红她们是经过交涉才被放行的,苏联大使馆门前的卫兵没有了,大使馆楼顶上那个闪着几个外国字的圆形电盘不见了,黑沉沉的楼顶上连红旗子也看不见。所有的窗户都黑着。从门口穿来穿往的人们,机械、忙乱地行走着……之后,东省特别区区立第一女子中学校,由校方领导公然占领了一座苏联的子弟学校,让萧红她们搬进去当宿舍。她第一次看见了俄式的豪华房间,席子一样的拼花地板,宽大的玻璃窗子好像商店的橱窗。她坐在窗台上,沉迷在阅读美国作家辛克莱的《石炭王》,对于外面的形势非常茫然。当时的气氛是很紧张的,连上学的路上都经常遇到戒严士兵的盘查,街边有刺刀的闪光。

萧红当时对苏联了解并不深入,对这次事件的原委也不清晰,模模糊糊地只限于童年家人买羌帖的记忆,羌帖即俄国卢布。那是在十月革命的前夕,由于白俄的政治恐慌,卢布迅速贬值,所有的人都在设法抢购,萧红的母亲姜玉兰买得最多。他们一宝押在了俄国的政局变化上,渴望十月革命失败,卢布顺利升值,好顺势发一笔。姜玉兰日夜烧香念经拜佛,酒肉款

---

① 常城等:《现代东北史》,黑龙江人民出版社,1984,第142页,以及近年各大网站上披露的具体资料。

待深夜外出买羌帖(卢布)的老厨子,家里像是在闹鬼。父亲张廷举则不赞成买,骂母亲"受穷等不到天亮",母亲则回骂他"愚顽不灵"。父亲说,皇党和穷党是俄国的事情,谁胜谁败我们怎么能知道。而祖父和老厨子则认为,那穷党就和胡子一样!那是个胡子头,马粪蛋不进粪缸,走到哪也还是个臭!十月革命胜利以后,家里终于安静下来,他们说穷党上台了,母亲躺倒了一言不发,默默地流泪。无疑,她买的卢布都成了废纸。

冬天,学联发出了为阵亡将士家属募捐的佩花大会。这一次,学校当局对她们加以鼓励,一向保守顽固的校长孔焕书,在大会的前一天晚上,还跑来指导她们,如何用绒线剪成黄蕊的小兰花插在盾牌上。一向热衷于爱国运动的萧红,立即投身到佩花募捐的活动中。她和同学们一起扛着插满小兰花的盾牌走上街头,把花插在行人的胸口,宣讲募捐的意义,最多的时候一天能募到一百多元钱。①这次佩花活动,使萧红对中国人生出不少悲哀,他们差不多是绝对不肯佩上。有的已经为他们插在衣襟上了,他们又动手自己把它拔下来,他们一点礼节也不讲究,简直是蛮人!把花差不多是捏扁,弄得花心几乎是看不见了。也很少在他们那里募到钱,连铜板也没有。这一天,萧红带着愤怒,但也跑得最快,常常和同一小队的另外三个人脱离开。她的手套跑丢了一只,围巾上结着冰花,眼泪和鼻涕流下来,也顾不上去擦。等到她的头顶冒着热气的时候,和她一小队的人说:"你太热心了,你看你的帽子已经被汗湿透了!"

萧红的小队里有两个男同学,两个女同学。男同学是第三中学的,一个大个,一个小个。小个的,萧红觉得他的鼻子有点歪。另一个女同学和她同班,又胖又笨,穿着一件闪亮的黑皮大衣,走起路来和鸭子似的。等急的时候,萧红又觉得她像一只猪。"来呀!快点呀,好多,好多……"她几乎要说,"好多买卖让你们给耽误了。"等他们跑上来,萧红把已经打皱褶,卷成一元一元的钞票舒展开,放进用铁做的小箱子里去。小箱子挂在那个大个子同学的胸前,放进钞票之后,还在不安地滚动。萧红激动地说,"这是

---

① 刘俊民口述,何宏整理:《我的同学萧红》,孙延林主编《萧红研究》第一辑,哈尔滨出版社,1993,第23页。

外国人的钱……这些完全是……是俄国人的……"往下她没有说,"外国人,外国人多么好哇,他们捐钱打本国为着'正义'!"

她走在人行道上,鞋已经冻得起了冰锥,还去追赶一个胖得好像鸵鸟似的俄国老太婆。萧红几乎有几次要滑倒,等她把钱接过来,那个老太太已经走得很远,她还站在那里看着她帽子上插着的那支颤抖着的大鸟毛,那黑色皮夹子因为开关而起的响声,那脸上因着微笑而起的皱褶,说不出是多么感激和多么佩服。想到那朵花是自己插上去的,萧红不由得高傲起来。对于和她一个小队的其他三个人,则带着绝顶的侮蔑的眼光,回头看着他们。他们离得很远,而且走得很慢。萧红觉得他们对国家缺乏热情,使她实在没有理由把他们看成是自己的"同志"。他们称赞着萧红,说她热情,说她勇敢,说她最爱国。但她并不因此而宽容他们。这次佩花大会,尽管她遇到了许多的阻力,但还是努力地去做了。有一次,她向着一个"苦力"狂追过去,拦住他,把花给他,他不要,只是拿出几个铜板说:"先生,这花我们做苦力的戴不得,我们这穿着,就是戴上也不好看,还是给别人去戴吧!"还有一次,萧红募捐募到了一家小纸烟店。老板被她纠缠不过,竟把一盒火柴摔在柜台上。萧红立刻替国家感到侮辱,不但不收火柴,还继续向他演讲,他又捐给她一分钱的邮票一张。萧红虽然像个叫花子似的,但却觉得自己在精神上是绝对高的。火柴她没有要,邮票到底收了。

这次活动之后,在佩花大会上和她同组的那个大个子男同学,还给她来了一封信,说她勇敢,说她可钦佩,这样的女子他从来没见过。然后说,要和她交朋友。直到1937年,萧红回忆起这件事的时候,还为自己当年的狂热、"愚蠢"和幼稚而感到惭愧。作为已经成名的左翼作家,在亲苏的团体氛围中,她称自己的行为是"1929年底愚昧",觉得那个称赞她的男同学,他和自己原来一样混蛋。①除此之外,当时世界反法西斯同盟也基本形成。

萧红在中学读书期间,正值东北政局频繁交接的错动时代。作为国际

---

① 萧红:《一九二九年底愚昧》,《萧红全集·散文卷》,北京燕山出版社,2014,第274页。

化的大都市,哈尔滨处于历史动荡的中心,这使萧红有机会进入社会思潮的主流。两次学生运动,尽管一次是自发的,一次是官方组织的,都强化着她民族国家的意识,也影响了她的命运,不仅是间接的民族大势对她生存的压力,还有她爱国热情的连锁反应。民族的危机与个人的危机重合在一起,使她的叛逆思想具有了深广的历史依据。这两次经历,也使她更深切地感受到群体的力量,由此,她对温暖和爱的憧憬,就超出了亲情的范围,向着社会和团体的方向发展。

第十章
祖父死了以后

置身这些关乎着民族前途的政治危机中,萧红的情感也面临着最大的危机。

1928年年初,萧红八十岁(虚岁)的祖父身体变得很坏,经常生病,脑子也糊涂了。他常常流泪,过去很重要的事情也忘记了。他以前给萧红讲过的故事,现在再讲起来的时候,刚讲了一半就说:"我记不得了。"有一天夜里,他又病了一次,这场病好之后,他对萧红说:"给你三姑写信,叫她来一趟,我不是四年没看过她吗?"可萧红的姑母已经死去五年了。

祖父睡着了的时候,萧红就躺在祖父的旁边哭,好像祖父已经离开她到另一个世界去了似的。她一边哭泣一边看着祖父凹陷的嘴唇。她想:"我若死掉祖父,就死掉我一生中最重要的一个人,好像他死了就把人间一切'爱'和'温暖'带得空空虚虚。"她觉得自己的心被丝线扎住或铁丝绞住了。

自从母亲死了以后,萧红的父亲变得更加专横威严,一心想用封建家长制的权威压服萧红姐弟俩,以便使他们听新婚妻子的话。只有年迈的祖父呵护着她和弟弟,使他们忍受住继母的冷淡和父亲的专横。父亲打她的时候,继母骂她的时候,看到萧红不高兴,祖父就说:"到院子里去玩玩吧!"说完在她头上撞一下说:"喂!你看这是什么?"说着把一个金黄色的橘子塞到萧红的手里。夜里萧红不敢去上厕所,央求继母陪她去,继母不肯去。父亲从眼镜上面看着她说："怕什么？怕鬼怕神？"那是在冬天里，祖父已经睡下了，光着脚，敞着怀，就跟萧红到外面的厕所去了。为了照顾年迈体弱的祖父，萧红上学迟到了四天。在学校里，她仍然放心不下祖父。

这一年的2月15日（农历二月初五），是张维祯的八十大寿。作为过继子的张廷举自然要大加庆贺。同时，按照民间的信仰，喜庆的气氛也可以冲一冲晦气，希望他的病情有所好转。这时，张廷举已经是呼兰教育界的重要人物，在素有敬老传统的社会，"孝"自然是所有官员必须尊奉的伦理规范，这也使张廷举必须大加张扬地操办养父的大寿。萧红是老祖父的至爱，无论于情于理，她都必须赶回呼兰家中，参加张维祯的八十大寿庆典。

萧红回了呼兰，满怀心绪地走向自家院子。她刚一叫门，弟弟就在里面嚷嚷起来："姐姐回来了！姐姐回来了！"大门一打开，萧红就远远地注视着祖父住的那间房子。祖父的面孔和胡子闪现在玻璃窗里，萧红跳着笑着跑进屋里，但心里却很难过，因为祖父的脸色更惨淡更白了。等到屋里没有人的时候，祖父流下了眼泪。他慌慌张张地一边用袖口擦着眼泪，一边抖动着嘴唇说："爷爷不行了，不知早晚……前些日子好险没跌……跌死。"萧红忙问："怎么跌的？"祖父说："就是在后屋，我想去解手，招呼人，也听不见，按电铃也没有人来，就得爬了。还没有到后门口，腿颤、心跳、眼前发花了一阵就倒下去。没跌断了腰……人老了，有什么用处。"这样的诉说，自然加重了萧红内心的伤感，免不了要陪着老祖父流眼泪。

张家这一次的祝寿活动大加铺排，轰动了整个县城。呼兰的军政要人悉数来赴宴。这也是张廷举不敢潦草办事的原因，双方的面子都要顾及。时任黑龙江省骑兵总指挥的马占山将军也带着部下亲临寿宴，并且赠送了一块"康疆逢吉"的牌匾。县长廖鹏飞亲自前去贺寿，更不用说教育界的同仁了。由马占山提议，当场把张家大院北面的胡同改为长寿胡同。张家择地造屋的时候，那里还很荒凉，没有道路的标志，统称龙王庙路南。龙王庙路是指龙王庙前的一条东西之路，1913年，因为英顺驻防呼兰，公馆设在龙王庙路西头，而改名英顺胡同。这一次，因为张维祯的八十大寿而再次更名,可见,张家当时在呼兰地位的显赫。

随同马占山来赴张维祯寿宴的下属中,就有时任骑兵团长的王廷兰①。萧红肯定要出来向各位来宾致谢,王廷兰可以近距离地相看她。这次婚宴之后的6月,张廷举出任呼兰教育局局长,9月中又升任省教育厅秘书。次年1月,家里给她和汪恩甲正式订婚了。如果以前确实有婚约,那么这次可以落实了。或者,因为和汪(王)家的婚约,马占山才来祝寿,因为,他和张家并没有直接的关系,除非和萧红的祖母范氏的哥哥有旧。当年,萧红关于自己的婚事讳莫如深,对朋友也不肯露一点口风,是否也是顾及马占山、王廷兰的关系。她所有自述的文章中,都说自己家人的不是,而从来没有对汪家吐露丝毫不满,最多只是说汪恩甲没有情趣,还是萧军转述的。

寿宴结束以后,又过了几天,萧红依依不舍地告别了祖父,返回哈尔滨。临走的时候,她一步三回头,像回来的时候一样,又看见祖父苍白的脸,闪现在玻璃窗里,凄凉地看着她。萧红觉得心痛难忍,流着眼泪离开了家。②如果仅仅是老祖父的身体情况让她放心不下,似乎不至于这样伤感。仅仅担心自己身体的衰老不支,张维祯对孙女的留恋,也不至于难舍难分。祖孙两个的惜别之情中,是否还有更深刻的原因? 一旦订婚,萧红就永远是汪(王)家的人,不仅是空间的距离减少了祖孙相见的机会,家族文化的传统是更加深广的鸿沟。嫁出去的姑娘泼出去的水,没事儿是不可以随便回娘家的。老祖父知道家人要为她订婚的事情,意识到自己要永远地失去这个至亲的孙女。当然,这些都是推测,没有准确的资料支撑,但是所有的谜团几乎都汇聚在这次寿宴之后。以萧红的敏感,大概隐隐约约地知道一些家人的谋划,以回避的方式摆脱内心的烦恼。加上对祖父的挂念,订婚的事情大约不是她思虑的主要问题。

---

① 王连喜:《萧红故居建筑与文物综合考》,孙茂山主编《萧红身世考》,哈尔滨出版社,2003,第370页。
② 萧红:《祖父死了的时候》,《萧红全集·散文卷》,北京燕山出版社,2014年,第61页。

萧红家事的烦扰很快就被国家大事冲淡了,从"一一·九"学生反日护路爱国运动,到佩花募捐大会,激发了她的爱国热情。或者说,她以对国家大事的狂热,来有意识地忘却自己的烦恼,也消散对祖父满怀凄凉的思念。1929年6月7日(农历五月初一),她接到祖父病危的电报,急忙赶回呼兰家中。下了火车之后,萧红坐着马车,向张家大院奔去。离家门还很远,就看见了高高挑起的白幡,听到苍凉悲号着的喇叭声。马车停在喇叭声中,大门前挑着白幡,门框上贴着白对联,院子里搭着灵棚,许多人闹闹嚷嚷着,吹鼓手们不停地吹着喇叭。

祖父已经被放在堂屋的床板上。萧红一头扑过去,掀起他脸上蒙着的纸,冲着他苍白的脸号啕大哭起来。祖父的胡子、眼睛和嘴,都不会动了,真的一点感觉也没有了。萧红把手伸进祖父的袖管里,去摸他的手,手也冰凉凉的没有一点感觉。她这才意识到,这回祖父真的死了。

祖父被装进棺材去的那天早晨,萧红扯住祖父的一张被角,抬向灵前去。在喇叭声中,她感到恐怖,大声地号叫起来。吃饭的时候,她用祖父的酒杯饮了酒。吃完饭,她又跑到后花园,躺在玫瑰树下,静静地回忆从母亲死到祖父死这十年间的生活。母亲死的时候,她还在后花园捕蝴蝶,祖父死的时候,她却开始饮酒了。她想到和父亲的打斗,对父亲的憎恶达到了顶点,并且上升到对整个父权文化价值势利的批判。想到父亲对自己,对祖父,对仆人,都没有好面孔,因为都是老人、孩子和穷人,一些完全没有保障的人就落到了他的手里。而且,继母也落到了他的手里,喜欢她的时候就同她说笑,他恼怒的时候便骂她,继母渐渐也怕起父亲来。母亲不穷、不老,也不是孩子,为什么也会有这样的遭遇呢?邻居家的女人也怕丈夫,舅母也怕舅舅。这深深的疑惑使她强烈地感到父权文化的压迫,觉得人是残酷的东西。她在《祖父死了的时候》中写道:

"我懂的尽是些偏僻的人生,我想世间死了祖父,就没有再同情我的人了,世间死了祖父,剩下的尽是些凶残的人了。"

"我饮了酒,回想,幻想……"

"以后我必须不要家,到广大的人群中去,但我在玫瑰树下颤怵了,人群中没有我的祖父。"

"所以我哭着,整个祖父死的时候我哭着。"

祖父的死,割断了萧红和家庭长辈之间的最后一道情感联系。祖父的丧事办完之后,萧红就怀着对温暖和爱的憧憬,返回了哈尔滨的学校,更加狂热地投入学生运动,为中东路事件中的死难者家属募捐就是在这个冬天。

反五路游行之后,东特女一中的门禁开始松弛,萧红和校外的人接触多了。另外,她经常到好友徐淑娟家,也会遇到徐淑娟哥哥徐长鸿的同学等新派青年男子,这些青年多数是哈尔滨三育中学的学生。除了对国家、社会的关注之外,她是读过不少言情小说的,对于爱情会有罗曼蒂克的幻想,在与异性的接触中,单纯的友情夹杂着朦朦胧胧的爱情,也在情理之中。

1929年1月,萧红正式订婚。家里为萧红定的未婚夫汪恩甲(亦名汪东海),公开的身世是一个小官吏之子,但是家道殷富,是富商大地主。① 萧红读初一的时候,他毕业于阿城吉林省省立第三师范学校,在道外的教会三育小学任教,他的哥哥汪恩厚(亦名汪大澄)是道外教育分局的官员。据说媒人是萧红的六叔张廷献,他和汪大澄是阿城吉林省省立第三师范的同班同学,在校的时候还在一起演过戏。毕业以后,汪大澄一直在哈尔滨教育界供职。张廷献到北平国民大学读书,毕业以后回到哈尔滨,先是当小学教师,后来又出任道外税务分局的局长。两个旧日同窗离得很近,自然来往密切。汪大澄在张廷献家见过萧红,非常中意她沉静有礼的气质,便托张廷献把她介绍给自己的弟弟。张廷献也觉得挺合适,就去征得张廷举的同意,给萧红定下了这门亲事。② 这种说法大可质疑,因为张廷献和

---

① 汪父为小官吏说,可见张抗《萧红家庭情况及其出走前后》。铁峰在《萧红生平事迹考》则只说是大地主富商,此处沿用的是萧军的说法。
② 王化钰:《访萧红叔伯妹妹张秀珉老师》,孙茂山主编《萧红身世考》,哈尔滨出版社,2003,第45页。

汪大澄是同学，如果他出面把自己的侄女介绍给汪恩甲，在辈分上就要矮汪大澄一辈儿，这在长幼尊卑有序的封建伦理意识很强的20年代，是不合情理的。就是在维新的知识分子中，也要顾及家族内外的舆论，何况张家极其重视脸面。就是张廷献同意这门婚事，也不会自己出面当介绍人，需另找两个家族以外的人做媒。更大的可能，仍然是旧事重提，当年的婚约，做主的是汪父，不必考虑张廷献的关系。而且，张廷举已经过继给张维祯，和张廷献也不存在正式的兄弟名分，当初是不存在这一忌讳的。更大的可能，张廷献只是在自己家里给他们提供会面的机会。汪恩甲也是受过现代教育的人，如果没有见过萧红的话，也不会贸然答应家里给订的婚姻。以萧红性格的刚烈，如果完全没有见过汪恩甲本人，宁死也不会答应这门亲事。据说，汪恩甲长得仪表堂堂，而且风流倜傥，[①]萧红大概觉得还是可以接受的。

订婚不久，汪恩甲公开的父亲就去世了。萧红随着继母梁亚兰到哈尔滨顾乡屯汪家奔丧，以未过门的儿媳妇的身份，为汪父戴"重孝"，受到汪家和乡人的好评，得到200元的赏钱[②]。这大概也是汪家急于让汪恩甲订婚的原因，病重的父亲要看到儿子婚姻大事的定局才能安心离世，见到儿媳妇的真身自然可以安然瞑目。张家大概也有近似的心理，让老祖父知道挚爱孙女准确的人生归宿。双方家长都情同此心、心同此理，只有当事人萧红的意见和感觉最不重要。

一开始，萧红对这门亲事不置可否，对汪恩甲则不亲不疏。休息日的时候，她不再回呼兰家中，可以名正言顺地到顾乡屯汪家了。她和汪恩甲之间经常通信，是班里唯一不用徐淑娟订正修饰情书的人。汪恩甲不久到法政大学夜校上学，这和萧红的意愿有关系。当时，东特女一中的学生以找法大和工大的学生为荣，社会上也以之为天造地设的金玉良缘。受到这

[①] 李重华等：《漫论萧红》，《呼兰学人说萧红》，哈尔滨出版社，1991，第12页。
[②] 王化钰：《访萧红叔伯妹妹张秀珉老师》，孙茂山主编《萧红身世考》，哈尔滨出版社，2003，第45页。

一风气的濡染,萧红会对汪恩甲有所期待。也可以看出汪恩甲还是一个有上进心的青年,也很在乎萧红,不愿意被她看不起,也不愿意她在同学中没面子。他们肯定有过相处比较和谐的一段时光,汪恩甲可以未婚夫的身份,自由地到学校找萧红,萧红还为他织过毛衣。①

这一个时期,由于双方达成了妥协,萧红和家庭的关系大约也有所缓和。放假回家的时候,经常和父亲张廷举交谈,讲述各种外面的事情直到夜半更深,双方仍然兴致勃勃。②继母梁亚兰对她也很客气,为她向邻居借钱和"皮大衣"事件,大约就发生在这个时期。这些说法是可信的,萧红晚期以自己家庭为环境的小说《小城三月》里,继母就是一个通情达理、善解人意的人物,原型应该是她的继母梁亚兰。此外,已经许配人家的姑娘,马上要出嫁了,留个好念想也是普遍的心理。何况萧红的婆家还是有显赫家世的人家,当然是得罪不起的,说不定什么时候就得仰仗人家拉巴一把。从萧红的角度,升学的愿望实现了,新鲜的生活天地也冲淡了她心理的阴影。加上年龄增大,对亲人有所谅解,性格也发生了变化,已经不是那个一味倔强顶撞的小姑娘,知道以比较柔软的方式追求自己的目标。

随着接触加深,萧红对汪恩甲开始不满。据说,她发现汪恩甲抽鸦片③,而萧红的所有男性长辈中,没有一个抽大烟、赌博、酗酒、吸烟的④,更不用说萧红朋友圈子中的知识男性,无论如何,这样的恶习,她显然是不能容忍的。此外,汪恩甲大概有些腐朽的纨绔习气,也让萧红受不了,连她的同窗好友都讨厌他。⑤汪恩甲的口碑大概也不太好。当时哈尔滨学界的圈子

---

①③ 刘俊民口述,何宏整理:《我的同学萧红》,孙延林主编《萧红研究》第一辑,哈尔滨出版社,1993,第21页。
② 李重华等:《〈小城三月〉的思想性和人物原型漫谈》,李重华主编《呼兰学人说萧红》,哈尔滨出版社,1991,第156页。
④ 王化钰:《访萧红叔伯妹妹张秀珉老师》,孙茂山主编《萧红身世考》,哈尔滨出版社,2003,第42页。
⑤ 李丹、应守岩:《萧红知友忆萧红——访徐微同志》,孙延林主编《萧红研究》第一辑,哈尔滨出版社,1993年,第38页。

就那么小,汪恩甲任职的三育小学和徐长鸿他们读书的三育中学属于一个教会系统,萧红会通过他们了解汪恩甲其人,连徐淑娟都认为他是一个纨绔子弟,李洁吾后来对汪的描述也可见其恶俗的一面。在三育中学同学的这个圈子里,基本是一些关心国家民族命运的青年,也是志向很高的左翼青年,自然看不上汪恩甲的纨绔习气,他们的态度也会影响到萧红对汪的感情。萧红逐渐后悔了,她对同学沈玉贤说:"我为什么要嫁给一个吸鸦片的烟鬼呢?"①

  萧红和家里谈起对汪恩甲的厌恶,希望退掉这门婚事。家人只是一味敷衍,说年轻人难免有毛病,和他家里说说,管教管教就行了。萧红的感受再一次被忽略,她又陷入了深深的悲哀之中。她需要向人倾诉,而要好的同学都比她小,其他人又不是可以倾诉的对象,唯有姑表哥陆哲舜可以谈一谈。据说,陆哲舜在学生运动中也很活跃,显示出思想的锋芒和干练的作风,他是徐淑娟哥哥徐长鸿三育中学的同学,属于同一个朋友圈子。而且,他早有妻室,也是家庭包办的婚姻,容易理解萧红的苦恼,比其他人更积极地支持萧红对专制家庭的反抗。共同的思想基础与婚姻不幸,使他们在倾诉中萌发了同病相怜的感情。为了摆脱这桩不如意的婚姻,也为了争取更广阔的天地,萧红萌发了要到北平读高中的愿望。

---

① 王化钰:《访问沈玉贤同志》,孙茂山主编《萧红身世考》,哈尔滨出版社,2003,第200页。

第十一章
出走北平求学

　　萧红在大城市里的读书生活,开阔了她的视野。五四新文化运动种下的种子,在学生爱国运动的风雨中成长起来,对自由、独立和个性解放的追求和对于社会不公的批判融合在一起,在民族危难时刻的愤激中,形成她更为成熟的人生理想。她渴望在中学毕业后,继续升学深造,走自强独立的道路。也许是为了彻底脱离家庭的社会关系与影响,她特别希望到北平去读书。毕业前夕,老师们都很关心学生的去向。教英语的马梦雄老师问到萧红的时候,她回答说:"我要去北平读高中。"马老师马上警告她:"你的性格和别人不一样,你可要特别注意!"[①]萧红的性格如休眠的火山,平时安静沉稳,一遇到重大关头,就会突然爆发出难以遏制的激情,做得比别人更激进、更极端,这是典型的AB血型人共同的性格。由此可见,她的性格在中学的时候,已经显露出来。即使是宽容的教师,也会产生善意的担忧。

　　她向家里提出退婚和到北平读书的要求时,遭到了父亲和继母的坚决反对。风言风语早就让整个家族对她不满,怕她到遥远的大城市学得更"坏",家里更管不了,给家里带来不好的影响。她疏远汪恩甲,必然引起汪家的怀疑,通报她的六叔张廷献,发现她与陆哲舜之间过从甚密,汪家会给

[①] 刘俊民讲述,何宏整理:《我的同学萧红》,孙延林主编《萧红研究》第一辑,哈尔滨出版社,1993,第22页。

张家传话质询。陆哲舜家住哈尔滨太平桥,已有妻儿,流言也很容易传过去,家里也会因他和萧红关系的暧昧而紧张,传话给张家人。何况,也还有经济的问题,女校费用普遍昂贵,加上住宿、来回旅费,是一笔不小的开支。张家连续办了两次大事,祖父的寿宴和葬礼之后,经济正在拮据空虚的时刻,入不敷出,需要卖点地维持日常的开销,也不得不考虑经济的因素。父亲执意让她完婚,继母也同意父亲的主意。萧红则大吵大闹,坚决不同意。继母把房门打开让别人看,表示自己管不了前房的孩子。她对父亲和继母由不满而到憎恨,并且强烈地表达出来。气得父亲大骂她"不肖""叛逆",继母还把此事通知了她的舅舅姜俊武,他专门从乡下赶到呼兰管教萧红,扬言"要打断这个小犟种的腿"①。萧红对父亲和继母已经不是不满,而是产生了强烈的憎恨。她从厨房抄了一把菜刀冲出来,和大舅对抗,姜俊武脸面全无,灰溜溜地走了。

为了阻止萧红到北平升学,张家和汪家联系,急于给她和汪恩甲完婚,两家都开始置办结婚用品。而且,还曾经动议取消她的学籍,迫使她放弃继续升学的打算,后来不知由于谁的劝阻,张家放弃了这个主意。这使萧红更加烦恼,在毕业前夕,脾气变得很古怪,喜怒无常,偷着抽烟、喝酒,同学都觉出张迺莹变了。和家里人谈不通,她只有靠和朋友诉说来排遣苦闷、寻求帮助。当时,她们正在阅读鲁迅的《伤逝》与易卜生的《娜拉》,徐淑娟就说逃婚,偷偷去北平。萧红提出吃饭的问题怎么办,她们天真地说,可以写稿子卖。这样,坚定了萧红逃婚的信心。②

另一个倾诉的对象,自然是她的远房表哥陆哲舜,两个新式青年同病相怜,自然可以说到一起。陆哲舜对自己的婚姻不满,又激赏萧红的新女性风采,当然是大加鼓励她以求学逃婚的打算。为了坚定她反叛家庭的决心,陆哲舜先退学去了北平,入中国大学读书。他在北平遇到了自己三育

---

① 张抗:《萧红家庭情况及其出走前后》,孙延林主编《萧红研究》第一辑,哈尔滨出版社,2003,第62页。
② 李丹、应守岩:《萧红知友忆萧红——访徐薇同志》,孙延林主编《萧红研究》第一辑,哈尔滨出版社,2003,第35页。

中学的好友,当时正在北京大学读书的李洁吾,对他说:"我有一个表妹在哈尔滨读书,很想到北平来上学,你如果到长鸿家去,可能会碰到她,就把北平的情况和她说说吧……"

李洁吾是黑龙江省通河人,和徐淑娟的哥哥徐长鸿是三育中学的同窗好友,他每年寒暑假回家的时候,都要在徐淑娟家住几天,然后再回到通河家中。徐淑娟的母亲慈祥、贤惠、热情,李洁吾在她家里感到温暖和愉快,无拘无束如在自己家。他和徐长鸿一起到松花江划船,到太阳岛野餐晒日光浴……交情不同一般。放暑假之后,到了哈尔滨徐长鸿家,住下两三天以后,一天中午,正在吃饭的李洁吾,看见一位女学生走进来,整齐的短发,大而有神的眼睛,穿着白褂青裙、白袜青布鞋,行动敏捷、举止大方。徐伯母上前招呼她,亲热交谈,介绍之后,方知就是陆哲舜的表妹张廼莹。吃过饭,徐伯母拿出钱对徐长鸿说,下午你们去看个电影吧。他们就近去了著名的马迭尔电影院。这是1906年,俄籍犹太人约瑟夫·卡斯普,聘请了欧洲著名的建筑师维萨恩,为其精心设计并选购欧美各国上等的建筑材料,建造的带电影院的豪华宾馆,起名叫马迭尔,来自英文modern的意转,是现代、时髦的意思。从一见面,萧红就问北平的情况,有哪些较好的学校、学生有哪些类型、社会活动情况等等。一路上也在问,坐在电影院里还在问,以至于李洁吾忙于回答她的问题,一场电影几乎没有看。当时,李洁吾已经参加了北平"反帝大同盟(亦称北平反帝国主义大联盟)",经常参加一些社会活动。那是由于北平学生联合会、社会主义青年团、马克思学说研究会等50余个团体和国会议员胡鄂公等发起组织,1924年7月13日成立于中央公园(中山公园)来今雨轩,以"扑灭帝国主义的侵略政策"、联合世界被压迫的弱小民族"共同斗争"为宗旨的左翼爱国团体。他对北平学生界的状况和动态了解得比较多,一一解答萧红的问题。分手的时候,萧红告诉他,不久就要到北平去读书了。①

---

① 李洁吾:《萧红在北京的时候》,孙延林主编《萧红研究》第一辑,哈尔滨出版社,1993,第70页。

萧红知道是无法说服自己家庭的,便只好又一次采取了"骗术"。在家庭的催逼下,她假装同意结婚,骗取了一笔嫁妆钱。临行之前,她为了追求男化,剪了短发,穿着西装,专门到照相馆拍了照,她把照片送给好友徐淑娟。①

陆哲舜在北平为她找好旅馆,又回来接她。到北平之后,他们先住在现在民族宫后面京畿道的一所公寓里,后来又搬到二龙路西巷某号一座小院里。萧红进北师大附属女一中高中部学习,地址在劈柴胡同。陆哲舜读书的中国大学在二龙路内,这样,他们上下学来回很方便。还请了一位耿妈,照顾他们的生活。为了方便,他们对外以甥舅相称。萧红没有任何社会关系,只身是无法去北京立足的,只好依赖表兄陆哲舜的帮助。据说当时北京的旅馆,不出租给单身女人。生命接近终点的时候,她向骆宾基坦露心事,也谈到没有社会关系的困境。

那是一座只有八九间房的小独院。临街的两间南房,有半间是门道,半间是住人的下房,另一间是一个单间,可以做客房,也可以做堆房。与这间相对的是一间平台,可做堆房。往里,是一道一米左右高的花墙,把院子隔成了里外院。进了里院,靠西有两间平台西厢房,房前有两棵枣树。北面,是带廊子的北房,萧红和陆哲舜就分别住在这北房的两头,一人占用一间。②

萧红安定下来之后,给好朋友沈玉贤写了一封信,告诉她:"我现在在女师大附中读书。我俩住在二龙坑③的一个四合院里,生活比较舒适。这院里,有一棵大枣树,现在正是枣儿成熟的季节,枣儿又甜又脆,可惜不能与你同尝。秋天到了!潇洒的秋风,好自玩味!"这个时期,她生活得很愉快。她还给沈玉贤寄过一些《拓荒者》之类的杂志④。

他们都年轻好热闹,喜欢聊天说笑。他们的住处,就成了东北在京一

---

①④　沈玉贤:《回忆萧红》,1981年6月16日《哈尔滨日报》。
②　李洁吾:《萧红在北京的时候》,孙延林主编《萧红研究》第一辑,哈尔滨出版社,1993,第70页。
③　查北京的历史地图,二龙坑是垃圾场,不会在市区里,所以此处当是"二龙路"之误,女师大附中正在二龙路上。

部分青年聚会的场所,以三育中学校友为主要成员。其中最积极的是北京大学的李洁吾,几乎每个星期天都去。经常去的还有在中国大学读书的苗垡,北京大学的石宝珊和他的女友黄静宜,在汇文中学做职员的李荆山(李忆之)。他们都是陆哲舜在哈尔滨"三育中学"时期的同学,好像有了默契,一到星期天大家就凑在一起,围坐在桌子旁边,海阔天空地谈思想、谈时事。苗垡特别幽默,爱说爱笑;石宝珊说话总是斯斯文文的,穿着也比较讲究,有学者的风度;而他的女友却和他相反,说起话来像只小麻雀,一对灵活的眼睛,不时地转动着;李荆山的年龄最大,大家就叫他"忆之兄",他的身材矮小,体格也瘦弱,爱好中国古典文学,喜欢鉴赏碑帖,经常去"东安市场"买来拓片之类的东西,带到西巷来给大家观看并且讲解。李洁吾则经常把自己看过的书中觉得好的,无论是自己买的,还是向别人借的,都带给萧红他们。比如戴望舒的诗集,日本人鹤佑见辅著的《思想·山水·人物》等。萧红总是坐在固定的位子上参加谈话。全体都聚齐的日子不多,一般总是三五个人能碰到面,每次总是聊到巷里的"值夜人"都敲响了梆子的时候,他们才踏着月色清辉回去。后来,来的人更少了,可李洁吾却一次也没有缺席过。

当年的萧红,给李洁吾留下了深刻的印象:

她不轻易谈笑,不轻易谈自己,也不轻易暴露自己的内心;

她的面部表情总是很冷漠的,但又现出一点天真和稚气;

她的眉宇间,时常流露出东北姑娘所特有的那种刚烈、豪爽的气概,给人凛然不可侵犯的庄严感;

她有时候也笑,笑得那样爽朗,可是当别人的笑声还在抑制不住的时候,她却突然地止住了,在看你时,她的脑子似乎又被别的东西所占据而进入了沉思;她走路很快,说到哪里去,拔腿就走;

她走路总是爱抢在同行人的前面,一直走下去,从不回头,经常使我们落在后面的人,望着她的背影,看她走路的样子发笑;

她没有一点矫揉作态的女人气,总是以一个"大"的姿态和别人站在平等的地位上;

她的感情丰富而深沉,思想敏锐并有独立的见解;

她富于理想,耽于幻想,总好像时时沉迷在自己的向往之中,还有些任性。这,大概就是她的弱点吧!

萧红和陆哲舜也到李荆山工作的汇文中学去过,可能还到北大等其他学校去参观过,以她对文化的尊崇是不会不到新文化的发源地"朝圣"的。

暑假期间,陆哲舜就向家里提出离婚的要求,遭到家里人的坚决反对,两下里争执不下,后来家里便断绝了对他的经济供给。①他们只得缩减开支,从里院搬到外院,萧红住那间南房,陆哲舜住那间平台。有一次,李洁吾去看他们,刚走进屋,萧红就递给他一封信,并嘱咐他回到学校里再拆开来看。陆哲舜慌慌张张地在书桌上的书籍里找什么,回头向萧红说:"啊!你到底把信给他啦?!"萧红平静地"嗯"了一声。看到这种情景,李洁吾立刻说:"信里写的是什么?用不着回去看了,现在就拆开。"他看信的时候,萧红涨红了脸不言语,陆哲舜颓然坐在靠窗户的椅子上。萧红在信里告了她表兄的"状",说他对她无礼!李洁吾越看越气,脾气一下子就发作起来,把陆哲舜狠狠地骂了一顿,陆哲舜呜呜咽咽地哭了起来。李洁吾起身回学校去了,将近有一个星期的时间没有去看他们。回到学校之后,李洁吾觉得自己的态度很粗暴,在不了解情况的时候,就发脾气不太妥当,就给他们写了一封信。在信的开头,还引用了冯延巳的一段词:"风乍起,吹皱一池春水,干卿何事?"中断了一个星期的友谊,使彼此双方都感到精神上若有所失。一个星期天,陆哲舜和萧红到学校去看望李洁吾。此后,李洁吾又照常去西巷。

李洁吾去西巷的时候,不管陆哲舜在不在,都要和萧红聊一阵,因为他

---

① 刘俊民口述,何宏整理:《我的同学萧红》,孙延林主编《萧红研究》第一辑,哈尔滨出版社,1993,第26—27页。

们之间已经建立起了深挚的友谊。他们像亲兄妹一样,省略姓氏直呼其名,李洁吾每次走到西巷门前,都习惯性地用门环轻轻叩几下,萧红听见了,就会在里面说:"洁吾来了。"有一次,李洁吾说,我有严厉的祖父,严厉得不讲道理,简直就是个暴君!所以他得出结论说:"祖父不好!"萧红立即反驳说:"不对!祖父好,我的祖父就最好。"还有一次,谈到母亲。李洁吾说:"我从小就失去了父亲,全靠母亲辛辛苦苦把我抚养成人。我无论到哪,长到多大,都不能忘怀母亲的恩情!"萧红沉默不语,脸色很阴沉,表情也很抑郁。

有一次,萧红、陆哲舜和李洁吾,一同到西单绒线胡同的中天电影院,看了一场名叫《泣佳期》的电影,内容是描写一个未成名但很有才华的画家和一个流浪街头的姑娘相爱的故事。回来之后,三个人便由电影自然而然地谈到实际生活中的友情、爱情问题。李洁吾说:"我认为爱情不如友情,爱情的局限性太大,必须在两性之间,青春期才能够发生。而友情,则没有性别和年龄的限制,因而是最牢靠的。"萧红马上说:"不对,友情不如伙伴可靠,伙伴有共同的前进方向,走的同一条路,成伴结伙,互相帮助,可以永不分离。""那路要是走到尽头了呢?"李洁吾问。"世上的路是无尽头的。谁能把世界的路走尽?"萧红立即说。

那一年的"双十节",各校学生计划联合举行游行示威,准备从西单集合出发往东走,到西长安街"北平行辕"前,把"行辕"的牌子一砸,就解散!李洁吾在9号傍晚去看过地形,想到会有激烈的搏斗,要有一批人被捕,心情很不平静,便转到西巷嘱咐陆哲舜和萧红:"明天不要出门。"10日清晨,李洁吾按约定的时间进城,走到西单,只见到处都是武装警察和便衣特务。街上有三三两两的学生走动,到时间了却不见动静。后来,他遇见北京大学的同学,才知道消息泄露,昨夜有学生被捕,原定的计划取消了。李洁吾拐到西巷,向萧红他们说了这件事。萧红说:"怪不得你昨天叫我们今天不要出门呢。"过了一会儿她又说,"洁吾,我看你是干不了革命的,哪有你这样瞻前顾后干革命的。"

霜降之后,落了那一年的第一场雪。李洁吾一大早到西巷去,看见萧红正站在檐下赏雪,陆哲舜站在西平台顶上用根竹竿敲打枝梢上残存的枣子。萧红很兴奋地用小砂锅,轻轻地收了一些墙上的积雪,放在炉子上煮枣。他们围着炉子,闻着枣子的香气,都等着吃。萧红用火箸轻敲着炉子笑着说:"这可是名副其实的雪泥红枣啊!"大家都笑了起来。在吃枣子的时候,李洁吾提醒他们千万要注意煤气,中了毒很危险,会致人死命的。陆哲舜说:"我不信那一套。"后来,萧红果然煤气中毒了一次! 有一天,大家正在闲谈的时候,萧红突然晕倒了。李洁吾估计她是中了煤气,急忙喊来耿妈,将萧红抬到院子中,放在躺椅上用棉被盖好。耿妈又到邻居家找来酸菜水,灌进萧红的嘴里,忙乱了好大一会儿,萧红才苏醒过来。后来,由这件事他们谈到了"死",萧红说:"我不愿意死,一想到一个人睡在坟墓里,没有朋友,没有亲人,多么寂寞啊!"[1]这是萧红第一次公开谈论死的问题,可以看出她对生命有着极强的执着,是极其热爱生活的人。

这个时期,萧红还和中学时代的两个好朋友沈玉贤和徐淑娟保持着通信的联系。沈玉贤就地考入了师范班,徐淑娟觉得革命的中心在南方,她的母亲也觉得南方的教育水平高,"九一八"事变以后,全家搬回了江苏,徐淑娟考入了江苏省立松江女子中学。她们把信写在一个厚厚的练习簿上,一个地方一个地方地邮寄。她们在信里诉说各自的景况,对未来的美好向往,也流露出对国家兴亡的担忧。不断有志同道合的朋友,加入她们的通信。在簿子上写信的人越来越多,有北平的高永益(高原)、松江的赵芳英、王漱兰,杭州的徐骥宝,南通的徐陬、卑育森和舒赐兴。这个活动一直持续到"九一八"以后,沈玉贤写了最后的一封信。她在信中写道:"我们要做亡国奴了。我们高唱《满江红》放声大哭。"[2]

到11月中旬的时候,天气凉了下来。萧红家里除了寄来信,警告她赶

---

[1] 李洁吾:《萧红在北京的时候》,孙延林主编《萧红研究》第一辑,哈尔滨出版社,1993,第70页。
[2] 沈玉贤:《回忆萧红》,1981年6月16日《哈尔滨日报》。

快回家结婚之外,一件御寒的衣服也没有寄来。萧红出走之后,汪家向张家要人,张家自然要向陆家要人,陆家和张家沾着远亲,很是害怕张家的声势。张家则自觉理亏,无法面对汪家的责问。三角债转着圈儿地讨要,两个年轻人被卷在旋涡的中心。家庭的逼迫坚定了他们反抗的决心,一般的好感也上升为朦胧的爱恋。11月的时候,耿妈帮助萧红用旧棉絮改制了一件小棉袄。仅有这样的衣服是过不了冬的,李洁吾跑到同乡同学那里,借了二十元钱,送给萧红他们。萧红在东安市场买了棉毛衫裤遮挡风寒。①

1933年,萧红用"玲玲"的署名发表的《中秋节》中,记述了她当时饥寒交迫的生活:

> 晨间学校打钟了,正是上学的时候。梗妈(即耿妈)穿起棉袄打着嚏喷在扫偎在墙根哭泣的落叶,我也打着嚏喷。梗妈捏着我的衣裳说:"九月时节穿单衣服,怕是害凉。"
>
> 董(即陆哲舜)从他的房里跑出,叫我穿件衣服。
>
> 我不肯,经过阴凉的街道走进校门。在课室里可望到窗外黄叶的芭蕉。同学们一个跟着一个地向我发问:
>
> "你真耐冷,还穿单衣。"
>
> "你的脸色为什么紫呢?"
>
> "倒是关外人。"
>
> 她们说着,拿女人专有的眼神闪视。
>
> 到晚间,喷嚏打得越多,头痛,两天不到校,上了几天课,又是两天不到校。
>
> 森森的天气紧逼着我,好像是秋风逼着落叶样。新历一月一日降雪了,我打起寒颤。开了门望一望雪天,呀,我的衣裳薄得透明了,结

---

① 李洁吾:《萧红在北京的时候》,孙延林主编《萧红研究》第一辑,哈尔滨出版社,1993,第70页。

了冰般地。

跑回床上,床也结了冰般地,我在床上等着董哥,等得太阳偏西,董哥偏不回来,向梗妈借了十个大铜板,于是吃烧饼和油条。

青野(即李洁吾)踏着白雪进城来,坐在椅间。他问:"绿叶(即萧红)怎么不起呢?"

梗妈说:"一天没起,没上学,可是董先生也出去一天了。"

青野穿的学生服,他摇摇头,又看了自己有洞的鞋底,走过来,他站在床边又问:"头痛不?"把手放在我的头上试热。

说完话他去了,可是太阳快落时,他又回转来。董和我都在猜想,他把两元钱放在梗妈手里,一会就是门外送煤的小车子哗铃的响,又一会小煤炉在地心红着。同时青野的被子进了当铺,从那夜起,他的被子没有了,盖着褥子睡。

这以往的事,在梦里关不住了。

12月末,眼看要下雪了,临近寒假的时候,陆家来信警告陆哲舜,如果他放寒假回东北,就给他寄路费,不然的话,就什么也不寄!陆哲舜变得消沉起来,开始抽烟喝酒。萧红对他产生了深深的幻灭,两个人的关系也变得冷漠。他们重蹈着鲁迅笔下涓生和子君的末路,经济的依附性使他们无法挣脱家庭的束缚,独立行进自己理想的人生之路。没有其他的办法,陆哲舜只好决定回去。整理行装的时候,萧红责备陆哲舜是"商人重利轻别离"。她实在是不愿意回去,不回去,怎么生活下去呢?!所有的朋友都是穷学生,对她都爱莫能助。①

1931年1月中,寒假结束之后,陆哲舜和萧红双双败下阵来,垂头丧气地离开了北平,回到了哈尔滨。

---

① 李洁吾:《萧红在北京的时候》,孙延林主编《萧红研究》第一辑,哈尔滨出版社,1993,第70页。

第十二章
再次出走北平

萧红回到哈尔滨,在同学徐淑娟家住了四天,还是回到了呼兰家中。张家大院里所有的家人都严厉地谴责她,冷言冷语地讥讽她。由于她的离家出走,呼兰城舆论大哗,已是黑龙江省教育厅秘书的张廷举因"教子无方"而被解除职务,下放在巴彦县教育局任督学。寒假期间,肯定也回到呼兰老宅中。萧红去北平之后,汪家必然来探问情况,张廷举自然需要准备一套应对的话。风言风语已经使张家人不堪骚扰,张廷举只好对外说,萧红是从哈尔滨她姑姑家走的①,这才缓解了所有人的好奇。年关之际,正是探亲访友的时节,为了家族的声誉,大概也为了保护萧红不受外界的攻击,她被监禁起来。家里封锁了所有外界的消息,把她关在家中,不许自行出门活动。可以肯定,除了责骂她的忤逆不孝和斥责她给家庭带来的严重后果之外,唯一的主题显然就是赶紧结婚。萧红自然不肯屈服于家庭的话语暴力,免不了为自己辩护,说服不了家人的时候,也会愤怒得大声哭喊。总之,她的处境是不会好的。

自从她离开北平之后,李洁吾非常惦记她。不知道她会遭到什么样的命运,也不知道她是否还能回到北平。他给陆哲舜写信,询问萧红回乡后的境况。陆哲舜的处境也不会太好,惧怕张家的父母肯定也会动用家法。

---

① 王化钰:《访萧红亲三姨——92岁老人姜玉凤》,孙茂山主编《萧红身世考》,哈尔滨出版社,2003,第58页。

何况还有骨肉连心的孩子和结发的妻子,他是很容易妥协的。经济的制裁和行动的约束,也会使他陷入万般无奈的处境。隔了好长时间,才给李洁吾回信,说萧红一回到呼兰,就被家里囚禁起来,因此患了精神病!大概还有其他的情况,李洁吾晚年几乎拒绝回忆,因为太痛苦。他相信这样的事情是完全可能发生的,心里又急又气,心想,如果能去呼兰,一定和她的父亲讲讲理,把萧红营救出来。后来,陆哲舜来了第二封信,告诉李洁吾,如果有五元钱的话,萧红就可以从呼兰乘车逃出来!

　　李洁吾得到这个消息很振奋,马上设法兑换了五元"哈尔滨大洋"票子,把它小心翼翼地贴在戴望舒诗集《我的记忆》最后面硬封皮的夹层里,从邮局寄到呼兰张家。还给她写了一封信,暗示她"你在读这本书的时候,越往后越要仔细地读,注意一些。"意思是想让她发现这张钞票,设法从家里早些逃出来。①萧红从来没有向人提起过这封信,也可能是家里扣压了,没有给她。也可能加深了她的灾难,引来反复的盘问与辱骂。没有姑娘的样子,整天和男学生混在一起,是对她最基本的谴责。有男子来信,且是浪漫的新诗集,这无疑会加重她的罪名。

　　萧红在囚禁中,还做着求学的梦。而且眼看假期就要结束了,她心急如焚。急中生智,再一次以骗术挣脱了困境。她假意妥协,同意和汪恩甲完婚,以置办嫁妆的名义,得到家人的许可,离开了呼兰。大概又得到了一笔置装费,经济有了一些实力。她到达哈尔滨之后,大概是住在六叔张廷献家。她对婆家与汪恩甲也要敷衍周旋,婆家听说她同意结婚,大概又给她置办了一些比较贵重的衣物。她暗中与陆哲舜联系,大概都是在同学家约会。徐淑娟和沈玉贤家,大概是主要碰头的地方。他们曾经在沈玉贤家吃过一顿面条,是沈玉贤的母亲亲自做的。沈玉贤还陪着她到中央大街,找裁缝做了一件蓝绿色面料的皮大衣。2月末的时候,陆哲舜为她买好了去北平的车票。临行之前,她又到学校找沈玉贤,告诉她马上去火车站,嘱咐她,如果汪恩甲来打

---

① 李洁吾:《萧红在北京的时候》,孙延林主编《萧红研究》第一辑,哈尔滨出版社,1993,第70页。

听,只说我没有来过。①然后,就匆匆地离去了。火车开动之后,陆哲舜到邮局,给李洁吾拍了一封电报,告诉她萧红已经乘车回北平了。

李洁吾收到了陆哲舜的电报之后,觉得很突然,也很高兴。他计算了一下时间,那列车到达的时刻,正好是当天中午。李洁吾马上赶到火车站去接她,却扑了一个空,没有找到她。他转身直奔西巷,耿妈开了门,见是李洁吾就说:"小姐回来了,把东西放下就到学校找您去了。"李洁吾立刻又赶回学校,看见萧红正坐在宿舍里等着他。她穿了一件貂子皮绒领、蓝绿色华达呢面狸子皮的皮大衣,大概就是沈玉贤陪她到中央大街做的那件。她送给李洁吾一瓶白兰地酒,还有一盆马蹄莲。

第二天,李洁吾进城去看萧红。不料萧红病倒了,还发着高烧。李洁吾看见她一个人冷冷清清,连个说话的人都没有,很是放心不下,就每天都去看她,照顾她,和她聊聊谈谈。大约经过一个星期的时间,她的病才好了起来,能起床下地了。陆哲舜也给李洁吾来了信,托他照顾萧红,并且希望李洁吾帮助萧红上学。萧红想继续在女师大一附中的学业,这是她不惜一切代价,躲避汪恩甲再次独自南下的原因。

萧红读书的国立北平女师大附属女一中,管理极其严格。《校则》中第二十条明确规定,年假加上春假一共只有24天,萧红早就超过了学校开学的日期。第二十五条规定,"取录之学生,需依布告期限,随同家长或在本市有职业之保证人来校填具入学志愿书及保证书(此项保证书每学年开始时重填一次),并缴纳一切费用。逾期者,取消入学资格。"萧红第一次入学,大概是陆哲舜代为找的担保人,家里给的嫁妆费充当了学费,所以顺利地入学了。而这一次,则无法解决。李洁吾根本没有能力借到一大笔可观的学费,他是一个穷学生,又是外地人。而且,《校则》规定,一学期旷课满一星期者,就要"命其退学"。何况还有第三十条:"学生因不得已事故缺席者,需先时由家长或保证人来函叙明理由,签字盖章,代为请假;倘因急事

---

① 何宏:《关于萧红的未婚夫汪恩甲其人》,孙延林主编《萧红研究》第一辑,哈尔滨出版社,1993,第86页。

不及先时请假者,限三日内补函证明,过期不交,作为旷课。"①这也是萧红完全无法办理的手续,张廷举绝对不会给她出具这样的证明与说明信。每一条规定,都直戳萧红的命脉,求学的梦想几乎是瞬间破灭了。束手无策的李洁吾和她商议,萧红同意等她表兄来到北京之后再说。②

汪恩甲自然感觉到萧红躲闪的隐秘缘由,凭着直觉就可以知道她肯定是去北平了,因为他和萧红之间最主要的矛盾就是,一个急于结婚,另一个一心上学。他大概以为陆哲舜以帮助她升学为诱饵,影响了萧红对他的态度。以他在哈尔滨的关系网,是不难打听到萧红在北平的落脚之地的。何况,萧红第一次出走北平,住址是相当公开的。不仅张、陆两家知道,三育中学的校友也都知道。无论是到张家逼问,还是辗转通过校友打探,他都可以得到准确的地址。他追到了北平,直接敲响了西巷的门。

当时,李洁吾正和萧红闲谈,忽然听到叩门声。耿妈进来说:"有人找小姐。"萧红听了立刻出门去看,那个人竟自闯了进来,正和萧红打了一个照面。萧红大为惊愕,那人进了屋后,一屁股坐在了椅子上一言不发,萧红跟在他的背后,对李洁吾伸伸舌头,做了一个怪样子。萧红给李洁吾介绍说:"这是汪先生。"李洁吾向那人点了点头,说明自己是萧红的表兄同学,听说萧红来了,特地来看她的。汪恩甲醋意大发,他立刻怀疑起李洁吾和萧红的关系。他极不友好地沉默着,过了一会儿,从口袋里掏出一摞银元往桌子上一摞,就开始用他的右手,漫不经心地摆动起那些银元来。一枚枚的银元从他的手中自上而下地跌落下来,发出金属叮叮当当清脆的撞击声。然后,他再重新抓起这摞银元,用同样的姿势将它们悬起距桌面三四寸高的距离,继续将它们又一枚枚跌落下来,他好像在欣赏这银元撞击的声音。这显然是向李洁吾示威和挑衅,萧红自然不知所措,李洁吾坐在那里也很尴尬。他觉得空气好像不再流动,停滞了! 僵持了一刻,李洁吾便

---

① 内部刊行的《国立女子师范大学附属女子中学概览》,1932年7月。
② 李洁吾:《萧红在北京的时候》,孙茂山主编《萧红研究》第一辑,哈尔滨出版社,1993,第70页。

告辞走了,萧红没有出来送行。李洁吾自从后来知道了去找萧红的那个男人就是她的未婚夫之后,便不再到西巷去了。只是给陆哲舜发了几封信,告诉他这些情况,盼他即刻到来。①

那时候,经常去看萧红的,还有高原(即高永益)和张逢汗。高原是徐淑娟在法政大学预科班的同学,当时已婚,年龄大,有宽厚的兄长风度,因为徐淑娟的关系和萧红也成为朋友。萧红看见他们很高兴,和他们紧紧地握手,还抓了一把瓜子亲自放在他们手里。高原从来没有看见过她的这种举动,感到她在"风格"上似乎有了什么变化。萧红的脸色没有在哈尔滨的时候那样红润健康,小雀斑也不见了,孩子似的稚气也没有了。当时,萧红穿着一件浅蓝色土布的短衫,在北京寒冷的早春季节里显得很单薄。萧红的房间里,只有一张单人床,一张小长桌,一只小凳。高原从萧红的嘴里知道她生活得很贫苦,常常把几册书拿到旧书摊上去卖,得到一点钱,勉强维持生活。萧红房间的墙壁上,挂着用铅笔描画的一幅男人的头像,那人的头上戴着一顶鸭舌帽。萧红对高原说这是密司特汪,是她就着灯影描绘出来的。她还告诉高原,自己要结婚了。说的时候,她的表情很平淡,不动声色地述说着发生的各种事情。这使高原感到一种说不出的忧郁和压抑。临分别的时候,萧红留下了高原的地址,还说以后要常来常往。高原偶然抬头向北房望去,隔着玻璃窗,汪恩甲的头部探出来,看着高原他们。

后来,高原把看萧红的详细情况写信告诉了徐淑娟,他们都为萧红痛心。徐淑娟后来给高原写信说:"迺莹,或者说是酒莹的事,对我是一把利斧!这伤痛,这鲜血,永远镂在心上。老高,我还能说什么呢!"1933年8月又给高原写信说:"你看,迺莹是生死莫测!而且即使活着,也已经为密司特汪的眼泪所软化而做着'贤妻'了。迺莹,是我们战线上一位很有力的斗士,现在投降了!为了这,几乎连自己都怀疑起来……"②

---

① 李洁吾:《萧红在北京的时候》,孙延林主编《萧红研究》第一辑,哈尔滨出版社,1993,第70页。
② 高原:《离合悲欢忆萧红》,《哈尔滨文艺》1980年第12期。

萧红和汪恩甲之间显然又发生了一些事情,最根本的问题仍然是去与留的问题。萧红显然不甘心就此放弃在北平求学的愿望,汪恩甲则一定会要求她回去完婚。谁也说服不了谁,而且,经济的窘困也已经到了捉襟见肘的地步,萧红来时穿的貂皮领子的大衣,早已经进了当铺,值钱一点的东西都卖得差不多了。汪恩甲随身带的钱也用完了,就是同意留在北京一起读书,也无法指望家里提供他们两个人的费用。汪恩甲会软硬兼施,眼泪是必不可少的,因为他实在是很喜欢萧红。可能还会劝诱,比如从长计议,结婚以后,在哈尔滨也可以继续读书。据说还有威胁,如果萧红不跟着他回哈尔滨,就到北大控告李洁吾之类。[①]萧红不愿事态扩大、连累朋友,经济又已经无法支持,就决定回哈尔滨。但是,她想摆脱汪恩甲,不愿用汪恩甲的钱,就到北大去找李洁吾。

李洁吾看到萧红,觉得很突然。她说在生活上有了困难,问他可不可以帮她想想办法。李洁吾搜遍了全身所有的口袋,才凑了不到一元钱,全部都交给了她。他问萧红生活得怎样,上学的事解决了吗?萧红说目前全都谈不到,拿着钱就走了,没再说什么。过了几天,李洁吾又去看萧红,耿妈却对他说:"小姐他们走了,您不知道吗?"李洁吾摇了摇头问道:"去哪了?"耿妈回答说:"去东北了。"李洁吾怅然而归。[②]高原也一直惦记着萧红,看见她生活得这样贫苦,心里很不安。过了三四天之后,他带了些钱给萧红送去。房东告诉他,他们已经回东北去了。几点钟的车?开往哪?房东都说不知道。高原只能在心里纳闷,她为什么要这样急急忙忙地走呢?连个招呼都不打,一封信也没有留下,她是不是真的回东北了?高原也无处去询问,只好忐忑不安地回到学校[③]。

---

① 叶君:《从异乡到异乡》,中国社会科学出版社,2009,第57页。当然,这也是分析推测,但是以汪恩甲的性格是有可能的,不仅是感情,还有占有的欲望。夺妻之恨与杀父之仇并列,是中国传统男性最无法忍受的耻辱,汪恩甲虽然读过书,但是现代教育不能泯灭他原始的本能。
② 李洁吾:《萧红在北京的时候》,孙延林主编《萧红研究》第一辑,哈尔滨出版社,1993,第70页。
③ 高原:《离合悲欢忆萧红》,《哈尔滨文艺》1980年第12期。

陆哲舜收到李洁吾的信之后,也尽最大的力量尽快回到了北平。面对人去楼空的场面,自然万分懊丧。他很烦闷,埋怨李洁吾没有照顾好他的表妹。这使厚道的李洁吾也十分生气:"我又有什么能力来照顾好他的表妹呢? 就是她要到哪里去,和谁一同去,难道我能够阻拦得住的吗!"[1]

---

[1] 李洁吾:《萧红在北京的时候》,孙延林主编《萧红研究》第一辑,哈尔滨出版社,1993,第70页。

第十三章
软禁与逃脱

萧红这一次追梦的逃亡,又以失败告终。万般无奈之中,她只好跟着汪恩甲,于1931年的3月末一起回到了哈尔滨。下车之后,她在徐淑娟家住了几天,就回到了呼兰。这一次的被迫回乡,萧红还为弟弟带回一个玩具幻镜,一头装着放大镜,一头可以装上幻灯片。这给弟弟带来很大的满足和快乐,少年张秀珂非常喜欢看电影,却没有什么机会,这个出现映像的玩具,正好补偿了他的遗憾。[1]

只是张秀珂要到暑假,才能看到这个新奇的玩具。萧红的出走,在闭塞的呼兰小城掀起了轩然大波。张廷举的大闺女跟野男人跑了!人们大惊小怪地议论着,把这作为天大的新闻。萧红在他们的眼里,无疑是一个伤风败俗的人,汪家认为萧红不守妇道,败坏了汪家的声誉,要求解除汪恩甲和萧红的婚约。张秀珂也受不了社会上的舆论和同学们的嘲笑讽刺,从呼兰转学到巴彦县立中学。萧红的堂弟张秀琳(二伯父张廷选之子),当时在哈尔滨二中读书,为了不使张秀珂有孤独感,被三叔张廷举转到巴彦县立中学,陪伴张秀珂读书。直到1931年"九一八"事变之后,巴彦县闹伤寒传染病,他和张秀珂才离开巴彦,转到哈尔滨二中去上学[2]。

---

[1] 张秀珂:《回忆我的姐姐——萧红》,孙茂山主编《萧红身世考》,哈尔滨出版社,2003,第12页。
[2] 铁峰:《萧红传》,北方文艺出版社,1993,第63—64页。

阿城福昌号屯平面图

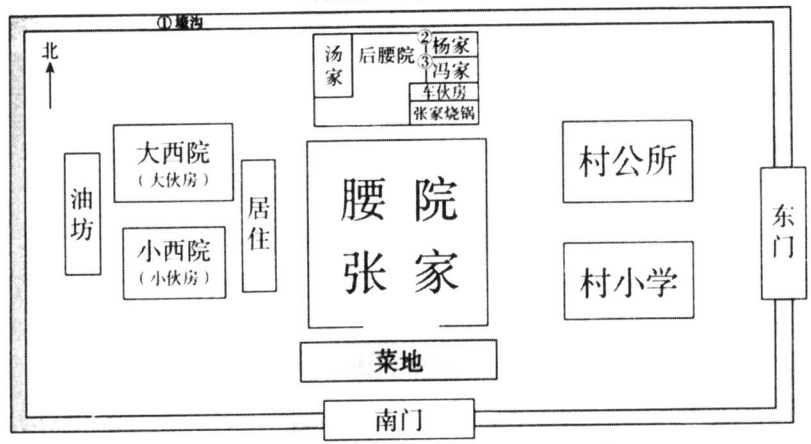

① 村外被一条矩形的壕沟围着,沟深三米多,为了防匪患,夏天,沟内蓄满着水
② 杨是村中保长
③ 冯家以经营张家土地为营生,是二地主,当为《生死场》中王婆的第二个男人之原型

图1　福昌号屯平面图

腰院张家平面图

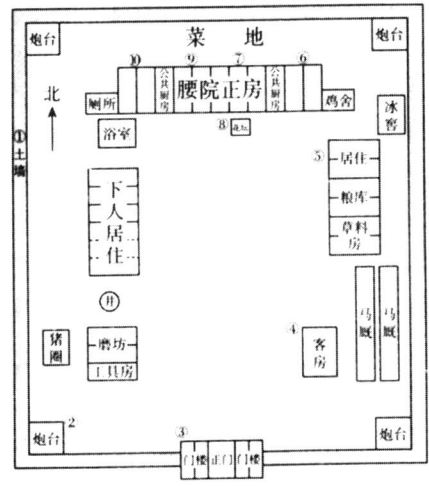

① 腰院由高高的土墙围着,墙基1.5米宽,高3.5米
② 围墙四角设有炮台,炮台上有步枪和大台杆(土炮),昼夜有人在炮台上放哨
③ 正南有门,大门上有青瓦二层门楼,大门平时关着,只开一角门,有打更的人守着。门楼以大门为中轴,东西各两间。门楼是腰院的最高、最威严的建筑,也是张家商议要事的处所
④ 青砖青瓦的客房(官府及外来客人居住)
⑤ 五叔张廷禄全家居住
⑥ 七叔张廷勋全家居住,萧红曾躲避在七婶的房间
⑦ 老祖母、菱姑和萧红居住的房间
⑧ 祖母喜欢花草,南窗外有一排小花坛
⑨ 四叔张廷全全家居住
⑩ 二伯父张廷选全家居住

图2　腰院张家平面图

根据章海宁先生对萧红二伯父张廷选之子、堂弟张秀琮先生的采访
记录整理,由董娜复原绘制而成。

萧红回到呼兰家中之后，显然受到舆论的压迫和家族的歧视。父亲和继母冷落她，弟妹们也和她疏远，左邻右舍的白眼恶语和好事之徒给她编造的谎言瞎话，都像一把把尖刀插在她的心上。她忧愁痛苦，整天连大门都不敢出，只能待在自己家的屋子里。

她的父亲张廷举，为了避人耳目和舆论的锋芒，也害怕继母管束不了萧红，她再出走给家庭造成更坏的影响，决定让她们搬到阿城县福昌号屯去暂住。福昌号屯距县城有数十里地，交通极不方便，消息也很闭塞，是个与世隔绝的环境。4月上旬，萧红随继母搬到了张家的大本营。

福昌号屯是一个典型的东北豪强大地主庄园。为了防止匪患，村外被一条矩形的壕沟围着，沟深三米多，只在南面和东面开门。夏天，为了防止匪患，沟内还蓄满着水，进出只能走南门和东门。张家老宅因为在屯子的中心，被称为腰院张家。南墙外是一片菜地，院东墙外建有村公所和村小学，院西墙外是张家另一支居住的房屋，再向西为大西院和小西院（两伙房），油坊就在伙房的旁边。腰院的北墙外还有一个后腰院，后院西边住着一户姓汤的人家，东边则住着杨家和冯家，杨是村中保长，冯家以经营张家土地为营生，东北乡间称之为二地主，算是村里的富农，当为《生死场》中王婆第二个男人的原型，王婆的女儿叫冯姑娘。挨着冯家是车伙房和张家烧锅。在这样族亲与政权的包围之下，腰院张家处于村子的中心地位，是一个南北走向的长方形院落。四周由高墙围着，墙基1.5米宽，高3.5米，围墙四角设有炮台，炮台上有步枪和大台杆（土炮），昼夜有人在炮台上放哨。大院只正南有门，大门上有青瓦二层门楼，大门平时关着，只开一角门，有打更的人守着。门楼以大门为中轴，东西各两间。门楼是腰院最高、最威严的建筑，也是张家商议要事的处所。进南门后，院子向北是一个缓慢的上坡，院内的建筑分列东西两排，均为南北走向。东南是青砖青瓦的客房（官府人员及外来客人居住），后面是两排长长的马厩，挨着马厩有六间草房，两间草料房，两间粮库，另两间由萧红的五叔张廷禄居住。西边靠南有三间草房（一间木工工具房、两间磨房），向北六间草房，其中三间通开，屋内有两排连着的火炕,屋子中间放一取暖的火盆。这排房子多是张家的下人居住。在草房和磨房之间,有口水井,磨房的后面盖有猪圈。腰院的正房是北面的十一间草房,草房东、西两头有鸡舍和厕所,东头挖有冰窖,西头单盖一间浴室。草房北面与北院墙之间则是一片菜地。正房十一间草房以中间一间为中心,两边各五间,二伯父张廷选全家和四叔张廷会住西边的五间(两家各两间,共用一间厨房);东头则是继祖母和七叔张廷勋居住。萧红被安排在继祖母的房间,靠近正房的中间部位,因为继祖母徐氏喜欢花草,南窗外有一排小花坛。

  萧红在这里的日常生活是乏味的,没有新的书刊可看,也没有人可以倾心交谈。全家上下有二三十口人,二伯父张廷选当家,五叔张廷禄是当地的保安队长。萧红在福昌号屯,处于家族的保护之中,可以免遭社会舆论的迫害,但也受到族人的严密监视,实际上过着软禁的生活,行动受到严格的限制,每天只能在院子里活动,早晨天不亮就起床,晚上天一黑就睡觉。张家年轻的堂兄弟妹们都在外面读书,家里只有一个27岁还未出阁的姑姑,还有20多岁过门不久的小婶、七叔张廷勋之妻,能和她谈到一起。其他所有人都把她看作异类和仇敌,根本不拿正眼看她,特别是继祖母徐氏。她是萧红六叔张廷献的生母,萧红的婚事张廷献参与颇多,萧红出走引起的连锁反应,风波所及必然首先冲击到她的儿子,汪大澄会直接向张廷献兴师问罪,除了封建礼教的陈腐观念之外,母子同心的怨愤也强化着她对萧红的敌意。徐氏甚至把她看成是坏蛋,生怕她把姑姑影响坏了,处处加以严格的防范,不准姑姑单独和她在一起谈话聊天。姑姑年纪大了,祖母还不许她出嫁。她被祖母管束得喘不上气来,她的心里很焦虑、忧伤,面色憔悴。她很想和萧红谈谈心,舒缓一下内心的郁闷,继祖母就是不让。一看见她和萧红单独相处,就把她招呼开。姑姑躲避着祖母,一有时间就和萧红谈天,一起在园子里散步。她对萧红说:"你在学校里一定比我住在家里得到的知识多些,怎么你没胆子呢?我若是你,我早跑啦!我早不在家受他们的气,就是到工厂去做工也可以吃饭。"祖母宛如一只猫头鹰一样,突然出现在她们的背后,并且响着她的喉咙,好像猫头鹰扇动着翅膀似的说:"好啊!这东西在这样议论呢!……"她问萧红的姑姑,"……你还有一点廉耻没有?"她吐口涎在地面上,"……那丫头入了什么党啦,你也跟她学没有老幼!没有一点姑娘样子!尽和男学生在一块。你知道她爸爸为什么不让她上学,怕是再上学更要学坏,更没法管教啦!"萧红很痛苦,常常靠着墙根哭,继祖母就更动气了,眼睛好像要从眼眶子里跑出来,马上落到地面似的,转头向着萧红骂,"你真给咱家出了名了,怕是祖上也找不出这样的丫头。"那天夜里,姑姑在枕头上小声说:"今天不要说什么了,怕是你奶奶听着。"环境对于姑姑来说是恶劣的,这使萧红产生与她同病相怜的感觉。姑姑常常和她商量:"同什么人结婚才好呢?"她说:"我什么时候结婚呢?结婚以后怎样生活?我希望有职业,我一定到工厂去。"萧红怎样努力也睡不着,她反复想过姑姑的话,觉得可怜的姑姑只知道在家庭里受压迫,因为家里有腐败的老太婆。然而她不知道工厂里有齿轮,齿轮更会压榨。她和祖母和姑姑睡在一条长炕上,祖母睡在第一位,姑姑睡在第二位,她睡在最末一位。由于内心的烦闷,她彻夜翻转着,仿佛睡在蒸笼里,每夜都要听后窗外的虫声和远山上的密林啸声透进竹帘来,也听到更多的在夜里的声息。①

处于这样的生活境地,萧红写下了无比惆怅的诗篇:"去年的五月,正是我在北平吃青杏的时节,今年的五月,我生活的痛苦,真是有如青杏般地滋味!"(《偶然想起》)②她开始回顾自己的道路,心里生出对汪恩甲的歉意,"红红的枫叶,是谁送给我的!都叫我不留意丢掉了。若知这般离别滋味,恨不早早地把它写上几句别离的诗。"(《可纪念的枫叶》)春暖花开的时候,她大概可以在院子里走一走,帮助家人做一些轻松的工作。继祖母喜欢花卉,萧红帮助她在窗下的小花坛里栽花,无比寂寞中也生出对爱情的期待,"你美丽的栽花的姑娘,弄得两手污泥不嫌脏吗?任凭你怎样的栽,

---

① 萧红:《夏夜》,《萧红全集·散文卷》,北京燕山出版社,2014,第286页。
② 萧红记错了,她1930年到北平,应该是7月份,或者只是根据艺术的需要,写作的时间是1931年的5月。

也怕栽不出一株相思的树来。"(《栽花》)她多么渴望有人能来解救她,把她带出这个严密的牢笼。独自回味往事的时候,她摆脱了周围人的影响,终于在心理上和汪恩甲和解了。她面对哈尔滨的方向,在黄昏的静谧里,思念真正爱她的人,"晚来偏无事,坐看天边红,红照伊人处。我思伊人心,有如天边红。"(《静》)她唯一能够指望来搭救她的人,也只有这个并不能够心意相通的未婚夫了。由此联想起的还有当年在公园里的情景,"树大人小,秋心沁透人心了。"(《公园》)

萧红在福昌号屯的日常生活,肯定是无比孤独的。她在小说《出嫁》中有着剪影式的描写。她经常是和姑姑坐在炕上,听着家里的各种吵闹,孩子们吵架,母亲们也吵架。妯娌们的小话中,充满了不平。一顿三餐炊事的嘈杂与家人的喧闹,不时从隔壁飘来的各种香气,"厨房烟和气,哭和闹,好像六月里被太阳蒸发着的猪窝",旧式乡间大家族的生活状态让她觉得窒息,没有精神喘息的空间。萧红受着优待,不用和别人一起挤在厨房里,每天同继祖母在炕桌上吃饭,这也引来姐妹们的气愤,不时酸酸地说:"人家那是识字念书的人,咱们比不上。"萧红看着她们的怪脸色非常生气,很想和她们吵一架。秋天的时候,她还看到了一个送亲的场面。喇叭声在腰院张家外面响起来,姑姑催着她上炮台,看婆媳妇的。她们从炮眼看出去,好像看电影似的,只能看到空镜头,有原野、山坡、黄叶树,系着红绳的红缨鞭子……新娘子怕老婆婆,不愿出嫁,哭红了眼睛,怕别人笑话,用被子包起来。震撼人心的锣声响了起来,她们目送着红缨的鞭子,赶着送亲的马车走向黄叶林去。她同父异母的妹妹不顾母亲的喝骂,也随着一起去看。继母骂着她,好像是说给萧红听的,"你是什么小孩子了?……一点不听话,以后也不叫你到前屋去念书,给我抱孩子!不听话就打你。"七八岁的小妹妹,顶撞母亲,"我跟姐姐走,上南京!"[①]在这样充满心理对抗与冲突的氛围中,萧红的精神肯定是压抑而愤懑的。

---

① 萧红:《出嫁》,《萧红全集·小说卷》(一),北京燕山出版社,2014,第64页。

大伯父张廷蕙回来了,萧红的苦难由精神扩大到肉体。据张氏后人说,张廷蕙当时患有轻度的精神病,使原本暴躁的脾气更加难以克制①。萧红的继母梁亚兰经常向张廷蕙诉说,萧红如何不服管束,不肯结婚,非要读书,在家里吵闹的事情,肯定还有她出走带给家族的恶劣影响的种种事端。张廷蕙怒不可遏,经常对萧红拳脚相加地毒打,扬言要在家族里弄死了事。萧红没有办法,只好躲进小婶王氏的房子,因为东北乡俗哥哥不得进入弟媳的房间。萧红不敢出来,连饭都是小婶端进屋里给她吃。她待在屋里无所事事,就为小婶儿织了不少大人孩子的袜子手套。②这一说法比较可信,因为张廷蕙时年50岁,正处于男性更年期的时段,所谓轻度的精神病应该是更年期的症状。

　　当然,还有著名的"抗租"一说,萧红劝大伯父不要增加地租,削减长工们的工钱,引起大伯父的愤怒,狠狠地打骂了萧红一顿,把她锁进一间空仓房里,不许人给她饭吃,同时派人去阿城打电报,让萧红父亲马上回来处置。姑姑和小婶同情她,就偷偷把她藏在农民的柴火垛里,过了一夜,第二天藏在一辆往阿城县送白菜的马车上逃出来。这种说法是上世纪60年代,源自萧红的姑姑和小婶之口,最早见于肖凤的《萧红传》。在近年去意识形态化的文化思潮中,被彻底推翻。理由是萧红在家里不问家政,与家庭矛盾主要是因为求学,而且自身难保,根本不敢过问家事。认为这种说法出于以阶级论为核心的革命意识形态,适应美化拔高萧红的需要。完全用意识形态来阐释萧红当然是简单化的,但是,完全不考虑意识形态的因素也是不符合历史真实的。这一说法,除去关进空房子、不让吃饭和准备处死一节,显然是夸张的。因为,就是在家族内部,杀人也是犯法的,最多只是恐吓而已。关进空房子、不给饭吃,也不大可能,因为萧红还没有正式解除婚约,张家是不敢如此虐待汪家未婚儿媳的。张家大概还在设法维持

① 叶君:《从异乡到异乡》,中国社会科学出版社,2009,第60页。他采访了张廷选之子张秀琰,应该可信。
② 张抗:《萧红家庭情况及其出走前后》,孙延林主编《萧红研究》第一辑,哈尔滨出版社,1993,第62页。

婚约,张廷蒇的暴躁怕也与这努力的艰难有关系。藏在柴火垛里,就更难以置信,以黑龙江当年的气象情况,10月初已经很冷了,大雪降落之后,萧红躲在柴火垛里过夜,冻也冻坏了。

但是,萧红确实是左翼意识形态影响下的青年,从她日后的创作看,她对于乡村地主阶级对农民的压榨是充满愤恨的。特别是她早期的乡村叙事,几乎都是以福昌号屯为背景,以自己家族的人物为地主阶级的代表,所有的地主几乎都姓张,显然都是家族叙事。她的第一篇小说《王阿嫂的死》中,寡妇孕妇佣工是被张地主踢了一脚而丧生的,她的丈夫被地主克扣工钱。小说《夜风》中也有地主克扣雇工工资的情节,萧红对家族的自叙中,有"父亲常常为了贪婪而丧失掉人性"。善良的老祖父对她的影响,左翼文学对她思想的浸润,加上好打抱不平的性格,都使她有可能做出这样的事情。只是,当时,他的大伯父不当家,是二伯父张廷选当家。张氏宗谱记载,他弱冠丧父失学,"间经手理家擘画……衰落之家业得庆小康。"可见,和张廷蒇一样,张廷选是张家中兴的功臣。他对子侄"教育森严","不稍宽假","故家庭内外,人无不敬畏者。"福昌号屯的长工下人,都称他为"二阎王"。① 但是,外来资本的迅猛侵袭,频繁的战争和匪患,乡村经济处于崩溃中。货币混乱、粮食贬值与物价暴涨,必然都影响到张家家势的颓败。作为当家人的张廷选,自然有他的苦衷,以他精明筹划挽回家道的经历,经营理财方面肯定是严苛的,削减工钱,把经济危机转嫁给农民是有可能的。萧红如果劝阻加租、减工钱的话,也只可能是向他说。必然引起反感,告诉更有威望的大伯父张廷蒇,让他出面管教,也是有可能的。而且,用不着劝阻长辈,只要私下议论、发些感慨,以她众矢之的的孤立处境,被人传给张廷蒇,也足以遭致毒打斥骂。以她离家时的狼狈,继祖母骂她加入了什么党,后来在艰难困苦中拒绝回家的理由是"不愿受和我站在两极端的父亲的豢养",都可以透露出一些隐约的信息。总之,不会是一个原因,会

---

① 王化钰等:《〈生死场〉琐议》,李重华主编《呼兰学人说萧红》,哈尔滨出版社,1991,第175页。

是很多种因素搅缠在一起。

囚禁在这个精神炼狱一样的家里,萧红就是想跑也是不可能的。继祖母与继母的严密监视,她要走出腰院张家一步都很难,更别说逃出福昌号屯了。整个屯子是一个大土围子,四面是高大的土围墙,墙外是蓄着水的深壕沟,出入都要走吊桥,围墙上日夜有人持枪巡逻。萧红就是插上翅膀,也难以飞出这座戒备森严的地主庄园。就算她可以走出福昌号屯,她也无法独自走出无边的荒原。屯子周围都是农田,距离县城40多华里,特别是入冬以后,皑皑白雪之中,连方向都很难辨别。无法想象,萧红只身能够逃出来。

就在萧红被囚禁期间,外界发生了惊天动地的大事变。日本军国主义者经过多方面密谋策划,舆论的煽动和军事侦察,以及调兵遣将等一系列周密的准备之后,终于在这一年的9月18日晚,发动了震惊中外的侵略中国东北的战争。这天夜里,驻在东北的日本关东军独立守备队第二大队第三中队——柳条湖分遣队的几名士兵,在河本末守工兵中尉的带领下,按预定计划,于10时20分炸毁了沈阳北郊距中国驻军北大营不远的柳条湖附近南满铁路路段,并立刻向北大营射击。反诬北大营的中国士兵炸毁铁路,随即向北大营中国驻军进攻。驻守北大营的东北军第七旅官兵被迫自卫还击,但是接到东北边防军代理司令、参谋长荣臻转达当局"全取不抵抗主义"的命令,只好忍痛于10日晨冲出日军包围,北大营遂被日军全部占领。与此同时,日军进攻沈阳,一夜之间,沈阳全城沦入日军之手。日军进一步向东北腹地进攻,一周之间,辽吉两省的大部分地方化为敌有。东北军几倍于敌不战自退,日军继续北进,战火逐渐烧向黑龙江。[1]

历史的急剧动荡,为萧红撕开了一个逃遁的文化裂隙。战争引起的混乱,使整个福昌号屯处于惊恐之中,腰院张家也一片紧张,家人自顾不暇,除了筹措保家护院,就是计划疏散妇孺、四处奔逃。[2]秩序谨严的土围子

---

[1] 常城等:《现代东北史》,黑龙江教育出版社,1986,第165—167页。
[2] 张秀琢:《重读〈呼兰河传〉,回忆姐姐萧红》,孙茂山主编《萧红身世考》,哈尔滨出版社,2003,第28页。

出现了空隙,族人放松了对于萧红的监视。姑姑和小婶同情她的境遇,也害怕出事,就帮助她寻找出逃的机会。10月4日的清早,萧红搭上一辆往阿城送白菜的马车,偷偷逃离了这个精神的炼狱。张家人似乎是有意放行,因为萧红离开家的那个早晨,已经是人声喧哗的时刻,估计是在早饭之后。13岁的弟弟张秀珂,正和一群孩子们玩儿着,看着萧红离开家向南大道上奔去,向着白雪皑皑的大地奔去,他连招呼都不招呼,只顾和别人玩儿,连看也不看出走的姐姐。①也可能是装作没看见,由于父亲的威胁,敏感的张秀珂不敢亲近姐姐。到达阿城之后,萧红又乘上火车到了哈尔滨。她走的时候,只穿了一件蓝士林布的长衫,带了简单的行装。②

萧红在福昌号屯度过了6个多月的软禁生活。除了自身的精神苦闷之外,她看到了大地主阶级对农民残酷的剥削,看到了农民悲惨的生活,了解了他们的精神情感世界。她接触了不少用人和长工,了解他们的身世和遭遇,也听说了许多抗日打鬼子的故事。萧红的六叔张廷献在日寇进来的时候,为了保家护宅,从哈尔滨回到福昌号屯,组织民团抵御各路土匪。其中,有传统惯匪,也有被日军打散了的原正规军人。他曾暗地联络孙朝阳的部队准备打日本,半路上遇到了土匪,被土匪打死了许多人。孙朝阳被一个叫王凤岐的人告密,叫日本鬼子抓去杀害了。这一年,福昌号屯附近几个村子纷纷成立起黄旗会、黑旗会。一位姓蔡的小学教师组织农民、学生,成立了抗日的红旗会,参加的有三四百人。蔡老师领着队伍去打日本,也是在半路上,被土匪打死了百余人。装尸体的大车路过福昌号屯,萧红知道了这件事,这为她日后描写农村的生活和表现抗战的事迹,积累了丰富的素材。《生死场》中的人物和地点,都可以找到出处。王婆的原型是福昌号屯被二苍地主冯振国(即腰院张家北面后腰院的冯家)害死的李德珍之妻。《生死场》中提到的白旗屯,在今呼兰县城西北,

---

① 萧红:《"九一八"致弟弟书》,《萧红全集·散文卷》,北京燕山出版社,2014,第394页。
② 张抗:《萧红家庭情况及其出走前后》,孙延林主编《萧红研究》第一辑,哈尔滨出版社,1993,第62页。

离城14华里,属孟家乡管辖。另一处地点三家子在县城的东南角,距县城23华里,属腰卜乡管辖①。《夜风》中的长青母子,肯定是张家的雇工;《马房之夜》中的五掌柜当为任保安队长的萧红五叔张廷禄,冯山则是张家的厨子,也是张廷禄青年时代的伙伴儿。

  被软禁的生活,自身所受到的压迫,升华为对整个地主阶级的憎恨,使单纯追求个性解放和独立自尊的萧红,原本朦胧的阶级意识更加明确,终于走上了与封建地主家庭彻底决裂的道路,成了封建阶级的"贰臣""逆子"。这个过程是非常复杂的,深度压抑导致的内心痛苦与仇恨,使她对人生的理解越来越深刻。对人与人之间赤裸裸的金钱关系看得也更清楚,对整个社会的黑暗也认识得更透辟。这些思想,奠定了她早期作品的基本格调。

  离开福昌号屯之后,她再也没有回过父亲的家。

---

① 王化钰:《〈生死场〉琐议》,李重华主编《呼兰学人说萧红》,哈尔滨出版社,1991,第69—70页。

第十四章
陷落东兴顺

萧红到达哈尔滨的时候,已经是夜间。她和家里闹翻了,决计不去六叔家,只能到关系远一点的陆哲舜家。她在寒风中颤抖,用手套抹着眼泪,敲打门扇的时候,手套几乎结了冰,和门扇都有些粘连。她一边敲门,一边呼喊着:"姑母,姑母……"里面没有回答,只有狗叫了几声。萧红以为陆家的人都已经睡着了,只好转身走开。其实,陆家人不一定是睡熟了,狗的叫声会引起他们的注意。很可能是听到萧红的呼唤之后,不愿也不敢回应。陆哲舜提出离婚,已经搅得家里有一年半不得安生,他们会迁怒萧红,认为是她使得陆哲舜移情别恋。陆家素来畏惧张家的威势,也不敢收留和家里闹翻了的萧红。在一个父权制的社会,和家庭作对就意味着和整个社会为敌,谁会同情一个给家族带来耻辱的女孩儿呢?!

萧红又挣扎着走向徐淑娟家。脚已经冻得像针扎一样疼痛,她开始羡慕经过的那些临街楼房。想象着里面的温暖和快乐,一定会设置着很好的眠床。同时联想到家乡的马房,住在马房里也会很舒适。甚至联想到狗窝,里面一定有茅草,就是坐在茅草上,也可以使脚得到温暖。积雪在她的脚下发出吱吱的响声,雪粉被风吹卷扫打着她的腿。经过下等妓院的时候,萧红觉得平日里引起她可怜的妓女们,也比自己幸福。她加快脚步,慌张地走着,冻得佝偻着背、高耸着肩。经过繁华一些的街道,路边的洋车夫们招呼她:"小姐,坐车吧!"她听上去,觉得好像是在和她开玩笑。还有人把她看作暗娼，嘲笑说："喂……喂……冻得活像个他妈的……小鸡样……"她低着头快速离开，眼睛看见的只有踩着石头路面的马蹄子。走上徐淑娟家楼梯的时候，她已经慌乱得不行，摸索着电灯，一步一步地走到最高一层，脚下一滑，几乎从上面摔下来。她觉得力量已经用尽了，再多走半里路也不行了。寒冷也已经让她无法忍受，脚已经冻得麻木了，无论如何也不能再去接触冰雪。她满怀希望地按电铃，电铃却不响。门扇咧着一道缝，用手一碰，自己开了。房子里面没有声响，她以为徐家的人都睡了。她走进去，站在玻璃门外，呼唤着"徐伯母"，同样也没有回声。她看到屋里分明开着电灯，继续召唤，仍然没有回应。她这才发现门是用铁丝绞着的，灯光是街灯从窗外照进来的。她这才明白徐家已经搬走了，满地是残留的碎纸。她在阿城被囚禁期间，和所有的朋友都失去了联系，自然也退出了通讯簿的活动。面对这样出人意料的局面，她只有叹息着走回大街上。

她踯躅在空旷的街头，听到有人问浆汁的声音，发现长街拐角的地方张着卖浆汁的白布棚子。就走过去，坐在小凳上，开始搜集口袋里的铜板，买了一碗热的浆汁，总算暖了暖被冻僵的身体。

这时候，一个操皮肉生意的老妓也来买浆汁，看见形单影只的萧红，误以为她是"野鸡"，就把她带到自己的家里。在污浊的空气里，一天没有吃饭的萧红昏昏沉沉地睡了过去。第二天早晨，她被招呼起来，闻到鱼的气味儿。那个满脸干海藻一样皱纹的老妓儿，絮絮叨叨地招呼她吃东西。同时又骂起来，"小金铃子，你个小死鬼，你给我滚出来……快……"萧红这才发现墙角蹲着一个女孩子。在老妓儿的嘴里，萧红知道那是她领养的，准备大了以后接待客人挣钱。每夜都是这个瘦骨伶仃的女孩儿去买浆汁，昨夜，她不在，老太婆才自己去买。萧红没有被冻毙街头，也实属幸运了。女孩儿像猫一样悄悄来到桌边吃饭，老太婆不停地喝着酒，诉说着生意的艰难，自己已经年老色衰，正经的班子不许你进，土窑子是什么油水也没有。像多毛兽一样的女孩儿又招徕不来生意，要长相没长相，要人才没人才。盼望着两年之后，女孩儿就"中用"了。第二天夜里，萧红正迷迷糊糊睡着的时候，被女孩儿的尖叫声惊醒。她赤身裸体地缩在墙角里,老太婆从外面捧回来大雪块儿,朝着孩子砸去,雪水顺着她的腿流下来。萧红离开那里的时候,老太婆向她要衣服拿到当铺去当,因为她已经实在没有什么可当的了。萧红全身的衣物就是一件棉外衣,一件夹袍,一件单衫,一件短绒衣和绒裤,一双皮鞋和一双单袜。她准备下地的时候,发现套鞋没有了,划亮火柴弯腰也看不见,以为是被老鼠拖走了。老太婆告诉她,昨天,女孩儿把萧红的套鞋偷着卖了,半夜打她就是为了这件事情。萧红把单衫从身上脱下来,对老太婆说:"去当,去卖,都是不值钱的。"萧红走出这个狭窄阴暗得像鼠洞一样的房间,好像和老鼠一起住了两天。她走进两天没有看见的阳光中,穿着夏天带孔的凉鞋踩在雪地上。① 萧红明白老太婆收留她的用心,并不感谢她,反而憎恶她。

她支撑着病弱的身体,到东特女二中,找到在那里读书的大伯父之女张秀珉。在家族所有的姐妹中,她们两个感情最好。萧红二伯父张廷选之女张秀琴也在那里读书,萧红来的时候,她们还没有起床。当时,萧红只穿着一件破夹袍、蓬乱着头发,面带饥色,好像好几天没有洗过脸了,样子非常狼狈。张秀珉和姐姐张秀琴商量了一下,决定把萧红留下来,又把各自多余的被褥拿给她使用。然后,她们去征得校方的同意,让萧红在高一年级插班读书。许多人的回忆中,都提起萧红在"九一八"之后,参加示威游行,走在队伍的前头,带头高喊"打倒日本帝国主义"的口号,还写了不少诗文散发,应该大致是在这个时期。②

萧红在那里住了十几天,就不辞而别,从此再也没有露面。③ 关于她离去的原因,一般都认为是萧红发现自己怀孕了。根据我的考辨,此时,萧红还没有和汪恩甲同居。从所有关于她着装的记忆中,可以判断,是刚从

---

① 萧红:《过夜》,《萧红全集·散文卷》,北京燕山出版社,2014,第79页。
② 张秀琢在《重读〈呼兰河传〉,回忆姐姐萧红》中说,萧红是在呼兰参加反日游行。这个时期,萧红不在呼兰,只可能在哈尔滨。而所引文字倒是合乎萧红当时的思想,应该确有其事。
③ 王化钰:《访萧红叔伯妹妹张秀珉老师》,孙茂山主编《萧红身世考》,哈尔滨出版社,2003,第43页。

福昌号屯逃出来。即使同居了,也来不及怀孕。离去的主要原因,我以为仍然是经济。读书需要交纳学费,她显然没有这个力量,就算是堂姐妹有余力帮助她,也仍然用的是家里的钱,这和她与家庭决绝的态度是不可协调的。何况,堂姐妹就是节衣缩食,也未必能负担她所有的费用,她们也都是靠家里供给读书费用,而家庭不会超出所需太多额外给她们钱,特别是在战争爆发之后,整个张氏家族也处于衰败的趋势中。

萧红这个时候最大的愿望已经不是读书,而是找一份能够养活自己的工作。万般无奈之中,她去找好友沈玉贤。沈玉贤家接待了这个走投无路的可怜同学,让她住下来,萧红总算有了一个安身之地。为了不给沈家增添太多的麻烦,也为了寻找谋生之计,自尊敏感的萧红早晨就出来,傍晚才回去,和放学回家的同学一起吃一顿饭,这样勉强不至于饿死。据说,她曾经想到工厂去做工,还想为人缝穷挣钱,但是,都没有实现。战争使经济萧条,失业的人很多,熟练工人都找不到工作,何况她是一个身无长技的女学生。缝穷也是有竞争的,她显然不是那些老妇人的对手,何况年轻貌美的她,随时可能遭遇的性侵犯,也使她无法涉足这个行当。日后,她在《生死场》中对于金枝缝穷的叙述描写,未必没有自己当初谋生时的见闻和体验。为了求职,她大概也找过她以前的老师高仰山。萧红写信给李洁吾,要李洁吾给她寄两册书籍,是送给中学美术教师高仰山的。她非常敬佩这位老师,说他待学生很好,说话也很风趣。她要的书有一本是在北平时,李洁吾推荐她看过的鹤佑见辅的《山水·思想·人物》。萧红让他寄给哈尔滨二中的一个人转,这个人大概是张秀珂,因为当时巴彦县闹伤寒,他和二伯父之子张秀琳已经从巴彦中学转到了哈尔滨二中。李洁吾按照地址寄出,就没有再得到回音。

张家在哈尔滨读书的子弟很多,大家都很惦记她。张秀琴曾经专门去看过她,还给她带了一些钱,劝她回家去。萧红说:"这个家我是不能回的,钱我也不能要。"[①]可见,萧红和家庭的矛盾,当时并不是不可以调和的。

[①] 张抗:《萧红家庭情况及其出走前后》,孙延林主编《萧红研究》第一辑,哈尔滨出版社,1993,第67页。

张廷举和张家其他长辈未必彻底地抛弃了她,还是希望她能回家,只是出于父权的尊严,要端着家长的架子,不愿亲自出马去找萧红,也了解她宁折不弯的倔脾气,怕被她撅回来没面子,怕因此事态更加恶化,便由同辈子女出面,说服萧红回家。但是,萧红已经下定决心,宁可在饥寒交迫中流浪,也不肯向父亲低头。有一天,她心绪烦乱地在中央大街上漫无目的地行走,迎面遇见了大伯父的儿子、堂弟张秀珉,张秀珉也动员她回家,被她委婉地回绝了。可见在与家庭的矛盾中,主动要彻底决裂的一方是萧红。

她在散文《初冬》里写道:

初冬,我走在清凉的街道上,遇见了我的弟弟。

"莹姐,你走到哪里去?"

"随便走走吧!"

"我们去吃一杯咖啡,好不好? 莹姐。"

咖啡店的窗子在帘幕下挂着苍白的霜层。我把领口脱着毛的外衣搭在衣架上。

我们开始搅着杯子铃啷的响了。

"天冷了吧! 并且也太孤寂了,你还是回家的好。"弟弟的眼睛是深黑色的。

我摇了头,我说:"你们学校的篮球队近来怎么样? 还活跃吗? 你还是很热心吗?"

"我掷筐掷得更进步,可惜你总也没到我们球场上来了。你这样不畅快是不行的。"

我仍搅着杯子,也许漂流久了的心情,就和离了岸的海水一般,若非遇到大风是不会翻起的。我开始弄着手帕。弟弟再向我说什么我已不去听清他,仿佛自己是沉坠在深远的幻想的井里。

我不记得咖啡怎样被我吃干了杯了。茶匙在搅着空的杯子时,弟弟说:"再来一杯吧!"

女侍者带着欢笑一般飞起的头发来到我们的桌边,她又用很响亮的脚步摇摇地走了去。

也许因为清早或天寒,再没有人走进这咖啡店。在弟弟默默看着我的时候,在我的思想宁静得玻璃一般平的时候,壁间暖气管小小嘶鸣的声音都听得到了。

"天冷了,还是回家好,心情这样不畅快长久了是无益的。"

"怎么!"

"太坏的心情与你有什么好处呢?"

"为什么要说我的心情不好呢?"

我们又都搅着杯子。有外国人走进来,那响着嗓子的、嘴不住在说的女人,就坐在我们的近边。她离得我越近,我越嗅到她满衣的香气,那使我感到她离得我更辽远,也感到全人类离得我更辽远。也许她那安闲而幸福的态度与我一点联系也没有。

我们搅着杯子,杯子不能像起初搅得发响了。街车好像渐渐多了起来,闪在窗子上的人影,迅速而且繁多了。隔着窗子,可以听到喑哑的踏在行人道上的鞋子的声音。

"莹姐,"弟弟的眼睛是深黑色的,"天冷了,再不能漂流下去,回家去吧!"等他说:"你的头发这样长了,怎么不到理发店去一次呢?"我不知道为什么被他这话所激动了。

也许要熄灭的灯火在我心中复燃起来,热力和光明鼓荡着我:

"那样的家我是不想回去的。"

"那么漂流着,就这样漂流着?"弟弟的眼睛是深黑色的。他的杯子留在左手里边,另一只手在桌面上手心向上翻张了开来,要在空间摸索着什么似的。最后,他是捉住他自己的领巾。我看着他在抖动的嘴唇:"莹姐,我真担心你这个女浪人!"他的牙齿好像更白了些,更大些,而且有力了,而且充满热情了。为热情而波动,他的嘴唇是那样地退去了颜色。并且他的全人有些近乎狂人,然而安静的,完全被热情侵占着的。

出了咖啡店,我们在结着薄碎的冰雪上面踏着脚。

初冬,早晨的红日扑着我们的头发,这样的红光使我感到欣快和寂寞。弟弟不住地在手下摇着帽子,肩头耸起了又落下了;心脏也是高了又低了。

渺小的同情者和被同情者离开了市街。

停在一个荒败的枣树园的前面时,他突然把很厚的手伸给了我,这是我们要告别了。

"我到学校去上课!"他脱开我的手,向着我相反的方向背转过去。可是走了几步,又转回来:"莹姐,我看你还是回家的好!"

"那样的家我是不能回去的,我不愿意受和我站在两极端的父亲的豢养……"

"那么你要钱用吗?"

"不要的。"

"那么,你就这个样子吗?你瘦了!你快要生病了!你的衣服也太薄啊!"弟弟的眼睛是深黑色的,充满着祈祷和愿望。我们又握过手,分别向不同的方向走去。

太阳在我的脸面上闪闪耀耀。仍和未遇见弟弟以前一样,我穿着街头,我无目的地走。

寒风,刺着喉头,时时要发作小小的咳嗽。

弟弟留给我的是深黑色的眼睛,这在我散漫与孤独的流荡人的心板上,怎能不微温了一个时刻?

就在萧红漂泊流浪的时候,黑龙江的战争局势也紧张起来。日本帝国主义选择了避开中东路,绕过哈尔滨,沿四洮路北犯的进军路线。黑龙江省驻军与警察保安队约3万人,但省长兼东北边防军副司令万福荫当时在北平,省城齐齐哈尔防卫薄弱。张学良于10月10日任命当时驻守黑河的警备司令、第三旅旅长马占山为黑龙江省代主席,兼军事总指挥。汉奸张海鹏投敌不久,于10月23日倾其全部兵力3个团自洮南向北进犯,13日向嫩江铁路桥攻击,日军出动飞机助战,妄图打开进攻黑龙江的通道。江桥守军沉着应战,在马占山将军的指挥下,打响了"武装抗日第一枪"。当来犯之敌军旅长徐景隆触爆地雷被炸死,军队混乱之时,江桥守军乘势出击,敌军立即全线溃退,败归洮南。江桥守军遂将嫩江桥炸毁3孔,以防日伪军的进犯。马占山在齐齐哈尔发表宣言决意抵抗到底,加强了江桥的防务。日本侵略者调多门第二师团,借口黑龙江守军炸毁江桥,再次组织进犯。11月4日,日伪军开始向江桥发起大规模进攻,江桥守军奋起还击,著名的江桥抗战爆发,历时16天。11月4日,日军从早到晚连续几次进攻,均被黑龙江守军击退。第二天,日伪军集结8000余兵力、百余门大炮,发起强大攻势,又被誓死抵抗的江桥守军击退。日军死167人,伤1000余人;伪军张海鹏部死伤共达700余人。同月6日,日军又增调兵力和加强重炮等火力,从凌晨起大举进攻。守桥官兵奋勇杀敌,激战一天,使敌军遭受重大打击。日本滨本联队几乎被全歼,高波骑兵队死伤殆尽。黑龙江守军也伤亡600余人。为保存实力,守军乘夜撤离江桥阵地,至三间房一线据守新的阵地。

日本关东军一方面施加政治压力,提出要马占山下野,撤退齐齐哈尔驻军,由日军进驻昂昂溪等无理要求;一方面准备新的进攻。马占山对于日军的要求,一一驳复。日军天野、长谷、铃木等旅团和满铁守备队共7000余众,于11月12日,兵分三路,又开始了新的进攻。马占山亲自参战指挥守军浴血奋战英勇抵抗,连日挫败日军,阵地失而复得。日军因见进展甚微,速派两个混成旅17日开到,发起总攻击。黑龙江守军连日苦战,前线兵力不足,终于不得不在18日放弃三间房阵地向齐齐哈尔退却,19日再退克山。[①]

由于流浪的疲惫,加上日本侵入黑龙江对精神的震动,使萧红陷入迷

---

① 常城等:《现代东北史》,黑龙江教育出版社,1986,第175—176页。

惘和颓丧。求职更加无望,住在同学家又不是长久之计。严冬即将来临之前,她在极度绝望的情形下,不得不去找汪恩甲。还有一个原因,如果汪恩甲和王廷兰之间确有特殊关系的话,萧红了解王廷兰和马占山之间的紧密关系,作为抗日将领的特殊历史地位,也会使她在心理上尽弃前嫌,出于对汪的家人的惦念以对时局的关注而去找汪恩甲。这大概也是她从来不说汪的家人不是,对自己这一段经历讳莫如深的重要原因。当然也还有对陆哲舜这样的新派青年深刻的幻灭,甚至是蔑视,陆哲舜不会不知道萧红当时的处境,但是却一无表示。她固然不喜欢汪恩甲的纨绔习气与了无情趣,但汪恩甲毕竟还是爱她的。

汪恩甲不能带她回家,因为家庭已经对萧红满怀怨毒。大约在1931年12月①,他们住进了位于哈尔滨道外十六道街的东兴顺旅馆(今道外南十六道街马克威商社)。这是一座被称为中华巴洛克的哈尔滨典型的商业民居建筑,主体结构是封闭的四合院,二层楼房,有大天井,外观则是西方17、18世纪巴洛克式夸张的装饰风格。规模相当不小,条件也很不错,实木地板有一寸厚,至少相当于现在的三星级宾馆。据说旅馆老板是王廷兰的老友,与王家交往甚密,汪恩甲经常在这里居住过夜。②即使汪恩甲和王廷兰没有任何关系,这也是有可能的,商家总是要结交各方势力以图平安兴隆,汪恩甲的哥哥是教育局的官员,萧红的六叔是税务分局局长,都是他的"现管",他在人家的地面上,自然要给予通融与方便。加上战争带来的混乱萧条,旅馆业不景气,也会有些招揽生意的举措。

萧红终于结束了流浪的生活,可以维持起码的温饱,有了一张可以安睡的眠床。饥寒交迫的生活与抑郁寡欢的心情,已经使她身心俱疲,特别是身体尤其糟糕。她一度渴望忘掉生活的种种磨难和国事的纷扰,也为了治疗流浪时落下的疾患,在汪恩甲的劝说下,萧红吸上了鸦片烟。③安定

---

① 一般认为是11月,但是从她1932年7月投书逆向推算,住了大约7个月,应该是12月。
② 铁峰:《萧红传》,北方文艺出版社,1993,第80页。
③ 孙陵:《浮世小品·萧红的错误婚姻》,台北正中书局,1916年,第33页。

的生活与汪恩甲的抚慰,使萧红逐渐恢复了生气。升学已经无望,她大概是心甘情愿地接受了这个婚姻,期待着将来会有正式的婚礼。他们公开同居的事情很快被汪大澄知道了,这使他很愤怒,认为萧红跟着别的男人出走,有辱汪家的门风,已经不再同意这门亲事。汪大澄骂弟弟懦弱,逼着他与萧红分手。汪恩甲自己对萧红则一往情深,知道她出走只是一心想到北平上学,而且在北平看到过萧红当时的生活情况,相信她和陆哲舜之间是清白的,不愿意接受哥哥的武断决定。汪恩甲的经济情况也不是很好,靠小学教师的收入要养活两个人,还要付法政大学的各种费用,是远远不够的。而且,他在家里不掌家政,没有财权,父亲已经过世,他大约既要依赖兄长又很惧怕兄长,这从他只能业余上大学,就可以看出来。这也不能不让人联想到他有些神秘的身世,以及浪荡的性格。估计他向萧红隐瞒了一段时间,想等待哥哥火气平息之后,说服他同意自己的婚事,接受同居的事实。萧红并不知情,直到后来汪大澄断了汪恩甲的经济供给,萧红大概才觉察到婆家态度的不可动摇。

这时,黑龙江的战局发生了激烈的震荡。江桥抗战失败以后,齐齐哈尔又沦陷,日伪军大量结集,包围了哈尔滨。哈尔滨已经成为战争的中心,形势十分危急,各学校都提前放假。[①]哈尔滨特别长官张景惠,于1932年初,发表"独立宣言",公开叛国投敌,赴齐齐哈尔就任黑龙江省主席。1932年2月16日,在日本政府、关东军的策划下,张景惠、臧式毅、熙洽等各省汉奸在沈阳召开"建国会议",赶在国联李顿调查团来到东北之前,成立了伪"东北行政委员会",并以它的名义,妄称"独立"。[②]1932年年初开始,日军阴谋由长春北上进犯哈尔滨。1月末,东北军将领李杜等部集结于哈尔滨,成立了吉林自卫军总司令部,发表抗日讨逆通电。2月1日拂晓,赵毅旅首先在双城十里铺击溃刘宝麟伪军,重创北犯的日军天野旅团。3日,伪军逼近哈尔滨市郊,自卫军各部在三棵树、上号(东香坊)等地奋起阻击,

---

[①] 铁峰:《萧红传》,北方文艺出版社,1993,第86页。
[②] 常城:《现代东北史》,黑龙江教育出版社,1986,第173页。

打响了哈尔滨保卫战。他们以简陋的武器,抵抗飞机大炮的轰炸,哈尔滨市各界人民亦全力支援抗日部队。至5日,终因寡不敌众而损失惨重,自卫军被迫撤出哈尔滨,退守宾县、方正等地,入夜,哈尔滨陷落。3月1日,日本军阀扶植溥仪就任伪满洲国执政,年号为大同。从此东北人民开始了长达十四年的苦难岁月,生活在水深火热之中。

这样惨烈的战事与急剧的社会动荡,也容易使这两个无家可归的青年义结同心,他们被逼到了共同的绝境。哈尔滨陷入白色恐怖之中。日本关东军占领哈尔滨的当天,就公布了《货币及金融制度方针要纲》,"满洲国"一成立,又马上成立伪中央银行,全面控制东北地区的金融。他们也面临着经济的危机,需要寻找可能的出路。大约是在这个时期,萧红发现自己怀孕了。她满怀做母亲的喜悦,在房子里准备生产时的用品,为没有出世的孩子打毛衣,缝制各种衣物。如她的同学们所遗憾的,当起了贤妻良母,[①]并且写下了优美的诗句,这就是《春曲》(一):

> 那边清溪唱着,
> 这边树叶绿了,
> 姑娘啊!
> 春天到了。

大约是战事基本平息之后,汪恩甲回顾乡屯家中取钱。他或许以为萧红怀孕的事情会打动哥哥,改变自己的主意,接受他们自愿的结合。汪大澄反而怒不可遏,他大概根本就不相信孩子是汪恩甲的,大约也有战争中对于弟弟安全的考虑,如果汪恩甲确实与王廷兰有关系,汪大澄必须对他的安全负责,或者,这本来就是王廷兰的意志,对于果敢刚毅的军人来说,会快刀斩乱麻地处理这桩给家族蒙羞的事件。汪恩甲被哥哥、母亲和妹妹

---

① 高原:《离合悲欢忆萧红》,《哈尔滨文艺》1980年第12期,朋友们在通讯簿中流传着她的消息。

扣在家里，不许他返回旅馆。过了一段时间，萧红左等右等，不见汪恩甲的踪影，担心他的安危，只好跑到顾乡屯汪家去找。汪家人把她骂了出来，汪大澄严厉正告她必须与自己的弟弟解除婚约。萧红气恼之下，转身就走。汪恩甲追了出来，但敌不过家里人多势众，又被拉了回去。①大约就是在这种情况下，她回了呼兰。那是一个天昏地暗的大风天气，萧红衣着不整，蓬乱着头发，闯进了继母娘家梁三爷的院子。她大概也实在没有地方可去了，很可能是去找密友梁静芝姐妹。她没有回自己的家，当然是对父亲不再抱和解的希望。汪恩甲不知以什么方式挣脱了家人的监禁，随后追到了呼兰。下午，他也来到梁家，并没有自我介绍，只说是找迺莹。梁家人谁都没有见过他，不知和萧红是什么关系。两个人在里屋嘀咕了一段时间，吃完了晚饭，就一起回哈尔滨了。后来，他们才知道，他就是萧红的未婚夫汪恩甲。有人分析，他们回呼兰的目的是为了商量结合后的经济问题。因为没有履行习俗的结婚手续，不为张家的家风所容，所以没有回张家。②笔者觉得更可能是由于和汪家关系的破裂，萧红一怒之下再次出走。如果是商量经济问题，不必分头来，而且，在哈尔滨也一样可以商量，何必跑到呼兰，既然并不指望张家的援助。汪恩甲追来，是为了向萧红解释，和萧红分开是哥哥的意思，自己并不同意，表明自己的态度立场，或者，他也已经与哥哥决裂了。

萧红这一次又要奋起一争。她向法院提起诉讼，告汪大澄代弟休妻。事情到了这个地步，就演变成两个家族的斗争。从旧的礼法来说，两家已经举行了所有订婚的仪式，萧红曾经以儿媳妇的身份为汪家老人戴了重孝，这就意味着婚约已经生效。而萧红去北平引起的流言，并没有实质性的内容，她和陆哲舜是姑表兄妹，也已经断了来往一年多。萧红怀的孩子肯定是汪恩甲的，有了孩子还退婚，汪家也太欺负张家人了。从现代的法

---

① 刘俊民口述，何宏整理：《我的同学萧红》，孙延林主编《萧红研究》第一辑，哈尔滨出版社，1993，第21页。
② 李重华：《漫论萧红》，李重华主编《呼兰学人说萧红》，哈尔滨出版社，1991，第12页。

律观念来说,同居就是事实婚姻。双方自愿,别人不得干涉。张家也是望族,哪里能够忍受这样的欺侮。开庭的时候,张廷举和梁亚兰都出席作证。萧红事先又给刘俊民的爱人打电话,他在英国人开办的亚细亚石油公司工作,请转告刘俊民开庭的日期,刘俊民也按时出席助阵。汪恩甲一开始大概是支持萧红打官司的,可能还有如实作证的承诺。到了法庭上,汪恩甲却临时变卦,为了维护哥哥及整个家族的声誉,不得不承认是自己要离婚,法院当场判了离婚。这就是家族制度带来的又一次连锁反应,汪恩甲夹在家族荣誉与爱情之间的两难处境中,他选择了家族的利益。汪大澄供职教会系统的教育界,作为现代的知识分子,"代弟休妻"不仅触犯法律,也会授人以柄,在教育界丧失立足之地,汪恩甲只好牺牲萧红和张家的声誉。萧红的败诉完全是由于汪恩甲的临时变卦,她自然有被欺骗、被出卖的感觉,气愤已极,转身离席跑出法庭。汪恩甲追上她,一再解释自己的不得已,虽然法院判了,但是这个离婚也不算数,只是一次假离婚。倔强的萧红连听也不要听,一气之下,则与汪家永远断绝了来往。①因为是公开审理,事先萧红大概也有必胜的判断,如此结局也使张家的脸面丧失殆尽。如果萧红和家庭的矛盾发展到不可收拾的地步,应该是以这次法律事件为转折。从此以后,张家再没有人来看她。她被开除祖籍,大概也是在这之后。

她只能再次回到旅馆,汪恩甲追到旅馆,两个人又是一番争吵与哭闹,终于还是和好了。萧红已经不能像以前那样流浪了,因为她的身体里悸动着新的生命,她没有资格为了自己而不顾孩子的安危,何况体力与精力也都无法支撑漂泊的生活。大概从这个时候开始,他们只有向旅馆赊食宿费,有时还要借点零用钱为生。到了5月,萧红的肚子大了起来,逐渐累积的欠账已达四百多元,老板肯定会给他们脸色看,话也不太好听了。汪恩甲对萧红说,回家取些钱来还账,从此下落不明,几乎是人间蒸发了。而

---

① 刘俊民口述,何宏整理:《我的同学萧红》,孙延林主编《萧红研究》第一辑,哈尔滨出版社,1993,第21页。

且,半个多世纪以来,他一直背负着玩弄、报复和抛弃萧红的恶名,被世人唾骂。此时,马占山已经成立了黑龙江省抗日救国军,授予王廷兰陆军少将衔,派他秘密前往齐齐哈尔,与当时来了解东北事变的国联李顿调查团代表会面。王廷兰不幸被日本特务抓到,经受严刑拷打而威武不屈,被装在麻袋里从楼上扔下来,以身殉国。之后,日本特务多次到王廷兰之子王凤桐家搜查,王家人只好逃往关里,投奔张学良参加抗日。①汪恩甲也是在这个时候失踪的,如果与王廷兰殉国有关的话,他也可能遭遇不测。他对萧红说回家里取钱,也可能是去找王廷兰寻求帮助,因为哥哥汪大澄已经断了他的经济,结果赶上了惨案;也可能只是一个借口,为了不让怀孕的妻子担忧,如传说的那样,获知王廷兰的凶讯,出去打探消息;甚至可能身负某种使命,就再无音信。而且,以当时日本法西斯的猖獗,和平居民失踪的事件也屡见不鲜。

汪恩甲一去不复返,旅馆老板知道萧红是无钱还债的,就企图把她赶走,停止了对她的伙食供应,把她赶到楼上一间装清扫工具的空房间里面去住。那间房子有临街的阳台,又冷又潮。老板不停地向她索债,逼得萧红走投无路。她已经怀了5个多月的身孕,要是离开旅馆,连个去处也没有,只能饿死街头。留在旅馆里,好赖还有个安身之处,还可以到伙房去拣点残羹剩饭充饥。她还要过饭,大概也是在这个时期。②老板大概会去找汪大澄,汪大澄只需说出弟弟已和萧红离婚,就可以摆脱债务。老板大概也会去找张廷献,张廷献只要推说萧红已经嫁给汪家,也可以推掉义务。萧红落入了两个家族对抗的裂谷中,成为没有人搭救的弃儿。而且,如果汪、王两家确有亲戚关系的话,很可能汪家也已经逃亡了。如果老板和王廷兰认识的话,也会知悉他被害的消息,保护伞已经没有利用的价值,可能还债的人不在了,钱都等于打了水漂,只有以萧红为人质,还有等待汪恩甲

---

① 姜世忠:《萧红生平考订》,孙茂山主编《萧红身世考》,哈尔滨出版社,2003,第189页。
② 刘俊民口述,何宏整理:《我的同学萧红》,孙延林主编《萧红研究》第一辑,哈尔滨出版社,1993,第24页。

回来还账的一线希望。萧红即使想跑也根本跑不了,她处于严密的监视之下。旅馆老板威胁她,一旦她还不上钱,就把她卖到道外桃花巷妓院区的圈楼里,卖身还债。那也是进得去出不来的封闭式魔窟,萧红再次陷入绝境,处境无比险恶。

考辨说明二

  曹革成《萧红的第一个恋人》(《世纪》2014年2月)披露,汪恩甲在"人间蒸发"了八十年之后,旧影重现人间。他于1933年初(或1932年底)结婚,妻子是伪满国高毕业生,一直未参加工作。1933年中生一女,1935年5月生一子。1933年赴欧洲留学(一般说是法国,但回来后为自己堂侄女们起的洋名字都用德国贵族的语音标记"冯",因有人推断他是去德国留学,他通七种外语,据说留学期间去过不少国家),1937年回国,日伪期间拒绝为当局做事,多数时间赋闲在家搞翻译度日。1945年抗战胜利,由同学帮助,得到一个国民党接收大员的空头职务。由于其长兄死于苏军攻克顾乡屯的战斗,他不得不辞去公职,回家管理家族土地产业。1946年,通过哈尔滨市文书人员考试,进入政府单位工作。后来在土改期间,因为不承认自己是大地主,反抗批斗而入狱,1949年前后犯大烟瘾死于狱中。妻子改嫁,但与汪家一直有来往。

  关于他神秘失踪的原因,也是根据汪恩甲的儿媳妇刘女士和堂侄女的"孤证","……印证了汪恩甲回家取钱被扣的说法。"这个被确认的信息来源,是汪恩甲的小妹在"文革"期间谈起家族往事,当面告诉刘女士的:汪回家要钱,引起家长愤怒,"干脆把汪恩甲禁锢在家里,不许出门。……大水过后,汪恩甲找机会逃出来,曾经到旅馆去找萧红,可是人已经不见了。"从这份资料中,能够确认的是他离开萧红确实出于不得已,而非一些学者所指责的存心报复玩弄,从他取萧红本名中的"迺"字为自己的堂侄女起名,即是一个明显的心灵印记。而且,就

是按照最早的推断,他也是在1932年年底结婚,此时的萧红早已经和萧军同居。为了纪念他们的结合,《东三省商报·原野》的编辑方未艾,特意发了两个人的诗文专辑。这是在汪恩甲被囚禁期间,水灾之前,萧红还困在东兴顺旅馆。如果,如刘女士所言,汪恩甲在水灾的混乱中逃出,是不难了解这一情况的。就是在旅馆找不到萧红,也可能得到这方面的信息。甚至可能看到登载两人诗歌专辑的报纸,因为当时哈尔滨的报纸没有几份,东兴顺旅馆就订有这份报纸。当时萧红用的笔名是"悄吟",以他和萧红熟悉相知的程度,完全可以判断是萧红的创作,而且是移情别恋的心灵倾诉。加上法院离婚的判决,那么,他重结连理也就无可厚非。而且,很可能萧红被囚禁在福昌号屯期间,汪(王)家提出解除婚约的时候,就已经开始给汪恩甲物色对象,后人特意说明其家道富足,也是有向张家炫耀之意。

  这份资料中也有一些明显的逻辑漏洞,除了《考辨说明一》中已经提到的,信息直接来自汪氏亲族后人以外,还有间接的源头是汪恩甲的小妹妹。可疑之处在于,其一,作为年幼的家庭成员,对于家族旧事未必知晓透彻,一如萧红的堂妹张秀珉对她的生日及订婚的前因多语义模糊与悖理;其二,讲述时间是在"文革"期间,马占山一系的东北军人都已经沦为反动派(马占山曾经一度出任伪满洲国军政大臣),是所有人的政治禁忌,王廷兰的身世经历要到党派政治解冻之后的20世纪末叶,其抗日英烈的身份被确认之后,才能水落石出。在当时的历史情境中,汪恩甲的小妹要撇清他和王廷兰的关系,强调汪恩甲的正宗血缘承袭,显然有自己一支在家族中地位的思量,而所陈述的被迫离开萧红的原因,也就和强调汪父不曾当官的动机是一样的,都有政治上自保的需要。而且,1949年以后,张家处于政治的强盛时期,张氏直系后人悉数参军参战,张秀珂的地位尤其高;而汪家则处于政治上被去势的趋势,汪恩厚(汪恩甲二哥)无固定职业,汪恩甲又死于监狱,而且,关于他入狱的原因也说法不一,网上的信息也被删改过,汪家后人自然对这一段旧事讳莫如深。只有到"文革"中，张家也在政治上受了冲击，家人才可能敢于对小辈儿提及，只可能避重就轻地陈述往事。所以，关于汪恩甲身世的种种传说，比如"将军之子"，汪王两家的亲戚关系，汪恩甲失踪原因的传说，都不能因为这份间接的"孤证"被推翻，只能确认汪恩甲失踪源自不得已，但不是唯一缘由。有一种传说，就是他听说自己的舅舅被日本人抓了，去打探消息而下落不明，过继给别人的孩子通常称自己的生父为舅舅，以母族的家人显示亲近。他的被禁锢而失踪，就不一定仅仅单纯是由于婚恋一个原因。而且，至今他对于汪家人来说，都是一个不愿提及的灾难性人物，多数族人拒绝采访，很可能牵扯到这个家族更隐秘的暧昧旧事。因此，尽管他已经旧影重现，仍然是一个被历史谜团笼罩着的人物。

他和王廷兰之间血缘关系的似有若无，涉及豪门内部的恩怨情仇，而且是随着政治文化思潮起伏而演变。坚持说他是王廷兰次子的铁峰先生，是在60年代采访众多当事人得出的结论，其中包括王廷兰的同事、萧红称之为三姨夫的介绍人于兴阁，还有萧红母系家族的长辈。而且，当时王廷兰抗日英烈的身份模糊在党派政治的背景中，整个汪氏家族与王氏家族都处于失语状态，他不必顾忌他们的反应，又一味听信萧红父亲的一面之词。1932年打官司的家族耻辱记忆，是很容易使张家长辈坚持对汪恩甲简单判断的结论。一如，汪家后人干脆否认有订婚仪式与重孝奔丧得赏钱之事，以至于曹文以"第一个恋人"来指认汪恩甲和萧红的关系。两个家族恩怨的历史记忆延续至今，汪家后人特意强调汪妻出身名校伪满国高，而且高中毕业，学历高于萧红，也是处于较劲的心理状态。

又如，汪恩甲是1933年去欧洲留学，此时，马占山已经摆脱日伪特务的监控，劫持了马匹和军用物资，跑到黑龙江宣布抗日到底。萧红则已经在东北文坛崭露头角，是最有影响力的新文学女作家，她的左翼倾向已经使自己的家族备受骚扰，连父亲都严禁子弟与她来往。

汪恩甲新婚燕尔，就别离妻女去国留学，未必就没有躲避政治风头和平复情感伤痛的动机。他1937年归来以后一直赋闲，族人说他这时才开始抽大烟，可见意气消沉。此时，萧红已经是一个有国际影响的抗日名作家，以他的留学背景与外语水平，是很容易获取这方面信息的。1945年以后，萧军凯旋，萧红名满文坛，张家已是显赫的革命家庭，他更不便涉及这一段说不清的往事。至于不向家人提起和萧红的恋情，也很好理解，无论是出于对妻子感情的尊重，还是政治避祸的考虑，汪恩甲都会回避这段伤心事。包括族人说他是在法国留学，也和当年的恋情有关，萧红一生都梦想着到法国去学画。和汪恩甲的深藏不露、偶尔现真情一样，萧红则是一生不曾对他有怨言，早期诗作中还有歉意，临终遗言有找回他们共同的孩子。他们两个人的分手完全是多种外力作用的结果，不是个人的品德问题，也不能肯定完全是家长意志的结果。

综上所述，脱离了具体历史情境的所有言说都不足为凭。

第十五章
投书裴馨园

萧红在旅馆里度日如年,仍对汪恩甲的归来抱有很深的幻想。孩子在肚子里不停地悸动,已经能够踢人了,而丈夫却不知生死,债主又不断地来逼讨威胁,近在咫尺的家人不闻不问,饥肠辘辘又身无分文……她强烈地感受到身世的悲凉。

萧红当然不能向父亲投降,投降也没有用,因为张家已经不再承认她这个不肖的女儿。她也不能向汪家乞求,她唯一可以希冀的就是朋友。女朋友们七零八落,离得近的也无颜开口,而且别人的幸福会给她更深的刺激。她困守愁城,但绝不肯束手待毙,于是便向社会发出试探性的呼救。因为自尊,也因为还没有完全丧失汪恩甲归来的希望,所以一开始是含蓄的。她和汪恩甲住进旅馆之后,一直是《国际协报》和《东三省商报》的读者,这两份报纸都有文学副刊,萧红经常阅读上面的诗文。五六月间,她把《春曲》寄到《国际协报》的副刊部,署名"悄吟"。副刊主编裴馨园没有采用,但她文笔的细腻与情感的真挚给他留下了比较深刻的印象。小诗在编辑们手中传阅了一遍,就被放在了一边。[①]大约过了一段时候,不见《国际协报》的回音,她又把《春曲》寄给了《东三省商报》的副刊"原野",并且附了一封含蓄的说明信:

[①] 叶君:《从异乡到异乡》,中国社会科学出版社,2009,第69页。

编辑先生：

我是被困在旅馆的一个流亡学生，我写了一首新诗，希望能够在你编的原野上发表出来，可以让人们听到我的心声。

副刊编辑方未艾看了以后，觉得小诗写得不错，就放进了待发的稿件中。因为萧红的说明信过于含蓄，所以"困在旅馆"一句没有引起他特别的注意。或者，以为是投稿者为了打动编辑，夸大其词达到发表目的而惯常使用的办法。而且，当年困在旅馆的人大概不在少数，报馆也自知无力全部搭救。

萧红也给李洁吾写了信，也没有得到回复。也可能李洁吾根本没有收到，即使收到了他也没有办法。何况他当初也是受陆哲舜之托，以朋友的身份照顾萧红。如今萧红是有夫之妇，碍于陆哲舜的关系，他也不便再和萧红单独来往。而且，他和陆哲舜之间，关系怕也出现了裂痕，更不好掺和到朋友之间的情感纠葛中。

7月初，萧红的身体越来越笨，对汪恩甲归来已经不抱任何希望，又听说老板已经找好了一家妓院，要把她卖出去。这是有可能的，不把她打发走了，旅馆还要在她的食宿之外，负担她临盆的费用。萧红意识到没有时间再空等下去了，在绝境中，她以一个学生的想象力，抓到了最后一线希望，就是手边的《国际协报》。1932年7月9日，[①]她向裴馨园发出了十万火急的求救信。

《国际协报》于1918年8月1日在吉林省长春市创刊，1919年11月10日迁到哈尔滨。创办人、社长兼主笔张复生，是山东省掖县人，老同盟会员。生于1887年，20岁起在北京研究新闻学，后入各家报纸当编辑、记者等职务，一直做到长春《大东日报》总编辑。自己创办《国际协报》后，以"志在扶持正义，促进和平，务期抒发谨厚平易之言论"为宗旨，贯彻中央远交

---

① 叶君：《从异乡到异乡》，中国社会科学出版社，2009，第69页。

近亲之政策,并始终以辑睦邦交为前提"。后来见哈埠商务发达,而报业不振,便将该报迁来哈尔滨出版。馆址初在道外北七道街路西,后迁道里新城大街(今尚志大街)五道街口。迁到哈尔滨之后,每期出对开两大张八版,发行1200份。张学良宣布东北易帜后,国民党势力进入哈尔滨,国民党员王星岷任国际协报总编辑。从20年代中期到30年代初,《国际协报》先后创办了《国际公园》《绿野》《灿星》《蓓蕾》《蔷薇》等副刊。副刊编辑赵惜梦是"五四"时期出现的东北文坛新文学作家,发表了不少水平较高的文艺作品和宣传革命的文章,于浣非、张铁弦、杨朔、孔罗荪、陈纪滢、陈凝秋、金剑啸、萧军、金人等就是在《国际协报》副刊上崭露头角,走向全国与世界,因此它曾被誉为东北作家群的"摇篮"。"九一八"事变爆发后,《国际协报》立即投入声讨日本侵略者的斗争。社长张复生亲自撰写社评,以"日本军队能如此侵占东北?"为总题连发社评,历30余天,洋洋七八万言,痛斥日军侵华罪行,反对当局的"不抵抗"政策,呼唤中华民族起来团结抗日。《国际协报》还派记者王研石等赴沈阳,采访日军攻占沈阳后的惨状,并出专版揭露其烧杀抢掠等法西斯罪行,创办了新闻摄影画报《国际画刊》(四开四版周刊),所登新闻照片如"日军在沈阳街市令中国市民面墙而跪,然后用枪刺刺之""日军活埋看《不准逗留》布告之中国人民"等,无不激起中国人民的义愤。此时《国际协报》期发已达万份以上。《国际协报》的国际公园副刊也紧密配合对"九一八"事变的报道,特制大字通栏口号,竖排在副刊两侧,每期一换。如9月24日是"你认识敌人吗?你看准敌人吗?"并且发表《好男儿大丈夫》一类血性文字,文风泼辣,洋溢着同仇敌忾的正气。当马占山将军率部于11月4日在嫩江江桥英勇抗敌,《国际协报》全力声援,报纸由每周6刊改为每日出版,并发起募捐劳军活动,加出专页刊登捐款单位及个人名单,一时哈埠民众抗战情绪高昂。报社还派赵惜梦与记者刘荃荪,携带劳军款项及物品、食品赴江桥战场,向抗日将士表示慰问。1931年12月中旬,国民党在哈机构关闭,要员南下。12月23日《国际协报》宣布暂时停刊。张复生难舍苦心经营十多年的报馆和财产,留在哈尔滨。1932年3月1日,伪满洲国建立。日伪当局为制造"日满协和"的假象,准许哈尔滨国人报纸相继复刊。经哈尔滨商会函请,伪当局核准,《国际协报》于3月7日复刊。报纸减为每日对开两大张半,共十个版。原来每日必发的社评停止了,国内外新闻版以客观主义手段混发各中外通讯社的电讯稿,虽然不乏日本侵略军的"武功"战报,但同时刊登中国政府的活动。"国际公园"副刊仍继续新文艺的宣传,是重要的文艺阵地。该报当时的发行量,居哈埠中文报纸之首。

哈尔滨失陷之后,赵惜梦逃入关内。同年3月7日,裴馨园到《国际协报》接任副刊编辑,他当时还兼任五日画报社等报纸的编务。他是旧小说作者,但是团结了一批爱国的新文学青年。副刊一直是他们主要发表作品的园地之一。[1]《国际协报》文艺副刊占据第四版二分之一的版面。裴馨园在上面开设"老裴语"专栏,每天写上三五百字的杂感或者散文,用比较隐晦的语言来揭露、讽刺当时黑暗的社会弊病;表达在日寇铁蹄下人民痛苦的心声;失学失业青年的苦闷;评论国际上发生的新闻、丑闻。有的时候,《国际协报》与哪家报纸发生了矛盾,他也用这个专栏来"打笔仗"。因此,《国际协报》的文艺副刊在当时哈尔滨的报纸中比较进步,影响也比较大。裴馨园在他的周围,团结了一批年轻、进步、富于爱国心的作者,比如萧军、舒群、金人、梁山丁、金剑啸、罗烽、白朗等。大家鼓励裴馨园:"你就大着胆子办吧!"他则回答说:"有了你们,我就不怕,只要你们敢写,我就敢登!"后来他又编辑了"儿童专刊"和"新年特刊",这大概也是萧红特别喜欢这张报纸的原因,既有爱国立场的时事报道,又有进步的新文学作品,投书目标也包含了对这家报纸的信任。

7月10日,裴馨园看见了萧红署名悄吟的信,因为对于这个名字还有印象,也因为信的内容让他震惊。萧红在信里大致讲述了她为反抗封建包办婚姻,追求婚姻自主离家出走;因为生活无着,上当受骗,被人抛弃,只身

---

[1] 曹革成:《跋涉生死场的女人萧红》,华艺出版社,2002,第90页。

陷在旅馆中;因欠旅馆四百多元债,无力偿还,旅馆老板要将她卖进圈楼妓院抵债;她已和家庭断绝关系,又无亲无故,很快又要生孩子,处境非常险恶,希望编辑先生伸出同情之手,设法帮助她摆脱危难。在信中,她还指责了老裴,还写了"我们都是中国人"等样的话。[1]裴馨园看了萧红的信以后,随即把信让周围的几位撰稿人传看了一遍,因为有过《春曲》投稿的记忆,知道就是那个署名悄吟的女作者,大家都十分关心。当读到诸如"难道现今世界还有出卖人的吗？有！我就将被卖掉……"这样滚烫的字句,把所有人的心都点燃了,大家在震惊中愤怒至极。裴馨园坚决地说:"我们要管,我们要帮助她！"他和周围的人商量,决定明天先到道外的东兴顺旅馆去探个究竟。

当晚回家,他和妻子黄淑英谈起白天收到的求救信,里面那些尖锐责问的词语让他哑然失笑,说:"在中国人里,还没有碰见过敢于质问我的人呢！这个女的还真是个有胆子的人！"

7月11日,萧红直接给裴馨园打了电话,进一步诉说自己的危难处境。裴馨园决定立刻去旅馆,让正在帮他整理稿件的萧军跟他一同去采访萧红,被萧军不假思索地拒绝了。裴馨园就和编辑孟希(外号南蛮子)等四人一起,乘上摩电,直奔道外十六道街。进了旅馆,向茶房问清萧红的住处,就上二楼直奔南头那间储藏室敲开了她的门。阴暗的房间里,除了床上的被褥、破旧报纸、纸张和一个旧柳条包之外,几乎没有什么东西。萧红精神紧张得近于癫狂,苍白的脸上眼睛失神,穿着褪色的蓝大衫,赤足穿皮鞋。看见他们,略微有些不安。裴馨园说明来意,安慰一番之后,就离开了她的房间。他们找到老板,出示了证件,警告他不许对萧红心存歹意。要照常供应伙食,一切费用,由他们负责。老板见是报馆来的人,十分紧张。尽管心里极不乐意,也不敢发作,怕得罪记者,受到报界的攻击,对生意不利。其实这几个人心里很清楚,他们也根本无法负担萧红的生活,为她偿

---

[1] 萧耘整理,黄淑英口述:《二萧与裴馨园》,《东北现代文学史料》1982年第4期。

还巨额债务。①

那天晚上,裴馨园又邀请了一些作者到道外北京饭店吃饭,向大家介绍了他们采访萧红的情况,请求大家大力帮助。大家都很同情萧红的处境,但也没有想出更好的对策。有的人计划着抽出自己薪水为萧红还债,有的建议给萧红找一个职业。萧军对大家说:"我是一个一无所有的人。我只有头上几个月未剪的头发是富裕的。如果能够换钱,我可以连根拔下来,毫不吝惜地卖掉它!也来帮助她。"大家全都笑了,说萧军说的全是醉话。最后,裴馨园说:"你可以写文章卖。"萧军说:"天哪!在哈尔滨写文章卖给鬼吗?何况我又不会写卖钱的文章。"大家空谈了一阵,都为了不负裴馨园的好意,白吃了他的酒菜。然后各自散开,走自己的路了。那一夜,萧军失眠了。

孟希回到自己的住处——道里四十六道街路南靠近新城大街的一栋房子二楼公寓里。楼下是道里税务局,局长姓张。他的一位乡绅模样的兄长,从呼兰来他家做客,已经有了些日子。孟希每天晚饭之后,都在门前和他乘凉聊天,彼此还觉得很投契。这天,他以为自己参与了一件好事,兴致勃勃地和他谈论在东兴顺旅馆的见闻。没有想到,他听了几句,就扭头走了,搞得孟希颇为疑惑。第二天,便去问老裴,老裴告诉他,那个税务局长是悄吟的叔叔,乡绅就是悄吟的父亲,她和家里闹翻了,双方互不往来。后来,他一打听,果然是这么回事。②这件事,论者多用来证明张廷举的冷酷无情,把自己的颜面置于亲生女儿的性命安危之上。但是,会不会有另一种可能?他住在弟弟家,是否也有关注萧红的动机?特别是考虑到他和王廷兰的关系,在日伪肆虐的形势下,不便公开前往,甚至可能会以为萧红是日本特务的诱饵也未可知。或者,期待着汪家会

---

① 孟希讲述,何宏整理:《萧红遇难得救》,孙延林主编《萧红研究》第一辑,哈尔滨出版社,1993。孟希的讲述显然记忆有误,因为,萧军并没有去。

② 孟希讲述,何宏整理:《萧红遇难得救》,孙延林主编《萧红研究》第一辑,哈尔滨出版社,1993,第100页,孟希说法有误,此处按照实际情况更正。张氏宗谱记载,张廷献确实在各地任税务官,所以有这种可能。

负责一部分债务,即使离婚了,账也是两个人欠下的,不能完全由张家负担。他不辞而别的原因,也可能是有难于启齿的隐衷。而且,他可能也不知道旅馆断了萧红的饮食供应和卖入妓院的计划?或者知道了,却料定旅馆不敢真的这样做,只是威胁而已,目的是逼迫汪、张两家有人出头。三方僵持不下,唯有作为人质的萧红夹在中间遭受摧残。而且还有一大块信息的漏洞至今未知,旅馆老板是否受到日伪当局的胁迫,监控萧红的目的确实别有用心。

报馆出马引起旅馆老板的紧张,对萧红则更加怨愤。这个柔弱的年轻女子,并不像他们想象的那样可以任人摆布,而且有相当的能量。他们变本加厉地对萧红施加压力,逼她赶紧还债。这使萧红更加恐惧,虽然饮食没有了问题,精神却加倍紧张。

7月12日中午,萧红又给裴馨园连续打了几次电话,裴馨园都不在,是坐在主编座位上的萧军接听的电话,他正在为裴馨园处理外来稿件。他知道来电话的就是困在旅馆中无助的悄吟,却没有任何与之搭话的兴致。在他的观念里,明知道自己没有任何力量帮助对方,何必要那样沽名的假慈悲呢?!萧军曾经在哈尔滨当过宪兵见习生,在街头和饭店纠察军事纪律,见过太多遭遇不幸的青年女子,心灵已经磨砺得有了硬壳。在他看来,萧红不过是罪恶社会中寻常的落难女性而已,即使同情也爱莫能助。

下午,忙于各种事物的裴馨园打电话邀请舒群和一个外号叫马大胡子的作者,再次去东兴顺旅馆看望萧红。舒群本名李书堂、李旭东,外号黑人,笔名也是黑人。他1913年生于黑龙江省阿城县一个满族贫苦工人的家庭,已经发表了一些文章。他本性善良热心,萧红的状况给他留下深刻印象,尽管一贫如洗,也下决心尽全力解救她。回到报馆,几位男士又议论起萧红,除了危险的处境,还有她的气质、语言和近于疯狂的神态。这些印象的描述,显然打动了萧军的心。大家都为她担忧,但是又束手无策,谁也凑不上四百多元钱为她还上债务,决定先把她的情绪安定下来。

7月13日,萧红又给裴馨园打电话,说自己寂寞难耐,想借几本文艺的书看看。但自己是被监禁的人,没有行动的自由,希望能把书送到旅馆里来。裴馨园接电话的时候,萧军正在旁边帮助裴馨园整理稿件。裴馨园就写了一封安慰的信,里面介绍了萧军,又拿了几册书请萧军走一趟。萧军受裴馨园之托,只得向东兴顺旅馆走去。

第十六章
热恋萧军

萧军(1907—1988),原名刘鸿霖,出生于辽宁省西部山区一个叫下碾盘的山村里,当时,属于义县沈家台镇管辖。他的父亲刘清廉是一个精明能干而又贪婪暴躁的细木工,在沈家台镇里开了一处作坊。他有严重的父权思想,在家庭里实行霸道的大男子主义的家长作风。萧军出生半年多的时候,一日清晨,他急于出门,偏巧萧军在炕上拉了屎尿,母亲急于给他收拾,丈夫却怪她没有照料自己赶路,于是狂怒起来,抡起鞭子劈头盖脸地把她毒打一顿,然后扬长而去。刚烈的母亲不堪屈辱,吞食了大量的鸦片,以死来抗议这罪恶的人间。据说,她当时想把萧军一起毒死,大概因为鸦片太苦,萧军不肯吃,而且哭叫着,抹了满嘴都是。刘清廉父权思想也很严重,对萧军也没有什么温情,萧军对他又恨又怕,还很讨厌他,父子关系很冷淡、疏远。萧军自幼跟着奶奶和几个姑姑长大,受民间说唱艺术与绿林传奇的影响,爱好文艺而有豪侠之气。知道了母亲的死因之后,对父亲更加仇恨,经常对人说,长大了要为母亲报仇。对女性的依恋与对父亲的仇恨,构成了萧军两个最基本的情感倾向,前者使他多有浪漫情缘,仇父的情结则使他毕生藐视权威。

1917年冬天,萧军10岁的时候,父亲从遥远的长春来信,叫家人把萧军带到长春,进入吉长道立商埠国民高等小学校读书,后来因为顶撞一位体育教员而被开除。1925年春天,萧军18岁,经一位乡亲介绍,到吉林城军阀部队三十四团骑兵营当了一名骑兵,业余沉醉于诗酒。也是在这个时候,他接触到新文学,读鲁迅等人的书。1927年,改名刘羽捷,以第八名的成绩考入"东北陆军讲武堂"所属"宪兵教练处"。次年,以第二名成绩毕业,被分配到哈尔滨开始实习生活。因为看不惯宪兵生活的腐败而愤然辞职。1928年冬,他改名刘蔚天,考入东北陆军讲武堂第九期炮兵科。1930年春,因为与一个步兵队长发生冲突而被开除。1929年5月11日在沈阳日本人办的《盛京时报》副刊上,发表处女作《懦……》,用了一个日本式的署名颜酡三郎,从此走上了文学创作的道路。后投奔驻长春的东北军第二十四旅旅长黄师岳,被任命为准尉见习官,但因为组织士兵反军阀运动,不到两个月就被赶了出来。又到东北宪兵教练处当少尉武术教官,结识了共产党人佟英翘、方未艾。"九一八"之后,受方未艾之邀,到舒兰计划组织义勇军。冬天,由于投降派煽动哗变,计划失败,和方未艾等人一起被押解出境。萧军与方未艾到达哈尔滨,为冯占海的抗日部队做联络工作,由此结识共产党人黄吟秋、金柏阳,同时以文学写作宣传抗日。1932年2月5日,哈尔滨沦陷后,萧军把结发妻子和两个女儿送回老家,写信告诉她,自己以后投身抗日,行踪不定,不要再等自己,可以嫁人。身边只留了一支手枪。①

　　萧军从小爱武,在滨江武术馆遇到沈阳时旧交著名拳师辛健侯。辛健侯请他到自己家中食宿。辛健侯是沈阳警世三班评剧团的少老板,萧军得以经常去看戏,有时还在舞台上练武术,就此相识了主要演员筱桂花。受辛健侯之请,萧军根据上海出版的小说《珍珠恨》的故事,为筱桂花写了一个剧本,改名《马振华哀史》,内容是一女学生恋爱、受骗而投江自杀。他同时兼任导演,公演后轰动全城,剧团马上扭亏为盈。因为与辛健侯之间的一些误会,萧军拂袖而去,和方未艾寄居道外纯化街一家收费最低廉的小客栈。他开始用燕白、白燕子的笔名,向一些报纸投稿,文章刊出却没有稿费,他不得不向《国际协报》投稿。4月,他写了短篇小说《飘落的樱花》投给《国际协报》,并且写了

---

① 以上资料皆引自张毓茂:《萧军传》,重庆出版社,1992。

一封说明自己困境的信,希望能够得到稿酬。裴馨园收到稿件和信之后,发表了他的稿子,又派人送去一封信和五元钱,约他到报社一谈,说钱是个人敬意,谈不上稿酬。萧军应约到了报社,与裴馨园一见如故,两人成为朋友。方未艾也在《东三省商报》找到副刊原野主编的职业,没有工资,只供食宿,他搬到报社去住。裴馨园激赏萧军文学才华与质朴豪侠的性格,邀他到家里食宿,一边帮助自己编报纸,一边让他安心写作。每月付给他二十元酬劳,萧军从此靠稿酬吃饭,可以说是哈尔滨有史以来第一个职业作家①。

1932年7月13日,快近黄昏的时候,他到了道外正阳街东兴顺旅馆。由于他是以报馆编辑名义前来的,旅馆老板不能不让萧军去见萧红。茶房一直领着他走到长长甬路尽头一间屋子前面,对他说:"她就住在这间屋子里,你自己去敲门吧。"然后,就走了。萧军敲了两下门,没有动静,稍待片刻又敲了两下。门扇忽然开了,一个模糊的人影在门口中间直直地出现了。由于灯光昏暗,萧军只能看到一个女人似的轮廓出现在他的视线中,半长的头发散散地披挂在肩头前后,一张近于圆形的苍白的脸嵌在头发的中间,有一双特大的闪亮的眼睛直直地盯视着萧军,声音显得受了惊吓似的微微颤抖地问着:"你找谁?"萧军回答:"张迺莹。"他不等邀请就走进了这间散发着霉味的小屋。萧红拉开屋里的灯,灯光也是昏暗的。萧军看清萧红整身只穿了一件褪了色的蓝色单长衫,"开气儿"到了膝盖以上了。小腿是赤裸着的,趿了一双变了形的女鞋。散发中已经有了明显的白发,在灯光下闪闪发亮。怀着身孕的体形,看得出不久就要到分娩期了。

萧军在一张靠墙的空椅子上坐下来,把带来的书放在一张桌子上,把裴馨园的介绍信交给了萧红,没有说什么。在萧红看信的时候,他把整个房间扫视了一下。萧红定定地把信看了不止一遍,举着信的手指在不停地颤抖。她对萧军说:"我原以为你是我在北京的朋友李君托了来看我的,原来你是报馆的,你是三郎先生,我刚刚读过你的这篇文章,可惜没有读完

---

① 陈隄:《萧军与哈尔滨》,《滨江星火》,哈尔滨出版社,1993。

全。"萧红所说的在北京的朋友李君,就是李洁吾,可见一直幻想着陆哲舜的朋友们会帮助她。她从一张空荡荡的双人床上,扯过一张旧报纸指点着说:"我读的就是这篇文章……"萧军看了一下那张报纸,上面正连载萧军一篇题名为《孤雏》的短篇小说中的一段。裴馨园在信中提到了萧军的名字,所以萧红说了上面那些话。

　　萧军站起身来,指一指桌子上那几本书说:"这是老裴先生托我给你捎来的,——我要走了。"说着就准备离开那间屋子。萧红说:"我们谈一谈……好吗?"萧军迟疑了一下,终于又坐了下来,点了点头说:"好,请您谈吧。"萧红很坦率、流畅而快速述说了她过去的人生经历以及面前的处境。萧军静静地听着。在她述说的时候,萧军无意间把散落在床上的几张信纸拿过来看了一下,因为那上面画了一些图案式的花纹和一些紫色铅笔写下的字迹,还有仿照魏碑《郑文公》字体勾下的几个"双勾"大字,就问萧红:"这是谁画的图案?"萧红回答说:"是我无聊时干的。就是用这段铅笔头画的……"说着从床上寻到一段约有一寸长短的紫色铅笔头举给他看。"这些双勾的字呢?"萧军问。"也是!"萧红答道。"你写过《郑文公》吗?"萧军问。萧红说:"还是在学校学画的时候学的……"萧军又看见了萧红写的两首字迹很工整的诗,就又问道:"这些诗句呢?""也是……"萧红有些不好意思,一抹淡红的血色浮上她苍白的双颊。

　　这时候,萧军似乎感到世界在变了,季节在变了,人在变了。当时他认为他的思想感情也在变了。出现在他面前的,是他认识过的女人中最美丽的人,也可能是世界上最美丽的人。他曾和朋友们谈过,哈尔滨没有女人,可现在他为自己谈过的话感到惭愧。萧红初步给予他的那一切形象和印象全不见了,全消泯了……在他面前的只剩一颗晶莹的、美丽的、可爱的、闪光的灵魂!他马上暗暗决定和向自己宣了誓:"我必须不惜一切牺牲和代价——拯救她!拯救这颗美丽的灵魂!这是我的义务……"[①]

[①] 萧军:《萧红书简辑存注释录》,黑龙江人民出版社,1981,第151—155页。

他们谈到读书,谈到当时几位新的文学家,又说到萧红的幼年,最终谈到萧红的友人和汪恩甲。萧红说在他身上,竟找不到一句诗来!萧红说自己喜欢唱歌,还喜欢作画……但却不喜欢太阳。她说太阳只是一个毫没有情趣的鲁男子。她微笑着问萧军:"你对于爱的哲学是怎样解释呢?"萧军答道:"谈什么哲学。0学——爱便爱,不爱便丢开!""如果丢不开呢?"萧红又问。萧军爽朗地答道:"丢不开,便任他丢不开。"两个人同时纵声大笑起来。

萧红说:"三郎,在我看到你写的《孤雏》的时候,我曾这样想过:写文章时节的三郎,或许是穷困莫归,而现在也许是穿起漂亮的衣裳,翩跹在销魂窟里吧?谁知你现在还是这样——褪了颜色的学生服,不擦油的皮鞋子,蓬乱着的头发——一个一无所有的流浪儿呦!——三郎,你怎的不放聪明些呢?"

萧军反问萧红说:"你怎的不放聪明些呢?"萧红只是摇头,微微笑了一笑,问道:"你为什么要活着?请不要用模棱的话来复我。"萧军又反问道:"那你为什么还要在这世界上留恋着?拿你现在自杀条件,这般充足。"萧红答道:"我吗?……因为这世界上,还有一点能使我死不瞑目的东西存在,仅仅这一点,它还能系恋着我。"萧军说:"是的呀!我也是一样啊!但我却永远不想自己死去了!我觉得凭什么东西——除开我不能抵抗的或某种暴力之外——也不会使我自己去死掉啊!"

这是萧红又一次谈到死的问题,她在极端绝望的情境中,仍然怀着生的执着,本能地抗拒着死的诱惑。这种精神成为她日后创作从始至终的潜在主题,透过阶级、民族和文明这些表面的话语,一以贯之地涌流在她的作品中,这是她能够比自己同时代的左翼作家深刻,也能够超越自己时代的重要原因。在向死而生的挣扎中,建立起自己抗争的伦理诗学。

萧红说:"这现世处处是冷酷的!不满的,丑恶的……"萧军认为她说得不对,同时觉得凭谁也不能否认不是这样的;但我们就这样任它冷酷、不满,丑恶下去吗?还待谁来为我们负责改变下去呢?

萧红还说:"男人梳得光光的发,粉得白白的脸;忸怩地装着假斯文;说起话来总是一唱三叹的,卖弄着肉麻的廉价温柔。那还不如卖淫的女人,能使人感到些儿爱怜!"萧军觉得萧红是故意在他面前说这样的话,因为他们同样没有那馨香的油,高贵的粉吧?所以才说这样嫉妒的话,事实上他们不是比别人更爱美吗?

他们谈得很多,像一对久别重逢的老友。萧军几次站起来想走,都没有走成。他几次想拥抱萧红,也终于克制住了。那天,他们谈到很晚,临别的时候,他们的手握在了一起。①

萧军临走的时候,指着桌子上用一片纸盖着的那半碗高粱米饭问萧红:"这就是你的饭食吗?"萧红漠然地点了点头,一股森凉酸楚的泪水,冲上了萧军的眼眶,他装作在衣袋里找什么东西低下头来。他把兜里的五角钱放在桌子上,勉强地说:"留着买点什么吃吧!"就匆匆地向她告别了。这仅有的五角钱,是他回程的车钱,他只好步行十里路走回去了。

"心有灵犀一点通",两个人一见钟情。

在临离开东兴顺旅馆的时候,萧军又到账房了解了一下萧红的具体情况。旅馆人员介绍了萧红的情况,他们只能把她作为"人质"留在旅馆里,等待她丈夫回来还了钱,她就可以随便走了。萧军正色说道:"钱不会少了你们的,但你们不能存心不良,别有打算的!我警告你们!"旅馆的人慑于萧军的正气喏嚅着说:"我们没有'存心不良',只是要欠债还钱。谁把钱给了,谁就可以领她走……"萧军昂然走出东兴顺旅馆。②

当天夜里,萧红写下了这样的诗句:

春曲(二)

我爱诗人又怕害了诗人,

因为诗人的心,

---

① 萧军:《烛心》,载《跋涉》,花城出版社,1983,第15—21页。这是一篇自述性的小说,萧军曾写信告诉铁峰,《烛心》是一篇实录文字。见铁峰《萧红生平事迹考》,《萧红全集》下卷,哈尔滨出版社,1998,第1450页。

② 萧军:《萧红书简辑存注释录》,黑龙江人民出版社,1981,第155页。

是那么美丽，

水一般地，

花一般地，

我只是舍不得摧残它，

但又怕别人摧残，

那么我何妨爱他。

萧军也被对萧红狂热的爱燃烧着。第二天，也就是7月14日晚上，萧军又到东兴顺旅馆，两个人没有经过任何仪式，就结合在了一起。萧军在实录小说《烛心》中，如实地记录了这顺乎天意的结合过程。其中的"星"就是萧军，"畸娜"就是萧红。

……我不想着世界在我们的周遭，也会有失却它们权威的一日啊！不——那仅是一时——即是一时也值得，一刻也值得，一分，一秒，一刹那……也值得！值得我们纪念！毕竟那四周时时攻进的，和内心时在外泛，矛盾突撞的悲潮！在那片刻里，是失却它们的力。畸娜！这是我们仅有的胜利，我们要纪念着啊！

你会说，我们的爱进展得太快了！太迅速时，怕要有不幸的事情发生在横障我们吧？畸娜！不错！我们是太迅速了，由相识至相爱仅是两个夜间的过程罢了。竟电击风驰般，将他们经年累月，认为才能倾吐的，尝到的……那样划着进度的分划……某时期怎样攻，某时期怎样守，某时该吻，某时该拥抱，某时期该……怎样——天啦！他们吃饱了肚子，是太会分配他们的爱情了，我们不过是两夜十二个钟点，什么全有了。在他们那认为是爱之历程上不可缺的隆典——我们呢全有了。轻快而又敏捷，加倍地做过了，并且他们所不能做，所不想做的，也会被我们做了……做了……

他们也许会很文雅的笑着我们说：我们只是一对狂饮爱酒的醉泥

鳅，是不会咀味到那酒是怎样甜美与芳香。是一双不会节用爱情财产的挥霍儿，不久就要穷困了。但愿不要被饥狂汉踢碎了他们的酒杯，轧断他们的瓶颈。节省下来的爱之财产，不要被强盗分了啊！

畸娜，你的颊儿灼偎在我的胸扉上，你说要听听我的心颗在里面唱的什么歌曲。它那时给你唱什么歌儿听来？请说给我，你个聪明的孩子呦！

啊！我的所有在那时早已溶入你那声波的颤荡中了——随着那歌声，在向着万丈的寒潭中沉没，渊然地沉落着……

萧红对萧军的热恋中，有着艺术精神的自我观照，也有着对一个崭露头角的文学青年的崇拜。她在《春曲(三)》中写道：

你美好的处子诗人，
来坐在我的身边，
你的腰任意我怎样拥抱，
你的唇任意我怎样的吻，
你不敢来在我的身边吗？
你怕伤害了你处子之美吗？
诗人啊！
迟早你是逃避不了女人！

为此，萧红内心的矛盾是明显的，萧军显然激发了她的浪漫本性，而自身的处境又使她生出自卑。当他们在地狱的人间一角睡醒拥抱的时候，便会陷入对与错的问答。萧红说不敢爱一个自己所爱的诗人，怕蹂躏了他。萧军则反问，谁是诗人？你在咒骂谁是诗人？萧红解释道，我只合爱我所不能爱的一些东西们，我可以尽兴地摧残他们呦！她觉得摧残不值得爱的人是无所谓的，而像萧军这样自己深爱又值得爱的人，是不应该残忍地去摧残的。萧军则反驳,以为无用的"诗人"桂冠是对他的咒骂,而且是比任何咒骂都更无法忍受。并且让萧红慈悲些,"我不是诗人",当然也不是你所爱的了,那就任你摧残吧。萧红说出了另一重的矛盾心理,爱要尽兴,恨不能杀死了一口口地吃肉,才能安心;可是再想他的时候,他又怎样复活呢?所以觉得这一生是不会尽兴了! 不尽兴的爱,不是莫如无吗? 萧军也有相近的感受,回答说我的爱往往要烧枯了少女的情芽。所以和你一样,也是不敢爱我所爱的人。可见,两个人情感投入的浓烈。

然而,萧红依然处于被监禁的状态,不要说到公园里写诗,连饭都吃不饱。萧军看到她,便感到自己作为一个男人的无力,连让恋人吃一顿饱饭的力量全没有,恨不能去抢些东西给萧红吃。尽管如此,萧红只要看见萧军的笑容,则比吃什么都饱,她是以爱情来治疗饥饿。两个人的感情中都并不仅仅是狂喜,也都夹杂着痛苦和犹疑。特别是彼此的猜忌,亲吻的时候,萧红对萧军说,我不允许你的唇再吮到凭谁的唇! 而仅仅三日,萧军便在梦里看到萧红和人亲吻。他很想结束这痛苦的热恋,"我们就这样结束了吧! 结束了吧! 这也是我意想中的事,畸娜你不要以为是个例外……""你爱我的诗,也只请你爱我的诗吧! 我爱你的诗,也只爱你的诗吧! 除开诗之外,再不要及到别的了……总之在诗之领域里,我们是曾相爱过来……"他说出自己的怀疑,并且但愿萧红和他梦中的那个情人更亲密些。当时去看望萧红的青年不少,萧军的疑虑大概也是有所指的。这原本也是热恋中的情人普遍会有的心理,因为爱得深而生发出失掉对方的恐惧。

萧军认为,这样分手也合乎他对于爱情的原则,爱便爱,不爱便丢开! 而对于爱萧红的主要原因,他则不肯明言。或者只是为了拯救,让所有的朋友知道萧红的处境,也让更多的人知道她的不幸,也许谁有能力帮助萧红摆脱被囚禁的牢狱。他所谓的能力显然是金钱方面的,萧军希望萧红懂得并接受他的这份可怜的心意。他坦率地告诉萧红,自己曾爱过别人,不是二楼的那位姑娘,而是一个慈悲的女孩儿,为他织补毛衣留下了纪念。而且自己也不是萧红所谓的处子诗人,更像一个结了婚而没有和丈夫性爱过的少妇。萧军贾宝玉式的天性,至此已经展露无遗。萧红又一次陷入新的宿命,她以唯情主义来原谅萧军,并且指责他残忍,认为萧军的这些情事都与自己无关,而坦诚的告白反而破坏了诗的意境。萧军也意识到对萧红的不公,看见她垂视的眼睛,很是后悔自己的直言。他自有他的矛盾,他不愿意用美丽的谎言欺骗萧红,但是又不忍看萧红的悲哀,意识到自己的愚蠢。他认为萧红是能够破除一切凡俗偏见的人,自己赤裸裸的话语又有什么错呢?这就是两萧爱情的先天悲剧因素,萧军已经结婚10年,萧红还只是一个初涉婚姻的少女;一个是唯情主义者,一个则是专一爱情的信徒;债务缠身的萧红对萧军来说,只是若干情人"之一",而萧军对一无所有的萧红来说,则是"唯一"。萧军忏悔着自己残忍的同时,也庆幸着自己的交代,"竟然办得这样顺手啊"①!

萧红只能"享受今朝"的爱恋,不愿多想萧军的其他情感纠葛,她沉醉在艺术创作的灵感中,又连续写下诗篇:

春曲(四)

只有爱的踟蹰美丽,

三郎,我并不是残忍。

只喜欢看你立起来又坐下,

坐下又立起,

这其间,

正有说不出的风月。

春曲(五)

谁说不怕初恋的软力,

就是男性怎样粗暴,

---

① 萧军:《烛心》,《跋涉》,花城出版社,1983,第15—21页。

这一刻儿，

也会娇羞羞地，

为什么我要爱人！

只怕为这一点娇羞吧！

但久恋他就不娇羞了。

春曲（六）

当他爱我的时候，

我没有一点力量，

连眼睛都张不开，

我问他这是为了什么？

他说：爱惯就好了，

啊！可珍贵的初恋之心。

  这些诗经萧军之手在朋友们中间流传，为萧红赢得了广泛的同情。去看她的青年，多数是左翼文学新人，自然都激赏她的才华。从他们的嘴里，萧红不难得到关于萧军的各种私人信息。在萧军逐渐冷静下来的态度与逐渐稀少的身影中，她也从狂热的艺术创作中陷入新的忧伤。除了萧军交代过的两个女性之外，还有一个叫李玛丽的姑娘，也深深牵动着萧军的情愫。李玛丽是一个大家闺秀，气质高雅，风度极佳，有着极好的文化教养，且热爱文学艺术。她主办的文艺沙龙在哈尔滨很有名气，一批正直、健康的男士聚拢在她的周围。不少人在追求她，许多人暗恋着她。萧军大概是暗恋的趋奉者之一，不论是情感的驱使，还是社交的需要，都要经常出入她的沙龙。萧红显然了解这些，也可以凭着女性的直觉判断出萧军对她感情的性质与程度。真爱男人的不忠，显然是她无法不正视的现实，7月30日，狂恋半月的萧红写下了祭奠自己短命爱情的《幻觉》：

昨夜梦里：
听说你对那个名字叫 Marlie 的女子，
也正有意。

是在一个妩媚的郊野里，
你一个人坐在草地里写诗。
猛一抬头，你看到了丛林那边，
女人的影子。

我不相信你是有意看她，
因为你的心，不是已经给了我吗？

疏薄的林丛。
透过来疏薄的歌声：
——弯弯的眉儿似柳叶；
红红的口唇似樱桃……

春哥儿呀！
你怕不喜欢在我的怀中睡着？
这时你站起来了！仔细听听，
把你的诗册丢在地上。

我的名字常常是写在你的诗册里，
我在你的诗册里翻转；
诗册在草地上翻转；
但你的心！
却在那个女子的柳眉樱唇间翻转。

你站起来又坐定,那边的歌声
又来了……
——我的春哥儿呀!
我这里有一个酥胸,还有哪……
……青春……
你再也耐不住这歌声了!
三步两步穿过林丛——
你穿过林丛,那个女子已不见影了!
你又转身回来,拾起你的诗册,
你发出漠然的叹息!

听说这位Marlie姑娘生得很美
又能歌舞——
能歌舞的女人谁能说不爱呢?
你心的深处那样地被她打动!

我在林丛深处,
听你也唱着这样的歌曲:
我的女郎! 来,来在我身边坐地;
我有更美丽,更好听的曲子唱给你……

树条摇摇;
我心跳跳;
树条是因风而摇的,
我的心儿你却为着什么而狂跳。
我怕她坐在你身边吗? 不,

我怕你唱给她什么歌曲么？也不。
只怕你曾经讲给我听的词句，
再讲给她听，
她是听不懂的。
你的歌声还不休止！
我的眼泪流到嘴了！
又听你慢慢地说一声：
将来一定与她有相识的机会。
我是坐在一块大石头上的，
我的人儿怎不变作石头般的。

我不哭了！我替我的爱人幸福！
（天啦！你的爱人儿幸福过？言之酸心！）
因为你一定是绝顶聪明，谁都爱你；
那么请把你诗册我的名字涂抹
倒不是我心嫉妒——
只怕那个女子晓得了要难过的

我感谢你，
要能把你的诗册烧掉更好，
因为那上面写过你爱我的语句
教我们那一点爱，
与时间空间共存吧！！！

同时我更希望你更买个新诗册子，
我替你把 Marile 的名字装进去，
证明你的心是给她的。

但你莫要忘记：
你可再别教她的心,在你诗册里翻转哪!
那样会伤了她的心的!
因为她还是一个少女!

我正希望这个,
把你的孤寂埋在她的青春里。
我的青春!今后情愿老死!

  这情感的新痛自然折磨着萧红,心理上也有缓解对萧军依恋的倾向,孤独寂寞中自然渴望有其他的朋友交谈。在当时经常去看她的朋友中,方未艾是最让她信任的一个。由于是萧军的密友,他大概去看望的时候比较多,是否是受萧军之托就不得而知了。在所有的朋友中,他的家世最好,相貌也最出众,气质有着书生的轩昂、沉静与淡定,萧军梦中对萧红的猜测很可能就是他。如果按照萧军结束与萧红恋情的理由,让有能力拯救她的人来爱她,那么,在一群穷苦人家出身的贫穷左翼文学青年中,只有方未艾的家境最好,而且,他是有组织背景的,比其他人更有力量解救萧红脱离苦海。

  方未艾(1906—2003),原名方靖远,又名方曦,辽宁省台安人,当时已经担任东三省商报副刊"原野"的编辑。他看到萧红的诗之后,非常欣赏她的才华,就在自己编辑的"原野"上,发表了一期两萧诗歌专号,也为了纪念他们的结合。东三省商报报社在道外正阳十四道街,距东兴顺旅馆只隔两道街,这使他看望萧红,比别人更近便。他除了带一些书刊给萧红之外,还经常送给她一些日用的小东西,两个人在一起聊天,有时候还带萧红出去吃小饭馆。据方未艾回忆,有一天,萧红写了一首旧体诗《对镜抒怀》:"困居旅馆久,百感生心间。两鬓生白发,难明长夜天。"她拿给方未艾看,请他指教,方未艾以为"百感生心间"一句应该改为"百感生心田"。萧红不以为然,她说"田"是会有收获的,即使是荒芜的田还能生长蒿草。而这"间"字,更能表现出自己内心的空旷无望。方未艾又说,"难明长夜天"不好,应该为"难明待晓天"。萧红却认为自己并没有"待晓天"的意志和心境。方未艾笑着说,你真不愧是大手笔,你的诗我改不了,于是两个人都大笑起来。从这个情节,也可以看出萧红当时内心的荒凉。她又陷入大的寂寞与孤独,自己的恋人不见踪影,有一天,实在受不了了,就给方未艾打电话,请求他到旅馆来看望自己。方未艾是恪守儒家道德规范的人,考虑到萧红已经和萧军确立了关系,怕在朋友之间产生误会,就没有答应萧红的请求。孤独痛苦的萧红就写了一首诗,题为《近寄友人》,让旅馆一个姓徐的茶房送给了方未艾。她在诗中写道:"高楼举目见,咫尺天涯隔。百唤无一应,谁知离恨多。"[1]这也可见,萧红一开始就是作为萧军的附属,被他的朋友们接纳的,一旦渴望脱离对萧军的心理依恋,就会陷入与世隔绝的孤立处境。这简直就是宿命一样的情感陷阱,她需要用6年的时间,才能奔逃出来。

  监禁在东兴顺旅馆的萧红,同时也监禁在萧军的情感陷阱中。

---

[1] 姜志军:《简论萧红的诗歌》,《东北文学研究》1986年第1期。

第十七章
逃出囚笼

一群朋友绞尽了脑汁,也想不出解救萧红的办法。方未艾的疏远,使萧军设想的搭救萧红的方案显然也行不通。大家除了经常去看望安慰她之外,无论如何也无法筹措到那样一笔巨额款项替她还债。

6月下旬开始,整个黑龙江流域阴雨连绵,进入7月以后,连续降雨27天。一昼夜最大降水量为99.1毫米,达到有水文记录以来的最高水平。萧红困守愁城,只能看着窗外的大雨发呆。旅馆老板还不时来催债,萧红大概连解释的力气都没有,只能听凭他数落。嫩江、第二松花江、拉林河的三路洪水汇聚冲撞,哈尔滨江段8月5日的水位超过118.55米,江堤决口了,哈尔滨马上就要陷入灭顶之灾。8月7日,江堤几乎崩溃,有二十多处被冲毁,整个道外顷刻之间就是一片汪洋,街道已经成为河道,可以行船。8日,水势继续上升,淹到道里的街区,至10日,不少街道也成为行船的水道。8月12日8时,洪峰水位达到了119.72米,道里、道外一片泽国,房屋倒塌不计其数,水淹面积达877.5万平方米,"街道之上,乃呈现扁舟款行之奇观"。哈尔滨38万市民中受灾者多达23.8万,几天之内,2000多人死于水患。呼天抢地的哀号中,东方的小巴黎、东方的小莫斯科倾覆于滔天洪水之中。[①]

决堤之后,洪水即漫进东兴顺旅馆的一楼,房客与旅馆的人都拥上二

[①] 叶君:《从异乡到异乡》,中国社会科学出版社,2009,第83页。

楼。萧红独自一人神色黯然地在房间中,听着一片喧嚣,看着窗外混乱的逃生人群,无奈地等待着萧军与朋友们来搭救她。萧军和朋友们也非常着急,商量着各种救助萧红的办法。19岁的舒群已经加入共产党,用组织上发给他出差的生活费,给萧红买了两个馒头、一包烟。他曾经是商船学校的学生,水性很好,把这些东西绑在头上,游泳来到了旅馆。夜幕迅速降临,舒群无法再回去,就在萧红的房间里蹲了一宿。萧红希望舒群把自己带走,但舒群的全家也从道外流落到南岗,父亲几乎沦为乞丐,全家的生活尚无着落,根本没有力量安置萧红。①

舒群(1913—1989),本名李书堂,曾用名李春阳、李旭东、李村哲。笔名黑人、舒群。生于阿城县一个满族贫苦工人的家庭,初中毕业以后,考入哈尔滨商船学校。因家境贫困,只读了半年便退学到哈尔滨港务局当俄文翻译,并开始文学写作。1932年年初,秘密加入第三国际中国组织,不久,转为中国共产党员。舒群走了以后,萧红又陷入焦虑的等待。她在散文《弃儿》中,这样描述了自己在洪水中的处境与心境:

一

水就像远天一样,没有边际地飘漾着,一片片的日光在水面上浮动着。大人、小孩和包裹青绿颜色。安静的不慌忙的小船朝向同一的方向走去,一个接着一个……

一个独自凸得馒头般的女人,独自地在窗口望着。她的眼睛就如块黑炭,不能发光,又暗淡,又无光,嘴张着,胳膊横在窗沿上,没有目的地望着。

有人打门,什么人将走进来呢?那脸色苍苍,好像盛满面粉的布袋一样,被人挪了进来的一个面影,这个人开始谈话了:"你倒是怎么样呢?才几个钟头水就涨得这样高,你不看见么?一定得有条办法,

---

① 赵凤翔:《萧红与舒群》,《新文学史料》1980年第2期。

太不成事了,七个月了,共欠了四百块钱。王先生是不能回来的。男人不在,当然要向女人算账……现在一定不能再没办法了。"正一正帽子,抖一抖衣袖,他的衣裳又像一条被倒空了的布袋,平板的,没有皱纹,只是眼眉往高处抬了抬。

女人带着她的肚子,同样的脸上没有表情,嘴唇动了动:"明天就有办法。"她望着店主脚在衣襟下迈着八字形的步子,鸭子样地走出屋门去。

她的肚子不像馒头,简直就像小盆被扣在她肚皮上,虽是长衫怎样宽大,小盆还是分明的显露着。

倒在床上,她的肚子也被带到床上,望着棚顶,由马路间小河流水反照在水面,不定形的乱摇,又夹着从窗口不时冲进来嘈杂的声音。什么包袱落水啦!孩子掉下阴沟啦!接续的,连绵的,这种声音不断起来,这种声音对她似两堵南北不同方向立着的墙壁一样,中间没有连锁。

"我怎么办呢?没有家,没有朋友,我走向哪里去呢?只有一个新认识的人,他也是没有家呵!外面的水又这样大,那个狗东西又来要房费。我没有……"她似乎非想下去不可,像外面的大水一样,不可抑止的想:"初来这里还是飞着雪的时候,现在是落雨的时候了。刚来这里肚子是平平的,现在却变得这样了……"她用手摸着肚子,仰望天棚的水影,被褥间汗油的气味,在发散着。

二

天黑了,旅馆的主人和客人都分搅的提着箱子,拉着小孩走了。就是昨天早晨楼下为了避水而搬到楼上的人们,也都走了。骚乱的声音也跟随的走了。这里只是空空的楼房,一间挨一间关着门,门里的帘子默默地静静地长长的垂着,从嵌着玻璃的地方透出来。只有楼下的一家小贩,一个旅馆的杂役和一个病了的妇人男人伴着留在这里。满楼的窗子散乱乱的开张和关闭,地板上的尘土地毯似的摊着。这里

荒凉得就如兵已开走的营垒。什么全是散散乱乱得可怜。

水的稀薄的气味在空中流荡,沉静的黄昏在空中流荡,不知谁家的小猪被丢在这里,在水中哭喊着绝望的来往的尖叫。水在它的身边一个连环跟着一个连环的转,猪被围在水的连环里,就如一头苍蝇或是一头蚊虫被绕入蜘蛛的网丝似的,越挣扎,越感觉网丝是无边际的大。小猪横卧在板排上,它只当遇了救,安静的,眼睛在放希望的光。猪眼睛流出希望的光和人们想吃猪肉的希望交结在一起,形成了一条不可知的绳。

猪被运到那边的一家屋子里去。

黄昏慢慢的耗,耗向黑沉沉的像山谷,像沟壑一样的夜里去。两侧楼房高大空间就是峭壁,这里的水就是山涧。

依着窗口的女人,每日她烦得像数着发丝一般的心,现在都躲开她了,被这里的深山给吓跑了。方才眼望着小猪被运走的事,现在也不占着她的心了,只觉得背上有些阴冷。当她踏着地板的尘土走进单身房的时候,她的腿便是用两条木做的假腿,不然就是别人的腿强接在自己的身上,没有感觉,不方便。

整夜她都是听到街上的水流唱着胜利的歌。

三

每天在马路上乘着车的人们现在是改乘船了。马路变成小河,空气变成蓝色,而脆弱的洋车夫们往日他是拖着车,现在是拖船。他们流下的汗水不是同往日一样吗?带着咸和酸笨重的气味。

松花江决堤三天了,满街行走大船和小船,用箱子当船的也有,用板子当船的也有,许多救济船在嚷,手中摇摆黄色旗子。

住在二层楼上那女人,被只船载着经过几条狭窄的用楼房砌成河岸的小河,开始向无际限闪着金色光波的大海奔去。她呼吸着这无际限的空气。她第一次与室窗以外的太阳接触。江堤沉落到水底去了,沿路的小房将睡在水底。人们在房顶蹲着。小汽船江鹰般的飞来了，又飞过去了，留下排成蛇阵的弯弯曲曲的波浪在翻卷。那个女人的小船行近波浪，船沿和波浪相接触者摩擦着。船在浪上打转，全船的人脸上没有颜色的惊恐，她尖叫了一声，跳了起来，想要离开这个漂荡的船，走上陆地去。但是陆地在哪里？

满船都坐着人，都坐着生疏的人。什么不生疏呢？她用两个惊恐、忧郁，手指四张的手摸抚着突出来的自己的肚子。天空生疏，太阳生疏，水面吹来的风夹带水的气味，这种气味也生疏。只有自己的肚子接近，不辽远，但对自己又有什么用处呢？

那个波浪是过去了，她的手指还是四处张着，不能合拢——今夜将住在非家吗？为什么蓓力不来接我，走岔了路吗？假设方才翻倒过去不是什么全完了吗？也不用想这些了。

六七个月不到街面，她的眼睛缭乱，耳中的受音器也不服支配了，什么都不清楚。在她心里只感觉热闹。同时她也分明的考察对面驶来的每个船，有没有来接她的蓓力，虽然她的眼睛是怎样缭乱。

她嘴张着，眼睛瞪着，远天和太阳辽阔的照耀。

文中的蓓力即是萧军。

8月9日，旅馆在老板顾自逃命之后的混乱中安静了，也空虚了。萧红等待着萧军来接她，一个老茶房提醒她说，你赶紧趁着没人看守跑吧！萧红搭上一艘运柴火的救生船，逃离了被囚禁了两个多月的东兴顺旅馆。萧军身无分文，夹了一件旧制服到当铺，想当得船钱，把萧红从旅馆里接出来。当铺因为洪水而关门歇业了，同时听到人们呼喊，正阳河开口了！第二天，万般无奈之中，他在正阳大街西侧尽头，找到一个摆渡的人，因为难民多、舟船稀少，摆渡的人趁机要高价，来回要5元钱。萧军满口答应，到达东兴顺旅馆之后，看到萧红已经不在了，着急地跑出来。摆渡的人追着伸手要钱，萧军歉意地笑着说，我哪有5元钱啊？那人气得动起手来，哪里是武术教员萧军的对手,只好愤愤地离去。①

萧红按照萧军几天以前给她的地址,找到了现在的哈尔滨中国四道街37号裴馨园的家。裴馨园当时不在家,他的岳母客客气气地接待了她。裴馨园除了编《国际协报》的文艺副刊之外,还兼任《哈尔滨五日画报》文艺版和《哈尔滨公报》副刊的编辑,收入还是可以的,房子住得也比较宽敞。但是,他的家累也很重,经济并不像萧军想象的那么宽裕。他有两个孩子,岳母也住在他家。此外,还需雇人管家。裴馨园的妻子黄淑英和萧红同年,但是已经生了两个孩子。她是家庭妇女,没有什么文化知识。加上很少出门,对外面的事情知道得也很少。家里的一切"内政""外交",都由裴馨园和管家来操办,就连孩子们的日用品,也都是由裴馨园买来交给她。②裴馨园不在,黄淑英上上下下地打量着萧红,直率的眼神让她感觉出自己的落魄,盛夏时节还穿着冬天的棉鞋。她告诉萧红,萧军去接她了,怎么没有看到吗?一定是走岔路了。萧红立即紧张、焦躁起来,恨自己没有等萧军,让他白跑一趟。

不久,萧军也回到那里,两个人自然是百感交集,庆幸着终于获得了自由。吃过晚饭之后,他们立即就到萧红久已向往的公园中,那是离裴家不远的中央(后改为道里公园,今兆麟公园)公园。在成团的蚊虫嗡嗡的飞鸣中,他们踩着细碎的月影,在水池边漫步。穿过树林,经过两座桥,走上凉亭坐下来,彼此依偎着靠在栏杆上。萧红觉得自己像春天出游的少女一样疯狂,两个人像保守秘密一样共同地激动着。两个人终于从紧张焦虑中平静下来,听着风声和树叶的叹息,一直到深夜,萧军已经困得睁不开眼睛了,萧红建议回到裴馨园家睡觉。

裴馨园说服黄淑英,让无处安身的萧红住在自己家里。他一再嘱咐家

---

① 孟希讲述,何宏整理:《萧红遇难得救》,孙延林主编《萧红研究》第一辑,哈尔滨出版社,1993,第101页。孟希说是萧军把萧红救了出来,大约是没听全,或者记忆有误。但是,萧军雇船去接萧红肯定是确有其事,萧红在《弃儿》中有过准确的叙述。

② 黄淑英讲述,萧耘整理:《二萧与裴馨园》,《东北现代文学史料》1982年第4辑。

人,萧红身体不好,不要去打扰她,让她静养多休息。他要求萧红戒掉鸦片,而裴馨园夫妇都是抽鸦片的,萧红愣是守着两盏大烟灯戒掉了鸦片,可见她意志的坚强。①萧军经常去看萧红,两个人一谈就是几个钟头。萧军一走,萧红就把自己关在屋子里,捧着一本书看,很少和人说话打招呼。黄淑英的家务负担很繁重,萧军在她家食宿,已经让她觉得烦乱,再加上一个大肚子的萧红,更让她觉得不胜劳累,所以,她对萧红的态度很冷淡。不久,萧军也从明月饭店(俗称一毛钱饭店)厨房的杂乱的后屋,搬到了裴馨园家,住在客厅里。每天早晨,不是萧军去推醒萧红,就是萧红早些起来,偷偷地用手指接触萧军的脚趾。这种情形被裴馨园4岁的女儿小荣看见了,就大声嚷嚷着指给黄淑英看,黄淑英故意提高了声音问:"你们两个用手捏着脚,这是东洋式的握手礼,还是西洋式的握手礼?"小女孩模仿着母亲的口吻,嘲笑着问他们:"这是东洋式的,还是西洋式的?"两个人只有瞪着眼睛,却无言相对。可见,萧红在裴家处境的尴尬。

　　时间稍长,裴家人便对不善沟通的萧红起了孤傲的印象,认为她不通世故。敏感自尊的萧红,自然真切地体会到主人的不快,体味着强烈的寄人篱下的滋味。为了躲避裴家人的闲言碎语,也为了尽量减轻黄淑英的负担,她经常是一大清早就出门,在豪华的中央大街上游荡,直到萧军下班回来,把她从街上接回裴家,萧红看着街上拖着两条长长的身影,觉得像两条被主人收留的野狗。他们一直跑了十多天,有一天遇到裴馨园,他们上前打招呼,裴馨园却迅速地走了。他们在街上的率真情感流露,又引起裴馨园夫妇的不快。有一天晚上,房间里只剩黄淑英和萧红的时候,她勉强做出温和的表情,委婉地提示萧红注意影响:"你们不要在街上走去,在家里可以随便,街上的人多,很不好看呢!人家讲究着很不好呢。你们不知道吗?在这街上我们认识许多朋友,谁都知道你们是住在我家的,假设你们不住在我家,好看与不好看,我都是不管的。"

---

① 孙陵:《浮世小品》,台北正中书局,1961年,第34页。

他们照样在大街上跑了一周,而且萧军总是挽着萧红跑。萧红终于克制不住了,对萧军转述了黄淑英的话,气愤地说:"我真不知道这是什么意思,我们衣衫褴褛,就连在街上走的资格也没有了!"萧军也气愤得目光如金刚钻,他赤红着脸想:"富人穷人,穷人不许谈恋爱?"

大水还在涨,入秋以后,中央公园也被淹了。以前他们嬉闹的乐土只剩了一盏红色的灯,每天夜里,只能对着这萤火虫一样的灯笑着、跳着,热恋中的情人即使在无比困苦之中,也会找到青春的欢悦。可是,萧红离预产期越来越近了,肚子经常会疼痛。当走上别人家楼梯的时候,萧红便在黑暗中泪流满面。

裴馨园对他们的态度明显变了,他们推断黄淑英的话是裴馨园让她说的。不久,裴馨园全家搬到了另一处房子,只剩他的岳母留守,被褥也全都拿走了。她躺在土炕上,只能枕着包袱睡。仅仅睡了两夜,萧红的肚子就疼起来。她无力地卧在炕上,萧军也不上街了,整天蹲在地上,下颌枕着炕沿,守着萧红。这两个人共同承受着饥寒交迫的重压,心灵反而切近了,互相理解,真心帮助。"这是两个雏鸽,两个被折了巢窠的雏鸽。"[1]

---

[1] 萧红:《弃儿》,《萧红全集·散文卷》,北京燕山出版社,2014,第1页。

第十八章
"生产的刑罚"

已经是 8 月底了,秋风一阵凉过一阵,屋外落着阴冷的秋雨。萧红被肚子痛折磨着,在土炕上滚成了一个泥人,恨不能撕破自己的肚子。萧军在大雨中奔跑,向朋友们借贷,希望能够筹到送萧红住院的车钱。但是,跑了一道一道的街,穿过一片一片的雨,仍然是空手而归,人却被淋得像落汤鸡。最后,找到裴馨园,说了萧红的情况,裴馨园拿出一元钱,对他说:"慢慢有办法,过几天,不忙。"萧军对他的冷漠很生气,暗自想:"这是朋友应该说的话吗?"意识到自己和裴馨园的经济不平等,不能够算是朋友。他顾不上多想,奔向萧红的身边。还没有上楼,就听到她野兽一般疯狂的尖叫声,像利箭一样插向萧军的心。他以为萧红是不行了,是最后的嘶叫。他跑上楼的时候,萧红已经疼得半昏迷了,她没有知觉地拉着萧军的手,手上的泥和萧军手中的雨水混合在一起[①]。

萧军顾不上安慰萧红的嚎叫,跑进滔天的雨水中去雇马车。萧红已经疼得不省人事,在土炕上滚得没有人样了。疼痛稍微轻一点的时候,她想喝一杯水,爬起来下地,茶杯刚拿在手里,又痛得不能忍受,杯子失手掉在地板上碎了。裴馨园黄脸大眼的岳母闻声进来,唠叨着说:"这也太不成样子了,我们这里倒不是开旅馆,随便谁都住在这里。"萧红已经听不清楚谁

[①] 萧军:《为了爱的缘故》,《十月十五日》,山东人民出版社,1983。

在说话,她把肚子压在炕上,想把孩子从肚皮中挤出来。肚子痛得像肠子被绞着,肠子好像被抽断了一样。她的汗水和泪水,一起流着。

萧军雇好马车,把萧红抱下楼,放进车里,向哈尔滨市立医院跑去。马路上的水还没有退,马车在水流中走得很慢。萧军抱着萧红,萧红却对他生出厌烦,对街上的行人也生出厌烦,扯着自己的头发挣扎。马在黑暗中不愿意前行,马车打着旋转。萧军开始惊惶,紧张得声音也变了:"这里的水特别深啊,走下阴沟去会危险。"他跳下马车,勒住马勒,在水里前进着。萧红觉得自己无能,卧在车里像一个包袱,或者像一个垃圾箱。终于到达了医院,可是大门紧闭着,门口没有电灯,黑森森的一片。萧军去拍打大门,萧红的心跳着绞着希望与失望。值班的医生给萧红做了检查,说还有一个月才到时间,并且说生产需要预交十五元的住院费。由于医生的宽慰,萧红的情绪稳定下来,又高兴得像小孩儿似的。一天没有吃饭的萧军,看见她单纯的笑容,心里又是笑又是气。

萧军又把萧红抱回车上,马车拉着他们回到裴馨园的家,萧军把他借到的所有钱,一共五角都给了车夫。他扶着萧红走上楼梯,心里打算着一定要凑到十五元钱,好让萧红一个月后顺利生产。他吻过萧红,刚走到外屋,就又听见她的呻吟。跑进去,看见萧红的脸色惨白得像铅锅,不再相信医生的话,意识到萧红临产了。

萧军知道借钱是来不及的,而且也已经无处告贷了。萧军不怀疑,也不做另外打算,他明白现代社会的一切事情唯有蛮横,用不着讲道理。他把萧红赶紧送到医院,虽然没有住院费,也不通过医生,就把萧红强行送进了三等产妇室。第二天凌晨,萧红顺利生下了一个女婴。从汪恩甲离去的5月初算起,到生下孩子的8月底,萧红整整经历了近4个月的折磨。

萧红昏昏沉沉地睡了两天,总是梦见马车在水沟里打转。她感到浑身疲乏,对什么事情都不关心。萧军来看她的时候,坐在小凳上,说上几句不关紧要的话。萧军一走,她又合拢起眼睛,沉入昏睡。迷迷糊糊地睡了3天之后,她夜里开始失眠,乳房胀得生硬,里面好像装满了什么东西似的。

她嚷着奶子疼,但从不询问孩子的事情。

产妇室里摆了五张大床,睡着三个产妇,旁边空着五张小床。看护把孩子一个一个抱到产妇跟前,产妇们的脸上都带着不可抑制的新奇感。当看护推着孩子向萧红走来的时候,萧红的心开始急促地跳动起来,就像听到意外的消息。她生怕看到孩子,涌起母爱动摇了她的决心,连忙摇着手说:"不要!……不要……我不要呀!"她浑身颤抖着,"声音里母子之情就像一条不能折断的钢丝被她折断了"。她的孩子生下来5天,整整哭了5天,她也被折磨了5天。她时而从床上挨下来,脸伏在有月光的墙上,心里念叨着:"小宝宝,不要哭了,妈妈不是来抱你吗?冻得这样冰冷啊,我可怜的孩子!"时而,她又爬上床去,扯着自己的头发,用拳头捶打自己的头。她深深地自责:"真是自私的东西,成千成万的小孩在哭怎么就听不见呢?成千成万的小孩饿死了,怎么就看不见呢?比小孩更有用的大人也都饿死了,怎么看不见呢?真是个自私的东西!"萧红整夜做着噩梦,梦见萧军到床边抱起她就跑了,跳过墙壁,住院费也没交,孩子也不要了。梦见小孩子给院长当了丫头,被院长打死了。孩子在隔壁还是哭着,萧红被她的哭声惊醒,慌张地迷惑地爬下床去。她以为院长在杀害她的孩子,但只见影子在壁上一闪,终因体力不支而昏倒了。只隔着一道隔壁,母子之情就永久相隔了。

萧红已经打定主意,将孩子送人。在大水之后哀鸿遍野的残酷现状中,她自己的基本生活还没有着落,连个安身的地方都没有,哪里有能力养活一个孩子。放孩子一条生路,是唯一的选择。她的心思一透露,立即就有人帮助她联系了一家人,男人是中央公园的临时看门人,[①]女人已经三十多岁了,黄脸上涂着白粉,隐约露出黄黑的斑点,穿了一件白色的长衫。她坐在萧红的床边,絮叨地向她问些琐碎的事情,别的产妇也凄然地听着。萧红一看她的脸色,心里就像针扎一样的疼痛。她对那女人说:"请抱

---

① 刘俊民口述,何宏整理:《我的同学萧红》,孙延林主编《萧红研究》第一辑,哈尔滨出版社,1993,第24页。

走吧,不要再说别的话了。"她用被子把头蒙起来,眼泪在被子里横流。那个女人犹豫着说:"谁的孩子,谁也舍不得,我不能做这母子两离的事。"她说着话扭了扭身子。萧红掀开头上的被子,眼泪和笑容凝结在一起,说:"我舍得,小孩子没有用处,你把她抱走吧。"那个女人站起来到隔壁去看孩子,看护对她说:"小孩子生下来6天了,连妈妈的面都没得见,整天整夜地哭,喂她牛奶也不吃,她妈妈的奶胀得痛,都挤奶了。唉,不知为什么,听说孩子的爸爸还很有钱呢! 这个女人真怪,连有钱的丈夫都不愿意嫁。"那女人说着同情的话,看护说:"这小脸多么冷清,真是个生下来就招人可怜的孩子。"小婴儿被摸醒了,以为是自己的妈妈,便发出撒怨的哭声。这些声音对萧红无疑都是剜着心头肉的刀子,她只能忍受着内心的疼痛,默默地流着眼泪。过了半个钟头,那女人把孩子包起来,夹着红包袱,抱起孩子走了。她的脚步声经过产妇室,顺着台阶下去了。萧红什么也没有看见,只是听到一阵嘈杂的声音!

萧军又来看萧红的时候,萧红告诉他,孩子已经让人抱走了,眼神是刚强沉毅的。萧军只是安静地听着:"这回我们没有挂碍了,丢掉一个小孩使多数小孩要得救的目的达到了。现在的问题就是住院费。"他紧握着萧红的手想:她是时代的女人,真想得开,一定是我将来忠实的伙伴,他周身的血液都沸腾起来。①每天,萧军走出医院的时候,庶务都要向他索要住院费。萧军早就放弃了筹足住院费的念头,只是想先筹得接萧红出去的车钱。他再一次夹着自己唯一的财产,那件旧制服到当铺去。可是,衣服已经被老鼠咬破了,当铺根本不要。他又为了五角车钱,开始四处奔波。

由于产前生活动荡不安,饥寒交迫,营养不良,加上精神的刺激过重,生过孩子之后,萧红就病倒了。因为交纳不起住院费,医生不给她治疗。萧红感到所有人歧视的目光,精神倍加痛苦。她对萧军说:"亲爱的,我不能再在这里忍受下去了! 不独这床和枕头……连一头苍蝇全在虐待

---

① 萧红:《弃儿》,《萧红全集·散文卷》,北京燕山出版社,2014,第1页。

我……"萧军也一筹莫展,他每天奔波却一无所获。萧红如果出院,就连吃住都成问题。裴馨园家是不欢迎他们的,也没有别的地方可去。萧军只能安慰萧红:"再忍耐几天吧!孩子!这里总比监牢狱强得多!可以自由地看见天;也比出去强,这里有足够吃的面包,还有牛奶……你吃不了的面包就藏起来,等待我来吃……这是很适合我们的地方呢!——看,窗外的那棵美人蕉向你笑咧!"萧军把衰弱的萧红扶到椅子上,她的脸色在日光照耀下,更显得苍白得近乎透明!像完全用骨质刻成的人的模型,看不出血肉,也看不出呼吸!她对萧军说:"我会死了吧!我死了你就可以同他们走了。但是我现在不想死,亲爱的,我连要死的梦怎么都不做一个呢?……为什么我不想到死?……说给我……为什么尽是笑呀?尽看那美人蕉!它是那样引诱你吗?"萧军握着她的手说:"只有要死的人才会想到死……我是总在想怎样的活……并且要活得美丽!"

萧军本来是暂住哈尔滨,等待时机去磐石游击队。当时,正好有一个朋友从磐石来,要萧军和他一起走。因为萧红需要照顾,萧军便只能留在哈尔滨。这使萧红很抱歉,她对萧军说:"不要管我……亲爱的!我累赘了你!"萧军问她:"为什么要这么说?"萧红说:"你的朋友需要你!"萧军宽慰她说:"为什么又提到这些?你是在病中!"萧红依恋地说:"啊!也许在健康的时候……我更离不开我所爱的人!"她催促萧军赶紧离开医院,不然庶务又来要钱。萧军告诉她,只要她的病好了,一定会给他钱。萧红忧虑地说:"你哪里来的钱?"萧军肯定地说:"总会有办法的……最大限度我可以请他们把我送进监牢去,有两个月坐监……总可以抵了……反正这医院也是官家的机构……送一个欠债的人到监牢去,想来总是方便的。"萧红沉默下来,不再说什么。

因为得不到治疗,萧红的病越来越重,肚子疼得像要破了一样。她痛苦地呻吟着,在床上像受了伤的蛇一样扭动着身体。她对萧军说:"亲爱的,这回……这回我也许会死了!……"萧军急忙说:"不会死,我去找大夫……"萧红不肯放开他的手,哭着叫着:"不要离开我……我要死在你的眼前……你会永久记着我……"萧军看一看旁边的看护,他们正凑在一起惶惑地交谈着什么。他问一个岁数较大的:"大夫来了吗?"那个看护迟疑着说:"来是来了,现在他们在屋子里……"萧军对他们说:"你们无论哪一位给请一请好吗?"看护们彼此看了看,最后还是那个年纪较大的转身走了出去,萧军拍着萧红的胸说:"亲爱的,大夫就来了,忍耐些!"萧红忍住呻吟,过了几分钟,那个看护又回来了,温雅地对萧军说:"先生,大夫说他也没有办法……除非是打特别的止痛针……但这得用现钱……你的住院费……"她停下不说了,只是笑着。萧军再也忍不住了,顾不上萧红的劝阻,去找大夫。

一个瘦高的男大夫和一个矮胖的女大夫,正在办公室里玩围棋。他们连看也不看萧军,自顾笑着叫着,争夺着棋子。萧军放低了声音说:"大夫,请你给病人看一看,或者打一针止疼的针……"男大夫好像没有听见萧军的话一样,继续对女大夫说:"你看……我吃了你这样多的子了……"女大夫似乎觉得有些不妥,放低了声音说:"那算什么呢?到终局才能分胜败呢……问一问这个人……"男大夫低垂着眼睛,沉思着布置自己的棋局。门开了,传进萧红痛苦的呻吟声,像箭一样穿透了萧军的心。他再也忍受不住心中的怒火,一把推开他面前的棋盘,棋子立即滚得哪儿都是。男大夫从椅子上坐起来,冲着萧军叫着:"你为什么这样不懂礼节,推乱我们的棋盘?"萧军愤怒地说:"对于一个冷血的动物,我从来是不讲礼节的!"男大夫质问萧军:"你这是对谁说?"萧军说:"你不必害怕,我现在不怎么你,我只问你:为什么不给我的病人治病?"男大夫答道:"这是庶务的意思,——啊!去喊庶务来。"他们又关于礼节的问题反复交锋,直到庶务到来。萧军问他:"你是什么意思,不许大夫给病人看病?"庶务干脆说:"因为你不给钱——"萧军厉声问道:"是'钱'要紧,还是'人的性命'要紧?"庶务冷淡地说:"这我不管,公家是这样规定着,我就这样执行。"萧军果断地说:"现在,我不管你们公家规定,还是私人规定……我要你们给我的病人治病……"庶务回答:"现在医院里没有这样的材料……不然你换个医院吧?"一个医生征求着庶务的决定:"他欠的钱可以慢慢向他讨……她这样呻叫着要使整个医院不安啦!"庶务坚持让他们换一家医院,萧军瞪着他问道:"这是谁的意思啊?"庶务回答:"这是大夫的意思啊!"萧军走近大夫,质问为什么?医生回答说是这里的材料不全。萧军又质问他:"你诊察过没有?她是什么病?"那个大夫看了一看围在周围的看护说:"她是肚子疼吧!"一个看护点一点头,于是他又有了把握似的向萧军说:"大概这总是肠胃病了……"萧军一听,气不打一处来,"怎么是大概呢?"一把扭住他的衣襟,愤怒地说:"你们这些指仗杀人吃饭的刽子手,原先在我要出院的时候你们不准我走;现在我的病人病到这样地步,你们又要她到别个医院去医治!我向你说!如果今天你医不好我的人,她若是从此死去……我会杀了你,杀了你们全家;杀了你们的院长,你们院长的全家……杀了你们医院里所有的人,用你们所有的生命来抵偿她……我等待你们给我医治——"

医院里的人看见萧军一副要拼命的架势,是一个生死不怕的亡命之徒,都吓得够呛,赶紧给萧红打针吃药。萧红从疼痛中解脱出来,病情开始好转。萧红对萧军说:"亲爱的,这是你斗争的胜利……"再也抑制不住内心的屈辱,萧军的眼泪流了出来。他暗想我竟做了这样一个可怜的斗争吗?萧红抚摸着他的下巴说:"亲爱的,你又哭了吗?"①

萧红在医院里住了一个月左右。②病室里,产妇们住一个星期,抱上孩子就走了。又有新的人住进来,过一个星期又抱着孩子走了。最后只剩了萧红一个人。萧红当时住的病房,是一栋坐北朝南的廊道式欧式二层楼,门前有很宽敞的带檐走廊,北面有很大的窗户。她在一楼的一间病房里,所以可以看见窗子外面的花草。萧军为了躲避庶务索债,经常从北面的后窗跳进病房,去看望萧红。院长不再向他们索要住院费了,只求萧红早些出院。但是,他们没有车钱,没有御寒的夹衣,最要命的是没有租房子的钱。萧军四处奔走,萧红一个人度过漫长的夜晚,经常彻夜难眠。只能

---

① 萧军:《为了爱的缘故》,《十月十五日》,山东人民出版社,1983。
② 王云:《萧红生平年谱》,孙茂山主编《萧红身世考》,哈尔滨出版社,2003,第231页。

够享受窗上大树招摇细碎的月影,满墙满地地游走。静夜沉思,想起童年,母亲死了以后,自己睡在祖父身边,也看着窗外的树影。祖父走进坟墓去了,自己离开家乡已经3年了,时间消泯了所有的事情。

  医院要腾出病床接纳其他病人,催着萧红出院。10月初,在朋友们的资助下才得以出院。萧军扶着萧红走出了哈尔滨市立医院的大门,产妇们一个个都是抱着孩子,坐着汽车或者马车出院的,只有萧红既没有孩子也没有车,"只有眼前的一条大街要她走,就像一片荒田要她开拔一样。"萧军在前面引导着,一双刚强的影子,"又开始向人林里去迈进"①。

---

① 萧红:《弃儿》,《萧红全集·散文卷》,北京燕山出版社,2014,第1页。

第十九章
落脚欧罗巴

　　萧军和萧红又回到裴馨园的家里。起初,碍于情面,大家还能相安无事地住着。时间一长,他们遥遥无期的寄住就引起了普遍的不满。裴馨园家里的一些人开始烦了,不断在黄淑英耳朵边嘀咕,说萧红孤傲,摆架子,不通人情世故。"真是没事找事,让这样一个人住在家里,吃在家里……"黄淑英本来就不大情愿接待他们,只是"从夫"的妇道使她无法拒绝。11月上旬,终于有一天爆发了激烈的争吵,起因是黄淑英在萧军面前说了萧红的闲话,萧军气愤不过,和她吵起来。彼此伤了和气,裴馨园夹在妻子和朋友之间,没有其他办法,只好躲开为是。他不再见萧军,暗中打发女儿给萧军送来一封信,里面装着五元钱,劝他带着萧红到别处去住,不要再妨碍他们夫妻的和睦。①第二天,萧军就带着萧红离开了裴馨园的家。萧军和萧红再一次流落街头,成了一对无家可归的流浪儿。②这一次,他们在裴家住了一个来月左右。
　　萧军没有别的办法,只得雇了一辆马车,拉着萧红和简单破烂的行李离开了裴家。马车把他们拉到新城大街(今道里尚志大街)③一家白俄经营的欧罗巴旅馆。碰巧,这家旅馆的三层楼上有一间空房子,是斜屋顶的阁楼间。萧军在走投无路的情况下,顾不上多问,便将这间房子租了下来。他怕茶役看出他的穷困潦倒而变卦,顾不上管萧红,扛起行李就上了

---

①③　黄淑英口述,萧耘整理:《二萧与裴馨园》,《东北现代文学史料》第4辑。
②　萧红:《弃儿》,《萧红全集·散文卷》,北京燕山出版社,2014,第1页。

三楼。茶役打开了房门让他进去了,他们总算有了一个自己的落脚之处。

　　楼梯在病弱的萧红的眼里是那样的长,长得好像让她沿着一条小道爬上天顶。她手扶着楼梯,努力拔着两条颤抖的、好像不属于自己的腿。没有走几步,手也和腿一样颤抖起来。终于走进那间房的时候,她像受辱的孩子似的偎上床去,用袖口慢慢地擦着脸。萧军问萧红:"你哭了吗?"萧红答道:"为什么哭呢?我擦的是汗呀!"过了几分钟,萧红才发现这个房间是如此的白,棚顶是斜坡的,地下有一张床,一张桌子,一把藤椅。除此以外,就什么都没有了。

　　萧红感到口渴,便对萧军说:"我应该喝一点水吧!"萧军非常着慌,扫视了房间一周,也没有发现一个可以盛水的器皿。他焦急地说:"怎样喝呢?用什么喝?"桌上除了一块洁白的桌布,干净得连灰尘都没有。萧红在昏迷中,听见萧军和茶房在过道里说话,听到门响,萧军走到她身边的时候,她以为他一定举着杯子站在那,不想萧军说:"用脸盆来喝吧!"萧军去拿放在藤椅上的脸盆的时候,发现了里面的刷牙缸,就拿着走出去为萧红打来了开水。萧红一面喝着水,一面用发颤的手指在雪白的床单上抚来抚去。萧军对她说:"你躺下吧!太累了。"萧红躺下,继续抚摸着白得光耀的床单,心里感到满意:"不错,自己正是没有床单。"她心里的话被萧军说了出来:"我想我们要睡空床板的,现在连枕头都有。"他一面说着,一面拍打着萧红头下的枕头。

　　正在这个时候,有人敲响了门,进来一个高大的白俄茶房,她的身后跟着一个中国的男茶房。

　　"也租铺盖吗?"茶房问道。

　　"租的。"萧军答道。

　　"五角钱一天。"

　　"不租。"萧红和萧军连忙说。

　　那个女茶房动手收拾东西,把枕头、床单和桌布都撤走了。她把所有的东西都夹在腋下,一瞬间,洁白的小屋随着她的花头巾消失了。萧军颤抖地打开柳条箱,去拿自己的被子。小屋像被劫了一样,床上只剩一张肿胀的草褥赤现在那里,破木桌露出黑点和白圈,大藤椅也好像变了颜色。但这一切都没有破坏他们的情绪,他们就在草褥上吻着搂抱在一起。

房门再一次响动起来的时候,那个白俄经理走了进来。她是来取房钱的,一日两元,预付一个月就是六十元。可萧军和萧红只有五元钱,雇马车用去五角钱,只剩了四元五角钱。对那白俄经理说:"你的房钱,给!"他好像知道他们没有钱似的,又好像很着忙,怕他人跑走一样。他拿到手里的两元票子又说:"六十元一月,明天给!"原来包租一月是三十元钱,因为松花江涨水,住房奇缺,房价才涨了一倍。他看萧军拿不出更多的钱来,就摇手瞪眼地说:"你的明天搬走,你的明天走!"萧军说:"不走,不走……"他立刻说:"不走不行,我是经理。"萧军怒不可遏,从床下取出剑来,指着白俄经理说:"你快给我走开,不然,我宰了你!"白俄经理慌慌张张地跑了出去,他误以为裹在纸里的剑是大枪,就跑去报告警察说,萧军他们带着武器。

萧军和萧红不再理睬她,开始简单的晚饭。那是一块黑"列巴"和一小撮盐。

他们刚吃完晚饭,门就开了,进来三四个人,都是穿着制服全副武装的警察。他们一进来,就拿住正在洗脸的萧军的两臂,把箱子弄开,翻扬了一阵。"旅馆报告你带枪,没带吗?"一个挂刀的人质问,说着从床下扒出了长纸卷,他打开,抖着剑柄的红穗头:"你哪里来的这个?"站在门口的白俄经理急得涨红了脸。警察要带萧军到警察局去,萧军也准备跟他们去,嘴里不停地质问着警察:"为什么单独用这种方式检查我,妨碍我?"最后他们温和下来,放开了萧军赤裸的两臂。结果警察带剑走了,他对萧军说:"日本宪兵若发现你有剑,那你非吃亏不可,了不得的,说你是大刀会。我替你寄存一夜,明天你来取。"警察走了以后,他们睡了下来,萧红不住地说:"警察是中国人,倒比日本宪兵强得多啊!"①

---

① 萧红:《欧罗巴旅馆》,《萧红全集·散文卷》,北京燕山出版社,2014,第95页。

他们从此开始了正式的新婚生活,他们虽然穷愁潦倒,但感情却是圣洁深厚。萧军别无长物,没有什么可以送给萧红的,只送了三首定情诗,表达他对妻子的爱意:

浪儿无国亦无家,只是江头暂寄槎。
结得鸳鸯眠更好,何关梦里路天涯。

浪抛红豆结相思,结得相思恨已迟。
一样秋花经苦雨,朝来犹傍并头枝。

凉月西风漠漠天,寸心如雾复如烟。
夜阑露点栏杆湿,一是双双俏依肩。

萧军和萧红当时的生活是异常艰苦的。由于和裴馨园的妻子闹翻了,萧军不能再当他的助理编辑,不再为《国际协报》工作,从前每月二十元的定期稿酬没有了,必须另外寻找生活的来源。起初,萧军四处告贷,常常奔波一天,只能借到五角钱。贫困带给他们极大的压力,一条鞋带也要分成两段,两个人束着一条鞋带。萧红的脚上,一只鞋是白鞋带,一只鞋是黄鞋带。萧军用仅有的几角钱,带她到破落之街肮脏的小饭馆,同一些下流的人一起吃饭,喝一碗玉米粥。走出饭馆的时候,萧红很痛苦,好像快要哭出来,可是她什么人都不能抱怨。萧军每次吃完饭都要问萧红:"吃饱了没有?"萧红说:"饱了!"其实仍有些不饱。回到旅馆,萧军连屋也不进,又忙着去筹钱。他让萧红自己上楼去:"你进屋吧!我到外面有点事情。"萧红回到屋里,屋里没有阳光,那是灰色的四面墙,好像匣子,好像笼子,墙壁在逼着她,使她的思想没有用,使她的力量不能与人接触。她不愿意自己的脑浆翻搅,又睡下去,拉她的被子,在床上辗转,仿佛是个病人一样。她的肚子叫响着,一直等到太阳沉下去。萧军回来了,但没有带回充饥的东西。萧红的肚子叫得更响了,她怕给萧军听见这肚子的呼唤,就把肚子翻向床,压住那呼唤。萧军问她:"你肚疼吗?"萧红说不是,他又问萧红,"你有病吗?"萧红仍说不是。萧军说,"天快黑了,那么我们去吃饭吧!"他借到了五角钱。他们又到那家肮脏的小饭馆吃了一点东西。①

后来,萧军在不收广告费的《五日画报》上登了求职广告,说明自己能教武术、国文,学费低廉。②他终于找到了做家庭教师的工作,每月可以赚到二十元钱。这使他们的生活略有改善,但仍然是吃了上顿没有下顿。

萧军像一条"受冻受饿"的狗一样,风雪无阻地为谋生而四处奔走。而看了广告,来找萧军的人形形色色。有一次,来了一个穿绸大衫的胖买卖人,他说来念书,这使萧红很惊异。他说要念庄子,白话我不用念,一看就明白,那不算学问。萧军为了赚得糊口的钱,只好说:"念庄子也可以。"那胖子又说,每一星期要做一篇文章,要请先生改,萧军也答应下来。又有一天,来了一个年轻人。萧军不在家他就坐在草褥子上等着。他好像有肺病,一面看着床上的报纸,一面问萧红:"门外那张纸贴上写着打武术,每月五元,不能少些吗?"萧红只得说:"等一等再讲吧!"那人等不及了,临走的时候告诉萧红:"我有肺病,我是从大罗新(商店)下来的,一年了,病也不好,医生叫我运动运动。吃药花钱太多,也不能吃了!运动总比挺着强。昨天我看报上有广告,才知道这里教武术。先生回来,向先生说说,学费少一点。"还有的人来,问先生会不会"飞檐走壁"。还有一天,来了一个人,他看了看床上一张光身的草褥,卷在床头的破被子,打量了一下地上的两只破鞋,话也没说就走了。萧红看见他的手杖和眼睛都闪着光,揣测他一定以为教武术的先生,不用问是个讨饭的家伙。③

就这样,他们过着愁苦的日子。饥饿是萧红当时经常的感觉,她在散

---

① 萧红:《破落之街》,《萧红全集·散文卷》,北京燕山出版社,2014,第229页。
② 陈隄:《萧军与哈尔滨》,《滨江星火》,哈尔滨出版社,1993,第74页。
③ 萧红:《家庭教师》,《萧红全集·散文卷》,北京燕山出版社,2014,第105页。

文《饿》里,细腻地记述了这种感觉:

"列巴圈"挂在过道别人的门上,过道好像还没有天明,可是电灯已经熄了。夜间遗留下来睡朦朦的气息充塞在过道,茶房气喘着,抹着地板。我不愿醒得太早,可是已经醒了,同时再不能睡去。

厕所房的电灯仍开着,和夜间一般昏黄,好像黎明还没有到来,可是"列巴圈"已经挂上别人家的门了!有的牛奶瓶也规规矩矩地等在别人的房间外。只要一醒来,就可以随便吃喝。但,这都只限于别人,是别人的事,与自己无关。

扭开了灯,郎华睡在床上,他睡得很恬静,连呼吸也不震动空气一下。听一听过道连一个人也没走动。全旅馆的三层楼都在睡中,越这样静越引诱我,我的那种想头越坚决。过道尚没有一点声息,过道越静越引诱我,我的那种想头越想越充涨我:去拿吧!正是时候,即使是偷,那就偷吧!

轻轻扭动钥匙,门一点响动也没有。探头看了看。"列巴圈"对门就挂着,东隔壁也挂着,西隔壁也挂着。天快亮了!牛奶瓶的乳白色看得真真切切,"列巴圈"比每天也大了些,结果什么也没有去拿,我心里发烧,耳朵也热了一阵,立刻想到这是"偷"。儿时的记忆再现出来,偷梨吃的孩子最羞耻。过了好久,我就贴在已关好的门扇上,大概我像一个没有灵魂的、纸剪成的人贴在门扇。大概这样吧:街车唤醒了我,马蹄嗒嗒、车轮吱吱地响过去。我抱紧胸膛,把头也挂到胸口,向我自己心说:我饿呀!不是"偷"呀!

第二次也打开门,这次我决心了!偷就偷,虽然是几个"列巴圈",我也偷,为着我"饿",为着他"饿"。

第二次失败,那么不去做第三次了。下了最后的决心,爬上床,关了灯,推一推郎华,他没有醒,我怕他醒。在"偷"这一刻,郎华也是我的敌人;假若我有母亲,母亲也是敌人。

天亮了！人们醒了。做家庭教师，无钱吃饭也要去上课，并且要练武术。他喝了一杯茶走的，过道那些"列巴圈"早已不见，都让别人吃了。

从昨夜到中午，四肢软弱一点，肚子好像被踢打放了气的皮球。

窗子在墙壁中央，天窗似的，我从窗口升了出去，赤裸裸，完全和日光接近；市街临在我的脚下，直线的，错综着许多角度的楼房，大柱子一般工厂的烟囱，街道横顺交织着。秃光的街树。白云在天空作出各样的曲线，高空的风吹乱我的头发，飘荡我的衣襟。市街像一张繁繁杂杂颜色不清晰的地图挂在我们眼前。楼顶和树梢都挂住一层稀薄的白霜，整个城市在阳光下闪闪烁烁撒了一层银片。我的衣襟被风拍着作响，我冷了，我孤孤独独的好像站在无人的山顶，每家楼顶的白霜，一刻不是银片了，而是些雪花、冰花，或是什么更严寒的东西在吸我，像全身浴在冰水里一般。

我披了棉被再出现到窗口，那不是全身，仅仅是头和胸突在窗口。一个女人站在一家药店门口讨钱，手下牵着孩子，衣襟裹着更小的孩子。药店没有人出来理她，过路人也不理她，都像说她有孩子不对，穷就不该有孩子，有也应该饿死。

我只能看到街路的半面，那女人大概向我的窗下走来，因为我听见那孩子的哭声很近。

"老爷，太太，可怜可怜……"可是看不见她在追逐谁，虽然是三层楼，也听得这般清楚，她一定是跑得颠颠断断地呼喘："老爷，老爷……可怜吧！"

那女人一定正像我，一定早饭还没有吃，也许昨晚的也没有吃。她在楼下急迫地来回的呼声传染了我，肚子立刻响起来，肠子不住地呼叫……

郎华仍不回来，我拿什么来喂肚子呢？桌子可以吃吗？草褥子可以吃吗？

第十九章 落脚欧罗巴

211

晒着阳光的行人道,来往的行人,小贩,乞丐……这一些看得我疲倦了,打着哈欠,从窗口爬下来。

窗子一关起来,立刻生满了霜,过一刻,玻璃片就流着眼泪了!起初是一条条的,后来就大哭了!满脸是泪,好像在行人道上讨饭的母亲的脸。

我坐在小屋,像饿在笼中的鸡一般,只想合起眼睛来静默着,默着,但又不是睡。

……

文中的郎华就是萧军。

萧红在万般无奈的情况下,就给她中学时代的美术老师高仰山写信,请求经济支持。高仰山和以前一样很喜欢说笑话,没有改变,只是胖了一点,眼睛又小了一点。他随便说着,话很多。他的女儿穿着红花旗袍和黑绒上衣。她有点不耐烦的样子:"爸爸,我们走吧。"这很触动了萧红,她想:"小姑娘哪里懂得人生!小姑娘只知道美,哪里懂得人生?"高仰山问她:"你一个人住在这里吗?"萧红不知为什么,撒了一个谎说:"是。"好像这几年没有什么变化,萧红看见高仰山觉得自己好像还和在学校里读书一样。高仰山说:"还是一个人好,可以把整个的身心献给艺术。你现在不喜欢画,你喜欢文学,就把全身心献给文学。只有忠于艺术的心才不空虚,只有艺术才是美,才是真情爱。这话很难说,若是为了性欲才爱,那么就不如临时解决,随便可以找到一个,只要是异性。爱是爱,爱很不容易,那么就不如爱艺术,比较不空虚……"小女孩又催促她的父亲:"爸爸,走吧!"萧红想,小姑娘哪里懂得人生,只知道"美"。那个女孩看一看这屋子一点意思也没有,床上只铺一张草褥子。"是,走——"高仰山又说,眼睛指着女儿:"你看我,13岁就结了婚,这不是吗?……都15岁啦!"小姑娘不停地说:"爸爸,我们走吧!"高仰山在临走的时候,把萧红要的一张钞票丢在了桌子上。

萧军还没有回来,萧红已经很饿了。但完全被青春迷惑了,读书的时候,她哪里懂得"饿"？只晓得青春最重要,虽然她现在也没有老,但总觉得青春是过去了！过去了！她冥想了好长时间,心浪和海水一般翻了一阵。她想追逐实际吧！青春唯有自私的人才系念,只有饥饿,没有青春。萧军回来了,他们又到几天没有去过的小饭馆吃喝。"很累了吧！腿可疼？道外道里要有15里路。"萧红问他。因为有了吃,萧红很满足,萧军也很满足,其余什么都忘了！那家饭馆非常便宜,因为经常去,萧红连各种菜名都记得清清楚楚,什么辣椒白菜啦,雪里蕻豆腐啦……什么酱鱼啦！所谓酱鱼哪里有鱼,只是用鱼骨头炒一点酱,借一点腥味就是啦！她很有把握,不用算就知道这些菜不会超过一角钱。她用很大的声音招呼,她不怕,她一点也不怕花钱。①

除了饥饿,还有寒冷。萧军有了一点经济收入,就把从前送到当铺的两件衣服赎了回来。他让萧红穿上自己的夹袍,自己穿上一件小毛衣。萧红穿着他的夹袍,自己看不见自己的两只脚,手也被袖口吞没。宽大的袖口,使她忽然感到自己的肩膀一边挂了一个口袋。尽管这样,她也觉得很合适,很满足。他们依然到那家便宜的小饭馆去吃饭,回来的时候,路过卖零食的小亭子,萧红买了两块糖,自己一块,给萧军一块。一面上楼,一面品着糖的滋味。两个人走进房间,像大孩子似的比着舌头。萧军吃的是红色的糖块,所以是红舌头,萧红吃的是绿糖块,舌头是绿的。短暂的欢乐很快就被忧愁冲淡,萧军的指头在桌子上不断地敲,他对萧红说:"你看,我当家庭教师有多么不带劲！来来往往冻得和个小叫花子似的。"萧红看见萧军的袖口已经破了,拖着线条。她想破了倒不要紧,可是冷怎么受呢？

她计划着买些针线,把萧军的毛衣补上。没有想到又引起萧军对一段朦胧恋情的回忆。毛衣上缝着桃色的线,是一个叫敏子的姑娘为他缝的。萧军说,可是过去了,过去了就没有什么意义了。当年,萧军是为她疯狂

---

① 萧红:《饿》,《萧红全集·散文卷》,北京燕山出版社,2014,第115页。

了。敏子每次来信,都说爱萧军,甚至说非萧军不爱。最后一封信却把萧军骂了一顿,直到现在,萧军还不相信,可是事实是那样……这种意外的失恋,是萧军无法相信的事情,被打击得昏迷了许多日子……萧红听着萧军的恋爱往事,感受到他提起"敏子"的时候,喉头似乎在哽咽着,说她长得很好看,小眼眉很黑……嘴唇很红!同时在被子里捏了一下萧红的手,引起萧红的反感,"我又不是她。"萧军沉浸在自己的幻想中,完全不顾萧红的感受,继续说着敏子姑娘。萧红的蜜月也是带着苦涩的,不仅是饥饿、寒冷与贫穷。①

每当萧军出去的时候,萧红就在床上躺着,用睡眠来抑制饥饿和寒冷。她焦急地等待着萧军带回吃的东西来,对楼道里的所有动静都极其敏感。只有听到萧军的脚步声的时候,才停止对食物的幻想。萧军在雨夹雪的天气里奔走,经常是浑身湿透地回来,裤管上还拖着泥,鞋底通了孔,袜子也是湿的。他看见萧红的第一句话总是:"饿了吧?"萧红几乎是哭着说:"不饿。"萧红到马路旁去买几个馒头,回来后两个人就着刷牙缸里的开水吃。吃完馒头,肚子仍然不饱,连桌子上的铜板也要被吃掉似的。萧军问萧红:"够不够?"萧红说:"够了。"萧红问萧军:"够不够?"萧军也说:"够了。"②两个人就是这样,相濡以沫地生活,忍受着贫困的煎熬。

他们在欧罗巴旅馆住了一个星期左右③。

---

① 萧红:《家庭教师》,《萧红全集·散文卷》,北京燕山出版社,2014,第105页。敏子确有其人,就是后来以"梅娘"的笔名著称的孙家瑞。见姚远《东北十四年来的小说与小说人》,刊于1946年12月1日《东北文艺》创刊号。
② 萧红:《雪天》,《萧红全集·散文卷》,北京燕山出版社,2014,第115页。
③ 铁峰:《萧红传》,北方文艺出版社,1993,第131页。

第二十章
筑巢商市街

由于萧军在报纸上登了求职广告,有一天被住在商市街25号的铁路局姓汪的庶务科长①看见了,就派人来和萧军联系,声言只要能教他的公子小姐一点拳棒,可以用住房来抵偿学费。谈妥之后,1932年11月中旬,萧军带着萧红搬到了汪科长家终日不见阳光的耳房里,从此结束了他们流浪漂泊的生活。那是一间半地下室的房屋,有台阶通往室内。

萧军又雇了一辆斗子车,把他们的破柳条箱放在车斗里,两人坐在上面到了商市街25号。萧军夹着箱子,萧红端着脸盆,通过很长的院子,在道路的尽头,萧军拉开门说:"进去吧!"汪科长的儿子穿着很大的马靴,跑着跳着喊:"妈……我老师搬来啦!"他们借了一张铁床,从门也抬不进来,从窗户也抬不进来,塞在门口进出不得的时候,萧军用斧子打。门顶的玻璃被震碎了两块,床才终于搬了进来,放在地板的中央。他们又向房东借了一张桌子和两把椅子。萧红用冷水擦洗着地板、窗台。她做完这一切的时候,感到手有点疼,脚也有点疼。炉子灭了,萧红的肚子又疼得厉害,要上床躺一躺。哪里是床!冰一样的铁条,怎敢去接近。在这寒冷的小黑屋里,萧红感到寂寞,"我好像落下井的鸭子一般寂寞并且隔绝。肚痛、寒冷和饥饿伴着我……什么家?简直是夜的广场,没有阳光,没有暖。"萧军用

---

① 铁峰:《萧红传》,北方文艺出版社,1993,第133页。又一说是处长,见陈隄:《萧军与哈尔滨》,《滨江星火》,哈尔滨出版社,1993,第74页。

他们仅有的钱,买回一只小桶,里面放着小刀、筷子、碗和小壶,此外还有少量的白米和铺床的草褥。萧军再去买回木桦的时候,萧红开始点火。她以往的生活是比较优裕的,基本上饭来张口,衣来伸手,从来没有干过家务活。此时却要担负起主妇的职责,站在火炉边调着晚餐。油菜烧焦了,白米饭是半生就吃了。说它是粥,比粥还硬一点;说它是饭,比饭还黏一点。但萧军一样吃得很开心,这对萧红无疑是一个鼓励。

晚上,房主人来了,大概是取着拜访先生的意思。过了一刻,那孩子又来打门说:"我三姐来啦!"她的三姐是萧红的同校同学,知道萧红的名字,还说以前几乎每天都看见她。但萧红已经完全记不得了。她卷皱着头发,挂胭脂的嘴,比萧红好像还大一点。过了一会,那个男孩子说:"三姐,你的老师来啦。"她便站起来说:"我去学俄文。"萧红看着她长身材、细腰的少女风度,觉得自己已经惨败得比30岁更老。①

虽然有了自己的家,可以省去租旅馆的房钱,自己开伙,也节省了饭钱,但经济却仍然是紧张和拮据的。经常没有钱买柴买米,在相当长的一个时期里,靠借贷和典当度日。萧军的工作不固定,收入也没有保障。他每天东奔西走去借钱,借回来的钱总是很少,一般是三角、五角,借到一元钱是很稀有的事。他们有时只能靠一块"黑列巴"和一点白盐,维持最简单的生活。尽管如此,他们还是保持了乐观的生活态度,时时想到自己是新婚,正在度蜜月。萧军取一片面包,涂上一点白盐,学着电影上那样度蜜月,把涂盐的"黑列巴"先送到萧红的嘴里,萧红咬了一口,他才去吃。因为盐太多,咸得萧军连忙去喝水,并且自我解嘲地说:"不行,不行,再这样度蜜月,把人咸死了。"盐毕竟不是奶油,带给人的感觉一点也不甜,一点也不香。萧红坐在旁边笑起来。饥饿是他们在蜜月中最经常的感觉。他们基本食素,有时候不吃,好像传说中要成仙的人在这地方苦修苦炼。他们脸也黄了,骨头也瘦了。萧红的眼睛越来越大,萧军的颊骨像木块一样突出

---

① 萧红:《搬家》,《萧红全集·散文卷》,北京燕山出版社,2014,第120页。

在腮边。①

萧红身体略好,就尽量为这个小巢里的生活贡献力量,以减轻萧军的负担。她也为了钱而奔走,她把一件新做的棉袍拿到当铺,本想能当得两元钱,但当铺的人说衣服袖子太瘦,卖不出钱来,只肯给她五角钱。她坚持了一下,当铺的人才让步给了一元钱。在回来的路上,她遇到一老叫花子,又停下来给了他一个大铜板。"我有饭吃,他也应该有饭吃!"她在心里想着。②

她还设法借钱。萧红到东特第一女子中学校,去向她昔日的国文老师梁先生借钱。萧军在校门口等着她,她鼓足勇气走进熟悉的旧校舍,她有一种受辱的感觉。她向校役打听国文教师,回答说:"在校是在校的,正开教务会议。"萧红又问:"什么时候开完?"校役回答:"那怕到7点钟吧!"墙上的钟还不到5点,等也是无望。萧红走出校门,她没有借到钱,只能跟萧军步行走很远的路回家去。身体虚弱的萧红,踩着道路上厚厚的冰雪,终于在一家电影院门前跌倒了。膝盖的关节受了伤,被萧军拉起来之后,走路十分困难。回到阴冷的小屋里,没有菜,没有油,只能把剩下的一点米煮成稀饭充饥,暖一暖肚子。萧红的肚子仍然是冰凉的,萧军想用饼干盒子装上热水,给她焐一焐,可是水漏了出来。萧军又拿一个空玻璃瓶灌进热水,瓶底又炸掉下来,水流得满地都是。他拿没有底的瓶子当号筒来吹,萧红只有在那呜呜的响声中,躺到冰凉的床上。③

除了当和借以外,她还向以前的朋友要。她去找老同学刘俊民,向她要衣服和鞋子。她的朋友们也很惦记她,刘俊民和沈玉贤也到商市街25号去看望她。和这些老朋友在一起,她可以坦率地倾诉,告诉她们自己生过一个孩子,送给中央公园看门的老头了。她穷得要过饭,就是要饭也养不活孩子④。这大概是她在孤苦寂寞中,最温馨的时刻了。这一年的秋

---

① 萧红:《"黑列巴"和白盐》,《萧红全集·散文卷》,北京燕山出版社,2014,第126页。
② 萧红:《当铺》,《萧红全集·散文卷》,北京燕山出版社,2014,第136页。
③ 萧红:《借》,《萧红全集·散文卷》,北京燕山出版社,2014,第139页。
④ 刘俊民口述,何宏整理:《我的同学萧红》,孙延林主编《萧红研究》第一辑,哈尔滨出版社,1993,第24页。

天,孟希搬到了道里药铺街,和萧军他们离得近了。有一天晚上,萧军和萧红突然到了他家,萧军憨直地问他,你吃饭了吗?孟希回答,吃了。萧军喃喃地说,我和她还没有吃饭呢。孟希明白了他的来意,就赶紧拿出五元钱给他。这时,孟希已经找到了工作,手头还有几块钱,就尽量多给他们一些。孟希看着萧军和萧红高兴离去的背影,自己也很高兴,因为这是他们第一次求他。①

萧红对家务事完全没有经验,基本上什么也不会干。炉子烧起来又灭,灭了再点,灭到第三次的时候,她恼了!她再也不能抑制自己的愤怒,心想冻死吧,饿死吧,火也点不着,饭也烧不熟。她的手在铁炉门上烫焦了两条,把指甲烧焦了一个缺口。火焰仍是从炉门喷吐,她对着火焰生气,女孩子的娇气还没有脱掉。她对着窗子,心里很酸,脚也冻得很疼,她很想哭,但眼泪却没有流下来。她心里明白,已经不是娇子了,哭什么?萧军对她说:"睡下吧,屋子太冷。什么时候饿,就吃面包。"萧红只好躺到床上,在被子里也要颤抖似的。窗户上结满厚厚的冰霜,挡住了太阳的光。夜来时也不知道,天明时也不知道。是个阴暗的幽室,人住在里面,正像菌类。他们只能偎依在一起。互相拥抱着取暖。半夜醒来,萧军光着身子跳起来,点起蜡烛,到厨房去喝冷水。萧红对他说:"冻着,也不怕受寒!"萧军满不在乎地说:"你看这力气!怕冷?"上了床之后,他还在自己的肩头上打了两下。萧红暖着他冰凉的身子颤抖了,都说情人的身子比火还热,但在这个时候,萧红不能相信这话了。实在冷得没有办法的时候,他们就向房东借木桦子,生起火来能取暖的时候,米又没有了。等萧军跑出去借了钱买来吃的东西的时候,木桦又剩了一块。他们就是这样,在饥寒交迫中,天复一天地愁米、愁柴。②

到下雪的日子,萧红就不能出屋,因为她没有御寒的衣服。有火的时

---

① 孟希讲述,何宏整理:《萧红遇难得救记》,孙延林主编《萧红研究》第一辑,哈尔滨出版社,1993。
② 萧红:《最末的一块木桦》,《萧红全集·散文卷》,北京燕山出版社,2014,第124页。

候,她就站在炉边。更冷的时候,她还能坐到铁炉板上去把自己煎一煎。若是没有木柴,她就披着被子坐在床上,一天不离床,一夜不离床。她把两只脚伸到炉腔里去,两腿伸笔直,在椅子上对着门看书。但是,她完全看不进去,没有心思看书。雪带给她不安,带给她恐怖,带给她终夜不舒适的噩梦……一大群小猪沉下雪坑去……麻雀冻死在电线上,麻雀虽然死了,仍挂在电线上,行人在旷野白色的大树里,一排一排地僵直着,还有一些把四肢都冻掉了。醒了以后,她还不知道这是梦,逐渐明白过来,才紧抱住萧军,但总不能相信这不是真事。她对萧军说:"为什么要做这样的梦?照迷信的来说,这可不知道怎样?"萧军劝慰她说:"真糊涂,一切要用科学方法来解释,你这梦是一种心理,心理是从哪里来的?是物质的反映。你摸摸你这肩膀,冻得这样凉,你觉到肩膀冷,所以,你做那样的梦!"萧军很快又睡着了,萧红觉得风从棚顶,从床底都会吹来,冻鼻子,又冻耳朵。从冻又想到饿,明天没有米了。她就这样,经常是彻夜不眠。①

朋友们也一直都在帮助萧军和萧红,不少在报纸工作的朋友都为他们登发广告,寻找教武术和文学的家庭教师工作。连裴馨园都在极力设法帮助打开他们的生路,1932年11月13日,裴馨园以自己的名义在《哈尔滨公报》上,登了一则广告:

兹有友人颜酏君愿担任教文学、武术教授。

投函及面授地点:道里外国三道街(即商市街)廿五号内四号房子。介绍人老裴。②

不久,萧军找到了一份家庭教师的职业,每夜到五里路外一条偏僻的街上教两个初中生国文。有了这份工作,他们每个月可以有十五元钱的固定收入。这样,萧军就有了好几份家教的工作,可以维持基本的生活。③

---

① 萧红:《飞雪》,《萧红全集·散文卷》,北京燕山出版社,2014,第130页。
②③ 叶君:《从异乡到异乡》,中国社会科学出版社,2009,第101页。

萧军为了生活,整天四处奔走。每天一早,赶到南岗当家教,回来吃点东西,就去上国文课,晚上还要教房东少爷武术。他奔走一天,晚上回来累得倒头便睡。萧红白天一个人待在家里,经常是感到孤独寂寞。她对着一些家具默坐,虽然生着嘴,连个说话的人也没有;虽然生着腿,哪也不能去;虽然生着手,而也没有做什么。她觉得自己和一个废人一样,连视线都被墙壁截止住,想看一看窗前的麻雀也不能够。她想:这就是"家",没有阳光,没有暖,没有声,没有色,寂寞的家,穷的家,不生茅草荒凉的广场。她站在小过道里等萧军,肚子很饿。房东的女儿,吃饱了、穿着豪华,很满足地走回来。看见萧红笑着说:"啊!又在等你的三郎……他出去,你天天等他,真是怪好的一对!"萧红立即就把她给忘了,因为肚子叫起来。房东的另一个女儿看见萧红,对她说:"没去看电影吗?这个片子不错,胡蝶主演。"萧红看见她蓝色的大耳环永远吊荡不能停止,而自己的袍子冷透骨了,便敷衍着说:"没去看。"她又说:"这个片很好,煞尾是结了婚,看这片子的人都猜想,假若演下去,那是怎样美满……"萧军回来了,房东的女儿说:"和你度蜜月的人回来啦,他来了。"萧红想着,好寂寞,好荒凉的家呀!萧军从口袋取出烧饼来给她吃。然后,又走了,他要去寻找一个职业。萧红赶紧追到门外问他:"什么时候回来?什么时候回来?"好像捉不到的鸟儿,捉到又飞了!失望和寂寞折磨着她,虽然吃着烧饼,也好像要饿倒下来。她想到小姐们吊荡的耳环和萧军唇上的霜,对于贫富的悬殊生出强烈的感受。①

为了减轻萧军的负担,萧红也一直想寻找职业。她听说青年画家金剑啸到一家电影院画广告,月薪有四十元,认为自己也可以胜任这个职业。有一天,她看见报纸上某个电影院在招聘广告员,立刻就动了心。她和萧军商量这件事,萧军不以为然地说:"尽骗人。昨天别的报上登着一个招聘家庭教师的广告,我去接洽,其实去的人太多,招一个人,就要去十个二十个……"萧红还是执意要去试试,萧军不愿意萧红生气,就勉强同意了她的要

---

① 萧红:《他的上唇挂霜了》,《萧红全集·散文卷》,北京燕山出版社,2014,第133页。

求。第二天萧红又留心那广告,她看清月薪是四十元。他们好不容易找到了那家负责接洽广告员业务的商行,还没有看清楚是个什么商行,里面的人就截住他们说:"今天是星期天,不办公。"第二天,他们再去的时候,那个商行的人说:"请到电影院本家去接洽吧。我们这里不替他们接洽了。"萧军走出来就埋怨萧红:"这都是你主张,我说他们尽骗人,你不信。"萧红也十分生气:"怎么又怨我?"两个人莫名其妙地吵了一架,萧红打消了当广告员的梦想。

可是萧军却自己到那家电影院去了两次,回来对萧红说:"我去过两次,第一回说经理不在,第二回说过几天再来吧。真他妈的!有什么劲。只为了四十元钱,就去给他们耍宝!画什么广告?什么情火啦,艳史啦,甜蜜啦,真是无耻和肉麻!"萧红并不答话,她看着萧军愤怒的样子,好像有人非捉他去当广告员不可。萧军又说,"你说,我能干那样无聊的事?去他娘的吧!滚蛋吧!"萧军骂着骂着竟骂起自己来,"真是混蛋,不知耻的东西,自私的爬虫!"只到晚上睡觉的时候,萧军还在剖析自己,"你说,我们不是自私的爬虫是什么?只怕自己饿死,去画广告。画得好一点,不怕肉麻,多招来一些看情史的,使人们羡慕富丽,使人们一步一步地爬上去……就是这样,只怕自己饿死,毒害多少人不管,人是自私的东西……若有人每月给二百元,不是什么都干了吗?我们就是不能推动历史,也不能站在相反的方面努力败坏历史!"萧军的话使萧红感动了,她提醒他:"你要小点声啊,房东那屋常常有日本朋友来。"

过了几天,他们在中央大街闲逛,遇见了金剑啸。萧红在他的鞋上发现了颜料,问起来才知道,金剑啸正在附近的一家电影院里画广告。金剑啸对他们说:"我的事情很忙,4点钟下班,5点钟又要去画广告。你们可不可以帮我一点忙?"不等他们答话,金剑啸就让他们在卖票的地方等。他们匆匆忙忙地吃过晚饭,就朝电影院跑去。萧军一反常态,远远地把萧红甩在后面。他一边跑还一边说:"做饭也不晓得快做!磨蹭。你看晚了吧!女人就会磨蹭,女人就能耽误事!"萧红觉得他前后矛盾的态度很可笑,跟着他走进了电影院。他们问电影院的外国人,回答说不知道金剑啸其人。

他们等了半个钟头,也不见金剑啸的影子,只好返回家里。萧军一到家又恢复了几天以前的态度,振振有词地说:"去他娘的吧!那是你愿意去。那不成,那不成啊!人,这自私的东西,多碰几个钉子也对。"

萧军又出去了,金剑啸找到家里来,约萧红和他一起去画广告,每月四十元的薪水,每人各分一半。那天晚上,萧红在广告牌前站着画到10点钟才回来。萧军出去找了她几次也没有找到她,便一个人坐在家里生气。他们吵了半夜,萧军买了酒来喝,萧红也抢着喝了一半,两个人都哭了。萧军醉了以后在地板上嚷着说:"一看到职业,什么也不管就跑了,有职业,爱人也不要了!"萧红的心里生出歉疚,她暗想:"我是很坏的女人吗?只为了二十元钱,把爱人气得在地板上滚着!"可是米袋子已经空了,萧军每月五元的定期稿费在不停地预支,不然又怎么维持生活呢?第二天是星期天,酒醒以后,他们一同去画了一天广告。萧红给金剑啸当副手,萧军给萧红当副手。但他们很快就被电影院的老板给辞退了,因为他看不中他们的画,另请了别人。萧红当广告员的梦想彻底破灭了。①

萧军一个读初中的学生,父亲是商人,希望他做生意。如果学古文就给他出学费,如果读白话文就不供给他,因为读白话文没有什么用。他很难过地从兜里拿出一元钱,很抱歉地说,我读了一天书就给一元钱吧。萧军和萧红的心里也很难受,分别时强行把钱塞到了他的衣兜里。萧军另外两个读中学课本的学生也不读了,萧红觉得他实在不适合干这个行当,可是他们的生命线又断了。没有其他的办法,萧红拿着萧军的条子去找一个胖朋友借贷,带回日用的米、面、木柈之后,还只剩下几角钱。这些米面没有几天又要吃完了,为了生计,萧红接了一份家庭教师的职业。她的女学生年纪比她还大,这使萧红有些不好意思。以前,萧军朗声讲书的时候,萧红就躲到厨房去。萧红一本正经地大声开讲了,萧军觉得她的样子很可笑,也躲到厨房里去了。她的学生是读小学课本,猪、狗、羊一类的字都不

---

① 萧红:《广告员的梦想》,《萧红全集·散文卷》,北京燕山出版社,2014,第145页。

用萧红教,她抢着自己念,并且说着,我认识,我认识。不管在什么地方,碰上她认识的字,就抢先一个又一个地念出来,萧红也阻止不了。她先给了萧红几元钱,说过几天我再交那几元钱。女学生四五天没有来,当萧红以为她不来了的时候,她又捏着一张纸来了。萧红正在做饭,她解释说自己病了,但是并不像生病的样子。扭捏了很久,她才把手里的纸拿出来,求萧红解读纸上的字。萧红不认识,萧军看了半天,才辨认出是易经上的字。女学生说,我批了个八字,觉得先生是很有学问的人,拿来请先生看看。萧红自然说不出所以然来,这使她很失望,走了之后,就再也没有来过。①

他们的生活仍然是拮据的,稍有盈余,萧红就为萧军置办御寒的衣物,他们只能到"破烂市"的阴棚去找廉价的。各种货物多得炫目,都是萧军所需要的,但是没有充足的钱,只能走着看看。萧军看上了一顶四耳的帽子,萧红觉得他戴着像一只小猫,把帽耳放下来,又像一只小狗。帽子的式样让萧红觉得温馨,因为童年祖父也为她买过这样一顶,叫它"巴狗帽"。为了找到合适的东西,萧红的脚在阴棚里冻得难忍,只好在小人行道跑几个弯子,为了省两角钱,她跟着萧军走遍阴棚寻找。他们被一个摊贩误认为日本人或者高丽人,用夹生的日语招徕生意,这引起他们的反感,迅速地绕了过去。萧军终于挑好了一顶帽子,戴在头上,招呼萧红赶紧走。绕了许多的路,他们才走出阴棚。全部财产只剩下五角钱了,连买一点瓜子的愿望也不能满足,因为要吃三天。萧红饿着肚子,白白地跑了一趟。只忍着手疼、脚疼,顶风冒雪地走回家去②。

除了经济条件的窘困之外,萧红和萧军一起,承担维持一个家庭的各种琐事。萧军整日外出赚钱,萧红一早起来就得干家务活,"早饭吃完以后,就是洗碗、刷锅、擦炉台,摆好木格子。假如有表,怕是11点多了!再过三四个钟头,又是烧晚饭。"③这样琐碎单调的小市民生活,也是萧红感

---

① 萧红:《女教师》,《萧红全集·散文卷》,北京燕山出版社,2014,第168页。
② 萧红:《买皮帽》,《萧红全集·散文卷》,北京燕山出版社,2014,第142页。
③ 萧红:《度日》,《萧红全集·散文卷》,北京燕山出版社,2014,第128页。

觉寂寞难耐的原因。手头稍一宽裕,她就和萧军一起储备基本的生活资料。有一次,她和萧军到木杪场买好了一批木杪,雇车拉回来。在路上,就有小偷跟在他们的车子后,经过车夫提醒,萧军大声吆喝,小偷才跑了。车夫反复骂着小偷的贪得无厌,把车赶进商市街的院子。车夫诉说着家里冷,孩子小,要求留两块带回家去,萧红答应了,看见他把最大的五块留在了车上,还把地上碎的树皮都装上了马车拉走了,也不再说贪得无厌的话。门外围上来一群锯木杪的工人,萧红找了两个老人干活。一个老人对另一个老人说,吃点什么?萧红听见了,就出去给他们买面包。整整一个下午,萧红都看着他们锯木杪子,把锯好的木杪搬进厨房,把院子的地面扫干净。木杪子带给萧红大欢喜,高兴得出来进去。她付了工钱,就回去做晚饭。过了好久,发现老头还不走,背着工具站在院子里。他们对萧红说,工钱错了。萧红以为他们认为给少了,没有想到他们说给多了,吃的面包钱没有扣除。萧红说不要了,他们连声道谢。萧红立即羞愧起来,看着两个背影离去,眼泪都要流出来了。他们已经到了当祖父的年龄,吃块面包还要感恩吗?①萧红对于人性的思考,从这个时期就开始了。

尽管他们愁苦度日,但是两个人也追逐着快乐,以青春生命的天然活力对抗着炎凉的环境。春天到来之后,萧红可以走出低矮、阴暗的房间,到公园,到江边去看风景了。比萧红低一届的同学杨范,在学校里对萧红印象极深,知道她性格活泼,在黑板报上经常看见她的诗文,还欣赏她的绘画,了解美术老师高仰山对她的欣赏。她还耳闻萧红经常在校外活动,引起校长孔焕书的不满,扬言要开除她。因为,杨范是小班的同学,和萧红虽然经常照面,却从不说话,不打招呼。直到1933年,萧红和萧军已经搬进了商市街25号,杨范才跟着南方姑娘陈涓一起,到她家去拜望,算是正式认识了。那时,萧红已经开始写作了,空空如也的晦暗房间中,只有稿子散得四处都是,桌子上有,地上也有,杨范觉得那是"他们值得骄傲的最富有的财产吧"。有一次,在中央大街上,杨范看见萧红和萧军。萧军脖子上系

---

① 萧红:《小偷、车夫和老头》,《萧红全集·散文卷》,北京燕山出版社,2014,第174页。

了一个黑蝴蝶结,手里拿了个三角琴,边走边弹奏。萧红穿着花短褂,下着一条女中学生通常穿的黑裙子,脚上蹬着萧军的尖头皮鞋,样子非常地引人注目。他们边走边唱,就像流浪艺人一样。①抗日英雄赵一曼也对他们当时的潇洒快乐的情形印象深刻,她是地下党派给方未艾的政治辅导员,曾向方未艾提起第一次看见两萧是在中央大街上,后来也多次在大街上遇到。两个人都衣冠随便,萧红还穿了一双萧军的尖头皮鞋,他们风姿飘洒、旁若无人地边走边谈笑。②可见,在艰苦的生活中,两萧的精神却经常是很健朗、愉快的。

许多年之后,萧军回忆说:"尽管那时候我们的生活是艰苦的,政治、社会……环境是恶劣的,但我们从来不悲观,不愁苦,不唉声叹气,不怨天尤人,不垂头丧气……我们常常用玩笑的、蔑视的、自我讽刺的态度来对待所有遇到的困苦和艰难,以至可能发生或已发生的危害!这种乐观的习性是我们共有的。""不管天,不管地,不担心明天的生活;蔑视一切,傲视一切……这种'流浪汉'式的性格,我们也是共有的。""正因为我们共有了这种性格,因此过得很快活,很有'诗意',很潇洒,很自然……甚至为某些人所羡慕!……"③

---

① 丁言昭:《萧红的朋友和同学》,孙延林主编《萧红研究》第一辑,哈尔滨出版社,1993,第25页。
② 叶君:《从异乡到异乡》,中国社会科学出版社,2009,第110页。
③ 萧军:《萧红书简辑存注释录》,黑龙江人民出版社,1981,第63页。

第二十一章
走上左翼文艺之路

金剑啸(1910—1936),满族,本名金承载,又名健硕、梦尘,号培之。出生在沈阳一个刻字工人的家庭,3岁时随家迁到哈尔滨。三育中学毕业以后,考入哈尔滨医科专门学校。1929年,弃医从艺任哈尔滨《晨光报》文艺栏江边的编辑。他很小就显示出文艺才能,很受老师和同学的推崇,1928年开始文学创作。1929年夏,由陈凝秋(塞克)介绍,到上海新华艺术大学(后改为新华艺专)图工系学美术,次年转入上海艺术大学教育系图工科,参加田汉领导的南国社当演员,还曾加入左明等人组织的摩登剧社。1931年春入党,8月,受党组织委派,回到哈尔滨。他为了维持生活,当地方法院"公证所"的书记员,后来创办天马广告社。他为中共党人地下的刊物《满洲红旗》和一些传单小报画插图,设计刊头。1934年,在《东三省商报》担任记者,后又到《大北新报》画刊当编辑。1935年春暂避到当时黑龙江省省会齐齐哈尔,担任《黑龙江民报》副刊"芜田"的主编,1936年年初被革了职。他回到哈尔滨,设法买下《大北新画报》的版权。1936年6月6日被捕,同年8月英勇就义于齐齐哈尔北门外白塔附近,年仅26岁。①

1932年秋天,萧军在小饭馆里和他相识。金剑啸长得英俊清秀,在文学、美术、戏剧和音乐各领域都造诣很深,具有浓郁的艺术家气质,两萧十

---

① 邓立:《金剑啸生平事略》,《东北现代文学史料》1980年第1辑。

分欣赏他,很快成为彼此信任的密友。

1932年夏水灾过后,哈尔滨难民成群,饿殍遍地。严冬即将来临的时候,许多人还露宿在街头,无处安身。为了救助灾民,中共满洲省委候补委员、中共哈尔滨市委东区(道外)宣传委员罗烽和金剑啸一起组织了一次"维纳斯助赈画展"。画展在石头道街的宴宾楼(现市政府大楼址)展出。金剑啸把上海前卫的艺术理念带回了哈尔滨,画展的设计新颖,开风气之先。参加画展的有冯咏秋、高仰山、白涛、王关石、商誉民等成名的画家。展出的作品有素描、国画、油画,其中大部分是金剑啸多年自藏的作品,比如《松江雪景图》《五一的日子》《地下的火焰》等。萧红不顾体弱多病,家庭生活困难,也为画展画了两幅小小的粉笔画。一幅画的是两根萝卜,另一幅画的是萧军的破靰鞡鞋和两个杠子头(山东硬面火烧)。这反映了她对贫穷的深刻体验,也表达了对灾民的深切同情。当时的许多文化人写文章,大造舆论声势。《哈尔滨五日画刊》还出了"维纳斯画展"选辑专刊,萧军写了《一勺之水》的宣传文章,方未艾也写了《助赈画展观后记》。这次画展的收入非常微薄,有钱的人吝啬,既不懂艺术,也不同情灾民的死活,懂艺术而又有同情心的人则自顾不暇,没有财力买画。但却引起了各界对灾民的关注,也对日伪当局施加了一定的舆论压力,使灾民得到了某些救济。通过这次义卖画展,萧红走出了自我狭小的天地,结识了许多的朋友,扩大了社会交往的范围,从此走上了左翼文学的道路,奠定了一生跋涉的方向。

不久,金剑啸在位于道里十五道街路北33号院内一栋四层楼房的阁楼上,创办了天马广告社,作为中共地下党与左翼文人联络的地点,对外则承接绘画和广告的业务,萧红由此成为他的副手。这不仅赚了钱补贴家用,而且也受到金剑啸左翼文艺思想的影响,艺术上也是一个熏陶学习的机会。她帮助金剑啸刻钢板、画插图,承担抄写等工作,出版反满抗日的油印小报《东北民众报》。钢板、铁笔、蜡纸,都藏在萧红家的柴堆里。冬天方未艾到商市街25号的小屋看望萧红,正赶上萧红手持铁笔在蜡纸上刻一幅漫画:荷枪实弹的日本兵把一群无辜的老百姓推向火坑。方未艾看见蜡纸上边刻着"东北民众报"五个醒目大字,惊喜地知道,萧红已经在为地下党工作了,是革命同志了。萧红急忙解释说:"这是剑啸让我帮他刻的。"①

赈灾义卖结束以后,金剑啸发起成立了维纳斯画会,所有参加画展的同仁经常在一起探讨艺术问题。萧红也在家务琐事中抽出身来,参加画会的活动。北国冬天的阴冷环境使所有人都觉得寂寞,便凑在一起。萧红又提议成立一个剧团,第一次参加讨论剧务的人有十几个,借了民众教育馆阅报室聚会。其中有一个脸色很白的人,多少有点像政客,引起了萧红的注意。他就是哈尔滨30年代著名的牵牛坊主人冯咏秋,下午,讨论会就转移到他家中。那是道里区水道街(今尚志大街)公园附近一栋东西走向的俄式平房,而且独门独院,因为热爱艺术的房主每年春天种花养草,特别是喜欢种植牵牛花,一入盛夏,绿叶爬满墙壁篱笆,怒放的牵牛花五颜六色,掩映得老木屋十分美观,因此得名"牵牛坊",另一个原因,每天都有白俄罗斯人牵着牛从门前经过,牵牛坊也因此得名,叫俗了便是"牵牛房"。许久没有进入这样暖和的房间,萧红很不习惯,周身热了起来,生了冻疮的脚也开始痒,只好忍耐着。第二天是假日,夜晚来临的时候,他们又去了。房主和萧军十分熟悉,萧红才发现他是这里的常客。另一个发现是邻居汪林也在,正读着剧本,她才知道他们早就是一个圈子里的人。与冯咏秋各住半边的是香坊警察署署长黄田,亦名黄之明。他的妻子袁淑奇(后改名袁时洁),是一个胖胖的小妇人,萧红称她"小蒙古"。萧红在看剧本的时候,萧军和黄田闲谈,忽然发现他们是东北陆军讲武堂的同学,这使双方都喜出望外。②还不到3天,剧团就结束了。人们迅速散去,只剩下一堆剧本放在桌子上。原因是日本人在道外抓了不少工人,牵牛坊常常有一大群人出出进进太惹眼,怕引起日伪方面的注意。"不管我们是剧团还是什么,日本鬼子知道了那就不好办……"③剧团刚开始就夭折了,但是,萧红由此

---

① 里栋:《萧红的〈一粒土泥〉》,孙延林主编《萧红研究》第一辑,哈尔滨出版社,1993,第161页。
② 萧红:《新识》,《萧红全集·散文卷》,北京燕山出版社,2014,第151页。
③ 萧红:《牵牛房》,《萧红全集·散文卷》,北京燕山出版社,2014,第154页。

进入了哈尔滨左翼文化圈的核心沙龙。

冯咏秋(1903—?),早年曾在天津南开中学就读,后毕业于北京大学文科,曾在京报做过记者,向齐白石学过中国画,当时在哈尔滨市政府民政救济科工作。是哈尔滨的左翼名士,业余画家。他讲义气,有正义感,交际甚广,热诚待人,很好客,朋友们经常到他家客厅聚谈。1932年年初,他与刘昨非、吴寄萍、王关石、丛莽等人组织了一个冷星社。"冷星社"社员经常到家中来谈论文艺,开始了牵牛坊的文艺活动。牵牛坊主要是左翼文化活动,他们以鲁迅为精神领袖,鲁迅对牛的赞美成为他们的座右铭。冯咏秋崇尚奉献精神自称傻牛,给到牵牛坊相聚的朋友们一人起一个"牛"的绰号,老牛、健牛、黄牛……牵牛坊来个新朋友,大家就会说:"又牵来一头牛!"

1932年到1934年,是牵牛坊最兴旺的时期,经常到牵牛坊来的除冷星社社员外,有塞克、金剑啸、萧军、舒群、罗烽、白朗、姜椿芳、方未艾、唐达秋、白涛、金人、温佩筠、杨朔等人,还有一些职员、教师和学生。有的人是无意识在聚会中认识的,有的人是有意识想要了解谁,约到牵牛坊认识的。到牵牛坊来的人,大多数是青年人,其中有中共地下党员,有爱国主义者、民族主义者,还有自由主义者。虽然他们在思想意识上各有各的观点,但是他们都有着忧国忧民的反满抗日思想,有着不甘做亡国奴的民族自尊心。在牵牛坊他们谈论文艺、写诗作画、唱歌跳舞、朗读剧本、阅读和研究过鲁迅、高尔基、普希金、果戈理等人的文学作品,时常对人生、国家的存亡发生讨论,甚至争论到面红耳赤。用萧红的话来说:"不管怎样玩,怎样闹,总是个人有个人的立场。"她大约是在1932年年底进入牵牛坊的,被称为左翼文化人的圈子由此向她开放。她和萧军很受欢迎,大家开玩笑说:"牵牛坊又牵来两条牛!"1933年《哈尔滨五日画刊》刊登了一则牵牛坊活动的消息,照片旁配有文字说明,"《牵牛坊全景》:中立者为傻牛冯咏秋,按该坊之成立系冯君纠合一般文士,每日工余齐集牵牛坊研究文学之处,闻不日将有作品问世"。

牵牛坊最早是白俄的一所兽医院。1929年,冯咏秋的父亲从一位白俄兽医手中买下这座房子作为住宅,后来留给冯咏秋。房内的格局是:三间大房子,北边一间隔成两个房间做卧室,南边一间隔成两个房间,一间做卧室,一间做厨房,中间一间没有隔,作为客厅,客厅内部设备齐全。在当时是一所比较宽敞、比较讲究的住宅。萧军的同学黄田租住了其中的一间,他被称为黄牛,他的妻子袁淑奇则被称为母牛,这也是萧军与萧红经常出入牵牛坊的一个原因。当时,冯咏秋正在报上刊登连续漫画《顽皮兄弟》和一些美术作品,时常发表诗作。参加了由金剑啸组织的"维纳斯画会"活动,在为救济哈市灾民组织的"助赈画展"上展出了作品。牵牛坊客厅的大书桌上,经常摆着纸墨等书法、绘画工具,所有来客都可以即兴写字作画,冯咏秋也有留念的动机。他曾为当时的许多朋友画像。在牵牛坊为萧红画了一幅水墨速写,是一张卡通式的头像,很是传神地表现出她那时梦幻、恬静的神态。

牵牛坊在文艺沙龙的形式掩饰之下,也是地下党接头的地方,冯咏秋帮助了不少共产党员。东北抗联的高级将领、北满共产党的主要负责人冯仲云从游击队回来,就是由别人带他到牵牛坊换的装,他日后成为松江省政府主席,哈尔滨工业大学校长,还担任过北京图书馆的馆长等重要职务。哈尔滨江北区委宣传部部长、反日会负责人傅天飞,也经常出入牵牛坊。方未艾常常晚间到牵牛坊与冯咏秋谈论文艺,在聚会中结识了王采南,后来成为夫妻。冯咏秋知道罗烽、舒群他们都是共产党,但彼此心照不宣,表面是文人聚会,实际上掩护了地下党的许多工作。冯咏秋加入了反帝大同盟,还和一些友人在哈尔滨道里中国四道街(今西四道街)路南开设了"明月饭店"(即"一毛钱"饭店),是为穷苦的劳动人民和收入微薄的知识分子开设的。往往只花一毛钱便可以吃上一顿饭,因而受到欢迎。当年,一些进步作家、地下工作者、爱国知识分子常常在这里悄悄聚会。萧军和方未艾初到哈尔滨时因无处安身就一度在这家饭店厨房的后屋住过一段时间。这里也是中共地下党秘密碰头的地点,赵尚志从巴彦游击队来哈尔滨就是在这里接的头。当年萧红和萧军被贫困煎熬的时候,大约经常到那里进餐,而到牵牛坊聚会,则是难得的改善。舒群曾经在牵牛坊住过两个月,他称赞冯咏秋是"左翼名士派"。萧红出入牵牛坊的见闻,使她接触了各式各样的人物,了解了共产党人的生活,她最早用文学的形式表现了他们的生命故事。

萧红一开始大概经常是忍着饥饿到牵牛坊聚会,第一次走进牵牛坊,看到大家都在喝茶吃瓜子,只有冯咏秋来来往往地走着,讲话的姿势很温和,脸上带着敬意,不时整理上衣,挺一挺胸,直一直胳膊,还不停地整理着领结。剧团结束的那一天,萧红很伤心,站起来就向外走,黄田买回了瓜子,她才和萧军坐下来吃瓜子。晚饭的时候,他们辞行回家,不顾主人的热情挽留,骗着自己的肚子说:"吃过了,吃过了。"情绪低落的萧红走得很慢,不仅仅是剧团搁浅了,而且家里也没有可吃的东西。新年的前夜,她第四次走进牵牛坊,主人便约他们到家中过年,其他人也欢迎他们一起去玩玩。女仆拿着三角钱,出去买松子。萧红觉得这钱好像是自己的,觉得非常可惜,就像那女仆去扔钱似的。战栗着想着:"多余呀!多余呀!吃松子做什么!不要吃那样没用的东西吧!"别人是吃着玩儿,她几乎是以松子来充饥!回家告诉萧军自己的感觉,萧军也说他也是像吃饭一样吃着松子。有一次舞会,满屋闪着五颜六色的灯光,刺激得所有人尽情地疯狂说笑,还有男扮女装的滑稽舞蹈。临走的时候,"小蒙古"袁淑奇交给萧红一封信,并且嘱咐她回家再看。饥饿和对于吃的打算,使她和朋友们在心理上疏远,很快走出那欢快的人群。回家打开信封,发现里面是一张十元的钞票。第二天,一些朋友又约他们到牵牛坊吃夜饭,大鱼大肉和好汤让他们吃得十分过瘾。萧红的心被丰盛的饭食和十元钞票鼓舞得肤浅可笑,叫花子的叫声却萦回在她的耳边。旧历年的晚上,朋友们在牵牛坊聚会守岁,他们戏仿祭祖和拜财神的仪式,玩捉迷藏的游戏。在牵牛坊的聚会,是萧红在哈尔滨度过的有限几个快乐的日子。①

1932年年底,《国际协报》要在新年出版一份"新年征文"的特刊,萧军和其他的朋友都鼓励萧红拿起笔来写一写。自从中断了和裴馨园的友谊

---

① 萧红:《几个欢快的日子》,《萧红全集·散文卷》,北京燕山出版社,2014,第164页。

之后,萧军和《国际协报》就失去了联系,而裴馨园也在这个时期因为文章涉嫌攻击当局而被革职。萧军的好友方未艾接替了裴馨园,编辑这家报纸的副刊。开始萧红很犹豫,缺乏自信,萧军和朋友们一再鼓励,好在方未艾主事,文章写出来肯定能用。萧红终于拿起笔来,写了短篇小说《王阿嫂的死》。萧军拿给方未艾,受到他的称赞,发表在1933年元旦《国际协报》新年增刊版上,署名悄吟。① 小说一问世,收到意想不到的反响,受到许多读者的赞扬。此时,萧红已经经历了母亲的死、祖父的死,经历了生产的痛苦和失去孩子的悲伤,这使她的创作一开始就高于其他的左翼作家,在乡村溃败的主题阶级意识中还包孕着生殖和死亡的永恒主题。小说的主人公是一个丈夫被地主烧死的孕妇,另一个重要人物是失去父母的孤儿,两个人相依为命,靠王阿嫂为地主当佣工为生。她被地主踢了一脚之后,在失去丈夫的悲痛中生下孩子就死了,婴儿也在5分钟之后死去了。这个故事首先表现了乡村地主阶级对农民残酷的压迫,其次也反映了萧红对生殖与死亡的极度敏感,后者使她一开始,就以女性独特的经验,进入了文学永恒的人性主题。这是她可以成为一个超越自己时代的杰出作家的重要原因。这篇小说是以福昌号屯为特定的环境,张姓地主无疑就是萧红家族的指代,萧红把对整个家族长辈的憎恶,凝结在阶级压迫的故事情节中。

此后,她一发而不可收,又连续写出了《弃儿》《看风筝》《腿上的绷带》等作品,发表在长春的《大同报》副刊《大同俱乐部》《哈尔滨公报》副刊《公田》上。她终于恢复了自信,开始悄悄吟唱了。她有了微薄的稿费收入,尽管一千字才一元钱,总是聊胜于无。从此,稿费成了她主要的生活来源,也

---

① 萧军:《萧红书简辑存注释录》,黑龙江人民出版社,1981,第156—157页。又一说法是萧红的处女作是《弃儿》,发表在5月6日至17日长春的《大同报》副刊《大同俱乐部》上,见铁峰《萧红传》第146页。因为《王阿嫂的死》收入《跋涉》时注明的日期是5月21日,晚于《弃儿》发表的时间。《弃儿》有原发报纸可查,《王阿嫂的死》没有原发刊物存留,所以一般认为《弃儿》是萧红的处女作。此处采用萧军的说法,有可能当年的日期是结集时的修改时间,就其文笔、长短和章法的成熟度来说,《王阿嫂的死》也更像处女作。就是公开发表最早的作品而言,真正的处女作当为发表在《东三省商报·原野》上的《春曲》,也因原发刊物失散而被忽略。

算得上是穷而后工了。

罗烽(1909—1991),本名傅明奇,笔名洛虹、彭勃、克宁、罗迅,出生于辽宁省沈阳郊区苏家屯。1929年加入共产党,秋天与表妹白朗(1912—1994)结婚,并开始文学创作。1932年3月为宣传抗日救亡,满洲省委调罗烽担任哈尔滨道外区宣传委员。①1933年春夏之交,罗烽和金剑啸又组织了一个半公开、半秘密的抗日文艺团体"星星剧团"。剧团成立之后,罗烽负责事务性工作,金剑啸负责导演和舞美设计,主要演员有舒群、萧军、萧红、白朗、刘毓海、徐志等人。他们排演了三个短剧,一个是美国左翼作家辛克莱的《居住二楼的人》(又名《小偷》),萧军演一个受诬陷而被迫当了小偷的杰姆,白朗扮演律师太太,刘毓海扮演律师。第二个剧是女作家白薇的独幕剧《娘姨》(《女佣人》),萧红扮演一个生病的老妇,舒群扮演一个家庭主妇的丈夫。第三个剧是张沫元的《一代不如一代》(又名《工程师之子》),由二中学生徐志担任主角。经过三个月的排练,服装、道具都准备好了,正打算在道里民众馆演出时,馆长要求他们配合"九一五"纪念日演出。"九一五"是日本和伪满洲国签订《日满议定书》一周年,是日本正式承认"满洲国"的历史标志。萧军去交涉,对这个要求一口回绝,馆长以不借给场地相威胁,结果没有如期公演。后来他们又去巴拉斯电影院联系演出,二中学生徐志突然被捕,一个星期后假释出狱,后来失踪。坏消息接踵而来,日本著名特工头子土肥原专程来到哈尔滨,对新闻、出版等宣传领域严格检查,罗烽等人决定偃旗息鼓,等待时机东山再起。萧红这一次的戏剧梦又破灭了。

1933年的春节之后,不满20岁的孙陵受长春《大同报》编辑陈华之托,到商市街探望两萧。陈华是《大同报》的文艺编辑,是萧军在"吉长道立商埠国民高等小学校"时的同学。萧军让萧红去买吃的东西,萧红买回两个苹果和一些糖。他们一见如故,彼此分享着抗击敌人的"快乐"。后来,他

---

① 董兴泉:《罗烽年谱》,《东北现代文学史料》第8辑,第128—130页。

去探视囚禁在偏脸子警察署的哥哥,又在中国十三道街的街口相遇两萧。他们一起到孙陵的一个亲戚家,叫了几碗面。萧军弹了一段月琴,喝掉了碟子里的醋。那时候的热血青年们,见一面就成了朋友①。这年的夏天,罗烽和金剑啸又通过陈华,在伪满心脏新京的《大同报》上创办了文艺副刊《夜哨》。《夜哨》的刊名是萧红起的,刊头是金剑啸画的,意思是在漫漫长夜里,有我们的哨兵在警惕地监视着敌人,保卫祖国。②每期都由萧军集稿③,每周一次由哈尔滨寄到长春,由陈华选取发稿。每期上都有萧红的文章,她以"悄吟"和"玲玲"的笔名,陆续发表了《两只青蛙》《八月天》《哑老人》《夜风》《叶子》《中秋节》《清晨的马路上》《渺茫中》《烦扰的一日》。这些作品涉及革命、孤苦贫穷、农民起义、少女初恋、女性的生存等等,其中《中秋节》是自述第一次到北京的困苦生活。诗歌《八月天》以拟恋歌的形式,表达了自己对工作的渴望,和对革命者的敬爱,应该是写给金剑啸的。

《夜哨》从第六期开始连载李文光(署名星)的一篇小说《路》,文章内容是歌颂抗日游击战士的,并且揭露了日本兵在乡村讨伐中制造罪行的内容,但被敌人察觉,副刊被迫停刊,编辑陈华一度去向不明。④从8月6日创刊到12月24日终刊,《夜哨》共出21期,在群众中造成很大的影响,萧红以战斗的姿态出现在《夜哨》上。这种说法,近年来受到普遍的质疑,认为停刊的原因主要是稿件的质量问题。理由是陈华在最后一期《夜哨》上发表了《夜哨绝响》一文,明确表达了对文稿越来越差的不满,所以决定停刊。而且陈华也并没有解职,直到1934年上半年仍在《大同报》任副刊编辑,大约7月间,他才去沈阳另有他就,由虚生(即孙陵)接任《大同报》副刊编辑。这种说法显然是脱离历史情境的一厢情愿,在日伪法西斯的心脏地带,即使是由于

---

① 孙陵:《悼念萧红》,王观泉主编《怀念萧红》,东方出版社,2011,第134页。
② 艾郁:《罗烽、白朗——哈尔滨文化战线上的革命伉俪》,哈尔滨出版社,1993,第18页。
③ 陈隄:《萧军和哈尔滨》,《滨江星火》,哈尔滨出版社,1993,第76页。又一说是由罗烽和金剑啸集稿,见艾郁《罗烽、白朗——哈尔滨文化战线上的革命伉俪》,哈尔滨出版社,1993,第18页。
④ 艾郁:《罗烽、白朗——哈尔滨文化战线上的革命伉俪》,哈尔滨出版社,1993。

题材问题触及当权者敏感的神经,也不能作为公开的理由告知公众。何况,以《夜哨》当时的影响,即使没有尖锐的犯忌内容,也会招致灭顶之灾,只是不宣传王道乐土一项,加上普罗文学的倾向也足以治罪,所谓"欲加之罪,何患无辞"。陈华7月间确实去了沈阳的最新说法,也证明很可能确有压力,需要避一避锋芒。而且,停刊说明中已经委婉透露出这样的信息:"……《夜哨》长得越来越不像孩子……以前使劲的那几个人又觉得那孩子长得不合自己的意思,都懒得拿心血变成的奶喂,再不然就拿些旁人都不敢吃的东西塞来试试。""不敢吃的东西"显然是暗指思想倾向尖锐的作品,而"不合自己的意思"显然是指作者们对陈华的编辑方针不满,于是热情消退,有搪塞的文稿,陈华也不诚意。1933年10月1日《夜哨》上刊登了萧军的《一天杂碎》,其中提到陈华来信指摘他为什么长久不写文章,并要解散《夜哨》,原因是"三郎始勤终懒,半路抽条"。此时,萧军正忙于出版与萧红的合集《跋涉》,又已经计划写作《八月的乡村》等三个中篇小说,广告已经刊出,加上对《夜哨》编辑方针的失望,自然无意写作短文应付陈华。两个人的一问一答,以稿件质量说事儿,颇像演苦肉计,也很可能是演给当局看的双簧。此外,还有经济问题,"……招不来好的外股来助威"。以文学版促销,吸引商家赞助,是报人至今如此的营销手段。如果是官方投资的报纸,则审查更严,"外股"也可能是暗指官方的经济制裁。

  白朗(1912—1994),原名刘东兰,辽宁沈阳人,后迁居齐齐哈尔,笔名刘莉、戈白。1933年春天,白朗依照地下党的意图,考取了哈尔滨《国际协报》。先做记者,后接替方未艾编辑副刊。副刊包括:"国际公园""妇女""儿童"等专栏。1934年1月18日,地下党通过白朗顺利地创办了《国际协报》副刊——《文艺》。白朗与报馆商量,以特约记者的名义,每月给萧军和萧红每人二十块哈大洋。[1]当时,三块钱可以买一袋砂子面(德国机器磨制的上好面粉),有了固定的收入,萧军和萧红的生活条件有了很大的改

---

[1] 艾郁:《罗烽、白朗——哈尔滨文化战线上的革命伉俪》,哈尔滨出版社,1993。

善,不用耗费时间当家庭教师,用于写作的时间也更充足了。

这一时期的《国际协报》前后活跃着一批共产党员、抗日文化人士,除了罗烽、舒群这些作家之外,还有在中共满洲省委宣传部工作的姜椿芳,同时在英亚社(苏联塔斯社的化名)做俄文翻译,并因此联系着共产国际。他和杨靖宇一道从事抗日活动,每天从俄文报纸上找日军行动和义勇军斗争的消息,这些消息都是中文报纸上没有的。他译成中文,投给《国际协报》发表。方未艾此时刚入党,组织上派赵一曼当他的辅导老师,讲授党的方针政策。方未艾在《国际协报》副刊上还发表了赵一曼的《七律·滨江抒怀》:"誓志为国不为家,涉江渡海走天涯。男儿岂是全都好,女子缘何分外差,未惜头颅新故国,甘将热血洒中华。白山黑水除敌寇,笑看旌旗红似花。"萧红的文学创作,一开始就处于浓厚的抗日政治氛围中。

此后,《夜哨》的原班人马则成为白朗所办《国际协报》副刊的撰稿人。为了不引起敌人的注意,所有的人都经常改换笔名。萧红以"悄吟"和"田娣"为笔名,萧军则以"田倪"为笔名,使两个人更像是文章搭档,一如日后两萧的笔名。她在上面发表了《夏夜》《患难中》《离去》《出嫁》《蹲在洋车上》《幻觉》《镀金的学说》,以及《生死场》的前两章《麦场》和《菜圃》。从《夜哨》到《国际协报》的副刊,是萧红创作的第一个高峰期,硕果累累。散文已经形成自己感觉化、真挚倾诉的风格,以后的《商市街》只是延续着这个时期的水准发展,短篇小说也已经相当成熟,比如《出嫁》是以她被囚禁在福昌号屯的日常生活为题材,《麦场》和《菜圃》,都以丰富而具有隐喻暗示性的画面,在写实的基本框架中覆盖了整体象征的意味,而且色彩感极强,描摹人物的手法简约而传神,身体和自然物的互喻已经形成修辞的风格,前卫的表现主义美术思潮的影响显而易见,人体具有装饰性。诗歌则表现出她对于音韵感受的能力,抒情的直白近于萨福情歌的境界,自然有着独一无二的个人印记,而讽刺幽默的才能也初露端倪。所有的叙事动机都已经形成,此后的创作只是展开而已。

萧红的这些文章是以张氏家族为直接的表现内容,其中还有揭露长辈隐私的成分,激起了张氏家族中所有长辈的愤怒。父亲张廷举认为她"大逆不道,离家叛祖,侮辱家长",宣布开除萧红的祖籍①,严禁张家子弟和她来往。在20世纪30年代风气保守的边陲小城,萧红未婚先孕,又与另一男人同居,显然是封建礼法所不容的"丑闻",带给整个张氏家族的影响极其恶劣。就是男子出了这样的"丑闻",也会遭到礼法的制裁,在呼兰乡俗中是要以活埋治罪的。何况张家家法极严,所有子弟不得纳妾。萧红的左翼思想更是洪水猛兽一般,动摇着整个家族的传统观念与伦理基础,自然要引起所有人的恐慌。用她弟弟张秀珂的话来说,就是"……萧红的思想和行为超越了封建阶级所能允许的极限范围"②。此后,父女两人在哈尔滨的街头相遇,竟如路人一般冷眼相对,侧目而过。萧军见证了这个冷酷的场面,并且听极度孤独与压抑的萧红倾诉了关于自己身世的猜想。她怀疑自己的生父是一个雇农,生母与张姓地主通奸,而合伙杀死了自己的生父,带着自己和弟弟嫁到张家。萧军根据她的猜想写作了小说《涓涓》,其中有夸张的乱伦情节,不知是他迎合读者趣味的虚构,还是出自萧红的自述。和家庭不睦的孩子是很容易怀疑自己的身世的,何况萧红与家庭的决裂已经到了势不两立的地步。至于她对于身世的想象内容,则是左翼意识形态致幻的结果。乱伦一节,即使是出自萧红的自述,也是这个年龄的女孩在极度幽闭的情境中,很容易出现的性幻想。经历了连续的打击与磨难,萧红的精神已经处于崩溃的边缘。在一个父权制的社会里,一个和家族激烈对抗的女孩儿,患有边缘性的精神分裂也是必然的结局。连张秀珂都有类似的怀疑,幼年丧母,没有得到充分的亲情呵护,心理上有寄人篱下的阴影,加上歪脖子老厨子的诳语:"你们姐俩命苦啊,没有亲妈,爹也不是亲爹。"从小接受了这样的心理暗示,自然会怀疑到自己的身世。她也对萧军讲过自己的怀疑,以至于萧军在1981年注释萧红书简的时候,仍然坚持这

---

① 王连喜:《萧红故居建筑与文物综合考》,孙茂山主编《萧红身世考》,哈尔滨出版社,2003,第371页。
② 张抗:《萧红身世释疑》,孙茂山主编《萧红身世考》,哈尔滨出版社,2003,第22页。

样的说法,显然是把猜想当成了事实。

10月,萧军和萧红自费出版了一本小说散文集,原拟定名《青杏》,后来又改为《跋涉》,更形象地体现了他们在艰苦生活道路上的奋进。其中收了萧军的6篇作品:《桃色的线》《烛心》《孤雏》《这是常有的事》《疯人》和《下等人》。萧红的5篇作品:《王阿嫂的死》《广告副手》《小黑狗》《看风筝》和《夜风》。出版费是许多朋友认股集资的,每人出五元。舒群自1932年3月起,在第三国际中国组工作,8月参加共产党,年底被派到洮南任第三国际交通站站长,以五日画报社分销处的名义做掩护,从事情报传递工作,截止到1933年秋。他节衣缩食,省下四十元钱①,交给贫困的父亲度日,这笔钱够他们全家吃一年。当他听说萧军、萧红出书没钱时,就回家向父亲说起这事。他的父亲是个工人,为了养家从事过许多种杂工,此时一贫如洗,几乎沦为乞丐。他听了儿子的话,立刻豪爽地拿出钱来,解决了最大一笔经费。萧军的另一个朋友陈幼宾,给了他十元钱。剩下的尾数,哈尔滨五日画报社的社长王岐山慷慨地不要了,终于凑足了一百五十元钱的印刷费。

最初,金剑啸为《跋涉》设计了封面,是有山有水的图案画。山是灰黑色金字塔形,水是几条银色的曲线条纹,全都画在一条一寸五分宽的窄带上,横栏在封面三分之二的地方。下面写着"跋涉"两个字和两人的署名。由于这个封面制作起来太困难,成书的时候就放弃了。萧军找到一块木板,在校对房里用红色蘸水钢笔,简单地写成了几个字,当作了封面。萧红在灯下工工整整地抄完了所有的稿子,又跑到印刷所去看印好的册页,比儿时母亲为自己做了新衣还要愉快。两个人被大欢喜追逐着,预先去吃了一顿包子,又喝了两杯酒,然后到松花江去游泳。他们高兴得昏了头,萧军的衬衣被水冲走了也不知道。萧军从江里捉到一条死鱼,作为晚餐,两个

---

① 赵凤翔:《萧红与舒群》,《新文学史料》,1980年第2期。又一说是五十元,见丁言昭:《萧红传》,第48页。萧军的说法是三十元,见《跋涉》第五版序言,花城出版社,1983。

人高高兴兴地吃了。册子就要装订的时候,赶上中秋节,工人们放假3天。他们急不可待,只好请教了排字的师傅,自己动手来装订成册。在阴沉沉、空荡荡的大房子里,只有萧军和萧红两个人,一边锤铁丝钉,一边数页子,一边抹糨糊,居然装订起一百本。他们雇了一辆"斗"车,把装订好的小册子拉回了家,堆在小屋子里,当晚就尽可能地分送给了一些朋友。①萧军雄心勃勃,准备在文学写作的领域中大干一场,在《跋涉》的扉页上加了三种著作的出版预告,其中有一部就是《八月的乡村》,"每种,约6万字,1933年终,均脱版"②。萧红因此被誉为"东北的第一女作家"③。

《跋涉》出版之后,立即引起文坛的注意,几乎轰动了整个东北。评介诗文将萧军和萧红誉为黑暗现实中两颗闪闪发亮的明星,从此奠定了两人在东北文坛上的地位,同时也招来了日伪统治者的恐慌和注意。日军侵占东三省之后,颁布了很多旨在镇压反抗的法令,建立了大量暴力机构,宪兵特务肆意横行,实行暗无天日的法西斯统治。1933年9月10日,颁布《惩治叛徒法》,10月13日,又公布《出版法》④,剥夺人民言论、集会、结社和出版的自由,随意抓捕所谓"可疑"的中国人,严刑逼供,东方的小巴黎、东方的小莫斯科沦为惨无人道的人间地狱。萧红出书的大欢喜,很快就变成了精神的大恐怖。《跋涉》没有经过日伪当局审查批准,触犯了伪出版法,还有反满抗日的嫌疑。上市两个月,即被查禁,送到书店、商场的书都被没收。⑤谣言也流传起来,说日本宪兵队要逮捕他们。他们把家里所有的书籍都翻查了一遍,把所有可能犯忌的东西都烧掉,一张高尔基的照片也烧了。连一张上面写着"小日本、走狗、他妈的'满洲国'"等字迹的吸墨纸,萧红也把它扔进了炉火里。萧军骂她为了一个虱子烧掉一件棉袄,就不会将字剪掉吗?他们陷入了大恐怖,萧红连睡梦

---

① 萧军:《跋涉》第五版《序言》;萧红:《册子》,《萧红全集·散文卷》,北京燕山出版社,2014,第186页。
② 曹革成:《我的婶婶萧红》,时代文艺出版社,2005,第65页。
③ 陈隄:《萧军和哈尔滨》,《滨江星火》,哈尔滨出版社,1993,第76页。
④ 叶君:《从异乡到异乡》,中国社会科学出版社,2009,第119页。
⑤ 梁山丁:《回忆萧红》,孙延林主编《萧红研究》第一辑,哈尔滨出版社,1993,第266页。

中都会被响声惊醒。①尽管如此,萧红还是尽其所能地做着艺术的反抗。这一年,德国法西斯纵火烧毁了国会,希特勒上台了,开始进行对内镇压人民、对外侵略扩张的活动。这激起了萧红极大的义愤,她冒着生命危险,画了一幅讽刺希特勒法西斯专制的漫画,发表在《五日画报》上,署名吟,表达了人民反抗法西斯的心声,鼓舞了被压迫人民的斗志。②

1933年冬天,中共磐石中心县委委员傅天飞来到了哈尔滨。他是舒群在商船学校时的要好同学,1932年11月,随满洲省委代理军委书记杨靖宇,秘密到达南满游击区投身武装抗日斗争③。在正阳街(现靖宇街)口处饭馆门前,两个人巧遇,便走进饭馆边吃边谈。傅天飞向舒群讲述了自己几年来所从事的革命工作,特别是在磐石的抗日武装斗争。他介绍了磐石游击队从小到大的发展过程,生动地描绘了惊天动地的激烈斗争,可歌可泣的英雄人物们的大无畏精神。他问舒群:"你没有工夫弄文学了吧?"舒群答道:"没有了,有也不多了。"傅天飞用手轻轻拍了拍舒群肩膀安慰道:"不过,这是暂时的,咱们还是要想到将来,所以我特意给你带来了一份礼物,一份宝贵材料。"舒群伸出手去,准备接傅天飞的"宝贵材料"。傅天飞笑了笑,指着自己的腹部说:"腹稿,这是磐石游击队的史诗。将来我们把它写成书,传给千万人看。现在我讲给你听,咱们两个人就是两份腹稿,要保险得多,我说的是保险,万一……"他停顿了一下又说,"将来总能剩下一个人,一份腹稿……"舒群被他的故事感动了,两个人分手后,舒群又把这个故事给萧军复述了一遍,并且预定了时间,把傅天飞领到萧军和萧红商市街的家中,聊了好长时间,这份腹稿终于流传了下来。④萧红一边做饭,一边听傅天飞和萧军谈话,结果饼都煎煳了,吃饭的时候只好再出去买面包。吃过饭,他们接着聊,萧红连碗也不洗,站在门口听着,她记住了傅天

---

① 萧红:《剧团》,《萧红全集·散文卷》,北京燕山出版社,2014,第190页。
② 刘树声:《漫谈萧红与美术》,1978年《哈尔滨文艺》,第12页。
③ 曹革成:《我的姐姐萧红》,时代文艺出版社,2005,第70页。
④ 周淑珍:《让世人知道这里在战斗》,《滨江星火》,哈尔滨出版社,1993。

飞很红的脸①。后来萧军写《八月的乡村》,萧红写《生死场》,其中都有傅天飞提供的素材。1938年,傅天飞被捕,以身殉国,牺牲时年仅27岁。

也是这一年的冬天,19岁的诗人梁山丁到商市街25号,拜访萧军和萧红。萧军和萧红的真挚热情接待,使他立即清除了年轻人的腼腆和乡下人的怯懦感,一听他们称呼自己的笔名,就像回到了可以无拘束的故乡。萧红听说梁山丁刚下火车,马上为他煮了热汤面,又去买来俄式灌肠、酸黄瓜等食品,一再劝他多吃。那天,她穿了一件青色的旧呢大衣,黑剪绒的翻领上衣,脚上是一双黑皮鞋,显得朴素大方。萧红和他开玩笑说:"读你的诗,看你的笔名,还以为你是个小女子呢,想不到……"萧红爽朗、亲切的说笑,使梁山丁不好意思,也使他放松下来,像老朋友似的畅谈。下午,他们又一起到中央大街地下室酒吧,和罗烽一起,喝白酒"俄斯克",吃俄式晚餐,又一起照了相。第二天,他们又陪着梁山丁走访了许多文艺界的朋友。两萧靠微薄的稿费为生,却慷慨地款待诗人朋友。②

1934年春天,朋友唐景明带17岁的中学生滕厉戎找到萧军家借五元上学的保证金。两萧热情地款待了他们,还送给他一本《跋涉》,交给他急需的钱,还对他进行了最初的文学启蒙,使他明白了,"作家写文章就要为穷人喊不平。"萧红慷慨地收下了这个苦孩子,成了他写作的入门老师。③萧红的热情,就是在病痛与贫困中也为弱者燃烧。同一时期,萧红和萧军结识了从吉林来的青年侯小古。他的父亲侯文阁是萧军在吉林时的知心朋友,1931年参加抗日义勇军,后来积劳成疾,病死在舒兰。侯小古考进了吉林的一所大学,"九一八"日寇入侵,被迫辍学,参加共青团。1933年春天,吉林地下党团组织被破坏后,因为随时有被捕的危险而逃到了哈尔滨。他们把侯小古带到道里区十五道街33号的天马广告社,介绍给金剑啸当助手。萧军对金剑啸说:"这小伙子有点才气,能作诗、画画、弹琴、拉

---

① 萧红:《生人》,《萧红全集·散文卷》,北京燕山出版社,2014,第208页。
② 梁山丁:《回忆萧红》,孙延林主编《萧红研究》第一辑,哈尔滨出版社,1993,第266页。
③ 厉戎:《重见萧军忆萧红》,孙延林主编《萧红研究》第一辑,哈尔滨出版社,1993,第200页。

二胡,墨笔字写得也不错。给你当个助手,在你这位高手的指教下,会有更大的长进呢!"金剑啸赶紧摆摆手说:"三郎的夸奖实在不敢当,有这么一位好青年一起合作,实在高兴!只是怕我这里条件简陋,耽误小古兄弟呀!"侯小古连忙站起来说:"剑啸同志,如蒙不弃,我会加倍努力!"坐在一旁的萧红急声急气地说:"自家兄弟,何必这么客气。剑啸,你除了我这个助手,这回又多了一个助手,该祝贺祝贺。"[①]

  生活稍稍安定了一些,萧军和萧红便萌生了学习的念头。1933年的下半年,他们请了一位叫佛民娜的俄国姑娘,向她学习俄文。每星期上三次课,每次课1小时30分钟。每月学费十五元,是老同学黄田赞助的。这还是少收了五元,因为萧军和萧红学的是同一本《俄文津梁》。佛民娜只有19岁,父母是1912年从高加索来到哈尔滨的,靠赶"斗儿车"为生。她的父亲原是一个农民,到中国来一开始也是种地,他经常说的话是:"哪里也是一样,干活计吃饭。"后来则被思乡的感觉压抑着,沉默寡言,不再说这样的话。她的母亲是一位很热情的胖老太太,他们曾请萧军和萧红到家里做了一次客,吃了一顿很地道、很丰富的俄国饭。萧军已经吃得很饱了,老太太还热情地强迫他吃,而且用俄语反复说:"吃啊!吃啊!青年人应该多多地吃啊!"佛民娜出生在中国,所以没有父辈那么浓重的乡土情感。她长得并不十分美丽,但性格却很活泼愉快,走路像是在跳舞,有时也严肃得和年龄不相称。她每来教一次课,要往返走三十里路,完全是步行,而且无论是风、雪、寒、暑,很少有缺课的情况。萧军的语言接受能力很差,又要为了谋生四处奔走,常常不能完成作业,因此长进不大。萧红则认真专注,按时仔细地完成作业。佛民娜经常批评萧军,扬言要用电线杆子打萧军,而表扬萧红[②]。和佛民娜的交往,不仅使萧红增加了俄文的知识,也使她了解了外国移民的生活和他们的内心世界。她的小说《索非亚的愁苦》和散文《访问》都是以佛民娜和哈尔滨的俄侨生活为素材。

[①] 孔柯嘉等:《侯小古热血洒冰城》,《滨江星火》,哈尔滨出版社,1993。
[②] 萧军:《萧红书简辑存注释录》,黑龙江人民出版社,1981,第51—56页。

第二十二章
爱情的烦恼

萧红一搬进商市街25号,就遭遇上了一个美丽的幽灵,几乎是无处不在地飘荡在她和萧军的情感天空。房东的三小姐"汪林",是萧红东特第一女子中学校的同学,比萧红还大着一岁。因为家境优越,很会打扮,看上去比萧红还年轻。他们搬入汪家耳房的那个晚上,她就由萧军的学生、她的弟弟汪玉祥敲开那间阴冷黑暗的房间,来拜会萧红。萧红对她毫无印象,她说在学校的时候,差不多每天看见萧红,不是在操场就是在礼堂。她还熟记着萧红的名字,这无异于是戳萧红的伤疤。这个直爽饶舌的女人,逼得萧红不得不打开尘封的往事,一一敷衍着她的问题。而"回忆完全把我带回到往昔的境地去",她浓妆艳抹的脸,在蜡烛光影中,像镜子一样照出了萧红的未老先衰。直到她的弟弟来喊她,告诉她俄语的家教来了,她才站起来飘然而去。她的青春风姿给萧红留下深刻的印象,"很爽快,完全是少女风度,长身材,细腰,闪出门去。"①

这个美丽的幽灵,时时提示着萧红的窘迫。没有木柈的时候,萧红要到房东汪家去借。萧军每天要在对面的屋子里,教她的弟弟武术。孤独的萧红坐在冷寂的屋子里,无聊地翻着书籍,注意着窗外的风雪,听着她的鞋底响亮地敲打着地面走进来,听着她与小使女的问答,不耐烦的语气透着

---

① 萧红:《搬家》,《萧红全集·散文卷》,北京燕山出版社,2014,第120页。

青春的骄傲。①

　　参加剧团活动的时候,一迈进牵牛坊,就看见汪林在读剧本。"她的背靠着壁炉,淡黄色有点闪光的壁炉在背后,她黑的做成曲卷的头发就要散到肩上。她演剧一般地在读剧本……她波状的头发和充分作着圆形的肩,停在淡黄色的壁炉前,是一幅完美的少妇美丽的剪影。"作为同学和邻居,萧红只能敷衍,和她靠在墙上断断续续地说着话。②春天来了,萧红和萧军终于可以走出阴冷的小屋,去逛中央大街。所有的生命好像都苏醒了,街道也变了模样,树绿了,毡靴不见了,外国女人脱去了靴子,橱窗里花红柳绿……汪林又突然出现,撞了萧红一下,她也戴着外国女人戴的小檐毡帽。回到家里,汪林在院子里吸着烟,已经换了一身和新发枝芽一样鲜嫩的淡绿色春装。她夹着一封信,看见他们紧忙装进口袋。萧军和她随意地开着玩笑,说是情书吧?!她跑进屋去,香烟烟缕在门外打了一个卷。晚上,他们去逛中央大街,满街跑着各式各样的人,把橱窗都遮蔽了。卷发的外国青年说笑打闹,连着排走,只有很少的中国人夹杂其间。她和一个穿着漂亮的白脸女人一起走,用俄语和俄国人彼此打趣儿。萧红有清晨读报的习惯,有一天看到对摩登女性涂口红的抨击,认为是把人血涂在唇上。汪林也看到了这一段文字,就向萧红打听作者,好像"小姐"和涂"人血"话骂的是自己。晚上,萧军带来一个朋友,因为女友到外地上大学去了而陷入烦闷。三个人在一起喝酒,劝说那个伤感的朋友。那个朋友大约有些醉了,就哼唱十分难听的京剧,对面窗子里的汪林立即就拉起了胡琴……③

　　夏天来临的时候,这个勇敢的姑娘终于开始进攻了。开始,是她背着母亲随了萧红和萧军,到江边划船,去太阳岛游泳。清风、水汽,激荡起他们的情绪,三个人引吭高歌。夜晚,他们就在院子里乘凉,随意地聊着别人的恋爱、未婚夫、结婚、跳舞一类的话题。萧红耐不住瞌睡,胳膊也因为划

---

① 萧红:《飞雪》,《萧红全集·散文卷》,北京燕山出版社,2014,第130页。
② 萧红:《剧团》,《萧红全集·散文卷》,北京燕山出版社,2014,第190页。
③ 萧红:《公园》,《萧红全集·散文卷》,北京燕山出版社,2014,第177页。

船而酸胀,回屋子里去睡觉。留下汪林和萧军在暗夜的院子里继续恳谈。最热的几天里,他们天天如此。萧红倒头便睡,把汪林红色的唇和少女的烦恼全都甩在了脑后。不知过了多少天,萧军不无炫耀地向她摊牌了。萧军坦诚地告诉萧红:"她对我要好,真是……少女们。"萧红明知故问:"谁呢?"萧军答道:"那你还不知道!"萧红嘴里说着不知道,可心里很明白。她想:"很穷的家庭教师,那样好看的有钱的女人竟向他要好了。"萧军向萧红解释,他已经坦白地对她说了,我们不能够相爱的,一方面有了你,一方面我们相差太远。他告诉那位小姐要沉静些,为了使汪林的情感有一个着落,再到松花江划船的时候,又约了三个人,另有一对夫妇,还有那个写口红人血文章的编辑。上船的时候,两对夫妇上了同一条船,让汪林和那个编辑同船。这一次游玩之后,汪林和编辑都得其所哉。汪林不再像一开始的时候那样,骂他们是坏人,兴奋异常地快乐说笑。编辑不再写口红、人血的文章,成了诗人,摩登女子在他的笔下,不再是魔鬼,而是天仙了。此后,汪林就不再来纠缠萧军。那位编辑便经常来萧红家,汪林也经常到他们家来,但是目的已经不一样了。他也不怕她会吃他的血,血红的嘴可以接吻当然可爱。由此得出结论:"骂小姐们是恶魔是羡慕的意思,是伸手攫取怕她逃避的意思。"[①]萧红以幽默的态度,对待萧军这婚外的恋曲,虽然身在左翼文人的阵营,却顺手解构了以阶级论为核心的政治话语。

  这仅是一个开头,萧军由于性格的魅力,经常吸引一些女子对他倾心。一个南方的姑娘走进了他的视野,使萧红陷入了很深的悲哀。萧军这个时期在学开汽车,有一天,他学开车回来的第一句话就是:"新认识了一个朋友,她从上海来,是中学生。过两天还要到家里来。"第三天,那位姑娘来访问萧红。萧红先看到她头上扎着的漂亮的红绸带,却一言不发地听着她不停地诉说。她说同情萧军和认同旧戏剧论战的观点,所以请人介绍先认识了萧军。她落落大方,说完又去拿桌上的报纸寻找笔战的论文。她原

---

① 萧红:《夏夜》,《萧红全集·散文卷》,北京燕山出版社,2014,第180页。

名陈丽娟,笔名陈涓,浙江宁波人,1917年1月6日生于上海。1933年,读初中二年级的时候失学,她父亲要她到哈尔滨,投奔在哈尔滨邮政局当职员的哥哥陈时英。①9月,她经大连到哈尔滨,她的哥哥出差了,只好托她的堂兄照顾。

半个月以后的一天,她和堂兄的一位朋友一起逛同发隆商店。这是一家百货商店,里面也卖书。她无意中发现一本题为《跋涉》的小说散文集,作者署名三郎、悄吟。"三郎"的名字引起她的好奇,开始以为是日本人。那位朋友说,是中国人写的,而且还是他的朋友。陈涓因为初到哈尔滨,想了解一下哈尔滨的风土人情,想买点书看一看。那位朋友劝她别买,可以把二位作者介绍给她,可以向他们要一本。当那位朋友第一次陪她到商市街25号的时候,就有了上文那个萧红散文《一个南方的姑娘》的记述。萧红和萧军真诚地接待了她,还送了几册《跋涉》给她。

陈时英回到哈尔滨之后,见到自己以前的同学,当时在哈尔滨铁路车务技术学校读书的杨子祥,他是萧红同学杨范的哥哥。陈时英对杨子祥说:"我妹妹来了,和你妹妹认识认识吧。"两个女孩儿年龄相仿,爱好相同,很快就成为好朋友。杨范第一次到萧红家就是和陈涓一起去的,由此结识了两萧。当时,杨范在地下党领导姜椿芳主办的《大北新画刊》工作。金剑啸是编辑,杨范负责管照片、财务等事物,有时也和姜椿芳等一起去印刷厂,接洽制铜版等事情。她也写文章,散文《一架钢琴》《鸽子》等,发表在《大北新画刊》上。陈涓的《棺材店老板娘》,也发表在画刊上。②她们都青春年少,做着文学梦,对于萧红这样名震一时的文学新秀自然十分仰慕。在她们的记忆中,萧红比她们大五六岁,就像大姐姐一样。

萧红一开始就对她怀有防范之心,她慢慢地看着陈涓,陈涓也慢慢地看着她。在萧红的眼睛里,她很漂亮,很素净,脸上不抹粉,头发没有卷起

---

① 春亭:《陈涓小传》,《东北现代文学史料》第八辑,第101页。
② 丁言昭:《萧红的朋友和同学》,孙延林主编《萧红研究》第一辑,哈尔滨出版社,1993,第25页。

来,只是扎了一条红绸带,这更显得别有风味,又美又净。葡萄灰色的袍子上面,有黄色的花,只是这件袍子看上去不美,也无损于美。晚上,萧军和萧红留她吃了饭。汪林来约萧军去滑冰,看见陈涓就说笑起来。萧红从她们的谈话中,知道她们是从舞场上认识的。她不再注意陈涓,因为环境不同的人和她做朋友,她感不到兴味。过了几天,陈涓又到商市街萧红的家中,向她来借冰鞋,又是她们一起去滑冰。①他们逐渐熟悉起来,陈涓把他们当成大哥哥和大姐姐,还给萧军写信。这使萧红产生了猜忌,她的生活经历了大的风浪,萧军是她的唯一,她再也经不住干扰和刺激的颠簸了。有一天,陈涓又去萧红家,汪林警告她说:"你不要和他再亲近吧,有人妒忌你呢!"陈涓当时还不相信,以为我待人以诚,人报我的当然也是真诚和坦白了,但渐渐的,她也感觉到萧红不甚友好的态度,她很难过,也就不敢上商市街25号萧红的家里去了。

　　人与人之间可怕的隔膜,使陈涓年轻的心受到伤害,一天也不愿意在哈尔滨待下去了。1934年元旦过后,陈涓就怀着委屈的心情离开了哈尔滨。用萧红的话说,则是"她终于带着'愁'回南方去了"。临走的前两天,陈涓去向他们告别。黄昏时分,萧红和舒群正坐在薄暮的窗前。萧红不甚热情,陈涓没有见到萧军,说明来意之后就走了。第二天早晨陈涓又去看他们,萧红出去买菜了,萧军和陈涓随口说了几句话,听见门响,就慌忙把一封信塞给陈涓。萧红回来之后,陈涓就涨红了脸,搭讪着告别走了。回家之后,她好奇地拆开那封信,里面除了一页信纸之外,还掉下来一朵干枯的玫瑰花。这弄得陈涓很不自然,觉得对不起萧红。为了证明自己的清白,解除和萧红之间的误会,当天下午5点,陈涓带了自己真正的恋人,到萧红家证明"恋情是恋情,友情是友情"的自我观念,希望能解除萧红的疑忌,杜绝萧军的感情。她并没有得到萧红的谅解,两萧也很委屈,还是买一瓶伏特加给陈涓饯行。陈涓回到家里,在一群为她饯行的朋友当中自斟自

---

① 萧红:《一个南方的姑娘》,《萧红全集·散文卷》,北京燕山出版社,2014,第205页。

饮,以消与男友分离之愁。萧军又来找陈涓,陈涓知道萧军不喜欢小资产阶级的情调和气氛,就连忙请萧军随自己去买酒。两人默默地走着,买完酒陈涓就回家了,走到陈涓家门前的时候,萧军突然在陈涓的脸上吻了一下,飞一样地溜走了。陈涓来不及问萧军是怎么回事,萧军就消失在黑暗中。陈涓回到小资产阶级的朋友群中,就平生第一次大醉了一场。第二天,她就离开了可怀念的松花江。①但是,事情还没有随着陈涓的离去而结束,萧红还有更多的苦酒需要吞咽。这件事成了她心里一块不小的病灶,时时爆发出无法平复的痛。陈涓的愁也无法斩断,离开哈尔滨只是一个序曲的结束。

萧军富于男性的阳刚之气,有豪侠勇武的军人做派,又有传奇般的经历,文学事业蒸蒸日上,个人的魅力是很容易吸引文学女性的。这无疑常常带给萧红一些不快,在他们的关系中投下阴影。萧军在注释萧红书简的时候,坦然地写道:"……在爱情的考验上——只是限于我自己——也曾经排除过不算少的障碍和干扰,终于还是毅然地和她一道走过来……并未怀有二心。"②当时,对于萧军和萧红来说,生存是第一位的问题,所以外来的诱惑还不至于影响他们彼此之间的关系。风波过去之后,萧军和萧红又相互扶持着,走艰难的人生之路。他们共同以手中的笔,以文学艺术的方式,投身民族解放的斗争。共同的理想、共同的志向,使他们之间的感情深厚。

两个人的性格差异,也是婚姻不甚和谐的原因。萧军是热情爽朗,并且有泛爱的倾向,幼年众多女性的关爱,也使他习惯女性的温情。萧红则是细腻敏感的,童年的寂寞与成长过程的孤独,都需要温馨的情感呵护,这使他们的结合,从一开始就埋下危机的种子。正如萧军在十几年后所说:"如果按音乐做比方,她如同一具小提琴拉奏出来的犹如肖邦的一些抒情的、哀伤的、使人感到无可奈何的,无法抗拒的细得如头发丝那样的小夜曲;而我则只能用钢琴,或管弦乐器表演一些Sonata(奏鸣曲)或sinfonia(交

---

① 一狷:《萧红死后——致某作家》,《千秋》创刊号,1944年6月。
② 萧军:《萧红书简辑存注释录》,黑龙江人民出版社,1981,第122—123页。

响曲)！……钢琴和提琴如果能够很好地互相伴奏,配合起来当然是很好的;否则的话也只有各自独奏合适于自己特点和特性的乐曲了。无论音量、音质和音色……它们全是不相同的。"①

---

① 萧军:《萧红书简辑存注释录》,黑龙江人民出版社,1981,第92—93页。

第二十三章
逃离伪满洲国

《国际协报》文艺副刊,正办得热火朝天的时候,哈尔滨伪满当局也看出了风头。他们穷凶极恶,四处无故抓人,并扬言"抓错了再放"。北满地下党的最高层组织,从年初开始便遭到敌人的不断破坏,时间不长就被破坏殆尽。罗烽在《国际协报》副刊《国际公园》上,发表了一首诗《晒黑了你的脸》,讽刺抨击那些为伪满洲国的"九一五"纪念日,上街摇旗呐喊的败类们,结果触动了反动当局,新闻检查部门要求报馆追查作者,同时牵连到责任编辑白朗。多亏主笔张复生和总编辑王星岷从中斡旋,才得以平息风波。萧军、萧红的小册子《跋涉》被查禁之后,就经常发现有人盯梢,各种各样的谣传也很多。因为他们过于引人注意,又是党外人士,罗烽和金剑啸担心他们的安全。请示上级党组织,上级党组织的意见十分明确:立即撤离。①

萧军的一个朋友,是某个学校的学生,有一天到萧红商市街25号的家中,连坐也不坐就说:"风声很不好,关于你们,我们的同学弄去了一个。"萧军问道:"什么时候?"那个学生答道:"昨天。学校已经放假了,他要回家还没有走。今天一早又来了日本宪兵,把全宿舍检查了一通,每个床铺都翻过,翻出一本《战争与和平》来……"萧军又问:"《战争与和平》又怎么样?"

---

① 艾郁:《罗烽、白朗——哈尔滨文化战线上的革命伉俪》,《滨江星火》,哈尔滨出版社,1993。

那个学生说:"你要小心一点,听说有人要给你们放黑箭。"萧军满不在乎地说:"我又不反满,又不抗日,怕什么?"那个学生说:"别说这套话,无缘无故就要拿人,你看,把《战争与和平》那本书就带了去,说是调查调查,也不知道调查什么?"说完就慌慌张张地走了。过了一会儿,又来了一个人,同样慌慌张张的,也劝他们应该躲一躲。那一段时间里,萧红看谁都是慌慌张张的。他们陷入了紧张的气氛中,每次出门回来,都要先进街角的小铺,假装买东西,看看是不是有人盯梢。①

萧红和萧军再次陷入了精神的大恐怖之中,一个剧团,一本小书,都是可能引来灾祸的原因。星星剧团的主演徐志被捕一个礼拜了,大家都不知道,直到预演的那一天,他一直没有来,才知道出了事情。恐怖压迫着所有剧团的人,回家的路上,他们鬼祟地注意前后行人,好像所有人都知道这件事情,紧张得好像街灯都变了颜色。两个朋友来报信,说剧团中的一个人三天不敢回家,有密探等在门口,他准备逃跑。他们去找黄田,黄田也没有办法,说××科里面的事情非常秘密,他还没有听说。回到家锁好门,又翻检书箱,明知没有什么可收拾的还是不放心。在街上看见一个朋友,发现他的脸是白的。所有的坏消息接踵而至,都是被宪兵队抓走的熟人。想逃没有路费,也不知道逃向哪里。从前是闹着饿,现在是闹着恐怖。又一次,走到中央大街的中段,萧军被一个瘦高个子的人拍了一下,就带着走向了横街,好长时间不回来。萧红焦虑不安,以为是用什么计策把他引入圈套。萧军回来以后,她才知道是他的朋友,是专门告诉他们剧团里的人被抓了两个,让他们及早准备。汪林的编辑男友也跑了,她喝过酒以后的脸色也是苍白的。她说自己醉了一夜,说编辑男友送她回家,还向她要一把削水果小刀的事情。不好的事情都赶在一起了,所有的人都变了样。②

与此同时,他们的房东收到一封黑信,上面说萧军要绑他儿子的票。一天午后,房东把萧军招呼到自己的房间,把家人打发到院子里。二小姐

---

① 萧红:《门前的黑影》,《萧红全集·散文卷》,北京燕山出版社,2014,第200页。
② 萧红:《白面孔》,《萧红全集·散文卷》,北京燕山出版社,2014,第194页。

惨白着脸坐在门前的木台上,生气地吆喝着狗。汪林叼着烟出来了,看见萧红也不打招呼,就顾自坐到木台上。使女小菊在院子里小心翼翼地走着,很规矩的样子。等到萧红知道事情原委之后,自嘲地想,家庭教师真有点像强盗,领子不打领结,只有一件夹外套,要穿三个季节。过了三四天,萧军的学生汪玉祥被姐姐们看管着不能出大门。半个多月以后,他连萧军的窗下也不敢来了。萧红推测,他家大人大概告诉他,你的老师是个不详细的人①……他们决定非回国不可,一定要逃离日伪统治的"满洲国"。他们只可能经海路离开东北,所以一遇到朋友,他们就问:"海上几月里浪小?小海船是怎样晕法?……"一经过万国车票公司的窗前,就停下脚来,看窗子里立着的大图案,算计海船的高度。他们争论着,有时在街上差不多就吵起来。②

  萧军去和朋友们商量要走的事情,罗烽和白朗接到组织的指示,极力动员他们早日成行。黄田也非常赞成,他痛苦地说:"你必须走了!不能再'撞大运'了,不能再'满不在乎'了!路费……我从每月的薪水里为你积攒一些……你必须走了!我办公室的隔壁就是讯问'犯人'的地方,他们打人时那种叫骂声……我全听得清清楚楚,万一哪一天他们把你弄进去,给你用刑……你让我怎么能够听下去啊?必须赶快走!"

  有一天,金剑啸来到萧军家里,在地上踱来踱去,突然停住脚步,直直地望着萧军说:"三郎,我们该走了!——""到哪里去?"萧军冷冷问着他。金剑啸说:"上海。"萧军摇了摇头说:"上海?那里我连个鬼都不认识……"金剑啸说:"我还有熟人。"萧军说:"好,我们研究研究吧。"金剑啸说:"不是研究研究……而是准备准备!"萧军同意道:"好,准备,准备!什么时候走?"金剑啸说:"五六月间罢……"萧军点头说:"一言为定——"金剑啸也说:"一言为定。"他拍着身上穿的一件半长的皮大衣说:"这件皮大衣一定要带着,皮衣服在上海比北方值钱……"③

---

① 萧红:《家庭教师是强盗》,《萧红全集·散文卷》,北京燕山出版社,2014,第184页。
② 萧红:《又是冬天》《门前的黑影》,《萧红全集·散文卷》,北京燕山出版社,2014,第197、280页。
③ 萧军:《哈尔滨之歌》,《哈尔滨文艺》1978年第7期。

萧红陷入精神的矛盾之中。刚安下家,摆脱了饥寒交迫的生活。秋天才安上了电灯,可以隐在灯影里抄稿子了。有了米,有了面,有了足够取暖的木柈子,脚上的冻疮也好了,萧军不用再做家庭教师,萧红也不用进当铺。又要重新去过乞丐一样的流浪生活,既没有钱,也没有熟人。要逃又逃到哪里去呢?①她忍不住伤感,眼泪充满了她的眼眶。萧军生性豁达,又是东走西荡漂泊惯了的,看见萧红伤心,就安慰她说:"伤感什么,走去吧!有我在身边,走到哪里你也不要怕。伤感什么,老悄,不要伤感。"萧红又想到自己辛辛苦苦积攒下来的家当,垂下头问萧军:"这些锅怎么办呢?"萧军笑起来说:"真是个孩子,锅、碗又算得什么?"萧红也笑起来,可心中还是有些悲哀。②

后来,日本宪兵要抓他们的消息平息了下去,生活又安定下来,萧红重新恢复了平静。更加让她高兴的是,弟弟张秀珂不顾父亲严厉禁止,给姐姐来信了。他这时在齐齐哈尔念高中,学校孤处城外,冬天冷得不敢挨床板,春天飞沙走石眯得人睁不开眼睛,精神的寂寞与空虚尤其让他觉得枯燥烦闷。他偶然在报纸上看到悄吟与三郎的名字,后来得知悄吟就是姐姐迺莹,便写信到报社探询。不久,收到了萧红的回信,热情地欢迎他,并且要他转学到哈尔滨读书,给了他极大的鼓舞。他们恢复了中断的姐弟关系,思想感情上也亲密起来。在此之前,由于所受的教育熏陶不同,思想上产生了距离。他不能够理解姐姐的所思所想所作所为,不知道姐姐为什么爱看毛边的鲁迅、蒋光慈等人的新小说,觉得没有自己正在看的《西游记》《济公传》有意思。即使她不愿和家里定的汪姓人结婚,那就离婚好了,何必要打官司告状呢?封建意识浓重的家庭中,在众口一词的逼迫下喘不上气来,可以慢慢避开,何必在死冷寒天,孤身一人跑到哈尔滨去呢?饥寒交迫的时候,即使不愿意向家里索要,也可以向族中的弟妹们要一点钱物,何

---

① 萧红:《又是冬天》《门前的黑影》,《萧红全集·散文卷》,北京燕山出版社,2014,第197、200页。
② 萧红:《门前的黑影》,《萧红全集·散文卷》,北京燕山出版社,2014,第200页。

必受那么大的罪？他上到高中以后,逐渐理解了姐姐的斗争,原来要做一个真正的人,就要这样做。和弟弟精神默契的通信,大概是萧红这个时期最惬意的事情,这唯一的亲情给了她这个"弃儿"温馨的享受。从此以后,他们姐弟俩音信不断。①

1934年年初,舒群因为失去了组织关系,面临着危险,匆匆离开了哈尔滨,去了青岛。张学良主政东北之后,料定东北会沦入日军之手,把东北的重要军工机构一个不剩地迁到了关里,没有给日军留下可资利用的军事设施。舒群的母校——东北商船学校,其实也是张学良训练海军的基地,亦称海军学校。因为日军占领东北,而迁到了青岛。他去青岛寻找组织,就是找海军学校的旧日师生。送别舒群的时候,萧军对他说:"你如果在那边站住脚,方便的话,我也过去。"青岛聚集了许多舒群的老师和同学,商船学校的校长,当时是青岛市的公安局局长。地下党派专人对他进行了严格周密的审查之后②,恢复了他的组织关系。舒群通过海校熟人的关系,结识了当地一家倪姓的革命家庭。这个家庭的成员几乎都是革命者,大哥是1927年大革命时期的老党员,公开的身份是青岛市政府的劳动科科长;二哥的公开身份是三区主任;舒群后来和倪家的三妹倪青华结了婚,成了倪家的一员,住在他们家的公馆里,经济有了保障。他一直惦记着萧军和萧红,春天来临的时候,给萧军来了一封信,邀请他们到青岛去。③他们把舒群的来信告诉了一些朋友,大家都鼓动他们到青岛去。④

有一天,中共地下党员、北满军委北杨突然来到萧军家里。他戴了特大的口罩,进门以后,要萧红再到门外去看看,有没有什么可疑的人在徘徊。然后,掀开脸上的口罩,露出了浮肿得变了形的脸,一只眼睛还半闭着。萧军问他:"你病了吗?"北杨说没有,过了一会又说:"我要走了。"萧军

---

① 张秀珂:《回忆我的姐姐——萧红》,孙茂山主编《萧红身世考》,哈尔滨出版社,2003,第12页。
② 秋石:《两个倔强的灵魂》,作家出版社,2000。
③ 赵凤翔:《萧红和舒群》,《新文学史料》1980年第2期。
④ 萧红:《决意》,《萧红全集·散文卷》,北京燕山出版社,2014,第203页。

问他到哪里去,他抚摸着自己肿胀的脸说,"去磐石——游击队!"萧军又问他为什么。他回答说,"是组织的决定。我昨天被日本宪兵弄去,揍了一顿,从我身上没有翻出什么东西来,因为我会日语,说是教日语的,他们关了半夜就放了……我不能再在哈尔滨住下去!"萧红买回面包、啤酒、香肠,北杨很快吃完所有的东西,站起来和他们握手告别。他说,"我希望你们能来游击队!"萧军原本军人出身,"九一八"以后又从事过策划组织抗日义勇军的活动,早有弃文从武抗击日寇之心,只是顾虑萧红的身体而不能成行。萧军像以往一样,没有送北杨。北杨走出屋门又回来对他说,"你们也必须离开这个地方!"萧军问道为什么,北杨说,"我忘了告诉你,宪兵们在我的衣袋里搜出一张纸片,上面我不知道什么时候竟写了你们的名字和地址,他们问我为什么认识你?我说你跟我学日语,他们说知道你……"北杨说完就匆匆地走了,一年以后他牺牲在磐石的游击队中。①

萧红突然得了一场病,有一天早晨肚子疼了起来。萧军跑出去请了一个治喉病的大夫,来给萧红打了止疼针,但一点疼也止不住。因为没有钱看病,萧红一病躺了十多天。后来有一个朋友告诉萧军,某个地方有个市立的公共医院,为贫民而设,不收药费。萧军雇了一辆人力车,拉上萧红到那家医院去看病。萧红去了两次,就不肯再去。因为医院里到处是痛苦不堪的各种病人,反而加重了萧红的精神负担。而且医院并不给病人吃药,说药贵,让病人自己去买。萧红没有耐性在医院等候,也没有钱买药,只好回到家里熬着病痛。

临行前一个月,萧红的身体还没有好转,无法适应长途跋涉的旅行。萧军动员她到乡下一个朋友家里养病。萧红在乡下孤独地生活了落寞的一个星期左右,病情渐渐有了好转。第九天的时候,萧军才去看她,萧红觉得好像母亲来了似的,好像父亲来了似的,她忍耐了长时间酸辛的滋味,好像谁虐待她一般。"那样风雨的夜,那样忽寒忽热,独自幻想着的夜。"萧军

---

① 萧军:《哈尔滨之歌》(二),《哈尔滨文艺》1978年第8期。

又来看她,她决定要跟他回家。萧军对她说:"你不能回家,回家你就要劳动,你的病非休息不可,还没有两个星期我们就得走。刚好起来又累病了,我可没有办法。"萧红执意要回去,萧军说,"好!你回家吧!没有一点理智的人,不能说服自己的人还有什么办法!你回家好啦!病犯了不要再问我!"萧红只好留下,她想:"穷人是没有家的,生了病就被赶到朋友家去。"她在乡下住了十三天,又回到哈尔滨商市街的家中。①

他们预定要出走的日子就要到来的时候,有一天金剑啸来了。他的精神很颓丧,对萧军和萧红说:"你们先走一步吧!我不能一道去了!"萧军问他为什么,他叹了一口气,摇了摇头,迟疑了一刻显得无可奈何地说:"孩子和老婆无处安排!我当然无法带走他们,我要对他们负责任呀!不能丢开不管,让他们讨饭去,去饿死……"②

临行的两周以前,他们告诉那位教俄文的姑娘佛民娜,说明要离开哈尔滨了,俄文不能再学下去了,表示为此而遗憾。佛民娜流露出依依惜别的样子,很舍不得相处一年多的朋友离去。萧红找出偶然买下的一块米色的软绸,准备为萧军做围巾用的。请她给刺上一点什么,留作纪念。佛民娜慷慨地允诺下来,带走了那块软绸。过了几天,她忽然来了,拿出那块软绸来,绸角上斜斜地绣上了一行暗绿色粗丝线的俄文字母,同时咯咯地笑着说:"拿去,'印度嘎!'这是你的名字!"有一次,萧军把俄语印度鸡(印度以嘎)错念成"印度嘎",佛民娜便以此嘲笑他,给他起了一个"印度嘎"的外号。③

他们开始拍卖家具,收拾行李。萧红留恋着那些共患难的旧家具,和它们别离,她觉得很伤心。什么都卖空了,只剩一把剑。萧红想把它也卖掉,萧军说:"送给我的学生吧!因为剑上刻着我的名字,卖是不方便的。"前天,他的学生汪玉祥听说老师要走,练着武术时举着刀就哭了。④他们一边在街上行走,一边择定了具体的行期。萧红"突然站住,受惊一般地,

---

① 萧红:《患病》《十三天》,《萧红全集·散文卷》,北京燕山出版社,2014,第211、214页。
② 萧军:《哈尔滨之歌》(二),《哈尔滨文艺》,1978年第8期。
③ 萧军:《萧红书简辑存注释录》,黑龙江人民出版社,1981,第52页。
④ 萧红:《拍卖家具》,《萧红全集·散文卷》,北京燕山出版社,2014,第216页。

哈尔滨要与我们别离了,还有十天,十天以后的日子,我们要在车上、海上,看不见松花江了,只要'满洲国'存在一天,我们是不能来到这块土地。"①

朋友们知道他们要走了,都纷纷为他们送行。罗烽、白朗、金剑啸、金人,侯小古买了一瓶酒,一包花生米,在金剑啸的"天马广告社"的画室,为他俩饯行。大家在一起共事多年,马上就要离别,感情上都很难以割舍。②他们走后一周,罗烽被捕。1936年8月15日,金剑啸牺牲。1937年9月23日,侯小古牺牲在哈尔滨③。

就要走了,萧红对哈尔滨,对松花江,对商市街的小屋,生出由衷的留恋。家具都卖掉了,卖不了的就送掉了。她不能在家里烧饭,只能到外面去吃,或者到朋友家去吃。"看见别人家里的小锅,吃饭也不会安定。后来,睡觉也不能安定。"最后连大铁床也卖掉了,屋子里像遭了劫一样空空荡荡的,他们只能把行李铺在地板上睡。多日的病痛和不安,使萧红的身体快要支持不住了。萧军跑到江边去洗衬衫,回来见萧红还没有起床,就生气地督促着。他们终于卷起行李,吃了最后一顿早餐——面包和香肠。萧红提起一个包袱,萧军说:"走吧!"说着顺手推开了门,就像刚搬来时一样,门开着,萧红走出来了。她觉得腿发抖,心不住往下沉坠,忍不住眼泪流了下来。她头也不回地走了,心里却在向所有的景物道别。"别了,'商市街'!"④

1934年6月12日,即旧历五月初一⑤,萧军和萧红终于坐上火车,离开了哈尔滨。第二天,也就是1934年6月13日,到达了大连。在友人王福临家住了两夜,王福临送给他们一对枣木镟成的"小棒槌"⑥,为他们购买了船票,送他们乘上日本轮船"大连丸"号的三等舱⑦,就匆匆地走了。

---

① 萧红:《最后的一星期》,《萧红全集·散文卷》,北京燕山出版社,2014,第218页。
② 萧军:《哈尔滨之歌》(二),《哈尔滨文艺》1978年第8期。
③ 孔柯嘉等:《侯小古热血洒冰城》,《滨江星火》,哈尔滨出版社,1993,第48页。
④ 萧红:《最后的一星期》,《萧红全集·散文卷》,北京燕山出版社,2014,第218页。
⑤ 沙金城:《萧红离开哈尔滨到青岛的准确日期》,《东北现代文学史料》,第6辑。萧红自己说是13号,见她的散文《最后的一星期》。
⑥ 萧军:《萧红书简辑存注释录》,黑龙江人民出版社,1981,第29—30页。
⑦ 王德芬:《萧军年表》,《东北文学研究丛书》1985年第2期。戴永夏在《海滨沧桑觅旧踪——萧军、萧红在青岛》中说坐的是四等舱,1982年《柳泉》,第3页。

萧军的纪实散文《大连丸上》，详细地记述了他们在船上的情况：

还不等我们习惯习惯这舱底的气味，他们便围拢了来。

我和妻正准备摊开自己的行李。

"你们到哪里去？"这是一个矮胖胖的人，他问我。他的背后另外还有四个人，一半是穿警察制服和挂着手枪；一半是平常的衣服。

"到青岛去——"我心脏的跳动不平均了，虽然这检查早知道是不可避免的，可是一想到海的那岸就是可爱的祖国，一到了祖国便什么全得了救，只要这检查不要太烦难、太……那就好了。

他们和狗用嗅觉一样，用手和眼，在开始去接触我们的行李和我的周身。

妻的脸色白白地，病后的眼睛更显得扩大和不安。我们这好像开始在什么魔鬼的嘴里赌命运。

"你们从什么地方来的？"

"哈尔滨。"我的血流强制着安定了一些。

"在哈尔滨你们干什么职业？"

"××××部里做办事员。"做办事员的只是一个朋友，现在我竟冒起他的职业了，我早就是个无职业的人。

"××部的'司令'姓什么，名字叫什么？号叫什么？他多大年岁？……"

我的血流又开始不受约束了，它似乎要迸出血管那样狂暴地流走着……

"他姓×，名字叫×××，号叫××，今年……他……大概是五十岁！"

"怎么是'大概'呢？"他的小眼睛一向是细着的，现在圆起来了。脸上的肉一向是皱折着的，现在是铅一般的平展开；他身后的人们也同样睁好他们不同形的眼睛——我还看到了挂着枪的，用手去抚摸他们的枪;手里有棍棒的,也颤动了两颤动……

妻的眼睛更扩大了,……

我说:"他去年是五十岁,今年是五十一。"

"怎么,连你长官的年岁全忘了吗?你为什么要到青岛去?那个女人她是你什么人?"

"女人是我的妻子——到青岛是回家。"

"怎么?你是山东人吗?你的口音?……"

"不,我是'满洲'人——"我又开始平静。

"你为什么到山东去回家?"

"我的父亲在那里。——"

"你父亲在那里做什么?"

"开买卖。"

"什么买卖?"

"钱庄——"

"什么字号?"

"×××——"

"×××!什么路?"

"××路——"

"你为什么要回家?"他的问话又折了回来。

"我们是新婚——要回家去看看老人。"

"新婚?"他瞟瞟我的脸和妻的脸——我不知道我们当时是否真像一对度蜜月的人呢?

"你请长假,还是短假?"

"长假——"

"拿你的名片和假单给我验看验看。"

他的手伸在我的眼前了。——那是一只肥厚的、有点凶残意味的手。

"没有——"

"什么也没有吗?"他的手重新投入裤袋里。

"没有——"

沉默了,全船的人声沉默了,微微听到海水激荡着船底的声音。末春的阳光和着风,愉快地从舷板上的圆孔窗投到舱内的席子上。

"这些对于我没有必要吧?我并没有穿着公吏的衣服——似乎不必用它来证明我的身份。"

"不——我看你不像正经好人——"他从我的脸一直看到我的脚;又从我的脚返回来,恰好我们的视线遇到一起了。

"就冲你的眼睛,也不像好人,好人没有这样眼睛——跟我来——"

我知道我的眼睛顶撞了他。

在那面我被问讯了近一个钟头。最终他要带我到岸上问——记得当时我已经什么全绝望了,只要他把我带到"水上警察署",只要橡皮鞭子抽到我的身,只要那煤油或辣椒水一注入我的鼻孔……便什么全完了!人在知道了完全绝望的时候,他反而是平静的、勇敢的,当时我是很爽快地走在他的前面——在还没有走出舱门,他又止住了我:

"不要——这边来——"于是我又随了他的手势到这边来,我想也许把妻也一同带了去,这样也好哪!死,死在一起,坐监,监在一起……

妻这面询问的人已经走开,她正扒着舷板的圆窗,样子像在看海!我端详她病后的脊背,胸里微微感到了刺痛。

"把你的东西拿过来,我要检查——"他简直在命令。

我搬过了我们所有在身边的东西——一只中型的帆布箱和一只柳条篮。挂枪的和提着棍棒的人又转过来……

矮胖胖的人,检视我每件衬衫和袜子,他相同一个卖估衣者,又相同一个典当业的店员那样仔细。不相同的只是我们没在论着价钱。

把一页页雪白的信纸,全是面了阳光看了又看。当时我真佩服这是一条忠实而仔细的狗!

什么全检查完了,他看我吃起苹果来了,他们说:"你倒很开心哪!"

临走出舱门,他们在频频回着头,好像迷恋着我一般地说:"我总看他不像好人。"

钢链绞咬着的声音发出来了,我们知道这是在起锚。

总算是有惊无险,经过反复的盘问和检查,他们才放了萧军。萧军和萧红的精神紧张得像绷紧了的弦一样,生怕那些恶犬又来找麻烦。他们一夜没睡,直到第二天看见青岛的远山时,他们才松了一口气,默默地想着:"啊!祖国!"

萧红他们走得匆忙,连弟弟张秀珂也来不及通知。张秀珂因为要离姐姐近一点,这一年转学到哈尔滨读书。安定下来,就到商市街25号去找萧红,他扑了一个空。看门的人告诉他,萧红已经不在了。[①]他们出走哈尔滨之后,日伪特务两次到呼兰,对张家进行大搜查。翻检信件,寻找有关的信息,还拍了不少照片。张廷举觉得事态严重,害怕招致祸端,就求助表哥帮忙消灾。通过上层关系,找到日伪政府军政部大臣于琛澂、日伪军管会司令长官王济仲等要人通融。他们把自己的戎装大照片送给张廷举,让他挂在屋子里当护身符,又到呼兰县伪政府直接通融。呼兰县伪政府看到张廷举有这样强大的政治后台,便让他出任呼兰协和会的副会长。[②]张廷举一再推辞,但是慑于日伪的淫威,为了身家性命,不得已就任了这个伪职。[③]

[①] 萧红:《"九一八"致弟弟书》,《萧红全集·散文卷》,北京燕山出版社,2014,第394页。
[②] 王化钰:《萧红生父张廷举其人其事》,孙茂山主编《萧红身世考》,哈尔滨出版社,2003,第27页。
[③] 王化钰记录整理:《访陈治国老人》,孙茂山主编《萧红身世考》,哈尔滨出版社,2003,第197页。

第二十四章
驻足青岛

6月15日,即旧历五月初四,他们到达了青岛。他们终于冲出了荆天棘地的伪满洲国,萧军和萧红的心情是异常激动的,他们将从这里开始新的生活。第二天就是端午节,是萧红的生日,她正好23岁,应该说是重生的生日。他们走后的一个星期,罗烽被捕,多数朋友陆续死于日伪屠刀。这个巧合对于她来说独具意味,带有精神强迫的宿命性质。完成于青岛的《生死场》中出现了"罪恶的五月节",全部叙事也终止在二里半在五月节后从军。

舒群夫妇早已等候在码头上迎接他们。他们先住在舒群的岳母家,后来倪家出面租了观象一路1号房子的底层,[①]那是一栋石头垒成的二层小楼,它处于观象山的脚下一带耸起的山梁上,左右两面都可以看见海,一边是青岛有名的大港;一边则是湛山湾和炮台山、海滨浴场,正当江苏路和浙江路分界的地方。这小楼是坐南朝北的,北面是一带山岗,上面树立了许多旗杆,信号旗引导着出入港的航船,所以名为"信号山"[②]。端午节之后,萧红和萧军搬进了这座房子,他们与舒群夫妇各住两边的一个套间。

青岛历史悠久,早在6000年以前,即有人类在这里生存和繁衍生息。古属东夷,后归齐国管辖,建有当时山东地区的第二大市——即墨。明朝

[①] 赵凤翔:《萧红和舒群》,《新文学史料》1980年第2期。
[②] 萧军:《萧红书简辑存注释录》,黑龙江人民出版社,1981,第29—30页。

在此建立了军事城堡浮山所,驻军加上商户,形成一个小型的市镇——青岛村。清朝后期形成小型海运港口集镇,称为青岛口。1819年,清政府在胶澳设防,在这里修建了供海军码头使用的木桥,即今日青岛前海栈桥的前身。当年6月14日,青岛建制。1897年11月14日,德国以巨野教案为借口,武装登陆青岛。1898年3月6日,德国政府强迫清政府签订中德《胶澳租借条约》,建立了租界地。1899年10月12日,德皇令将胶澳租界内的新建市区称为"青岛",从此,青岛成为德帝国主义的殖民地。是年10月,签订有关合约,青岛作为一个城市正式诞生。德国人拆除原来的中国村落,按照其城市规划新建了一个完全德式风格的现代港口城市,奠定了现代青岛的城市格局和建筑风貌的基调。1914年夏,日本对德国宣战,德国忙于应付第一次世界大战的欧洲战场,无暇东顾。于是,日本乘势于11月7日出兵攻占青岛,取代德国成为青岛地区的殖民统治者,设置了隶属于天皇的日守备军司令部。日本有数万移民定居青岛,并在青岛投资,使之成为中国重要的轻纺工业基地。1919年,五四运动爆发,学生要求"还我青岛"。1922年的华盛顿会议之后,12月10日,中华民国收回了胶澳租界地,辟为胶澳商埠,市内区称为青岛市。是年,北洋政府明令规定,胶澳商埠的疆域,仍沿袭德国租借时之经纬度。1929年4月,南京中央政府接管胶澳商埠,设青岛特别市,称青岛市,直隶中央政府行政院管辖。青岛是抗战以前中华民国的五个直辖市之一。

萧军和萧红到达青岛的时候,青岛为北洋军阀管辖,海军司令沈鸿烈兼任市长。他有新思想,提倡宪制,全市划成几个区,设立区公所的管理制度。德国和日本的势力也很大,彼此争斗激烈,国民党政府人员也只能半公开地活动。这样特殊的"割据"局面,为共产党的地下活动创造了政治的真空地带。当时,不少东北的革命者和流亡者到青岛暂避政治风潮,待机中转其他地方,共产党的势力也很大。①1933年的秋天,中共地下党员孙

---

① 曹革成:《我的婶婶萧红》,时代文艺出版社,2005,第69页。

乐文会同老同学宁推之开办了"荒岛书店",有大银行家父亲的宁推之被推举为经理。荒岛书店后来成为地下党的外围组织,孙乐文利用宁推之的上层社会关系做掩护,依托书店开展了许多工作。1934年年初,中共青岛市委被破坏,荒岛书店却没有暴露。不久,中共山东省委指派高嵩担任青岛市委书记,重建市委组织。新市委指示孙乐文以荒岛书店的名义承租影响很大的《青岛晨报》,并以之作为党的又一外围组织。①

观象一路是个六岔路口,站在二楼可以看青岛湾,风景十分优美,宜于写作和休养。萧军和萧红安顿下来之后,萧军化名刘均,经舒群介绍担任青岛《晨报副刊》的编辑。他们有了固定的收入,经济不再那样捉襟见肘。萧红参与了一些《新女性周刊》的编辑工作②,大量的时间用于《麦场》的写作。萧军在工作之余,继续写作《八月的乡村》。他们和舒群夫妇相处得很好,经常是萧红和倪青华一起操持炊事,等男人们回来以后,两家人聚在一起吃饭。

夏天到来的时候,他们在报馆里结识了新的朋友张梅林。张梅林是广东人,20年代就参加了中国共产主义青年团,还坐过牢。三年前,到烟台的一个葡萄园当管理员。他的刘姓朋友接办了《青岛晨报》,他爱好文学,但是办报不在行,就邀请张梅林去当编辑。张梅林先认识了萧军,由此认识了萧红,成为她最信赖的朋友。荒岛书店的名字是张梅林取的,孙乐文是他刘姓朋友的妻兄弟。他在烟台的时候为他起好这个名字。因为张梅林1928年在吉隆坡搞学生运动的时候,曾经在徐杰编的《怙岛副刊》系《益群报》的文艺副刊发表文章,因为想到青岛也是一个新文艺荒凉的地方,所以起了这个名字。荒岛书店设在通往海滨公园的路上,靠近住宅区,经常光顾的多是山东大学的学生。由于对于文学共同的爱好,加上又都下死力写作的缘故,他们相处得很好。张梅林住在报馆里,和萧军、萧红搭伙吃

---

① 叶君:《从异乡到异乡》,中国社会科学出版社,2009,第127页。
② 这种说法目前受到质疑,大约参与过一些编务,不是主编。可参见苏菲《记萧红》,原载《浙江妇女》,1942年第6卷第4期,收王观泉编《怀念萧红》,东方出版社,2011,第168页。

饭。《青岛晨报》靠近商业区，走一刻钟左右的时间，就可以到观象一路1号。途中要经过日本领事馆，他们走过那里总是很反感。

平时，他们一起去市场买菜，由萧红做俄式的大菜汤，在有柄的平底小锅里煎油饼，三个人吃得很满足。他们彼此称呼三郎、悄吟和阿张。当时萧军和萧红的生活还是很艰苦的。梅林最初看见萧军的时候，他戴了一顶边檐很窄的毡帽，前边下垂，后边翘起，短裤、草鞋，一件淡黄色的俄式衬衫，加束一条皮带，样子很像洋车夫。而萧红用一块天蓝色的绸子撕下粗糙的带子束在头发上，布旗袍，西式裤子，后跟磨去一半的破皮鞋，粗野得可以。他们经常在一起唱歌，到葱郁的大学山散步，去栈桥、海滨公园、中山公园、水族馆游览。吃过午饭，则到汇泉海水浴场去游泳。萧红在水淹到胸口的浅滩里，一手捏着鼻子，闭起眼睛，沉到水底下去，努力爬蹬了一阵，抬起头来，咳嗽着大声喊："是不是我已经泅得很远了？"张梅林说："一点也没有移动，看，要像三郎那样，球一样滚在水面上。"萧红看了一眼正以最大努力游到水架去的萧军，摇头批评道："他那种样子也不行，毫无游泳法则，只任蛮劲，拖泥带水地瞎冲一阵而已……我还有我自己的游法。"她又捏着鼻子沉到水底下去了。

梅林很尊重萧红，因为她生性活泼，为人真挚、坦白。他印象里的萧红瘦瘦高高，脸有点苍白，一双大眼睛挺有神，梳着两条短辫，有时喜欢用天蓝色的布条扎在头上。萧红的生活很简朴，穿的都是旧衣服，从没见她做过一件新衣服，但是情绪却很乐观，经常开些玩笑。青岛有官办和私办的通讯社，私办的通讯社每天收听无线电，将消息记录下来之后，和采访来的稿子一起油印出来，送给各报馆选用与参考，以此来赚钱。有一次，萧红拿了支钢笔，在这种八开的通讯稿背面，几笔勾勒出一个人头：披着长头发，长长的睫毛，大大的眼睛，小小的嘴巴。画完之后，把笔一扔，对张梅林说："我不喜欢这样的女人。"说得在场的人都大笑了起来。

萧红写作很勤奋，有时候把自己写好的稿子拿给张梅林看，他就以读者和朋友的身份发表点议论。最初，张梅林看了萧红发表在《青岛晨报》副刊上的一篇小说《进城》,觉得清丽纤细下笔大胆,如同一首抑郁的牧歌。后来,他又读了萧军和萧红合著的《跋涉》,仍然是这种感觉。他告诉萧红他的读后感,她睁着清澈润泽的大眼睛说:"啊!是这样吗?是不是女性气味很浓?""相当的。"梅林说:"但这有什么要紧?女性有她独特的视觉,除开了思想而外,应该和男性不同的,并且应该尽可能发展女性的特点,在她的作品里。"① 可见,萧红在文学的写作上,也受到左翼文学思潮中性别的压抑,所以不十分自信。

他们的住所周围正在施工,每天都可以听到一些石匠们叮叮当当敲打石头的声音。一个老婆婆和两个女儿、一个儿子,住在他们左面的一所小房子里。一个二十六七岁的女人,和一个十五六岁的姑娘,还有一个大脑袋的三岁左右的男孩,住在他们的楼上。他们都是信奉基督教的,每天早晨和晚上都要做祷告,还经常有一些女修道士,来来往往。于是,他们知道,他们的邻居全是"圣徒"了——爱着神和上帝的人们。萧军第一次看见那些修女的时候,对萧红说:"她们脖子后的髻儿还留着哪!"萧红叹息着,望着那个爬上楼去的背影说:"这真是罪恶!为什么一个人……会被她们炮制得这样愚蠢啊!看,那还有人的灵魂么?只是一块肉!一块能行动的,已经不是一块新鲜的肉了。"

他们还有个邻居住在他们后院的草棚子里,是个做小买卖的贩子。经常向萧军兜售着他的货物,并且管萧军叫先生。他的老婆长着一个红鼻子尖,赤着脚,常给楼上那个女人抱孩子。楼上的那个女人的丈夫,在一年前去了上海,一直没有音信。她开始学京戏了,每天夜里萧军从报馆回来的时候,就可以听到她细细的不大正确的嗓子。而夜间萧军要做点什么事的时候,继续不断的祷告声又从后面传了过来,接着就是哭声。好容易盼望着这声音静了下去,那位老婆婆又开始祷告了。这样的环境让萧军觉得不能忍耐,对萧红说:"搬家吧。"萧红不同意:"他们烦扰了你?搬家是很麻烦

---

① 梅林:《忆萧红》,王观泉编《怀念萧红》,黑龙江人民出版社,1981。又见丁言昭《访老人,忆萧红》,孙延林主编《萧红研究》第一辑,哈尔滨出版社,1993,第30页。

的……我很爱这个地方……可以两面看海——他们全是很善良的……更是楼上那个女人……她很可怜!"萧军不以为然地说:"她穿得很漂亮,每天吃饱了就唱戏……又有丫环支使着……她有什么可怜呢?只是缺一个男人,那随便寻一个好了,那也值不得每夜哭着祷告上帝……"萧红反驳他说:"人不像你说的这样简单……无论什么样的人……他总是有痛苦的……只要他有灵魂!"萧军仍然不以为然地说:"我却有点不大了解这样人的灵魂……他们的苦痛也许是活得太腻了……"萧红有点激愤了:"你这人……"萧军笑着摸着嘴唇上面新生出的小胡子。萧红说:"她说她们楼上的一间房子——比我们这间更好,就是我们头上的这间小楼,——现在的人家要搬走了,她希望我们搬上去,房钱由我们定……随便给她多少全可以。"萧军断然地说:"我不同意……我不想找谁便宜……我要搬出这个院子去。"萧红问他:"为什么?"萧军说:"我憎恶她,更是那鬼哭似的祷告声……"萧红不同意他的说法:"她是可怜的……我很同情她。"

秋天来了的时候,房东要在后院建新房子,要拆掉小贩家的草棚子。萧军一回来,萧红就跟他说这件事情。她说的时候,嘴唇神经质地颤动着,脸色更显苍白,两只大的眼睛完全睁开,在下眼睑的上面还堆积着泪,轻轻而急速地闪着光。萧军笑着扯过她的手:"你为什么弄得这个样子?"萧红气愤地说:"不,这简直不是人的世界——"说着眼泪终于流了出来。萧军问她:"为什么发这样大的感慨?又弄得这个样子?"萧红又向萧军诉说了那家小贩的困境,着急地说:"怎么办呢?下这样的雨……"萧军反问道:"那么,他就任他们拆吗?"萧红答道:"不任怎么样?地皮是房东用钱买的……他们会自己教工人拆……并且把吃饭的盆碗全给摔碎了。"萧军又问:"如今呢?"萧红答道:"如今他们……在白太太(她指的是那个唱京戏的女人)的院子里,临时搭了一个小席棚。"萧军说:"白太太不是还有一间房子吗?为什么不让他们搬进去?"萧红说:"那怎能成呢?白太太的屋子怎能住他们呢?她是爱清洁的人……"萧军说:"她不是信'主'的人吗?耶稣不是吩咐她们无论对什么样的人全应该'博爱'吗?平常那小贩全家还在做着她的奴才……"萧红沉默了,萧军笑着又说了一句,"她把小贩他们搬在一起,她的灵魂就得救了……应该不再痛苦了。"萧红生气了:"我等待你回来,以为你可以想个办法……那怎能成呢? 一个尽用些破板,破麻袋,破席子搭的棚,三个人住……天还是不知道什么时候晴……你却和我扯闲话……人真是没有怜悯和慈悲的动物……谁全是一样……"她说着嘴唇又开始抖动,眼睛也开始湿润。萧军说:"我没有怜悯,也没有慈悲……我不是'耶稣'也不是'佛',也不是他们的弟子……我们这院子里不是放着好些'圣徒'吗? 他们应该履行他们'主的教训'。"

萧军尽管这样说,但还是被萧红的真挚所感动,让小贩一家搬进了他家的厨房。在他帮助小贩搬他的几片木板和一些破烂家具的时候,白太太也站在她的房门前;那个老婆婆也站在她的房门前,她一只手放在那打皱的前额上说:"哪里找这样的好人哪? 这真是'主'的感化力量啊;朱(即那个小贩),你明天应该跟我到'某某会'去听一听'主'的道理。去吧。"

经租的,那个弓腰的老猿猴似的人来了,他向姓朱的小贩说:"谁让你搬到这里来的?"

"先生。"那个小贩答道。"哪个先生?"猿猴似的人又问。"那位先生。"小贩怯怯地朝萧军指了一指,他正在自己的门前用毛巾揩着额头和脖子上的汗。经租人走过来向他笑着说:"那怎能成呢? 那是您的厨房——是您叫他搬进来的吗?"萧军满不在乎地说:"是啊。厨房是我用钱租下的,我可以在里面养猪……住人不是更可以吗?""我不过是问一声……哈哈……"经租人退着身子走了。

每次萧军从外面回来,萧红常常是从楼梯上走下来。萧军说:"你倒不寂寞了……"萧红说:"你一出去,她就叫我到她的屋子里去……她不敢到我们屋子里来……怕你厌烦她……真的,她是个有灵魂的人呢……她不相同一般的女人……她很可怜! ……"萧军说:"那你就可怜可怜她吧。"萧红说:"在可能的范围以内,人对人总是应该同情些……只要不是总站在'同情'而不迈步的沟子里。"萧军说:"这倒很对……怎样呢,我们搬家吧?房子也到期了。"萧红说:"楼上的房子空了……白太太说,只要我们肯搬上去,无论缺什么家具她总是借给我们的。她总是说,'商量商量你们先生吧!'她还说,我们要从这个院子里搬出去,住在厨房里的那个朱,就也不能再住下去了,经租人要赶走他们——我们还是搬上去吧?"萧军问道:"那么她还祷告吗?"萧红说:"这我可以劝劝她……小一点声。她说,只要有个朋友在一起……她就不祷告了,就是祷告也不再哭……"萧军答道:"就依你的意见。"

当他们搬家的那一天,经租人又来了,他说:"先生,你房子不住了?"萧军说:"我要搬到楼上去。"经租人说:"那么,厨房里住的人呢?"萧军对他说:"如果……暂时你们的房子租不出去,就让他们住几天,好吧?"白太太也细声细气地说:"是啊,让他们住几天吧!"她站在萧军身后的楼梯上,用一只手掩着嘴巴说话,身子一半藏在门里,一半露在门外。经租人说:"那么,住几天看您的面子倒不要紧,万一发生什么事呢?""他们会有什么事呢?"萧军静静地看着经租人那狭窄的秃头。经租人说:"他们夫妻俩近来常常争吵了。"萧军说:"发生什么归我负责好了。"经租人才得了点保证似的走了。可临下石阶时他补充了一句:"这是不能久住的!房东知道是不行的。"萧军向他点一点头,表示自己理解他的衷肠。

事情终于在第二天早晨发生了。萧军还在睡觉的时候,老婆婆打着楼上的玻璃叫着:"萧先生,萧先生……流她妈去投海了……"萧军跳起来推开窗户,按照她们手指的方向,奔向了有海的地方。他找遍了海滨,也没有找到那个女人。拖着疲惫的双腿回来的时候,萧红开着玩笑说:"好了,回来了,我们以为你也跳了海呢。"那个女人跳在一个池塘里,已经被打捞起来,浑身湿透地躺在水泥地上。萧军问那小贩:"你们为什么?"小贩说:"先生,对不起你……穷人打架还为什么?左不过是为了穷……先生,我要搬走了。"他蹲在一列墙根下,听着院子里每个人的批判:"太太们算了吧!我马上就从这院子搬走的。"他又向萧军说,"先生,实在对不起您!"经租人也来了说:"该走了……幸喜跳的是湾!"在他们搬走的时候,老婆婆叹息着说:"这是信'主'不虔诚的罪过啊!"萧军知道朱是曾跟她去过一次"某某会",可是第二次他就不去了,萧军问他:"为什么你不去了?""不去了,那里也要捐钱。"他笑着说:"我看不惯那些疯癫了似的,尽说鬼话的人。好好的人要一个上帝信仰干什么?当不了饿也当不了寒……"后来,老婆婆一家也搬走了,白太太和萧军、萧红的关系处得很好。①

这一段生活,使萧红进一步接近了城市底层人民的生活,了解了基督徒们的精神世界,这对于她后来写作《马伯乐》,积累了不少素材。

9月初,萧军与舒群曾经一起去过一趟上海,目的是想会一会上海文艺界的名人,特别想拜访前辈鲁迅和同辈的黄源。到达上海以后,因为情况复杂,没有找到可靠的关系,又囊中羞涩,难以长期逗留,既没有见到鲁迅,也没有看到黄源,大失所望地回到青岛。②萧军走了以后,萧红更加勤奋地写作,9月9日,中篇《麦场》全部完成了。③她给梅林朗读了一两段之后,梅林读了她的原稿。觉得笔触还是清丽纤细大胆,好像一首牧歌。他通读了全文,将原稿交还她的时候,萧红问道:"怎么样?阿张。"张梅林说:"感想还好。只是全部结构缺少有机的联系。"萧红说:"我也这样感觉的。但现在为止,想不出其他方法了,就让它这样罢。"萧军从书架上抽出一册硬纸封面的原稿册,拍着它,并且翻动页面,同一个孩子似的,傲然说:"哼!瞧我的呢。"梅林说:"那么,拿来读它呀。"萧军把原稿放回书架去了,嘴里说道:"但是不忙,还没誊清呢。"这是他的《八月的乡村》。④

进入秋天的时候,国民党的政治压力开始加强,青岛笼罩在一片白色恐

---

① 萧军:《邻居》,《十月十五日》,山东人民出版社,1983。
② 最早见于肖凤《悲情女作家萧红》。萧军在为黑龙江人民出版社1980年出版的《生死场》写的序言中说:"这期间,我去了上海一次,回来以后,她居然把小说写成了,——这是一九三四年的九月九日。"所以,萧军在九月初去上海的说法是可信的。
③ 萧军:《〈生死场〉序》,黑龙江人民出版社,1980,第3页。
④ 梅林:《忆萧红》,王观集编《怀念萧红》,黑龙江人民出版社,1981。丁言昭:《访老人,忆萧红——听梅林同志谈萧红》,孙延林主编《萧红研究》第一辑,哈尔滨出版社,1993,第31页。

怖的气氛中。中秋节的那天晚上,舒群夫妇到他岳父家去过节,突然同时被捕。一起被捕的,还有舒群的妻兄和妻弟。舒群原本邀请萧军一起去过节,萧军因为有事没有去,这才侥幸免于难。原来有一个国民党特务混进了党内当了内奸,摸清了所有情况,敌人实行了彻底的大搜捕。以青岛市委书记高嵩(公开身份是公安局的督察员)为首的地下党全部被捕,蒋介石钦定将三个要犯(高嵩、倪家大哥、舒群夫人倪青华)押解南京,交陆军监狱定罪。①

尽管发生了这些意想不到的恐怖事件,萧军和萧红的写作仍然很勤奋。他们不能肯定自己的小说所取的题材,要表现的主题积极性与当前文学运动的主流是否合拍?因为知道鲁迅先生是当时领导上海革命文学运动的主帅,就萌发了请求他指导的主意。张梅林鼓励他们试一试,他经常看左翼杂志,很注意文艺战线的论争。从杂志中,知道鲁迅先生经常去内山书店。他和萧军、萧红经常谈心,讨论过给鲁迅先生写信的事情。他觉得鲁迅就像圆规,青年都向着他,给他写信,一定会得到他的指导。并且建议写"树人先生收"即可,直接写"鲁迅先生收"不行。②

有一次,萧军和孙乐文闲谈。孙乐文说曾在上海内山书店看到过鲁迅先生,并且述说了见到他的情景,这就引起萧军要给鲁迅写信的动机。他问孙乐文,如果把信寄到内山书店,鲁迅先生是否能收到?孙乐文说,据说是可以收到的,并且鼓励萧军试一试。同时还建议萧军把通信地址落在他的荒岛书店,这样,即使发生了什么问题,他可以推说不知道,这是顾客没经过同意随便写的。不要用真实的地址和姓名,免得出麻烦。萧军接受了他的主意,就冒险给鲁迅先生写了第一封信。而对于鲁迅先生是否能收到这封信,是否能得到鲁迅先生的回信,都是没有把握的。③

使他们感到意外的是,鲁迅先生居然收到了萧军的信,并且很快给他回了一封信。

---

① 赵凤翔:《萧红和舒群》,《新文学史料》1980年第2期。
② 丁言昭:《访老人,忆萧红》,孙延林主编《萧红研究》第一辑,哈尔滨出版社,1993,第31页。
③ 萧军:《鲁迅给萧军萧红信简注释录》,黑龙江人民出版社,1981,第2页。

刘军先生：

　　给我的信是收到的。徐玉诺的名字我很熟，但好像没有见过他，因为他是做诗的，我却不留心诗，所以未必会见面。现在久不见他的作品，不知道哪里去了？

　　来信的两个问题的答复：

　　一、不必问现在要什么，只要问自己能做什么。现在需要的是斗争的文学，如果作者是一个斗争者，那么，无论他写什么，写出来的东西一定是斗争的。就是写咖啡馆跳舞场罢，少爷们和革命者的作品，也决不会一样。

　　二、我可以看一看的，但恐怕没有工夫和本领来批评。稿可寄"上海、北四川路底、内山书店转、周豫才收"，最好是挂号，以免遗失。

　　我的那一本《野草》，技术并不算坏，但心情太颓唐了，因为那是我碰了许多钉子之后写出来的。我希望你脱离这种颓唐心情的影响。

　　专此布复，即颂

时绥。

迅上

十月九夜

　　收到鲁迅的来信，萧军和萧红无疑是既激动又快乐。他们把信拿给孙乐文看，孙乐文也分享了他们的快乐。他们立即把《麦场》的原稿和《跋涉》一起，用挂号寄给了鲁迅先生，同时寄出的还有一张他们在临离开哈尔滨时拍的一张照片，萧军穿了一件俄国高加索式绣花的亚麻布衬衫，腰间束了一条带有穗头的带子；萧红穿了一件半截袖子，斜条纹绒布的短旗袍，梳了两条短辫子，扎了两朵蝴蝶结。后来，这张照片被用作文学杂志《凤凰》的封面。①

---

① 萧军：《鲁迅给萧军萧红信简注释录》，黑龙江人民出版社，1981，第30页。

就在这时候,《青岛晨报》出了问题。10月初,报社一名外勤记者报道了一艘轮船消息,被人指责扩大了事实,警方要来抓他,只好离开报社出走了。接着刘姓经理也走了,报社彻底瘫痪。①有一天,孙乐文通知萧军:"你们及时准备离开青岛吧!"萧军惊讶地问:"为什么?"孙乐文说:"济南、青岛某些地方的地下党组织全被破坏了!"萧军问道:"报社怎么办?"孙乐文答道:"报社要结束,有几个人也要转移,报社由你出面和报主、印刷厂接头办结束业务。我不久也要离开……"《青岛晨报》的名称原来是租赁一个报商的,订有合同,和印刷厂也有合同。临时解约,只有负担经济损失了。萧军听孙乐文说明情况以后,一面代表报社办理解除合同的各项事宜,一面悄悄地把自己的一些必要的东西分批分件地转移到另一个地方。他和萧红所居住的观象一路1号的旁边就是一处警察派出所,为了不使他们发觉有转移的迹象,只能在夜里搬运东西。

一天夜里,孙乐文把萧军约到栈桥尽东端那所大亭子的一处阴影里,他简短地说:"我明天就要转移了,也许离开青岛,书店里、家里全不能住下去,你也赶快走吧——这是路费……"他交给萧军四十元钱。萧军回到家里立刻给鲁迅先生写了一封信,告诉他自己马上就要离开青岛去上海,千万不要再来信了。②

萧军、萧红和张梅林,一直把报社维持到10月底。他们穷得厉害,吃不成烙饼、大菜汤了。萧红和萧军只有一条长裤子,两个人轮流穿一件毛线衣。萧红脸色苍白,不停地咳嗽,深秋十月只穿一件黑裙子,还要操劳炊事家务,为《新女性周刊》组稿编稿。热爱文学的大学女生苏菲,劝她买一点杏仁露吃。萧红答曰,没有钱,等几天报馆的钱发下来吧。苏菲很怕她会发展成肺痨,想让她最好吃点鱼肝油,住疗养院休息,"不应该早上晚上写稿子"。可是看到她窘困的处境,又不敢说。③将离开青岛的那一天,萧

---

① 丁言昭:《访老人,忆萧红》,孙延林主编《萧红研究》第一辑,哈尔滨出版社,1993,第30页。
② 萧军:《鲁迅给萧军萧红信简注释录》,黑龙江人民出版社,1981,第30页。
③ 苏菲:《记萧红》,王观泉编《怀念萧红》,东方出版社,2011,第168页。

红和张梅林把报馆的两三副木板床带木凳,抬到一架独轮车上去拍卖。张梅林说:"木床之类,我们还是不要吧?"萧红睁着大眼睛说:"怎么不要?这至少可以卖它十块八块钱。"此时的萧红已经完全不是在哈尔滨时那种孱弱和感伤的样子了,她泼辣干练,豪爽地说:"就是门窗能拆下来也好卖的。——管它呢!"她大摇大摆地跟在独轮车的后面,蹬着磨去后跟的破皮鞋[1]。

11月1日,他们三个人买了三张四等舱的船票,搭乘几个月以前从大连来青岛时所乘的"大连丸"号[2],在船身最下层的货舱里,和咸鱼、粉条等杂货挤在一起,逃离了居住了四个多月的青岛。

---

[1] 梅林:《忆萧红》,王观泉编《怀念萧红》,东方出版社,2011,第152页。
[2] 梅林在《忆萧红》中说,是"共同丸"号,此处根据萧军的说法。

第二十五章
初到上海

上海原属百越之地，最早的居民多以捕鱼为生。春秋时属吴国东境，春秋末年入于越，战国时属楚国，因是楚国春申君黄歇的封邑，黄浦江也称春申江，故上海有别称"申"。晋朝，松江（即苏州河）和滨海一带的居民仍多以捕鱼为生，他们创造了一种竹编的捕鱼工具叫"扈"，又因为当时江流入海处称"渎"，所以，松江下游一带被称为"扈渎"，以后又改"扈"为"沪"，成为上海的别称。"上海"因位于吴淞江下游支流"上海浦"而得名。唐代中叶始置华亭县，宋末置上海镇。1292年，元朝设上海县，县治中心在黄浦江沿岸。明朝时，上海逐渐兴盛，1553年，为抵倭寇筑上海城，归属南直隶松江府管辖。清朝沿袭明制，归属江南省松江府，设江海关。1840年，鸦片战争之后，依照1842年签订的中英《南京条约》，上海在1843年开辟为中国五个最早的对外通商口岸之一，英、美、法陆续在上海设立了居留地，1854年成立了自治机构工部局，演变成独立于清朝地方政府行政与司法管辖权之外的租界。上海由此形成了两个租界与中国地方政府分割管理的局面：黄埔、静安、虹口、杨浦四个区，主要是以英美为主的公共租界，长宁是上海公共租界越界筑路区，卢湾、徐汇两区主要是法租界，闸北和原南市两片是中国管理的区域，所谓华界被分割为互不相连的两块。开埠后的上海迅速成为远东最繁荣的港口和经济、金融中心，是近代亚洲少数的国际化大都市之一，被称为"十里洋场""东方的小巴黎"。租界的存在使得上海免于战火波及,并享有实际独立的地位和广泛的国际联系,给上海带来了持续的繁荣。中华民国成立前后,军阀混战,政府几近瘫痪,社会一片无序混乱的状态。而上海的租界却有如国中之国,独享一份特别的平和,甚而就此迅速发展,由1912年至1936年是上海租界高度繁荣的一个阶段。民国初年,租界以外的闸北和南市(华界)属江苏省。1927年,中华民国政府在租界以外地区设上海特别市,归属中华民国行政院直辖,上海从法律上正式脱离江苏管辖,包括并入江苏省的上海县、宝山县等17市乡。1928年4月1日,国民政府在首都南京成立,上海因为地理优势,随即成为全国的经济与金融中心。根据孙中山的大上海计划,1928年国民政府设立上海特别区,扩大市区范围包括上海、宝山县的一部分。1930年又改特别市为市,辖吴淞、引翔、闸北、法华、沪南、塘桥等17个区,范围东达浦东,西至静安寺、徐家汇,南趋龙华,北达宝山路底。是年7月,改称上海市。由此,上海也成为一个贫富悬殊的城市,租界是洋人和高等华人居住的地方,而南市是中国人居住的地方,苏州河北面迅速形成的棚户区北市,则是大量破产农民拥入形成的贫民窟。

上海这样行政多元、华洋杂处的局面,使各种政治党派以及帮会势力都可以在权力的缝隙中获得发展。1921年7月,中国共产党在这里成立。1925年5月30日,爆发了五卅运动。1931年9月18日,日本在东北制造"九一八"事变后,又在上海挑起"一·二八"事变,中日两国在上海闸北区激烈的军事冲突持续时间长达一个多月,以至于南京国民政府也暂时迁移洛阳。

1934年11月2日,萧红他们到了上海。先在码头附近找到了一家廉价的小客栈①,然后分别去找朋友和租房子。萧军和萧红当晚就住在小客

---

① 这是梅林《忆萧红》中的说法。萧军则回忆说:"到了上海,就住进了法租界,靠近吕班路(今重庆南路)附近一条东西方向,名叫浦泊路(今太仓路)一家公寓里。"见萧军《上海拉都路我们曾经住过的故址和三张画片》,载《中国现代文学资料丛刊》,1980年第6辑。

栈里,第二天在拉都路北段,发现一家名叫"元生泰"的小杂货店,它的门前贴了一张"招租"的条子,说后面二楼上有个大亭子间要出租。萧军顺便进去看了一下,觉得还满意:第一,这是个南北方向长形的较大亭子间,它是单独存在的,和前楼不发生关系;第二,它有单独的侧门可以直接进出,不必经过那家店铺。缺点是南面没有通光的窗口,只东面有两处窗口。萧军和萧红决定在这里住下来。①

他们安顿好了行李,立即给鲁迅先生写了一封信,迫切地希望见到鲁迅先生。然后从房东家借来一张木床,一张桌子,一张椅子。四十元的路费,买船票已经用去二十元,手中只有十八元几角的存钱了。租房子先付了九元,买了一袋面粉,几捆木柴和炭,另外还买了一只泥炉子、砂锅和碗筷油盐醋之类,所剩无几。虽然已经给哈尔滨的朋友写信求援,但远水解不了近渴。究竟在上海如何生存下去呢?一切都是茫然的。因此,他们很想尽快见到鲁迅先生的面,即使离开上海也心满意足了。②

张梅林在法租界环龙路(今南昌路)同学杨君家住了一宿。11月3日一早赶回小客栈,不见二萧和他们的行李,只见桌上有张钢笔画的地图,一眼认出是萧军画的。那上面很详细地画了方向、路标、弄堂,连如何拐弯也一一注出。萧军是讲武堂出身,对画地图很在行。张梅林拿着那张地形图,按上面标明的路线,一路上问了好几个人,才找到他们的住处——拉都路(今襄阳南路)283号。③这里已经接近郊外的贫民区域了,临窗可以看见菜园和篷寮,空气倒是很清新的。

张梅林打量着他们的新居,粗糙的地板上堆着简单的家具。他探头向窗外一看,远处绿色的菜园映进眼底。房间长丈多,宽约丈余,只能放两张帆布床和一张写字台,三个人坐着谈话就可以互相呼吸着从每个人嘴里呼出来的碳酸气。他想起自己住的所谓亭子间,狭小的空间,使他这个在北

---

① 萧军:《拉都路上几春宵》,《艺术世界》1980年第4期。
② 萧军:《鲁迅给萧军萧红信简注释录》,黑龙江人民出版社,1981,第23页。
③ 丁言昭:《萧红在上海事迹考》,《东北现代文学史料》第4辑,1982。

方海洋地带生活惯了的人,好像一只从广垠的旷野被赶进牢笼里的野狼一样,烦躁而气闷,觉得一天也住不下去。便对两萧说:"你们这里倒不错啊,有美丽的菜园呢。"

萧红手里拿着一块抹布,左手向腰里一撑,用假装的庄严声调说:"是不是还有点诗意?"

张梅林看了看她的伪装的脸色和傲视的清澈的大眼睛,又看一看萧军闭着的嘴唇,那边沿几根相同汗毛的黄胡子在颤动着,终于三个人爆发出大笑声。

"眼前没有一些自然景色,"萧军说,"是很难写作的。"

"那么,你就对窗外的花园作诗吧。"萧红对萧军说。

萧军笑着说:"这应该由先发现它的诗意的人去写一首。"

"你别以为我不会写诗!"萧红站在萧军面前咆哮道,"过几天我就写两首给你看!"

"嘿,你好凶啊,"萧军侧着头忍住笑声,"早晨吃过几块油饼的关系吗?"

张梅林看着他们满足的样子,便也吹嘘起来:"我住的地方也不错的,是'花园别墅',不远又是法国公园。"

"恐怕你那花园别墅是黑暗的小房吧?"萧红立即就说,"法国公园你也只能从篱笆对面看进去吧?"

张梅林可怜的撒谎很快就给她指破了,他只好变撒谎为诉苦,对他们直说着"花园别墅"如何黑暗得像灶房,空气如何发霉,想写作是做梦,再住下去要发狂等等。

"你搬到这里来住!"萧军用军人的口气坚决地说。

"这里窗外还有诗意的花园!"萧红指指窗外。

张梅林说:"不行,三个人会整天开座谈会的。"

萧军说:"我们可以定下规则,军队一样工作起来。"

张梅林仍然坚持说:"不行,事实上一定整天开座谈会的。"

萧红说:"你有布尔乔亚臭习气!"这一枪击得张梅林不能再说第三个"不行",他受伤了但在心里还是坚持"不行"。

　　萧红开始掏面粉,准备烙她拿手的葱油饼。张梅林看看那一袋诱惑的面粉,有着从内心发出的珍惜,就如同一个孩子珍惜糖果一样。他说:"我们从青岛乔迁到这个人间天堂的上海来,还没喝一杯。走,我们到饭馆子里去。"

　　萧红一面掏面粉,一面回过头来,皱着鼻子大声揶揄道:"你算了吧!"那意思很明白,就是等于责备:你发财了吗?

　　萧军郑重地沉着脸说:"这是浪费! 首先我们要把自己的战壕扎稳。这是上海!"

　　张梅林不再坚持下馆子,结果他们买了斤牛肉熬青菜汤送烙饼。他们吃着萧红烙的饼,觉得非常香。

　　吃过饭,他们在各马路上欣赏风景,从南京路走到西藏路,又从西藏路走到霞飞路。所有游乐场所都没有兴趣进去,只在永安公司的楼下看了一通,里面陈设着五彩缤纷的环球百货。萧军指一指那高贵的巴黎香水,对萧红眨着眼睛说:"你买它三五瓶吧。"

　　萧红说:"我一辈子也不用那有臭味的水。"[①]

　　这一天,他们收到了鲁迅的回信。信中写道:"来信当天收到。先前的信,书本,稿子,也都收到的,并无遗失,我看没有人截去。见面的事,我以为可以从缓,因为布置约会的种种事,颇为麻烦,待到有必要时再说罢。"[②]

　　萧红读着鲁迅的信,既兴奋又遗憾。当他们给鲁迅先生发信的时候,并没有把握他们的信会被鲁迅先生收到;即使收到了是否能回信呢? 即使回信,也不会如何快的。他们在精神上是有着充分的准备的:一是,不一定能得到鲁迅先生的复信;二是,即使复信也要有一个相当长的时间。因此

[①] 梅林:《忆萧红》,王观泉编《怀念萧红》,黑龙江人民出版社,1981,第63—66页。
[②] 萧军:《鲁迅给萧军萧红信简注释录》,黑龙江人民出版社,1981,第20页。

只是作为一种希望,一种"遥远的希望"在期待着,在等待着……想不到鲁迅先生收到萧军的信却是"即复"的,这使他们感到兴奋和快慰。但单纯的萧红却不理解,见个面又有何难?干吗还要"待到必要时"再见面呢?

第二天,也就是11月4日,他们又给鲁迅先生写了一封信。在这封信中,他们问到鲁迅先生的身体情况,因为他们在东北的时候听说他得了脑膜炎。同时,他们又提出要见鲁迅。鲁迅立即回了信,说明生脑膜炎之事,完全是上海所谓"文学家"造出来的谣言,并且提醒他们"上海有一批文学家"阴险得很,非小心不可。关于见面的事,还是婉言谢绝了:"你们如果在上海日子多,我想我们是有看见的机会的。"①萧红并不知道上海的形势有多么复杂,鲁迅的处境有多么艰难,他的谨慎是在许多次的教训之后而形成的。鲁迅曾经请胡风去了解一下,东北或华北有没有这样两个作家,胡风没有办法了解。②鲁迅也通过其他人,从侧面对他们做了一番"了解",看看他们是否有什么政治背景或党派关系等等。③

他们在等待和鲁迅见面的同时,写作也非常勤奋,每天都工作得很有秩序,有一定的时间静静地执笔。张梅林却完全相反,他和上海通的杨君住在一起,根本无法安静下来,总是被杨君拖着到马路上去闲逛。他疲倦而厌恶,就到萧军和萧红他们那里去诉苦。萧军和萧红虽然写作勤奋,但作品却没有出路。那一袋面粉,眼看着一天一天地矮低下去。"东西寄出去,连一点影子都没有。"萧红对梅林说:"甚至连回信都没有。""听说上海就是这样的。"张梅林说,"但是,那一袋面粉再低下去怎么办呢?""有办法的,"萧军使劲地摸了一下脸,"先到第一流的大菜馆去,点最好的菜,尽量吃一通,然后抹抹嘴走出来。"张梅林问道:"你自己开的大菜馆?"萧军眯着一只眼睛,安详地说:"拳头用来做什么的?挥了几拳之后,就会有机会吃坐着不用钱的饭的。"张梅林看看萧红,她是神经质的,大眼睛在闪动着,湿润而激动,仿佛在想一件即将来到的事情。张梅林对萧军说:"你这才是电

---

①③ 萧军:《鲁迅给萧军萧红信简注释录》,黑龙江人民出版社,1981,第23页、第26页。
② 梅志:《胡风传》,北京十月文艺出版社,1998,第296页。

影里的场面,不必表演。"萧军背着手踱了几步,用他素来顽强的声调坚决地说:"前途永远是乐观的!"①

萧军的《八月的乡村》在青岛已经完成了初稿,还来不及修改,这时期因无事可做,萧红就催促萧军把它修改出来了。初到一个陌生的环境,萧军的心情是烦躁的,并没有情绪修改文章。他只是遵从了萧红的意见,初步地把它修改了一通。越修改心情越坏,萧军憎恨自己写作本领的低能,有时竟改不下去了,最终甚至想烧毁它。在萧红的督促和鼓励之下,萧军终于改完了《八月的乡村》。上海的冬季没有炉火,没有阳光,是非常寒冷的。萧红不顾屋子的阴冷,披着大衣,流着清鼻涕,时时搓着冻僵的手指,一个字一个字地把《八月的乡村》复写完了。她复写用的是日本制造的美浓纸,只有北四川路底的内山杂志公司有售。最后连买纸的钱都没有,萧红当了一件旧毛衣,换了七毛钱。萧军省下坐车的钱,来回都是步行,由于皮鞋不跟脚,磨得双脚红肿、鲜血淋淋。②

萧红开始和萧军一起给鲁迅先生写信了。他们共同写的第一封信中,向鲁迅先生提出了天真的抗议。萧红说为什么称呼她做"夫人"或"女士",萧军则说先生年龄大于自己,为什么还要称呼自己是先生。他们这样做,也有捣乱的意图在里面。他们一口气问了鲁迅九个问题,除了上海左翼文艺界的情况之外,甚至还问到鲁迅当了那么多年的教授,是否有教授的架子。鲁迅收到他们的信以后,于11月12日又写来回信。对于他们的抗议,鲁迅幽默地给予回击:"中国的许多话,要推敲起来,不能用的多得很,不过因为用滥了。意义变得含糊,所以也就这么敷衍过去。不错,先生二字,照字面讲,是生在较先的人,但如这么认真,则即使同年的人,叫起来也得先问生日,非常不便了。对于女士的称呼更是没有适当的,悄女士在提出抗议,但叫我怎么写呢?悄婶子,悄姊姊,悄妹妹,悄侄女……都并不好,所以我想,还是夫人太太,或女士先生罢。现在也有不用称呼的,因为这是无政

---

① 梅林:《忆萧红》,王观泉编《怀念萧红》,黑龙江人民出版社,1981,第63—66页。

② 萧军:《拉都路上几春宵》。

府主义者式,所以我不用。"鲁迅又提醒他们,"稚气的话,说说并不要紧,稚气能找到真朋友,但也能上人家的当,受害。上海实在不是好地方,固然不必把人们都看成虎狼,但也切不可一下子就推心置腹。"对于他们所提的各种问题,鲁迅一一做了答复。对于左翼文化人的情况,鲁迅告诉他们,"蓬子转向了,丁玲还活着,政府在养她。"关于青年,鲁迅谈了自己的看法,"青年两字是不能包括一类人的,好的有,坏的也有。但我觉得虽是青年,稚气和不安定的并不多,我所遇见的倒十有七八是少年老成的,城府也深,我大抵不和这种人来往。"鲁迅还向他们解释,"我确当过多年的先生和教授,但我并没有忘记我是学生出身,所以并不管什么规矩不规矩。"在信的结尾,鲁迅写了"俪安",并且开玩笑说,"这两个字抗议不抗议?"①

  萧军和萧红一直生活在北方,特别是东北人一旦到了上海,犹如到了"异国",一切都是生疏的,一切都不习惯,言语不通,无亲无故……好像孤悬在夜海上,心情是沉重和寂寞的。鲁迅的来信,是他们每天生活中唯一的希望,也是强大的精神支柱。对于他们来说,像空气和太阳那样的重要和必需。每当收到一封鲁迅先生的来信,他们除了在家里一遍一遍地诵读之外,出去散步的时候也必定珍重地藏在衣袋中,而且要用手抚摸着,似乎谨防它的失落或被掠夺!他们的习惯是吃过午饭或晚饭以后,总要沿着拉都路向南散步。如果信是上午到的,吃过午饭,用六枚小铜板买两小包花生米,每人一包,装在衣袋里,边吃边走边漫谈着……待到路上行人车马稀少了,就由装着信的人把信掏出来,悄声地读着,另一个人静静地倾听着。这成为他们最大的享受。信不是读一次就为止的,也不是一个人读过就算了……这时候,他们俨然返回童年,变为两个"孩子"了,有时大笑,有时叹息,有时也流出眼泪,有时甚至要跑着彼此追逐……②

  由于这封信鲁迅不是即复的,使萧军和萧红十分焦急,产生了种种的

---

①② 萧军:《鲁迅给萧军萧红信简注释录》,黑龙江人民出版社,1981,第35—36页,第57—58页。

猜测。以为可能是国民党在邮局的特务扣掉了,因此又于11月13日写信给鲁迅先生,问他通讯地点是否要改变?《八月的乡村》的抄件也急于交到鲁迅先生的手中,问他是否可以由内山书店转? 由于经济日益紧张,不能坐吃山空,就请求鲁迅先生给他们介绍一点临时性的工作干干,以便维持起码的生活。他们到上海以后,钱已经所余无多,几乎到了山穷水尽的地步。萧军给黄田写信告帮,但一时不能到达。反复思考,万般无奈,只好向鲁迅先生开口借二十元钱。此外,萧红听说鲁迅先生喜欢大蝎虎,竟也写信打听此事。

鲁迅于11月17日给他们写了回信,说明自己迟复回信的原因是病了十来天。然后讲述了日本左翼文学界的情况,又提到了蓬子的转向,只是因为他不愿意坐牢,其实他本来是个浪漫性的人物。"凡是知识分子,性质不好的多,尤其是所谓'文学家',左翼兴盛的时候,以为这是时髦,立刻左倾,待到压迫来了,他受不住,又即刻变化,甚而至于卖朋友(但蓬子未做这事),作为倒过去的见面礼。这大约是各国都有的事。但我看中国较甚,真不是好现象。"然后,又耐心地一一解答了他们的问题。他说明地址不用改,书稿还可以接洽别的办法,工作因为没有和别人交际,所以难找,钱则预备着不成问题。鲁迅又介绍了自己家庭的情况,告诉萧红大蝎虎在北京,只有他自己喜欢,现在恐怕早给他们赶走了。①

收到鲁迅的信后,他们立刻给他回了信,其中又提到许多的问题,"逼得"鲁迅似乎只有"招架之功",几乎要喘不上气来。他于11月20日,给他们回信说:"许多事,一言难尽,我想我们还是在月底谈一谈好,那时我的病该可以好了,说总能比写信讲得清楚些。但自然,这之间如有工夫,我还要用笔答复的。"②萧军在给鲁迅先生的信里,随便谈到自己一遇到俄国人,就要说几句半吊子的俄国话。鲁迅在这封信里,严厉地警告了他:"现在我

---

①② 萧军:《鲁迅给萧军萧红信简注释录》,黑龙江人民出版社,1981,第50—51页,第59页。

要赶紧通知你的,是霞飞路的那些俄国男女,几乎全是白俄,你万不可以跟他们说俄国话,否则怕他们会怀疑你是留学生,招出麻烦来。他们之中,以告密为生的人很不少。"这一"警告"真使萧军有些"后怕"了,他感到自己的浅薄和无知,惭愧这还要先生为他来"操心"!但他们终于盼到要和鲁迅先生见面了!这一消息对于萧军和萧红来说,真是一大喜讯。他们快乐得无法形容,像小孩子盼过年一样。他们每天屈着手指计算到月底的日子,总感到时间过得太慢,几乎难于忍耐了,很想用鞭子把地球抽打两下,使它跑得更快一些。他们猜测着会面的地点,揣摩着鲁迅先生真实的面貌,可能穿的衣服,想象着见面时的情景……这使他们的思想、感情以至那冷冷清清的亭子间……全有了新的意义,新的气氛,似乎是全在"沸腾"起来了……"冬天过去,就是春天!"为了猜测相见时候的各种情景,萧军和萧红还要常常"认真"地争执一番,而且各执己见,互不相让,几乎失掉了一对成年人应有的自制,完全变成了一对"孩子",任凭各自的感情驰骋着[①]!

11月27日,鲁迅先生给萧军和萧红寄出了约定见面时间的信。

刘先生:
吟

  本月三十日(星期五)午后两点钟,你们两位可以到书店里来一趟吗?小说如已抄好,也就带来,我当在那里等候。

  那书店,坐第一路电车可到。就是坐到终点(靶子场)下车,往回走,三四十步就到了。

  此布,即请

  俪安。

迅上

十一月二十七日[②]

[①][②] 萧军:《鲁迅给萧军萧红信简注释录》,黑龙江人民出版社,1981,第60页,第61页。

萧军和萧红日夜盼望的日子终于到来了。内山书店坐落在上海北四川路底一条横街的北侧,面向南,正对着北四川路大街,如丁字形的顶头处。他们按照鲁迅先生指定的日期和时间——11月30日(星期五)午后,那是上海一个冬季所常有的没有太阳的阴暗日子,他们到了内山书店。鲁迅先生已经等在那里了,正坐在柜台里面另一间套间里的一个长桌子前面,翻检着摊在桌子上的一些信件和书物,一面和一个日本人样子的人在说着日本话,"内山"老板也陪在旁边,在和鲁迅先生说着什么。看见萧军和萧红进来,鲁迅先生就走到萧军跟前问道:"你是刘先生吗?"萧军点了点头,而后低声地答应了一个"是"字。"我们就走吧——"他说了一声,又走进内室去,把桌子上的信件、书物……很快地就包进了一紫色底、白色花、日本式的包袱皮里,挟在了腋下,就走出来了,并未和谁打招呼。鲁迅先生走在前面,萧军和萧红保持了一段距离,默默地跟在他的后面。他们注意到鲁迅先生走起路来是很利落而迅速的。这天他没有戴帽子,也没有围围巾,只穿了一件黑色的瘦瘦的短长衫,窄裤管藏青色的西服裤子,一双黑色的橡胶底的网球鞋。刚刚病好的鲁迅先生,形容是瘦弱而憔悴的:瘦削的然而是直直的黑色的背影,浓浓的森森直立的头发,两条浓而平直的眉毛,一双眼睑微显得浮肿的大眼睛,没有修剪的胡须,双颧突出,两颊深陷,脸色是一片苍青而又近于枯黄和灰白,更突出的是一双特大的鼻孔已经变成了黑色。这使两位崇敬他的年轻作家,生出了由衷的悲哀。

他们跟在鲁迅先生的身后,跨过一条东西横贯的大马路,走向了路南面的行人道,又向西走了一段,到了一处像咖啡馆的铺面前。鲁迅很熟悉地推门就进去了,萧军和萧红跟着也进去了。一个秃头的胖胖的中等身材的外国人,看上去像俄国人,很熟悉地和鲁迅打了招呼,他就拣了靠近门边的一处座位,他们坐了下来。这处座位很僻静,因为靠近门侧,进门的地方又有一间小套间,如果一直走进去,就不会注意到这侧面的座位。座位椅子的靠背又特别高耸,邻座之间是谁也看不见谁的,俨然一间小屋子。鲁迅先生告诉萧军和萧红,这咖啡馆主要是以经营后面的"舞场"为生的,白天里没有什么人到这里来——中国人更少,所以他常常选取这地方作为和人接头的地方。侍者送上三杯咖啡和一些点心之类就离去了。

萧红迫切地要见到许广平先生和他们的孩子——海婴,还不等鲁迅先生说什么,竟劈头问道:"怎么,许先生不来吗?"鲁迅先生用浙江式的普通话说:"他们就来的。"萧红张起她的两只受了惊似的大眼睛,定定地望向了鲁迅先生。正在这个时候,海婴抢在前面,嘴里叽里咕噜地说着上海话,朝着萧军和萧红就跑了过来,接着许广平微笑着也走了进来。鲁迅先生指点了一下萧军和萧红,又指点了一下许广平,简单而平静地为他们做了介绍:"这是刘先生、张先生,这是Miss许。"许广平伸出手,和萧军、萧红恳切地握了起来。萧红微笑着,泪水却浮上了她的眼睛。在此之前,萧红曾听到一个谣传,说鲁迅的夫人是一名交际花,她还在信里向鲁迅先生报告过这件事。许广平笑着问萧红:"看我像交际花吗?"萧红不好意思地笑了起来。[①]

萧军首先向先生谈了他们从哈尔滨出走的情况,在青岛的情况,以及为什么这样快来到上海的原因,又概略地讲了一下东北、哈尔滨被日本帝国主义侵占以后的政治情况、社会情况、人民的思想感情状况、武装和非武装的"反满抗日"斗争情况等等。鲁迅简要地讲了一些上海国民党反动派对于左翼团体和作家的压迫、逮捕、杀戮的情况,左翼内部不团结的现象等等。萧军的感情愤怒得几乎要不能自制了,竟"天真"地向鲁迅先生提出这样的倡议:"我们不能像一头驯顺的羊似的,随便他们要杀就杀,要抓就抓……我们每人准备一支手枪,一把尖刀吧!"鲁迅惊讶地说:"这做什么?"萧军慷慨地说:"他们来了,我们就对付他们,弄死一个够本,弄死两个……有利息!总比白白地让他们弄去强……"鲁迅先生默默地笑了一下,吸了一口香烟说:"你不知道,上海的作家们,只能拿笔写,他们不会用枪。……"

临分手前,鲁迅先生把一个信封放在桌子上,指着说:"这是你们所需要的……"萧军、萧红知道这里面大概是他们向鲁迅先生所借的二十元钱,

---

① 姜德明:《鲁迅与萧红》,《新文学史料》1979年第4辑。

心里感到酸楚,泪水又浮上了他们的眼睛。萧军把带去的《八月的乡村》的抄稿,交给了许广平先生。回程坐电车的钱没有了,萧军坦率地告诉了鲁迅先生,鲁迅先生从衣袋里掏出大银角子和铜板(当时上海通用的两角、一角……零钱)放在了桌子上。他们走进车厢之后,鲁迅先生还直直地站在那里望着,许广平先生在频频地招扬着手里的手帕,小海婴也在挥扬着一只小手,俨然像萧军和萧红要到远方去一次"永别"!①

从内山书店回到拉都路的家里,萧军和萧红百感交加,立刻由萧军给鲁迅先生写了一封信。在信中,萧军讲到自己看了鲁迅先生衰弱的身体后的悲哀感受,对那些迫害鲁迅先生的人非常愤慨。特别是自己年轻力壮,却要用鲁迅先生的钱,内心感到刺痛。此外,还问了一些其他的问题。最后是请许广平先生对他们的文稿进行修改或提些意见。并且,还讲了不能安下心来静心写作的苦恼。

12月3日,鲁迅先生给他们回了信。在信里安慰了他们的悲哀:"我知道我们见面之后,是会使你们悲哀的,我想,你们单看我的文章,不会料到我已这么衰老。但这是自然的法则,无可如何。其实,我的体质并不算坏,十六七岁就单身在外面混,混了三十年,这费力可就不小;但没有生过大病或卧床数十天,不过精力总觉得不及从前了,一个人过了五十岁,总不免如此。"言语中已很有些苍凉之感。接着鲁迅谈了在中国这样的文明古国,做人特别难的感觉:"单是一些无聊的事,就会花去许多力气。"然后,给他们分析了不能安下心来写作的原因,语重心长地劝导他们,"就是静不下,一个人离开了故土,到一处生地方,还不发生关系,就是还没有在这土里扎下根,很容易有这一种情境。一个作家,离开本国后,即不会写文章了,是常有的事。我到上海后,即做不出小说来,而上海这地方,真也不能叫人和它亲热,我看你们现在的这种焦躁的心情,不可使它发展起来,最好是常到外面去走走,看看社会上的情形,以及各种人们的脸。"对于他们提出的各种

---

① 萧军:《鲁迅给萧军萧红信简注释录》,黑龙江人民出版社,1981,第71—73页。

问题,鲁迅又一一做了耐心的解答。对于请许广平先生改稿的事,则代为回绝,"我们有了孩子之后,景宋几乎和笔绝交了,要她改稿子,她是不敢当的。但倘能出版,则错字和不妥处,我当负责改正。"最后,又安慰他们,"来信上说到用我这里拿去的钱时,觉得刺痛,这是不必要的。我固然不收一个俄国的卢布、日本的金圆,但因出版界上的资格关系,稿费总比青年作家来得容易,里面并没有青年作家的稿费那样的汗水的——用用毫不要紧。而且这些小事,万不可放在心上,否则,人就容易神经衰弱,陷入忧郁了。"鲁迅像一个慈父一样地关怀着他们,又不让他们感受到有压力。甚至连他们的愤怒,鲁迅也淡然处之,"来信又愤怒于他们之迫害我。这是不足为奇的,他们还能做什么别的? 我究竟还要说话。你看老百姓一声不吭,将自己的血汗贡献出来,自己弄得无衣无食,他们不是还要老百姓的性命吗?"①

萧军和萧红把鲁迅先生看作导师,特别是看作革命文学的旗手,在12月10日的信里,又向他请教左翼文艺运动的问题。鲁迅当天就回了他们的信,一一给予解答,而且直率地谈了自己对左翼文艺运动的看法:"……我觉得文人的性质是颇不好的,因为他们的知识思想,都较为复杂,而且处在可以东倒西歪的地位,所以坚定的人是不多的。现在文坛的无政府情形,当然很不好,而且坏于此的恐怕也还有,但我看这情景是不至于长久的。分裂,高谈,故做激烈等等,四五年前也曾有过这种现象,左联起来,将这压下去了,但病根未除,又添了新分子,于是现在老病就复发。但空谈之类,是谈不久,也谈不出什么来的,他终必被事实的镜子照出原形,拖着尾巴而去……"鲁迅还向他们介绍了左联的情况,"其实,左联开始的基础就不大好,因为那时候没有现在似的压迫,所以有些人以为一经加入,就可以称为先进,而又并无大危险的,不料压迫来了,就逃走了一批。这还不算坏,有的竟至于反而出卖消息去了。人少倒不要紧,只要质地好,而现在连这也做不到。好的也常有,但不是经验少,就是身体不强健(因为生活大抵是苦的),这于战斗是有妨碍的。但是,被压迫的时候,大抵有这现象,我看是不足悲观的。"②

---

①② 萧军:《鲁迅给萧军萧红信简注释录》,黑龙江人民出版社,第62—65页,第95—97页。

为了使萧军和萧红能够进入上海的文坛,不致因感到寂寞而沉沦,鲁迅又为他们介绍了一些朋友。他以为胡风的初生子做满月的名义,于12月19日在梁园豫菜馆请客。他于12月17日发出了给萧军和萧红的请柬:

刘
　吟先生:

　　本月十九日(星期三)下午六时,我们请你们俩到梁园豫菜馆吃饭,另外还有几个朋友,都可以随便谈天的。梁园地址,是广西路三三二号,广西路是二马路与三马路之间一条横街,若从二马路弯进去,比较的近。

　　专此布达,并请
俪安。

豫
　　同具
广

十二月十七日

萧军和萧红收到鲁迅的信,激动得热泪盈眶。这封短短的书信从萧军的手里转移到萧红的手里,又从萧红的手里转移到萧军的手里,然后又每个人用了自己的一只手把这信捧在两人的胸前看着、读着……两人的四只手完全在不约而同地不能够克制地轻轻抖动着!两个漂泊的、已经近于僵硬了的灵魂,此刻被这意外而来的伟大的温情浸润得难于自制地柔软下来了,几乎竟成了婴儿一般的灵魂!

他们经过了一阵梦一般的迷惘以后,才渐渐恢复了清醒。萧军马上找出一份上海市的市街图来,首先从索引中寻找二马路和三马路的大体方向和位置;其次是寻找那条成为横街的广西路。然后又量了一下它的路程距离远近,以及要乘坐某条路线的公共汽车和电车才能够到达。一切都研究明白了的时候,他才松了一口气,静静地望着萧红。萧红却笑着一双流过泪还有些湿漉漉的大眼睛,带着嘲笑意味地抢先说:"你要出兵打仗吗?"萧军迷惑了,不知她说这话的真意所在,反问着她:"你这话是什么意思?"萧红说:"我和你说话,竟装作没听见的样子,一个劲儿地在那张破地图上看来看去,又用手指量来量去!简直像一个要出兵打仗的将军了!"萧军说:"我总得把方向、地点……确定下来呀!心里得有个谱,怎么能够临时瞎摸乱闯呢?——你要和我说什么呀?""我要和你说呀……"萧红再一次伸出一只手,扯了扯萧军衬衫的袖管说,"你脱了外套,就穿这件灰不灰蓝不蓝的破罩衫去赴鲁迅先生的宴会吗?"萧军立刻说:"那穿什么呀?——我没有第二件……"萧红坚决地说:"要新做一件——"萧军摇了一下脑袋说:"没必要。"断然地拒绝了她的主意,而且补充着说,"上一次会见鲁迅先生时,不也就是穿着这件罩衫吗?"萧红坚持说,"这回……有客人!"萧军还在争辩:"鲁迅先生信上不是说只有几个朋友,而且都是可以随便谈天的吗?鲁迅先生认为可以随便谈天的人,我想总不会有什么'高人贵客'吧?左不过是一些左翼作家们,我以为他们不会笑话我的罩衫的吧……"萧红无奈地说:"你这个人……真没办法!"

萧红似乎有些发怒了,两只大眼睛闪亮起来。她一把抓起床上的大衣,随便地披在肩上,一扭身冲出了屋门,半跑着下了楼梯出了家门。萧军既没有来得及问她为什么发怒,也没有问她干什么去,当然也没有阻拦她,更没有追赶她。因为他充分知道萧红的性格,遇到这种情况,她不会回答问题,也不会听从劝阻。如果追赶她,她会跑得更快!大约两个小时以后,萧红兴冲冲地跑上楼来。用一卷软绵绵的东西敲到萧军的头上,同时笑着责备萧军说:"你没听到我回来了吗?""没听到——"萧军慢慢地转了一下头,嘴角歪动了一下说,"我什么也没有听见!"萧红调皮地说:"坏东西!——看,我给你买了一件衣料!"她把一块黑白纵横的方格绒布料,两手提拎着举向萧军的身边。萧军心中一惊:"糟糕!大概她把仅有的一点钱都买了布料了,也许连明天赴宴会的乘车费也花光了!……"萧军心情有些沉重地问萧红,"买它干什么?"萧红调皮地说:"我一定要给你做一件'礼服',好去赴鲁迅先生的宴会呀!"她又问萧军,"你猜猜,得多少钱?"萧军老实地说:"猜不着。"萧红得意地说:"七角五分钱——我是从一家'大拍卖'的铺子里买到这块绒布头。起来,容我比量比量,看够不够?"

萧军机械地站了起来,一任萧红用这块布头儿在他身前、身后量来量去。萧军的心情也轻松了一些,暗自琢磨:"谢谢上帝!她并没有把所余的几元钱全部花光,还足够几天生活费和车钱!"萧红让萧军把身上的罩衫脱下来,又从皮箱里把萧军在哈尔滨夏天穿的一件俄国高加索式立领绣花的大衬衫找了出来,铺在床铺上,用那块方格的绒布比量了一番,而后竟自己拍起手来,还跳起了脚,高声地嚷叫着:"足够啦!足够啦!"萧军犹疑着说:"你知道,明天下午6点钟以前,我们必须到达那家豫菜馆!你让我像印度人似的披着这块布头儿去当礼服吗?"萧红自信地说:"傻家伙!我怎么能够让你当印度人哪!你等着瞧吧,在明天下午5点钟以前,我必定让你穿上一件新'礼服'去赴鲁迅先生的宴会!——要显显我的'神针'手艺!"原来就没有阳光的亭子间里,此刻早就昏暗了下来,在一盏高悬的25瓦的昏黄的电灯下,萧红开始了剪裁的工作。第二天一清早,天还没有完全明亮,萧红就起了床,开始缝纫衬衫。她几乎是不吃、不喝、不停、不休地缝制着,只见她那美丽的纤细的手指不停地上下穿动着……一句话也不和萧军说。

在下午5点钟以前,萧红竟把一件新礼服全部缝制完工。这是仿照萧军那件高加索式立领、套头、掩襟的大衬衫制成的,只是袖口是束缩起来的,再就是没有绣上花边。萧红命令萧军:"过来!——试试看。"萧军顺从地穿上了新"礼服",既合适又舒适。萧红继续命令道,"把皮带扎起来!围上这块绸围巾!"萧红把佛民娜绣了字做纪念的那块米色绸布递给萧军。萧军顺从地一一照办了。萧红上下左右地端详着萧军,忽然他们四条视线相遇了……萧红竟像一只麻雀似的跳跃着扑到萧军的胸前。他们紧紧地拥抱在一起,好像要把对方融解!尽管当时萧军和萧红的物质生活是贫困的,但在情爱生活方面,却是充实而饱满的。

12月19日下午6点钟左右,他们终于寻找到了鲁迅先生信中所说的那家梁园豫菜馆。这是一座坐东面西旧式的二层灰砖楼房。他们走上楼的时候,许广平先生正在那里张望,似乎正在等着他们。在位于西南角临街的一个房间里,已经坐满了人。许广平对萧红犹如多年不见的"故友"一样,一把把她揽抱了过去,海婴也掺在了中间,他们走进另一个房间去了。过了十几分钟,接着菜馆的招待走了进来,向许先生满面和气地问道:"侬们的客人全到齐啦?"许广平先生看了一下腕子上的表,征询着鲁迅先生的意见:"现在快7点了,怎样?还要等他们吗?""不必了。大概他们没收到信,——我们吃吧。"鲁迅先生爽利地做了决定,"给我们开吧。"

　　那天在座的一共有九个人。寄给胡风的信是由他的小姨子转,胡风夫妇因为没有及时收到信而没有来,到场的有叶紫、聂绀弩及其夫人周颖,还有茅盾。大家开始喝酒的时候,许先生出去了一下,后来向鲁迅先生耳边轻轻地说了一个"没"字,许广平先生才以主人的身份介绍客人。她指着茅盾说:"这是我们一道开店的老板……"茅盾点了点头,另外几位客人都会心地笑了笑。这菜馆主要是吃烤鸭,其他菜肴也很好。席间的谈话令萧军和萧红莫名其妙,似乎用的都是些"隐语"或"术语"之类,萧军只能吃了又喝喝了又吃。他注意到聂绀弩总在不停地向他的那位"夫人"碗里夹菜,便也学了他的样子,开始向萧红的碗里夹菜,这使萧红有些不好意思了,暗暗用手在桌下制止着萧军。海婴叽里哇啦满口讲的是他们听不懂的上海话,他和萧红一见如故,混得很熟了。

　　出于礼貌或为了"不甘寂寞",萧军也讲了一些东北的各种风俗、习惯以及各样事务,包括鲁迅在内的所有人,全在专心注意地听着。最后萧军提出要买几本俄文书,茅盾很诚恳也很仔细地为他指点、介绍,告诉他应该到哪里去买,如何坐车等等。萧军在心里暗暗佩服着他文化知识的丰富。快近9点钟的时候,宴会结束了。叶紫把他的住址开给了萧军,萧军也把自己的住址开给了他。临分别的时候,萧红把友人王福临送的小棒槌和祖父给她的带在身边多年的一对醉红色的核桃,一并送给了海婴。"这是我祖父流传下来的,"萧红说,"是我带来在身边的玩意,这是捣衣服用的小模型,通通送给你。"

在回家的路上,萧军和萧红彼此挽着胳膊,脚步轻快,飘飘然,觉得自己是世界上最幸福的人。为了纪念这次历史性的聚会,他们还到照相馆拍了一张合影。

由于鲁迅先生指派叶紫做萧军和萧红的"向导"和"监护人",他们和叶紫渐渐地熟悉起来,而且成为很要好的朋友。从此以后,他们就置身于上海左翼作家的核心圈子,异乡人的落寞和惆怅一扫而光。萧军和萧红与这次宴会上的人们,保持了终生的友谊[①]。

[①] 萧军:《鲁迅给萧军萧红信简注释录》,黑龙江人民出版社,1981,第99—109页。又见许广平《忆萧红》。

第二十六章
进入上海文坛

1934年12月底,萧红和萧军搬到了拉都路的福显坊22号。福显坊里总共有二十多幢房子,都是坐北朝南的石库门的弄堂房子,围墙比较矮。22号在弄堂右转弯的突出角上,属北边的最后一排,当年房主量地造屋,最后一排房屋的面积都比较狭小。萧红他们住的这幢房子,既没有石库门,也没有天井。拉都路地处法租界西南角的边陲,房屋稀少,夹着荒地、菜园和坟墩,行人很少,比较荒凉。他们住在一间十五六平方米的见方房间,门前可以看见大草地。这条弄堂里住着好几家白俄人,有的是看门人或者查票员,也有巡捕房的"包打听"(暗探),还有干其他不正当职业的。①二房东男的是做小学教员的,一对夫妇。古历新年的夜晚,还请萧红和萧军一同吃的年夜饭。他们为了省钱,把前楼租给萧红和萧军,自己却住在亭子间里②。

他们安置好以后,于1935年1月2日给鲁迅先生写了信,报告新居的情况。鲁迅先生于1月4日回信说:"知道已经搬了新房子,好极好极,但搬来搬去不出拉都路,正如我总在北四川路兜圈子一样。有大草地可看,在上海要算新年幸福,我生在乡下,住了北京,享惯广大的土地了,初到上海,真如被装进鸽子笼一样,两三年才习惯。"鲁迅曾劝萧军初到上海,尽量少

---

① 丁言昭:《萧红在上海事迹考》,《东北现代文学史料》1982年第4辑,第40页。
② 萧军:《鲁迅给萧军萧红信简注释录》,黑龙江人民出版社,1981,第129页。

说多听,如果不能不说的话,就多说闲话。萧红便和他开玩笑说,鲁迅先生是"老耗子",萧军是"小耗子","老耗子"在教"小耗子"各种避猫的法门。鲁迅先生在这封信中也报以玩笑说:"吟太太究竟是吟太太,观察没有咱们爷们精确仔细。少说话或多说闲话,怎么会是耗子躲猫的方法呢?我就没有见过猫整天的咪咪的叫的,除了春天的或一时期之外,猫比老鼠还要沉默。春天又作别论,因为它们另有目的。平日,它总是静静地听着声音,伺机搏击,这是猛兽的方法。自然,它决不和耗子讲闲话,但耗子也不和猫讲闲话。"因为萧军和萧红提出要考察上海,鲁迅便劝告他们:"工人区域里却不宜去,那里狗多,有点情形不同的人走过,恐怕它会注意。"①

萧红由于失眠,便提出要和萧军分床而居。因听叶紫说起木刻家黄新波处有两张单人铁床,便由鲁迅先生介绍到他那里去借。②黄新波住在吕班路(今重庆南路),原与一些未婚的青年朋友合租一个房间共住。同住的朋友、同学各自搬居,遗下一些家具,由晚走的黄新波保管。他听两萧说明来意,当即慨然允诺,并到外面叫了两辆黄包车,把他们送走了。③

回到家里,萧军把自己的床安置在北角,把萧红的床安置在西南角。晚上临睡的时候,还彼此道了"晚安"!正当萧军蒙蒙眬眬将要睡的时候,忽然听到一阵抽泣的声音,他惊醒过来,急忙扭开了灯,奔到萧红的床边,以为发生了什么急症,把手按到她的前额上焦急地问道:"怎么了?哪里不舒服吗?"萧红没有回答,两股泪水却从那双圆睁睁的大眼睛里滚落到枕头上来。萧军摸她的头没有热度,又扯过她的一只手寻找脉搏,她竟把手抽了回去。她对萧军说:"去睡你的吧!我什么病也没有!"萧军问她:"为什么哭?"萧红竟咯咯地憨笑起来说:"我睡不着!不习惯!电灯一闭,觉得我们离得太遥远了!"萧军明白了,用指关节在她的前额上剥啄了一下说:"拉

---

① 萧军:《鲁迅给萧军萧红信简注释录》,黑龙江人民出版社,1981,第125—127页。
② 伊之美:《三个奴隶得解放》,《北方文学》,1980年第6期。
③ 黄新波:《不逝的回忆》,转引自丁言昭《萧红在上海事迹考》,《东北现代文学史料》1982年第4辑,第40页。

倒吧！别逗'英雄'了！还是过来睡吧！"①

萧军和萧红的生活要靠朋友接济。有一天，聂绀弩到萧军和萧红的住处，看见他们生活窘迫，就问他们为什么不写点稿子去换钱？萧军说，恐怕写出了也无处发表。聂绀弩说："你找老头子(指鲁迅先生)啊！他总有办法……"叶紫也劝过萧军："你总要生活下去呀！——老头子介绍的文章如果不是太差，他们总是要登的。太差的文章老头子也不肯介绍的……"他们听从了朋友们的劝告，向鲁迅先生求援。鲁迅先生有求必应，给他们的作品找出路。他拿到萧红的《麦场》以后，就"托人把这部稿子送到各方面去'兜售'，希望能找到一处可以公开出版的书店来接受它。"②"文学社曾愿意给她付印，稿子呈到中央宣传部书报检查委员会那里去，搁了半年，结果是不许可。"③萧红等得很着急，就写信问鲁迅先生，鲁迅耐心地回答她，告诉她自己的文章被删掉的事是家常便饭："日前做了一篇随笔到文学社去卖，七千字，检查官给我删掉四分之三，只剩一个脑袋，不值钱了。"他还安慰萧红说，她的作品"我想不至于此，如果删掉几段，那么，就任他删掉几段，第一步是只要印出来。"④又过了一段时间，萧红又写信去向鲁迅打听消息，在信中也叙述了自己写不出东西来烦躁的心情，说自己胖得像蝈蝈了，请鲁迅先生用鞭子抽自己。鲁迅给她回信说"小说送检查处后，亦尚无回信"，他帮助萧红分析说："我看这是和原稿的不容易看相关的，因为用复写纸写，看起来较为费力，他们便搁下了。"他还劝导萧红说，"我不想用鞭子去抽打吟太太，文章是打不出来的，从前的塾师，学生背不出书就打手心，但愈打愈背不出，我以为还是不要催促好。如果胖得像蝈蝈了，那就会有像蝈蝈样的文章。"⑤

萧红他们的生活是非常清苦的，肚子里经常没有油水。有一次，叶紫

---

① 萧军：《萧红书简辑存注释录》，黑龙江人民出版社，1981，第7—8页。
② 萧军：《〈生死场〉重版前记》，《生死场》，黑龙江人民出版社，1980。
③ 鲁迅：《萧红作〈生死场〉序》，1935年12月，上海容光书局出版的《生死场》，后收入《且介亭杂文二集》。
④⑤ 萧军：《鲁迅给萧军萧红信简注释录》，黑龙江人民出版社，1981，第120页，第141页。

嘴馋了,又没有钱吃好的,他就和萧军商量,要老头子请他们吃小馆,萧红就自告奋勇写了信。她说怕费钱可以吃得差一点。寄出这封信的同时,还寄出了萧红的小说《小六》,请鲁迅先生推荐发表。鲁迅先生立刻把萧红写的《小六》推荐给陈望道主编的《太白》半月刊。1935年2月8日,鲁迅将此事记载在日记中:"寄陈望道信并悄吟稿一篇。"第二天,又写信给他们说,"小说稿已经看过了,都做得好的——不是客气话——充满着热情,和只玩技巧的所谓'作家'的作品大两样。今天已将悄吟太太的那一篇寄给《太白》。"至于请客的事,鲁迅先生则说,"请客大约尚无把握,因为要请,就要吃得好,否则,不如不请,这是我和吟太太主张不同的地方。但是,什么时候来请罢。"①1935年3月1日,又给萧军的复信中说,"悄吟太太的一个短篇,我寄给《太白》去了,回信说可以登出来。"这篇小说就是萧红的《小六》,讲述的是小六一家人在贫困中挣扎而无望的故事,终于被逼得母子俩一起跳了泥塘。这篇小说的故事,可以看到他们在青岛时的邻居,朱姓小贩一家生活的缩影。很快,《小六》发表在3月5日出版的《太白》第1卷第12期上,这是著名语言学家陈望道主编的小品文半月刊。不久,鲁迅推荐的萧军的几个作品——《职业》《樱花》《货船》《初秋的风》《军中》等,也陆续发表在上海的各家刊物上。他们在鲁迅先生的帮助下,终于叩开了上海的文坛之门,逐渐被上海的文坛所接纳。

当时,发表左翼作家作品的大型刊物只有《文学》月刊,而且稿酬丰厚、有保障,一般是每千字三元,对于无名青年作家已经十分可观。《文学》月刊名义上是由郑振铎、傅东华编辑,实际上由黄源负责,鲁迅、茅盾及其他一些著名左翼作家都是幕后的支持者。能在大型刊物上发表作品,意味着一举成名,向其他刊物卖稿也就水到渠成。每种刊物都有自己的固定作者,近于同人刊物。30年代,上海滩的社会政治情况复杂,左翼刊物往往要了解作者的政治背景之后,才敢刊载他的文章。对于无名作家来说,没有可

---

① 萧军:《鲁迅给萧军萧红信简注释录》,黑龙江人民出版社,1981,第144—145页。

297

靠的人介绍,几乎是无法"跃龙门"的。介绍人自然需是文坛名家,一来要对陌生作者的政治背景负责,二来则对文章的质量负责。潜规则是介绍人在推荐稿子的时候,通常要搭上一篇自己的稿子作为"人情",刊物就此可以拉到名家的稿子。所以,推荐萧军和萧红的稿子,鲁迅很可能也以自己的文章陪了"人情"。

3月5日,鲁迅请了叶紫和两萧一起吃晚饭。正巧黄源来拜访鲁迅先生,就和他们一起走了。到了内山书店的时候,又碰上《芒种》的编辑曹聚仁来送《芒种》,也就会合在一起,加上许广平和海婴,一行八个人,到了桥香夜饭店。那是一家吃广帮菜的饭馆,菜肴很精致。这次请客,萧军事先是不赞成的,也没有在信上签名,但还是跟着吃了喝了,而且吃的喝的比叶紫和萧红两个人的总量还要多一些。①萧红叫得最凶,但吃得却最少。就在这次宴会的饭桌上,他们三个人向鲁迅先生提出要创建奴隶社,自费出版"奴隶丛书"。鲁迅听了以后很赞成,他说"奴隶社"的名称是可以的,因为它不是"奴才社",奴隶总比奴才强! 奴隶是要反抗的……②

萧红和萧军给鲁迅先生写信,谈到列宁和高尔基,也谈到他们两人对人民的"爱",前者属于父性的,近于严;后者近于慈,属于母性。于是便问鲁迅先生,你属于哪型呢? 鲁迅于3月14日回信说:"……使我说起来,我大约是'姑息'的一方面,但我知道若在战斗的时候,非常有害,所以应该改正。不过这和'判断力'大有关系,力强,所做便不错,力一弱,即容易陷于怀疑,什么也不能做了。'父爱'也是一样的,倘不加判断,一味从严,也可以冤死了好子弟。"萧军在和黄源闲谈的时候,黄源玩笑地说萧军野气太重,这使萧军生出淡淡的"悲哀"。他在给鲁迅先生的信中,问他对自己的"野气"如何看法,以及如何才能改正? 鲁迅1935年3月14日回信明确说:"由我看来,北人爽直,而失之粗,南人文雅,而失之伪。粗自然比伪好。"对于萧军所谓的"野气",认为"不要故意改。但如在上海住得久了,受环境的影

---

① 萧军:《萧红书简辑存注释录》,黑龙江人民出版社,1981,第148页。
② 萧耘:《鲁迅与奴隶社》,《文艺百家》1979年第1期。

响,是略略会有些变化的,除非不和社会接触。但是,装假固然不好,处处坦白,也不成,这要看什么时候。和朋友谈心,不必留心,但和敌人对面,却必须时刻防备。我们和朋友在一起,可以脱掉衣服,但上阵要穿甲。您记得《三国演义》上的许褚赤膊上阵吗?中了好几箭。金圣叹批道:谁叫你赤膊?"并且告诉他,文坛也是如此,"以后关于不知底细的人,可以问问叶他们,比较的便当。"①

萧军准备自费出版《八月的乡村》,叶紫带萧军到江湾一个学生宿舍去,找青年木刻家黄新波,请他为萧军的书作一幅封面用的画。临别的时候,萧军不仅向黄新波宣布了自己的地址,也向别的青年人提出邀请:"有工夫……到我家来玩吧!"叶紫赶忙在他的脚踝骨上狠狠地踢了一脚。出门以后,萧军责问他为什么要踢自己,叶紫说:"这个'阿木林'(上海话笨蛋的意思),谁让你向他们宣布自己的住址啊?"萧军不以为意地说:"这有什么关系啊?他们全是进步的……"叶紫教育他说:"他们并不全都永远可靠的!——回去换个地方——搬家吧!"萧军这才明白,上海环境的险恶,决定立即搬家。②

1935年4月2日,萧红和萧军又搬到拉都路351号,即现在的襄阳南路351号。③351号是小弄堂里的第二栋房子,这是坐北朝南中西式的假三层的楼房,朝西临街处,有一扇宽大的铁条栅门,朝南靠近357弄的地方有堵墙,里边是长方形的一片空地,墙边和门边还有些栽着花木的池子。萧红和萧军住在三楼,仍然是阁楼性质的房间。他们又给鲁迅先生写了一封信,通报了自己的新地址。鲁迅已经将《八月的乡村》仔细看过,并写好了序,又写了一封长信,因为怕寄失,又于4月2日寄出一短笺,以确定萧红和萧军的新住址。④

有一天早晨,萧红和萧军在敦和里大门口北侧一处卖油条的小铺子买

---

① 萧军:《萧红书简辑存注释录》,黑龙江人民出版社,1981,第154—155页。
②④ 萧军:《鲁迅给萧军萧红信简注释录》,黑龙江人民出版社,1981,第25页,第164—167页。
③ 丁言昭:《萧红在上海事迹考》,《东北现代文学史料》1982年第4辑,第40页。

油条吃。拿回家来发现包油条的纸竟是鲁迅先生所译班台莱夫童话《表》的手书原稿纸二页,这使他们大吃一惊。萧军马上又到那家铺子去问,是否还有这类包装纸,他们回答说没有了。这使他们感到懊丧,也很悲伤!他们把这油条包纸马上给鲁迅先生寄去,并写信请他把这《表》的原稿催讨回来。他们在心中表示很"愤懑",说像中国这样一个国家以至文学界,他们对于一位像鲁迅先生这样"独一无二"的作家"手迹",居然让它去包油条,应该是一种多么可悲的现象!凡是不懂得尊敬自己国家于人民有好处的杰出人物,以至于他们的事业、劳绩……的国民,这国家也将是可悲的!鲁迅自己却并不在意,他于4月12日写给萧军的信中说:"我的原稿的境遇,许知道了似乎有点悲哀;我是满足的,居然还可以包油条,可见还有些用处。我自己是在擦桌子的,因为我用的是中国纸,比洋纸能吸水。"①这家小铺子,离《译文》杂志社的地址很近,鲁迅的手稿是从编辑部流散出去的。

在同一封信里,鲁迅先生还教导萧军和萧红:"一个作者,'自卑'固然不好,'自负'也不好的,容易停滞。我想,顶好是不要自馁,总是干;但也不可自满,仍旧总是用功。要不然,输出多而输入少,后来要空虚的。"对于萧军的《八月的乡村》,他主张删去那些说明的地方,"尤其是狗的心思之类","怎么能知道呢。"这是针对萧军小说中,有一处关于狗的心理描写。因为胡风曾表示要和萧军他们见面谈一谈,萧军在信里征询鲁迅的意见。在这封信里,鲁迅打消他们的一切顾虑,很赞成萧军和胡风谈谈,因为他专门研究文学批评。

萧红和萧军一再地邀请鲁迅全家到自己家里来玩,可是鲁迅先生非病即忙,或者由于各种琐事缠身,一直未能成行。1935年4月12日,他在信中说:"7日信早到,我们常想来看你们,孩子的脚也好了,但结果总是我打发了许多琐事之后,就没有力气。一天一天地拖。到后来,又不过是写信。"

鲁迅先生终于还是去看望两位年轻的东北作家,这使他们感到最大的兴奋和欢喜!5月2日上午,鲁迅和许广平带着海婴,他们全家突然到萧红

---

① 萧军:《鲁迅给萧军萧红信简注释录》,黑龙江人民出版社,1981,第173页。

家里做客了。他们休息了大约一个钟头以后,鲁迅先生邀请他们一起出去吃午饭。萧红和萧军没有推辞,就无目的地在"法租界"一家西餐饭馆里随便吃了一些什么,然后送他们上了电车,两个人才步行回到家里。①

叶紫(1911—1939),湖南益阳人。原名余鹤林,又名余藩,"叶紫"是他的笔名之一。②"叶"是他祖母之姓,"紫"乃血的象征③。当湖南农民运动轰轰烈烈兴起的时候,只有14岁的叶紫就卷入了大革命的洪流。后来,他的父亲、姐姐等亲人都惨死在敌人的屠刀下,他小小的心灵里种下了仇恨的种子。在亲朋的掩护下,他开始了流浪的生涯。1931年,叶紫到达上海,投身于左翼文艺运动,写出了《丰收》《火》《电网外》等表现农村阶级压迫的中短篇小说。他认识两萧的时候,已经是中共党员。他家祖孙三代五口,挤在法租界的一个亭子间里,那里还有时举行秘密会议。④此时,他的《丰收》已经快印刷完了,这虽然是所谓"非法"出版的"私书",但却应该像"合法"出版的样子,要有一个堂堂正正的书店名字,还要有地址。叶紫首先想出了容光书局——上海四马路,糊弄得很像正式出版⑤。

叶紫的《丰收》、萧军的《八月的乡村》和萧红的《生死场》三部书,曾辗转托人送到黎明书店,希望能正式出版。黎明书店的编辑起初对这三部稿子曾有出版的考虑,但迫于当时的政治形势,还是婉言谢绝了。黎明书店的两名小编辑丁镜心和敖方肇冒了风险,把这三部书稿转给与黎明书店有来往的民光印刷所。当时,印刷费和白报纸都可以赊账。⑥就这样,这一年的5月,印出了奴隶丛书之一叶紫的《丰收》。⑦

---

① 萧军:《拉都路上几春宵》,1980年8月《艺术世界》。
② 臧筱春:《叶紫:小茅屋及其门联》,1987年12月《爱国报》。
③ 陈若海:《叶紫生平琐记——访叶紫亲属和夫人》,《新文学史料》1979年第5期。
④ 丁言昭:《萧红传》,江苏文艺出版社,1993,第95页。
⑤ 萧军:《拉都路上几春宵》,1980年8月《艺术世界》,第138—139页。
⑥ 王季深:《叶紫和〈奴隶丛书〉》,1981年11月《文学报》,第5页。萧军的《鲁迅给萧军萧红信简注释录》中,则说是由叶紫将这三部书稿介绍给民光印刷所的王先生。
⑦ 又一说是叶紫的《丰收》是1935年1月出版,萧军的《八月的乡村》是1935年3月出版,见丁言昭《萧红传》。查鲁迅给萧军书简,鲁迅3月25日尚未看完书稿,作序则在此之后,故3月似不可能出版,所以此处沿用张毓茂《萧军传》中的说法。

这一年6月,萧红和萧军搬到法租界萨坡赛路190号的唐豪律师事务所。唐豪,字范生,是萧红和萧军的朋友。萧红和萧军就住在他家二楼的后楼。①萧红在这里写了散文《三个无聊人》,表达了自己女权主义的思想。她写了三个无所事事的朋友,在一起消磨时光。其中的一个胖同伴,经常带着钱去可怜妓女。他说:"最非人生活的就是这些女人,可是没有人知道更详细些。"萧红不无幽默地写道:"他这态度是学者的态度。说着他就搭电车,带着钱,热诚地去那些女人身上研究'社会科学'去了。"她讽刺了男权社会中那些新式知识者的伪善与堕落。

这个月,萧军的《八月的乡村》作为奴隶丛书之二出版,立即引起很大反响。鲁迅把它寄给许多外国朋友,希望能翻译成其他语言,更广泛地宣传中国人民,特别是东北人民的反抗斗争。②出版的时候署名田军,一方面为了避免引起国民党检查机关的注意,另一方面又算为农民的军队写作③。

胡风(1902—1985),原名张光人,笔名谷非等,湖北蕲春人。曾就读于北京大学、清华大学,留学日本时因参与抗日活动,于1933年被驱逐回国。同年参加左翼作家联盟,开始职业作家的生涯,一直工作在鲁迅先生身边,和鲁迅有"平生风谊兼师友"的情谊。大致是这个时期,他去看望萧红和萧军,从此成为志同道合的朋友。他见到了这一对来自被敌人占领的国土,而用笔参加了民族解放斗争的青年夫妇,很是高兴。尤其是萧红,他觉得她很坦率,真诚,还未脱女学生气,头上扎着两条小辫,穿着朴素,脚上还穿着球鞋呢,没有当时上海滩姑娘们那种装腔作势的扭捏之态。因此虽然是初次见面,他对他们就不讲客套,可以说是一见如故了。④在鲁迅的支持下,两萧和胡风之间来往密切,彼此之间坦诚相待。

萧红的《麦场》却迟迟没有消息。1934年12月,生活书店有意出版,送

---

①②③ 萧军:《鲁迅给萧军萧红信简注释录》,黑龙江人民出版社,1981,第209页。
④ 胡风:《悼萧红》,《萧红》,人民文学出版社,1984,第2页。

审半年之后,国民党中央宣传书报检查委员会不予批准出版,鲁迅又把它介绍到《文学》杂志社,希望能够连载。不久,稿子还是被退了回来,理由是他们认为"稍弱"。鲁迅又交给胡风,让他拿到《妇女生活》试试,如果不行的话,就只好搁起来了。①

1935年的夏天,罗烽经铁路工人们营救出狱,与妻子白朗秘密逃离日伪法西斯统治下的哈尔滨。7月15日,乘坐"大连丸"到达上海。因为举目无亲,挤住在萧军和萧红那里。②两家人住在一间屋子里,又正值盛夏,其艰苦可以想见。罗烽和白朗想见鲁迅,萧军就向鲁迅先生转达了这个意思。鲁迅先生于7月27日回信说:"你的朋友南来了,非常之好,不过我们等几天再见吧,因为现在天气热,而且我也真的忙一点。现在真不像在作人,好像是机器。"③屋子狭小,居住的人多,萧军觉得妨碍自己写作。萧红悄悄转告了他们,长期下去,三郎不高兴,他们就搬到了舒群华美里的亭子间。这一年的春天,舒群因为没有暴露身份而获释。这个月,舒群辗转来到上海,一开始借住塞克家。后来塞克因为组织"狮吼剧团",排演《流民三千万》,触怒了当局,剧团垮台了,自己也失了业。舒群只好另外去租亭子间,反复修改自己《没有祖国的孩子》。他找到昔日的朋友萧军,并没有其他要求,一是想让他引见拜访鲁迅,二是把自己的作品呈给鲁迅过目。罗烽夫妇与舒群一度挤住在一个亭子间里,穷困得靠典当为生。直到10月,白朗找到一份打字员的工作,11月,罗烽通过周扬接上了组织关系加入左联,生活才有了着落,作品也开始发表。直到一年以后鲁迅逝世,这几位东北作家都没有能够见到深深敬仰着的他,以至于成为一个一生无法释怀的心结。萧红哈尔滨时期的朋友,陆陆续续地汇集到了上海。加上先期抵达的作家,诗人穆木天、宇飞,小说家李辉英、黑丁,剧作家艺术导演塞克,翻译家金人,东北作家群在悄然崛起。④

这一年的8月,远在边陲的呼兰张家也发生了一件大事。张廷举集各

---

① ③ 萧军:《鲁迅给萧军萧红信简注释录》,黑龙江人民出版社,1981,第210页、第204页。
② ④ 曹革成:《我的婶婶萧红》,时代文艺出版社,2005,第81页。

地族人资金,编撰印刷了《东昌张氏宗谱书》,编入从张氏始祖"岱"至"维、廷、秀、福"四世族人,里面收有所有成年男子及其配偶的照片。这本谱书中记载了张氏族人的丰功伟绩,也记载了个别族人的过失之处。①其中没有萧红的名字,姜玉兰的条目中,只写"生三子"。一来她早已被口头开除族籍,二来作为左翼作家的萧红声名日隆,处于日伪法西斯统治下的张廷举为了避祸也不敢载入。但是,这对萧红已经不重要了,鲁迅的关怀与提携带给她的温暖,使她接续起老祖父的爱。从1931年10月初,逃离福昌号屯之后,经过5年的艰难跋涉,她终于以自己独立的姿态站立在世人面前。

对于家族中的人,她惦念最多的是亲弟弟张秀珂。两个人经常偷偷通信,她经常给张秀珂写信,指点他看进步小说。大约张廷举有所觉察,出于保全自身与呵护家人的目的,他严令子女不得与萧红联系。而且,最担心的是张秀珂。有一次,萧红写给张秀珂的信,被张廷举拿获,他用手挡住信封下面的地址,问张秀珂:"这是谁来的信?"张秀珂认出姐姐熟悉的字迹,但是不敢说,只好回答:"不知道。"张廷举对他说:"这是逆子写的,你给她写过信吗?"张秀珂回答:"没有。"张廷举威胁道:"那好,你如果同她来往,这个家也是不要你的。"张秀珂和父亲说话的时候,紧张得两只手都在发抖。过了一段时间,继母梁亚兰又背着张廷举把这封信交给了张秀珂。②梁亚兰素来畏惧张廷举,敢于将萧红的信交给张秀珂,显然是张廷举授意的,至少得到他的默许。可见张廷举威严的外表掩饰了内心对萧红的牵挂,而对张秀珂的威胁则是不可明言的保护措施,生怕他会招惹上危难,当然也怕祸及自身与家人。萧红到上海以后,和弟弟张秀珂就断了联系。③当时伪满当局对思想犯处罚很严,经常殃及无辜,张秀珂竟有些神经过敏,

---

① 王连喜:《萧红故居建筑与文物综合考》,孙茂山主编《萧红身世考》,哈尔滨出版社,2003,第365页。
② 张抗:《萧红家庭情况及其出走前后》,孙延林主编《萧红研究》第一辑,哈尔滨出版社,1993,第65页。
③ 萧红:《"九一八"致弟弟书》,《萧红全集·散文卷》,北京燕山出版社,2014,第394页。

谁也不敢相信,但是又走投无路。①

有一天,萧红和萧军请胡风夫妇到家里来做客,同时还邀请了其他的朋友。大家围着一张长桌子旁边包饺子,萧红擀皮儿,大家一块包。胡风的夫人梅志哪里见过这样的阵势,不知道是所有北方人自小练就的功夫。她只会包上海的菜肉馄饨,不会包饺子,急得汗都出来了,还没有包好一个。萧红在一旁看着说:"得了,你不会包,在一旁歇着吧!"梅志不服气,还执意要包,结果又试着包了几个,都成了四不像的怪物,只好放下手。后来大家又开始喝酒,梅志和他们干杯,说这酒我不吃,会醉人的,我要喝香槟。坐在她旁边的白朗说,香槟也会醉人的。到了梅志该给孩子喂奶的时间了,他们站起来告辞。萧红和萧军不好留他们,就一起非常热情地送到了后门口。②

10月,萧红和萧军仍然为《麦场》的出版而煞费苦心。他们争论麦字是否有草头,萧红说没有,萧军说有。因为手头没有字典,就给鲁迅先生写信询问。结果是萧军败诉,鲁迅于10月20日回信说:"麦字是没有草头的。"《麦场》一书在朋友们之中传阅,对于它的题目进行了争论,最后胡风给改为"生死场"。③在同一封信里,鲁迅表示赞同这个书名:"《生死场》的名目很好……"他们只能做自费出版的打算。

这一时期,萧红和萧军还在学习世界语。他们学习世界语的动机是因为看不惯"日奴""西崽""半吊子大学生""洋翰林",那种挤眉弄眼,缩肩伸臂,洋洋得意,以说洋文和与洋人交往为唯一乐趣和骄傲的样子,以及"学习敌人的语言,是侮辱自己"的偏见。④萧红一开始期望很高,打算一年之内翻译文学书籍,半年之内读报纸。第一节课上,老师讲解了世界语发音的简单规则,萧红觉得照他说来,半年也不用,3个月就可以看短篇小说

---

① 张秀珂:《回忆我的姐姐——萧红》,孙延林主编《萧红研究》第一辑,哈尔滨出版社,1993,第12页。
② 梅志:《"爱"的悲剧》,《花椒红了》,中国华侨出版社,1995年9月,第2—3页。
③④ 萧军:《鲁迅给萧军萧红信简注释录》,黑龙江人民出版社,1981,第232页。

了。她买了一本《小彼得》,学着别人的样子说再见。但是也就到此为止了,因为世界语的名词字尾都是"O",形容词的字尾都是"A",读起来只听得"OO""AA",她觉得不好听也就不学了。先是下雨不去,后来刮风也不去,再后来干脆不去了,一本《小彼得》看完就彻底放弃了世界语的学习。她承认这是自己怕困难的假词,建议初学世界语的人,把它看得稍微难一点。①

鲁迅和许广平于10月27日那天来看他们的时候,扑了一个空,他们去参加世界语五十周年纪念大会了。回家以后得知鲁迅先生来过,没有能够相见,感到很懊丧②。

---

① 萧红:《我之读世界语》,《商市街》,华中科技大学出版社,2015,第346页。
② 萧军:《鲁迅给萧军萧红信简注释录》,黑龙江人民出版社,1981,第232页。

第二十七章
在鲁迅夫妇身边

1935年11月5日,萧红和萧军收到了鲁迅先生的一封短笺,邀请他们到家里来做客。

刘　　兄
悄吟太太:
　　我想在礼拜三(十一月六日)下午五点钟,在书店等候,您们俩先去逛公园之后,然后到店里来,同到我的寓里吃夜饭。
　　专此,即祝
俪祉。

豫上
十一月四日

收到这封信,两萧的心情自然是激动的。1935年11月6日,他们如约赴了鲁迅先生的家宴。这是他们第一次到鲁迅先生家做客。当时鲁迅住在北四川路底施高塔路大陆新村9号,一栋二楼一底(共计三层)上海一般性的弄堂房子。第一层是客厅、饭厅兼厨房;第二层是鲁迅先生的工作室兼卧室,三层为藏书室。

那是一个愉快的夜晚,他们吃得很多,和鲁迅、许广平先生也聊得很晚。他们谈了很多伪满洲国的事情,从饭后谈起,一直谈到9点钟、10点钟而后到11点钟。他们时时想退出来,让鲁迅先生早点休息,但鲁迅先生并没有疲倦的样子。他们几次想让他坐在藤椅上休息一会,但是他没有去,仍旧坐在椅子上。只上楼去了一次,去加穿了一件皮袍子。过了11点,天就落雨了,雨点淅淅沥沥地打在玻璃窗上。萧红偶一回头,就看到玻璃窗上有小水流往下流。夜已深了,并且下着雨,他们心里十分着急,几次站起来想走,但鲁迅先生和许广平先生一再说再坐一下:"12点以前终归有车子可搭的。"所以一直坐到将近12点,才穿起雨衣来,打开客厅外边的响着的铁门,鲁迅先生非送到铁门外不可。一直送到弄堂口,指点着弄堂门口边,镶在电灯外面,写在一片毛玻璃上的一个大"茶"字说:"记住这个'茶'字,下次来就不会找错门了。"这是一家日本人开设的吃茶店。上海的弄堂房子建造得几乎一模一样,如果忘记了门牌号数,是容易走错的。所以鲁迅先生将自己寓所的特征指点着告诉他们,①从此,他们进入了鲁迅最信任的朋友圈子。

认识鲁迅的家以后,萧军和萧红就经常到鲁迅先生家去玩。有时胡风也去了,鲁迅先生就留他们一起在家里吃饭。有一次,大家聊得高兴,出来时夜已深了。他们虽然坐上了电车,但半路车就不走了。他们三个穷作家,坐不起黄包车,就沿着爱多亚路一直走去。萧红虽是女性,身体很病弱,但也不肯示弱,非要和胡风赛跑。他们在空荡荡的马路上奔跑说笑,直到法租界才分手。事后,萧红把这件事告诉了鲁迅先生,鲁迅先生立即给胡风写了一封信,劝告他们以后不要在马路上奔跑,以免引起巡捕的注意,惹出麻烦。②

11月14日,鲁迅先生看完了《生死场》的校样,把它交给胡风。晚上为《生死场》写了序文,于次日寄给萧军。鲁迅用红笔,恭楷逐字逐句地改正了《生死场》校样上的错字,又改动了一点格式。这种认真的精神使萧红很

---

① 萧红:《回忆鲁迅先生》,《萧红全集·散文卷》,北京燕山出版社,2014,第355页。
② 梅志:《生活的起点——胡风在上海时期》,1996年6月《小说》,第147页。

感动,立即写信向鲁迅先生诉说了自己的感受。11月16日,鲁迅先生回信说:"校出了几个错字,为什么这么吃惊?我曾经做过杂志的校对,经验也比较的多,能校是自然的,但因为看得太快,也许还有错字。"鲁迅先生对于青年作者也不是一味地袒护,真诚的批评也是一种爱护。在这封信里,他写道:"那序文上有一句'叙事写景胜于人物的描写',也并不是好话,也可以解作描写人物并不怎么好。因为作序文是要顾及销路,所以只得说得弯曲一点。"萧红对自己的作品并不十分自信,便在信中征求鲁迅先生的意见,问老王婆是否写得太鬼气。鲁迅在回信中说:"至于老王婆,我却不觉得怎么鬼气,这样的人物,南方的乡下也常有的。安特列夫的小说,还要写得怕人,我那《药》的末一段,就有些他的影响,比王婆鬼气。"鲁迅为《生死场》作的序言,大概是许广平先生代为抄写的,所以上面没有鲁迅先生的亲笔签名。萧红见萧军和叶紫都有,便也向鲁迅先生要签名。鲁迅写了寄给她,并在信中说:"我不大希罕亲笔签名制版之类,觉得这有些孩子气,不过悄吟太太既然热心于此,就写了附上,写得太大,制版时可以缩小的。这位太太,到上海以后,好像体格高了一点,两条辫子也长了一点,然而孩子气不改,真是无可奈何。"①

1935年年底,聂绀弩和萧军、萧红都想办刊物,当然是以鲁迅先生为旗帜,每期都要有鲁迅先生的文章。鲁迅先生和胡风商量,总觉得这样分头办,力量太分散不好。还是以胡风为核心,其实是以鲁迅为核心,合力办一个比较好。大家都同意这个意见。商量刊名的时候,鲁迅先生提出"闹钟",胡风则脱口说出"海燕"。鲁迅立即同意了他的意见,后来胡风觉得,唤醒沉睡者,用"闹钟"是更具体而新颖的。但鲁迅先生还是支持胡风的意见,并且亲自为刊物写了刊名"海燕"两个字,第二天就交给了胡风。这个杂志的文稿由胡风集结,编好后交给聂绀弩付排,校对等杂事也由他负责。编排方面大家一起商量,但大多由胡风做主。刊物一出,初版两千册,

---

① 萧军:《鲁迅给萧军萧红信简注释录》,黑龙江人民出版社,1981,第236—238页。

当天就卖完了。这使大家很高兴,为了表示庆祝,鲁迅先生在梁园饭馆,宴请萧红、萧军夫妇、聂绀弩夫妇、胡风夫妇、叶紫等一干同人。大家都从这刊物的成功得到了很大的鼓舞,尽情地痛饮,尽情地抒发自己的心情,一直吃了两三个小时,筵席才散。第二期也出得很顺利,但立刻引起国民党检查部门的注意。第三期编好以后,却不能出版了。①萧红在这个刊物上发表了《访问》《过夜》等作品,萧军发表了《大连丸上》《我家在满洲》。

《海燕》的影响很大,销路又好,吸引了一批读者,孟十还就准备以《海燕》的作者群为基础,创办一个新的刊物《作家》。他通过聂绀弩联系这些作家,说服上海杂志公司的张静庐承担出版。张静庐是一个行伍出身的出版商,精通出版发行,也懂得文化艺术,在已经有了黎烈文主办的综合刊物《中流》半月刊和《译文》之后,又同意出版《作家》。孟十还忽然通知胡风夫妇和两萧到他的新居去吃晚饭,那是在兆丰公园附近一个弄堂里的一栋小洋房里。孟十还说是借助他同乡的房子,饭前,他讲述了自己办杂志的计划,希望《海燕》的所有作家都参加。他极其谦恭地说,自己虽然出面当主编,但只是一个跑腿的小伙计,希望他们在编辑方面多费点力。当时没有其他可以自由发表的园地,他说的又很好,大家就都答应支持他。②萧红写了以东特女子第一中学校的生活为素材的短篇《手》,发表在1936年出版的创刊号上。

12月,萧红的《生死场》以奴隶丛书之三,自费印刷出版了。萧红自幼酷爱美术,她为自己的作品《生死场》设计了封面。因为封面用纸是紫红色的,她想利用这纸的本色,把封面做成半黑半红的样子,以之来代表"生"与"死"。当她用墨笔把《生死场》的书名双勾出来之后,等打算把二分之一的封面完全涂成黑色的时候,在一旁的萧军认为这样的设计太呆板了,就建议她只把书名周围涂黑就可以了,不用全都涂上,就像"未完成"的样子。

---

① 梅志:《生活的起点——胡风在上海时期》,《小说》1996年第6期,第147页。
② 梅志:《胡风传》,十月文艺出版社,1998,第316页。

她听从了萧军的建议,就随便涂成了现在这个样子。①

因为《生死场》是非法出版,为了防止不必要的麻烦,需要起一个新的笔名。于是,她正式使用了"萧红"这个名字。根据萧军的阐释,用意在于和萧军的名字联系起来,就正正当当地作为"红军"了。当时,国民党正在江西一带"剿共",因此他们偏叫个"红军",给他们瞧瞧。②这一说法,最近受到普遍的质疑。在去意识形态化的潮流中,也有人认为"萧红"的笔名意在感谢萧军,也是纪念他们的共同生活。③也有人认为"萧"是"悄"的音转,《八月的乡村》中的知识分子叫萧明,似有假借认同之意。军谐君,故可解释为萧姓的男子。在此之前,萧军常用的笔名是三郎、刘均、刘军,《八月的乡村》署名田军,其他卖钱的文章则署名萧军,萧军的名字正式使用是在这之后④。但是萧军的阐释也未必过度,据说萧红此时曾想加入共产党,征询过鲁迅先生的意见⑤。鲁迅以环境太残酷而劝阻,另外,党组织曾一度想吸收她,但看到她一派艺术家的任性而作罢。从哈尔滨到上海,她主要生活在左翼文人的圈子里,来往密切的绝大多数朋友是共产党人。一直到生命接近尾声的时候,还念念不忘描写红军长征的"半部红楼",是有这种可能的。萧红用这个笔名大约还有巩固和萧军关系的用意,一如哈尔滨时期和萧军同姓连用田倪与田娣的笔名。当时主要是为了出版著作,起一个掩人耳目的名字,也未必有什么深意。不管怎么说,是这个名字使她永载史册,而且和萧军紧密联结。至此,两萧成为专有名词,萧红追求人生独立的情感奔逃就更加艰难。

《生死场》奠定了萧红在中国现代文学史上的地位,一跃成为著名的左翼抗日作家。鲁迅在序言中,给予她的创作以很高的评价:"这本稿子到了我的桌上,已是今年的春天,我早重回闸北,周围又熙熙攘攘的时候了,但

---

① 萧军1979年4月10日致丁言昭,转引自丁言昭《萧红传》,江苏文艺出版社,1993,第104页。
② 萧军:《鲁迅给萧军萧红信简注释录》,黑龙江人民出版社,1981,第171页。
③ 叶君:《从异乡到异乡》,中国社会科学出版社,2009,第171页。
④⑤ 曹革成:《我的婶婶萧红》,时代文艺出版社,2005,第72页,第75页。

却看见五年以前,以及更早的哈尔滨。这自然还不过是略图,叙事和写景,胜于人物的描写,然而北方人民对于生的坚强,对于死的挣扎,却往往已经力透纸背;女性作家的细致的观察和越轨笔致,又增加了不少明丽和新鲜。精神是健全的,就是深恶文艺与功利有关的人,如果看起来,他不幸得很,他也难免不能毫无所得。"鲁迅先生的评价,无疑道出了《生死场》的思想和艺术价值。同时,也说出了自己阅读的感受,"然而我的心现在却好像古井中水,不生微波,麻木地写了以上那些字。这正是奴隶的心!但是,如果还是扰乱了读者的心呢?那么,我们还决不是奴才。"

胡风为《生死场》写了读后记,客观地评价了萧红的这部作品。他先以肖洛霍夫《被开垦的处女地》和萧红的《生死场》做比较,指出:"《生死场》底作者是没有读过《被开垦的处女地》,但她所写的农民对于家畜(羊、马、牛)的爱着,真实而又质朴,在我们已有的农民文学里面似乎还没有见过这样动人的诗篇。""不用说,这里的农民底命运是不能够和走向地上乐园的苏联的农民相比的。蚊子似的生活着,糊糊涂涂地生殖,乱七八糟地死亡,用自己的血汗自己的生命肥沃了大地,种出食粮,养出畜类,勤勤苦苦地蠕动在自然的暴君和两只脚的暴君底威力下面。"胡风的评价可以说是独具慧眼,他首先指出了萧红笔下人物的特质,以及萧红在把握他们生存状态的独到之处:人与物之间一种生动而形象的互喻关系,盲目地生殖与盲目地死亡,终于由于日本帝国主义的入侵而从蒙昧中惊醒过来,连最卑微的生存也难以为继,终于走上了反抗的道路。胡风因此称赞她,"使人兴奋的是,这本不但写出了愚夫愚妇底悲欢苦恼而且写出了蓝天下的血迹模糊的土地和流在那模糊的血土上的铁一样重的战斗意志的书,却是出自一个青年女性的手笔。在这里我们看到了女性的纤细的感觉也看到了非女性的雄迈的胸境。"对于《生死场》的弱点,胡风也给予了不留情面的批评,"然而,我并不是说作者没有短处或弱点。第一,对于题材的自主力不够,全篇显得是一些散漫的素描,看不到向着中心的发展,不能使读者得到应该能够得到的紧张的迫力。第二,在人物底描写里面,综合的想象的加工非常不够。个别地看来,她底人物都是活的,但每个人物底性格都不突出,不大普遍,不能够明确地跳跃在读者底前面。第三,语法句法太特别了,有的是由于作者所要表现的新鲜的意境,有的是由于被采用的方言,但多数却只是因为对于修辞的锤炼不够。我想,如果没有这几个弱点,这一篇不是以精致见长的史诗就会使读者感到更大的亲密,受到更强的感动罢。"这样的批评显然是根据现实主义的美学圭臬,萧红则一直都在抵抗着这一话语体系的规训,排斥所有的小说学的成规。其中"散漫的素描"一句,则准确地道出了《生死场》与先锋美术的血缘关系,这正是萧红早期创作的重要特点。

《生死场》首先以抗日的题材,适应了当时民族解放斗争的时代需要。其次,则是以鲜明的阶级意识,呼应30年代左翼文学的主潮。其三,则以超越这两者之上,也是潜伏在词语之下的,从女性的经验出发,对于生命的强烈慨叹、对于人的精神状态的关注,超越了自己的时代。这第三点,是萧红作品中一以贯之的精神,到了她创作的晚期,更是成为主线。正因为如此,《生死场》自1935年自费印刷出版以后,再版了几十次,一直到90年代,仍然有它的读者,世纪之交搬上话剧舞台之后轰动一时。

《生死场》的出版,给上海文坛一个不小的新奇和惊喜。用许广平的话来说,这部小说是"萧红女士和上海人初次见面的礼物",而上海对她的厚爱也是空前的。从此文章发表不成问题,衣食无忧的安宁,是她一生漂泊生涯的短暂停顿。许多杂志拉她和萧军当台柱子,一跃成为上海文坛引人瞩目的红星。春天,萧军和萧红应《作家》杂志编辑孟十还的邀请,还同去游了杭州。他们流连在湖光山色之中,西湖、断桥、葛岭都留下了他们的足迹。他们从杭州回来以后,送给鲁迅先生一罐白菊花茶。鲁迅先生又把它转送给了胡风。这次杭州之行,萧红还为自己买了一根小竹棍儿,一直随身带在身边。

萧红生活在朋友们热情洋溢的包围中,享受着她一生少有的欢乐时光。有一天上午,胡风和梅志又去看萧红。萧红扎着花围裙正在收拾房间,擦地板。胡风问她:"怎么你一个人?三郎呢?"萧红一边请他们坐,一边说:"人家一早到法国公园看书用功去了,等回来你看吧,一定怪我不看书。"停了一会儿,似乎忍不住了又说,"你看这地板、烟头、脏脚印,不擦行吗?脏死了,我看不惯。"不久,萧军夹着几本书回来了。他热情地和胡风夫妇打了招呼,就谈他看的书了,说得那么兴高采烈而又自信。说着说着果然用一种夸耀又带谴责的口吻说萧红:"你就是不用功,不肯多读书,你看我,一大早大半本书。"这下萧红可不干了,冷冷地说:"吓,人家一早去公园用功,我们可得擦地板,还好意思说呢!"萧军感到有点理亏,就哈哈地大笑起来,萧红忍不住也笑了,大家都笑起来。①

鲁迅先生对于他们的成长,起到了直接的帮助。他认为在手法的生动,《生死场》似乎比《八月的乡村》更觉得成熟些。每逢和朋友谈起,鲁迅先生总是推荐这两本书,认为在写作的前途上,萧红是更有希望的②。5月间,斯诺访问鲁迅,他在回答斯诺夫人海伦·福斯特提出的有关中国现代文学问题的时候,谁是当下最优秀的左翼作家,鲁迅列举的人中有萧军,并且认为"田军的妻子萧红,是当今中国最有前途的女作家,很可能成为丁玲的后继者,而她接替丁玲的时间,要比丁玲接替冰心的时间早得多"③。胡风也常常当着萧军夸奖萧红,当面说萧红的写作才能在他之上。萧军靠刻苦,而萧红是凭着个人感受和天分创作。萧军深刻,但没有萧红生动。"一向非常骄傲专横的萧军"也承认,每当别人谈起他创作上不如萧红的时候,他便不好意思地说:"我也是重视她的创作才能的,但她少不了我的帮助。"④萧红听了以后,多数情况是在一旁委屈地撇嘴。这种普遍的舆论,对于大男子主义严重的萧军来说,无疑是心理的阴影,也为日后两萧最终的分手带来了深层的隐患。

鲁迅对三个小奴隶的支持,引起了一些人的不快。1936年3月15日,《大晚报》副刊《火炬》上,发表了张春桥化名狄克的文章《我们要执行自我

---

①④　梅志:《"爱"的悲剧》,《花椒红了》,中国华侨出版社,1995,第2—3页。
②　许广平:《追忆萧红》,王观泉编《怀念萧红》,黑龙江人民出版社,1981,第17页。
③　叶君:《从异乡到异乡》,中国社会科学出版社,2009,第173页。

批判》。他在这篇文章中说:"《八月的乡村》整个地说,他是一首史诗,可里面还有些不真实,像人民革命军进攻了一个乡村以后的情况就不够真实。有人这样对我说,'田军不该早早地从东北回来',就是由于他感觉到田军还需要长时间的学习,如果再丰富了自己以后,这部作品当更好。技巧上,内容上,都有许多问题在,为什么没有人指出呢?"这种说法无疑是荒唐而武断的。其实,鲁迅在《田军作〈八月的乡村〉序》中,在充分肯定了这部书的优点的同时,也指出了它的不足之处。他认为是他见过的几种写关于东三省被占领题材的小说中,"这《八月的乡村》即是很好的一部,"小说写得"严肃,紧张,作者的心血和失去的天空、土地、受难的人民,以至失去的茂草、高粱、蝈蝈、蚊子,搅成一团,鲜红地在读者面前展开,显示着中国的一部分和全部,现在和未来,死路和活路。凡有人心的读者,是看得完的,而且有所得的。"在这个前提下,鲁迅批评了它的弱点:"有些近乎短篇连续,结构和描写人物的手段,也不能比法捷耶夫的《毁灭》。"

为了回击张春桥不怀好意的攻击,鲁迅于1936年4月16日写了《三月的租界》,发表在1936年5月10日《夜莺》第一卷第三期上。针对张春桥说萧军"不该早早从东北回来"的挑衅,写道:"这些话自然不能说是不对的。假如'有人'说,高尔基不该早早不做码头脚夫,否则,他的作品当更好;吉须不该早早逃到外国,如果坐在希忒拉的集中营里,他将来的报告文学更有希望。倘使有谁去争论,那么,这人一定是低能儿。然而在《三月的租界》上,却还有说几句话的必要,因为还不到十分'丰富了自己',免于来做低能儿的幸福的时期。"他指出张春桥的"这种模模糊糊的摇头,比列举十大罪状更有害于对手,列举还有条款,含糊的指摘,是可以令人揣测到坏到茫无界限的。"鲁迅先生犀利地指出了张春桥所谓的"自我批判"向敌人献媚的实质,"自然,狄克先生的'要执行自我批判'是好心,因为'那些作者是我们底'的缘故。但我以为同时也万万忘记不得'我们'之外的'他们',也不可专对'我们'之中的'他们'。要评判,就得彼此都给批判,美恶一并指出。如果在还有'我们'和'他们'的文坛上,一味自责以显其'正确'或'公平',那其实是在向他们'献媚'或替'他们'缴械。"张春桥看到鲁迅的文章以后,曾写信进行辩解,希望鲁迅先生给他回信。鲁迅先生没有理睬他,只是在日记中有"得狄克信"①的记载。4月30日又写了《〈出关〉的"关"》②,进一步给予回击:"现在许多新作家的努力之作,都没有这么的受批评家注意,偶或为读者所发现,销上一二千部,便什么'名利双收'呀,'不该回来'呀,'叽里咕噜'呀,群起而打之,唯恐他还有活气,一定要弄到此后一声不响,这才算天下太平,文坛万岁。"萧军也著文予以反击,题为《有所感——关于一本"不够真实的书"》,发表在1937年7月20日出版的《中流》上。

1936年3月,萧红和萧军搬到北四川路底丰乐里。原因有两个:一个是他们不想分散鲁迅先生的精力,免得总要写回信,有些琐事可以当面谈一下就随时解决了;第二个原因是,觉得自己全都年轻力壮,很想在先生的生活上、工作上能有所尽力,帮助他家一下。因为当时鲁迅先生在病中,几乎是不眠不休地工作。许广平先生除开要照管全家的生活以外,有时还要给鲁迅先生抄录稿件。海婴又太小,两个老用人也全都年纪不轻了,动作已经不灵便。③

和鲁迅先生的家离得近了,不用再写信了,萧红"就每夜饭后必到大陆新村来了,刮风的天,下雨的天,几乎没有间断的时候。"他有时和萧军一起去,有时是自己去,甚至有的时候,一天要去几趟。有一天下午,鲁迅先生正在校着瞿秋白《海上述林》的校样,萧红一走进卧室去,他便从那圆转椅上转过来,冲着萧红微微站起了一点:"好久不见,好久不见。"一边说着一边朝萧红点头。萧红觉得很奇怪,心想我不是刚刚来过吗?怎么会好久不见?就是上午我来的那次周先生忘记了,可是我也每天来呀……怎么都忘记了吗?鲁迅转身坐在躺椅上才自己笑起来,萧红这才明白鲁迅先生是在开玩笑。④

---

① 鲁迅:《鲁迅全集》第15卷,人民文学出版社,1981。
② 《作家》1936年5月15日第1卷第2期,后收入《且介亭杂文末编》。
③ 萧军:《鲁迅给萧军萧红信简注释录》,黑龙江人民出版社,1981,第3页。
④ 萧红:《回忆鲁迅先生》,《萧红全集·散文卷》,北京燕山出版社,2014,第355页。

他们每次到鲁迅先生家去的时候,都要带些吃的。有时是手里拿着一包黑面包及俄国香肠之类的东西。有一次夹着一包油腻腻的东西,许广平打开一看,竟是一副烧鸭的骨头,可能是从菜馆带来的。于是,许广平忙着配黄豆芽来烧汤,他们边吃边聊,都觉得非常快活。①萧红擅长做北方的面食,经常到鲁迅的家里帮厨。有时是包饺子,有时是做韭菜合子,还有的时候是做荷叶饼。她每次提议,鲁迅先生都非常赞成。萧红总觉得自己做得不好,可鲁迅先生却非常爱吃。经常是在饭桌上,举着筷子问许广平先生:"我再吃几个吗?"②

　　萧红是喜欢打扮的,经济情况稍好,就要为自己置些新装。有一天,她穿了一身新衣服,宽袖子的大红上衣和咖啡色的裙子。到了鲁迅先生家,很想得到鲁迅先生和许广平的称赞。但鲁迅先生通常不注意别人的衣饰,许广平先生忙着做家务,也没有对她的衣服加以鉴赏。萧红忍不住了,便问鲁迅先生:"周先生,我的衣服漂亮不漂亮?"鲁迅先生从上往下看了一眼说:"不大漂亮。"过了一会,又接着说,"你的裙子配的颜色不对,并不是红上衣不好看,各种颜色都是好看的,红上衣要配红裙子,不然就是黑裙子,咖啡色的就不行了;这两种颜色放在一起很浑浊……你没看到外国人在街上走的吗?绝没有下边穿一件绿裙子,上边穿一件紫上衣,也没有穿一件红裙子而后穿一件白上衣的……"鲁迅先生靠在躺椅上看着萧红说,"你这裙子是咖啡色的,还带格子,颜色浑浊得很,所以把红衣服也弄得不漂亮了。"鲁迅先生过了一会又说,"……人瘦不要穿黑衣裳,人胖不要穿白衣裳;脚长的女人一定要穿黑鞋子,脚短就一定要穿白鞋子;方格子的衣裳胖人不能穿,但比横格子的还好;横格子的胖人穿上,就把胖子更往两边裂,更横宽了,胖子要穿竖条子的,竖的把人显得长,横的把人显得宽……"那天,鲁迅先生很有兴致,把萧红一双短筒靴子也略略批评了一下,说萧红的短靴是军人穿的,因为靴子的前后都有一条线织的拉手,这拉手是放在裤

---

① 许广平:《追忆萧红》,王观泉编《怀念萧红》,黑龙江人民出版社,1981,第9页。
② 梅志:《"爱"的悲剧》,《花椒红了》,中国华侨出版社,1995年,第2—3页。

子下边的……萧红说:"周先生,为什么那靴子我穿了多久了而不告诉我,怎么现在才想起来呢?现在我不是不穿了吗?我穿的这不是另外的鞋吗?"鲁迅先生答道:"你不穿我才说的,你穿的时候,我一说你该不穿了。"

那天下午,萧红要赴一个宴会去。她让许广平为她找一点布条或绸条束一束头发。许广平拿来了米色的绿色的和桃红色的绸条,两人挑选一番选定米色的。许广平先生拿了桃红色的,放在萧红的头发上,很开心地说:"好看吧,多漂亮!"萧红也非常得意,顽皮地等着鲁迅先生往这边看她们。鲁迅先生的眼皮往下一放,向她们这边看了看说:"不要那样装饰她……"许广平有些窘迫,萧红也感到了一个时代智者的催逼,立刻安静下来。

萧红没有想到一位伟大的思想家,竟然对女人的衣饰也这么内行,就开始问鲁迅先生:"周先生怎么也晓得女人穿衣裳的这些事情呢?"鲁迅先生答道:"看过书的,关于美学的。"萧红又问:"什么时候看的……"鲁迅又说:"大概是在日本读书的时候……"萧红像个大孩子,一味要打破砂锅璺(问)到底:"买的书吗?"鲁迅无奈,只好说:"不一定买的,也许是从什么地方抓到就看的……"萧红的好奇心还是没有满足,又问道:"看了有趣味吗?!"鲁迅只好说:"随便看看……"萧红刨根问底:"周先生看这书干什么?"对于这个问题,鲁迅实在难以回答,就报以沉默,许广平先生说:"周先生什么书都看的。"

萧红和鲁迅一家相处得很亲密,连小海婴都非常喜欢她。海婴一看到萧红,就非拉她到院子里玩不可,拉她的头发拉她的衣服。萧红奇怪,他为什么不拉别人呢?鲁迅先生却说:"他看你梳着辫子,和他差不多,别人在他眼里都是大人,就看你小。"许广平先生问海婴:"你为什么喜欢她呢?不喜欢别人?"海婴说:"她有小辫子。"说着又来拉萧红的头发。

全国各地的进步青年都给鲁迅先生写信,但有的信写得很潦草,这使鲁迅先生深恶痛绝。他曾经对萧红说:"字不一定要写得好,但必须得使人一看了就认识。年轻人现在都太忙了……他自己赶快胡乱写完了事,别人看了三遍五遍看不明白,这费多少工夫,他不管。反正这费了工夫不是他的。这存心是不太好的。"但是鲁迅先生还是展读着每封由不同角落投来的青年的信,眼睛不济时,便戴起眼镜来看,常常看到深夜。①这种"俯首甘为孺子牛"的精神和一丝不苟的工作态度,无疑给萧红以很好的教益。

萧红和萧军看到鲁迅先生很忙,就问他有什么事可以帮着做一点?鲁迅先生开始说没有,后来因为他们再三要求,就拿出署名肖参的瞿秋白的译作《高尔基短篇小说集》,让他们圈点,以准备付印。萧红说,这有什么难的,便抢了过去,一天就划完,交给了鲁迅先生。但马马虎虎全不能用,鲁迅先生又全都重新划过。鲁迅先生感叹说,唉,这些年轻人,没有事情,要事情做,给了事情,又不认真去做②。一直到鲁迅逝世之后,许广平才告诉了萧军和萧红。这件事使他们感到不安和愧疚,暗自下定决心,要改掉浮躁草率的坏习气。

萧红把许广平当成大姐姐,经常躲开鲁迅先生和萧军,两个人在一起密谈。她们经常倾诉自己的经历,还有不足为外人道的女人的私事。有的时候,谈话谈得投机了,竟忘记了手里正在做的事情。许广平以女人特有的细致,第一次看到萧红,就注意到她与年龄不相称的花白的头发。后来,熟悉了,萧红又时常向她诉说头疼。许广平有时也头疼,通常吃几片阿司匹林就好了,但副作用是一定带来胃病。萧红告诉许广平,有一种名叫Socoioff的药,在法国普世药房可以买到,价钱并不昂贵,服了不会引起胃病。许广平听从了她的建议,服用之后果然不错。萧红还有一种宿疾,每个月经常有一次痛经,疼起来好几天不能起床,好像生大病一样,服"中将汤"也不见好。许广平告诉她,自己服用白凤丸,治好了顽症白带,让她不妨试试。萧红接受了她的劝告,肚子果然就不再疼了。她快活得不得了。③

---

① 萧红:《回忆鲁迅先生》,《萧红全集·散文卷》,北京燕山出版社,2014,第355页。
② 唐天然:《两本有纪念意义的书——1981年元旦访萧军》,《新文学史料》1981年第3期。
③ 许广平:《追忆萧红》,王观泉编《怀念萧红》,黑龙江人民出版社,1981,第17页。

鲁迅先生经常介绍别人去看电影,通常是《夏伯阳》《复仇艳遇》,或者《人猿泰山》和非洲怪兽之类的影片。他说:"电影没有什么好的,看看鸟兽之类倒可以增加些对于动物的知识。"3月28日下午,两萧到鲁迅寓所,许广平留他们吃晚饭。饭后,周建人夫妇携女儿来访,又值李小峰夫人送来鲁迅的二百元稿酬。鲁迅很高兴,听说丽都影戏院放映《绝岛沉珠记》下集,便邀请萧红、萧军、周建人全家,带着自己的家人,一起前往丽都电影院。出门以后,他在施高塔路的汽车房里叫了一辆出租车,让女人、孩子坐车走,自己和所有的男士边走边聊。看完电影出来,他又叫了出租车,让周建人全家坐上离去,自己带着其余的人在苏州河大桥等电车。鲁迅先生坐在桥边的石围上,悠然吸着烟,活泼的海婴在桥边来回乱跑,鲁迅招呼他和自己并排坐下。萧红觉得坐在那里沉静吸烟的鲁迅先生,就像一个安静的乡下老人,身体瘦弱、衰老。

两萧和鲁迅全家多次一起看电影,是萧红短暂幸福时光中珍贵的记忆。每次看电影,几乎都是鲁迅先生请客。4月13日,萧红和萧军在鲁迅先生家吃过晚饭,鲁迅和许广平先生提议,要一道去上海大戏院看苏联电影《夏伯阳》,萧军和萧红很高兴地赞成了。由于前次看电影是许广平先生买的票,这一次萧军就嘱咐萧红在前头走,由他们买票"请客"。许广平先生大概发现了这一情况,就疾步跟上去了。萧军和鲁迅先生说:"这次由我们请客吧!老作家请十次客,青年作家也应该请一次客了……"鲁迅马上回驳说:"老作家把十次客请完了,青年作家再来请吧……"急切的萧军竟然找不出一句话可以为自己的"理由"辩解了。结果还是许广平抢了先,又是鲁迅请了"客"。① 有一次,鲁迅坐在一家电影院的楼上第一排,故事片之前加放新闻片,是苏联纪念五一节的红场。鲁迅向周围的人说:"这个我怕是看不到的……你们将来可以看得到。"

梅雨季节,很少有晴天,有一天上午,刚一放晴,萧红高兴极了,就到鲁

---

① 萧军:《鲁迅给萧军萧红信简注释录》,黑龙江人民出版社,1981,第37页。

迅先生家去了,跑得上楼还喘着。鲁迅说:"来啦!"萧红说:"来啦!"萧红喘得连茶也喝不下,鲁迅先生就问她:"有什么事吗?"萧红说:"天晴啦,太阳出来啦。"许广平和鲁迅都笑了起来,是一种冲破忧郁心境的灿然的会心的笑。①

  鲁迅先生的家里,每逢周六的晚上,都有许多人聚在一起吃饭。通常周建人全家都要来拜访,有时还会有其他的客人。有一个周六的晚上,萧红在鲁迅先生的家里吃晚饭。在饭桌上,看见一个很瘦的很高的穿着中式小背心的人,鲁迅介绍说:"这是位同乡,是商人。"那个"商人",穿着中式裤子,头发剃得很短,吃饭的时候,他还让别人酒,也给萧红倒一盅,态度很活泼。萧红觉得他不像商人。吃过饭,闲聊时,他又谈到《伪自由书》和《二心集》。萧红觉得这个商人,开明得很。后来,在又一次晚宴上,萧红发现那位商人也很能喝酒。他说蒙古人怎么样,苗人怎么样。从西藏经过时,那西藏女人见了男人追她,她就如何如何。萧红觉得这个商人真怪,怎么专门走地方,而不做买卖。并且鲁迅先生的书他全读过,一开口这个,一开口那个。海婴叫他某先生,萧红立刻明白,他就是冯雪峰,走过二万五千里长征回来的。②

  冯雪峰(1903—1976),浙江义乌人。原名福春,笔名雪峰、画室、洛阳等。"五四"时期著名的湖畔诗人,左联五烈士牺牲后,他调任为左联党团书记。是鲁迅极其信任的朋友,瞿秋白就是经他介绍结识鲁迅。二三十年代以杂文、批评、寓言等文体著称。此时,他寄住在鲁迅家,常常回来得很迟。萧红有几次从鲁迅家出来,在弄堂里遇见过他。有一天晚上,冯雪峰从三楼下来,手里提着小箱子,身上穿着袍子,站在鲁迅先生的面前,他说他要搬了。他告了辞,许广平送他下楼去了。这时,鲁迅在地板上绕了两个圈子,问萧红说:"你看他到底是商人吗?"萧红说:"是的。"鲁迅很有意思地在地板上走几步,而后向萧红说:"他是贩卖私货的商人,是贩卖精神上的……"③与冯雪峰的接触,引起了萧红对中国革命更强的关注,以至于后

---

 ① 许广平:《追忆萧红》,王观泉编《怀念萧红》,黑龙江人民出版社,1981,第17页。
 ②③ 萧红:《回忆鲁迅先生》,《萧红全集·散文卷》,北京燕山出版社,1981,第355页。

来想续写她描写红军二万五千里长征的小说,所谓"半部红楼"。

有一次,萧红到鲁迅先生家去,途中遇大雨。她当时心情不好,也没有想到避雨,径自在雨中走着。等到她到鲁迅先生家的时候,全身都被雨淋透了。许广平急忙找出干衣裳让她换上,鲁迅先生拿出一双拖鞋让她穿。拖鞋很大,萧红穿上以后连路都走不了了。许广平笑着告诉她,这双拖鞋是瞿秋白住在鲁迅家的时候,亲自买回来的。他走了以后,便留给了鲁迅先生,所以已经穿得很破旧了。这使萧红心头一热,涌出一股崇敬的感情。后来,鲁迅先生又把这双拖鞋送给了胡风,胡风又把它送给了端木蕻良。①

艾格尼丝·史沫特莱(1892—1950),美国著名记者、作家和社会活动家,一个杰出的与众不同的女性。生于密苏里州一个普通农家,当过侍女、烟厂工人和书刊推销员,曾在纽约《呼声报》任职。1918年因声援印度独立运动而被捕入狱6个月。1919年起侨居柏林8年,积极投身印度民族解放运动,曾在柏林会见尼赫鲁。史沫特莱1928年年底来华,在中国一待就是12年,写了大量通讯文稿,支持中国的民族解放与革命事业。由于鲁迅的介绍,萧红得以认识了她。因为都是女性,有着共同的体验,又基于共同的思想基础,两个人一见如故,建立起持久的友谊。在萧红眼里的史沫特莱,穿着一件小皮上衣,有点胖,其实不是胖,只是强壮的一个人,笑声很响亮,笑得过分的时候会流眼泪②。

鹿地亘(1903—1982),日本进步作家,本名濑口贡,东京帝国大学毕业,与中国作家冯乃超同期。他积极参加日本无产阶级文艺运动,是日本无产阶级艺术联盟的骨干人物。1933年被选为无产阶级作家联盟成员,后来成为日本无产阶级作家联盟负责人之一。"九一八"事变后,他发表了许多反战言论,因而受到日本军国主义的迫害,1935年流亡到中国上海,从事反对日本侵华的活动。也是由于鲁迅的介绍,萧红结识了这一对左翼文人夫妇。鹿地亘在日本的时候做理论工作,还负责作家联盟的工作③。

---

① 端木蕻良:《鲁迅先生与萧红二三事》,《新文学史料》1981年第3期。
② 萧红:《〈大地的女儿〉与〈动乱时代〉》,《萧红全集·散文卷》,北京燕山出版社,1981第281页。
③ 梅志:《生活的起点——胡风在上海的时候》,1996年6月《小说》第147页。

因为左倾嫌疑而被捕,后来被保释。在日本政府的严密监视下,生活仍然不容易,只得随了剧团当一名杂役,四处跑码头。来到中国以后,被内山完造发现,觉得大学毕业生当杂役可惜,而介绍给鲁迅先生。由此,鹿地亘又结识了萧红、萧军和胡风等一批中国左翼作家。①鲁迅又因为鹿地亘找不到合适的工作,就挑选一些中国作家的作品,由胡风帮助他,翻译成日文,发表在日本《改造》杂志上,鹿地亘本人一点中文也不懂。

在鲁迅身边的这些见闻,开阔了萧红的眼界,对她的影响是深远的。特别是对她的创作思想,发生了深刻的变化。这期间,文化人类学已经成熟,在全球知识界迅速普及,鲁迅刚刚完成了《故事新编》,在外来暴力的威胁下,试图寻找民族久远的伟大精神,在神话的空间中完成了精神的自我确立。萧红这一时期已经完成了散文集《商市街》,陆续在一些刊物上发表。这本散文集共收散文四十一篇,记叙了她和萧军在哈尔滨的生活。蜜月里的苦情,饥寒交迫的生活,左翼文艺活动中所承担的风险,以及文艺界友人的欢聚。笔法更加流畅自如,感觉更加细腻,跳跃式的思维,在一派北国风情中,展露出鲜活的心迹,在哀伤中充满了智者的冷幽默。这本书为她赢得了更高的声誉,为业内人普遍激赏,比小说更显示她艺术的才华,作为散文家的前景被普遍看好。但她以后的文艺思想却有了明显的发展。一方面继续着以前的追求,大量描写阶级压迫和民族解放战争中的民众生存,但更多的注意力,却集中在对国民乃至人类精神状态的关注。她逐渐脱离了时代的抗日主潮,形成了更为个性化的文学观。这使她超越时代,思考人类更普遍的永恒人性问题,也使她的作品不再容易被她的同时代人所理解。这些变化,都和鲁迅的影响是分不开的,对国民性的重视是她和鲁迅先生心灵相通的地方。对于民众精神的关注,使她创作的主题更加深化,艺术风格也更加饱满。在鲁迅身边的这段日子,无疑是萧红创作的一个转折点。

---

① 许广平:《追忆萧红》,王观泉编《怀念萧红》,黑龙江人民出版社,1981,第17页。

第二十八章
爱情的"苦杯"

1936年,是流亡的东北作家集体亮相上海文坛的关键年头,不仅宇飞这样的哈尔滨时期在《国际协报》崭露头角的老作家继续有文章面世,新近到达的作家也开始发表作品,被上海文坛认识。著名女作家白薇偶然发现了舒群《没有祖国的孩子》,通过苏灵扬转给周扬,5月,发表在《文学》杂志上。罗烽发表了《呼兰河畔》《狱》《第七个坑》等小说。白朗发表了《伊瓦鲁河畔》《轮下》《沦陷前后》等作品。他们浸透了血泪的文字,呼应了广大民众对沦陷国土的关注,也适应了全民族反抗外族侵略的愿望。至9月,上海书店出版《东北作家近作集》,内收罗烽、宇飞、穆木天、舒群、白朗、塞克、李辉英、黑丁八人的八部作品,东北作家群的阵容整齐强大。在后来者中,有一个挂单的青年作家,于年初也到达上海,他就是与晚期萧红关系最深的端木蕻良。

端木蕻良(1912—1996),本名曹汉文,改名曹京平,原籍辽宁省昌图县,出生在一个汉军正白旗大地主的家庭。1924—1928年因经济原因辍学回家,开始练习写作。1928年到天津南开中学读书,"九一八"事变之后,因为领导学生运动而被除名。1932年春,到绥远参加孙殿英抗日部队,在察哈尔一带驻守半年。夏天,以写作孙殿英军队战史为名,脱离军队回到北京,考入清华大学历史系,加入北平左翼联盟。1933年,他已经是北平左联常委,6月间,创办左联刊物《科学新闻》,以"辛人"的笔名设邮箱与鲁迅通信联系。8月,北平左联被破坏,他避居天津二哥曹汉奇家,写作长篇小说《科尔沁旗草原》,年底脱稿。他把这三十万字的小说,寄给当时在北平的郑振铎。郑振铎看好,但是因为里面有涉及"九一八"反日内容,不能发表而搁置起来。1934年,他回到北平,创作了反映天津学生运动的长篇小说《集体的咆哮》。1935年因参加"一二·九"学生运动,逃离北平南下,1936年年初到达上海。他以叶之琳的化名给鲁迅写信,因为没有谈及"辛人"时期的往事,而失去与鲁迅先生见面的机会。不久,他完成了一部新的长篇《大地的海》。他把部分章节寄给鲁迅先生求教,鲁迅看过以后,要他把书稿寄去,同时建议他先写短篇容易发表。他接受了鲁迅的忠告,一气写作了《爷爷为什么不吃高粱米粥》《鹭鹭湖的忧郁》等多个短篇小说,以端木蕻良的笔名发表在《文学》《作家》《中流》等刊物上,被批评界看好。①

夏天,端木蕻良在法租界的一所公园里,独自沉思散步,看见了萧红、萧军、黄源等人一起散步。他们一群人边走边谈,风度潇洒的文人形状,很是引人注目。萧红已经因《生死场》名满文坛,端木蕻良只能在远处默默地注视她,望着她裹在大红衣服里修长、病弱的体态逐渐远去。②他已经看过了《生死场》和其他自述性的散文,早已被萧红的才华倾倒,对于她不幸的身世也多有怜惜。如今又看到她苗条、潇洒和柔弱的身姿,更印证了他对萧红的感觉。文人终究是以文相知的,才华的激赏与文学精神的相通才是情感最基本的酵母。在萧红离去近半个世纪的时候,端木蕻良向来访者回忆起这初次的印象,还嗟叹她"不具寿相"的遗憾。③但是对于她的激赏却经年不退:

"她的眼睛很大。"

"她身个不很高,可是穿上旗袍和高跟鞋,就显得很修长,体态气质颇有苏州女子的韵致。"

---

① 曹革成:《我的婶婶萧红》,时代文艺出版社,2005,第82页。
② 孔海立:《忧郁的东北人端木蕻良》,上海书店出版社,1999,第82页。
③ 赵淑敏:《埋藏在心底的她》,孙延林主编《萧红研究》第一辑,哈尔滨出版社,1993,第145页。

"不！她从不做作，说话比我还率直无顾忌。"

"她的文章与做人都有魅力！！"①

此时的萧红，完全没有感觉到这远处的目光，她正陷入新的烦恼，独自吞咽着爱情苦杯中的毒酿，她历尽磨难的长途跋涉，并没有彻底走出萧军情感的雷区。在成群逃亡南下的东北人中，那个炫目的身影也来到了上海。李玛丽的到来，引起往日众多崇拜者的骚动，门庭若市，登门拜访者成群结队，其中便有萧军。多年的暗恋只能借助文字来宣泄苦恋，他写下一首一首的情诗，不知是否抵达高贵的李玛丽之手。李玛丽曾微笑着对舒群说："你们都是我的朋友。"②萧军只好回到萧红的身边，平息掉内心的痛苦激情。萧红对此肯定会有耳闻，对萧军的恋情也会有所察觉，她只能默默地把这些屈辱埋在心底。

南方姑娘陈涓也回到了家乡上海，而且她不谙世故，比较容易接近，她是萧红情感苦杯中最主要的液体。萧红和萧军到了上海不久，萧军就去陈涓的家中找陈涓。当时，陈涓不在上海，漂泊到了沈阳。她收到家里的信，说有一个叫某某的写文章的老粗来找过她，陈涓就知道萧红和萧军已经到了上海。1935年暮春时节，陈涓在松花江畔举行了婚礼。萧军和萧红写了贺信，并且在信里说起上海是一个多么令人讨厌的多雨的地方。1936年春天，陈涓带着新生的婴儿回到了上海父母家中。陈涓哥哥住在萨坡赛路16号，邻近萧红和萧军萨坡赛路190号寓所③，因为离得很近，2月里的一天，陈涓就和幼妹一起去看望他们。陈涓想："现在我结婚了，也做了一个孩子的母亲了，你们不会再误解我吧？"所以照平常一样的同他们有说有笑。临走的时候对萧军说，"你送我回去吧？"萧军有些犹豫，但也答应了。单纯天真，心地坦白而又自我为中心的陈涓哪里知道，听说她要南归之后，萧红和萧军就经常为此而争吵。她到他们家中拜访的时候，正在他们大闹之后。所以萧军很为难，送她回去不是，不送她回去也不是。走在路上，萧

---

①② 曹革成：《我的婶婶萧红》，时代文艺出版社，2005，第82页、第182页。
③ 叶君：《从异乡到异乡》，中国社会科学出版社，2009，第182页。

军话很少,陷在沉思中。陈涓不明白,心想送送有什么关系呢?

3月,两萧搬到北四川路底的丰乐里,除了在离鲁迅家近些以便照顾的理由之外,是否还有躲避陈涓的用意?但是家虽然离得远了,但心却更加趋近那"鸟儿一样的姑娘"。从那以后,萧军便经常来陈涓家玩,也常邀请陈涓出去吃东西。当时陈涓深深地觉得萧军很可怕,他固执的性格、强烈的感情,使她感到烦恼。她知道萧军太把自己沉溺于幻想之中了,她隐隐地觉得这事越来越糟,萧军的那种倾向太可怕了。有一天,萧军跑到陈涓家里对她说:"她问我,你是到那去吗? 我向她撒谎:不,我要到书店去,那样远的路我去干什么?"说完就涨红了脸,但很高兴地笑笑,意思是说,"瞧,我这不是来找你来了吗?"还有一天晚上,萧军喝醉了酒兴冲冲地来敲陈涓的门,进来以后,劈头第一句话就是:"我在四川路桥新亚吃饭。"下文就没有了,意思是说我不怕路远又来找你了,站在客厅里的陈涓被他弄得很窘,因为萧军来既没有事,又不聊天儿。陈涓又找不出话说,空气很沉闷。好容易等到萧军走了,陈涓送他到后门口,萧军又回身在她的额角上吻了一下。

陈涓在上海住了三四个月,她的丈夫天天来快信催她北上,陈涓于5月1日劳动节那天走了。临行的时候,萧军为她筹措了二十元的旅费。陈涓很是感动,想早晚要偿还这份雪中送炭的美意。那天夜里,9点多钟,第二天一早就要动身的陈涓十分忙碌。一个朋友带了许多礼物来送她,这是一个英俊有为的青年,因哥哥押在牢房里已经多年,所以平时总是忧悒不快,感到前途黑暗很消沉。陈涓很想在行前劝慰他几句,使他振作起来。正想说话的时候,萧军突然来了。不问情由,也不跟人打招呼,就要陈涓跟他出去吃东西。陈涓说等一下都不肯,她让萧军缠昏了头,就向那个朋友打招呼,请他到融光戏院门口等她,她还有话要跟他说,这样才陪着萧军走了。陈涓的心里很不痛快,觉得萧军太强人所难了。因此没精打采地走到靶子路一家咖啡店,一句话都没说,坐在咖啡店内两人也是相对默然,萧军开始喝闷酒,开了一瓶又一瓶。陈涓实在忍不住了,按住他的瓶子说:"你不要喝了吧!"萧军不作声,陈涓又说,"你不能不喝吗?"萧军头也不抬,仍然保持沉默。陈涓觉得很难堪,痛苦地向他哀告,"从今以后请你不要再喝酒了吧!"萧军被陈涓的声音所感动,注视着她说:"从明天起我就不再喝酒了,为了你的缘故。这一杯,你让我痛痛快快地喝了吧。"结果,喝光那杯酒,他们就走到了街上。这时已有11点钟。萧军问她上哪去,陈涓说回家,萧军要送她回家,被陈涓拒绝了。陈涓慌慌张张地说:"要到别的地方去,不是回家。"萧军就和她告别走了。陈涓到融光剧院找到那位等候已半天的朋友,又一同走回靶子路去。就在这时候,萧军突然从电线杆子后面挺身出来,向陈涓惨厉地狞笑了几声,就扬扬手走了。①

萧军做的这些事情,当然都是瞒着萧红的。但敏感的萧红早就有所察觉,这使她的感情受到了重创。她把自己痛苦的感情倾注在一首组诗《苦杯》里:

苦　杯

一

带着颜色的情诗,

一只一只是写给她的,

像三年前他写给我的一样,

也许情诗再过三年他又写给另外一个姑娘!

二

昨夜他写了一只诗,

我也写了一只诗,

他是写给他新的情人的,

我是写给我悲哀的心的。

三

爱情的账目,

---

① 一狷:《萧红死后——致某作家》,1944年6月《千秋》创刊号。文中"一个朋友"当为孙陵。

要到失恋的时候才算的，
算也总是不够本的。

四

已经不爱我了吧！
尚与我日日争吵，
我的心潮破碎了，
他分明知道，
他又在我浸着毒一般痛苦的心上，
时时踢打。

五

往日的爱人，
为我遮避暴风雨，
而今他变成暴风雨了！
让我怎来抵抗？
敌人的攻击，
爱人的伤悼。

六

他又去公园了，
我说：
"我也去吧！"
"你去做什么？"他自己走了。
他给他新的情人的诗说：
"有谁不爱个鸟儿似的姑娘！"
"有谁忍拒绝少女红唇的苦！"
我不是少女，
我没有红唇了。
我穿的是从厨房带来油污的衣裳。

为生活而流浪,
我更没有少女美的心肠。

他独自走了,
他独自去享受黄昏时公园里美丽的时光。
我在家里等待着,
等待明朝再去煮米熬汤。

　　七
我幼时有个暴虐的父亲,
他和我的父亲一样了!
父亲是我的敌人,
而他不是,
我又怎样来对待他呢?
他说他是我同一战线上的伙伴。

　　八
我没有家,
我连家乡都没有,
更失去朋友,
只有一个他,
而今他又对我取着这般态度。

　　九
泪到眼边流回去,
流着回去浸食我的心吧!
哭又有什么用!
他的心中既不放着我,
哭也是无足轻重。

十

近来时时想要哭了,

但没有一个适当的地方:

坐在床上哭,怕是他看到;

跑到厨房里去哭,

怕是邻居看到;

在街头哭,

那些陌生的人更会哗笑。

人间对我都是无情了。

十一

说什么爱情!

说什么受难者共同走尽患难的路程!

都成了昨夜的梦,

昨夜的明灯。

萧红肯定会和萧军吵闹,鬼迷心窍的萧军暴怒起来,两个人免不了大动手脚,这对萧红的伤害是极其严重的。自尊的萧红不愿向人诉说,只有独自吞咽着情感的苦酒。烦闷、失望、哀愁笼罩了萧红整个的生命,还要振作起来替萧军整理、抄写文稿。她的身体非常衰弱,面色苍白,一副贫血的样子。她无法摆脱她的伤感,无处可以诉说,就整天待在鲁迅先生的家里。当时,鲁迅也病得很重,每天要服药问医。许广平为了减轻鲁迅先生陪客的辛苦,便独自和她在客厅里长谈。多数时候,萧红"勉强谈话而强烈的哀愁,时时侵袭上来,像用纸包着水,总没法不叫它渗出来。"萧红也尽量努力克制,"却转像加热在水壶上,反而在壶外面满是水点,一些也遮不住。"①既要陪萧红,又要照顾鲁迅先生,许广平不能兼顾而弄得不知所

---

① 许广平:《追忆萧红》,王观泉编《怀念萧红》,黑龙江人民出版社,1981,第12页。

措。有一次，陪了萧红大半天之后走到楼上，鲁迅先生说刚睡醒，全部窗子都没有关，刮着夏日里的大风，许广平在楼下又来不及知道他睡了，没有从旁照料。鲁迅先生因此受了凉，发起烧来，病了一场。许广平一直隐瞒着鲁迅生病的原因，直到萧红去世之后，才提起这件事。感叹着："只不过是从这里看到一个人生活的失调，直接马上会影响到周围朋友的生活也失了步骤，社会上的人就是如此关连着的。"①

　　胡风夫妇当时也经常到鲁迅家里去。梅志每次去，几乎都遇到萧红在鲁迅家楼下客厅里。有一次，胡风从后门直接上楼去了，许广平先生亲自引梅志到大厅里，并且低声对她说："萧红在那里，我要海婴陪她玩，你们就一起谈谈吧。"然后，就去忙自己的事了。梅志看见萧红"形容憔悴，脸都像拉长了。颜色也苍白得发青。"萧红沉浸在自己的苦闷里，有点心不在焉的样子。海婴很活跃，搬出了他的玩具和书本，要萧红和他一起搭积木，梅志也参加了进去。海婴人小，不知萧红的愁苦，嘴里不停地问这问那，萧红慢慢兴致也好起来，这才和梅志拉起家常，问孩子长得怎么样？海婴也用上海话说："侬格小弟弟好白相勒！"大家都笑起来，气氛才变得和谐愉快了。有一次，许广平先生在楼梯上迎着梅志，向她诉苦："萧红又在前厅……她天天来一坐就是半天，我哪有时间陪她，只好叫海婴去陪她。我知道，她也苦恼得很……她痛苦，她寂寞。没地方去就跑到这儿来，我能向她表示不高兴，不欢迎吗？唉！真没办法。"梅志觉得在别人痛苦的时候，去刺探别人的隐私是不道德的，所以她也不问详细情况，尽量陪他们玩，使他们高兴。一直到胡风出现在楼梯口，她才向他们告辞。②鲁迅在两萧情感的问题上基本是不过问、不干涉的，但是如果萧军对萧红施行家庭暴力的话，也会批评他。鲁迅几次因为萧军对萧红的态度粗暴而感到不满，一度不许萧军陪萧红来。③

---

① 许广平：《追忆萧红》，王观泉编《怀念萧红》，黑龙江人民出版社，1981，第16页。
② 梅志：《"爱"的悲剧——忆萧红》，《花椒红了》，中国华侨出版社，1995。
③ 《"持久力"和"亲和力"——两代学者关于萧红的对谈》，《文艺争鸣》2011年第3期。

萧红尽管感情大于理智,但还是把痛苦埋在心底,尽量不去打扰鲁迅和许广平。她甚至尽可能地回避朋友,一个人四处游游荡荡排遣苦闷。此外,她茶饭无心,经常一个人瞎对付。胡风不止一次在霞飞路上遇到萧红,看见她一个人去俄国大菜馆,吃两角钱一客的便宜饭。①

由于萧红的身体和精神都不好,黄源建议她到日本生活一个时期。生活费用比上海贵不了多少,那里的环境也比较安静,既可以休养,也可以专心读书、写作。同时,也可以学学日语。日本的出版事业比较发达,如果日文学通了,就可以读许多世界文学的名著。黄源的夫人许粤华(笔名雨田)当时正在日本学日文,不到一年就已经能够翻译些短文了。她可以帮助萧红,两个人互相有个照应。萧红的弟弟张秀珂高中毕业以后,考取了"满洲国"的公费留学,正在早稻田大学读书。②离开青岛之后,有一年多,他们断了联系。这时,萧红又接到了张秀珂的信,知道他已经在早稻田大学读书,姐弟俩又开始通信了。张秀珂诉说自己的心境,萧红印象中顽皮的小孩子,已经会说"生活在这边,前途是没有希望……"③萧红把《生死场》《八月的乡村》《丰收》和其他新书寄给他④。萧红也很想去看看在日本读书的张秀珂,他们已经好几年没见了,很想叙叙姐弟之情。

萧红和萧军反复商量,最后决定萧红去日本,萧军去青岛,以一年为期,再到上海来聚会。这大概也有通过分别与分居,来平息掉内心的烦乱情绪,彼此都沉静下来,独立思考一下,重新厘清感情源流的用意。这时,寄放在书店里代卖的《八月的乡村》和《生死场》,结算了一笔书价,数目约在两三百元。他们各自带了一些,萧红要出国就多带一些,萧军则带得比较少。⑤萧红给张秀珂写了一封信,告诉他自己要去东京看看。张秀珂回

---

① 梅志:《"爱"的悲剧——忆萧红》,《花椒红了》,中国华侨出版社,1995。
② 张秀琢:《重读〈呼兰河传〉,回忆姐姐萧红》,孙茂山主编《萧红身世考》,哈尔滨出版社,2003年第28页。
③ 萧红:《"九一八"致弟弟书》,《萧红全集·散文卷》,北京燕山出版社,2014,第394页。
④ 张秀珂:《回忆我的姐姐——萧红》,孙茂山主编《萧红身世考》,哈尔滨出版社,2003,第12页。
⑤ 萧军:《萧红书简辑存注释录》,黑龙江人民出版社,1981,第6—7页。

信说,暑假要回家。萧红又去信,问他想不想看看姐姐,并且告诉他7月下旬可以到达。①

鲁迅知道萧红和萧军的情感危机,但不愿意过多地干涉他们的私生活。听说萧红要东渡扶桑,1936年7月15日,鲁迅在家里为萧红设宴饯行,许广平亲自下厨制馔。②鲁迅支撑着病重的身体,靠在藤椅上,对萧红说:"每到码头,就有验病的上来,不要怕,中国人就是会吓唬中国人,茶房就会说,'验病的来啦!来啦!'……"③

7月16日,萧红、萧军和黄源在一起吃了一顿好饭,然后到照相馆拍了张合影照。萧红烫了头发,置好了行装,首先在外表形象上改变了一下,振作起来去迎接新的生活。④

7月17日,萧红登上轮船,驶向异国的土地。

天空骄阳似火,海风习习吹来,但萧红的心情是暗淡的。自从1932年和萧军同居以后,他们一直相濡以沫地生活在一起。现在一个人漂流在海上,内心的寂寞与孤独是难以言说的。她站在船尾,眺望着渐渐远去的祖国陆地,望着颜色越来越深终于变成黑蓝色的海,心潮起伏。舱底的空气很不好,虽然早已经吃了大量的胃粉,还是想呕吐。她一上船,就给萧军写信,诉说自己的心情。⑤

---

① 萧红:《"九一八"致弟弟书》,《萧红全集·散文卷》,北京燕山出版社,2014,第394页。
② 鲁迅:《鲁迅全集》第16卷,人民文学出版社,2005,第612页。
③ 萧红:《海外的悲悼》,《萧红全集·诗歌戏剧书信卷》,北京燕山出版社,2014,第139页。
④ 萧耘:《鲁迅题字的一张照片——关于女作家萧红的一点史料》,1979年《哈尔滨文艺》,第4页。
⑤ 萧军:《萧红书简辑存注释录》,黑龙江人民出版社,1981,第24页。

第二十九章
躲到东京

1936年7月18日,萧红到达长崎,发出给萧军的第一封信。第二天,邮轮继续行驶抵达终点神户。萧红在此登陆,转陆路车行到达东京。①到达东京之后,她找到黄源的夫人许粤华,和她住在一起。许粤华一早就去了图书馆,萧红陷入异乡为客的孤独之中,只能听着满街生疏的语言和木屐声。她在朋友的帮助下,看上了东京麹町区富士见町二丁目九一五的一户民居中村家,租下了楼上的一间房子。②那是一间日本式的居室,铺着榻榻米,全屋共有六张席子,这是日本民居的标准间。③她的住处离许粤华的住处不远,随时可以前去求助。萧红对这间居室很满意,她感叹萧军没有来,想象着要是萧军来了,"看到这样的席子就要在上面打一个滚",她觉得自己像住在画的房子里面似的。她向房东借了一张桌子和一张椅子,屋子里面也很规整,只是感到寂寞了一点,总觉得好像缺少了一点什么!这缺少一点的遗憾,显然是因为萧军不在她的身边。

她立即给弟弟张秀珂写了一封信,约定第三天下午6点钟,在一家饭馆见面。她本可以让朋友带着她,直接到张秀珂的住处探望。因为顾及直

---

① [日]中村龙夫《萧红在东京》,《萧红研究》第三辑,哈尔滨出版社,1993,第257页。
② 萧红1936年8月27日,《致萧军信》,萧军《萧红书简辑存注释录》,黑龙江人民出版社,1981,第24页。详见平石淑子《有关萧红在东京的事迹调查》,《北方文学》1984年第4期。
③ 萧红1936年9月10日,《写给萧军的信》,见萧军《萧红书简辑存注释录》,黑龙江人民出版社,1981,第49页。

接找去，会与弟弟张秀珂有什么不方便。那天，她5点钟就等在那家饭店，因为她猜想弟弟看到信，一定会早早赶来。为了便于相认，萧红还穿了一件红色的衣服。她还想到，如果6点钟不到，就是人已不在东京了。张秀珂没有如期出现，萧红猜度着各种意外情况，可能有事情要来晚了，甚至想到，他来过却没有认出自己。最终，萧红只能失望而归。第二天，她又走了四五里路到神保町，找到弟弟的住处。穿着灰色大袖子和服的日本房东老太太接待了她，两个人说着不同的语言，大概要借助文字交流，终于还是发生了误解。她得到的"讯息"是，张秀珂月初就离开了东京。再次失望的萧红，看着弟弟张秀珂曾经住过的小房子，还挂了竹帘子，里面静悄悄的，好像弟弟在里面睡午觉。①后来，她又辗转打听其他人，得到的消息竟然是，在她驶向日本的那一天——7月16日，张秀珂乘船返回东北呼兰家中了。②

其实，这是一个谎信，张秀珂没有离开日本。而且，张秀珂也知道萧红在东京，只是由于怕被特务发觉，不敢前去相见。③当时的日本，政治形势极其恶劣，除了战时法西斯的严密统治之外，年初还发生了流产的政变"二二六"事变。1936年2月26日的早晨，二十几名士官带领一千四百名士兵起义，杀害天皇重臣，占领首相官邸、陆军省、国会议事堂等重要机构，自称"昭和维新"。这次短命的"叛乱"三天就被镇压了，所有策划行动的士官都处以死刑。萧红姐弟俩在东京的时候，虽然戒严令已经解除，但是，局势还是很紧张，官方对左翼作家的监视和取缔是很严的。④张秀珂由于和中国关内的消息传递和书信往来频繁，又大量阅读左翼书刊，被日本特务机关发觉，属于重点监视对象。日本刑事（警察）多次搜查他的住处，甚至在他的饮食里放入慢性毒剂，企图暗害他。是一位旅馆好心下女的暗示，他才

---

① 萧红：《"九一八"致弟弟书》；《萧红全集·散文卷》，北京燕山出版社，第394页。
② 曹革成：《我的婶婶萧红》，时代文艺出版社，2005，第89页。
③ 张秀珂：《回忆我的姐姐——萧红》，孙茂山主编《萧红身世考》，哈尔滨出版社，2003，第12页。
④ ［日］中村龙夫《萧红在东京》，《萧红研究》第三辑，哈尔滨出版社，1993，第258页。

死里逃生①。没有看到弟弟张秀珂,这给萧红一个很大的精神打击。

"错过"了和弟弟见面的机会,使萧红很快从新鲜感中失落到异乡为客的寂寞和孤苦当中。异乡的蝉鸣和满街的木屐声,都让她觉得生疏和落寞。她心里很难过,很想哭。"想要写信钢笔里面的墨水没有了,可是怎么也装不进来,抽进来的墨水一压又随着压出来了。"她想写点什么,可又写不下去,因为听不到萧军那噔噔上楼的声音。她连说话的人也没有,报纸也没有,心情变得恶劣。她想到街上去走走,路又不认识,语言不通便没法问路。她到神保町的书铺去了一次,但那书铺好像与她一点关系也没有。她不知怎样打发此后的日子,"真是好像充军西伯利亚一样。"她唯一可做的事,就是给萧军写信,诉说自己的悲苦和孤独。比起初到上海的时候更加无聊,她自我宽慰以为慢慢就好了,同时担心自己坚持不下去。

此时,萧军已经到了青岛。他住进山东大学教员单人宿舍里,那是他的友人山东大学教师周学普的房间。不久周学普回南方家乡休暑假,萧军就住进他那间在二层楼的大屋子。这栋宿舍楼的位置很好,离体育场不远。萧军为自己制订了严格的生活和工作计划,于8月4日把自己的作息时间表抄给了在东京的萧红。②

萧红也振作起来,到8月14日,不到一个月的时间里,就寄出去三篇文章,并且计划写长一些的东西。她用玩笑的口气说:"我不用羡慕你,明年阿拉自己也到青岛去享清福。我把你遣到日本岛上来。"——但她的心仍然是寂寞的,提笔写下这样的诗句:

异　国

　　夜间:这窗外的树声,

　　　　听来好像家乡田野上抖动着的高粱,

---

① 张秀琢:《重读〈呼兰河传〉,回忆姐姐萧红》,孙茂山主编《萧红身世考》,哈尔滨出版社,2003,第28页。
② 萧军:《萧红书简辑存注释录》,黑龙江人民出版社,1981,第14页。

但，这不是。

这是异国了，

踏踏的木屐声音有时潮水一般了。

日里：这青蓝的天空，

好像家乡六月里广茫的原野，

但，这不是，

这是异国了。

这异国的蝉鸣也好像更响了一些。①

8月17日，萧红第一次自己走了一回远路，其实也不过三五里，到了神保町逛了逛那里的书局。但她觉得自己走起来没有什么趣味，想买点什么也没有买，又沿路走了回来。她觉得一切都是生疏的，只有黑色的河和上海徐家汇的一样，上面有破船，船上也有女人、孩子，也穿着破衣裳。连黑水的气味也是一样的，她推想这样的河巴黎也会有！回来以后，她给萧军写信，讲了自己的观感。

萧红和萧军之间感情上虽然出现了裂隙，但她还是爱着萧军的，这就是前世冤家一样的情感宿命。她经常要尽自己妻子的义务，对萧军的饮食起居发表建议。有时是吃药，有时是吃饭。在这封信里，又郑重地告诉萧军去买一个软枕头，买一张当作被子来用的有毛的那种单子。如果萧军懒得买，就来信告诉她，她好在日本买好寄给萧军。她甚至嘱咐萧军，夜里不要吃东西。萧军是一个能够吃苦耐劳的硬汉子，常常对萧红的细致感到厌烦。"她常常关心得我太多，这使我很不舒服，以至厌烦。这也是我们常常闹小矛盾的原因之一。我是一个不愿可怜自己的人；也不愿别人'可怜'我！"②在同一封信里，萧红还让萧军随手给她寄一两本书来。她觉得一天到晚不看一个字很残忍，又像她从前在旅馆住着的那个样子。"有钱除了吃饭也买不到别的趣味。"③

---

①②③ 萧军：《萧红书简辑存注释录》，黑龙江人民出版社，1981，第12—16页，第12—13页，第13页。

这个月,萧红的散文集《商市街》编入巴金主编的《文学丛刊》,作为第二集的第十二册出版。8月中旬,萧红生了一场重病,连日发烧,浑身骨节酸痛,打不起精神来。许粤华介绍她认识了一个医生,由她带着萧红到医生那去检查一下,花了两元钱。黄源由于父亲病重,需要大笔开支,经济上无力再支持许粤华留学的费用,她不能再待在东京,打算8月27日回国了。这使萧红更感到孤独,不由骂起来。在病中,萧红念念不忘的是工作,但无奈神经衰弱的身体,使她什么也干不了。8月23日,她写信让萧军给她寄一部唐诗来。①在养病期间,萧红和房东5岁的孩子混得很熟。萧红觉得她很可爱,还可以教她单字。她被病痛和寂寞的感觉折磨着,原计划25日完成的一个短篇也没有完成。但萧红是倔强的,自己要做的事就一定做到底。萧军在给她的信里说,实在不行就滚回来。萧红在8月27日的信中,顽皮地气萧军说:"你说我滚回去,你想我了吗?我可不想你呢,我要在日本住十年。"她以刻苦的工作,去冲淡思乡的感觉。她告诉萧军,马上要开始写一个三万字的短篇,这就是以有二伯为主人公的《家族以外的人》。准备给《作家》10月号,孟十还来信约稿,让她不要与《作家》疏远。她还计划要写童话,大约是以她童年外婆家泥河边的生活为背景,但是终因民间生活素材的不足而放弃。但这种努力并不完全是有效的,她仍然被浓浓的惆怅包裹着。所以,在这封信结尾的时候,她写道:"你等着吧!说不定哪一个月,或哪一天,我可真要滚回去的。到那时候,我就说你让我回来的。"8月底,她持续了20多天的呼吸困难才终于过去了,她大大地欢喜起来,打算写满十页稿纸。②正如萧军所说:"她是以自己的生命对待自己的工作的。"③当然这也是她排遣孤独寂寞的唯一方式,除了工作也没有别的事情可做。

萧红独自生活,连个说话的人也没有,经常会陷入烦躁的情绪。她在《孤独的生活》一文中,记叙了最初的内心混乱。夜里忘记关灯,被蚊虫的叫声吵醒。起来收拾好房间,街上响起木屐的声音,可左邻右舍的家屋里

---

①②③ 萧军:《萧红书简辑存注释录》,黑龙江人民出版社,1981,第19页,第31—33页,第33页。

还是睡着一般安静。刚想好要写东西,提起笔又忘了。被异于中国的安静搅扰得不安起来,走到街上,街道也静得像在睡觉。只好回到房间,烦躁得在席子上走来走去,抽烟、喝冷水,想写的东西仍然写不出来……觉得很疲乏,躺下睡觉又有蚊子吵,树上的蝉也叫起来。她探头看蝉,又被邻人拍着手笑。穿上衣服,去吃中饭。路过许粤华的房子,只有两双拖鞋放在木箱上,女房东说着她听不懂的日本话。她怕被人嘲笑,不敢去日本食堂吃饭,只有到中国饭馆,戴白帽子的侍者说的仍然是日本话,只好到厨房要饭菜。回来又去许粤华的房前,她们还是没有回来,房东仍然不知说着什么。晚饭,不再去找朋友,出去买些面包火腿回来吃。然后,是着实的寂寞了,雷声大作,想外出走走,又怕下雨,终于恐惧比日还要长的夜,将一个人被留在房间中。拿起雨衣,想逛逛夜市,还是害怕下雨,又去找许粤华,结果,她们仍然不在,仍然是两双鞋,仍然是说着听不懂的话的日本房东,只好照原路又走回来。这烦闷的一天结束在安静的雨声中,然后是彻夜的失眠,只有看小说打发寂寞的长夜。于是,感动于胡风翻译的《山灵——朝鲜台湾小说集》中的《声》,那个永远不会说话了却还要学日文的主人公……

好在这种状况很快就过去了,萧红逐渐适应了独处的生活,甚至开始享受单纯宁静的环境,沉下心来拼命地写作。8月30日,风雨大作,电灯忽明忽暗了几次,萧红却埋头写作,创出了十多页的纪录。尽管如此,她内心仍然是不平静的,她觉得是由于萧军不在身边。萧红的性格中有着极为柔弱的一面,她很难克服依恋萧军的惯性。她剖析自己说:"灵魂太细微的人也一定渺小,所以我并不崇敬我自己。我崇敬粗大的、宽宏的……"日后,萧军在回忆这段恋情的时候说:"由于我像对于一个孩子似的对她'保护'惯了,而我很习惯以一个'保护者'自居,这使我感到光荣和骄傲!""我的灵魂比她当然要粗大、宽宏一些。她虽然'崇敬',但我以为她并不'爱'具有这样灵魂的人,相反的,她会感到它——这样灵魂——伤害到她灵魂的自尊,因此她可能还憎恨它,最终要逃离它……她曾骂过我是具有强盗一般灵魂的人!这确实伤害了我,如果没有类于这样的灵魂,恐怕她是不会得救的！"①这段话说出了两萧关系的症结所在：萧军过分保护的倾向，伤害了萧红的自尊心；萧红过于敏感的性格也让萧军难以承受，但萧红又克服不了受萧军保护的惰性。于是，他们像两只小刺猬一样，分开觉得孤独，到了一起就要互相伤害。萧军对此是有自知之明的，他说："我是一柄斧头，在人们需要使用我时，他们会称赞我；当用过以后，就要抛到一边，而且还要加上一句这样的诅咒：'这是多么蠢笨而野蛮的斧头啊！……'"②

萧红努力写作，克服了贪睡的习惯。以前，她一到晚上就瞌睡，而且连连打着哈欠，一打哈欠两只大眼睛的下眼睑就堆满了泪水，加上她近圆形的小脸……萧军觉得她俨然像一只趴在水边亮着一双大眼睛的小海豹。此时，她每天都要熬到0点或1点才睡觉，一大早又起来写作。这大概是过度劳累的写作带来的心脏不适。但是，很快又有其他的病症发作，9月2日痛经的旧病再次折磨着她，从早10点痛到下午2点，在4个钟头中，浑身都在发抖，吃了4片洛定片，也毫没作用。而且，发烧一直不退。但萧红以发奋的写作来对抗疾病和忘却烦恼，在一个半月里写了三万字。这使她从忧郁中解脱出来，也有心情去看了三次电影。"一天廿四小时三顿饭，一觉，除此即是在椅子上坐着。但也快活。"③

由于担心萧红的身体，萧军又写信让她到青岛来住一个时期，而后再决定到北京或回上海。萧红一直很坚决，回信说："但我不是迟疑，我不回去的，既然来了，并且来的时候是打算住到一年，现在还是照着做，学校开学，我就要上学。"④为了克服在异乡的文化隔膜，她一再地催促萧军给她寄一套唐诗来。"精神上的食粮太缺乏！所以也会有病！"⑤萧红还为萧军做了一条小手帕，以慰相思之苦。但她的身体仍然不好，尽管饮食非常注意，胃痛每天还是要发作几次。她对于萧军劝她回去的建议，断然地不予考虑。在9月9日写给萧军的信中说，"我是不回去，来一次不容易，一定要日文学到可以看书的时候，才回去，这里书真是多得很，住上一年，不用功也差不了。"⑥

---

①②③④⑤⑥ 萧军：《萧红书简辑存注释录》，黑龙江人民出版社，1981，第36—40页，第40页，第40页，第40页，第41页，第42页。

9月10日,萧红以荣子的名字,在专门为外国学生补习日文的东亚学校报了名,交了3个月的学费,买了五六本课本,用去二十多元。萧红的弟弟张秀珂初来日本的时候,也在这所学校补习日文①,萧红大概是知道的。学校是5号开学,萧红错过了,到14号才去上课。每天从12点40分起,连续4个钟头。因为萧军寄来他在青岛的居室图,萧红也为他画了一张自己居室的半面图②。

9月12日早晨,日本刑事(便衣警察)来找萧红,反复盘查这个来自中国的著名抗日左翼女作家。当时萧红还没有起床,房东说要谈就在外面谈吧。但他不肯,非要到萧红的房间不可,说东说西地盘问萧红。这使萧红上了点火,喉咙疼了起来。加上原来与许粤华同住的女士,萧红唯一相识也要搬到市外去住了,这使她对这个地方厌烦透顶。为了不妨碍创作,她有些想回国了,她又气愤地骂了起来。③由于日本刑事的骚扰,萧红的心情坏透了。而身体也不见好,肚子疼打止疼针也不行,医生要钱又很多。想买一瓶凡拉蒙预备着下次肚子疼用,但又不知道到哪去买,连个问一下的人也没有。她还是支撑着写作,10天写了57页稿纸。10月,萧军已经离开青岛回了上海,萧红惦记着他的生活,嘱咐他替自己买一件皮外套。④

萧红的健康状况一直不好,几乎每天都要给萧军写信,诉说自己的病痛和烦恼。她的身心都不能得到安宁,被矛盾焦虑的情绪搅扰着。9月17日,她给萧军的信中说:"我还很爱这里,假若可能我还要住一年。"这显然是为了安慰萧军对她的担忧。⑤

萧红和她的女房东相处得很好,她经常送萧红一些礼物,比如方糖、花生、饼干、苹果、葡萄之类,她还送了萧红一盆花,萧红把它摆在窗台上。⑥日本人总的来说是守旧的,对于异于自己的人总取嘲笑的态度,甚至衣服和他们穿得不一样,也要遭到耻笑。日本女人穿西装啰里啰唆,别人也必

---

① [日]平石淑子:《萧红的世界》,汲古书院,2008,第183页。
②③④⑤⑥ 萧军:《萧红书简辑存注释录》,黑龙江人民出版社,1981,第49—51页,第56—58页,第59页,第61页,第62页。

须和她们一样啰唆,假若整齐一些,或者她们没有见过,就要加以褒贬。萧红买了一双男式的雨鞋,穿着上街,引起许多人的笑话。①

萧红忍着胃病,每天要到学校上半天课。她每次去上学,要乘坐高架电车,沿途要钻洞,这让她觉得很有意思。有一次,她没有到站就下车了,走出火车站觉得不对,不知该往哪里走。好在她记住了自己的地址,就到处瞎走起来。许粤华在东京的时候,告诉过她,空中飞着大气球是一家商店的广告,那商店离学校不远。萧红终于看见了那个大气球,就朝着它奔了过去,总算没有走丢了。②这个时期,他们的好朋友黄田和夫人袁淑奇到了上海,萧红非常关心他们的处境,战争的风云骤起,三四年间,当年牵牛坊的朋友已经风流云散了。

萧红偶尔也会去看一场电影。有一次,她在电影中看见了北四川路和施高塔路,心情立即焦虑不安起来。她想起了鲁迅先生,他又病又老又要奔波。③她离开上海的时候,和萧军相约,为了免去鲁迅先生复信的辛苦,减轻他工作的负担,两个人都不给鲁迅先生写信。但是,看到熟悉的景物,萧红又免不了触景生情。鲁迅也惦记着萧红,他10月5日写给茅盾的信中说:"萧红一去以后,并未给我一信,通知地址;近闻已将回沪,然亦不知其详……"④

10月17日,萧红给黄源写信说:"我不回去了,我就在这里住下去了。"可见,她一度萌生的回国的念头又打消了。她"每日花费在日语上要六七个钟头,这样读起来简直不得了,一年以后真是可以。但我不用功,若用起功来,时间差不多就没有了"⑤。东亚学校的日语教得很多,要统统记住非整天的工夫不可。萧红不愿意把时间都用在日语上,还要兼顾创作。⑥10月19日,是日本的传统节日"秋季皇灵祭"⑦,学校里放假。这一天,也是她敬爱的鲁迅先生逝世的日子,当时,她完全不知道。

萧红的身体逐渐恢复,胃病已经好了大半,头疼的次数也减少。日本刑事跟了她一段时间,看她的生活非常简单,每天出入的次数有限,也就不再

---

① ② ③ ④ ⑤ ⑥ 萧军:《萧红书简辑存注释录》,黑龙江人民出版社,1981,第81页,第65页,第65页,第71页,第72页,第75页。

⑦ [日]中村龙夫《萧红在东京》,《萧红研究》第三辑,哈尔滨出版社,1993,第258页。

理睬她了。20日，她心情也渐渐开朗起来，有了布置环境的兴致，她到街上买了一套毛线洋装和草褥子。回家以后把草褥折起来当作沙发，在圆桌上摆上一瓶红色的酒，酒瓶下面是金酒杯，还在房间里挂起了一张小画片①。

　　萧红的情绪刚稳定了一点，一个更大的悲痛又向她袭来。1936年10月19日晨5时25分，鲁迅先生与世长辞了。

　　萧军于10月13日到上海，14日带着自己新出版的小说集《江上》和萧红的《商市街》，去看望鲁迅先生。②同时还送给鲁迅先生一袋从青岛带来的小米。另外还有一个寿山石的笔架，忘了带来，打算下次去的时候再带上。③他没有想到，这竟成了永诀。10月19日早晨，萧军正在霞飞路的寓所里酣睡，一阵急促的打门声把他震醒。他从床上跳起来，打开门，看见黄源夫妇哭着站在门口，命令地说："快穿好衣服——"萧军有些吃惊地反问："什么事？""周先生过去了！"黄源哭出了声音，话也说不下去了！萧军不愿意接受这个事实，愤然地说："你胡说！"黄源说："这事我能骗你吗？"萧军像当头挨了一闷棍，眼前直冒金花，马上就要昏沉地晕倒下去，勉强克制地挣扎着，竟难以抑制地恶心起来，直要呕吐！他顾不了梳洗，胡乱穿起衣服，随着他们跑下了楼梯，钻进了他们乘来的车子，像梦中一样到了大陆新村鲁迅先生的寓所，跑上平时习惯了的二层楼，径直地疾步走到了停着先生遗体的床前，顾不了屋里还有什么人，跪倒下去，双手扶着鲁迅先生骨瘦如柴的双腿，竟平生第一次地放声大哭起来。④

　　当天下午，鲁迅先生的遗体被移置到胶州路万国殡仪馆，停于二楼。由胡风、黄源、许粤华、周文和萧军等值夜守灵。次日上午，鲁迅先生的遗体移到楼下礼堂中，仅有花圈数件，伴于遗体四周。萧军是治丧办事处的成员。第一天（20日），签名瞻仰遗容的一共有4462人，还有46个团体。21日15时入殓，20日13时50分举行"启灵祭"。鹿地亘、胡风、巴金、黄源、

---

①④　萧军：《萧红书简辑存注释录》，黑龙江人民出版社，1981，第75页，第80页。
②　1936年鲁迅日记，《鲁迅全集》第16卷，人民文学出版社，2005，第626页。
③　丁言昭：《萧红传》，江苏文艺出版社，1993，第129页。

黎烈文、孟十还、靳以、张天翼、吴朗西、陈白尘、萧乾、聂绀弩、欧阳山、周文、曹白、萧军等亲扶灵柩上车。原来拟订的时间是：13时30分上海民众举行献旗礼，14时整队出发，15时30分到达公墓，16—17时安葬。结果还是延迟到了14时30分才启程。

到达公墓，已经是近于16时30分了。欧阳山、蒋牧良等人，交替地擎举着"鲁迅先生葬仪"的特大横幅，接着是挽联队、花圈队、挽歌队、遗像、灵车、家属车、执绋者、徒步送殡者、送殡汽车。为了进行时便利，序列有时也更换着……队伍走在租界区的时候，两边站满了荷枪实弹骑马或徒步的印度巡捕。走到中国的虹桥路的时候，又站着黑衣白裹腿的中国警察。但送葬的队伍很安静，唱着低哑而阴沉的送葬歌，并没有发生任何骚乱。到达墓地以后，奏过哀乐，由蔡元培、沈钧儒、宋庆龄、内山完造、章乃器、邹韬奋诸人做了关于鲁迅先生安葬的演说。然后由萧军代表治丧办事处同人及鲁迅生前支持的《译文》《作家》《中流》《文季》四个杂志社同人做了简短的致辞。

萧军说：

> 我代表《译文》、《作家》、《中流》、《文季》四个刊物和治丧办事处全体同仁，向诸位说几句话，就是：鲁迅先生他不应该死，他还没有到应该死的年龄，他自己也不想死，他不想用死来"逃避"自己的责任。他要活，他要活着的最后一滴血，为中国整个民族和人民，为世界上被压迫的大众，争解放、争平等……可是他的敌人却要他死，三十年不准他活，接连不断地压迫了他！现在他死了，装在棺材里了……这是他的敌人胜利了吗？（群众：没有！）不错，他们并没有胜利，鲁迅先生的死正是为他们点起了最后送葬的火把！鲁迅先生的死是一把刀——一把饥饿的刀！深深地插进了我们的胸膛；我们要用自己和敌人的血将它喂饱！我们要复仇和前进！（掌声）①

---

① 王德芬：《萧军年谱》上，《东北文学研究丛刊》1985年第2辑。

萧军演说之后,群众悲痛地唱起了《安息歌》。然后由上海民众代表献上一面旗子,上面是七君子之一的沈钧儒书写的"民族魂"三个黑色的大字,覆盖在鲁迅先生的棺木上。最后是当初抬灵的诸人,抬棺将其放入墓穴中。

萧红并不知道鲁迅先生的死讯。她看见在报纸上有鲁迅的"偲"这样的题目。她翻了字典,中国字典上没有"偲"这个字,而文章里又有"逝世"这样的字眼,到底是谁逝世了呢?她的心跳起来,慌里慌张地冒雨回到家里。打开房东的格子门,可是无论如何也进不去。女房东正在瓦斯炉旁斩断一根萝卜,她抓住了她白色的围裙,像鸽子似的笑起来:"伞……伞……"萧红这才明白上不了阁楼的原因,是伞没有合上。第二天早晨(21日),她又到一家熟悉的饭馆里,在一份什么报上看到了"逝世、逝世",再看下去,又看到了"损失"和"陨星"之类的字眼。她一下难过起来,饭吃了一半,就回到家里。她赶快乘了电车,去找唯一的熟人。那位朋友正在走廊上刷一双鞋,看见萧红很吃惊的样子说:"啊!你来得这样早!"萧红说明了来意,那位朋友说她不相信。她已经病了好长时间,好久不看报了。她翻阅了报纸,又查了查日文字典说那个"偲"字是个印象的意思,是面影的意思。一定是有人到了上海,访问了鲁迅先生回来写的。萧红问她:"那么为什么有逝世在文章中呢?"她又想起来那文章上好像说,鲁迅的房子有枪弹穿过来,而安静的鲁迅,竟又在摇椅上摇着。鲁迅是被枪打死的?她在电影上看见日本水兵被杀事件的报道,北四川路又是戒严,又是搬家,而鲁迅先生家就住在北四川路。那位朋友却说,"逝世"是从鲁迅的口中谈过去的事情,自然不用惊慌,安静地坐在摇椅上又有什么稀奇。她送萧红出来的时候还说:"你这个人啊!不要神经质了,最近在《作家》《中流》上他都写了文章,他的身体可见在复原期中……"①

一直到22日,日本靖国神社开庙会的时节,她才确实知道了鲁迅先生逝世

---

① 萧红:《在东京》,《萧红全集·散文卷》,北京燕山出版社,2014,第246页。

了。这使她悲恸欲绝，不敢相信这个消息。10月21日，她给萧军的信中说："前些日子我还买了一本画册打算送给L。但现在这画只能留着自己来看了。"①

有一天，她到学校去上课。一个金鱼眼睛的人，在黑板上写着：鲁迅先生大骂徐懋庸引起了文坛一场风波……茅盾起来讲和……鬈发的小个子教员问道："鲁迅这个人，你觉得怎么样？"萧红很害怕，以为他是在问自己，结果发现他是在问别人。一个喜欢作旧体诗，30多岁就像50多岁的学生站起来说："我说……先生……鲁迅，这个人没有什么，没有什么了不起的，他的文章就是一个骂，而且人格也不好，尖酸刻薄。"听了他的话，萧红很气愤，恨不能用手把他黄色的小歪鼻子扭正过来。一个大个子，戴着四角帽子的"满洲国"留学生说："听说是反对'满洲国'的吗？"那个日本教员抬了抬肩膀笑了一下：嗯！过了几天，日华学会开鲁迅先生的追悼会。萧红班里有四十几个人，去追悼鲁迅先生的只有一位小姐。她回来的时候，全班都笑她，她脸红了，打开门，用脚尖向前走着……这种冷漠而嘲谑的反应，和萧红悲痛的心情形成强烈的反差。②

10月24日，萧红给萧军写了一封信。

军：

关于周先生的死，二十一日的报上，我就渺渺茫茫知道一点，但我不相信自己是对的，我跑去问了那唯一的熟人，她说："你是不懂日本文的，你看错了。"我很希望我是看错，所以很安心的回来了，虽然去的时候是流着眼泪。

昨夜，我是不能不哭了。我看到一张中国报纸上清清楚楚登着他的照片，而且是那么痛苦的一刻。可惜我的哭声不能和你们的哭声混在一道。

现在他已经是离开我们五天了，不知现在他睡到哪里去了？虽然

---

① 萧军：《萧红书简辑存释录》，黑龙江人民出版社，1981，第77页。
② 萧红：《在东京》，《萧红全集·散文卷》，北京燕山出版社，2014，第246页。

在三个月前向他告别的时候,他是坐在藤椅上,而且说:"每到码头,就有验病的上来,不要怕,中国人就专会吓唬中国人,茶房就会说:验病的来了!来啦!……"

我等着你的来信。

可怕的是许女士的悲痛,想个法子,好好的安慰着她,最好是使她不要静下来,多多的和她来往。过了这一个最难忍的痛苦的初期,以后总是比开头容易平伏下来。还有那孩子,我真不能够想象了。我想一步踏了回来,这想象的时间,在一个完全孤独了的人是多么可怕!

最后你替我去送一个花圈或是什么。

告诉许女士:看在孩子的面上,不要太多哭。

红

十月廿四日

这封信后来刊载在《中流》半月刊的哀悼鲁迅先生专号上,加了一个题目《海外的悲悼》。编者加了按语:"这是萧红女士在日本得到鲁迅先生逝世的消息后,写给她的恋人田军的信。因为路远,我们来不及叫她给《中流》专号写稿,便将这信发表了,好让她的哭声和我们的哭声混在一道。"① 很微妙的一个称呼,似乎有着身份的转变,萧红不是萧军的妻子,而是"恋人"。这是否是分手时的密约,还是另有隐情?

鲁迅去世的噩耗使萧红又焦躁起来。她10月29日给萧军写信说:"这几天,火上得不小,嘴唇全烧破。其实一个人的死是必然的,但知道那道理是道理,情感上就总不行。我们刚到上海的时候,另外不认识更多的一个人了。在冷清的亭子间里读他的信,只有他,安慰着两个漂泊的灵魂……写到此处鼻子就酸了。"她克制着巨大的悲痛,继续艰苦地创作,开始写一个两万字的小说,计划着在12月5日完成。她还让萧军给自己寄一百元钱,作为路费准备着,这样心里就踏实一点。② 10月29日,她信里向萧军

---

①② 萧军:《萧红书简辑存注释录》,黑龙江人民出版社,1981,第84—85页,第72页。

报告自己的写作计划,放弃写作童话之后,先写一个两万字的,应该是原计划写三万字的、以有二伯为主人公的《家族以外的人》;再写一个十万字的,准备年底完成,这当是《呼兰河传》最初的构思。邻居家不时响着筝的声音,引起了她的悲伤,总想哭,可又不知道是哭什么,是乡愁,没有家乡的乡愁……

许广平先生在鲁迅先生逝世之后,怕触景伤情不愿再住在大陆新村原来的房子,萧军就在自己住的法租界霞飞坊里,为她找了一幢三层楼的房子搬了过来。萧军当时正代她跑印刷厂,取送《且介亭杂文》1、2、3集的校样,以及编辑《鲁迅纪念集》等工作。必须经常和她接头,所以每天都要和她见面①。他便把许广平的情况,一一告诉在东京的萧红。萧红一直和许广平感情很好,她关心着许广平先生的悲伤。10月2日,她在写给萧军的信中说:"许女士也是命苦的人,小时候就死了母亲,她读书的时候,也是勉强挣扎着读的,她为人家做过家庭教师,还在课余替人家抄写过什么纸张,她被传染了猩红热的时候是在朋友的父亲家里养好的。这可见她过去的孤零,可是现在又孤零了。孩子还小,还不懂得母亲。既然住得很近,你可替我多跑两趟。别的朋友也可约同他们常到她家玩,L没有完成的事业,我们是接受下来了,但他的爱人,留给谁呢?"②

11月2日,萧红去听了郁达夫的讲演,虽然买了票,但也和没有买票一样,没有得到位置,被挤在门口,只能看人,也还觉得不讨厌。她在东亚学校上的是短期班,12月23日第一期就要终了。萧红觉得这样正式的强化学习耗时太多,冲击了写作,两个月中几乎没有写什么。③她的日文也学得很努力,每天还上4点钟的功课。"自己以为日语懂了一些,但找一本书一读还是什么也不知道。还不行,大概再有两月许是将就着可以读了吧?但愿自己是这样。"④

10月,萧军发表了短篇小说《为了爱的缘故》和长篇小说《第三代》,他

---

①②③④　萧军:《萧红书简辑存注释录》,黑龙江人民出版社,1981,第84页,第82、83页,第82页,第85页。

把这些书寄给萧红。萧红看了以后,很振奋。她知道《为了爱的缘故》是一篇以她和萧军在哈尔滨生活为素材的实录性作品,从中可以看到自己的形象,也看到了萧军往日对她真挚的爱。为了这爱,他放弃了用武力抗击敌人的理想。萧红觉得自己更理解萧军了,心胸也开朗了许多。她在11月6日写给萧军的信中说:"在那《爱……》的文章里面,芹简直和幽灵差不多,读了使自己感到了颤栗,因为自己也不认识自己了。我想我们的吵嘴之类,也都是因为了那样的根源——就是为一个人的打算,还是为多数人打算。从此,我可就不愿再那样妨害你了。你有你的自由。"①这有轻微的嘲讽,也有分手的准备。而且,在这封信里,她提到给萧军买的手套暂时不寄出,因为还要给黄源买一副。她对黄源的称呼由"源先生",到"黄",至此已直呼其名"河清"了,12月初,则简化为"清",而对许粤华则逐渐客气起来,由"华"到"许君",还要萧军代为问候,也是一个微妙的变化。11月24日的信中,她已经把黄源视作可以交心的朋友了。她告诉萧军,现在自己随时记下一些短句,但是不寄给萧军,而要寄给黄源。理由是"因为你一看非成了'寂寂寞寞'不可,生人看看,或者有点新的趣味。"还有一句暗示性的话,"不怪说,做了太太就愚蠢了,从此看来,大半是愚蠢了。"两萧之间潜伏了新的危机,萧红还要经历新的创痛。

有不少刊物要萧军向萧红约稿,撰写回忆鲁迅先生的文章。萧红还没有从这个噩耗中平静下来,接受这个事实对她来说是残酷的。11月9日,她写信给萧军说:"关于回忆L一类的文章,一时写不出来,不是文章难作,倒是情绪方面难处理。本来是活人,强要说他死了!这么想就非常难过。"许广平每次见到萧军都要问及萧红的情况,萧军把这些问候写信转告了萧红,萧红在给他的信里写道,"许,她还关心别人?她自己就够使人关心的了。"②

萧红的纪实散文集《商市街》出版之后,受到广泛的好评。萧军写信告诉她这些消息,这使她很高兴。她的精神出现了一个振作的时期,摆脱了

---

①② 萧军:《萧红书简辑存注释录》,黑龙江人民出版社,1981,第85页,第87页。

忧郁和悲痛。她买了三张画,东墙上一张,北墙上一张,把居室布置了起来。一张是一男一女在长廊上相会,廊口处站着一个弹琴的女人。另一张是关于战争的,上面有打碎花瓶的小屋,喝了酒的军人穿着绿裤子跳舞。她最喜欢的是第三张,一个小孩靠着软枕睡在檐下的椅子上,旁边是她的母亲和肩着大镰刀的父亲。还有方块石头的廊道,远处微红的晚天、茅草的屋檐、开着的格窗……看见画上的女孩,萧红就好像看见了自己的童年。①

她想着鲁迅先生未完的事业,恨不能立即找到胡风、聂绀弩、黄源等人,商量出版《鲁迅全集》的事情。她想中国人集中国人的文章总比日本集他的方便。日本在11月里鲁迅的全集就要出版,这让萧红觉得很可佩服②。

萧红仍然感到寂寞,夜里经常被头痛和噩梦扰醒。天气冷了,她买了火盆,借了房东的锅烧了点菜,在星期日的时候一个人吃起来。觉得落寞得不是滋味,又把房东的孩子唤来,对着面吃了。她经历了几次地震,有一次持续震了两三分钟,房子嘎嘎地响着,表在墙上摆动。天还没有亮,她打开灯又被震灭了。她懵里懵懂地穿着短衣服跑下楼去,房东也起来了,他们好像是逃的样子。隔壁的老太婆以为萧红还在屋里,便叫唤着她,门开着,却没有人应声。等到她看见萧红在楼下的时候,便和大家一起大笑起来。③

萧红已经好久不吸烟了,可是这几天烟忽然又挂在了嘴上。她的胃口也好起来,很能吃,就好像她和萧军在顶穷的时候那样,连面包皮也是喜欢的。点心之类她不敢买,买了就放不下。也许是因为日本饭没有油水,所以她特别想吃东西。早饭用一毛钱,晚饭两毛钱,中午两片面包一瓶牛奶。越能吃,萧红越节制,胃病反而好了。④她还打算着买一双冰鞋,冬天的时候去滑冰。她又打算随时买一点旧画,一方面留着带回国去,一方面围着火炉看一看,排遣寂寞。她觉得自己和蛹一样,被卷在茧里去了。自由和舒适,平静和安闲,经济一点也不压迫,这真是黄金时代。是在笼子里

---

①②③④　萧军:《萧红书简辑存注释录》,黑龙江人民出版社,1981,第89页,第90页,第90页,第90—92页。

过的。她对自己的平安显然有些不习惯,又爱这平安,又怕这平安①。

11月24日,萧红买了五角钱一张的票,准备从第二天开始,去听一个日本人关于政治的讲演。她一直想给许广平先生写信,但始终没有写,不知道说什么好,她怕的是想安慰她,反而又要引起她悲哀。她在这一天的信里,请萧军见到鲁迅家那两个老姨娘时,代她向她们问好。萧军信中告诉她,他在鲁迅逝世周月的时候,到万国公墓的鲁迅墓前,把新出版的《作家》《译文》《中流》各样焚烧了一本。萧红说他是"洋迷信""洋乡愚",然后又伤心地想到,把写好的原稿也烧去让鲁迅先生改改,回头再发表吧!"烧刊物虽然愚蠢,但感情是深刻的"。她的头痛病又犯了,心情也暗淡下来。连新著出版也提不起她的兴味,她的第一部散文、短篇小说的合集《桥》在巴金主办的文化生活出版社出版了。她值得欣慰的是日文进步很快,一本《文学案内》翻来翻去,已经读懂了一大半。她对自己学习日文的成绩很知足,觉得倒是日文容易得很,别国的文字读上两年也没有这成绩。她还保持了对绘画的兴趣,梦想着将来到法国去研究画。她听人说,一个月只要一百元,在日本也需要五十元,她可以去法国随便找点什么工作做。在这封信里,她又督促萧军去买个软枕头。②

当时有人要把她的《生死场》选几段译为外文,萧军在信里问她选译哪几段合适。萧红于12月5日回信,征求萧军的意见,是"发誓"那段还是最后一段。她准备在三两天内,完成朋友约写的五六百字的自传。黄源给她写信,说萧军这一时期喝酒很多,是为了报复萧红的抽烟。在这封信里她写道:"你不能和一个草叶来分胜负,真的,我孤独的和一个草叶似的了。我们刚到上海时,那滋味你是忘记了,而我又在开头尝着。"③

12月12日,萧红为萧军、罗烽、孙陵等东北作家编的刊物《报告》写了小传《永久的憧憬和追求》,回忆自己童年和祖父在一起的情景,"每每在大雪中的黄昏,围着暖炉,围着祖父,听着祖父念着诗篇,看着祖父读着诗篇时微红的嘴唇。"还有祖父经常说的话:"快快长吧!长大就好了。"她对于

---

①②③ 萧军:《萧红书简辑存注释录》,黑龙江人民出版社,1981,第92页,第93—94页,第96—97页。

自己的外部经历所涉不多,对于心路叙事则婉曲悠长,"20岁那年,我就逃出了父亲的家庭。直到现在还是过着流浪的生活。""'长大'是'长大'了,而没有'好'。"这样伤情的自述,也可见情感荒凉到了极点。在祖父那里懂得的"温暖和爱",随着鲁迅先生的去世,只能存在于想象中,作为人生的方向,而"怀着永久的憧憬与追求"。

这一天,发生了震惊中外的大事变,历史又一次急转弯。东北军、西北军联合起来,在张学良、杨虎城的带领下,对蒋介石进行"兵谏",拒绝剿共,要求联合全国各党派团结抗日。当天是星期天,萧红住在友人沈女士的家里。第二天早晨天还没有亮,她就读到了报纸,这样一个大变动,使她惊惶了一天。①

12月13日,萧红又暴发了头痛,她感到深切的痛苦。她的身体很不好,因为没有钱医治,自己也不以为是毛病。沈女士来看她,发现她的面孔是膨胀的,并且苍白得没有血色。萧红的头痛已经四五年了,头痛药不知吃了多少。当疼痛起来的时候,她就想赶忙把它治好。疼痛一过去,又觉得不必了,因为头痛不至于死,便在病痛中煎熬。她甚至自责:"现在有钱了,连这样小痛也不得了起来,不是连吃饭的钱也刚刚不成问题吗?"她宽慰自己,"人们都说我身体不好,其实我的身体是很好的,若换一个人,给他四五年间不断的头痛,我想不知道他身体还好不好?所以我相信我自己是健康的。"对于萧军让她回国的建议,她断然回绝了,"我没有迟疑过,我一直没有回去的意思,那不过偶然说着玩的。至于有一次真想回去,那是外来的原因,而不是我自己的自动。"尽管被疼痛和孤独双重地折磨着,她还是惦记着别人,"周先生的画片,我是连看也不愿意看的,看了就难过。海婴想爸爸不想?"对于萧军的生活,她也无微不至地关心着,提醒他不要在夜里吃东西,设法给自己添一床被子。②

张秀珂终于忍受不了亡国奴的屈辱,不得不中断学业,冬天回到呼兰家中。父亲张廷举自然还是严令,不许他和姐姐萧红联系来往。张秀珂宁

---

①② 萧军:《萧红书简辑存注释录》,黑龙江人民出版社,1981,第98—100页,第99—100页。

可"做一个家庭不要的人",也要去找姐姐萧红。继母梁亚兰竟然瞒着丈夫张廷举,同意张秀珂秘密出逃去找萧红。张秀珂走的时候,继母梁亚兰怕他身体不好,让他穿上父亲的皮大衣,还把兜里的钱全都掏给了他,把他一直送上了官道。梁亚兰这样反常的举动,张家后人认为另有隐衷。当时,张秀珂已满20岁,父亲张廷举常年在外,而梁亚兰所生的孩子全都年幼,必然有一个"长子主政"的问题,涉及财产的继承。张秀珂出走,这个问题自然就不存在了。张秀珂从秦皇岛上船,藏在货物中间,偷渡到了上海,找到了萧军。①萧军为他在自己住处附近租了一间亭子间,让他到上海各地看一看。因为张秀珂喜欢语言学,萧军介绍他到世界语协会去学习世界语。②

张秀珂给萧红写信,谈到对前途的想法,还希望找一点事做。萧红深知在上海是很难找到事做的,倒怕他的生活成问题。建议他如果不愿意到日本来,可以到北平去读书,因为张秀珂与家庭没有断掉联系,还可以得到家庭的经济支持。萧红不赞成张秀珂到日本来留学,在12月15日发给萧军的长信里,她详细地谈到自己对日本的看法:"这里短时期住则可,把日语学学,长了是熬不住的,若留学,这里我也不赞成,日本比我们中国还病态,还干枯,这里没有健康的灵魂,不是生活。中国人的灵魂在全世界说起来,就是病态的灵魂,到了日本,日本比我们更病态。既是中国人,就更不应该来到日本留学,他们人民的生活,一点自由也没有,一天到晚,连一点声音也听不到,所有的住宅都像空着,而且没有住人的样子。一天到晚歌声是没有的,哭声笑声也都没有。夜里从窗子往外看去,家屋就都黑了,灯光也都被关在板窗里面。日本人民的生活真是可怜,只有工作,工作得和鬼一样,所以他们的生活完全是阴森的。中国人有一种民族的病态,我们想改正它还来不及,再到这个地方和日本学习,这是一种病态再加上一种病态。我说的不是日本没有可学的,所差的只是他的不健康处也正是我们的不健康处,为了健康起见,好处也只得丢开了。"③

---

① 张抗:《萧红身世释疑》,孙茂山主编《萧红身世考》,哈尔滨出版社,2003,第19页。又及张抗:《萧红家庭情况及其出走前后》。
②③ 萧军:《萧红书简辑存注释录》,黑龙江人民出版社,1981,第107页,第100页。

萧红的日文已经大有长进,可以听懂很多的话,连找房子办交涉也差不多行了。东亚学校的课钟头很多,教师在课堂基本说日语。比起初到日本的时候,萧红的日子要好过多了。她终于从最初的困难中坚持了下来,逐渐适应了日本的生活。

新年要到了,萧红感受到日本的节日气氛,但走到街上却不舒服起来。别人都欢欢乐乐,只有她举目无亲。"所谓趣味,则就必有我,倘若无我,那就一切无所谓了。""每逢佳节倍思亲",萧红思念着祖国的亲人,期待着他们的来信。12月18日,她给萧军写信说,"新年了,没有别的所要的,只是希望寄几本小说来……《复活》《骑马而去的妇人》,还有别的我也想不出来,总之在这期中,哪怕有多少书也要读完的。可惜要读的时候,书反而没有了。"而且,在这封信中,她对萧军的态度客气起来,"我不知你寄书有什么不方便处没有?若不便,那就不敢劳驾了。"①

12月末日,萧红又写信给萧军:"你亦人也,吾亦人也,你则健康,我则多病,常兴健牛与病驴之感,故每暗中惭愧。"萧军和萧红的身体情况相差很远,萧军健壮、孔武有力,萧红则病弱,这是两个人不和谐的地方。正如萧军所说:"健牛和病驴,如果是共同拉一辆车,在行程中和结果,总要有所牺牲的,不是拖垮了病驴,就是要累死健牛!很难两全的。若不然,就是牛走牛的路,驴走驴的路……"②萧军当时还很年轻,很难体会到萧红病弱的痛苦。只有到了他老年之后,才反省说,"由于自己是健康的人,强壮的人,对于体弱的人,有病的人……的痛苦是难于体会得如何深刻的。所谓'关心'也仅仅是理性上的,以至'礼貌'上的关心,很快就会忘掉的。"③加上他粗暴的性格,萧军常常无意识地伤害了萧红而不自知,使敏感而自尊的萧红感到屈辱。有一次,萧军和萧红争吵起来,萧红在口头上争不过萧军,气极了就扑过去抓坐在床沿上的萧军。萧军一闪身,萧红扑空了,竟趴在了床上,萧军趁机在她的大腿上狠狠地拍了两掌。④这对于萧军只是率性而

---

①②③④ 萧军:《萧红书简辑存注释录》,黑龙江人民出版社,1981,第102—105页,第105页,第32页,第104页。

为的小事一桩,对于萧红则近于受虐,是不堪忍受的。性格的这种反差,也是两萧最终分手的原因之一。

1937年元月1日,萧红的邻居家着了一场大火。好在萧红住在沈女士的家里,没有受到惊吓。2号,她收到了萧军和张秀珂的信。张秀珂在信中,谈到对萧军的印象,觉得"喜欢且可爱"。同时还发现,萧军饮酒以后脸很红,"好像为了一件感情所激动。"①

此时的萧军,已坠入爱河而难以自拔。1978年9月19日,萧军在注释萧红书简的时候,坦然写道:"那是她在日本期间,由于某种偶然的际遇,我曾和某君有过一段短时期的感情的纠葛——所谓'恋爱'——但是我和对方全都清楚意识到为了道义上的考虑彼此没有结合的可能。为了要结束这种'无结果'的恋爱,我们彼此同意促使萧红由日本马上回来。这种'结束'也并不能说彼此没有痛苦。"②这里的某君就是许粤华,而萧红对她称呼的变化,对萧军的客气,都是出于自尊的等待,直到萧军决断结束和许粤华的恋情之后,才正式谈起这个问题,并且改变原来住日本一年的计划,迅速回到上海。她显然是早就知道了这件事,所有和她通信的人都会以不同的方式透露给她。她在东京时期,和她有信件往来的人相当不少,黄源、孟十还都要为编务写信,白朗、袁淑奇是她哈尔滨时期的密友,再加上新近到达上海的弟弟张秀珂,"为了一件感情所激动"也是最直接的暗示。而萧红这一时期的发烧、头痛、火上得嘴唇破裂,都不仅仅是因为鲁迅的逝世。而且,其间萧红一度布置房间,自己烧菜,请了邻居的孩子一起吃等等情节,她之于萧军由妻子而恋人而客气如朋友的身份转换,则是逐渐做好分手准备的心理过程。但是,萧军却以召回萧红来结束"没有结果的恋爱",萧红的奔逃又一次失败了。

萧军哪天写信让萧红改变计划回到上海,已经无从查考了。估计是在1936年的12月下旬,因为萧红1937年1月2日收到萧军的信,信在路上需要一个星期左右。而且,萧红1月4日回信中未提归期,可见这不是她发自

---

① ② 萧军:《萧红书简辑存注释录》,黑龙江人民出版社,1981,第107页,第110—120页。

东京的最后一封信。[①]

萧红11月开始写的短句,共计34首,整理之后,以《沙粒》的总题,发表在1937年3月15日《文丛》第一卷第一期,记叙了自己面对这件事的心理感受与精神挣扎:

一

七月里长起来的野菜,
八月里开花了。
我伤感它们的命运,
我赞叹它们的勇敢。

七

从前是和孤独来斗争,
而现在是体验着这孤独。
一样的孤独,
两样的滋味。

八

本也想静静地生活,
本也想静静地工作,
但被寂寞燃烧得发狂的时候,
烟,吃吧!
酒,喝吧!
谁人没有心胸过于狭窄的时候。

[①] 据萧军说,萧红寄到上海的信,有一些遗失。又见高原:《离合悲欢忆萧红》,有萧红回国的确切日期,《哈尔滨文艺》1980年第1期。

十一

今后将不再流泪了，

不是我心中没有悲哀，

而是这狂魍的人间迷惘了我了。

十六

人在孤独的时候，

反而不愿意看到孤独的东西。

二〇

理想的白马骑不得，

梦中的爱人爱不得。

二五

失掉了爱的心板，

相同失掉了星子的天空。

二六

当悲哀，

反而忘记了悲哀，

那才是最悲哀的时候。

二七

此刻若问我什么最可怕？

我说：

泛滥了的情感最可怕。

三二

只要那是真诚的，
那怕就带着点罪恶，
我也接受了。

三四

什么最痛苦，
说不出的痛苦最痛苦。

从这些诗句可以看出，萧红知道了萧军与许粤华之间如野菜开花一样迅速生长的恋情之后，内心的深刻痛苦。这一次，已经不是《苦杯》中的哀怨，而是悲哀到忘记了悲哀、痛苦到麻木的无言。一边是自己爱侣，一边是刚刚分手的亲密朋友，她自然无话可说，只有钝痛像沙粒那样拥塞在心里。萧红陷入了悲观厌世的精神低谷中，但她是坚强的，挣扎着要从这种情绪中解脱出来：

四

世界那么大！
而我却把自己的天地布置得这样狭小！

十三

我的胸中积满了沙石，
因此我所想望着的：
只是旷野、高天和飞鸟。

二九

海洋之大,

天地之广,

却恨个自的胸中狭小,

我将去了!

三三

我本一无所恋,

但又觉得到处皆有所恋。

萧红在内心的矛盾挣扎中,最终说服了自己,摆脱了哀伤悲凉的情绪,振作了起来。萧军真诚的忏悔,也阻断了萧红的奔逃之路,她还是退回到自己沙粒一样坚硬、枯竭的情感生活中。1月4日,她又给萧军写了一封信,报了平安。并且把张秀珂对于他的观感,一并寄给他。

1月9日,她乘车到横滨,搭上"秩父丸"号邮船的三等舱,启程回上海了[①]。

萧红旅居日本期间,写作了《孤独的生活》《家族以外的人》《红的果园》《王四的故事》《永久的憧憬和追求》《沙粒》等诗及散文、小说。《孤独的生活》表现了她在东京寂寞孤独的生活感受。《家族以外的人》以她家的老仆人有二伯的生活为素材,表现了底层劳动者贫苦无告的生活。《红的果园》讲述了一对年轻的恋人,各自选择了自己的生活道路,女青年投身抗日以后,男主人公对往事的回想,对自己生活感到无聊和无所适从的烦躁。萧红对他的心理描写是出色的,既细腻又准确,反映出她刻画人物的笔力。《王四的故事》讲述了张家的老管家,为了地主东家忠心耿耿地干活,只要

[①] 萧军:《萧红书简辑存注释录》,黑龙江人民出版社,1981,第98—100页。

东家叫他一声四先生,他就觉得像是在自己的家里一样。但他仍然是不被主人信任的,只有发大水的时候,主人重又叫他四先生,他立刻又感到当主人的被信任感。萧红从中看到了人物特殊的地位,内心的尴尬虚荣。王四也是《呼兰河传》中磨倌冯歪嘴子的东家,他身兼雇员与东家二重身份,角色时时需要转换,心理矛盾也不时爆发为悲喜剧的情节。

第三十章
重回上海

萧红在回国的途中,巧遇了老友高原(即高永益)。西安事变之后,大批东北留学生回国。当时在日本留学的高原,也随大批留学生回国。他在"秩父丸"号船上,看见一个女子好像是旧友迺莹。此时,他还不知道萧红就是张迺莹,而且他还听说迺莹和一个叫三郎的日本人结婚了,深为她的堕落而愤怒。他又疑心她是外国人,不敢贸然搭话。他们同在一张餐桌就餐,发现她用筷子用餐,就在船快靠近上海汇山码头的前一天,决定设法和她交谈。就在萧红吃完主食,开始喝汤的时候,高原急中生智,对邻座的人大声说:"对面坐着的那位女士,很像是我的一个朋友。"萧红抬起头转过脸来,对他说:"是说你的朋友像我吗?"听到她说中国话,高原很高兴。他立刻回答说:"你很像我的一个朋友。"萧红也立刻问道:"你的朋友叫什么名字?"高原迅速地说:"她叫张迺莹。"萧红一下子从座位上站起来,很快地绕过饭桌,来到了高原的面前,她握住高原的手,说出了他的名字:"你是高永益!"两个人都喜不自禁地流出了眼泪。

他们回到高原的舱房,坐在长沙发上聊起来。在萧红的谈话中,高原知道三郎就是萧军,萧红就是迺莹。高原高兴极了,一下子从沙发上跳起来,向同房的朋友们介绍说:"她,是我的老朋友张迺莹,也就是咱们在东京很想找的那个萧红啊!"大家都为他们的巧遇高兴,纷纷表示祝贺。有一对新婚夫妇,把友人赠送给他们的糖果拿来,摆在椭圆形的小桌子上。萧红的舱房就在高原的隔壁,她回去拿来一瓶白兰地酒和一听樱花牌香烟。和萧红同住在一室的一些从美国归来的华侨老人问她:"你还下棋不了?"萧红说:"不了!"他们又问:"遇到亲人了?"萧红兴奋地回答:"嗯,遇到亲人了。"

萧红打开了酒瓶,斟满了酒杯一饮而尽,然后滔滔不绝地和高原聊起来。他们说起徐淑娟,高原就把徐淑娟写给他的信拿给萧红看。萧红知道高原也要到上海时,便说:"到了上海,咱们就一起去常熟看望小徐,常熟离上海并不算太远。以前咱们在北方,小徐却在南方,如今我们在南方,小徐也不知到了哪方?人总有悲欢离合……"说起鲁迅先生,萧红说先生生病逝世时她正在东京,不承想,就再也见不到他老人家了。她很悲恸,眼圈也红了起来。她讲了许多鲁迅先生的往事,他的为人和精神。萧红还谈起了萧军、许广平先生和海婴等在上海的许多亲人、朋友,流露出念念不忘的思念深情。

他们从早上说到晚上,午饭和晚饭几乎没怎么吃。夜色降临的时候,他们一起登上了甲板,观看海的夜色。萧红好久地凝视着远方的星空,突然很愤怒地说:"亡国奴,我们还要做第二次的!"海风几乎冻僵了他们的手,高原帮萧红整了整围巾,将她瘦弱的身体紧紧地靠拢在他的身旁,一起走回舱里。萧红仍然冷得发抖,高原又拿来一条毛毯,把他们的腿脚严严实实地包裹好,共同坐在沙发上。这使他们同时想起了冬天的哈尔滨,孩子们坐在马车里就是这样来抗拒严寒的。他们都笑了起来,好像一下又回到了顽童的时代。夜已经很深了,高原虽然不会吸烟,但也帮着萧红把那听香烟吸得一根不剩,又彻夜不眠地聊着,直到第二天天亮。一位广东籍的同学开玩笑说:"你们整整谈了二十四个小习(时)!"他的口音引得萧红哈哈地大笑起来。高原和萧红来到单杠前,高原练了练向萧红显示一下自己的力量。萧红便说起萧军如何锻炼身体。

高原帮助萧红去整理她的手提箱,发现萧红有一只像茶杯大小的很有趣的小木桶,这是她喜爱的玩具。萧红知道高原很穷困,便把她手中剩余的不足二十元的日钞,全部留给了高原。还反复地嘱咐他,到了上海要注意这,注意那,特别是要注意小偷,别丢了钱包。1月13日,他们到达了上海的汇山码头。①

当天晚上,哈尔滨时期的老朋友黄田设宴为萧红洗尘。萧军亲切而欣慰地劝萧红少吃两杯花雕酒,而她却仍是豪爽地吃了几大杯。②她是以酒浇愁,也是向朋友表白自己内心的磊落。她和在座的孙陵谈起哈尔滨的往事,连连赞叹:"我们的记忆力不坏呀……你想想,已经3年了,我们还记得这么清楚。何况这3年里经历了多少大事。……"酒后激情涌动,萧红唱起了在日本从一部俄语电影学来的歌,向朋友解释歌词,"列卡"就是河,"涅未答啦"就是"没有看见吗?"可见情绪是活跃快乐的,努力冲淡和掩饰内心的凄苦。③

回到上海以后,萧军和萧红住在吕班路(即现在的重庆南路)256弄。那是一家由俄国人经营的家庭公寓,弄堂里是一排西班牙式的楼房,门口有石阶,最顶层有假三层。④萧红和萧军住在顶层,还是一间阁楼。这里的房客大部分是白俄,当时许多的东北作家也居住在这里,是东北作家的聚集地。

萧红安顿下来不久,就去拜谒万国公墓中的鲁迅先生墓。她和萧军踩着落叶,走进寂静的万国公墓。萧红看见鲁迅先生家里客厅中的万年青,被移到墓地的青草上去了,而且瓶底已经丢失。⑤鲁迅的墓前放着许多来瞻仰的人献的鲜花,多数已经枯萎。萧军上前清扫了一下,萧红将手里的鲜花放在墓基上,向鲁迅先生的墓深深地鞠了一躬,泪水止不住地流了下来。她低头默哀了许久,才一步三回头地离开了墓地。回来以后,她写了拜墓诗:

---

① 高原:《离合悲欢忆萧红》,《哈尔滨文艺》1980年第12期。
② 骆宾基:《萧红小传》,北方文艺出版社,1981,第63页。
③ 孙陵:《悼念萧红》,王观泉编《怀念萧红》,东方出版社,2011,第133页。
④ 丁言昭:《萧红在上海事迹考》,《东北现代文学史料》1982年第4辑,第40页。
⑤ 萧红:《鲁迅先生记(一)》,《萧红全集·散文卷》,北京燕山出版社,2014,第244页。

跟着别人的脚迹,
我走进了墓地,
又跟着别人的脚迹,
来到了你的墓边。

那天是个半阴的天气,
你死后我第一次来拜访你。

我就在你的墓边竖了一株小小的花草,
但,并不是用以招吊你的亡灵,
只是说一声:久违。

我们踏着墓畔的小草,
听着附近的石匠钻刻着墓石,
或是碑文的声音。

那一刻,
胸中的肺叶跳跃起来,
我哭着你,
不是哭你,
而是哭着正义。

你的死,
总觉得是带走了正义,
虽然正义并不能被人带走。

我们走出墓门,

那送着我们的仍是铁钻击打着石头的声音,
我不敢去问那石匠,
将来他为着你将刻成怎样的碑文?

  这里的萧军已经是别人,萧红在心理上已与他疏离。春天来临之后,在一个晴朗的日子,她、萧军又带上张秀珂,约了哈尔滨时期的老友翻译家金人、"小蒙古"袁淑奇,一起到许广平家,正值周建人夫人王蕴如和两个女儿都在,就由许广平带上海婴,一行人一起到万国公墓祭奠鲁迅。祭扫事毕之后,所有人在一起合影,两萧和许广平母子单独合影留念,两萧又和张秀珂、金人、袁淑奇一起合了影。①

  萧军在鲁迅墓地烧刊物的事,被"华蒂社"的张春桥、马吉蜂(即马烽)知道了,就在小报写文章,挖苦、讽刺萧军是"鲁门家将",是鲁迅的"孝子贤孙",烧刊物是迷信行为等等。这使萧军怒不可遏,没有兴致以文字辩是非,就打听到他们的地址,上门下战表,约定时间、地点,各自带着证人,以武力见输赢。这一天的晚上8点,萧军带着聂绀弩当证人,萧红也跟着去了,马吉蜂带着张春桥,到徐家汇一片收割过的菜地上决斗。马吉蜂根本不是萧军的对手,第一二个回合,都被他打翻在地。萧军只是为了教训他们一下,下手并不狠。马吉蜂却已经被打得爬不起来了,张春桥把他扶了起来。萧军让他歇一会儿,再来第三个回合。正在这个时候,一个法国巡捕过来查夜,看见他们在打架就问道:"你们在干什么?"聂绀弩机敏地回答:"我们在练习摔跤。"法国巡捕说:"天黑了,走吧,别摔了。"说着走开了。萧红和聂绀弩劝萧军收场,已经是2比0了,马吉蜂只得认输。分手的时候,萧军对马吉蜂和张春桥说:"你们有小报可以天天写文章骂我,我没有别的办法,只有拳头——揍你们!"边说边向他们扬着拳头,马吉蜂和张春桥只好灰溜溜地走了。②据说后来马吉蜂还写了《决斗记》,但是被拒载。

---

① 叶君:《从异乡到异乡》,中国社会科学出版社,2009,第225、227页。
② 王德芬:《萧军年表(上)》,《东北文学研究丛刊》1985年10月第2辑。

萧红回到上海以后，社会交往开始多了起来。高原到了上海找到了住处之后，马上通知了萧红，萧红曾去看过他。有一天，他们约定在霞飞路的Renaissance(文艺复兴)茶社见面，萧军陪着萧红一起去了。萧红送给高原自己的著作，还有德国女版画家凯绥·珂勒惠支的画集和其他书籍。①3月，日本小说家小田岳夫，为了创作一部以上海为背景的小说来考察，也为日本改造社即将出版的《大鲁迅全集》中《两地书》翻译的有关问题专访许广平。他通过鹿地亘和池田夫妇，拜会了中国当红的左翼作家胡风、萧军和萧红。此外，还有黄源、许粤华、梅志。他眼睛中的萧红："身着中国妇女中罕见的西装。其容貌还未脱掉孩子气，显得天真。"聚谈结束的时候，留下了一幅珍贵的照片。然后，和陪同小田岳夫的永松、放学回来的海婴，一行十二人，一起到一家四川餐馆聚餐。小田岳夫日后撰写了日本第一部《鲁迅传》，在1964年由日本南北社出版的回忆录《文学青年群像》中记载了这次幸运的会面。②

这时的上海文艺界已经向两萧敞开了大门，许多刊物向他们约稿，有的还拉他们当台柱子，在名誉和金钱方面是双丰收的。萧红一度情绪很好，完全摆脱了个人私生活方面的烦恼。有一次，在一个新创的刊物主编邀请撰稿人的小宴会上，萧红情绪高昂，热烈地说着自己的主张和想法，表现出对文学事业的热爱和做一番事业的抱负。这一段时间，她生活得既丰富又充实，有许多新朋友像捧角儿似的捧着他们，两个人都有点飘飘然了。③

萧红心绪烦乱，一时写不出东西来，而萧军还是照旧地写作，这使萧红很"生气"。就把萧军光着脊背戴着一顶小压发帽的背影，用炭条速写下来，说这是对萧军一种嫉妒的"报复"。④萧红用简单、粗犷有力的线条，勾

---

① 高原：《离合悲欢忆萧红》，《哈尔滨文艺》1980年第12期。
② 袁权：《萧红的一张照片》，王观泉编《怀念萧红》，东方出版社，2011，第247页。
③ 梅志："爱"的悲剧》，《花椒红了》，中国华侨出版社，1995，第2—3页。
④ 萧军：《萧红书简辑存注释录》，黑龙江人民出版社，1981，第36页。

勒出萧军隆起的肌肉、突出的腮部,显示了她观察的仔细与下笔的准确。从这幅画可以看出,萧红还是努力修补和萧军之间感情的裂痕的,但无奈心里的沙粒却怎样也难以清除。这一时期,两萧虽然一起参加各种活动,但感情上的宿怨却没有弥合。3月15日,她把在东京写的长短句整理出来,发表在《文丛》创刊号上,等于公开了自己情感创痛的隐秘,对与萧军的关系也不再抱什么幻想。4月10日,萧红又发表了怀念母亲的《情感的碎片》,"母亲虽不十分爱我,但也总算是母亲。"她在现实中已经没有了情感的依托,只好在回忆中打捞亲情的碎片。像一个想妈的孩子一样,独自以回忆舔舐心灵的伤口。

张秀珂每天都要到她的住处来,赶上萧红外出了,他就等在楼廊里,有时就睡在楼廊的椅子上。萧红看见他黑黑的人影,心里就充满了慌乱。心想这些流浪的年轻人,都将流浪到哪里去?这样的感触就是在街上也会有,因经常可以遇见和张秀珂年龄相仿的东北流亡学生,一群群粗直的北方青年。他们内心充满了力量,被逼来到生疏的南方大都市,怀着万分的勇敢向前,没有回头的路。他们被饥饿驱使着,四处找工作。他们又是可怕的一群,像落叶似的被秋风席卷,在寒冷中只有弯着腰,抱着膀,打着寒战,到处看看,谁有可吃的东西充饥。她为弟弟的前途担忧,不知将来他要到什么地方去,做什么事情。张秀珂不知道萧红内心的忧郁,只是笑呵呵地到姐姐家,似乎得到了无限的安慰。一进屋子,看到吃的就拿起来吃,看到书就拿起来翻,累了就躺在床上休息。萧红看着他傻里傻气的样子,有的时候觉得讨厌,有的时候觉得欢喜,就是觉得欢喜的时候,她也会心口不一地说:"快起来吧,看这么懒。"[①]她的内心深处有着对弟弟的愧疚,因为觉得是自己在前面引诱了他。张秀珂初到上海的时候,生活无着,给家里写过信要钱。张廷举不但不给寄钱,反而写信告诉他说,要回来就回来,一

[①] 萧红:《"九一八"致弟弟书》,《萧红全集·散文卷》,北京燕山出版社,2014,第394页。还可参见萧红以家庭为背景的小说《北中国》,《萧红全集·小说卷》(三),北京燕山出版社,2014,第49页。

定自作主张,此后就不要给家里来信了,关里关外的通信,若让人家晓得了,有关身家性命。张廷举是想用这样的方法要挟儿子,迫使他早日回家。张秀珂接到这封信以后,干脆不给父亲写信了。①这和萧红当年的举动一模一样。

当时,张秀珂经常遇到萧红和萧军争吵。有一次,他刚进屋,萧红向他诉说,他们刚刚吵了架,萧军把电灯泡都打坏了。萧军马上抢过来说,是碰坏的,并且分辩他如何有道理。他问姐姐到底为什么吵架,自尊的萧红反而支吾起来,她不愿意让年轻的弟弟分担自己的隐痛。因为不明白两人矛盾的根由所在,张秀珂当时是站在萧军一边,认为是萧红性格的问题。此后,在很多事情上,都不太听萧红的话。这对萧红无疑也是不公,连唯一的亲人都不能谅解自己的心境。直到10年以后,张秀珂才意识到他们当年的争吵是不怪萧红的。②

有一个日本的进步作家来上海游历,约请了许广平先生、梅志以及萧军、萧红等中国作家,到一间小咖啡室里聚会。萧红的左眼青了很大一块,引起大家的关心与询问。萧红平淡地说:"没什么,自己不好,碰到了硬东西上。"然后又补充了一句,"是黑夜看不见,没关系……"她的回答吞吞吐吐,但大家还是相信。送走客人,大家走在街上的时候,几位太太又提起这事,希望萧红以后要小心,萧红一再点头答应着。走在一旁的萧军忍不住了,表现出男子汉大丈夫一人做事一人当的气派说:"干吗要替我隐瞒,是我打的……"萧红淡淡地一笑说:"别听他的,不是故意打的,他喝醉了酒,我在劝他,他一举手把我一推,就打到眼睛上了。"同时还细声地告诉梅志,"他喝多了酒要发病的。"萧军理直气壮地说:"不要为我辩护……我喝我的酒……"别人不再好说什么,各自走散了。③

---

① 可参见萧红小说《北中国》,里面的人物关系和场景都是以自己的家事为原型,演绎出虚构的故事。
② 张秀珂:《回忆我的姐姐——萧红》,孙茂山主编《萧红身世考》,哈尔滨出版社,2003,第12页。
③ 梅志:《"爱"的悲剧》,《花椒红了》,中国华侨出版社,1995,第2—3页。

萧军性格粗鲁,常常在无意之间虐待了萧红。有时候是为了保护萧红,反而使萧红承受痛苦。有一次,横过霞飞路,萧军因怕萧红被车辆撞倒,就紧紧握住她的一条手臂。事过之后,萧红的手臂上竟留下了五条黑指印。①从这件小事,可以看出萧军的性格,对萧红不自知的伤害。此时的萧军正在忙着和朋友们编《报告》杂志。②而他"无结果的恋爱"虽然出于道义的考虑结束了,但恋爱的对象许粤华(笔名雨田)却已经珠胎暗结,做了人工流产的手术,萧军又忙着照顾她③,根本无暇顾及萧红。当时有人看见萧军和萧红一起在街上走的时候,萧军大踏步地走在前面,萧红在后面跟着,很少看见他们并排走。④萧军是泛爱的,抱定了"爱便爱,不爱便丢开"的原则。但对他所钟情过的女人,都会终生怀念。1948年9月19日,他在注释鲁迅的书简时,还写道:"……而《小鸡》的译者雨田先生是否尚在人间或流浪到何方?……也是我深深系念着的。"⑤

两萧的关系陷入了恶化,萧红又落进大悲苦之中。她的心里波涛翻滚,感受到屈辱和不平静。她没有地方可以去,又常一个人到许广平那里,一坐就是半天。她的痛苦只能向许广平先生去倾诉,许广平就像她的母亲一样,看着她舔自己的伤口,给她以慰藉。有时,梅志到许广平那里去,看见萧红痛苦的样子,偶尔听到她诉说几句,也只能安慰她,希望她珍惜身体。萧红的身体很坏,常常失眠和肚子痛,加上难以忍受的精神折磨。她虽然不回避梅志,有时也诉苦发牢骚,但梅志和许广平商量,不好去规劝萧军,只能安慰萧红。萧红自然看出,鲁迅逝世以后,许广平的心情也是悲痛和烦乱的,所以也不便总去打搅。她只能沉浸在创作中,克服内心的悲痛和寂寞。

每天晚上就寝以前,远远的路上必定会传来卖唱的胡琴声。这悲凉、凄切的琴声,使萧红更加感到人生的不幸与自己身世的飘零。她站在窗

---

① ② 见萧军:《萧红书简辑存注释录》,黑龙江人民出版社,1981,第104页,第88—89页。
③ 根据1995年秋对梅志的一次访问。
④ 丁言昭:《萧红传》,江苏文艺出版社,1993,第146—147页。
⑤ 萧军:《鲁迅给萧军萧红信简注释录》,黑龙江人民出版社,1981,第169页。

口,观望着卖唱的人。为盲者领路的衣衫褴褛的女孩子,看见萧红立刻就在窗下站住,和着盲者拉的凄凉的琴声唱起"道情"。萧红被她的飘零的身世感动了,猜想着他们是祖父和孙女,还是流浪者萍水相逢。当琴声停止的时候,她从台子上收集起所有的铜板,投向街面。为了不抛散,她还用纸包好那些铜板,此后,那盲者和歌唱的女孩,就每天在她的窗下,凄楚地唱着。萧红每夜都倾听着,并投下日里为他们用纸包好的小洋角子和铜板。有一天,她回来迟了,在路口看见路的另一头,徘徊着卖唱者的身影,回到住室,她想他们一定在窗下唱了许久。因为她临出门时,忘记了关灯。那静寂的胡琴声,大约表现了他们的空虚和悲哀。这比琴声的凄凉更深重,她在窗口张望,怅怅然若有所失。萧红在孤独中感到人间的苦难和不平,逐渐淡漠了对萧军的怨愤。

  有一天,萧红到黄源家去。进门以后,看见萧军正在和黄源夫妇说话。看见她进来,他们的谈话突然就停止了,显然话题是需要防备萧红的。不久以后,黄源和许粤华离婚了,也许那一天他们谈论的就是这个问题。萧军与许粤华的恋情,黄源肯定是无法容忍的,基于新式知识者的良知,他必然要许自己抉择;作为曾经热恋的爱侣,他会希望许粤华有一个好的归宿,才能安心地分手,而要求萧军对许负责,甚而希望他们正式结婚,都是可能的。而萧军必然以萧红为理由加以解释,不肯承诺与许粤华的婚姻,只能"没有结果"地理智分手。萧红成为三个人走出情感困境的最大障碍与借口,以至于有被迁怒的尴尬。当时,萧红可能不知道这些内情,而是从一般的经验出发,已经见惯不惊,知道女性的生活原有这样的境遇。她向许粤华(雨田)说:"这时候到公园去走走多好呀!"许粤华躺在床上,窗是开着的。萧红说,"你这样不冷吗?"说着要把大衣给她披上。黄源立即说:"请你不要管。"萧红立刻从三个人沉默而僵持的脸色上,发觉存在这之间的不愉快是什么了。萧红悻悻地走出来了,心里想:"这和我有什么关系呢?"黄源因为在孔武有力的萧军面前感到自己的文弱,而把对萧军的气愤发泄到比自己更弱的萧红头上。萧军的过失要由萧红来承担,萧红强烈地感觉到自己的附属性,所有的朋友几乎都把她和萧军视为一体。这是男权社会强加给女性的枷锁,她要完成一次突围,走独立的人生和文学之路。

她又开始寻找奔逃之路,想彻底跳出萧军的情感陷阱,也可能知道了三个人谈论的内情,试图退出这情感的迷津,不愿妨碍别人,使他们顺其自然地克服困境。在报纸上,萧红看见萨坡赛路附近有一个私立的画院在招生。她打了一个电话去问:"你们那里也有寄宿学生吗?还有床位吗?"得到肯定的回答之后,她又亲自到那个画院里看了看。接待她的是一个犹太画家,说明随时可以报名。画院设在一栋陈旧的但还算整洁的建筑里。她从画院走出来的时候,在同一条路上碰到了萧军。萧军并没有注意她,萧红也没有向萧军打招呼,就走回了家里。她还没有下定最后的决心报名,可就在这天的晚上,她躺在床上,还没有睡着的时候,听到萧军和几个朋友的对话:

萧军说:"她的散文有什么好呢?"

"结构也并不坚实!"萧军的朋友说,这个朋友应该是一个东北作家。

这轻蔑的口气,使萧红大受刺激。她觉得萧军和朋友串通一气,和她对立。萧红突然走出来,使萧军和朋友餐后的闲谈停止了。他不无心虚地问:"你没睡着呀!"萧红和婉地说:"没有。"眼睛里流露出冷峻的光。她在心里想,我每天家庭主妇一样地操劳,而你却到了吃饭的时候一坐,有时还悠然地喝两杯。吃饱了,在背后还和朋友凑在一起鄙薄我!真是笑话。夜深以后,他们安睡的时候,萧红悄悄爬起来。打开提箱,发现只有十二元法币了。她给萧军留下一半,准备好自己的衣物,黎明来临的时候,她悄悄地走出了家门。

萧红到画院的第三天,被萧军的两个朋友找到了。他们打听了许多朋友,从萧军那一次路上相遇的记忆中,猜到萧红的行踪,他们劝说萧红回去。"你原来是有丈夫的呀!"画院的主持者说,"那么,你丈夫不允许,我们是不收的。"萧红像俘虏一样被带了回来[1],她的奔逃又一次失败了。

萧红的离家出走,非但没有引起朋友们的同情,反而招来了不少非议。

---

[1] 骆宾基:《萧红小传》,黑龙江人民出版社,1981,第64—69页。其中的著名编辑H,就是黄源。

为了排遣内心的苦闷,她决定到北京去住一个时期。萧军为了弥补对萧红的过失,也同意她出外散散心。决定让萧红当"先遣部队"先到北平来,自己随后再到。①萧红动员张秀珂和她同去,张秀珂因为向着萧军而回绝了她的请求,回答说,北平乌烟瘴气的,汉奸日寇横行,有什么去头?!②萧红只好又独自上路了。

---

① 萧军:《萧红书简辑存注释录》,黑龙江人民出版社,1981,第111页。
② 张秀珂:《回忆我的姐姐——萧红》,孙茂山主编《萧红身世考》,哈尔滨出版社,2003,第12页。

第三十一章
最后的北平之行

1937年4月23日[1]夜,萧军与张秀珂送萧红,登上了北上的火车。萧红开始了一次逃避的怀旧之旅,向着少女时代的梦想之城进发。列车启动之后,萧军目送萧红渐渐远去,心里百感交集,有歉疚也有惜别的感伤。他和张秀珂一起吃了点排骨面,就分手了。一个人回到空空荡荡的房子里,立即陷入一片孤寂的恐惧。他在当晚的日记中写道:"她走了!送她回来,我看着那空旷的床,我要哭,但是没有泪。我知道,世界上只有她才是真正爱我的人。但是她走了!……"可见,萧军是非常害怕失去萧红这唯一真爱的。[2]

萧红大约睡了一个好觉,有心情给萧军写信的时候,火车已经到达黄河以北的中原大地。火车剧烈地摇晃着,沿途尽是被砍断的秃树和白色的鹅鸭。西安事变已经接近尾声,沿途还有一些从西安回来的东北军,马匹在铁道旁吃草,也有成排的站在运货的车厢里边。马的脊背成了一条线,好像鱼的脊背一样。萧红心绪烦乱,只吃了一个苹果,抽了三两支烟。到了北方的时候,萧红看见火车经过了两片梨树地,在朝雾中隐隐约约地发着白色。第三天的上午9点,车停在一个小站。萧红走下火车,坐在车站

---

[1] 另一说是约"21日"。见曹革成《我的婶婶萧红》,时代文艺出版社,2005,第99页。
[2] 萧军:《萧红书简辑存注释录》,黑龙江人民出版社,1981,第136页。

的会客室里。她透过窗户,看见平地上尽是些坟墓,远处飞着乌鸦和别的大鸟。火车重新开动起来,东北军从并行的铁道上被运过去很多,萧红看见了两三次。泥猴一样的士兵,和马匹一起冒着小雨。但他们不知为什么很欢喜,不停地闹着笑着。她看着车窗外的景致,心情逐渐轻松起来。车到山东济南唐官一带的时候,萧红看见土地还保持着原来的颜色。有的正在下种,有黑牛或白马在上面拉着犁杖。

到北平以后,她先到了迎贤公寓,觉得条件不好,又到中央饭店住下,房租是一天两块钱。她去找萧军讲武堂时期的同学周香谷,周香谷住在他的岳母家里,周的岳母是有名的京剧票友恩晓峰,他的妻子也是一个京剧演员。他是"老北京",可以帮助萧红解决租房子一类的日常事务。萧红坐着洋车跑到宣外找太平桥,却找不到。问了警察也说太平桥只在宣内,宣外另有个别的桥,究竟是什么桥,她也不知道。于是跑到宣内的太平桥,25号是找到了,但没有姓周的,无论姓什么的也没有,只有一家粮米铺。萧红去游了她的旧居二龙路西巷小院,那里已经改成一家公寓了。她又去找一个姓胡的旧日同学,门房说胡小姐已经不在,意思是出嫁了。

北平的尘土几乎把她的眼睛迷住了,使她真是懊丧,破落的滋味立刻浮上心头。她又跑到李荆山(即李忆之)七年前在那里做事的汇文中学,这次找到了。门房告诉她李荆山仍然在这所学校里做事,家就住在学校旁边,这令萧红难以相信。她跑到李荆山家,看到他儿女已经一大群。于是又知道了李洁吾的情况,他也有一个小孩儿了。在李荆山的带领下,她又去找李洁吾。①

李洁吾大学毕业以后,在孔德小学任教。他的母亲带着他的两个年幼的妹妹和为他相中的未婚妻,来到北平投奔他。李洁吾年幼时丧父,为了"孝"的缘故,不愿意伤害母亲受尽苦难的心,便同意和那位姑娘结了婚,婚后生了一个女孩儿。萧红跟着李荆山到了李洁吾家,她穿了一件黑色的大

---

① 萧军:《萧红书简辑存注释录》,黑龙江人民出版社,1981,第108—111页。

衣,李洁吾还没有认出她来,她就紧紧握住他的手说,"洁吾,还认识吗?找到你可真不容易啊!"又回头对李荆山说,"真是感谢你忆之哥!不先找到你,我就无法看到洁吾了。"李洁吾也惊叫起来:"啊!酒莹是你!你从哪儿来呀?"说着两个人牵着手走进院子,萧红进屋脱掉大衣,疾步走向李洁吾,扑向他的怀里拥抱在一起。李洁吾吓了一跳,急忙让他们坐下,招呼厨房里的妻子,过来认识认识远方来的客人。从萧红一进院门,所有的举动,李洁吾的妻子都看在眼里,竟产生了误会。李洁吾给她们彼此介绍的时候,他妻子的态度很冷淡,萧红敏感的自尊心也受了伤害。李洁吾的妻子为萧红做了一顿面条,几个人吃过晚饭,聊了一会儿分别之后的情况。对于萧红的事情,他们知道的不少,多数是从报纸上看来的,也有一些是传言。9时许的时候,李洁吾把她送出胡同,约好明天再见。他叫了一辆洋车,萧红就回旅馆安歇去了。李洁吾答应为她找合适的旅馆,第二天给她消息。

萧红走了以后,李洁吾受到妻子的诘问。她问李洁吾和萧红是怎么认识的?为什么从来没有向她讲过?……李洁吾无论怎样说明,她也不相信!第二天上午,萧红又来到李家。穿了一身深天蓝色的毛织西装衣裙,用一根丝带束着头发,看上去像日本人。吃午饭的时候,萧红讲述了她几年来的生活情况,特别讲到和鲁迅先生的交往,鲁迅先生和许广平先生对她的照顾……李洁吾说:"鲁迅先生对你太好了,就像慈父一样。"萧红立刻纠正他说:"不对,应当说像祖父一样……"李洁吾问起萧军的为人,萧红说,"他为人是挺好的,我也很尊敬他,很爱他。只是他当过兵,脾气太暴躁,有时真受不了。"

李洁吾为萧红在灯市口联系了一家叫北辰宫的旅馆,居住条件还好,价格取中。当时没有空房间,不能立即搬进去,要等待房客走了以后,腾出房子才能入住。4月25日,萧红提出要搬到李洁吾家来住。李洁吾本来有这个意思,但顾虑到萧红的生活习惯,怕家里条件简陋。现在萧红主动提出来了,也就欣然同意了。李洁吾和妻子一同把萧红接到家里,安顿在东间房内。屋里只有一张床,一张三屉桌。萧红拿出一张萧军的大照片,端正地摆在桌子上。李洁吾一直关注萧红和萧军的生活情况,想象萧军的长相,这次看了照片,断定他是一个有魄力的厉害人物,以前从萧军的长篇小说《第三代》中,就得到这样的印象,这使萧红很高兴。萧红在李洁吾家住了一天①,在闲谈中,知道他们夫妇也各有各的痛苦。这对萧红又是一个刺激:"我真奇怪,谁家都是这样,这真是发疯的社会。可笑的是我竟成了老大哥一样给他们说道理。"李洁吾的妻子对萧红仍然心怀疑虑,第三天一清早,就说要到朋友家去,把孩子丢下就走了。李洁吾要到学校去教课,带着孩子是不行的,只好请萧红给照顾一下,等他上完课再赶回家来。②萧红一边给李洁吾看孩子,一边写信给萧军,让他寄几本《生死场》和《八月的乡村》来,送给要好的朋友。

4月26日,李洁吾得到旅馆有空房的信息,就帮助萧红搬进了这家旅馆。这家旅馆的门厅里,挂着一块很醒目的匾,上面只有一个字——"家",每月租金二十四元。萧红对房间不甚满意,只打算住上五六天,自己出去找民房,有了合适的房子就搬出去。③5月2日,萧红去看了电影《茶花女》,感觉还好。5月3日上午,她又去找萧军的同学周香谷,这次是宣武门外的达智桥,25号也找到了,竟然也是一个粮米铺,没有任何住家。中午在东安市场吃完午饭,睡了一个好觉之后,就看瞿秋白的《海上述林》,看出了趣味,可见精神状态是好的。只是心情又和在东京时差不多了,孤独的安宁。这一天的信里,她劝阻萧军喝酒,因为会得肝气病。并且诉说自己的寂寥,"北平虽然吃的好,但一个人吃起来不是滋味。于是也就马马虎虎了。"她期待萧军的来信,让他代问弟弟和朋友淑奇好。她打算工作起来,"工作起来,就一切充实了。"④

萧军很快回复了萧红的信,情意绵绵地诉说相思之苦。除了必须应对的工作之外,他简直像一个孤魂野鬼一样。他有时到鹿地亘那里坐一坐,有时到许广平那里看一看。实在寂寞难耐的时候,就去看电影。不仅是由

---

① 李洁吾说萧红在他家住了一个星期,但是查萧红给萧军的信,只住了一天。
② 李洁吾:《萧红在北京的时候》,孙延林主编《萧红研究》第一辑,哈尔滨出版社,1993,第70页。
③④ 萧军:《萧红书简辑存注释录》,黑龙江人民出版社,1981,第112—113页,第125页。

于萧红离他远行,黄源因雨田而与他的疏远,由于永远失去了拜见鲁迅的机会,以及见解上的一些分歧,他和罗烽等哈尔滨时期的东北作家朋友,一度已经陷于绝交的境地。这个自信的东北硬汉,真是孤单落寞,连工作的心境都没有。4月30日,他在罗烽家吃的晚饭。这天,萧军一进门,罗烽就紧紧握住他的手,萧军认为这是和解的表示。那天吃的是春饼,一起吃饭的还有唐豪、金人和白薇。白薇计划到北平看病,问萧红的地址,萧军当时还不知道。旧日朋友边吃边聊,一直到12点钟才散去。萧军在小雨中,自叹自唱地走回家:

昨夜,我是唱着归来,
——孤独地踏着小雨的大街。
一遍,一遍,又一遍,……
全是那一个曲调:
"我心残缺……"
我是要哭的!……
可是夜深了,怕惊扰了别人,
所以还是唱着归来:
"我心残缺!……"

我不愿爱我的人薄幸,
却自怨自己的痴情!

如此煽情,萧红哪里消受得了。萧军的情感出轨带给自己的痛苦似乎比对萧红的伤害还要大,简直像一个陷入绝境孤苦无告的孩子。张秀珂每天到他那里坐一坐,谈的多是关于出路。袁淑奇来看过他,看到了萧红写给萧军的第一封信,她也正陷入与黄田的情感危机中。5月2日,萧军在电车上又看见了袁淑奇,并且是和黄田与罗烽的母亲一起,在兆丰公园游玩归来,老太太不几日就要去汉口。此时,接纳这个可怜男人的,仍然是东北的乡亲。在这封信里,萧军告诉萧红自己已经安宁多了,让萧红放心。正在抗拒酒的诱惑,烟只是偶尔吸一支。建议她给张秀珂和袁淑奇写信,这都是最惦念她的人。他还要萧红夏天和他一起去青岛。①

萧红的信他是6日收到的。这时,他为许广平介绍了一家印刷所,把鲁迅的《且介亭文集》1、2、3卷拿去付印,他看了第一遍校样,还有一些抄录的工作,就介绍张秀珂去做。张秀珂世界语学习已经告一段落,他为张秀珂联系的报馆工作也还有一线希望,所以不希望他去九江,觉得那里不合适他,实在不愿意在上海,就到北京去。他从许广平家出来,因为有雨而仅此一次坐车回家,为了不让雨水湿了仅有的一身新衣服和鞋子。自从萧红走了以后,出入掀开信柜盖看一看成了下意识的习惯。他有预感,觉得萧红的信会在家里等着他,进入家门之后,果然看见了这封信,正好是2点35分。他立即提笔给萧红写信,向她通报自己和朋友的消息。黄田加入了一个剧团,而且获得了一个角色,饰演果戈理《钦差大臣》中的商会会长,自己很满意。金人搬去和黄田一家同住,就是舒群刚到上海时住的那个亭子间。5号的晚上,萧军就是在他们那里一起吃的面条。罗烽的母亲去了汉口,白朗辞职了,舒群去了北平。他告诉萧红自己已经从烦乱的情绪中解脱出来,有了要工作的欲望,并且沉浸在《安娜·卡列尼娜》的阅读中,他被迷惑了,觉得自己就是沃伦斯基,只是没有他那样漂亮。他把自我镇定、心理治疗的方法经验告诉萧红,并且鼓励萧红把自己的情绪变化记录下来,会是有用的。萧军在报上看到文章,说女人每天"看天"一小时,一个星期会变得婴儿似的美丽,建议萧红也试试看。他计划着7月10日以前,可以离开上海,就能和萧红见面了。他还在学足尖舞,两个月毕业,花十五元,准备学好了以后,再教给萧红。他还让萧红租一间比较好的房子,请一个佣人,如果有合适的房子可以签一年或半年的合同,多租两间也没关系,因为冬天是准备在北平过的。②

---

①② 萧军:《萧红书简辑存注释录》,黑龙江人民出版社,1981,第134—137页,第138—141页。

写完这封信之后,萧军在当晚的日记中写道:"我不适于做一个丈夫,却应该永久做个情人。"而且还计划写一篇小说《夫妻》,"以自己和萧红以及周遭凡有妻子的朋友们做题材,解剖她们,发现她们的病根,我觉得这是必要的。"①可见,萧军并没有认为自己的红杏出墙是多大的错误,只是觉得作为丈夫的不称职,还有就是对于女性的不以为然。

5月4日,萧红还没有收到萧军的信,只有独自用笔来向他倾诉:

> 我虽写信并不写什么痛苦的字眼,说话也尽是欢乐的话语,但我的心就像被浸在毒汁里那么黑暗,浸得久了,或者我的心会被淹死的,我知道这是不对,我时时在批判着自己,但这是情感,我批判不了,我知道炎暑是并不长久的,过了炎暑大概就可以来了秋凉。但明明是知道,明明又做不到。正在口渴的那一刻,觉得口渴那个真理,就是世界上顶高的真理。
>
> ……
>
> 痛苦的人生啊!服毒的人生啊!
>
> 我常常怀疑自己或者我怕是忍耐不住了吧?我的神经或者比丝线还细了吧?
>
> 我是多么替自己避免着这种想头,但还有比正在经验着的还更真切的吗?我现在就正在经验着。
>
> 我哭,我也是不能哭。不允许我哭,失掉了哭的自由了。我不知为什么把自己弄得这样,连精神都给自己上了枷锁了。
>
> 这回的心情还不比去日本的心情,什么能救了我呀!上帝!什么能救我了呀!我一定要用那只曾经把我建设起来的那只手把自己来打碎吗?②

---

① 《萧军全集》第18卷,华夏出版社,2008,第10页。
② 萧军:《萧红书简辑存注释录》,黑龙江人民出版社,1981,第116—118页。

在这封信里,萧红主张张秀珂既然能够去九江,还是去九江的好,因为觉得自己的生活也没有安定,免得让张秀珂也跟着跑来跑去,还不如去江西安定一个时期。或者冬天,萧军来北平安定下来之后,再让张秀珂来。此外,就是让萧军给她各寄一本精装的《生死场》和《八月的乡村》。

萧红每看到一封萧军的来信,就要哭一次。她每天到李洁吾的家里去,但待不长时间就走。她在东安市场吃饭,每顿不到两毛钱味道却非常好。通常是羊肉面一毛钱一碗,再加两个花卷,或者再来个炒素菜,一共才是两角钱。萧红吃着饭菜,并没有喝上一盅,自己觉得很抱歉。

舒群年初来到了抗日运动高涨的北平,住在沙滩的北京大学宿舍里。[①]正陷在情感危机中的袁淑奇与萧红同病相怜,担忧她独自的处境,托舒群去看望萧红,舒群就到李洁吾家来找她。他们原本是故人,相见之下非常高兴,恳谈之后心结解开,两个人都得以释怀。萧红一直以为老朋友和他们疏远,是因为他们出了名,到此时才知道是因为没有见到鲁迅的遗憾,因为他们的党派背景,萧军觉得会危及鲁迅的安全,而且鲁迅当时的身体也确实很糟,经过萧红的解释舒群也不再计较。舒群请萧红和李洁吾的太太一起逛了北海,三个人玩得很高兴。

萧红的心情仍然是烦乱的,她在5月9日写给萧军的信中说:"我想我这是走的败路。"她说起自己的写作,长篇并没有计划。对于萧军的负心,她用尖刻的嘲讽发泄着自己的怨毒,"但此时我并不过于自责'为了恋爱,而忘掉了人民,女人的性格啊!自私啊!'从前,我也这样想,可是现在我不了,因为我看见男子为了并不值得爱的女子,不但忘了人民,而且忘了性命。何况我还没有忘了性命,就是忘了性命也是值得呀!在人生的路上,总算有一个时期在我的脚迹旁边,也踏着他的脚迹。总算两个灵魂和两根琴弦似的互相调谐过。"最后这句话,萧红觉得有点特别高攀,所以写上以后又涂去了。关于看天变美人一说,萧红以一贯的幽默的口吻回复说,从

---

① 赵凤翔:《舒群与萧红》,《新文学史料》1980年第2期。

小到大都喜欢看天,但是并没有变成美人,"若是真是,我又何能东西奔波呢?"她还没有忘了和萧军开玩笑,"可见美人自有美人在。"

萧红买了笔墨,准备要写大字。但是房子住得不方便,和别人一个院子。至于租房子签合同的事情,希望萧军来了再说。①10日下午,萧红无聊至极,跑到北海去坐了两个钟头。她被游人注视的眼光骚扰得很不自在,觉得做女人真是倒霉。11日,她读卢梭的《忏悔录》,几乎快完了,发觉里面尽是女人的故事。她强打起精神,写了一张大字,觉得写得不好。李洁吾家她也不愿意去了,因为那是个沉闷的家庭。她觉得自己住的房子太贵,想租民房,又讨厌麻烦。她去吃饭的时候,走出饭馆几乎跌倒,不知为什么像服了毒的滋味,回到家里,睡了一觉才好了。②

也是在这一天,萧军到许广平家,帮助抄录鲁迅的文稿。工作告一段落的时候,两个人便自然地闲谈。许广平对他说,萧红看你很苦恼,怕你犯原先那病。萧军回答说,只有她是这世界上最爱我和了解我的人。许广平说,是的,她从来没有说过你的不好。萧军回答,我们过去的历史太复杂了。然后,大致向许广平谈了和萧红的恋爱经历,并且对她说,我不想把这些事向谁说,这只能获得嘲讽和不理解。"获得'性'是容易的,获得爱情是难的。我宁可做个失败的情人,占有她的灵魂,却不乐意做个胜利的丈夫……"③他在日记中写道,"我也常想到,吟或许和她的朋友相爱了,那时我将怎么办呢? 那我可以和她断了一切关系,自己走路了。"④看来,许广平是在尽长者的责任,劝说他和萧红和好。而萧军对萧红在北平的生活也有疑虑,并且做好了各走各的路的打算。

萧红在北平期间,舒群经常来找她,这对她的情绪是一个很好的缓解与稳定。他们有时去中山公园散步,在"公理战胜"的白石牌坊下面谈论古今;有时去看美国明星嘉宝主演的好莱坞影片;有时去听富连成小班演唱

---

①② 萧军:《萧红书简辑存注释录》,黑龙江人民出版社,1981,第120—122页,第123—124页。
③④ 《萧军全集》第18卷,华夏出版社,2008,第12页,第13页。

的京戏;有时也去逛逛王府井大街、东安市场。他们还常常坐在环行电车上兜风聊天,还去吃过东来顺的涮羊肉。每逢走到儿童服装店的橱窗前,萧红就踌躇不前,思念她那没有下落的孩子。5月11日,舒群约了萧红去看戏,回来时太晚了,舒群寄宿的旅馆关门了,只好在萧红房间的地板上睡了一夜。萧红过惯了有规律的生活,觉得很窘,彻夜失眠。第二天,他们一起去攀登了八达岭。他们坐在火车上,穿越过西郊风景区,先到青龙桥,在詹天佑的纪念像下面盘桓,瞻仰这位工程师的英姿。然后走过长长的山路,向着长城的顶峰爬去。他们走走停停,停停走走,一直爬上右手方向最高的那座烽火台。萧红感慨着长城的雄伟和壮观,接二连三地向舒群提出各种问题:这么伟大的长城是怎么修起来的?内外没有人烟,一块一块的巨石是怎样搬运上来的?古时可以当作战场,现在没有用了,真是劳民伤财。她最感兴趣的是城墙边上的流水槽,上面雕刻着一个个精致的兽头,模样非常逼真,从嘴里往外吐水。萧红素来喜欢美术,对兽头看了又看,不住地称赞。①一直到夜里11点钟,她才疲乏不堪地回到家里。这次长城之行,她还得了一些小花,后来寄给萧军,并让她转送给淑奇一些②。

5月8日,萧军收到了萧红4日写的痛苦不堪的信,知道自己没有结果的恋爱对她造成了多大的伤害,便怀着歉疚的心情开导萧红,在信里说:

> ……
>
> 对无论什么痛苦,你总应该时时向它说:"来吧!无论怎样多和重,我总要肩担起你来。"你应该像一个决斗的勇士似的,对待你的痛苦,不要畏惧它,不要在它面前软弱了自己,这是羞耻!人生最大的关头,就是死,一死便什么全解决了。可是我们要拿这"死的精神"活下去!便什么全变得平凡和泰然。只要你回头一想想,多少波涛全被我们冲过来了,同样,这眼前无论什么样的艰苦的波涛,也一样会冲过

---

① 赵凤翔:《舒群与萧红》,《新文学史料》1980年第2期。
② 萧军:《萧红书简辑存注释录》,黑龙江人民出版社,1981,第125页。

去,将来我们也是一样的带着蔑视和夸耀的微笑,回头看着它们……现在就是需要忍耐。要退一步想,假如现在把你关进监牢里,漫漫长夜,连呼吸全没了自由,那时你将怎样?是死呢?还是活下来?可是我见过多少人,他们从黑发转到白发,总是忍耐地活下来……

因为我不想在这里说我的道理,那样你又要说我不了解你,教训你,你是自尊心很强烈的人。你又该说你的痛苦,全是我的赠与等……现在反来教训你等等……但是我的痛苦,我又怎来解释呢?我只好说这是我"自作自受",自家酿酒自家吃……我不想再推究这些原因。

前信我曾说过,你是这世界上真正认识我和真正爱我的人!也正为了这样,也是我自己痛苦的源泉。也是你的痛苦的源泉。可是我们不能够允许痛苦永久啮咬着我们,所以要寻求,试验……各种解决的法子。就在这寻求和解决的途程中那是需要高度的忍耐,才能够获得一个补救的结果。否则,那一切全得破灭!你也许会说破灭倒比忍受强些,不过我是不这样想的,凡事总应该寻求一个解决的办法,这才是人的责任,所谓理性的动物。否则闭起眼睛想要不看一切,逃避一切……结果是被一切所征服,而把自己毁灭了。凡事不能用诗人的浪漫的感情来处理,这是一种低能的,软弱的表现!自尊心强烈的人是不这样的。

我是用诸种方法来试验着减轻我的痛苦,现在很成功了。我希望你不要"束手无策",要做一个能操纵、解决、把捉自己一切的人。不要无力!要寻找,忍耐的寻找力的源泉。神经过度兴奋与轻躁,那是生活不下去的,要沉潜下自己的感情,准备对一切应战!

我的感情比你要危险得多,但是我总是想法处理它,虽然一时难忍受,可是慢慢我总要把它们纳入轨道前进。

我在人生的历程上所遭的危害,总要比你多些,可是我是乐观的,随处利用各种环境增加我的力量,补充我自己的聪明。就是说,我有勇气和力量杀得进,也杀得出,这样,人生的环境所以总也屈服不了我。你有时也要笑我的愚笨,不合理……正因为这样,所以我才能顽强的生活着。

人常常检点自己的缺点是必要的,发展自己的长处也是必要的。人有缺点,我是赞成补救它,如果这个缺点,不真正就是那个人的长处的话。

一个医生尽说安慰话,对于一个病人是没有多大用的,至少他应该指示出病人应该治疗和遵守的具体的方法。最末我说一句,不要使自尊心病态化了,而对我所说的话引起了反感!

……①

萧军的这封信既诚恳地承认了自己的过失,也坦率地表达了对萧红情感的看法,重修旧好的愿望是明显的。他建议萧红开始写印象记,大约是关于鲁迅的印象记。还建议她找机会运动运动,也是克服寂寞的办法。他让萧红转告李洁吾,不再写信了,待到冬天或秋天,我们会见到的。萧红收到他的信以后,情绪有了好转,在15日的回信中说:"我很赞成,你说的是道理,我应该去照做。"②这显然又是带有反讽的幽默,萧红的自嘲也是无奈宿命激活的才华。

长城之行,使萧红感到极大的震惊。她在5月15日写给萧军的信中说:"真伟大,那些山比海洋更能震惊人的灵魂。到日暮的时候起了大风,那风声好像海声一样,《吊古战场文》上所说:风悲日曛。群山纠纷。这就正是这种景况。"③长城的宏伟和大自然的壮观,给萧红短暂的北京之行留下了深刻的印象,也使她从个人的情感痛苦中,得到相当的解脱。萧红和舒群分手的时候,为了感谢舒群对她的帮助,也为了纪念他们之间的友谊,她把鲁迅先生修改过的,写满了红色蝇头小字的《生死

---

①②③ 萧军:《萧红书简辑存注释录》,黑龙江人民出版社,1981,第142—145页,第125页,第125页。

场》手稿,送给了舒群。①

　　萧军原拟要到北京,但因为忙着帮助许广平先生印刷《且介亭文集》1、2、3集,还要编辑《鲁迅纪念集》,腾不出时间北上。他5月12日写信给萧红,告诉她:"我近几夜睡眠又不甚好,恐又要旧病复发。如你愿意,即请见信后,束装来沪。"②他在13日的日记中写道,"昨晚吟有信来,语多哀怨,我即刻去信,要她回来。"③萧军为什么突然决定不去北平了?改变到北平住一年的计划,要6月底再和萧红一起去青岛。这些疑问都已经无法考证了。晚年,他的解释是,"既然我一时不能到北平去,就决定要她回上海了。在那里像一颗飘飘荡荡的'游魂'似的,结果是不会好的。"似乎主要是因为萧红独自在北平不放心,更根本的原因大概是唯恐失去萧红,因为萧红的独立性已经越来越强了。而且,萧红现在的两个朋友都已经脱离了他的关系网,舒群与他还没有和好,李洁吾原本不是他的故人,能够监护萧红的同学周香谷又找不着。他怀疑萧红会爱上她的朋友,这个朋友应该指的是李洁吾,但是却终究放不开萧红。"我很理解她好逞刚强的性格,主动是不愿回来的,只有我'请'或'命令'以致'骗'才能回来。"④在这封信里,他既没有"请",也没有下命令,自然只是骗了。他已经戒了酒,烟抽得也不多,所谓"睡眠不好""恐旧病复发"云云,大约是属于骗术了。在15日的日记中他写道,"吟是一个不能创造自己生活环境的人,而自尊心很强,这样的人要痛苦一生。"⑤萧军是太了解萧红的心性了,也太了解她对自己的爱。

　　萧红收到萧军的信后,立即就做回程的准备。李洁吾夫妇曾想留她再多住些日子,可是她婉言谢绝了。她说:"不行啊!萧军近来身体不好,脾气也暴躁,时常夜里睡不好觉,做乱梦和人打架!一次竟一拳打在我的脸上,好长时间脸都是青的呢!"李洁吾不再挽留她,和妻子抱着一周岁的女

---

① 根据我对舒群之子李霄明的一次访问,后来在行军打仗的辗转中,被舒群丢失了。
②④ 萧军:《萧红书简辑存注释录》,黑龙江人民出版社,1981,第146页,第124页。
③⑤ 《萧军全集》18卷,华夏出版社,2008,第13页,第33页。

儿,在东安市场附近一家贵州饭馆里,请萧红吃了一顿尚好的告别饭,便送她上路回上海了。

临行的那天,李洁吾帮助萧红收拾行李。东西装得太满,怎样也合不拢提箱的盖子,猛劲儿一拉,拉坏了提手,最后她只好取出自己穿的一件薄蓝呢大衣、一个油画架子和一个长方形嵌装着西洋画的小镜框留了下来,并约定好秋天与萧军一起再到北平来。但是,自从1937年5月中旬离开北平以后,萧红再也没有回到北平。[1]她与老友李洁吾,也就此在京城永诀。

---

[1] 李洁吾:《萧红在北京的时候》,孙延林编《萧红研究》第一辑,哈尔滨出版社,1993,第70页。

第三十二章
"八一三"前后

5月中旬,萧红回到上海,萧军很高兴,在22日的日记中写道:"吟回来了,我们将要开始一个新的生活。"①两个人的关系由于小别而有所改善,特别是以书信的方式彼此袒露心迹,有冷静梳理感情和精神反省的效果,可以缓解郁积于心的纠葛。特别是事业方面的共同成就感,也使他们淡漠了情感的宿怨。这个月,萧红的短篇散文集《牛车上》列入巴金主编的《文学丛刊》第五集第五册,由上海文化生活出版社出版。这是上海文化生活出版社为她出版的第三部书,收集了她在东京期间创作的作品,萧红在中国文坛的地位更加巩固。6月2日,萧军在日记中写道:"思而后做,多是不悔的。做而后思,多是后悔的。所谓要三思。我却常是犯第二种毛病,吟却不。我现在要和吟走着这一段路,我们不能分别。"②可见,他也佩服萧红的长处,知道萧红对自己是多么重要。小别重逢之初,两个人有一段和谐相处的时光。

他们这个时期来往最多的朋友是鹿地亘夫妇,脱离了原来的朋友圈子,也是情感复原必要的小环境。鹿地亘夫妇失和的时候,萧军会去调解,帮助他们释解矛盾。③池田幸子讲述日本故事,有自己搞学生运动家人被歧视,漂泊到来中国的经历,还有回国被拘捕一周的狱中见闻等等,带给他

---

①②③ 《萧军全集》第18卷,华夏出版社,2008,第14页,第15—16页,第14页。

们很大的震动。6月3日下午,萧军去发《鲁迅纪念集》的稿子,6点钟才完事,转到许广平家,取了开明书店给萧红的十七元稿费。和许广平闲谈了几句,知道她患了肺病,安慰了一番之后,就回家吃晚饭。饭后,和萧红一起到鹿地亘家,谈过正事,就与他们夫妇一起到霞飞路散步。路过一家书店的时候,看到《文学杂什》的刊物中,有一篇介绍萧军《第三代》的文章,就手把刊物买了下来。散步归来,大家都非常高兴,鹿地亘和萧军欢快地模仿着各种步伐。到公园门口分手,鹿地亘告辞回家工作,两萧兴犹未尽,走进公园,坐在灯光照耀的草地上,萧红把那篇文章从头到尾读了一遍。两个人讨论着作者评价的得失,对于作品引起了关注而感到高兴。① 他们还计划着,萧军预计《第三代》明年写完,他们两对夫妇一起到西北徒步旅行,像吉卜赛人一样,唱歌、卖药、变戏法。②

但是,两萧的矛盾并没有彻底消除,除了感情的宿怨以外,还有文学观念的冲突。加上两个人都埋头工作,反而缺乏通信方式的细腻沟通。6月13日,萧军在日记中写道:"我和吟的爱情如今是建立在工作关系上了。她是秀明的,但不是伟大的,无论人和文。""我应该尽可能使她按照她的长处长成,尽可能消灭她的缺点。"③ 对于萧红的文学追求,萧军是不理解,也不以为然的。而且充满了改造她、规训她的决心,这对于思想和艺术都追求独立创造的萧红来说,自然是一种无形的压迫。两个自由的灵魂,逐渐疏离了。6月16日,萧军在日记中写道,"是每天复杂着自己,吟我们也是每天疏离着了。"④ 6月24日,萧军从外面回来,拿起玻璃杯子喝水,萧红写下描写这个细节的句子:"他用透明的杯子喝着水,那就好像吞着整块的玻璃。"萧军不以为然,认为应该写作:"水在杯子里动摇着,从外面看去,就像溶解了的玻璃液,向嘴里倾流……"萧红认为自己的句子好,萧军认为"那是近于笼统的,直觉的,是一种诗式的句子,而不是小说,那是激不起读者的感受的。"两个人争吵起来,互不妥协,都气得不行。正巧鹿地亘夫妇来

---

①②③④ 《萧军全集》第18卷,华夏出版社,2008,第14页,第23页,第15页,第21页。

了,他们了解了两个人争吵的原因,鹿地亘在纸上写道:"两者都好。"他认为萧军的句子是客观的正确,古典的优美;萧红的句子有感觉主义的新鲜。萧红在纸上写道:"我生气的原因,他说我抽象,他说自己现实。"鹿地亘又写道:"二者都是现实的,然而,它的性质不同的,你们都有特色,如果将两个作品那样的比较,是不对的。""一个感觉,经过心理的反映后,完成了心理的表象,这表象,不是抽象的,而是感觉的,是现实的。"[①]这次三个人的笔谈,可以看出两萧文艺思想的根本差异,也是萧红和以现实主义为美学圭臬的左翼文坛之间的分歧,既是文化背景的差异,也有性别导致的天然审美差异。

情感的宿怨因为许粤华的不断出现,也成为导火索一再爆发为吵闹。6月30日,萧军在日记中写道:"和吟又吵架,这次决心分开。"并且评价说,"女人的感情领域是狭小的,更是在吃醋的时候,那是什么也没有了。男人有时可以爱他的敌人,女人却不能。"听说他们要分开,池田难过得孩子似的哭了。她对两萧说:"我不愿意你们分开,分开之后,你们全不能寻到像你们这样的人。你们将很性急地寻到别人,但那不会幸福的,将永久不会幸福的了……"萧军听了她的话,也感动得哭了。后来,许粤华来了,大约是寻求萧军的帮助。萧红不理她,萧军违心地冷淡她,硬着心肠说:"吟我们要分开了,她已经和你没有了友情,此后,你不要来了吧。关于你的事情,我还要帮助你,你明天上午十点来……"许粤华哭着走了。萧军知道这样说,许粤华会难过的,但又不能不说。是"吟逼着这样做!"许粤华走了之后,萧红也哭了,说看见许粤华流泪使她难过!萧军只有沉默,"为了爱,那是不能讲同情的吗?"萧红认为他们旧情未断,萧军则一再解释:"许粤华不是你的情敌,即使是,她现在的一切处境不如你,你应该忍受一个时间,你不应这样再伤害她……这是根据人类基本的同情……"[②]三个人陷入了情感的乱麻,在萧红是无法容忍情感的杂质,在萧军是无法推卸爱情的责任,

---

[①][②] 《萧军全集》第18卷,华夏出版社,2008,第25页、第26页。

雨田大约已经和黄源分手,孤苦中去求助萧军也是无奈。这也是一个永恒人性的问题,男人和女人天然的不平等,连马克思都以为无法解决,革命和意识形态也对之无可奈何。整个6月,萧红除了社会活动之外,都在情感的痛苦中挣扎,几乎没有写什么。直到"七七事变"爆发,她才把心从沙粒堆中拎出来。

萧红惦记着北平的老友李洁吾,立即写信问平安。同时也关心着北平的时局,这座她青春时代的梦幻之城危在旦夕。7月19日,李洁吾写来了信,讲述了北平的混乱,人们逃也无处逃,特别是官方在大军压境的时候,还进行和平宣传。汉奸活动猖獗,向十九路军的官兵宣传,不要受共产党挑拨,不要被东北人利用,不做单独牺牲的二十九路军第二。李洁吾天天日间睡午觉,夜间听炮声,思量着一旦战争爆发怎么办……为了以防万一,李洁吾把萧红借给他的两本书也寄了过来,"和土地比起来,书自然很微小,但我们能保卫的,总不要失去。"萧红把他的信抄写下来,送到《中流》杂志,于8月5日发表。她在信的前面加了按语,以为"坐在上海的租界里,我们是看不到那真实的斗争……若是发些个不自由的议论,或是写些个有限度的感想,倒不如把这身所直受的人的话语抄写在这里。"①

张秀珂决定到陕北去投身抗日战争,也参加革命的实践。萧红问他,在陕北净吃黑馍,你受得了吗?张秀珂回答,那又算得啥,你顾虑得太多了。他带了一封萧军写给红军中熟人的介绍信,就于7月13日径自去了西安。②12日夜晚,他来向萧红辞行。那天满天星斗闪耀,使萧红回忆起幼年和弟弟在黄瓜架下捉虫子的夜晚,那样黑黑的夜,那样飞着萤火虫的夜。张秀珂躲着萧红关切的目光,萧红也说不出什么话。她送弟弟到台阶,走到院子里,张秀珂就走了。萧红的心里恍恍惚惚的,说不清是愿意他走还是不愿意他走,回忆着往事,既真切又模糊,竟有梦寐之感。她忧虑的

---

① 萧红:《来信》,《萧红全集·散文卷》,北京燕山出版社,2014,第235页。
② 张秀珂:《回忆我的姐姐——萧红》,孙茂山主编《萧红身世考》,哈尔滨出版社,2003,第12页。

是弟弟的身体,张秀珂从小到大都苍白、不健康,读书、行路,事事都勉强支持。精神是好的,体力是坏的,萧红怕他到艰苦的西北支持不住,可是又不能违拗他的意愿、劝他回家,因为她知道弟弟的心里充满了诱惑,他的眼睛里也充满了禁果。她就这样矛盾着,送走了这个世界上唯一让她牵挂的亲人,而且从此也竟成永诀。①

7月17日,在上海华安大厦召开鲁迅先生纪念委员会成立大会。大会决定在10月19日鲁迅先生逝世周年以前,出版《鲁迅纪念集》和侧重于研究性质的《鲁迅纪念册》。由许广平、胡风、萧军、萧红、许粤华、台静农、黄源、吴朗西等人共同负责编纂。萧红以无限的哀思,投入《鲁迅纪念集》的编辑工作,负责新闻报道的剪裁和编订,把对鲁迅先生的怀念,倾注在这琐碎而繁复的工作中。②

新近崛起的东北作家群已经声势浩大,从1936年到1937年一年多的时间中,舒群发表二十多个短篇,出版两部短篇小说集,加上两个中篇和散文、诗歌,共计三十多万字。端木蕻良在1936年完成了长篇《大地的海》,正在《文学》上连载。1937年,发表了十篇散文,出版小说集《憎恨》,还有散文问世。罗烽、白朗也有著作发表,引起文坛的瞩目。1936年8月15日,金剑啸英勇就义于龙沙(齐齐哈尔),流亡到上海的东北作家为了祭奠这位烈士老友为民殉难一周年,决定出版他歌颂东北抗日联军的叙事长诗《兴安岭的风雪》,所有当年哈尔滨的老友都写作了诗文收入附录部分,由白朗和金人主编,以虚构的夜哨出版社发行。萧红对于亡友的深切怀念和由衷的崇敬,还有对民族危亡的强烈忧患,都倾泻在笔端,写下了诗歌《一粒土泥》。满怀信心地写道:"将来全世界的土地都开满花的时候/那时候/我们全要记起/亡友剑啸/就是这开花的一粒土泥。"参加这次写作的有萧军、罗烽、白朗、姜椿芳、舒群、达人、达秋等人。

1937年8月9日,日军蓄谋已久占领上海的战争开始实施。驻上海日

---

① 萧红:《"九一八"致弟弟书》,《萧红全集·散文卷》,北京燕山出版社,2014,第394页。
② 萧军:《鲁迅给萧军萧红信简注释录》,黑龙江人民出版社,1981,第91页。

本海军陆战队中尉大山勇夫率士兵斋藤要藏,驾军用汽车强行冲击虹桥中国军用机场,被机场卫兵当场击毙。中国上海当局当即与日方交涉,要求以外交方式解决。但日军无理要求中国军队撤离上海、拆除军事设施等,同时,向上海增派军队。战争风云笼罩在这个远东最大的国际化大都市。为期3个多月的"八一三"淞沪抗战,以此为导火索逐步升级。8月13日,日军便以租界和停泊在黄浦江中的日舰为基地,对上海发动了大规模进攻。上海中国驻军奋起抵抗,在上海和全国人民的支持下,开始了惨烈卓绝的抗战。

8月12日夜,萧军听说日本要开火了,中国的八十八师已经开到,战争迫在眉睫。他们睡着以后,池田带着一只小猫来到萧红家,响亮的脚步声把萧红从梦中惊醒。"谁呀?"萧红边说边打开门,看见池田光耀的眼睛。池田急切地告诉她:"日本和中国要打仗。"萧红忙问:"什么时候?""今天夜里4点钟。"池田答道。"真的吗?"萧红追问着。"一定的。"池田肯定地说。她说北四川路已经成了一条死的街,没有灯火,没有人。①萧红看了看表,已是11点钟,距开战还有5个钟头。她们又说了一会儿话,就睡了。萧军睡在外屋的小床上,萧红和池田睡在里屋的大床上。

这一夜,萧红没有睡好。好像很热,加上小猫跳来跳去的,她几乎是在床上辗转着。快到4点钟的时候,她好像听到了两声枪响,急忙问池田:"池田,是枪声吧?"池田答道:"大概是。"萧红又问池田:"你想鹿地亘怎么样,若真的今天开仗,明天他能跑出来不能?"池田犹疑着说:"大概能,那就不知道了!"

夜里并没有开枪,是萧红的幻觉。第二天中午,三个人吃完饭,坐在地板的凉席上乘凉。这时,鹿地亘来了,穿了一条黄色的短裤,白色的衬衫,黑色的鬈发,迈着日本式的步子。他走到席子边,很习惯地脱掉鞋子坐在上面。他很快活,不停地说着话,中国话夹着日本话,好像讲述一个和自己不相干的人。他吸着烟,池田给他当翻译。他一着急的时候,就加几个中国字在日本话里。他对萧红他们说:"是的,叭叭开枪了……"萧红忙问:

---

① 《萧军全集》第18卷,华夏出版社,2008,第33页。

"是什么地方开的?"鹿地亘答道:"在陆战队……边上。"萧红又问:"你看见了吗?"鹿地亘肯定地说:"看见的……"鹿地亘说话喜欢用手势,"我,我,我看见了……完全死了!"①萧红终于听清楚,他目睹了日本海军陆战队和中国守军交火的场面。这一天的上午9点15分,日舰用重炮轰击闸北,"八一三"事变爆发。一支日本海军陆战队从天通庵及横滨路方向,穿过淞沪路冲进宝山路,向驻扎在附近的保安队开火,中国军人奋起还击。鹿地亘是从北四川路穿越警戒线逃出来的,他被战争刺激得亢奋异常。

不久,胡风来了。鹿地亘在纸上画出两军对峙的形势图,并坚定地认为战争不会发生。这使胡风很不高兴,鹿地亘亲耳听见过前线的枪声,还坚持可以和平了结,说明他不相信中国政府有抗战的决心。萧红、胡风和鹿地亘夫妇一起出来,喝过俄国饮料之后,就分手了。胡风去看张天翼,萧红他们去许广平家。胡风从张天翼家出来,又到许广平家,看见一个老朋友也在。他和鹿地亘正在谈政治形势,因为语言的障碍,胡风给他们做了一通翻译②。

萧红和鹿地亘夫妇从许广平家出来之后,回到自己家中,坐在屋子里闲聊往事。夜晚即将来临的时候,第一发炮弹响了起来。萧军、萧红、鹿地亘、池田在吃晚饭,四个人同时"哼"了一声,彼此点了点头。第二发炮弹从相反的方向呼啸而过,中国军队在还击。池田跪坐在席子上,四个人都以假装的镇静掩饰自己内心的紧张。鹿地亘紧闭着嘴唇,脸色变得很不好看,他说:"日本这回坏了,一定坏了……"这话的意思是日本要打败的,日本的老百姓要遭殃了。他并不认为这战争如何可怕,他说日本军阀早一天完蛋早一天好。但是,他们已经陷入了两国战争的危险夹缝中。第二天,鹿地亘和池田搬到许广平家里去住。因为住在萧红家不方便,邻居都知道他们是日本人,其中还有一个白俄在法国巡捕房当巡捕。街上到处都有喊着"打间谍"的人群,日本警察到鹿地亘住过的地方找过他们。在两国的夹

---

① 萧红:《记鹿地夫妇》,《萧红全集·散文卷》,北京燕山出版社,2014,第287页。
② 梅志:《胡风传》,北京十月文艺出版社,1998,第350页。

攻之下,鹿地亘和池田的处境无比险恶。

中午,爆发了笕桥空战。"八一三"事变爆发的同一天,国民政府航空委员会令驻在河南周家口的空军第四大队前往杭州支援淞沪会战。8月14日下午,二十七架寇蒂斯"Hawk III"式驱逐机先后起飞,从河南周家口机场飞抵杭州笕桥机场。与十八架来自台北松山机场日本帝国海军鹿屋航空队轰炸机发生空战。日军自松山机场起飞后兵分两路,九架轰炸笕桥,九架轰炸广德。国民空军首战告捷,击落日机三架,中国空军在空战中没有损失。1940年,中华民国国民政府正式把这一天定为"空军节"。

萧红当时并不知道空战的具体情况,听到了飞机从头顶掠过的轰鸣,就卷起窗纱向天空张望,看见了与平日不一样的飞机,云幕中洒下一片歌声一样有节奏的声音,"好像在夜里听着海涛的声音似的"。她以为是日本胜利了,派飞机悠闲地去轰炸虹桥机场,"他们没止境的屠杀,一定要像大风里的火焰似的那么没有止境……"旋即,她又推翻了自己的猜测,判断只是中国占了一点胜利,日本遭了些挫折。她慌张起来,风把锅盖吹落在地上滚动,心口也疼痛了起来。她足足看了一个钟头,觉得疲乏了,目光回到自己的身边,所有日常的生活用具都变得与平日有点不一样。① 她意识到和平安定的日子,就要完结了。

8月15日,萧红和萧军到许广平家去看鹿地亘和池田。他们住在三楼,鹿地亘看上去很开心,俨然像主人一样。两个人坐在两张拼起来的写字台对面,同时抽着烟工作。鹿地亘请萧红抽烟,萧红看见他已经开始工作了,正在用日文在一个黑色封面的大本子上写日记。池田也在一个大本子上写东西,这使萧红很佩服,认为这种"克制自己的力量,中国人很少能够做到"。而且,"无论怎么说,这战争对于他们比对于我们,总是更痛苦的"。又过了两天,萧红和萧军再去探望的时候,他们开始劝说萧红参加团体工作。鹿地亘说:"你们不认识救亡团体吗?我给介绍!""应该工作了,

---

① 萧红:《天空的点缀》,《萧红全集·散文卷》,北京燕山出版社,2014,第237页。

要快工作,快工作,日本军阀快完了……"他们说现在写文章,以后翻译成别国文字,有机会他们要到各国去宣传,萧红觉得他们好像变成中国人一样。又过了两三天之后,萧红又去看他们,他们已经不在了。许广平先生说头一天下午,鹿地亘和池田一起出去了就没有回来,临走的时候说吃饭不要等他们。至于到哪里去了,许广平先生说她也不知道。萧红四处打听,一连几天都不知道他们的下落。萧红惦记着这一对反法西斯战士的安全,猜测着他们的下落:或者被日本警察捉去了,送回国去了!她宽慰着自己:"或者住在更安全的地方,大概不能有危险吧!"

全民族抗日战争的爆发,激起了失去家乡的东北作家们深切的思乡之情。8月22日,萧红和萧军到朋友们那走了一遭,听来了好多心愿。总而言之,就是要打回老家去。萧红也想起家门前的蒿草,想起后园里开着的紫色茄子花,爬在架上的黄瓜,还有朝阳带着露珠一齐来了的清晨。萧军听了她的话,立刻向她摆手和摇头:"不,我们家门前是两棵柳树树荫交织着做成门形,再前面是菜园,过了菜园就是门。那金字塔形的山峰正向着我们家的门口,而两边像蝙蝠翅膀似的向着村子的东方和西方伸展开去。而后园黄瓜、茄子也种着,最好看的是牵牛花在石头桥的缝隙爬遍了,早晨带着露水牵牛花开了……"萧红常常打断他的话,继续讲述自己的故园。萧军又打断她的话,顾自讲自己的家乡。两个人讲的故事,好像不是讲给对方听的,彼此都是讲给自己听的。

又一天,萧军买来一张《东北富源图》挂在墙上,然后用手指在地图的山脉上爬着:"这是大凌河……这是小凌河……哼……没有;这个地图是不完全的,是个略图……"萧红故意扫他的兴:"好哇!天天说凌河,哪有凌河呢!"萧军自然不肯服输,立刻从书橱里找出地图,指点着说:"这不是大凌河……小凌河……小孩子的时候在凌河沿上捉小鱼,拿到山上去,在石头上用火烤着吃……这就是沈家台,离我们家二里路……"第二天早晨,萧红刚睁开眼睛,萧军就抓住她的手说,"我想将来我回家的时候,先买两匹驴,一匹你骑着,一匹我骑着……先到我姑姑家,再到我姐姐家……顺便也许看看我的舅舅去……我姐姐很爱我……她出嫁以后,每回来一次就哭一次,姐姐一哭,我也哭……这有七八年不见了! 也都老了。"萧红不再扫他的兴,听着他兴致勃勃地说:"买黑色的驴,挂着铃子,走起来……铛嘟嘟嘟嘟嘟嘟……""我带你到沈家台去赶集。那赶集的日子,热闹! 驴身上挂着烧酒瓶……我们那边,羊肉非常便宜……羊肉炖粉皮……真有味道! 哎呀! 这有多少年没吃那羊肉了。"

萧红却在暗自神伤:"你们家对于外来的所谓'媳妇'也一样吗?"她想着就说了出来。她失眠了,也许不是由于思乡。"但买驴子的买驴子,吃咸盐豆的吃咸盐豆,而我呢? 坐在驴子上,所去的仍是生疏的地方,我停着的仍然是别人的家乡。""家乡这个观念,在我本不甚切的,但当别人说起来的时候,我也就心慌了! 虽然那块土地成为日本的之前,'家'在我就等于没有了。"[1]萧红陷入了亘古的忧愁:女人是没有乡土的。

在鹿地亘夫妇失踪一个月以后的一天,萧红正在桌子上切葱花准备午饭。有人敲响了门,打开一看是一个认识的人,只是从来没有到萧红家来过。他告诉萧红,鹿地亘夫妇昨夜到了许广平家。这使萧红很高兴,他们没有危险。他继续说下去的时候,萧红就痛苦起来。鹿地亘夫妇在别人家住了一个月,那家非赶他们走不可,因为住着日本人,怕被人当汉奸看待。许广平家里又很不方便,外界谣传她家是一个能容二三十人的机关[2],她正在做救亡工作,怕日本暗探注意到。"那么,住到哪里去呢?"萧红问道。来人说:"就是这个问题呀! 他们要求你去送一封信,我来就是找你去送信,你立刻到许广平家去。"

萧红跑到许广平家取了信,送到一个德国医生手里。池田一个月前在那里治过病,当上海战事开始的时候,医生的太太曾对池田说:假若在别的地方住不方便,可以搬到他家去暂住。有一次,萧红陪池田去看病,池田问那个医生:"你喜欢希特勒吗?"医生说:"唔……不喜欢。"并且说他不能够

---

[1] 萧红:《失眠之夜》,《萧红全集·散文卷》,北京燕山出版社,2014,第240页。
[2] 许广平:《追忆萧红》,王观泉编《怀念萧红》,黑龙江人民出版社,1981,第9页。

回德国。根据这一点,池田认为医生是很好的人,同时又受到希特勒的压迫。萧红送完信,拿到医生的回信,又回到许广平先生家去。她上楼说:"可以了,大概是可以。"萧红没有看回信,因为她的英语不好。鹿地亘和池田从地板上坐起来,打开信看了。池田说:"信上写着,随时可来,我等候着……"萧红放心地说:"我说对嘛!那医生在我临走的时候,还说,把手伸给他,我知道他就了解了。"

他们吃过晚饭,萧红为了缓和气氛不停地说着多余的闲话,同时又惊异于鹿地亘和池田在危难中的安宁神态。入夜,鹿地亘换上西装,那是一个西洋朋友送给他的,他自己的衣服早在北四川路逃出来的时候就丢了。萧红觉得他的样子很可笑,既像日本人,又像卓别林。萧红叫来了汽车。告诉鹿地亘:"你绝对不能说话,中国话也不要说。不开口最好,若忘记了说出日本字来那是危险的。"报纸上登载过法租界和英租界交界的地方,常常有小汽车被检查。假若没有人陪着他们,两个人就和哑巴一样。鹿地亘干脆不能开口,池田说的一听就是日本的中国话。

那天晚上,下着小雨。萧红坐在鹿地亘和池田的中间,挤在行李当中,随着汽车一路颠簸,终于到了那位德国医生的家。那是一座三层的大楼,因为开电梯的人不在,他们等不及了,就顺着楼梯爬上三楼。德国医生在客厅里接待了鹿地亘夫妇。"弄错了。"池田说。萧红感到诧异,看看鹿地亘,看看池田,再看看胖医生。池田说:"医生弄错了,他以为是要来看病的人,所以随时可来。"萧红急忙问:"那么房子呢?"池田摆摆手说:"房子没有。"萧红想:"这回可成问题了,许广平家绝对不能再回去。可能立刻找到房子吗?"她对鹿地亘夫妇说:"到我家去可以吗?"池田说:"你家那白俄呀!"

医生还不错,穿上雨衣去替他们找房子。等待的时间,大家都非常恐慌。医生说房子就在旁边,可他去了好久还没有回来。池田睁大了眼睛说:"箱子里面有写的文章啊!老医生不是去巡捕房吧?"过了半个钟头,医生回来了,把他们送到那房子。那是一家旅馆,茶房极多,说着各种各样的语言。终于开了房间,他们总算住下了。他们等待中国政府的证明书,代办的人说再有两三天就可以替他们领到,可是到了第七天还没有消息。鹿地亘和池田在那屋子里,像小鼠一样挨着时间,连说话都不敢大声。没有人敢去看望他们,只有萧红和萧军三天两头去看一看,特别由于萧红是女性,不太引人注意,所以经常去看望难中的友人。

每次萧红去看他们的时候,鹿地亘就说着笑话。有一次,他说:"女人我害怕,别的我不怕……女人我最怕。"萧红说:"帝国主义你不怕?"鹿地亘说:"我不怕,我打死他。"萧红又说:"日本警察捉你也不怕?"池田也说:"那么你看起来不用这里逃到那里,让日本警察捉去好了! 其实不对,你还是最怕日本警察。我看女人并不绝顶的厉害,还是日本警察绝顶的厉害。"三个人都压低了声音笑起来,萧红看到他们有些憔悴的颜面。有一天下午,萧红和他们谈了两个钟头,这使鹿地亘夫妇非常感激。临走的时候,萧红说:"明天有工夫,我早点来看你们,或者是上午。"池田立刻说谢谢,并且立刻和她握手。

第二天,萧红来迟了,池田不在屋里。鹿地亘一看到萧红,就在桌上摸到一张白纸条子,在上面写上:"今天下午有巡捕在外面偷听了,一下午英国巡捕(即印度巡捕)、中国巡捕,从1点钟起等到5点钟才走。"使萧红感动的是,他在纸条上写了这样的字:"今天我决心被捕。"萧红问他有什么打算呢? 他说没有办法,池田去许广平家了。他们已经没有经济来源了,托朋友办理的中国政府证明他们身份文件还没有消息,在租界里日本有追捕日本人和韩国人的自由。想要脱离租界,又一步也脱离不了。到中国地面上去,要被中国人误认为间谍。"他们的生命,就像系在一根线上那么脆弱。"

那天晚上,萧红把他们的日记、文章和诗,包在一起带着离开了。她对他们说:"假如日本人把你们捉回去,说你们帮助中国,总是没有证据的呀!"萧红想,我还是尽快走的好,把这些致命的东西尽快带开。临走的时候,她和鹿地亘握了手,萧红说,"我不怕"。至于怕不怕,下一秒钟谁也没有把握。但她还是说了,她觉得自己是说给深陷在狼洞里的孩子一样。①这件事可以看出萧红的侠肝义胆,"也就是说,在患难生死临头之际,萧红先生是置之度外地替朋友奔走,超乎利害之外的正义感弥漫着她的心头,在这里我们看到她却并不软弱,而益见其坚毅不拔,是极端发扬中国固有道德,为朋友急难的弥足珍贵的精神。"②

战争爆发以后,萧红和世界语学者绿川英子做了一个月的邻居。绿川英子本名长谷川照子,1929年进奈良女子高等师范学校时,受到世界语盛行的时代影响,开始学习世界语。1932年她到东京参加日本世界语协会的工作,1936年秋与从事世界语活动的中国留学生刘仁结婚。1937年年初,刘仁回国参加抗日救亡运动,4月,绿川英子逃离白色恐怖的日本。她到上海以后,参加上海世界语协会的工作,还参加了上海各界人士要求释放沈钧儒等"救国会七君子"的示威游行。七七事变之后,又参加了上海世界语协会举办的世界语50周年纪念大会③。"八一三"以后,搬到吕班路(今重庆南路)256弄,成为萧红的近邻。她为了避人耳目,不敢去拜访这位女作家,"每天只在灶披间烧饭洗衣服的时候,看见过她几回衔着烟嘴的面孔,或听到过她在楼上的谈话声④。"在战争的紧张气氛中,萧红也无意与人多联系,她似乎没有注意到这位异国的房客。

这一个月,也是萧红写作极其勤奋的时期。战争唤醒了萧红沉睡着的激情,也使她从个人感情的纠葛中短暂地解脱出来,写下了一系列纪实性的散文。"八一三"事变的第二天,她就写下了《天空的点缀》。17日,又创作了表现上海民众同仇敌忾奋勇抗战的《窗边》。23日,写下了记叙自己对于全民抗战爆发内心感受的《失眠之夜》。半个月写了三篇文章,后来又写了《小生命与战士》,可以看出,她对民族解放事业的感奋。

但是,她和萧军的感情危机并没有彻底解除,争吵还是家常便饭。7

---

① 萧红:《记鹿地夫妇》,《萧红全集·散文卷》,北京燕山出版社,2014,第287页。
② 许广平:《追忆萧红》,王观泉编《怀念萧红》,黑龙江人民出版社,1981,第9页。
③ 丁言昭:《绿川英子与萧红》,《战地》(增刊)1980年第3期。
④ 绿川英子:《忆萧红》,王观泉编《怀念萧红》,黑龙江人民出版社,1981,第56页。

月21日,萧军在日记中写道:"少和吟作不必要吵。"①7月24日又写道,"少和吟争吵,她如今很少能够不带醋味说话了,为了吃醋,她可以毁灭了一切的同情!"看来还是许粤华的问题,使萧红不能释怀。萧军认为"每一个女人心里都有一个爱情的窠巢,每对爱人的中间,全有一个罅隙等待着爱情的鸟儿穿过和投去……"②这和他一开始抱定的"爱便爱,不爱便丢开"的"爱的哲学",是一脉相承的。8月4日,他在日记中又写道,"她,吟会为了嫉妒,自己的痛苦,捐弃了一切的同情。"也是以许粤华为例子,证明萧红心胸的狭隘。"原先我总以为她是超过于普通女人那样范围,于今我知道她不独有着其他女人一般的性格,有时还甚些。总之,我们这是在为了工作生活着了。"③淞沪战争爆发当天,所有的人都在考虑去向,萧军准备在鲁迅周年祭之后,到北方战地去,而把编好的《鲁迅纪念集》和自己的杂文集,交给萧红去付印。④8月21日的日记中,他在从文与从军的选择中,自我反省:"自己明知道前者是应该的,后者仅是一种浪漫的满足虚荣而发的。"而对萧红的感情已经做好放弃的准备,"对于吟在可能范围内极力帮助她获得一点成功,关于她一切不能改造的性格一任她存在待她脱离自己时为止。"⑤撒手的意向非常明确,两萧在感情上已经处于相当隔阂的状态,爱情的路基本走到了头。这对萧军来说,也是一种幻灭,失去了对于女性旧日的崇敬。8月23日,他写道:"我以后也许不再需要女人们的爱情,爱情这东西是不存在的。吟也如此,她乐意存在这里就存在,乐意走就走。"⑥

9月22日,中央通讯社以"中国共产党为公布国共合作宣言"为题发表中共在1937年7月15日提交的宣言。次日,蒋介石发表谈话,指出团结御侮的必要,实际上承认了中国共产党的合法地位。第二次国共合作开始了,抗日民族统一战线正式形成。这使所有中国人都看到了希望,作家们更是激情澎湃。

由于战争全面的爆发,上海的许多刊物都被迫停刊了。一些抗战的刊

---

①②③④⑤⑥ 《萧军全集》第18卷,华夏出版社,2008,第28页,第29页,第30页,第33页,第34页,第35页。

物也应运而生,8月25日,茅盾、王统照、郑振铎、巴金、黎烈文等文化人将最有影响的《文学》《译文》《文丛》《中流》合并,组成《呐喊》周刊,于8月25日创刊,全刊不到一万字。①自第三期开始,改名《烽火》。端木蕻良在第一期上发表《青岛之夜》,记叙了七七事变中的青岛印象。《烽火》三期上,又发表了《中国的命运——兼答日本室伏高信》,表达中国必胜的信心。萧红在《呐喊》上没有作品发表,这个时期写作不多,有数的几篇都发在后来创刊的《七月》上。

胡风也准备筹办一个刊物,约请黄源、曹白、邱东平、彭柏山、艾青和萧军、萧红,大家座谈商量。在商量刊物名称的时候,胡风提议叫《战火文艺》。萧红不喜欢这个名字,说:"这个名字太一般了。现在正是七七事变,为什么不叫七月呢?用《七月》做抗战文艺的开始多好啊!"大家纷纷支持她的意见,刊名就这样定了下来。②《七月》周刊由胡风主编,大家义务投稿没有报酬,1937年9月11日正式创刊。

端木蕻良也被邀请参加了这次会议,第一次认识了萧红。因为都是东北人,很快就说到了一起。尤其萧军和端木都是辽宁人,关系就更近了一层。当萧红听说端木蕻良到上海一年多了的时候,立刻睁大眼睛惊奇地问:"我们怎么没有听到老胡说起过你呢?要不我们早该认识了。"后来熟悉之后,萧红就对胡风说,唉,胡风,你也太不对了,你认识端木,为什么不跟我们说你认识端木呢?胡风哑然,无言以对。萧红就更生气了,说,你是单线领导,你是为了讨稿子到那儿去,为了讨稿子到我们那儿。胡风和艾青和曹白也是分头见面,但是和别人不说,不发生横的联系。端木对他的印象也不好,拿朋友当稿源和私产。因为胡风比这些作家年纪大,又与鲁迅关系密切,所以对他没有什么怀疑。当时,端木接过萧红递给他的一杯茶水,只是笑了笑。③可见,萧红和胡风的关系在这个时候,已经有些裂纹,大约也是由于萧军与许粤华的恋情,涉及他的老友黄源。此外,胡风在

---

① 曹革成:《我的姊姊萧红》,时代文艺出版社,2005,第351页。
②③ 钟耀群:《端木与萧红》,中国文联出版社,1998。

上海这个政治情势复杂的地方工作生活,从事半地下的左翼文化工作,大概也养成了单线联系的工作习惯,不是年轻好热闹的东北作家所能理解的。萧红对端木的第一印象也是好的,区别于萧军的鲁直与粗糙,端木的文雅与腼腆别具一格。后来在《七月》的聚会中,他们又见了几面,观点总是比较接近。①

除了《七月》同仁之外,萧红这个时期主要来往的都是流亡的东北人。他们的住所,几乎是东北作家群聚会的固定场所。大家都在打算如何投身到抗日的烽火中去,只有萧红不着忙。当时,她的脸色很黄,样子也很憔悴,以至于有人认为她有大烟瘾。有个晚上她烟不离手。二楼凉台上一个六七岁的小姑娘喊起来:"看呵,好漂亮呵!"萧红听到声音,忙让正在收拾行李的白朗听,并且抬头向那小姑娘打招呼,欢喜异常。②

《七月》在上海只编辑出版了三期,战事便越来越紧,上海眼看就要陷落。胡风说,他有个朋友在武汉,可以拿出纸张来。他已经与秦虎炎通过信,秦愿意出钱办刊物,希望大家都去武汉,他编刊物,找个出版社,大家写稿。③同人觉得这个办法可行,就分头行动。萧红的老友新朋各自离去,黄源参加了新四军,罗烽、白朗按照地下党的指示,和沙汀、艾芜等二十多人,第一批迁往武汉。原准备一同撤到武汉的舒群,被党派往南京执行任务以后,和周扬、艾思奇、周立波等一起前往延安。茅盾去了老家浙江乌镇,临行前嘱咐端木蕻良和他保持联系。艾青夫妇返回老家浙江,彭柏山和曹白加入抗战部队。胡风编完《七月》三期以后,告别岳母和两个小姨子,带着侄子去了南京。协助胡风编刊的端木蕻良随后去了浙江蒿坝,和三哥曹京襄住在一起。萧红和萧军就先走了一步,于9月28日从上海西站乘上火车,撤退到大后方的武汉三镇。从此,萧红再也没有回过上海。

从1934年年底抵达到1937年9月底离开,萧红在上海居住了将近3

---

① ③ 端木蕻良:《我与萧红》,曹革成《我的婶婶萧红》,时代文艺出版社,2005,第231页。
② 张琳:《女作家萧红二三事》,王观泉编《怀念萧红》,东方出版社,2011,第164页。

年,是她漂泊的行旅中驻足最长的一个城市。她在这里以独立的姿态登上文坛,又在这里遭受情感的重创,但是,丰富了阅历,成熟了文学观念,为最后跳出萧军的情感陷阱锻炼了性格,上海是一个赠予她颇丰的城市。

第三十三章
暂居武汉

武汉的历史可上溯到公元前1500年的盘龙城,曾是魏、蜀、吴三方鏖战之地。孙权以鄂城为都,改其名为武昌,意在"因武而昌"。江北有汉阳,故有"双城"之称。明代以后,汉阳县所辖夏口镇由于商业发达,列为全国四大名镇之首,又有"楚中第一繁盛处"之称。故双城演变为三镇,1898年,张之洞奏请将夏口分治获准,民元始有县制。然市民习惯称夏口为汉口,故"武汉"之名因涵三镇各一字,而成为统称。近现代的武汉更因特殊的地理位置和波澜壮阔的重大历史事件而成为文化名城。1837年,林则徐任湖广总督期间,在武汉严禁鸦片,开中国禁烟之先河。1861年,根据中英《天津条约》和《北京条约》有关条款,汉口对外开埠,英、德、俄、法、日相继建立租界,成为国中之国。1889年,总督张之洞推行"新政",以武汉为基地,开办各种近代工业、教育与军事机构,使它成为"内联九省,外通海洋"的大商埠和对外通商口岸,成为仅次于上海的全国第二大商业中心,被誉为"东方芝加哥"。1911年,辛亥革命武昌首义,结束了中国两千年的封建帝制。1922年,江岸车站为京汉铁路全线罢工总指挥部。1926年,北伐胜利,国民政府由广州迁都武汉。七七事变之后,大批文化人撤退到这里,武汉一时成为全国文化的中心。

萧红和萧军下了火车以后,坐上一艘不足千吨的黑色轮船,挤在伤兵和难民们中间,驶往江汉关。入关前,停在江心,等待进行例行的检疫。当检疫船"华佗号"靠过来的时候,他们意外地发现,检疫官居然是哈尔滨时期的故友于浣非(诗人宇飞)。

于浣非(1894—1978),黑龙江省宾县人,学医出身,酷爱绘画和文学。1929年年初,孔罗荪、陈纪滢等在哈尔滨创办"蓓蕾社",在《国际协报》开《蓓蕾》周刊,于浣非是主要成员之一,属于东北作家群中成名早的老一辈作家。此时,他用宇飞的笔名,取"国破家亡宇内飞"之意。他除了在"华佗号"当检疫官之外,还在东北军的大光报里兼任经理。这家报纸是张学良出资,由原《国际协报》副刊主编赵惜梦于1935年在武汉创办。①在他的介绍下,两萧认识了寄宿在"华佗号"上的诗人蒋锡金。当时,蒋锡金并不认识两萧,只见一位年轻妇女坐在行李上,双手支膝捧着头,在她的双足之间是一摊吐出来的秽物。在她的身旁,站着一位双手叉腰个子不高的精壮汉子。于浣非委托蒋锡金招呼两萧上"华佗号",自己先去忙公务。蒋锡金扶着萧红下到"华佗号"上,萧军也把行李搬了过来。过了一会儿,于浣非也来了。三个人说着阔别以后互相问询的话,蒋锡金则匆匆忙忙上岸办自己的事去了。

蒋锡金再到"华佗号"上过夜的时候,于浣非和他商量,说船上遇到的那两夫妇,是自己的老朋友,在武汉要找个住处。当时由于战争,各方面的难民都涌到武汉,造成了武汉的房荒。于浣非告诉蒋锡金,他们就是萧红和萧军,要在武汉长住下去,他听说蒋锡金住得比较宽敞,就问能不能安置他们住下。蒋锡金当时还没有读过两萧的成名作《八月的乡村》和《生死场》,但在上海的一些刊物上读过一些他们的文章,觉得应该帮他们一下忙。当时蒋锡金住的两间房都很窄小,一间当书房,一间当卧室。他对于浣非说,如果他们实在找不到住处,我可以把卧室让出来,自己住书房。于浣非问房钱怎么算?蒋锡金住的是一栋刚落成的独门独院的宅院,由他和同在财政厅工作的四家同事合租,他分租了坐西朝东的厢房两间。蒋锡金

---

① 叶君:《从异乡到异乡》,中国社会科学出版社,2009,第265页。

的生活是由一位年事稍长的同乡照顾的,如果要收取两萧的房租就要自己料理生活反而麻烦,加上他们在逃难中生活不安定,所以决定不要房钱。这样谈定之后,萧红和萧军就搬进了蒋锡金在武昌水陆前街小金龙巷21号寓所的内间,蒋锡金迁入了外间。①

蒋锡金(1915—2003),原名蒋镛,笔名锡金。江苏宜兴人,1934年到武昌,在湖北省农村合作委员会任职,曾与严辰、蒋有林等合编《当代诗刊》和《中国新诗》。抗战爆发以后,在汉口与孔罗荪、冯乃超合编《战斗》旬刊,另与穆木天合编《时调》半月刊,是个综合丛刊②。当时,冯乃超和孔罗荪每天都要到民政厅和邮局上班,而蒋锡金自由些,办《战斗》跑印刷所发稿和校对之类的事都由他办。事情多得干不完时,就回不了家,既没钱住旅馆,也怕旅馆脏有传染病,就在"华佗号"上过夜,所以遇见了两萧。

小金龙巷21号,是坐东朝西的小宅院。呈凹字形,蒋锡金租住北侧两间。他把里面的卧室让给萧红他们,自己住到靠院门的房中。南侧的第一间住着一对夫妇,因为男的嫖娼,院里住户都不和他们来往。第二间和东边正房住着梁家,叶以群和梁文若夫妇住在其中的一间。萧红他们,还有后来的端木蕻良,因此都和叶以群很熟悉。③萧红这个时期来往的朋友,除了《七月》同仁、哈尔滨旧友之外,还有一些东北籍的文学青年。诗人高兰由于文学的因缘,和萧红时相往来,他从汉口到武昌看望萧红,萧红到汉口也看望他。他们东北老乡在一起聊天,谈哈尔滨,谈海,谈写作,谈鲁迅,也谈到她"低垂的两条辫子和衣饰。"有一次,武汉的一个小报登了一篇文章《女作家高兰和萧红》,身为男性的高兰尴尬至极,萧红和白朗都笑得喘不上气来。④

萧红、萧军和蒋锡金很快成为朋友,他们和睦地住在一起。每天萧红

---

① 锡金:《乱离杂记》,庐湘《萧军萧红外传》,北方妇女儿童出版社,1986,第2—4页。
② 铁峰:《萧红传》,北方文艺出版社,1993,第275页。
③ 曹革成:《我的婶婶萧红》,时代文艺出版社,2005,第105页。
④ 高兰:《雪夜忆萧红》,王观泉编《怀念萧红》,东方出版社,2011,第138页。

做饭,萧军买菜。天气渐渐冷起来,萧红不习惯去厨房和邻居们挤在一起做饭,就在卧室里安了个炉子。蒋锡金和他们一起吃饭,如果出外回不来,就告诉萧红少做些。萧红在洗自己和萧军的衣服的时候,也顺带把蒋锡金的衣服洗了。多数时间,蒋锡金都不在家。正好每间屋里都有一个书桌,萧红和萧军就可以分头安心写作。蒋锡金经常跑汉口,有时半夜回来灯还亮着,萧军还在写他的《第三代》,懒得起来开门,就让萧红起来开。萧红披着棉袄睡眼惺忪地打开后门让蒋锡金进来,悄悄地骂他一句:"你这个夜游神!"①萧红每天张罗做饭,还要给萧军和锡金洗衣服,已经很忙。这时她说:"嗳,我要写《呼兰河传》了。"她抽空写作,把写成的部分拿给锡金看。锡金看了她写的部分原稿,有点纳闷,不知她将怎样写下去,因为写了第一章,又读了第二章的开头几段,她一直在抒情,对乡土的思念是那样深切,对生活的品味是那样细腻,情意悲凉,好像写不尽似的;人物迟迟的总不登场,情节迟迟的总不发生,锡金不知她将精雕细刻出一部什么样的作品来。但锡金很喜欢她所写的这些,认为她写得好,希望她尽快写成。②

  胡风把妻子梅志和孩子送到湖北蕲春乡下老家,回到上海之后,给在武汉的熊子民写信,"要他在武汉代办《七月》登记手续,登广告,并找出版者。"他带着侄子去南京之后,于10月1日,抵达汉口,住在熊子民家。第二天晚上,聂绀弩、丽尼、罗烽、白朗等人就去找他商量准备出版刊物。后来,胡风又专门找到聂绀弩详细了解他们的运作情况,也谈了自己正在筹办《七月》的打算。听说胡风到了,萧红和萧军赶到汉口去看望。几天以后,萧红和萧军帮助胡风,搬到友人金宗武在武昌小朝街42号一座小花园洋房中。住处离小金龙巷不远,胡风便经常走到两萧家闲谈。③不久,原《七月》的其他同仁也陆续到达武汉,他们聚在小金龙巷开了几次会,商量办刊的事情。胡风原打算把《七月》改名《战火文艺》,当局不批准注册,只好沿

---

① 锡金:《乱离杂记》,庐湘《萧军萧红外传》,北方妇女儿童出版社,1986,第377页。
② 锡金:《萧红和她的〈呼兰河传〉》,王观泉编《怀念萧红》,黑龙江人民出版社,1981,第40—41页。
③ 梅志:《胡风传》,十月文艺出版社,1998,第359页。

用旧名。《七月》于10月16日再次创刊,改为半月刊。①萧红在上面发表了《在东京》《火线外二章》《一条铁路底完成》和《一九二九年底愚昧》等散文。

萧红还参加了"战斗书店"(后来被称为时调社)推行的诗歌朗诵运动。汉口市广播电台为他们安排了每周数次大约15分钟的节目,由锡金组织人去朗诵。当时的录音技术很差,都是现场直播的,大家都很紧张,事先也没有排练。第一次播音回来,萧红问锡金感觉如何,锡金回答说不错。萧红不止一次参加了这项活动,直到个把月后这项活动结束。②

端木蕻良过镇江的时候碰伤了脚,又犯了风湿病,一直由三哥陪伴在浙江蒿坝养病。这是他早年偏爱露营,经常与"死党"胡适之侄胡思猷露宿野外,留下来的顽症。③他给武汉的朋友写信,告知情况不必等自己。胡风给他写信,要他到武汉来一起办刊物。正好茅盾来信,约他到萧山饭店碰面,一起去湘南。因为风湿严重,行动不便,只好托三哥曹京襄赶到萧山。不想正赶上日机轰炸,茅盾已转道去了上海,他白跑了一趟,端木蕻良也失去了和茅盾一起行动的机会。④萧军用文言文给他写了一封热情洋溢的信,还附了一首旧体诗,要他马上动身到武汉来,说胡风、艾青、聂绀弩等人都到了武汉,正在为《七月》写文章,就等他了。10月下旬,端木不顾三哥的劝阻,立刻收拾行李,乘上去武汉的火车。下了火车,他没有到亲戚家,便雇车直奔小金龙巷两萧的住所。他刚要敲门,门忽然开了。萧红正好从里面走出来,准备去购物。看见端木,她高兴得欢叫起来:"萧军,你看谁来了?"萧军一边问是谁,一边往外走,看清是端木蕻良也欢叫起来,连忙接过端木蕻良的箱子,问端木收到他的信没有,端木蕻良高兴地说:"要不是收到你的信,我怎么下了火车就直奔你们这来了?"萧红也高兴地说:"没想到信到得这么快!"

端木蕻良打量了一下房屋,觉得没有他住的地方,稍稍休息以后,就准备

---

①④ 曹革成:《我的婶婶萧红》,时代文艺出版社,2005,第105页。
② 锡金:《乱离杂记》,庐湘《萧军萧红外传》,北方妇女儿童出版社,1986年。
③ 赵淑敏:《埋藏在心里的她》,《萧红研究》第一辑,哈尔滨出版社,1993,第141页。

去找三哥的未婚妻刘国英,她的父亲刘秀珊是交通部邮政总务司司长①。萧红热情地挽留他说:"别走了,咱们住一块儿,有事也好商量。老胡、老聂他们天天都来,还有艾青、田间。蒋锡金一个人住一屋,我要他给你挪个地方,搭张床就行了。"萧军说:"别麻烦他了,就住我们这屋吧。好在天冷,这张床又大,我睡中间,萧红睡里边。你睡外边,保证你不会摔到地上。"说完哈哈大笑起来。端木蕻良有些犹豫,萧红说:"你要怕摔着,你睡里边好了,我睡外边。"萧军说:"你睡外边更好,免得在我身上跨过来跨过去的。"萧红白了萧军一眼,提起包对端木蕻良说:"我去买些好吃的,算是给你接风。"便高高兴兴地出去了。这时,蒋锡金回来了,热情地欢迎端木蕻良的到来,并要端木蕻良为他办的刊物写文章。

不一会儿,萧红买了酒和一些熟食回来了。把桌子挪到床边就开餐了。端木蕻良不会喝酒,但在他们的殷勤款待下,也喝了一点,脸却红到了脖根上。萧红笑着说:"端木不会喝酒,却好像喝得最多的一个,多冤!"萧红比两位男士更能喝。他们边吃边聊,畅谈如何写出最有战斗力的作品,号召人民起来,狠狠打击侵略者。端木蕻良谈到他想当个战地记者的愿望,萧红接着他的话茬说,"你腿有风湿病,可当不成战地记者。"端木蕻良说:"这可是我在南开中学时就向往的工作。"正谈得热闹的时候,聂绀弩来了。大家谈得更欢了,直到深夜,聂绀弩才回去,蒋锡金也回屋休息。临睡觉的时候,萧红知道端木蕻良患有风湿病,专门为他烧了热水烫脚,给他在床里铺了被子,要他早早地躺下了。萧军和萧红为睡哪一头,还争论了一番。

端木蕻良由于乘火车太累,很快就进入了梦乡②。第二天,萧红、萧军和蒋锡金商量,要留端木蕻良住下去。蒋锡金以为自己在家的时间不多,也为了方便他们活动,就一口答应了。他到邻居家借来一张竹床、一张小圆桌,让端木蕻良住在书房里③。

---

① 曹革成:《我的姐姐萧红》,时代文艺出版社,2005,第105页。
② 钟耀群:《端木与萧红》,中国文联出版社,1998,第8页。
③ 蒋锡金:《乱离杂记》,庐湘《萧军萧红外传》,北方妇女儿童出版社,1986,第2—4页。

冬天,张梅林也来到了武汉,住在离小金龙巷不远的地方。他常去看萧红和萧军,发现萧红的脸色似乎比以前白净和丰满些了,她用一种"西洋女性握手式"跟梅林握手:侧着头,微笑着,伸出软垂的手。张梅林觉得这好像是一点改变,以前她和人家握手,是把右手"老粗式"的有力地伸出来的。后来曾谈起她的"西洋女性握手式",萧红大声地笑起来,说那是故意装出来的①。

由于殖民文化的影响,东北人讲究着装而且比较洋派,和关里读书人的着装风格明显不同。而端木蕻良家境优裕,尤其讲究穿着,自幼喜欢奇装异服。在抗战岁月,许多人穿布鞋、草鞋的时候,他却毫不收敛地穿马靴。后来到重庆,老舍还记得别人穿破布鞋,他却穿名牌"拨佳"皮鞋②。这也是他不为左翼作家接受的原因。端木蕻良的衣着是很洋的,在一群落拓不羁的左翼文人中显得奇特,而性情又比较内向,更加落落寡合。据蒋锡金回忆,他穿着西装长统靴,留着很长的鬓角,脑后的长发几乎盖住了脖子,容颜憔悴,举止羞涩。穿的西装是当时流行的式样,垫了很高的肩,几乎两肩都平了。所以蒋锡金他们开玩笑,叫他"一字平肩王"。他给端木蕻良起了一个四个字,好像西班牙文的名字,叫Domohoro,但平时为了方便,只叫Domo③。据张梅林回忆,他长头发,脸色苍白,背微驼,有着嘶哑的声带。有一次,他从细瘦的手上除下棕色的鹿皮手套,笑着对萧红说:

"我说手套还不错吧?"

萧红试着戴上那手套,那么坦直地大声说道:"哎呀,端木的手真细呀。他的手套我戴正合适哩。"

萧军坐在一张木椅上,同样坦直地笑着④。

他们欢乐地生活在一起,仍然由萧军买菜,萧红做饭。锡金吃了早饭

---

① ④ 张梅林:《忆萧红》,王观泉编《怀念萧红》,黑龙江人民出版社,1981,第63—66页。
② 赵淑敏:《埋藏在心底的她》,孙延林主编《萧红研究》第一辑,哈尔滨出版社,1993,第141页。
③ 蒋锡金:《乱离杂记》,庐湘《萧军萧红外传》,北方妇女儿童出版社,1986,第2—4页。

就走,在家吃午饭的时候不多,晚饭几乎从不在家吃,小金龙巷21号的房子里,经常只有萧红、萧军和端木蕻良三个人。遇到四个人都在的时候,他们有时会在一起唱歌跳舞。"唱中国的歌,外国的歌,萧军还会唱京戏、平戏和大鼓书。萧红和萧军都会跳却尔斯顿舞,还会学大神跳萨满舞,经常引得同宅院的邻居家的孩子都扒着窗户看。有时则在一起开玩笑和抬杠。他们议论中外古典名著和文艺问题,讨论时事和分析战局。谈到如果武汉守不住,大家怎么办?有人说,可以组成个流亡宣传队,虽然只有四个人,倒还多才多艺,能唱歌、朗诵、演戏、画画,能写标语和传单,还能写文章写诗,流浪到哪里都可以拿出一手。有人说,也能开个小饭馆,干重活萧军包了,上灶有萧红,端木和蒋锡金可以跑堂,保证能把顾客伺候好。还能创出几样名菜,比如说'萧红汤'。其实就是一种俄国菜汤:白菜、土豆、番茄(或胡萝卜)、青椒、厚皮牛肉大锅煮,也可以加些奶油和胡椒面。这在上海叫'罗宋汤',哈尔滨叫'索波汤'。易做也好吃,营养也丰富,内地不会做,可是他们还是喜欢吃。"

有一次,萧军故意发谬论,他提了个问题:什么样的文学作品最伟大?大家就闲聊起来。可是他忽然发了个怪论,认为文学作品中以长篇小说为最伟大,中篇小说次之,短篇小说又次之;剧本要演出来了看,不算它;至于诗呢,那最不足道了!他又联系了在座的人,举例说:"我写长篇小说(他正在续写他的《第三代》)最伟大;端木的长篇小说给日本飞机炸掉了(这是指他的《科尔沁旗草原》),已交开明书店出版,听说在江上被炸掉了,他正唉声叹气,下决心要重写),那要写出来再看;萧红也要写长篇,我看你没有那个气魄;锡金写诗,一行一行的,像个什么?"他跷起了个小指头,"你是这个!"锡金知道他在开玩笑,就不理他。而萧红和端木蕻良却和他争论起来。萧红最激烈,用许多理由对他进行驳斥,也说了挖苦的话。端木蕻良不搭他的茬,却绕着弯儿说,萧红是有气魄的,只是那气魄还没有充分地显现出来。锡金也说,萧军在胡说八道。抬杠抬得很热闹,大声吵吵得有些像吵架了。正在这个时候,胡风来了,问他们吵什么,问明白以后,他笑笑说:

"有意思,有意思,你们说的都有合理的地方。可以写出来,下一期《七月》可以出一个特辑,让读者参加讨论。快发稿了,你们都写出来,三天后我来取。""争论"结束了,胡风也告辞离开。三天以后的上午,胡风来取稿,谁都没有写,只有萧军交稿了。胡风坐在床上翻阅着萧军的稿,边看边点头说:"对呀!对呀!"几个人都惊讶了,问怎么能说对呢?胡风说,"读几段罢:衡量一个文学作品可以从三个方面,一是反映现实生活的广度,二是认识生活的深度,三是表现生活的精度……这对嘛!"萧红一听气坏了,大叫道:"你好啊,真不要脸,把我们驳斥你的话都写成你的意见了!"说着就涕泗滂沱地哭起来了。萧军大模大样地说:"你怎么骂人,再骂我揍你!"萧红还是哭着,握拳狠狠捶他的背,萧军弯腰笑着让她捶,说:"你们要打就打几下,我不还手,我还手你们受不了。"①他们就是这样天真无邪地生活在一起,但萧军时时表现出来的大男子主义作风,就是在开玩笑的时候,也经常侵犯到萧红的自尊心。所以,他晚年忏悔地写道:"我有时也故意向她挑衅,欣赏她那认真生气的样子,觉得'好玩',如今想起来,这对于她已经'谑近于虐'了,那时自己也年轻,并没想到这会真的能够伤害到她的自尊,她的感情。"②

萧红看了史沫特莱自传性长篇小说《大地的女儿》与德国女作家丽洛琳克的《动乱时代》,于1938年1月3日写作了一篇读后感《〈大地的女儿〉与〈动乱时代〉》,其中记叙了这样一件因为玩笑而深深地感到刺激的事情:

……

前天是个愉快的早晨,我起得很早,生起火炉,室内的温度是摄氏表十五度,杯子是温暖的,桌面也是温暖的,凡是我的手所接触到的都是温暖的,虽然对面落着雨,间或落着雪花。昨天为着介绍这两本书而起的嘲笑的故事,我要一笔一笔地记下来。当我借来了这两本书

---

① 蒋锡金:《乱离杂记》,庐湘《萧军萧红外传》,北方妇女儿童出版社,1986。
② 萧军:《萧红书简辑存注释录》,黑龙江人民出版社,1981,第67页。

(要想重新翻一翻)被他们看见了。用那么苗细的手指彼此传过去,而后又怎样把它放在地板上:

"这就是你们女人的书吗? 看一看! 它在什么地方!"话也许不是这样说的,但就是这个意思。因为他们一边说着一边笑着,并且还唱着古乐谱:"工车工车上……六工尺……"这唱着古乐谱的手中还拿着中国毛笔杆,他脸用一本书遮上了上半段。他越反复越快,简直连成串了。

嗯! 等他听到说道《大地的女儿》写得好,转了风头了。

他立刻停止唱"工尺",立刻笑着,叫着,并且用脚踩着地板,好像这样的喜事从前没有被他遇见过:"是呵! 不好,不好……"

另一个也发狂啦! 他很细的指尖在指点着封面:"这就是吗?《动乱时代》……这位女作家就是两匹马吗?"当然是笑得不亦乐乎:"《大地的女儿》就这样,不穿衣裳,看唉! 看唉!"

这样新的刺激我也受不住了,我的胸骨笑得发痛。《大地的女儿》的封面画一个裸体的女子。她的周围:一条红,一条黄,一条黑,大概那表现的是地面的气圈,她就在这气圈里边像是飞着。

……

又想起来了:我敢相信,那天晚上的嘲笑决不是真的,因为他们是知识分子,并且是维新的而不是复古的。那么说,这些话也只不过是玩玩,根据年轻好动的心理,大家说说笑笑,但为什么常常要取女子做题材呢?

读读这两本书就知道一点了。

不是我把女子看得过于了不起,不是我把女子看得过于卑下;只是在现社会中,以女子出现造成这种斗争的记录,在我觉得她们是勇敢的,是最强的,把一切都变成痛苦出卖而后得来的。

萧红的女权思想已经非常成熟。她从自身的体验出发,看到了这个男权社会无处不在的性别歧视,女人痛苦无奈的处境,唯有自己起来斗争,才是获得解放的唯一出路。

梅志在胡风的书桌上看见这两本书,正在翻看的时候,萧红来了,坐下之后就和她聊起这两本书,问她的阅读感受。梅志觉得像在受老师考问,萧红微笑着鼓励她,梅志鼓足勇气说,喜欢《大地的女儿》是因为主人公"坚强勇敢,从小就反抗旧社会的不平等,尤其是男女不平等。"萧红对此非常赞同,又问她对《动乱时代》的感觉。梅志答道:"这不就是我们今天的生活吗?它使我憎恨战争,但它写得太真实了,使我害怕,使我为孩子们担心。"后来,梅志在《七月》上看到了萧红的文章,惋惜没有写出深刻的思想,认为她不适合写评论,还是在用散文笔法写自己的生活,特别是结尾处对街边因战争而逃亡异乡、饥寒交迫的乞丐老者的怜悯,给她留下深刻的印象,说出了自己的心里话,其中也有自己的生活。①

有一天,锡金遇到了女漫画家梁白波。她是广东人,20年代曾在上海中华艺大学习艺术,白色恐怖时避走新加坡,又到菲律宾教画。30年代初回到上海,开始为立报画长篇漫画《蜜蜂小姐》,署名Bon。抗战爆发以后,她参加了叶浅予任队长的漫画宣传队,同张乐平、胡考等人同称七君子,赴江南进行抗日宣传活动②。她和叶浅予是同居的关系,叶浅予当时还在南京,梁白波随宣传队先到武汉。开始的时候,锡金和梁白波谁也没有认出谁,后来经过一夜的深谈,才发现原来是童年时的旧友。1926—1927年间,锡金家曾租住过她家的房子,俩人常在一起玩耍,锡金管她叫姐姐。

梁白波到小金龙巷来找锡金,锡金就介绍她和萧红、萧军以及端木蕻良相识了。她首先注意到墙上萧红画的风景画,立刻就和萧红谈起艺术来,谈得很投契。萧军一向雷打不动地写作,这回也停下了手里的笔,殷勤地陪着梁白波聊了起来。萧红和萧军对梁白波这样热情,是因为他们虽然未曾会面,但早就知道她。他们曾听金剑啸说起过一位"鸽子姑娘",与她

---

① 梅志:《"爱"的悲剧》,《花椒红了》,中国华侨出版社,1995,第2—8页。
② 三叶:《梁白波与蜜蜂小姐》,《漫画世界》1986年第10期。

有过一段恋情,他们是在上海学画时认识的,金剑啸回到哈尔滨以后,还写了一些怀念她的诗。其中有一首《白云飞了》,金剑啸曾经为萧红他们一伙朋友深情朗诵过:"南方那有个姑娘/她指着你/念着我/在眼中放着忧愁的光?/啊,白云,/她穿着黑白格的衣裳,/常常孤独地遥望。/望着海,/望着天,/望着我这海外的游浪?"

梁白波不无扭捏地提出,要搬到这里来和他们同住。萧红和萧军立刻表示欢迎。锡金有些为难:这里只有两间房子,萧红、萧军住一间,端木蕻良和他住一间,她来怎么住?萧红说:"那好办,让端木住到我们那间去,她住在你这间。"萧红似乎有意促成锡金和梁白波早年青梅竹马的感情,才这样有悖男女之别地建议。锡金说:"那不好,文艺界的嘴巴杂,有了闲话没法说清楚。"梁白波说:"你去看看我的住处吧,你去看了,一定会同意我搬来住的。"萧红和萧军就催促锡金去看她的住处,说要看了真不行,索性就帮她把行李搬过来。吃过饭,锡金就送梁白波回去,连带着看看她的住处。一看果然不行,一间偏厦,墙壁有些倾斜,屋顶露着天,砖地是湿的,长了些霉苔……她借住的是叶浅予的一个男朋友家,晚上他不回来睡觉,梁白波每天早晨都要提前起来让他睡。锡金不再犹豫,帮她收拾好行李,雇了街车,回到小金龙巷21号。

回家以后,他们又忙了好大一阵。把端木蕻良的行李搬到萧红和萧军的床上,竹床就让给了梁白波。姑娘们天生都是爱美的,梁白波和萧红张罗起布置房间来。梁白波从箱子里抽出一块方格子花纹的绸子,蒙在那张小圆桌上当台布。她说她特别喜欢方格子花纹,过去常穿那样的衣料做的衣服,还拿出许多自己过去穿着方格子花纹衣服的照片给大家看。大家才突然明白,所谓的"鸽子姑娘"是口误,实际是"格子姑娘"。梁白波又掏出一个瓷瓶和一个陶钵,说用来插花和存放烟头,不许几位男士随手乱扔烟头,俨然是一位新来的主妇。她帮助萧红洗衣做饭,计划着要买这买那,还说要给他们做广东菜吃。她看见他们的抽屉里有画色粉画的纸和色粉,就张罗着要给每个人都画一张速写画。先画了端木蕻良,他头发长,画出来有点像女人模样。萧军说不要她画！自从梁白波搬来以后，他们生活得更热闹了，有些喜气洋洋的。①萧红无疑是喜欢端木蕻良的，后来只是由于羞涩，为了掩饰自己真实的感情，才说了他的许多坏话。直到南京沦陷之前，他们都愉快地生活在一起。

1937年12月5日，日军下达进攻南京的命令。中国军队顽强抵抗，经过7天的血战，13日，南京最终还是沦陷了。随着大批逃亡的难民，叶浅予也来到了武汉。他来找梁白波，要她跟自己走。梁白波说没有适当的房子就不搬。锡金为他们找到了房子，大家帮助他们搬到新房子，小金龙巷又恢复了原来的样子。

1937年11月间，国民政府的部分机构从南京迁至武汉，大批文化人也涌流到那里，武汉一时成为中国战时政治、军事和文化的中心。萧红也因此扩大了社会交往的范围，除了《七月》同仁之外，她还结识了邱东平、楼适夷、冯乃超、王淑明、吴奚如、辛人、华岗等。吴奚如当时担任周恩来的秘书，华岗和楼适夷是1938年1月11日中共创建的《新华日报》编委会成员，5月，华岗担任了该报主编。孔罗荪的妻子周玉屏是萧红东特女一中的校友，1928年考入高中二班。上学的时候，她就注意到萧红温柔、文静和有些忧愁的表情，两个人见面总是彼此笑笑，亲切地打个招呼，但是从来没有坐下来深谈过。异乡重逢，又是在战乱中，自然欣喜异常，萧红送了她一张和萧军的合影。由于端木蕻良的关系，萧红还结识了陈北鸥、臧云远等人，他们都是端木蕻良北平左联时期的战友，臧云远还是端木蕻良加入北平左联的介绍人之一。萧红还认识了端木蕻良哥哥的女朋友，武汉大学的学生刘国英。大学生对作家有神秘之感，萧红也乐于了解大学生的生活，大学校园是她早年梦寐以求的"天堂"。刘国英经常和同学到小金龙巷21号，帮助清理卫生，萧红鼓励他们多读书，推荐他们看《大地的女儿》与《动乱时代》。有一次，刘国英讲起同学排演话剧《前夜》，导演突然失踪了。有学运

---

① 锡金：《乱离杂记》，庐湘《萧军萧红外传》，北方妇女儿童出版社，1986，第2—4页。

经验的端木蕻良和萧军一听就明白出了什么事,没有想到大敌当前,当局还迫害左翼学生。①

1937年12月9日下午,特务在江汉关前广场"一二·九"周年纪念会上开枪,锡金说了几句愤慨的话,被特务盯上。次日上午,锡金和一个同事上街吃饭,背后有人拍他的肩,叫他"蒋同志"。锡金觉得很奇怪,那时人们之间已经不叫同志了。他回头一看,是两个不认识的人。他们对锡金说:"罗隆基先生请你,在前面冠生园里吃饭。"锡金更奇怪了,他和罗隆基只在一起开过会,偶尔有时坐在一起的时候,并没有谈过话,没有缘由请他吃饭。而且,锡金知道他那时在"大本营六部"工作,前几天传说他被扣押起来了。他就对来人说:"我不认识罗隆基,你们认错人了,谢谢,我不去。"回身要走的时候,前面又有两人挡着,说非去不可。锡金看走不掉,便让同事去告诉冯乃超,说罗隆基请我吃饭去了。四个特务押着锡金进了军人监狱的后院反省院,拿出一张白纸要锡金写个条子,说已经到了,让罗隆基来见他。锡金寻思反正自己和罗隆基也没有关系,就在纸的当中写了自己的名字,又想到防止他们用自己的签名做文章,就在名字的前头和末尾各画了一个圈。

特务拿着字条,到了武昌小金龙巷21号。萧红、萧军和端木蕻良三人刚吃过饭。两位武汉女子中学的高中生来访问萧红,几个人正说着话,几个特务就闯进来,把字条交给萧军,说是罗隆基在冠生园请萧红和萧军吃饭,蒋锡金已经到了,现在正等他们开席。有北京学生运动经验的端木蕻良,立即意识到危险,对萧军说,不能去。萧军也比较有经验,拿着条子很镇静地说,这不是什么请帖,我不去,你们有逮捕证吗?要有你就拿出来,有枪也可以拿出来!没有的话你给我滚,不滚我就揍你!特务还上来纠缠,萧军拔拳就把他打了,第二个特务上来,萧军就和两个特务打开了。端木蕻良站在一边没有吭气,两个女学生都吓哭了。这时,街坊都来围观,邻

---

① 曹革成:《我的姐姐萧红》,时代文艺出版社,2005,第106页。

居中有人去报了警。警察来了,当作"互殴"把他们带到派出所。临行的时候,锡金的同事赶来报信,特务说,原来你也不是好东西,连同两个女学生也没有放过,一起带走了。端木蕻良临行时,无可奈何地夹了一条毛毯,还从锡金的书架上抽了一本原本的《新旧约全书》,好像准备去坐牢似的。特务被放了,他们六个人未经审讯就关进了拘留所。两个女学生在拘留所里直哭,说我们也不认识他呀,样子很是可怜。到天黑也没有审问,第二天早晨,不做任何解释,就把他们释放了。

他们到家不久,蒋锡金也据理力争,说自己是公务员,质问特务随便抓公务员行吗?!特务理屈词穷,就把他放了回来。几个朋友互相问明了经过,萧军很得意地教训锡金说:"你这样顺从地跟着他们走就不对,你就应该跟他们打,打不过也要打,一打就成了斗殴,归警察系统受理,顶多关进拘留所,能找到。像你那样就是政治绑票,你'失踪'之后谁也不知道下落,杀死了也没法查证。"萧军讲的自然有道理,但当时有人营救。锡金的同事和他分手以后,就到民政厅找冯乃超,报告了消息。冯乃超要他去找财政厅厅长贾士毅,他是政学系系统的专家,一位有名的学者,和锡金是世交,锡金是他向锡金的父亲要来安插在他的厅里的。他能直接见到蒋介石,而当时蒋介石又在武汉,住在省政府左侧的"官邸",贾士毅找到蒋介石,答应了三个条件:一、把在武汉办的刊物停掉;二、不再写文章;三、离开武汉。冯乃超还亲自去八路军驻武汉办事处找到董老,由办事处对此事提出反对意见。当时还计划,如果这两种营救办法都达不到目的时,他准备发动武汉文化界提出公开的抗议。在"一二·九"事件之后,当时报纸上虽然扣住新闻未让发表,但形势对他们很不利,所以他们也只好偃旗息鼓,悄悄地收兵了①。

事后他们才知道,抓捕他们的原因是他们在文章里回忆了东北和华北的早期抗战,怕激起读者的不满,因为政府的不抵抗主义导致东北和华北

---

① 锡金:《乱离杂记》,庐湘《萧军萧红外传》,北方妇女儿童出版社,1986,第2—4页。

国土沦丧,以至于酿成今日战局的被动。除了蒋锡金一系的营救之外,胡风也托了《七月》发行人熊子民,运用了上层关系保释他们。因为艾青来访,恰好看见特务在场,悄悄离去报告了胡风。① 为了感谢胡风的营救,事过之后,萧红为胡风刻了一方自己设计的阴文名章,送给了他②。

1937年秋到1938年春,阳翰笙向中共副主席周恩来汇报,提议成立"中华全国抗敌协会"(简称"文协"或"全国文协")。获得批准之后,3月27日正式成立。随后发表的发起人名单中,在武汉的新老东北作家群和《七月》的同仁悉数列入,只是没有萧红。可见,她此时对政治活动已经没有了早年的狂热。③

当时胡风住在武汉小朝街,一栋花园洋房里,环境非常幽雅。《七月》杂志常借房主人金老伯的客厅开座谈会,金老伯见到这些作家都十分热情地打招呼。小金龙巷离小朝街不远,萧红他们经常来串门。来的时候,基本上是三个人一起来,显得十分亲切热闹。萧军和端木蕻良常常是敞着嗓门,边走边争论。萧红往往显得不耐烦的样子,不愿意听他们争吵不休的谈话,不是坐在一旁翻书报,就是和胡风聊天,有时也和梅志聊聊。梅志这次看见萧红,觉得她起了很大的变化,身体比过去结实多了,脸色也不是青白而是白里透出红润。有一次,萧军和端木蕻良又抬起杠,一个自比托尔斯泰,一个以巴尔扎克自诩。两位中国的"大师"争论不休,一个说你描写的自然景物哪像托尔斯泰;另一个就反唇相讥,你的人物一点也一没有巴尔扎克的味儿。就这样互相争执,又互相讨论,所有的人都旁听,谁也不插嘴。最后萧红出来说:"你们两位大师,可以休息休息了,大师还是要吃饭的,我们到哪去呀?回家,还是过江去?"两个人这才住了口。④

在后方的短暂宁静中,萧红也尽情地享受着自由的生活,经常和一些朋友出去玩,由于端木对萧红的尊重,而且大胆地赞美她的作品超过了萧军的成就,这使萧红有了和萧军抗衡的精神凭借。在此之前,从来没有一

---

①③ 曹革成:《我的姐姐萧红》,时代文艺出版社,2005,第107页,第108页。
②④ 梅志:《"爱"的悲剧》,《花椒红了》,中国华侨出版社,1995,第2—8页。

个朋友对她表示单独的友谊,像端木蕻良表现得这样"坦白"而"直率"。①有一天下午,萧红、萧军和张梅林一起去抱冰堂。走在路上的时候,萧红去买花生米,萧军没有陪她。她买好花生米,立刻转身冲向回家的路。萧军赶去解释,这才走回来。当时,端木蕻良还在小金龙巷的寓所里。她向回家的路上走去,就是因为有了这样的凭借。②萧红正在努力摆脱对萧军的依附性,而萧军正在努力改善和萧红的关系。萧红和萧军是彼此相爱的,只是文艺思想的差距和性格的冲突,使他们之间越来越疏远。

南京陷落之后,日军疯狂奸淫烧杀无恶不作。武汉也是一座危城,人心惶惶,纷纷寻找逃生之路,到重庆去是最佳的出路。蒋锡金一向对胡风印象不好,因为他提到鲁迅的时候言必称导师,《七月》同人在小金龙巷21号聚会,他经常借故离开。1937年年底,孔罗荪的夫人周玉屏按照政府的命令,带着孩子去了重庆,锡金就搬到汉口三教街孔罗荪家中和他同住,这就不必在"华佗号"上过夜了。冯乃超的夫人李声韵这时也去了重庆,冯乃超也搬到孔罗荪家中,把原来住的紫阳湖畔的寓所让给萧红和萧军住。③

端木蕻良搬进了小金龙巷的里屋。临走的时候,萧红对端木说:"我们走了,没有人给你做饭吃了,看你怎么办?"端木蕻良笑着说:"我有煤气炉,下面条吃还是可以的,饿不死。"这时,萧军在外面喊萧红,她笑着打了端木蕻良一下就跑出去了。他们虽然搬走了,但小金龙巷仍然是《七月》同人集会的地方。萧红、萧军还经常来这里聚会,讨论争论问题。萧红有时和萧军一起来,有时自己来。萧红一来就笑端木蕻良的脏乱差,边说边帮他顺手理一理。有一次,萧红看见毛笔、墨盒和纸,高兴地把纸铺在桌子上又写又画起来。端木蕻良小的时候也学过画,很自然地谈到对绘画的看法。一聊到了傍晚,萧红要端木蕻良出去吃饭,端木蕻良正赶写稿子,便说在家吃,要萧红尝一尝他下面条的手艺。萧红兴

---

① 骆宾基:《萧红小传》,黑龙江人民出版社,1981,第73页。
② 张梅林:《忆萧红》,王观泉编《怀念萧红》,黑龙江人民出版社,1981,第63—66页。
③ 锡金:《乱离杂记》,庐湘《萧军萧红外传》,北方妇女儿童出版社,1986,第2—4页。

致很高地说:"今晚月亮那么好,还是出去吃吧,我请客。"端木蕻良看了看窗外,月色确实不错,就和萧红一起出来了,挑了一处江边的小饭馆,靠近窗边的桌子,要了两个菜和些零吃,边吃边聊,从手头写的创作谈到各自的理想。萧红甚至讲到萧军在上海时的外遇。她只想有个安静的环境写东西,当个好作家。端木蕻良仍是想当战地记者,只要有机会,他就走这条路。萧红听了直摇头,说他那样的身体根本不是那块料。这顿饭足足吃了两个小时。回来路过一座小桥,萧红拉着端木蕻良在桥上看了一会儿月亮。端木蕻良看萧红非常兴奋,便说:"不早了,咱们回去吧。"萧红说:"好吧!"便挽着端木蕻良的胳膊往回走,走到小金龙巷口,和端木说声:"再见!"便转身回去了①。

还有一次,端木蕻良出去办事回来,看到桌子上铺着纸,一些行书草书之间,很明显地题了几句诗,是唐代张籍的《节妇吟》:"君知妾有夫,赠妾双明珠。还君明珠双泪垂,恨不相逢未嫁时。"最后一句重复练习了好几次。端木知道萧红又来练字了,但引张籍的诗没有引全。有的时候,萧红还念给端木听。端木也觉得很奇怪,并没有往心里去,因为自己也没有常惜玉,也没有赠过她"双明珠",这种诗谁都可以念,只是萧红经常念给端木蕻良听。还有一次,萧红拿了一幅西洋名画,是一个贵妇人在罗马废墟上会见情人的场面。她还谈起,鲁迅经常拿着一幅小画,是大风中一个女人披散头发向前走。别人都没有谈起这幅画,连许广平也没有提起过,只有萧红谈到鲁迅对这幅画的欣赏。端木蕻良认为只是由于萧红观察的细致与敏锐,也没有想到萧红有其他想法。

久而久之,萧军对他们两个人的接近便有疑虑。萧军到小金龙巷也到里屋来,提起毛笔就挥挥洒洒地练写诗。有一次,边写边念出声来:"瓜前不纳履,李下不整冠。叔嫂不亲授,君子防未然。"还写了"人未婚宦,情欲失半"八个大字。萧红见了笑道:"你写的啥呀?你的字太不美,没有一点

---

① 钟耀群:《端木与萧红》,中国文联出版社,1998,第18页。

文人气!"萧军瞪了她一眼:"我并不觉得文人气有什么好!"①可见当时,萧军、萧红和端木蕻良三人之间的关系,已经非常微妙了。在萧红是基于善良的天性,单纯的性格,欣赏端木蕻良的才华,珍惜端木对她的尊重,又找到了共同语言。而端木蕻良在家中是最小的儿子,也习惯和需要女性的照顾,夹在一群已婚的男女之中,原本挂单的"处子诗人"缺乏敏感,还未婚娶的他自然不会多想。萧军则意识到失去萧红的危险,但又不愿意放下"男子汉"的骄傲。为其如此,两个男人之间原本和谐的友谊关系,也因此而变得彼此厌恶。萧军经常说的"人不婚宦,情义是蛋",端木蕻良简直闻所未闻,觉得若出自一个三家村教书先生之口还情有可原,出自新文学作家之口,则不可思议。萧军还经常讲起哈尔滨当宪兵的见闻,骄傲于"烟粉队"查妓院的往事,宪兵的徽章是粉色,所以被称为烟粉队。端木蕻良觉得他很庸俗,但是觉得他从那样的环境里跳出来可以理解。至于萧军朗读自己的旧体诗"倒持青梅竹马棒,堪堪还作画眉人",更是让他觉得庸俗不堪②。至于萧军对端木蕻良的厌恶,则在当年就公开发表文字,以为他故作高深,把幸福建筑在别人的痛苦之上③。从文化修养的角度,萧红显然更倾向端木蕻良,特别是在艺术鉴赏方面,在文艺观点方面,他们都更为接近。特别是端木蕻良上过清华大学,这在为求学历尽磨难的萧红来说,更是值得艳羡的文化资本,加上两个人的家世也比较相似,都使萧红情感的天平开始倾斜。萧军对此自然很不满意,但是又碍于情面,不能说破。住在小金龙巷21号的时候,两萧有时激烈争吵,常常传到只有一板之隔的端木蕻良房间。有时,半夜三更,萧军会一脚踹开端木蕻良的房门,看到只有他安睡在床上,又默默地退出去。有的时候,他还会问端木蕻良,萧红去哪儿了?端木蕻良只能无奈且无辜地回答:"我真的不知道!"④两萧的关系已经紧张

---

①② 端木蕻良:《我与萧红》,曹革成《我的婶婶萧红》,时代文艺出版社,2005,第232页。
③ 萧军:《侧面》,山西人民出版社,1983,第7页。
④ 赵淑敏:《埋藏在心底的她》,孙延林主编《萧红研究》第一辑,哈尔滨出版社,1993,第141页。

到了极点。

1938年1月中旬的某日下午,萧红参加了《七月》杂志社主持召开的"抗战以来文艺动态和展望"座谈会。在这次会上,在讨论关于新形式的产生问题的时候,萧红说:"胡风说我的散文形式有人反对,但实际上我的形式旧得很。"当有人提出留在后方等于和生活隔离了,写不出反映抗战时期生活的作品时,萧红反驳道:"我看,我们并没有和生活隔离。比如躲警报,这也是战时生活,不过我们抓不到罢了,即使我们上前线去……如果抓不住,也就写不出来。"在讨论作家生活问题的时候,萧红说,"是的,这是因为给了你思索的时间。如像雷马克,打了仗,回到家乡以后,朋友没有了,职业没有了。寂寞孤独了起来,于是回忆到从前的生活,《西线无战事》也就写成了。"胡风说恐怕你根本没有想到去抓,所以只好飘来飘去。萧红又说,"譬如我们房东的姨娘,听见警报响就骇得打抖,担心她的儿子。这不就是战时生活的现象吗?"又有人说:"不打进生活里,情绪不高涨。"萧红说:"不,是高涨了压不下去,所以宁静不下来。"[①]

这一年的1月,李公朴等一行人从山西来到了武汉,宣传阎锡山励精图治,牺盟会为抗战做出的杰出贡献。阎锡山联共抗日,邀请薄一波等共产党员前去工作。1937年1月,阎锡山在中共山西党组织的帮助下,创办了山西民族革命大学(简称民大),自任校长,李公朴任副校长。共产党员杜任之任教务主任,杜心源任政治部主任,教员以中共党员和爱国民主人士为骨干,其中有侯外庐、徐懋庸、何思敬、萧三等著名学者文人。当时,民大已经有四个分校,五千余学员。臧云远就是这时随之到达武汉,此行目的之一是为山西民族革命大学招徕人才。北平左联被叛徒出卖遭破坏之后,臧云远被捕,出狱后到东京留学,与阎锡山的女婿梁必武成为同学,身为共产党员的他借此关系在山西开展工作,梁必武委托他到武汉招聘师资。臧云远遇到老友端木蕻良,告诉他民大亟须中文教师,因为李公朴和

---

① 见《七月》半月刊,1938年1月号。

何干之已经撤回了武汉,徐懋庸还在,但是不受学生欢迎。他动员端木蕻良去民大,并托他介绍一些当时有名气的文化人担任教职①。

端木蕻良当即告诉常来小金龙巷的诸人,除了蒋锡金要编他的刊物,胡风要留守编《七月》之外,艾青、聂绀弩、萧红、萧军、李又然都热烈响应,《七月》同人只有田间因为年龄太小,资历尚浅,经过力争,校方也同意了。②民大在武汉招收的学员有上万名,要乘铁皮的运兵车厢去临汾,臧云远让萧红他们等几天,可以乘客车走。萧军他们抗日的热情高涨,坚持和学生一起坐运兵的铁皮车厢走。胡风与《七月》的出版者熊子民商量,让他拿出六百元,名义是《七月》前六期的结余,给每人分发六十元,聊作稿酬。大家都非常高兴,可以稍微添置一些行装了③。萧红和萧军到汉口向锡金辞行,然后打点行装准备向临汾进发。

1月27日,他们在汉口汉润里集合,然后前往大智门车站以西的一个濒临汉水的小货车站上车。胡风、梅志、锡金和孔罗荪赶到车站送行。天已经黑透了,站台上是密密层层的群众,隔开很远才有一盏十分暗淡的电灯。歌声此起彼伏,以壮征人的行色。列车长龙似的傍着月台,都是装载货物的铁篷车,中间进出口,车厢里没有座位,只有铺地的铁板上有几堆稻草,供行将出发者睡卧④。艾青和田间一走,胡风就要独自承担《七月》的所有编务,内心的惆怅和落寞是难以言表的。艾青的妻子怀里还抱着刚满周岁的小女儿七月,这使梅志格外担心。⑤

---

① 端木蕻良:《我与萧红》,曹革成《我的婶婶萧红》,时代文艺出版社,2005,第233页。
② 曹革成:《我的婶婶萧红》,时代文艺出版社,2005。
③ 梅志:《胡风传》,十月文艺出版社,1998,第374页。
④ 曹革成:《我的婶婶萧红》,时代文艺出版社,2005,第109页。
⑤ 梅志:《胡风传》,十月文艺出版社,1998,第373页。

第三十四章
临汾：两萧分手

　　列车一开进北方的大地,立即满目荒凉。2月4日,车才抵达潼关。看到了干涸的黄河,一望无际的黄土高原萧索荒疏,端木蕻良不由感叹："北方是悲哀的。"立即激发了艾青的灵感,下车以后写下了著名的诗篇《北方》。在诗前的"小引"中,他记录了灵感喷发的最初时刻："那个科尔沁草原上的诗人对我说,北方是悲哀的。"这是一次艰苦而愉快的艺术之旅。进入山西境内的时候,他们又都换上了阎锡山在山西修建的小火车。他们一路上,说说笑笑,有时争论问题争论得脸红脖子粗,但为了抗日的共同目标,都不计较彼此的态度。萧红喜欢挨着端木蕻良坐,在争论问题的时候,他们俩的观点经常是一致的。萧红和一行人,在火车上有说有笑,谈论着抗日的前途,祖国的希望,以及艺术的追求,驱散了北国早春的寒冷。① 萧红又结识了新的朋友田间,两人一见如故,结下真挚的友情。萧红与人争论的时候,常常坚持自己的观点。田间看见她争得脸色有些发红,音调高昂,几次重复她的话。他对萧红的印象,"平常也是如此,看来体格有些虚弱,性格却很坦率、豪爽。"②

　　他们于1938年2月6日才到达临汾③,足足走了11天。下车的当天晚

---

① 曹革成：《我的婶婶萧红》,时代文艺出版社,第118页。
② 《田间自述》,《新文学史料》1984年第4期。
③ 王德芬：《萧军年表》,《东北文学研究丛刊》1985年第2辑。

上,就赶上师生批判斗争托派张慕陶①。临汾地处黄河中游,"南通秦蜀,北达幽并,东临雷霍,西控河汾",自古为兵家必争之地。民族革命大学只挂了一块牌子,并没有具体的校舍,整个临汾就是所大学。萧红等一群作家和四面八方拥来的学生,都分散住在老乡家里。每天清晨,军号声就悠扬地响了起来,一队队的士兵跑步操练,塞克创作的《救国军歌》此起彼伏,气氛是热烈而紧张的②。萧红一干人都担任学校的文艺指导,准备各种讲演稿,和学生谈时局,也谈文艺创作③。

萧红看见那些快乐活泼的年轻小战士,一边工作一边唱歌,也拿枪也担水,充满活力地跑来跑去,开心极了,联想起自己从军的弟弟张秀珂。自从上海一别,张秀珂曾和姐姐通信。一个月以后,他离开了西安,随着新改名的八路军渡河东下,就失去了联系。他参加了五台、广阳的抗战,随部队绕到汾阳、孝义。整军期间,萧红正在附近的民族革命大学任教,他竟然不知道,与姐姐失之交臂,错过了见面的机会。④萧红听说弟弟张秀珂在洪洞县前线,离自己很近,就转给他一封信,估计没有两天就可看到弟弟了,满怀希望地等待与他见上一面。他觉得弟弟和那群快乐的小战士一样,拥有着光明的未来。"胜利一定属于你们……中国有你们,中国是不会亡的。因为我的心里充满了微笑。"但是,她的信张秀珂没有收到。萧红不知为什么竟然很放心,就像见到了弟弟一样。"你也是他们之中的一个,于是我就把你忘了。"⑤

不久,丁玲带领着"西北战地服务团",从潼关来到了临汾,成员有戈茅、革非、袁勃、陈明等。他们和作家们挤住在一起,一个屋里要住五六个人,生活变得很不方便。萧红和丁玲这两个左翼女作家,彼此只闻其名却从未见过面,这次终于见到了。这显然是一次伟大的会晤,具有历史的意

---

① ③ 端木蕻良:《我与萧红》,菁革成《我的姊姊萧红》,时代文艺出版社,2005。
② 钟耀群:《端木与萧红》,中国文联出版社,1998。
④ 张秀珂:《怀念我的姐姐——萧红》,孙茂山主编《萧红身世考》,哈尔滨出版社,2003,第12页。
⑤ 萧红:《"九一八"致弟弟书》,《萧红全集·散文卷》,北京燕山出版社,1994,第394页。

义。"很久生活在军旅之中,习惯了粗犷的"丁玲,"骤然看见她苍白的脸,紧紧闭着的嘴唇,敏捷的动作和神经质的笑声",觉得很特别,唤起许多回忆,觉得萧红说话是很自然而真率的。她"很奇怪作为一个作家的她,为什么会那样少于世故,大概女人都容易抱有纯洁和幻想,或者就同时显得有些稚嫩和软弱的缘故吧。"丁玲后来回忆道:"但我们却很亲切,彼此并不感觉到有什么孤僻的性格。我们尽情地在一块儿唱歌,每夜谈到很晚才睡觉。当然我们之中在思想上,在情感上,在性格上都不是没有差异,然而彼此都能理解,并不会因为不同意见或不同嗜好而争吵,而揶揄。"①

丁玲(1904—1986),原名蒋伟,字冰之,又名蒋炜、蒋玮、丁冰之。笔名彬芷、从喧等。湖南临澧人。早年在湖南读书,1922年初赴上海,曾在陈独秀、李达等创办的平民女子学校学习。1923年经瞿秋白等介绍,入中共创办的上海大学国文系学习。次年夏转赴北京,曾在北大旁听文学课程。1925年与胡也频结婚,1927年底,处女作《梦珂》发表于《小说月报》。第二年,完成代表作《莎菲女士的日记》,引起文坛的热烈反响。1930年参加中国左翼作家联盟,后出任左联机关刊物《北斗》主编及左联党团书记(1932年加入中国共产党)。1936年,去延安。她和萧红相差7岁,家庭背景、性格气质都不同,强烈的独立女性意识,使她们毫不防范地倾心交谈,丁玲还向她诉说了被捕的情况,还把她的皮靴和军大衣送给了萧红,两个人很亲近。②

没过几天,崔嵬、塞克、贺绿汀、马彦祥等人,同"上海文化界抗日救亡演剧一队"也辗转来到了临汾,和"西北战地服务团"会合。临汾的文化气氛顿时高涨起来,大家有了更多畅谈文学艺术的机会。他们为山西抗日部队演出,受到了热烈的欢迎。萧红在匆忙混乱的环境中,完成了长达七千字的散文《记鹿地夫妇》。③

在这样热烈的文化氛围中,又有文艺指导的职责,加上没有其他的地

---

① 丁玲:《风雨中忆萧红》,王观泉编《怀念萧红》,黑龙江人民出版社,1981,第27页。
② 端木蕻良:《我与萧红》,曹革成《我的婶婶萧红》,时代文艺出版社,2005。
③ 曹革成:《我的婶婶萧红》,时代文艺出版社,2005,第110页。

方可去,他们在一起谈文论艺的时候很多。萧红摆脱了家务琐事的束缚,有更多的余暇思考文学写作的事业。她和聂绀弩之间有一次重要的谈话,从中可以窥见一些她对文学思想的基本倾向。

聂绀弩说:"萧红,你是才女,如果去应武则天皇上的考试,究竟能考好否,很难说,总之,当在唐闺臣(本为首名,武则天不喜欢她的名字,把她移后十名)前后,决不会和毕全贞(末名)靠近的。"

萧红笑了说:"你完全错了。我是《红楼梦》里的人,不是《镜花缘》里的人。"

这确是聂绀弩没有想到的。他说:"我不懂,你是《红楼梦》里的谁?"他一面说,一面想,想不起她像谁。

"《红楼梦》里有个痴丫头,你都不记得了?"

"不对,你是傻大姐?"

"你对《红楼梦》真不熟习,里面的痴丫头就是傻大姐,痴与傻是同样的意思?曹雪芹花了很多笔墨写了一个与他的书毫无关系的人。为什么?到现在还不理解。但对我说,却很有意思,因为我觉得写的就是我。你说我是才女,也有人说我是天才的,似乎要我自己也相信我是天才之类。而所谓天才,跟外国人所说的不一样。外国人所说的天才是就成就说的,成就达到极点,谓之天才。例如恩格斯说马克思是天才,而自己只是能手。是指政治经济学这门学说的。中国的所谓的天才,是说天生有些聪明,才气。俗话谓之天分、天资、天禀,不问将来成就如何。我不是说我毫无天禀,但以为我对什么不学而能,写文章提笔就挥,那却大错。我是像《红楼梦》里的香菱学诗,在梦里也作诗一样,也是在梦里写文章来的,不过没有向人说过人家也不知道罢了。"

他们也谈到鲁迅。对于鲁迅,萧红有很独到而精辟的看法,出乎聂绀弩的意料。

聂绀弩说:"萧红,你会成为一个了不起的散文家,鲁迅说过,你比谁都更有前途。"

萧红笑了一声说:"又来了!你是个散文家,但你的小说却不行!"

"我说过这话么?"

"说不说都一样,我已听腻了。有一种小说学,小说有一定的写法,一定要具备某几种东西,一定写得像巴尔扎克或契诃夫的作品那样。我不相信这一套,有各式各样的作者,有各式各样的小说。若说一定要怎样才算小说,鲁迅的小说有些就不是小说,如《头发的故事》《一件小事》《鸭的喜剧》等等。"

"我不反对你的意见。但这与说你将成为一个了不起的散文家有什么矛盾呢?你又为什么这样看重小说,看轻散文呢?"

"我并不这样。不过人家,包括你在内,说我这样那样,意思是说我不会写小说。我气不忿,以后偏要写!"

"写《头发的故事》《一件小事》之类吗?"

"写《阿Q正传》《孔乙己》之类!而且至少在长度上超过他!"

聂绀弩笑着说:"今天你可把鲁迅贬够了。可是你知道,他多喜欢你呀!"

萧红笑着说:"是你引起来的呀!说正经的吧,鲁迅的小说的调子是很低沉的。那些人物,多是自在性的,甚至可说是动物性的,没有人的自觉,他们不自觉地在那里受罪,而鲁迅却自觉地和他们一起受罪。如果鲁迅有过不想写小说的意思,里面恐怕就包括这一点理由。但如果不写小说,而写别的,主要是杂文,他就立刻变了。从最初起,到最后止,他都是个战士,勇者,独立于天地之间,腰佩翻天印,手持打神鞭,呼风唤雨,撒豆成兵,出入千军万马之中,取上将首级如探囊取物!即使在说中国是人肉的筵席时,调子也不低沉。因为他指出这些,正是为反对这些,改革这些,和这些东西战斗。"

聂绀弩笑着说:"依你说,鲁迅竟有两个鲁迅。"

萧红也笑着说:"两个鲁迅算什么呢?中国现在有一百个,两百个鲁迅也不算多。"

聂绀弩笑着说:"你这么能扯,我头一次知道。"

他们也谈到《生死场》。

聂绀弩说:"萧红,你说鲁迅的小说的调子是低沉的。那么,你的《生死场》呢?"

萧红说:"也是低沉的。"沉吟一会儿,又说,"也不低沉! 鲁迅以一个自觉的知识分子,从高处去悲悯他的人物。他的人物,有的也曾经是自觉的知识分子,但处境却压迫着他,使他变成听天由命,不知怎么好,也无论怎样都好的人了。这就比别的人更可悲。我开始也悲悯我的人物,他们都是自然的奴隶,一切主子的奴隶。但写来写去,我的感觉变了。我觉得我不配悲悯他们,恐怕他们倒应该悲悯我咧! 悲悯只能从上到下,不能从下到上,也不能施之于同辈之间。我的人物比我高。这似乎说明鲁迅真有高度,而我没有或有的也很少。一下就完了。这是我和鲁迅不同处。"

"你说得好极了。可惜把关键的问题避掉了,因之,结论也就不正确了。"

"关键在哪里呢?"

"你真没想到,你写的东西是鲁迅没有写过的,是他的作品所缺少的东西么?"

"那是什么呢?"

"那是群众,那是集体,对吗?"

"你说吧! 反正人人都喜欢听他所爱听的。"

"人人都爱拍,我可不是拍你。"

萧红笑着说:"你是算命的张铁嘴,你就照直说吧!"

"你所写的那些人物,当他们是个体时,正如你所说,都是自然的奴隶。但当他们一成为集体时,由于他们的处境同别的条件,由量变到质变,便成为一个集体英雄了,人民英雄,民族英雄。用你的话说,就不是你所能悲悯的了。但他们由于个体的缺陷,也还只是初步的、自发的、带着盲目性的集体英雄。这正是你写的、你所要写的。正为这才写的;你的人物,你的小说学,向你要求写成这样,而这是你最初所未想到的。它们把你带到一个你所未经历的境界,把作者、作品、人物都抬高了。"

"这听着真舒服!"

"你的作品,有集体的英雄,没有个体的英雄;《水浒》相反,鲁智深、林冲、杨志、武松,都是个体的英雄,但一走进集体,就被集体湮没,寂寂无闻了。《三国演义》里的英雄,有许多是终身英雄,在集体里也很出色,可是就在集体当中,他也是个体英雄。没有使集体变为英雄。其实《三国》里的英雄都不算是英雄。不过是精通武艺的常人或精通兵法的智士。关键在他们与人民无关,与反动统治无(有)关,或反而是反人民的,统治人民的。他们所争的是对人民的统治权,不过把民国初期的军阀混战推上去千多年,而又被写得一表非俗罢了。法捷耶夫《毁灭》不同,基本上是个人也是英雄,集体也是英雄,毁灭了更是英雄。但它缺少不自觉的个体到英雄的集体这一从量变到质变的改变。比《生死场》还差一点儿。"

"你真说得动听。你还说你不拍!"

"且慢高兴,马上要说到缺点了。不是有人说,你的人物面目不清,个性不明么?我也有同感。但这是对小说,对作品应有的要求。如果对作者说,我不完全同意,写作的第一条守则:写你最熟悉的东西。你对你的人物和他们的生活,究竟熟悉到什么程度呢?你写的是一件大事,这事大极了。中国的民族革命、民主革命的成功,不可知,一定要经过无数的不自觉的个体到集体英雄,集体英雄反转来使那些不自觉的个体变为自觉的个体英雄。不用说,你写的是这大事中的一小事(大事是由无数小事汇集而成的)。但是你这作者是什么人?不过一个学生式的二十二三岁的小姑娘!什么面目不清,个性不明,以及还有别的,对于你说,都是十分自然的。"

萧红掩着耳朵说:"我不听了。听得晕头转向的。"一面说一面就跑了[①]。

[①] 聂绀弩:《回忆我和萧红的一次谈话》,《高山仰止》,人民文学出版社,1984,第100—106页。

通过这次谈话,我们可以看到萧红对文学创作的献身精神,看到她对鲁迅的理解与推崇,也看到她对自己处境的清醒认识。她苦心学习写作,带着圣徒的热忱,她把鲁迅视为恩师,又渴望超越鲁迅。她看到鲁迅高于自己的人物,而自己的人物却比自己高。这使萧红在精神上始终不能进入聂绀弩所谓集体英雄的层次,这大概也是她终于不肯去延安的重要原因。而聂绀弩对她小说人物的批评,则是当时现实主义美学原则最经典的圭臬,以社会学、政治学为内容,以人物性格为中心的典型理念。萧红关于各式各样小说的分辨,则是有意抗拒这样法典化的美学原则,在艺术上寻找适合自己的写作道路,而《生死场》以构图为主要特征的感觉化倾向,更接近20世纪之初感觉主义、印象主义和象征主义的文学新潮艺术。

他们在临汾住了20天,就又要匆匆上路。2月间,晋南战局发生剧变,日寇攻陷太原之后,兵分两路向临汾进攻。形势骤然紧张起来,人员开始疏散。民族革命大学决定撤退到晋西南的乡宁一代,丁玲带领的西战团则奉命向西安方面转移,先到运城待命。校方决定招聘来的作家,愿留下来的随校教职员一起撤离,不愿留下的可以随丁玲的西北战地服务团行动。当时,田间、李又然已经加入了西北战地服务团,聂绀弩、艾青和端木蕻良准备跟随丁玲走运城,那里有民族革命大学的第三分校。①

在去和留的问题上,萧红和萧军爆发了激烈的争吵。萧军要留下来和学校一起打游击,萧红则只想有一个安静的环境创作。他们各执己见,谁也说服不了谁。萧红几乎是哀求地对萧军说:"三郎,我知道我的生命不会太久了,我不愿生活上再使自己吃苦,再忍受各种折磨了!⋯⋯"②但萧军不为所动,坚持自己的主意。就在要撤离临汾前不久,萧红突然让端木和萧军一起走,去打游击。她说萧军太鲁莽暴躁,怕出问题,因为洛川那边的情况他又不熟悉,她不放心。端木也觉得可以和萧军一起走,然后到西安会合。③还来不及表态,萧

---

① 王德芬:《萧军年表》,《东北文学研究丛刊》1985年第2辑。
② 萧军:《萧红书简辑存注释录》,黑龙江人民出版社,1981,第19页。
③ 端木蕻良:《我与萧红》,曹革成《我的姊姊萧红》,时代文艺出版社,2005。

军就大声说:"我谁也不用陪,我身体这么棒,到哪也不怕!"萧红气愤地说:"这么说,你决定一意孤行了?"萧军也气愤地说:"你管不着!"说完掉头就走开了,把萧红撇在那里。聂绀弩走过来对萧红说:"萧军就是炮筒子脾气!"萧红一声不吭地随着聂绀弩走开了。萧军要去打游击,既是多年的浪漫主义理想,在此时此刻又带有赌气的性质。1978年9月10日,萧军在注释萧红书简的时候,写下了这样一段话:"坦率地说,尽管我从事文艺写作已经有几十年的历史,在起始是由于偶然的情况,但我却一直'不安心'也'不甘心'……似乎觉得这并非是我应干的终生'职业',做一个作家也不是我终生的目的。而觉得自己并非是一个适于做这类工作的人或这类'材料'。我就这样矛盾了几十年……"①但他这样断然要撇下萧红,也是在向端木蕻良示威,是对端木蕻良和萧红之间关系的极度不满的表现。萧红却想到让端木蕻良陪萧军去打游击,可见情尚未了,且和端木蕻良之间的关系是清白的。

  离开临汾的前一天晚上,萧红和萧军躺在炕上彻夜争吵。萧红说他总是这样不听别人的劝告,不该固执的也固执。简直是英雄主义、逞强主义。打游击不会比一个真正的游击队员价值更大些,万一牺牲了,以你的年龄和生活经验,还有文学上的才能,损失不是自己的。萧红很难过,一再强调并不是从"爱人"的角度出发,而是基于共同的文学事业。萧军要留在临汾看个水落石出,而且他认为人总是一样,生命的价值也是一样的。战场上死了的人不一定全是愚蠢的,为了争取解放的奴隶命运,谁是应该等待着发展他的天才,谁又该去死呢?! 萧红说他忘了各尽所能,也忘了自己的岗位。萧军说还是各走各的路吧,万一我死了……但是他坚信自己不会死,如果再见面,乐意在一起就在一起,不乐意在一起就永远分开。萧红只好回答"好的",谈话没有了回旋余地。两个人并排躺在炕上,望着天花板。丁玲走进来,才打破了沉默。丁玲听腻了他们的争吵,顾自躺在炕上,迅速睡着了。②两萧蓄意已久的离异,终于爆发为无法调和的冲突。两萧

---

① 萧军:《萧红书简辑存注释录》,黑龙江人民出版社,1981第87页。
② 萧军:《从临汾到延安》,山西人民出版社,1983。

彻底的分手,就是以这个争吵之夜为关键时刻。

几年以前萧军就曾想去打游击,只是放不下重病的萧红。在上海,他心里已经有了摆脱萧红的打算,只是等待着萧红开口,以便完美自己道义的形象,而萧红却一味痴情,完全没有想到萧军对自己的厌烦程度。萧军频频发生外遇,严重地伤害了萧红的感情乃至自尊心。当萧军说分开的时候,萧红的态度是平静的。她已经伤透了心,而且她也不是几年以前那个幼稚单纯、孤独无助的萧红,在她的身边有了端木蕻良,又有了许多的朋友,加上独自东渡日本的经验,已有了足够的勇气和能力,摆脱对萧军的依赖。从本质上说,她与萧军的结合是偶然的,其分手也就是必然的。表面上看是人生抉择的差异,实际上他们的感情也已经完结了。萧军爱的是史湘云或尤三姐那样的人,而不爱林黛玉、妙玉或薛宝钗。[1]1978年9月26日,萧军重申了自己关于爱情的原则:"我对两性间关系原则是这样:如果我还爱着她,而对方不再爱我,或不需要我了,我一定请她爱她所要爱的去,决不加以纠缠和阻拦;如果我不爱她了,不需要她了,她就可以去爱她所爱的去……不管此后她把自己的身体和灵魂交给'天使'或'魔鬼'这完全是她自己的事了。""鲁迅先生说过,女人只有母性、女儿性,而没有'妻性'。所谓'妻性'完全是后天的,社会制度造成的(大意如此)。""萧红就是没有'妻性'的人,我从来没向她要求过这一'妻性'。"[2]

第二天,萧红就和丁玲等一行人,坐上去运城的火车走了,萧军独自留了下来。那天晚上,月黑风高,气候寒冷。萧军旧情难断,专程赶到车站送萧红,也和丁玲、聂绀弩、塞克、端木蕻良等人告别。萧红倚在窗口,萧军就近买了两个梨子趁她不提防递进她手里。萧红并不吃梨,茫然地接过去看着萧军,眼泪充满了她的眼眶。两个人依依惜别,尽管互相迁就着以为将来可以到一起,但是彼此心里都知道,这是永久的分手。萧军离开武汉的时候,在大智门火车站曾经对胡风、梅志说,这次去临汾,如果弄得不好,将

---

[1][2] 萧军:《萧红书简辑存注释录》,黑龙江人民出版社,1981,第114页,第158—159页。

来做事就困难了。①他留下来的公开理由就是:"……学校已经成立了一个'艺术系'了……这是好的啊!我们的人,怎能一个不留在这里呢?这是说不过去的。我们来的目的,不就是要在'这个时期'工作吗?"不明就里的端木蕻良和聂绀弩都劝说着他们,但是这些话在两萧听来,都像是风凉话。端木蕻良笑着对萧红说:"你真是太关心他了……"聂绀弩也对萧红说:"他比我们强壮……打游击也可以打,跑也跑得比我们快……他应该留在这里哪!"萧红反唇相讥道:"你们也并不软弱啊!为什么不留一个在这里?"端木蕻良仍然用玩笑的口气说:"哪里……我们怎能比起萧军呢……战争正是他'建功立业'的时候了……却是我们这类人吃瘪头的年头喽!……"萧军对端木蕻良已经厌恶透顶:"他说话总是一只鸭子似的带点贫薄味的响彻着。这声音和那凹根的小鼻子,抽束起来的口袋似的薄嘴唇,青青的脸色……完全是调配的。近来我已经几多天没有和他交谈,我厌恶这个总企图把自己弄得像个有学问的'大作家'似的人,也总喜欢把自己的幸福建筑在别人的脖子上的人——我不独憎恶他,也憎恶所有类似这样的可怜的东西们。"萧红还做着最后的努力,劝说萧军和大家一起去运城,这里已经不是爱情,而是曾经有过的生死与共的患难友情。萧军哪里听得进她的劝告:"不要紧的了!我不是经过很多次应该死的关头全没有死吗?我自信我是死不了的……"

萧军不忍看萧红苍白疲惫的脸色和悲伤的神色,急忙离开,找到丁玲。丁玲也问他:"你决定要留在这里?将来怎样呢?"并且告诉他,根据可靠的消息,临汾情境不太好,从洪洞县来的时候,遇到了一个司令员,他的司令部已经向前面挪动了。"你还是随她一同走吧,省得萧红不放心……"萧军托丁玲照顾萧红,丁玲说你已经说过好几遍了,无法理解他们的争吵和难舍难分。这使萧军回忆起头天夜里和萧红的吵嘴,心里感到微微的悲凉。他的内心是矛盾的,尽管他不愿意为了和萧红的爱情而放弃自己的人

---

① 梅志:《胡风传》,十月文艺出版社,1998,第374页。

生抉择,但是毕竟是惦记萧红的,加上一贯以保护人而感到光荣和骄傲的习惯,他由衷地为萧红担心:——送她一道去运城吧!让她自己走,她会为了过度牵心我永久也得不到安宁……聂绀弩和其余人她是不大能说得来的,更是那个端木蕻良,她比我还要憎恶他……他很快平静下来,说服自己:——还让她自己去吧,我是应该留在这里的……惯了就好了。经过反复的思想斗争,萧军决定接受丁玲的建议,去五台。丁玲说服他放弃了打游击的简单想法,因为他既没有群众基础,也不熟悉地形。到五台投身军旅,萧军抗日的激情有了寄托,萧红也可以放心,另外也可以为将来的创作积累素材。丁玲为他写了一封介绍信,是给一个她熟悉的领导。①

火车就要开的时候,萧军和聂绀弩在月台上踱了好一会儿。萧军觉得临汾是守不住的,乱七八糟的民大也不值得留恋,建议他们和丁玲一起过河到延安。告诉他去五台的计划,并嘱咐不要告诉萧红。他对聂绀弩说,萧红和你最好,你要照顾她,她在处世方面,简直什么也不懂,很容易吃亏上当的。聂绀弩关心他和萧红的关系,萧军回答:"她单纯、淳厚、倔强,有才能,我爱她。但她不是妻子,尤其不是我的!"聂绀弩这才意识到他们之间有分手的打算,无疑吃了一惊。萧军让他"别大惊小怪! 我说过,我爱她,就是说我可以迁就。不过这是痛苦的,她也会痛苦,但是如果她不先说和我分手,我们永远是夫妇,我决不先抛弃她!"②这有点像是托孤,又像等待时机金蝉脱壳的宣言。而端木蕻良则认为,他们潜在的计划是要促成聂绀弩和萧红的结合,以为这样萧红才可能幸福。③而萧红自己的感觉则又一次被忽略,多少有些像包袱一样,等待着被人转手。

深夜9点,机车开始喘息,萧军、萧红仍然情意绵绵。"你回去吧……再晚就不能进城门了。"萧红揩着眼睛,接连地催促着萧军下车。萧军镇静地说:"不忙……等车开动了我再走……"萧红脸色苍白地说:"那何必呢? ……还

---

① 王德芬:《萧军年表》,《东北文学研究丛刊》1985年第2辑。
② 聂绀弩:《在西安》,王观泉编《怀念萧红》,黑龙江人民出版社,1981,第161—162页。
③ 端木蕻良:《我与萧红》,曹革成《我的婶婶萧红》,时代文艺出版社,2005。

是早一点进城吧……这里的车是没时间开的……"萧红的声音是冷冷的,头慢慢地垂了下去。无疑,她已经意识到这是和萧军永远的分手。"那么……我就回去了……"萧军举起一只右手,准备着告别。他是否有足够的思想准备,意识到这是和萧红永远的诀别呢?显然没有。但丁玲组织她的团员为萧军唱送别的歌的时候,当聂绀弩、端木蕻良都起身和他挥手告别的时候,当人们高喊着"萧军万岁"的时候,当一切都在他的视线中模糊的时候,他惦记的仍然是"红还是倚坐在那个窗口吗?"①真所谓"剪不断,理还乱"。

萧红走的时候,没有带走萧军的东西。后来,萧军把《第三代》的部分底稿、合订的《第三代》,还有一些材料和十几封信,打成一个小包,捎给已经在运城的丁玲。同时捎往运城的还有一双萧红的小红靴子和一封信,他在信里写道:"这双小靴子不是你爱的吗?为什么单单把它遗落了呢?总是这样不沉静啊,我大约随学校去,也许去五台山……再见了!"②

到达运城之后,萧红原打算顺路去延安。她在2月24日,给老友高原写了一封信。

原兄:

……

一月二十六日你发的这信,那正是我们准备离开汉口到临汾的时候。二十七日我和军还有别的一些朋友从汉口出发。走了十天,来到了临汾,这信,当然不能在汉口读到。差一点这信没有丢失,转到临汾的民大本校,而后本院,而后一个没有署名的人把你的信给我寄来了。以后请不要再用迺莹那个名字了,你要知道这个名字并不出名的。在学校几乎是丢了,一个同学,打开读了一遍才知是我的,于是他写信来,也把这信转给我。

我现在又到了运城,因为现在我是在民大教书了。运城是民大第三分校。这回是我一个人来的。从这里也许到延安去,没有工作,是

---

①② 萧军:《从临汾到延安》,山西人民出版社,1983。

去那里看看。二月底从运城出发,大概三月五日左右到延安。假若你在时,那是好的,若不在时,比你不来信还难过。好像我和秀珂在东京所闹的故事同样。

若能见到就以谈天替代看书了,若不能见到,我这里是连刊物的毛也没有的。因为乱跑,什么也没有了。看到这信,请你敢(赶)快来一个回信。假若月底我不出发就能读到了。若出发也有人替我收信。

祝好!

萧　红

二月二十四日

现在我已经来到潼关,一星期内可以见到。

可是,萧红的计划搁浅了。萧红原打算跟随丁玲的西战团去延安看看,当时,黄河两岸的渡口都是被胡宗南的军队把守着,没有证明就无法通过。丁玲的西战团有集体证明,所以多带几个人过河没有问题。3月1日,萧红跟随丁玲的西北战地服务团,由风陵渡过黄河,到达陕西潼关。本拟直奔延安,但是丁玲接到总部命令,不必回延安,直接到西安,在国统区开展抗日宣传工作。大家听说要去西安的八路军办事处非常高兴,西战团抓紧时间排练,准备了一批节目,包括相声、大鼓、民歌、秧歌和活报剧等。塞克负责艺术指导,检查指导每一个节目,十分辛劳。[①]

---

① 曹革成:《我的婶婶萧红》,时代文艺出版社,2005,第114页。

第三十五章
西安：情结端木蕻良

萧红他们在潼关短暂停留之后，很快又上路了。同行的还是聂绀弩、田间、端木蕻良等。在火车上，萧红不期然与塞克邂逅。

塞克（1906—1988）本名陈凝秋，河北霸县人。1922年，年仅16岁为反抗父亲的逼婚，毅然出走到了哈尔滨，开始在晨光报上发表诗文。1926年因文字触怒反动当局，入狱达4个月之久。1927年到上海，入田汉创办的上海南国艺术大学。年底，饰演田汉翻译的日本剧作家秋田雨雀的独幕剧《父归》中的父亲大获成功，轰动上海剧坛，从此开始话剧演出生涯。1928年10月出版第一本诗集《追求》。1935年在上海同吕骥、冼星海、张曙等组织中国歌曲作者协会，开展歌咏抗日救亡运动①。当时，萧红也正在上海，以《生死场》的出版而名重一时。给塞克留下了"年轻而有才华，思想敏锐，很勇敢的中国女性"的美好印象。七七事变以后，塞克被选为中华全国戏剧界抗敌协会理事，组织救亡演剧第一队，到西北地区宣传演出，冬季在山西参加西北战地服务团②。两人在烽火和硝烟中相见，自然是格外激动，又说又笑欢乐异常。

去西安的途中，火车窗外一片逃难的慌乱景象，大家的情绪不免低

---

① 里栋、金伦：《漂泊诗人——塞克》，第58—68页。
② 丁言昭：《萧红传》，江苏文艺出版社，1993，第195—196页。她是根据未刊出的《塞克同志生平》。

沉。丁玲提议这些作家、戏剧家为西北战地服务团写一个剧本,到西安以后演出。他们一口答应下来,边讨论边凑情节,理出人物,分出场次,边说边由战地服务团的几个团员记录。这个剧是反映一群逃难中的老百姓,拿起武器抗击侵略者的故事,是一出"表现中国人民抗击日寇的话剧"。到西安以后,由塞克整理出剧本,取名《突击》,交给战地服务团日夜排练。3月16日,在日军飞机频繁的轰炸声中,《突击》隆重公演,轰动整个西安。连续3天7场,场场观众爆满。中共副主席周恩来观看了演出,并且在凯丰的陪同下,接见了丁玲、塞克、萧红和端木蕻良一行,还与他们合影留念。演出效果极好,鼓舞了军民的士气,也得到不菲的票房收入①。《突击》后来刊登在1938年4月1日出版的《七月》第12期上,署名为塞克、端木蕻良、萧红、聂绀弩。远在别处的茅盾读到了端木写的《公演特刊》之后,高度评价这个剧本,以《突击》为题撰文:认为"编剧者、导演、演员都是真真实实生活在《突击》里的人,这是它最大的特色……"②

到达西安以后,丁玲一行西战团的人住在七贤庄的八路军办事处,萧红等作家住在民族革命大学设在西安的招待所,吃住都很好。因为《突击》上演的时候,曾有特务捣乱,作家们也觉得吃住好也没有大趣味,不如和战士们同甘共苦。为了他们的安全,也由于他们的强烈要求,有关方面不久就安排他们搬到了七贤庄。③他们体验到战斗的情趣,觉得生活很有意思。八路军办事处的院子里住着伤残的士兵,有一个伤残的女兵引起了萧红的关注。她问别人,她也是战斗员吗?回答的人很是含糊,也许是战斗员,也许是救护员,也说不定。当她再看那腋下支着两根木棍,同时摆荡着一只空裤腿的女人,她已经被一堵墙遮没了,只能看见两根白色新木的棍儿,还有她两肩每走一步都不得安宁的姿势。她想象那女兵将来也是要做母亲的,假设她的孩子问她,妈妈,你为什么少了一条腿呢?妈妈回答是日

---

① 曹革成:《我的婶婶萧红》,时代文艺出版社,2005,第115页。
② 茅盾:《突击》,1938年6月《文艺阵地》第1卷第4号。
③ 端木蕻良:《我与萧红》,曹革成《我的婶婶萧红》,时代文艺出版社,2005。

本帝国主义给切断的。她认为"作为一个母亲,当孩子指向她的残缺点的时候,不管这残缺是光荣过,还是耻辱过,对于做母亲的都一齐会成为灼伤的"。她由此出发,不仅是强烈地憎恨战争,而且憎恨所有野蛮的事物。连朋友对北方风沙的讴歌,都产生反感,"由之于厌恶和恐惧,他们对于北方反而讴歌起来"。①

萧红在西安摆脱了情感的纠葛,心情是愉快而充实的。她和田间、聂绀弩、端木蕻良分住在八路军办事处所在的梁府街女子中学大院里,那是一处高台上的一排屋子。她经常和丁玲见面,丁玲的性格无疑感染了她。据丁玲回忆:"……我们在西安住足了一个春天,我们也痛饮过,我们也同度过风雨之夕,我们也互相倾诉,然而现在想起来,我们说得是如何的少啊! 我们似乎从没有一次谈到过自己,尤其是我。然而我却以为也从没有一句话之中是失去了自己的,因为我们实在都太真实太爱在朋友的面前赤裸自己的精神,因此我们又实在觉得是很亲近的。但我仍觉得我们是谈得太少的,因为,像这样的能无妨嫌,无拘束,无须警惕着说话的对手是太少了啊!"②

萧红挣脱了萧军的情感陷阱之后,需要有人倾诉。有一天晚上,月色朦胧,萧红和聂绀弩在正北路上散步。萧红穿着酱色的旧棉袄,外披着黑色的小外套,毡帽歪在一边,夜风吹动帽外的长发。她一面走一面说,一面用手里的小竹棍敲那路边的电线杆子和街树。她的心里不平静,说话似乎心不在焉的样子,走路也一跳一跳的。脸白得跟月色一样。他们谈了很久,也说了很多。聂绀弩感受到她内心的悲伤,便鼓励她说:"飞吧,萧红! 你要像一只大鹏金翅鸟,飞得高,飞得远,在天空翱翔,自在,谁也捉不住你。你不是人间笼子里的食客,而且,你已经飞过了。"这是指她在哈尔滨的时候,回绝了弟弟要她回家的呼唤。

萧红说:"你知道吗? 我是个女性。女性的天空是低的,羽翼是稀薄的,而身边的累赘又是笨重的! 而且多么讨厌啊,女性有着过多的自我牺

---

① 萧红:《无题》,《萧红全集·散文卷》,北京燕山出版社,2014,第297页。
② 丁玲:《风雨中忆萧红》,王观泉编《怀念萧红》,黑龙江人民出版社,1981,第27页。

牲的精神。这不是勇敢,倒是懦弱,是在长期的无助的牺牲状态中养成的自甘牺牲的惰性。我知道,可是我还免不了想:我算什么呢？屈辱算什么呢？灾难算什么呢？甚至死算什么呢？我不明白,我究竟是一个人还是两个;是这样想的是我呢,还是那样想的是我？不错,我要飞,但同时觉得……我会掉下来。"

接着,萧红坦率地讲起了和萧军的关系:"我爱萧军,今天还爱,他是个优秀的小说家,在思想上又是同志,又一同在患难中挣扎过来的！可是做他的妻子却太痛苦了！我不知道你们男子为什么那么大的脾气,为什么要拿自己的妻子做出气包,为什么要对自己的妻子不忠实！忍受屈辱已经太久了。"

她说到和萧军共同生活的一些实况,讲到萧军在上海和雨田恋爱的经过……对于这些,聂绀弩虽然一鳞半爪地早有所闻,但从来也没有问过他们,听到萧红说起,在他大半还是新闻。他想起萧军在临汾临别时的嘱托,当时,还以为只有萧军蓄有离意;听到萧红诉说她的屈辱,才知道她也跟萧军一样,临汾之别,大概彼此都明白是永久的。

他们在马路上来回地走,随意地说。萧红说得多,聂绀弩说得少。最后,萧红说:"我有一件事要拜托你！"随即举起手里的小竹棍儿给聂绀弩看,"这,你以为好玩吗？"那是一根二尺多长,二十几节的软棍儿,只有小指头那么粗。她说过,是在杭州买的,带着已经一两年了。"今天,端木要我送给他,我答应明天再讲。明天,我打算放在箱子里,却对他说是送给你了。如果他问起,你就承认有这回事行吗？"

聂绀弩不假思索地答应了她。他知道萧红是讨厌端木蕻良的,她常说他是胆小鬼、势利鬼、马屁鬼,一天到晚在那里装腔作势的。可是马上想到,这几天,端木蕻良似乎没有放松每一个接近她的机会,莫非他在向她进攻吗？他想起萧军的嘱托。他说:"飞吧,萧红！记得爱罗先珂童话里的几句话吗？'不要往下看,下面是奴隶的死所！'……"[1]她的答话似乎

---

[1] 聂绀弩:《在西安》,王观泉编《怀念萧红》,黑龙江人民出版社,1981,第30页。

没有完全懂得聂绀弩的意思,当然,也许是聂绀弩没有完全懂得她的意思。

第二天下午,塞克兴冲冲地抱来几根木棍,告诉端木,这种木头做手杖最好,有弹力,不易折断。他掏出小刀,边说边削。端木蕻良也很有兴趣,在石堆里找了一块碎玻璃片,也来刮木棍。两个人正干得欢,萧红听到欢笑声,放下笔也走了出来,看见他们在削木棍,拿起树枝看了一下,笑着说:"这树枝再好,也没我的好!"转身回到屋里,拿出一根小竹棍儿来。萧红用竹棍轻轻敲了一下问端木蕻良,"怎么样?"聂绀弩、田间听到外面说话,也出来了。看到小棍儿,也议论了一番。傍晚,他们各自拿着小棍儿在散步的时候,端木蕻良恶作剧,趁萧红不备,轻轻敲打了一下她的小竹棍儿,小竹棍儿应声掉在地上。端木蕻良笑着说:"你那漂亮的小棍儿,还是没有我的结实吧?"萧红捡起小竹棍儿笑着说:"我就不信,我这棍儿没你的结实!"边说边拿竹棍儿打端木蕻良手里的棍儿。端木蕻良手中的棍儿被萧红的小竹棍儿狠狠地一击,断裂了。萧红得意地点头大笑,"怎么样?还是我的结实吧?"端木蕻良也笑着说:"我辛辛苦苦削成的棍儿被你打断了,你得赔我!"萧红高兴地说:"你不是说你的棍儿结实吗?"端木蕻良说:"这么着吧,把你那根小棍儿送我吧,我不要你赔了!"聂绀弩在一旁冷冷地说:"萧红这根小竹棍儿,我早就向她要了。"萧红不由一惊,但马上说:"这么着吧,我把这小棍儿藏起来,明儿早上你们到我屋里来找,谁找到就送给谁。"大家都说好,一边笑着,一边走回宿舍。第二天一早,萧红到端木蕻良屋里悄悄对端木蕻良说:"我的小棍儿在门背后,就看你找不找得到了。"说完就笑着走出去。吃过早饭,聂绀弩叫着端木蕻良,一起到萧红屋里找小竹棍儿。聂绀弩翻完萧红的箱子又翻萧红的床,端木蕻良却从门后挂的外衣里找到了那根小竹棍儿[①]。从这件事看,萧红对端木蕻良还是情有独钟的。对于聂绀弩来说,这根小竹棍儿意义深远,似乎是定情的信物。而对于端木蕻良

[①] 钟耀群:《端木与萧红》,中国文联出版社,1998,第26—27页。

来说,则是再平凡不过的小玩具。塞克削的木棍中有当马鞭来玩的,而小竹棍也有拟马鞭的功能。端木蕻良当时穿了马裤,而聂绀弩则穿了长衫,所以都觉得端木蕻良拿着比较相当。端木蕻良觉得穿马裤而拿马鞭也不合适,"只是为了好玩儿,也不会因得一个马鞭而多情起来。"①未解风情的端木蕻良置身于一群已婚的男女中间,也实在是懵懂得可怜。

有一次,在看西战团演出的时候,丁玲把萧红叫到外面,向她诉说自己的麻烦。她因为和西战团年轻的团员陈明热恋,而被人视为异端,反映到延安的总部。丁玲年纪大、名气大、职位又高,有关领导自然要加以过问,要她回到延安"述职"。丁玲的苦恼萧红自然理解,因为端木蕻良嘴严,她也告诉了端木蕻良。不知内情的聂绀弩跟着丁玲走了,他不明白早就打算跟着丁玲去延安的萧红,为什么放弃这个机会。②端木蕻良因为知道了丁玲的麻烦,所以也谢绝了聂绀弩的邀请,放弃了去延安的打算。③

聂绀弩在临行的头一天傍晚,在马路上碰见了萧红。

"你吃过晚饭没有?"她问。

"没有。正想去吃。你呢?"

"我吃过了。但是我请客。"

"你又何必呢?"

进饭馆后,萧红为聂绀弩要了两个菜,都是他爱吃的,还要了酒。萧红不吃,也不喝,隔着桌子望着聂绀弩。

"萧红,一同去延安吧!"

"我不想去。"

"为什么?说不定会在那里碰见萧军。"

"不会的。他的性情不会去,我猜想他到别的什么地方打游击去了。"

吃饭的时候,聂绀弩没有说话,萧红也不说话,只默默地望着,目不转

---

① ③ 端木蕻良:《我与萧红》,曹革成《我的婶婶萧红》,时代文艺出版社,2005。
② 曹革成:《我的婶婶萧红》,时代文艺出版社,2005,第116页。

睛地望着,好像窥伺她久别的兄弟姐妹是不是还和旧时一样健饭似的,在聂绀弩的记忆里,这是萧红最后一次含情地望着他。聂绀弩吃了满满三碗饭。

"要是我有事对不住你,你肯原谅我吗?"出了馆子后,萧红说。

"你怎么会有事情对不住我呢?"聂绀弩觉得很奇怪。

"我是说你肯吗?"

"没有你的事,我不肯原谅的。"

"那根小竹棍儿的事,端木没有问你吧?"

"没有。"

"刚才,我已经送给他了。"

"怎么,送给他了!"聂绀弩感到一个不好的预兆,"你没有说已先送给我了吗?"

"说过。他坏,他晓得我说谎。"

沉默了一会儿,聂绀弩说:"那小棍儿只是一根小棍儿,它不象征着旁的什么吧?"

"你想到哪里去了?"她把头望着别处,"早告诉过你,我怎样讨厌谁。"

"你说过,你有自我牺牲的精神!"

"怎么说得上呢?那是在说萧军的时候。"

"萧军说你没有处世经验。"

"在要紧的事上我有!"

但聂绀弩听见她的声音在发颤。

聂绀弩对她说:"萧红,你是《生死场》的作者,是《商市街》的作者,你要想到自己文学的地位,你要向上飞,飞得越高越远越好……"

第二天启行的时候,聂绀弩还在人丛中,向萧红做着飞的姿势,又用手指天空,她会心地笑着点头[①]。

[①] 聂绀弩:《在西安》,王观泉编《怀念萧红》,黑龙江人民出版社,1981,第30页。

丁玲大致是在3月中旬去延安,她走后不几天,萧军去五台转道到延安的消息传到了西安。3月11日,萧军只身背着褡裢、手拄木棍,渡过黄河,从山西吉县步行七八天,于18日到达延安。受到毛泽东、周恩来等中共领导人的接见和款待①。此外,还传来另外一些消息,萧红表现得很平静,西战团里的人由此判断他们已经分手了。

萧红和端木蕻良接触得更多了,常常主动找端木蕻良谈创作,谈她想写的题材,对写作的看法。也谈她的身世,她的祖父,她的有二伯。西安名胜古迹很多,端木蕻良最爱去的地方是碑林,尤其爱在《三教圣序碑》前观赏琢磨。这是唐代和尚怀仁从王羲之遗墨中集字书写而成的,内容是唐太宗为唐僧玄奘法师译佛经作的序文,和太子李治作的记,还有玄奘写的谢表和心经,所以统称《三藏圣教序碑》。端木蕻良从小喜欢王羲之的书法,这回要欣赏个够。萧红知道了,也和端木蕻良一起去,还要端木蕻良讲解,因为她也很喜欢书法。两个人常常乐而忘返,误了吃饭的时间,就在街上吃小吃。萧红特别爱吃粉皮,而且爱放很多醋,端木蕻良还以怀孕来和她打趣儿。不想,萧红发现自己真的怀孕了。当时常和端木蕻良、萧红在一起的,还有塞克、王力等人。他们喜欢在一起聊天,无拘无束地谈论问题。②

这个时期,萧红执笔,为了《突击》的发表和稿费问题,给胡风写了一封信。

胡兄:

我一向没有写稿,同时也没有写信给你。这一遭的北方的出行,在别人都是好的,在我就坏了。前些天萧军没有消息的时候,又加上我大概是有了孩子。那时候端木说:"不愿意丢掉的那一点现在丢了;不愿意多的那一点,现在多了。"

---

① 张毓茂:《萧军年谱》,载《跋涉者——萧军》,辽宁人民出版社,2000,第467页。
② 曹革成:《我的婶婶萧红》,时代文艺出版社,2005;及钟耀群:《端木与萧红》,中国文联出版社,1998。

现在萧军到延安了,聂也去了,我和端木尚留在西安,因为车子问题。

在西北战地服务团,我和端木和老聂、塞克共同创作了一个三幕剧《突击》,并且上演过,现在想要发表,我觉得《七月》最合适,不知道你看《七月》担负得了不?并且关于稿费请先电汇来,等钱用,是因为不知道什么时候要到别处去。

屠小姐好!

小朋友好!

萧红、端木 3月30日

塞克附笔问候

电汇到西安七贤庄八路驻陕办事处萧红收①

屠小姐是梅志,小朋友是他们的儿子晓谷。这封信坦然传递了她与萧军的分手,也透露了自己怀孕的消息。而和端木蕻良的关系,也显示出是可以交心的朋友性质。对于没有去延安的解释是交通问题,显然是在共产党员朋友面前虚言遮掩真实的原因。"不愿意丢掉的那一点"当指萧军,"不愿意多的那一点"当指胎儿。她最烦恼的是身体的变化,想打掉腹内的胎儿,但在战时的西安找不到一家像样的医院,丁玲走后,她连个可以倾诉商量的人都没有。因为,无法可施,便也听之任之,沉浸在对文化艺术的鉴赏中,也在和朋友们欢乐交往中排遣烦恼。

聂绀弩和丁玲到延安去了半个月,回来时多了一个萧军。他在延安住了半个月左右,等待去五台的机会。可是五台革命根据地已经陷入和日寇的激烈交锋,战事吃紧,交通受阻,他去打游击的计划难以成行。丁玲和聂绀弩看到他,劝说他与其无限期地等待,不如一起回西安参加西战团的工作。聂绀弩已经觉察到萧红与端木蕻良之间的亲密关系,而自己又没有可

---

① 实际上《突击》发表在1938年4月1日出版的《七月》第12期上,和信中的落款明显矛盾,不知道问题出在何处。

能改变这个状态,当初临汾分手的时候,萧军又有"托妻"之嘱,只有萧军具有"拯救"萧红的能力,所以也极力说服萧军回西安。

他们走进住处的院子,一个战地服务团的团员就喊:"主任回来了!"萧红和端木蕻良一同从丁玲的屋里出来,一看见萧军,两个人都愣住了一下。端木蕻良赶来和萧军拥抱,聂绀弩觉得他的神情中含着畏惧、惭愧,"啊,这下可糟了!"等复杂的意义。聂绀弩刚走进自己的房间,端木蕻良连忙赶过来,拿起刷子给他刷衣服上的尘土。他低着头说:"辛苦了!"聂绀弩听见的却是:"如果闹什么事,你要帮帮忙!"聂绀弩知道,比看见一切还要清楚地知道:那大鹏金翅鸟,被她的自我牺牲精神所累,从天空,一个筋斗,栽到"奴隶的死所"上了!①

萧军正洗涤着头脸上沾满的尘土,萧红走过去,在一边微笑着向他说:"三郎——我们永远分开罢!"这是不给萧军回旋的余地,他只能说:"好。"一面擦洗着头脸,一面平静地回答了她。萧红就走了出去,可见对于萧军决绝的态度。这是在临汾约定的,如果再见面,愿意在一起就在一起,如果不愿意在一起,就永远分开,也符合他对聂绀弩表达的态度,如果萧红不主动说分手,他绝不主动提出分手。屋子其他的人,也全都哑然,气氛很宁静。"我们的永远的'诀别'就是这样平凡而了当的,并没有什么废话和纠纷地确定下来了。"②

端木蕻良回到自己屋子里,萧红跟了进来。端木蕻良看见她一副精神低落的样子,便问道:"你不舒服吗?"萧红还没有回答,萧军就大踏步地走了进来,粗声粗气地对萧红和端木蕻良说:"萧红,你和端木结婚吧!我和丁玲结婚!"萧军说完了,还在屋里的破风琴上按了几下,发出一片杂乱的声音。萧红和端木蕻良都被这突如其来的风暴惊呆了,待缓过神来,萧红生气地说:"你这是什么话?你和谁结婚我管不着,我和谁结婚要你来下命令吗?"端木蕻良也很生气地说:"你也太狂妄了!你把我们当成什么人

---

① 聂绀弩:《在西安》,王观泉编《怀念萧红》,黑龙江人民出版社,1981,第30页。
② 萧军:《萧红书简辑存注释录》,黑龙江人民出版社,1981,第157页。

了?"萧军怒气冲冲地说:"我成全你们不好吗?"然后,又冲着端木蕻良说:"瞧瞧你那德性!"端木蕻良也怒冲冲地站起来说:"你想干什么?你怎么随便侮辱人!"萧军说:"我就是要好好教训教训你这小子!"萧红看萧军的架势是要打架,急忙走上去推着萧军说:"走!走!咱们有话到外面说去!"连推带拽地就把萧军拉了出去。

当时,端木蕻良和萧红虽然性情相投,但并没有到恋爱的程度。端木蕻良从小在女性无微不至的关怀下成长起来,把萧红对他的关心看作是理所当然的。他还从来没有考虑结婚的问题,特别是在战争期间。他痛苦地思来想去,不知是应该退出来,还是参与这个事情。端木蕻良很气愤,他想萧红有独立的人格,我也有独立的人格,我们有我们自己的自由和想法,还要你萧军来教我们吗?而且,萧红难道是一件东西?你甩给我,还是我端木蕻良找不着老婆,要你来成全这件事?这是对我们人格上的侮辱。至于我和萧红结不结婚,跟你完全不着边际,而且你这样一宣布,不等于你和萧红分手了吗?萧红本来就有摆脱萧军的心理,当然就更气愤了。端木蕻良认为,萧红想找任何人都可以找到,不一定非找我不可。①

当时两萧谈了什么,已经无从知晓。也可能是关于孩子的问题,萧军建议是不是生了孩子以后再离,如果她不愿意要他的孩子,可以由他抚养。两萧结婚6年一直没有孩子,萧军特别喜爱孩子……现在,他知道自己要做父亲了,即使萧红要永远离他而去,他也是希望要这个孩子。可是萧红离心已定,不再接受他的好意,也不愿意把孩子给萧军。②"端木蕻良听到萧红屋里有萧军和她争吵的声音,时而大,时而小,他们之间的火山爆发了。第二天,端木蕻良看见萧红的眼睛明显是哭过的,而萧军仍是一副满不在乎的样子。这一天,萧红没有到端木蕻良的屋里来,见到端木蕻良也没有打招呼。端木蕻良也没有和萧红打招呼,独自闷在屋里。"③

---

① 端木蕻良:《我与萧红》,曹革成《我的婶婶萧红》,时代文艺出版社,2005。
② 王德芬:《萧军年表》,《东北文学研究丛刊》1985年第2辑。
③ 钟耀群:《端木与萧红》,中国文联出版社,1998,第27—29页。

萧军一直寻求和萧红单独谈谈的机会,萧红警告他:"若是你还尊重我,那么你对端木蕻良须要尊重。我只有这一句话,别的不要谈了。"萧红匆匆离开了,愉快地走向丁玲的房间去了。然而萧军是有些话要说,即使是就此告别,当他约她外出的时候,萧红说,到外面散步也可以,只是"不能只单独的我们两个人。"只要她去,那么必定要约端木蕻良陪同。她是不给他单独的谈话的机会的。"那么你把那些给我保存的信件拿来吧!"萧军最后说。"在那边的房间里,我去拿。"他们两人单独地走进了隔壁的房间。当时战地服务团的团员们,都注意到两萧是单独走进那个空房间的。他们在院落里悄悄站着,远远地注视着,他们希望这个会谈完毕的时候,能望见两个愉快而幸福的脸色。①这不仅是西战团团员的愿望,也是所有深信这个"英雄救美"神话的人共同的愿望,破镜重圆也是中国古代传奇的一个原型,修补神话是所有人的良好期待。

大概就在这个夜晚,两个人爆发了激烈的争吵。已经明确了离婚,要把东西分开。隔壁端木蕻良听到他们主要是为了信件争吵,萧军把萧红的信分到自己那边。萧红说,信件是她的,已经分开了,应该拿回来,现在已经没有那种关系了。大概是萧军依仗体力,把萧红的信拿走了。可见,萧军是不情愿与萧红分手的,恋物癖式的抢夺萧红的信件,只是挽回两人关系的象征性行为。而在萧红看来,则近于要挟,大声喊叫:"你把信拿来,拿来!你拿去也没用,你公布于世也没用!"事已至此,端木蕻良觉得出于道义,只有站在萧红这一边了。对于他来说,这也是一个不眠之夜,他辗转反侧,考虑再三。他还没有结过婚,萧红的年龄又比他大,身体又不好,还怀了萧军的孩子。但在这种情况下,必须和萧红结婚,要不然她会置于何地?这以后,他们就经常在一起,关系也明确了。②

开始萧军也并不理会他们,大约以为萧红只是在赌气或者报复他。他仍然寻找单独和萧红沟通的机会,而萧红与端木蕻良则形影不离,大概便

---

① 骆宾基:《萧红小传》,黑龙江人民出版社,1981,第81页。
② 端木蕻良:《我与萧红》,曹革成《我的婶婶萧红》,时代文艺出版社,2005。

时而出现倒三角的"三人行"场面。有一天夜深人静,月亮还没有升起,三个人前后在路上散步,沉默着各自走着。到莲湖公园的门前,萧红建议:"我们到公园里去走走吧,好吗?"萧军反对:"这样晚了,到里面去走什么!"萧红坚持:"我要去。"萧军说:"要去,你一个人去。"萧红不肯,要端木蕻良和她一起去。萧军阻拦住端木蕻良:"你不能去!"萧红一个人愤愤地走进了两旁有树木的公园。夜色是幽暗的,四周分外寂静。她想,他以为我一个人害怕吗!她决然地向着林荫深处一直走着。突然她发觉背后遥远地传来萧军的脚步声了。她立刻离开走道,躲避到一棵树的背后隐匿起来,悄悄地侦听着。那健捷有力的脚步,匆促地走来了。"悄吟!"萧军停住,这样呼唤。萧红哑然,等萧军走过去,她就轻轻沿着来路独自走回去了。在公园门外,她会同端木蕻良走开去。萧军终于没有获得两个人单独会晤的机会①。

过了几天,萧军又突然向萧红提出复婚。不知萧军为什么突然转变,也可能是因为萧红怀了他的孩子,也可能是因为知道了丁玲和陈明的恋情,向丁玲求婚被婉拒。不管出于什么原因,这都使萧红和端木蕻良更生气了,萧红当然不干,觉得受到更大的侮辱。你宣布离婚,把我像送东西一样给了端木蕻良,完了又要复婚,天下哪有这样的事?萧红对端木蕻良说,这种人是市侩一样,绝对不能同他生活在一起。萧红肯定言辞决绝地回复了萧军,而萧军则不甘心,经常在萧红和端木蕻良外出吃饭的时候,拎着一根棒子,跟在他们后面一两百米的距离,这让萧红和端木蕻良觉得更加不堪。中国传统男人集体无意识中的"夺妻之恨",终于冲破现代文化薄薄的浮土,爆发为难以抑制的冲天怒气,但是了断的方式还需要现代文明的约束。

有一天晚上,端木蕻良正在屋里睡觉,萧军一脚踢开他的房门闯进来说:"端木蕻良你起来,我们去决斗!"端木蕻良看他是找别扭,便问道:"到哪决斗?"他说到城外。端木蕻良说,决斗还要找证人。萧军说,不需要,就咱们两

---

① 骆宾基:《萧红小传》,黑龙江人民出版社,1981,第82—83页。

个。传统和现代发生了抵牾,只有折中了。端木蕻良一边磨磨蹭蹭地穿衣服,一边说,走吧。萧军说话的声音很大,被隔壁房间中的萧红听到了,就赶过来说:"萧军,你不要耍野蛮,这是八路军办事处所在地,不是其他地方,你这套还是收起来吧!我的性格你是知道的,你要把端木弄死,我也把你弄死,这点你该相信我!我说话你是知道的,是算数的,你最好忍耐些。"①萧军了解萧红的性格,也由此知道她已经铁了心,遂作罢。萧红和萧军宿命般地分手了,带着各自的遗憾,也带着各自的满足,从此再也没有见过面。

4月下旬,他和塞克、音乐家王洛宾一起,离开了让他感到挫败的西安去了新疆,准备投身那里的抗日救亡运动。当时的新疆王盛世才出于政治目的和苏联交好,以左翼的面目招徕人才,抗拒东西方各种势力的侵入,不少文化人拥向那里。4月28日,他们到达兰州,由于交通受阻,滞留了下来。萧军在那里结识了王德芬姑娘,于6月2日至4日在《民国日报》上刊登了订婚启事。结婚后养育了8个孩子,终生厮守在一起。②

为了摆脱萧军的纠缠,萧红和端木蕻良决定看萧军的走向,如果他向北,他们就向南。最初,他们是想去延安的,4月,臧云远等人创办的《自由中国》创刊号上,还刊登了"萧红、端木"前往延安的消息。③他们听说萧军北行,以为他去了延安,就放弃了最初的打算。这使丁玲十分遗憾:"那时候很希望她能来延安,平静地住一时期之后而致全力于著作,抗战后短时期的劳累奔波,似乎使她不知在什么地方能安排生活,她或许比较我适于幽美平静,延安虽不够作为一个写作的百年长计之处,然在抗战中,的确可以使一个人少顾虑日常琐碎,而策划于较远大的。并且这里有一种朝气,或者会使她能更健康些。但萧红却南去了,至今我还很后悔那时我对于她生活方式所参与的意见是太少了。这或许由于我们相交太浅,和我的生活方式离她太远的缘故,但徒劳的热情虽然常常于事无补,然而个人仍可得

---

① 钟耀群:《端木与萧红》,中国文联出版社,1998。
② 张毓茂:《萧军年谱》,《东北文学研究丛刊》1985年第2辑。
③ 曹革成:《我的姐姐萧红》,时代文艺出版社,2005,第118页。

到一种安心。"① 萧红没有接受丁玲的建议,她放弃了去延安的打算。除了因为萧军可能在延安之外,是否还有其他的想法呢?她为了反抗父权社会的包办婚姻,逃离了封建乡绅地主的家庭,在民族危亡的重要关头投身左翼文艺运动,在受到反动势力迫害追捕的同时,也同样感到左翼文艺队伍内部男权文化的压迫,以及意识形态的话语霸权。在阶级意识、民族意识之中,又孕育着强烈的性别意识,这是否是她最终没有去延安的根本原因呢?

萧红和端木蕻良在《突击》剧本完成之后,就曾经急于回武汉。② 此时,池田幸子来信,叫萧红去武汉。她们从上海分手之后,就没有见过面。鹿地亘和池田幸子是从广州到达武汉的,郭沫若主持的政治部第三厅给鹿地亘一个设计委员的名义,分给他一座小房子,还配备了两个警卫员③,夫妇俩从事反战宣传和翻译的工作。池田的主要任务就是同日本战俘宣传讲话、照相、录像。④ 池田在信中说:"我在这可成明星了。但朋友太少了,你赶快来吧,要不我简直寂寞死了。"这样,萧红和端木就迅速决定回武汉。⑤

1938年5月上旬,萧红和端木蕻良乘上火车返回武汉。西战团的团员和他们一一惜别。田间为萧红和端木蕻良分别写了送别的诗,收入自己的诗集《呈在大风砂里奔走的岗卫们》,这本诗集由丁玲作序,编入《西北战地服务团丛书》公开出版。田间写给萧红的诗饱含深情:

中国的女人都在哭泣。
在生死场上哭泣,在火边哭泣,在刀口哭泣,
在厨房哭泣,在汲井边哭泣。
啊,让你的活跃的血液,

---

① 丁玲:《风雨中忆萧红》,王观泉编《怀念萧红》,黑龙江人民出版社,1981,第27页。
②⑤ 端木蕻良:《我与萧红》,曹革成《我的婶婶萧红》,时代文艺出版社,2005。
③ 胡风:《胡风自传》,江苏文艺出版社,1996,第83页。
④ 曹革成:《我的婶婶萧红》,时代文艺出版社,2005,第119页。

从这战斗的春天的路上，

呼唤姐妹，提携姐妹，

——告诉她们，从悲哀的家里，

站出来——到客堂吃饭，上火线演说，去战地打靶……

中国的女人不能长久哭泣。

1938年5月14日，全国文协的刊物《抗战文艺》一卷四号上刊发了一则消息："萧军、萧红、端木蕻良、聂绀弩、艾青、田间等，前于11月间离汉赴临汾民大任课。临汾失陷后，萧军已与塞克同赴兰州，田间入丁玲西北战地服务队，艾青、聂绀弩先后返汉，端木蕻良和萧红亦于日前到汉。"

第三十六章
退回武汉

在火车上,萧红和端木蕻良商量着未来的生活。萧红想到武汉登一个和萧军分开的启事,说明分手的原因,被端木蕻良劝阻住了。他认为萧红和萧军本来就是同居的关系,何必非给无聊小报添加新闻。在端木蕻良的劝说下,萧红放弃了原来的打算,但下决心不要萧军的孩子,准备到武汉就找人把他打了。端木蕻良不同意,他既然接受了怀孕的萧红,也就接受了腹中的孩子。他认为孩子是无辜的,而且萧红身体不好,强行打胎会伤及她的身体,莫如生下来。何况在战争时期,自己也不会让萧红再生孩子了,既然已经怀孕了,不如生下来。在这个问题上,萧红坚决不让步,表示无论如何不能要这个孩子,否则后患无穷,会有没完没了的是非。[①]

车到武汉以后,端木蕻良和萧红先找到胡风在小朝街的家。等到傍晚时分,胡风夫妇才从外面回来。在此之前,艾青先期到达武汉,他带来萧红给胡风的信,并且告诉他萧红和端木蕻良同居了。这使胡风夫妇很吃惊,尽管胡风在他们去临汾之前就已经看出苗头,但是心里还很不是滋味。他们和萧军彼此之间是极其信赖的朋友,对端木蕻良都有很深的偏见,不愿意接受这样的结局,但是觉得事已至此,也就没有什么可说的。萧红急于要见池田幸子,他们就把鹿地亘夫妇也约了来,不太情愿地在饭馆请他们

---

① 曹革成:《我的婶婶萧红》,时代文艺出版社,2005,第119页。

吃了晚饭。①当晚,萧红就住到了池田幸子的家,端木到亲戚家去借钱。

第二天上午,他们到小金龙巷21号找蒋锡金,打听房子的情况,如果可以就住在那。②锡金问了他们别后的情况,还问了萧军的去向。他说:"小金龙巷的房子我还租着,要住现在还可以去住。不过我已经3个月没有付房租了,每个月的房租是十六元,现在要去得付四十八元,现在我拿不出这个数目来。只要能拿出一个月租金就可以住进去,反正你在那里住过,同住的人认识你们,你找哪家都行,另外的两个月归我付。"端木蕻良说他能付,锡金就把房间钥匙交给他。③

从小金龙巷21号出来,下午,他们又到了胡风家。正好胡风的朋友张止戈夫妇回请胡风夫妇,就约了萧红、端木蕻良和鹿地亘夫妇一起赴宴。张止戈的妻子姚楚琦是胡风在日本留学时的朋友,曾与周颖一起到监狱探望坐牢的胡风。张止戈此时已经就任某师团长,即将奔赴前线杀敌。不久之前,胡风约了聂绀弩、吴奚如,为张止戈饯行,所以有这次的回请宴席。④

第三天,端木蕻良安置好了以后,又和萧红来到胡风家。端木蕻良站在蔷薇花丛的阴影下,萧红和胡风一家随便地坐着。萧红说到她在西安的那段情况,她见到丁玲,对她解放的思想和生活方式,表示了吃惊和不习惯。最后,她向胡风夫妇宣告,已经同萧军闹开了,我现在同他(用嘴向蔷薇花丛那方向努了努)在一起过了。在梅志和胡风的感觉中,端木蕻良只冷冷地似笑非笑地表示了一下。胡风夫妇对这消息并不感到突然,但也没有任何表示,连句祝贺的话都无法说出口。有一次,池田幸子到胡风家发起牢骚来:"我请她住在我家,有一间很好的房子,她也愿意。谁知晚上窗外有人一叫,她跳窗逃走了。"说完又气恼地补上一句,"好像夜猫子一样,真没办法!我真的没办法!"⑤可见,萧红和端木蕻良的关系,一开始就受

---

①④ 梅志:《胡风传》,十月文艺出版社,1998,第386页。
② 钟耀群:《端木与萧红》,中国文联出版社,1998,第34—35页。
③ 锡金:《乱离杂记》,庐湘《萧军萧红外传》,北方妇女儿童出版社,1986,第2—4页。
⑤ 梅志:《"爱"的悲剧》,《花椒红了》,中国华侨出版社,1995,第2—3页。

到所有朋友的质疑。胡风曾对她说:"作为一个女人,你在精神上受了屈辱,你有权这样做,这是你坚强的表现。我们做朋友的为你能摆脱精神上的痛苦是感到高兴的。但又何必这样快?你冷静一下不更好吗?"这很可能伤害了萧红的自尊心,尤其使端木蕻良不高兴,从此,他们和胡风就越来越疏远了。①不仅是原本属于萧军旧友的东北作家,也不仅是以胡风为旗帜的《七月》同人,几乎所有革命营垒中的左翼作家都排斥端木蕻良,晚年丁玲坦陈:"我对端木蕻良是有一定看法的。端木蕻良和我们是说不到一起的,我们没有共同语言。我们那儿的政治气氛是很浓厚的,而端木蕻良孤僻、冷漠,特别是对政治冷冰冰的。早上起得很晚,别人吃早饭了,他还在睡觉,别人工作了,他才刚刚起床,整天东逛逛西荡荡,自由主义的样子。看那副穿着打扮,端木蕻良就不是和我们一路人。"②在左翼作家的圈子里,端木蕻良是一个带有资产阶级特征的知识分子,是个不可能服从革命纪律的另类。也许正是这点自由主义的艺术家精神,端木蕻良吸引了萧红。实际上,萧红面对的是友谊与爱情的艰难抉择,和端木蕻良结合就要和原有的朋友疏远。

这个时期,郁达夫在报纸上登了寻妻启事,把他与王映霞的矛盾公之于众,引起舆论哗然。这很荒唐,他的妻子王映霞此时正住在金家楼上的曹处长家,她和曹家可能是朋友。这正好给国民党的CC派一个口实,借此攻击左翼作家。许绍棣能在浙江省发出通缉"堕落文人"周树人的通缉令,他们也可以趁机陷害郁达夫。CC派正准备动员各报大干一场的时候,郭沫若、阳翰笙暗中调解,一面劝阻郁达夫,说服他登报启事向王映霞公开道歉,一面向CC派疏通。最后,还是陈立夫顾全大局,没让他的部下闹事,把事态平息下去。郁达夫从此很少在公开场合露面,后来经香港去了新加坡,最终还是和王映霞离婚了。③萧红曾对端木蕻良说:"我又怎样对待他呢?他说他是我同一战线的伙伴。"面对朋友的质疑,萧红是很想把爱情的

---

① 胡风:《悼萧红》,《萧红》,人民文学出版社,1984,第2页。
② 丁玲1981年6月24日接受美国学者葛浩文访问的谈话录音。转引自孔海立《忧郁的东北人——端木蕻良》,上海书店出版社,1999,第93页。
③ 梅志:《胡风传》,十月文艺出版社,1998,第390页。

苦杯倾倒一下,为了顾全大局,只好封存在心底。①她终结了和萧军的关系,却没有走出萧军影响的阴影。对于萧军来说也是旧情未了,1939年5月16日,他在日记中写道:"他们说和我感到压迫,妨害了他们的伟大,红就是一例,她已经寻找到了不妨害她伟大的人。"②

然而,萧红是坦然的,她认准要走的路就不在乎别人的评价。此后,她到胡风家基本上是独自一人,遇到胡风不在的时候,就和梅志闲谈。梅志觉得可能是因为萧红怀孕,更愿意和女人接触。她常常谈起小时候在东北生活的情形,描述南方人难以想象的寒冷。她谈起自己刚上小学的时候,要小便又不敢举手,结果尿了裤子,等到放学回家,把裤子脱下来,棉裤已经冻得都可以立着不倒。听萧红闲谈陈年往事,梅志像是听海外奇谈。萧红自己却嘻嘻哈哈地笑着,好像说别的孩子的故事。金家花园里开满了各色鲜花,非常喜欢花草的萧红和梅志常坐在花房前聊天,有一次,见到梅志的儿子晓谷在抓蚂蚁,她焕发出童心,和他一起玩起来。还漫不经心地对梅志说:"孩子顶可爱的,尤其三四岁,似懂非懂顶好玩。"晓谷很喜欢她,一口一个"萧姑姑",比起以往来,对萧红更亲热了。梅志看出萧红对孩子似乎有一种天然的亲近与爱怜,就对她说:"看得出你喜欢孩子,将来一定能把孩子带好。"萧红长长叹了一口气说:"我?孩子?那太缠人了,麻烦……"后面的话咽了下去。

4月29日下午,《七月》杂志社召开了第三次座谈会,就"现时文艺活动与《七月》"的总题目,展开了热烈的讨论。参加这个座谈会的有胡风、端木蕻良、鹿地亘、冯乃超、楼适夷、奚如、辛人、宋之的和艾青等。萧红也参加了这个座谈会,针对急功近利的文学观念,她在会上阐述了自己对文学基本的看法:

---

① 曹革成:《我的婶婶萧红》,时代文艺出版社,2005。据作者说:"端木晚年回忆此类事情时,几次表示:萧红在一些问题上看得是很准的,她有几次的提议现在看来都非常重要,而且证明了她的预见,可惜都被我给阻止了。"这也使目前的研究者备感困难,真正的当事人缺席,所有的叙事都带着各自的立场,考辨起来十分繁难。

② 《萧军日记》,《萧军全集》第18卷,华夏出版社,2008,第468页。

胡风对于他自己没有到战场上去的解释,是不是矛盾的?你的《七月》编得很好,而且养育了曹白和东平这样的作家,并且还希望再接着更多地养育下去。那么,你也丢下《七月》上战场,这样是不是说战场高于一切?还是为着应付抗战以来所听惯了的普通的口号,不得不说也要上战场呢?

关于奚如对于作家在抗战中的理解,我有意见的:他说抗战一发生,因为没有阶级存在了。他的意思或是说阶级的意识不鲜明了,写惯了阶级题材的作家们,对于这刚一开头的战争不能把握,所以在这期间没有好的作品产出来,也都成了一种逃难的形势。作家不是属于某个阶级的,作家是属于人类的。现在或是过去,作家们写作的出发点是对着人类的愚昧!那么,为什么在抗战之前写了很多文章的人而现在不写呢?我的解释是:一个题材必须要跟作者的情感熟习起来,或者跟作者起着一种思恋的情绪。但这多少是需要一点时间才能把握住的。①

这一段话对于理解萧红的创作,特别是理解她后期的创作,无疑是至关重要的。萧红的文艺思想带有更多的启蒙的色彩,即使是在抗战救亡压倒一切的时期,她也强调作家的人类属性,而反对狭隘的阶级意识与民族意识。她把"人类的愚昧"当成主要的敌人,显然更重视那些超越了阶级性的普遍落后意识和人性因素。这与鲁迅"改造国民性"的思想是一脉相通的。此前,她开始写作的《呼兰河传》,其中大量写到呼兰小城中一般民众的迷信、保守、冷漠、势利和自私,正是这一思想的主题显现。而且,当时最大的"人类的愚昧"就是法西斯的战争,萧红的文学主张也没有脱离大的时代主题。关于题材的问题,她强调作家对生活的熟悉,反对那种急功近利的文学观念,特别是战场高于一切的观点。从这两个方面,都可以看出萧红已经是一个有着独立思想的成熟的文学家,而且文学观念非常朴实。这

---

① 《现时文艺活动与〈七月〉》,《七月》1938年第15期。

是她的作品能够超越自己的时代,流传至今的主要原因。

此外,她还就座谈会的形式提出了自己的意见:

> 还有,下一次座谈会一定要请记录人,这种不能成为座谈会。谈话是跟着声音继续的,这样的间隔法,只能容少数人,或是完全庄严的理论和一篇文章一样的谈话才能够发表。比方今天,有半数的人只得到了坐着的机会,而没有听到他们的声音,我看到他们感到寂寞的样子。这是对于同坐人的不敬。

从这个情节,也可以看出萧红鲜明的个性,可见她精神的修养与坦荡开阔的胸怀。

5月初,端木蕻良的三哥曹京襄请了婚假,从浙江上虞来到武汉,与女友刘国英举行订婚仪式。订婚宴席办得极为风光,刘国英的父亲刘秀瑚老先生的同事,刘国英的同学,端木蕻良文化界的朋友都来助兴。萧红因为与池田幸子在外面办事,没有及时赶过江来,参加这次铺张的婚宴。事后,萧红听说了婚宴的排场,向端木蕻良表示自己的婚礼不能这样办。

曹京襄在武汉期间,知道小弟端木蕻良要和萧红结婚,表示不可思议。他多次对弟弟的选择深感惋惜,不明白自己前程似锦、才华横溢的弟弟,为什么偏要娶这样一位一脸病容、还怀着别人的孩子的女士。萧红比端木蕻良大,又是结过婚的,母亲如果知道,一定不会同意。端木蕻良对他三哥说,这是他自己的事,不告诉妈妈就行了。并且决定近期就举行婚礼。端木蕻良备受艰辛屈辱的母亲也一直惦记着小儿子的婚姻大事,好在山高水远,他们向母亲隐瞒了萧红的情况,只笼统地告之端木蕻良结婚的事实。他三哥知道端木蕻良的脾气,觉得他们已经到了这种程度,劝也不会起作用了,就在临走的时候,给端木蕻良留了一笔钱,当结婚的费用。①

---

① 曹革成:《我的姐姐萧红》,时代文艺出版社,2005,第119页。另参见钟耀群《端木与萧红》,中国文联出版社,1998。

与端木蕻良的关系加上文学观念的特立独行，都使朋友们和萧红在心理上产生隔阂。萧红又不能公开回应周围质疑的目光，只能以曲折的文笔解释自己的心事。5月15日，她写了《无题》，借助风景与伤残女兵的话题作为答辩：

被合理所影响的事物，人们认为是没有力量的（弱的）或者也就被说成生命力已经被损害了的（所谓生命力不强），比方屠介（格）涅夫在作家里面，人们一提到他：好是好的，但，但……但怎样呢？我就看到过很多对屠介（格）涅夫摇头的人，这摇头是为什么呢？不能无所因。久了，同时也因为我对摇头的人过于琢磨的缘故，默默之中感到了，并且在我的灵感达到最高潮的时候，也就无恐惧起来，我就替摇头者们嚷嚷着说："他的生命力不强！"

屠介（格）涅夫是合理的，幽美的，宁静的，正路的，他是从灵魂而后走到本能的作家。和他走同一道路的，还有法国的罗曼·罗兰。

别的作家们他们则不同，他们暴乱、邪狂、破碎，他们是先从本能出发（或一切从本能出发）而后走到灵魂。有慢慢走到灵魂的，也有永久走不到灵魂。那永久走不到灵魂的，他就永久站在他的本能上喊着："我的生命力强啊！我的生命力强啊！"

但不要听错了，这可并不是他自己对自己的惋惜，一方面是在骄傲着生命力弱的，另一方面是在招呼那些尚在向灵魂出发的在半途上感到吃力，正停在树下冒汗的朋友们。

听他这一招呼，可见生命力强也是孤独的。于是我这佩服之感也就不完整了。

偏偏给我看到的生命力顶强的是日本帝国主义。人家都说日本帝国主义野蛮，是兽类，是爬虫，是没有血液的东西。完全是荒毛呀！

这篇文章发表在1938年5月16日《七月》第2集第12期。据说当年的不少读者看了,对其中的隐含所指都心知肚明:"谁是像屠格涅夫、罗曼·罗兰式的,看起来'生命力不强',却是'合理的,幽美的,宁静的,正路的',是'从灵魂而后走到本能的作家'？谁是'暴乱、邪狂、破碎'的,喊着'我的生命力强啊！'而'永远走不到灵魂的作家'？"①萧红以这篇文章表达自己情感心迹的同时,也有向《七月》朋友表示精神疏离的用意,其中,"那位一路上对大风讴歌的朋友"当为艾青,他写作了《北方》,而这让萧红有时"感到是被侮辱着了"。这是萧红在《七月》上发表的最后一篇文章,这一期杂志也是《七月》(半月刊)的终刊,因此具有和以往朋友们精神告别的意味,此后的《七月》同人风流云散,萧红和他们也没有了亲密的来往。她这个时期交往面很广,主要是尽弃前嫌之后的东北老朋友罗烽、白朗、舒群,再就是正在编辑《自由中国》的臧云远等端木蕻良旧交,还有他们共同结识的新朋友老舍、臧克家、王西彦、曹靖华和姚雪垠等等。②萧红这篇文章的隐喻性,还有对自己以往情感生活的祭奠,萧红和端木蕻良已经定于这个月的下旬举行婚礼,因此这篇文章也带有了宣言的性质。

但萧红最大的心病是肚子里的孩子,即使端木蕻良愿意接受他,萧红也不愿意增加端木蕻良的负担,何况这个孩子是他和萧军几乎恩断情绝的时候到来的,本身就没有给她带来做母亲的喜悦。一心想和端木蕻良开始正常生活的萧红,自然想把以往的遗留问题处理清楚,无牵无挂地重新开始。加上漂泊不定的战争环境,她自然不情愿孩子的到来。梅志也发现自己怀孕了,曾经在街上晕倒过,她的第一个孩子还很小,战争形势的严峻与生活状况的困顿,也都使她无法接受这个孩子的到来。5月下旬,她决定和房主人的夫人一起去找医生准备打胎,萧红知道后就和她们一起去。医生说打胎要一百四十元钱,萧红吓了一跳,根本出不起这笔钱,梅志她们也出不起,几个人只好无可奈何地离开了医院。③萧红还曾托锡金帮助找一个医生给她打胎。因为当时人工流产是非法的,医生要负刑事责任,锡金

---

①② 曹革成:《我的姐姐萧红》,时代文艺出版社,2005,第123页。
③ 梅志:《"爱"的悲剧》,《花椒红了》,中国华侨出版社,1995。

也没有办法。锡金问她几个月了,她说5个月了。锡金问她是谁的?因为过于熟悉,这样直白无礼的提问,让萧红很生气,回答说是萧军的。①锡金说,晚了,有生命危险的;况且,是萧军的更应该生下来,这是一条小生命!萧红流泪了,她说自己要一个人维持生活都很困难,再要带一个孩子,那就把自己完全毁了。说着泣不成声。锡金说我认识的医生只有于浣非,你也认识的。萧红大声说,不要,我不要找他,不能找他!锡金就劝她还是生下来,并且安慰她说:"也不要太担忧,孩子生下来总能有法子,这么多朋友也不能看着你不管,可以托人抚养,也可以赠送给别人,好好生下来罢。"②萧红不愿意于浣非参与自己打胎的事,主要原因大概是由于他也是萧军的老朋友,从哈尔滨时期就相识,在上海、武汉都有来往,她打胎是为了一了百了地割断和萧军的联系,而且需要秘密进行,以于浣非和萧军的关系很可能遭拒绝,作为家在宾县的东北老乡也极容易把这个消息扩散到故土。萧红的逃离简直是艰苦卓绝,随时随地都纠缠在萧军的人事关系网中。

端木蕻良的三哥曹京襄走了以后,端木蕻良和萧红也开始准备婚礼。尽管端木蕻良对形式看得很淡,但是出于对萧红的尊重,也执意要把婚礼办好。因为他认为,萧红一再被男人欺侮,和没有正式举行婚礼有关,男人因为没有婚姻形式的约束便没有责任感,可以肆无忌惮地和其他女人谈情说爱。也希望通过正式的婚礼,让自己的亲友接纳她。萧红虽然和两个男人同居过,但是都没有体会过做新娘的喜悦,也愿意有一个正式的场合向所有朋友证明自己严肃的感情。萧红和端木蕻良决定,5月下旬在汉口大同酒家举行婚礼。萧红送给端木蕻良四颗南国的相思红豆,有两颗装在橘黄色的丝袋里,是鲁迅送给萧红的。另外两颗装在薄牛皮纸信封里,是许广平送给萧红的,是一份定情物。③

---

① 端木蕻良:《我与萧红》,曹革成《我的婶婶萧红》,时代文艺出版社,2005。
② 锡金:《乱离杂记》,庐湘《萧军萧红外传》,北方妇女儿童出版社,1986,第2—4页。
③ 倪美生:《萧红遗物的几点说明》,《北方论丛》第4辑,第202页。

池田幸子听说这个消息后,就送来一块很贵重的旗袍料子,当作结婚礼物。并且告诉萧红,这是她刚到中国的时候,因为生活没有着落而当业余舞女,她的异国身份和特异的舞姿吸引了孙科,孙科想接近她,就送了很多东西给她,这块贵重的衣料是其中之一。池田幸子说,我不想穿这种人送的衣料,就转送给你吧,你在新婚中,来不及购买。萧红和端木蕻良商量,东西是要接受的,但是也不愿意穿孙科送的衣料结婚。萧红另外选购了一块紫红的丝绒和衬里的黑纺绸,还买了黄色的半高跟皮鞋。她自己缝制了一件连衣裙,刘国英帮助她改得更合体一些。在刘国英的眼睛里,文化人的穿戴总是怪怪的,她说自从认识萧红以后,"就没有见她穿一件正式旗袍,总是不中不西的。"端木蕻良理了发,定做了一身浅驼色的西服,买了红领带。

端木蕻良向刘国英提出,请她的父亲刘秀瑚当证婚人。开始这位从旧习俗中走出来的老先生不同意,一听萧红的情况就对女儿说,端木蕻良是个作家,也不能把婚姻当儿戏,哪有头婚这样择妻的,连个忌讳也不避。在女儿的劝说下,他最终还是答应了,作为端木蕻良的家长代表,事后对婚礼的排场也表示满意。可见,端木蕻良所要承受的心理压力也是非常大的,萧红几乎遭到整个家族和所有联姻的社会关系的心理排斥。婚礼当天赶到大同酒家祝贺的,主要是端木蕻良在武汉的亲友,刘国英和她的同学窦桂英等,还有艾青、胡风等文化界的朋友,一共有十二个人左右,坐了一个大圆桌。盛装的新郎和新娘出现在典礼上的时候,所有的人都眼前一亮,觉得是儒雅、漂亮的一对。萧红生性喜欢热闹欢快,被那么多人簇拥着,自然感到充实而满足。胡风担任司仪,大家频频举杯,气氛庄重而热烈。刘老先生发表了讲话,坐了一会儿就告辞了。这样,一群年轻人就更加自由,说笑打闹,宴会结束以后,还一起出去逛了街。①据说胡风还提议新郎新娘介绍恋爱经过,把喜庆的气氛推向了高潮。萧红对众人说:"张兄,掏

---

① 曹革成:《我的婶婶萧红》,时代文艺出版社,2005,第119—120页。

肝剖肺地说,我和端木蕻良没有什么罗曼蒂克式的恋爱历史,是我在决定与三郎永远分开的时候才发现了他。我对他没有什么过高的希求,只是想过正常的老百姓式的夫妻生活。没有争吵、没有打闹、没有不忠、没有讥笑,有的只是互相谅解、爱护、体贴。"她还说,"我深深感到,像我眼前这种状况的人,还要什么名分,可端木却做了牺牲,就这一点我就感到十分满足了。"①

萧红好像欠了男人的债,萧军是她的"拯救者",端木蕻良则是她的"牺牲者"。她的心理问题仍然没有最终解决,传统文化心理不时冲破前卫思想,左右着新女性们的命运。这正是她临终以前向骆宾基陈述的,和萧军分手是一个问题的结束,和端木蕻良结合则是另一个问题的开始,两个问题出于一个深层的心理症结。

当天送走所有的亲友,两个人回到新房,那是大同酒家的头等包房,红宫灯映照着锃亮的大铜床、紫檀木的梳妆台。端木蕻良与萧红在镜子里看到自己喜悦的脸色,幸福地长久拥抱在一起。只是,"处子诗人"面对怀孕的新娘,感到了手足无措的尴尬,他不知道应该怎么办。这让萧红意外感动,觉得可是遇见懂礼的人了,不免又想起东兴顺旅馆中的辛酸往事。端木蕻良自然好言安慰,内心涌起对这个才华横溢的病弱女子无限的爱怜。第二天,他们就搬回了小金龙巷21号。萧红把家布置得很漂亮,桌上铺了桌布,摆了花瓶,还插上几支康乃馨。②这个时期,萧红不再抽烟、喝酒、打小牌。③

抗战以后,他们发表的文章不多,没有什么稿费收入。端木蕻良的长篇小说《大地的海》马上要出版,但是稿费一时还支不出来。为了维持家庭的日常开销,付房租、解决两个人的伙食费用,他就给在广州的茅盾写信求

---

① 国兴:《文坛驰骋联双璧》,《铁岭师专学报》1994年第1期,第39页。转引自孔海立《忧郁的东北人端木蕻良》,上海书店出版社,1999,第99页。
② 钟耀群:《端木与萧红》,中国文联出版社,1998,第39页。
③ 赵淑敏:《埋藏在心底的她》,孙延林主编《萧红研究》第一辑,哈尔滨出版社,1993,第141页。

助。茅盾写来贺信表示支持他们的结合,还寄来了一百元礼金的支票。不久,《大地的海》由上海文化艺术出版社出版,得到一笔不小的稿费,使他们手头宽裕了。他们得以安安静静地创作,朋友来得也不多。端木蕻良不让萧红在家做饭,两个人食量都不大,就常常在饭馆里就餐,所费不多,可以节省出时间写作。①只有萧红来了兴致的时候,才做她拿手的菜。端木蕻良是生活能力很差的人,因为整天沉浸在创作中,而丢三落四、糊里糊涂。他把钱全部交给萧红管,独自出去的时候,再管萧红要。萧红给他起了一个外号,叫小懒虫。②

如果说萧军和萧红的关系更像父女的话,萧红和端木蕻良的关系则像姐弟。萧军的家长作风严重,粗鲁的性格和过分保护的倾向常常无意地伤害萧红的自尊心。端木蕻良的依赖性很强,久而久之萧红也会产生劳累感。但在新婚蜜月之中,萧红对此并没有什么太多的反感,反而获得独立自主、当家做主的尊严感。而且,从一开始,她就觉得端木蕻良为她做了牺牲,出于感激也会尽量安排好他的生活,何况爱情本来就是无条件的心甘情愿。

蒋锡金自然是不愿意去看他们的,多年的老友张梅林也很少去看她,因为对于小金龙巷21号的那间房子有着不必要的联想。多数时候,是萧红和端木蕻良到张梅林那里去,或者偶尔一同去蛇山散步。张梅林回忆说:

"是因为我对自己的生活处理不好吗?"有一次她看见我时,如此突兀地说。

"这是你自己的事。"

"那么,你为什么用那种眼色看我?"

"什么眼色?"

---

① 曹革成:《我的婶婶萧红》,时代文艺出版社,2005,第121页。
② 钟耀群:《端木与萧红》,中国文联出版社,1998,第39页。

"那种不坦直的,大有含蓄的眼色。"

我默然。

"其实,我是不爱回顾的,"她说,"你是晓得的,人不能在一个方式里面生活,也不能在一种单纯的关系中生活,现在我痛苦的是我的病……"①

比她的病更加严峻的是时局的恶化。1938年4月,日军在制订徐州会战计划时,就把进攻武汉纳入其中。5月19日,国民政府放弃徐州,武汉三镇保卫战拉开序幕。5月31日,全国文协在汉口中山公园举办游园活动,主要目的是向会员汇报会务和战争来临之后的工作计划。萧红和端木蕻良一起出席,当天参加活动的还有老舍、臧克家、艾青、胡风、臧云远、王鲁彦、穆木天等四十七位会员。7月上旬,日军向武汉地区不断增加兵力。7月26日,日军攻占九江,集结了主力部队。8月5日以后,第九战区拟定保卫武汉的作战计划,武汉三镇市民开始向四处撤退。武汉大学停课,学生自行疏散。形势迅速恶化,武汉周边地区一块一块地丧失,大撤退开始了。②

早在6、7月间,武汉保卫战开始之初,日寇已经分兵五路钳向武汉。国民党政府发出了"保卫大武汉"的号召,但是人们,越是上层的人越不相信他们能保卫得住,于是许多达官要人带头,包括一些工厂企业,甚至政府机关,也像堤坝下有了裂缝泄漏的水似的都往西流。"中华全国文艺界抗敌协会"的总会已经由姚蓬子带头去重庆筹备搬迁了。"军事委员会政治部第三厅"也准备着要搬迁。一些"个体"的文化人有路可走的也扶老携幼地纷纷走了不少。保卫大武汉的口号喊得越响,越是造成人们的惶惶不安。③艾青7月底就和萧红、端木蕻良告别,去了湖南。8月初,刘国英随父去了

---

① 梅林:《忆萧红》,王观泉编《怀念萧红》,黑龙江人民出版社,1981,第63—66页。
② 曹革成:《我的姊姊萧红》,时代文艺出版社,2005,第121页。
③ 锡金:《乱离杂记》,庐湘《萧军萧红外传》,北方妇女儿童出版社,1986,第2—4页。

昆明。初夏时分,胡风送妻儿,随房主金宗武去了宜都。①不少文化人担起战地记者的职责,深入武汉周边的前线,撰写战报与通讯。武汉的战事还没有正式开始,7月2日,端木蕻良就在全国文协的《抗战文艺》上,响应国民政府"保卫大武汉"的号召,发表了《为保卫大武汉而控诉》。武汉保卫战开始之后,他在萧红的支持下,与大公报主编王芸生联系,想作为大公报的特约记者去战地采访,大撤退开始之后,因大公报已无意再增加采访人员而作罢。②这时,摆在萧红和端木蕻良面前的只有一条路,这就是尽早离开危难之地。去重庆是最佳的选择,不仅那里是战时陪都,而且端木蕻良也有亲戚朋友在那里。去重庆只有顺三峡水路乘船而上,而船票则极其紧张。在等船票的同时,萧红和端木蕻良仍然坚持写作。为纪念"九一八"七周年,由端木蕻良代笔写了《寄东北流亡者》,以怀乡的深厚感情鼓舞民众投入抗战的乐观信心,以萧红的名义发表在9月18日汉口《大公报》副刊《战线》上。③

  8月上旬,萧红托罗烽搞去重庆的船票,罗烽只买到一张多余的船票。端木蕻良的意思是先把这张船票转让给别人,搞到两张船票之后,再与萧红同行。但是萧红不同意,船票太紧张,很不容易搞到两张。她身体很笨,一个人先到重庆,连个落脚的地方也找不到。他们听说了,由于大批难民拥入重庆,那里的房子也很紧张。端木有不少亲戚朋友,让他先去找好房子,而且,她对端木蕻良的办事能力也不信任,搞票比自己还要困难。此外,罗烽是男人,带着一个孕妇,万一临时有事情也不方便。正好田汉夫妇也要去重庆,当时田汉在三厅六处任处长,主管文艺宣传。她的夫人安娥表示田汉办法多,萧红和他们一起走万无一失,女性之间也便于照顾。在给端木蕻良收拾行装的时候,萧红惊讶地发现了一双旧皮拖鞋,是自己有一次淋雨跑进鲁迅家,许广平拿给她换下湿鞋穿过的。便打问来历,端木告诉她是在上海寄住胡风家的时候穿过的,而且是鲁迅亲自买给寄住在

---

① 梅志:《胡风传》,十月文艺出版社,1998,第391页。
②③ 曹革成:《我的婶婶萧红》,时代文艺出版社,2005,第125页,第126页。

他家的瞿秋白穿的。两个人不免感叹世事的机缘,内心升起庄严的感情。①

这样,端木蕻良就离开怀孕的萧红,先行去了重庆。到达重庆之后,果然住处极其难找,连他自己也难安身。后来通过复旦大学教务长孙寒冰,住进了开昌街黎明书店的楼上、复旦大学所办《文摘》杂志门市部的单身职工宿舍。为了解决他的生计,孙寒冰又安排他在复旦大学新闻系当兼职教授,每月可有几十元的课时费,在当时属于中上等的收入。同时,他还与复旦教授靳以合编《文摘战时旬刊》,以文艺专版的形式与《文摘》一同发行。安顿下来之后,他设法为萧红找住处。端木蕻良费尽周折找到南开中学同学范士荣,他的哥哥范士奎是端木蕻良二哥曹汉奇南开大学的同学,且有连襟关系,所以尽管家里人口多、借住的朋友多,住宅也不宽敞,还是热心安排了萧红的住宿。端木蕻良赶紧写信,催促萧红早日赴渝。可是武汉方面情况有变,田汉因工作关系一时不能成行,安娥便自己转道去了南方。萧红写信告诉端木蕻良,武汉有八路军办事处,又有全国文协,她是有依靠的,会安全撤退,让他放心。②

"八一三"抗战一周年将至之际,1938年8月10日,日机开始轰炸武汉。③萧红一个人住在小金龙巷感到孤独恐惧,第二天,就把锡金的被褥、床单和枕头打了一个行李卷,拎了小提箱,乘上人力车,和冯乃超的夫人李声韵结伴到了汉口的三教街"中华全国文艺界抗敌协会"(简称"文协")的临时机关。这栋房子原是孔罗荪的住宅,他的夫人入川之后,才成为文协留守人员的聚会场所。当时,冯乃超夫妇、鹿地亘夫妇、蒋锡金住在这里。冯乃超当时是三厅负责对外宣传的七处三科科长,并且协助鹿地亘"在华

---

① 端木蕻良:《瞿秋白留下的旧拖鞋》,王观泉编《怀念萧红》,东方出版社,2011,第193页。文中端木蕻良回忆寄住胡风家的时间是1933年,王观泉因此考证质疑,因为1933年萧红还没有到上海,不可能穿过这双拖鞋。实际上,端木蕻良1933年也不在上海,所有相关资料都记载他是1936年才到上海,可能他记忆的时间有误,或者是排印的错误,所以保留端木蕻良叙述。
② 曹革成:《我的姨姨萧红》,时代文艺出版社,2005,第125页。
③ 梅志:《胡风传》,十月文艺出版社,1998,第395页。

日本人民反战同盟"工作。他与郭沫若、阳翰笙、田汉、杜国庠、董维键等都是周恩来直接领导的中共秘密领导小组成员,同时又是三厅基层秘密支部的书记。①

那栋房子楼下两间住的是大公报社社长和主笔赵惜梦一家,楼上两间是孔罗荪租用。另有一间是"文协"对外联络的场所,人来人住很嘈杂。当时只有锡金一人在,他问萧红怎么来了,萧红说要搬到这里来住。锡金问她端木蕻良呢?她说去重庆了。锡金问她怎么不带你走?她说:"为什么我要他带?"锡金想想也是的,没有理由非带她不可。他给萧红分析了"文协"住房情况,告诉她没法让她住。萧红说,我住定了。我睡走廊楼梯上的地板,去买条席子就行了。锡金说,席子倒有,可是那里是人来人往的通路,你睡不稳,别人行走也不方便。萧红向锡金要了席子,打开铺盖铺上。锡金看她的肚子已经很大,样子很疲惫,就说:"你先休息吧,这事还得等罗荪回来商量,我不能做主。"孔罗荪回来,他们三人一起吃晚饭。孔罗荪说我们实在也想不出办法来,就让她住下吧。②

孔罗荪(1912—1996),原名孔繁珩,笔名罗荪、叶知秋等,原籍上海,生于济南。1928—1932年,在哈尔滨邮政局工作期间,从事业余文学活动,曾担任国际协报《蓓蕾》主编,1937年开始,参与编辑《战斗》旬刊。此时,他出任"文协"出版部副部长,是机关刊物《抗战文艺》的编委。③他和萧红也算得上是旧交,又有妻子周玉屏与萧红同学一层关系,自然不能不接纳她。受政府之命,周玉屏头年年底,已经带着孩子去了重庆。萧红大约也是由于这样的关系,断定孔罗荪不会不让她栖身,所以才有来时的果决。她就这样住下了,多数时间是在地铺上躺着。

胡风结束了《七月》的工作以后,着手写作论文《民族解放战争中的国际主义》。有一天,正在家里写文章的时候,敌机来轰炸,连续四次飞到他

---

①③　曹革成:《我的婶婶萧红》,时代文艺出版社,2005,第126页。
②　锡金:《乱离杂记》,庐湘《萧军萧红外传》,北方妇女儿童出版社,1986,第2—4页。

住宅的上空。每一次,他都卧倒在墙脚边,听着炸弹在空中坠落的声音,度过了开战以来最为紧张的一天。那一天,被炸的死伤者达八百人以上。第二天,他刚赶到汉口汉奇里,警报就拉响了。过江回武昌,沿途又看见好几处被炸的废墟,回到家里,发现被炸多处,右邻落了一弹,金家厨房被炸坏,胡风卧室的门锁被震断,小书房里满是尘土,原有的住户纷纷搬走。他只好收拾东西搬到汉口三教街的文协驻地。冯乃超、鹿地亘和萧红都已经在那里了。在没有人的时候,胡风问萧红:"怎么端木不和你在一起?"萧红扁扁嘴说:"人家从军去当战地记者了。"看到萧红高挺的肚子,男人竟然丢下她不管,胡风实在气愤,也为萧红感到悲惨凄凉。回想端木蕻良当官的三哥大宴宾客的订婚礼,席上的女眷在谈笑着昆明见、重庆见的寒暄话,心想这人竟连一个弟媳妇都不能携带着离开武汉吗?萧红告诉他,冯乃超让她随同自己的妻子李声韵一起走,胡风才放了心。①

这件事无疑成为端木蕻良被人诟病的重要口实,但是他自己另有一说。曹靖华来到重庆,因为局势已经非常吃紧,周恩来就安排他坐自己的小汽车去重庆。周恩来问他,和鲁迅有关系的作家谁还没有走?曹靖华刚到武汉,不了解情况,就去问胡风。胡风说,没有谁了,像端木蕻良他们都走了。结果萧红没有坐上这辆车,又一次错过了逃离武汉的机会。曹靖华一个人乘坐小汽车到达重庆,见到端木蕻良,才知道萧红还在武汉,告诉了他这些情况。据端木蕻良说,胡风是知道萧红住在文协的,这使他非常气愤:"我们感到胡风这个人不应该这样来,在那种情况下,他对待一个妇女太不厚道了。当时矛盾没有后来那样激化吗,就是出于礼貌、怜悯心,也应该告诉萧红,那样萧红就可以和曹靖华一起安全到重庆。"②当事人都已经作古,其中的真伪也无法考辨,或许其中有阴错阳差的误会,曹靖华去问的时候,胡风大概确实不知道萧红还没走,想当然地以为她随婆家人走了。

---

① 梅志:《胡风传》,十月文艺出版社,1998,第395页。梅志的记忆可能有误,端木蕻良去重庆并不是当战地记者。
② 端木蕻良:《我与萧红》,曹革成《我的婶婶萧红》,时代文艺出版社,2005,第238页。

其中纠集着不为人知的个体心结,作为后人只有倾听的资格。

在这样局促的生活环境中,萧红还坚持写作。8月6日,她完成了八千字的短篇小说《黄河》,是以潼关、风陵渡为背景,讲述一个归队的八路军战士和船夫之间的短暂交往,借助他的嘴说出自己的信念:"……我们这回必胜……老百姓一定有好日子过的。"8月20日,她又完成了一个短篇《汾河的圆月》,是以临汾为背景,讲述战争带给普通民众心理的巨大创伤。

当时舒群住在武汉读书出版社的书库,主编《战地》半月刊。萧红便常常去看这个多年的朋友。她一到舒群的住处,就把鞋子一丢,躺倒在舒群的床上,愣愣地发呆。舒群曾经执意劝说她到延安去,有一次为了争论这个问题,他们俩整整吵了一夜。萧红一向愿意做一名无党无派的人士,她对政治斗争十分外行,在党派斗争的问题上,总是同情失败的弱者,她一生始终不渝崇拜的政治家只有孙中山先生。[①]从中可以看到萧红思想的成熟,比较接近自由主义的政治立场。高原为了寻找自己组织关系联系人,也从延安来到武汉,住在东北救亡总会。在胡风的帮助下,他找到了萧红。天气很热,萧红坐在席子上和高原谈话,地上还摆着一盘未燃尽的蚊香。高原知道萧红已经囊空如洗,就把自己仅有的五元钱给了她。谈起端木蕻良的时候,萧红就拿出她与端木蕻良的合影给他看。萧红的神情不很自然,也不愉快,不热心谈到端木蕻良。高原对她和萧军分手有怨言,批评她在处理自己生活的问题上太轻率了,不注意政治影响,不考虑后果,犯了不可挽回的严重错误。高原的情绪很激动,话说得也很生硬,这使萧红很反感。她说高原从延安回来,学会了几句政治术语就训人。可见,萧红当时精神的孤独与寂寞,连老朋友也不理解她。她不热心谈起端木,大约是不想向别人过多展示自己的私生活。爱情本来就是属于私人生活的范畴,朋友也不能横加干涉,何况还要上纲上线,提到政治影响的宏大主题高度,实在是荒唐。尽管两个人有争吵,但老朋友终究还是老朋友,高原还是经

---

① 赵凤翔:《舒群与萧红》,《新文学史料》1980年第2期。

常去看她,在白天空袭过后的宁静夜晚,两个人面对着江风渔火畅所欲言。①

武汉的夏天很热,有一天,有人喊着锡金的名字上楼,要锡金请他们饮冰。锡金说我没有钱,你们请客我就去,他们说大家凑吧。正躺在地铺上的萧红一骨碌爬起来说:"我有钱,我请。"大家就高高兴兴地到了胡同口一家新开的饮冰室。萧红说大家可以随便要,大家就各自要了饮冰、冰激凌和啤酒,只吃了两元多钱。萧红从手提包里拿出一张五元的钞票(这大概就是高原给的那张纸币)付账,女侍者送回来多余的钱,她挥挥手说不要了,女侍者连声称谢。大家一哄而散,各归各地走了。在回去的路上,锡金埋怨萧红太阔气,为什么这样大手大脚乱花钱?萧红说,反正这是她最后的钱,留着也没用了,花掉它也花个痛快。锡金批评她这太没有道理,现在兵荒马乱,武汉还不知道能保卫几天。日本军队不过在田家镇按兵不动罢了,如果一旦发动进攻,你想想那会是个什么场面?她说反正留下两元多钱也什么都用不上,你们有办法我也有办法。锡金说,最紧张时可能我人在武昌,江上交通断了,我能顾上你吗?萧红说,人到这步田地,就是发愁也没有用,反正不能靠那两元多钱!锡金可确实为她发愁了。他到生活书店,向曹谷冰借了一百元,又去到读书生活社,向黄洛峰借了五十元。他说明这是代萧红借的,由她用稿子还,如果她不还由我用稿子还。他把钱拿回来交给萧红,说明钱是这样借来的,让她好好保存着供"逃难"用,不许乱请客!萧红苦笑着收下了。经济的拮据大概也是萧红在窘迫中奋力写作的原因,除了手里的一支笔,她别无谋生之术。锡金还是不放心,又去找了冯乃超,说萧红这样留在武汉不行,应该想法把她送走。冯乃超告诉他,让萧红和他的夫人李声韵结伴走的打算。锡金这才放下了心。不久,锡金去了广州,两个人再也没有见过面。②

"文协"空下来的房子作为留在汉口的朋友们的聚会场所,有时候还可

---

① 高原:《离合悲欢忆萧红》,《哈尔滨文艺》1980年第12期。
② 锡金:《乱离杂记》,庐湘《萧军萧红外传》,北方妇女儿童出版社,1986,第2—4页。

以煮了咖啡在夜袭的时候,开一次有趣的晚会,后来人越来越少了。而那间留下来的客厅,便成为他们临时的宿舍。开初,生活过得相当有秩序,因为有一个女仆烧饭和做些打杂的事,临时的"收容所",还能过着非常舒适的日子。但没有过三天,客人之中失掉了一笔巨款,而最大的嫌疑犯是女仆,等到判明了是她的时候,她却逃脱了,而这个小小的集团也就开始失掉秩序。冯乃超和其他的人是赶不回来吃饭的,经常是孔罗荪、李声韵和萧红三个人在一起进餐。没有了做饭的人,他们只好自己设法解决一日三餐的伙食问题。经常是在吃午饭的时候,就开始计划晚饭的节目。从外面叫餐是主要的方式,锦江的砂锅豆腐,冠生园的什锦窝饭,都物美价廉,是他们主要的食品。遇到精神好的时候,萧红就出去买来牛肉、包菜、土豆和番茄,煮她拿手的罗宋汤,三个人就着面包吃。这是他们最丰盛、最有风味儿的午餐。

他们在餐后,往往是闲谈,萧红独自吸着烟,她非常健谈,常常谈到她的许多计划和幻想。"人需要为着一种理想而生活着。"她使烟雾散漫在自己的面前,好像有着一种神秘的憧憬,增加着她的幻想。"即使是日常生活上的很琐细的小事,也应该有理想。"还是她自己继续说下去。李声韵往往是默笑着,"那么,我们就来谈谈最小的理想吧。"孔罗荪在这种时候,往往喜欢斜躺在租来的长沙发上,享受这片刻的悠闲。"我提议,我们到重庆以后,要开一座文艺咖啡室,你们赞成吧?"她瞪大着眼睛,挺着胸,吹散了面前的烟雾。"唔。"声韵微笑着,而且点着头,表示她赞成,"你做老板,我当伙计,好吧?"三个人都笑了起来。但是萧红突然一本正经地说,"这是正经事,不是说玩笑。作家的生活太苦,需要调剂。我们的文艺咖啡室一定要有最漂亮、最舒适的设备,比方说:灯光、壁饰、座位、台布、桌子上的摆设、使用的器皿等等。而且所有服务的人都是具有美的标准的。而且我们要选择最好的音乐,使客人得到休息。哦,总之,这个地方是可以使作家感觉到最能休息的地方。"她说完这个设想之后,满满地吸了一口烟,又把它远远地喷了出去。三个人都沉默在这个美丽的计划中了。他们又想到:必须布置一间精美的起坐室,这里面要搜集世界的文学名著,以备作家浏览,要在壁间挂世界名画等等。"这不会成为一个世外桃源吗?""可以这样说。"萧红肯定地回答,"要知道桃源不必一定和现实隔离开来,正如现实主义,并不离弃浪漫主义,现实和理想需要互相作用的……"李声韵笑起来说:"哟!理论家又来了!"萧红兴奋地说:"你们看见有一天报纸的副刊上登过一篇文章吗?题目叫《灵魂之所在咖啡室》,说在马德里有一家太阳报,报馆里有一间美丽的咖啡室,专门供接待宾客及同事之用的,四壁都是壁画,上面画了五十九位欧洲古今的名人,有王侯,有文学家,有科学家和艺术家。而每一个人物都能表现出他们自身的个性和精神。这些生动的壁画,可以使它的顾客沉涵于这万世不朽的,人类文化所寄托的境界,顿起追崇向上之心。你们看,我们灵魂难道不需有这样一个美丽的所在吗?"两片红晕涂在了萧红的脸上,微微引起了一点咳嗽。那兴奋的样子,完全有如那座灵魂之所在咖啡室已经摆设在目前了。但是她显然有点疲倦了,让整个身子陷入沙发座位中,把视线射向天花板,也不吸烟,尽让那卷烟夹在手中,袅袅地升上一缕青灰的雾线。休息了片刻,她没有改动她的姿势,轻声地继续说,"中国作家的生活是世界上第一等苦闷的,而来为作家调剂一下这苦闷的,还得我们自己动手才成啊!"孔罗荪说:"我完全赞同,好,我们现在到'美的'去安顿一下我们的兴奋的灵魂吧。"萧红和李声韵异口同声地说:"不,现在很累,还想在这里休息一下。"她们似乎为这美丽的计划倦着了。

8月底,池田幸子去了衡阳,端木蕻良更加着急,每天给萧红写信。①9月中旬,船票终于买到了,是晚上9点的。临行那天遇到高原,她还把船票拿给他看。孔罗荪送她们上船,在码头上,萧红又谈起"文艺咖啡室"的事,蛮有兴致地说,她们两个去筹备,一定要实现。高原忙完公事,匆匆赶到码头,找遍了全船也没有看见她们,只好失望地随着送行的人离去②。

---

① 曹革成:《我的姊姊萧红》,时代文艺出版社,2005,第127页。
② 高原:《离合悲欢忆萧红》,《哈尔滨文艺》1980年第12期。

萧红走后1个多月,10月25日,武汉沦陷。这一次,萧红又是有惊无险,在战争的间歇中,逃离了死地。

船到宜昌的时候,李声韵病倒了,大咯血。萧红急得够呛,所幸《武汉日报》副刊《鹦鹉洲》的编辑段公爽帮助,把她给送进了医院,这时萧红又成为孤零零一个人了。在黎明前的晦暗中,她独自去找船,在码头上被缆绳绊倒了,爬也爬不起来。她独自躺在乱糟糟的码头上,只能暗自祈祷:"孩子呀,孩子呀!你就跌出来吧!我实在拖不起了,我一个人怎么能把你拖大!"①可是,尽管有流产的先兆,8个多月的胎儿还是稳睡在她的肚子里。她觉得自己会这样永远地躺着,再也起不来了。但是,还是坚持着不肯放弃,一定要活着站起来。后来被一位赶船的陌生人扶了起来,萧红才挣脱这可怕的处境。但是她赶往岸边的时候,船已经起锚了,她只好又等了一趟船才到重庆。②她见到张梅林说:"我总是一个人走路,以前在东北,到了上海后去东京,现在到重庆,都是我自己一个人走路。我好像命定一个人走路似的……"③

---

① 梅志:《爱的悲剧》,《花椒红了》,中国华侨出版社,1995,第2—3页。
②③ 罗荪:《忆萧红》,王观泉编《怀念萧红》,黑龙江人民出版社,1981,第68页,第60页。

第三十七章
奔逃重庆

萧红大约走了10天的水路,到达了重庆朝天门码头。

重庆位于中国内陆西南部、长江上游,四川盆地东部边缘,地跨青藏高原与长江中下游平原的过渡地带。东临湖北、湖南,南接贵州,西靠青海,北连陕西。其北部、东部及南部分别有大巴山、巫山、武陵山、大娄山环绕,以丘陵、山地为主,坡地面积较大,素有"山城"之称,长江、嘉陵江穿城而过。重庆是巴文化的发祥地,是历史悠久的文化名城。战国前后是古巴国的都城江州,以后又称巴郡、楚州、渝州、恭州。公元581年,隋文帝改楚州为渝州,重庆始简称渝。公元1189年,宋光宗先封恭王,后即帝位,自诩"双重喜庆",升恭州为重庆府,重庆由此得名。明代明玉珍西征,建立只维持了9年的大夏国,也以这里为国都。1937年11月20日,中华民国政府发布《国民政府移驻重庆宣言》,12月1日正式在重庆办公,重庆成为中华民国战时首都,因此被称为"三都之地"。萧红到达的时候,重庆已经是当时全国抗日战争和反法西斯的最高指挥部,世界著名的反法西斯中心,形成了中国大后方的政治、经济、文化中心。1891年重庆就成为中国最早对外开埠的内陆通商口岸,也是一个国际化的大都市。

端木蕻良接到萧红的信,知道了船名船号,就按时去接,却没有接到。第二天再去,才接到萧红。他叫了两乘滑竿,和萧红一起回到范士荣的家里。范太太热情地迎出来说:"曹太太一路上辛苦了,今天要再接不到,可要把曹先生急坏了。"萧红第一次听见人家叫她曹太太,不由惊愕了一下,随即就高兴地笑了。这无疑意味着端木蕻良亲友对她的承认与友好,曹家对她照顾得很周到。①

稍事休息之后,萧红便开始了写作。她靠稿费为生,又面临生产,需要筹措费用,以她当时的影响,稿债怕也不少,加上职业性的写作习惯,都使她格外勤奋地笔耕。为了纪念鲁迅先生逝世两周年,10月,她赶写出了《鲁迅先生记》。月中,完成了四千字的小说初刊于1939年3月15日上海《大路》月刊第2号,是以临汾的见闻为素材,因为有"打倒日本帝国主义"的口号而受到阻挠,长期不能发表。1938年10月起,国民党实行文化管制,成立了中央党部图书杂志审查委员会,在各省和大城市都设有类似机构。所有"图书杂志原稿"都要送审,"防止庞杂言论"。月底又完成了六千字的《朦胧的期待》,借一个女仆之口,表达了抗战必胜的信心。

11月,萧红进入了临产期,重庆已经陷入了战时的混乱,本来就差的医疗条件,随着大批难民的拥入,什么都紧缺。萧红知道端木蕻良在生活上没有什么能力,就说自己不如到江津白朗家去生产,那里有老人帮助照应,免得在这抓瞎。端木蕻良到了重庆之后,罗烽将他在江津的地址写给了他,并告诉端木蕻良,如果重庆找不到落脚的地方,可去江津找他。白朗有过生产育儿的经验,罗烽的母亲也和他们同住,可以帮助照看。他们写信去问了一下,很快得到白朗的回信,欢迎萧红去。11月初,萧红坐上轮船,到了白朗家。②

据白朗回忆,萧红当时的心情很不好,从不向白朗谈起和萧军分开以后的生活和情绪,一切都隐藏在她自己的心里,对着一向推心置腹的故友也竟不肯吐露真情了,似乎有着不愿人知的隐痛在折磨着她的感情,不然,为什么连她的欢笑也总使人感到是一种忧郁的伪装呢?她变得暴躁易怒,有两三次,为了一点小事竟例外地跟白朗发起脾气,直到她理智恢复,发觉白朗不是报复的对象时,才慢慢沉默下去。有一次,她对白朗说:"贫穷的

---

① 钟耀群:《端木与萧红》,中国文联出版社,1998。
② 曹革成:《我的婶婶萧红》,时代文艺出版社,2005,第129页。

生活我厌倦了，我将尽量地去追求享乐。"这一切，在白朗看来都是反常的。连对白朗的婆婆、罗烽的母亲也克制不住地发脾气，这自然是老太太无法容忍的，弄得白朗也很难堪。她奇怪，为什么萧红对一切都像是怀着报复的心理呢？白朗推测，也许，她的新生活并不美满吧？那么，无疑地，她和萧军的分开该是她无可医治的创痛了。她不愿意讲，白朗也不愿意去触她的隐痛。①所有旧日的朋友都以为萧红与萧军的分手，是她痛苦的根源，一厢情愿地朝着这个方向揣测她的心理。其实，萧红此时可能患上了抑郁症，怀孕的体力消耗，颠沛流离的困顿生活与连续写作的劳累，已经使她心力交瘁，无力倾诉自己的感受，理智也无力约束情感了，而周围富于暗示性的目光和无意间的言谈，也会让敏感的她感到被曲解而烦躁不安。

　　萧红在白朗家住了20多天，等待孩子的出生。在这期间，她精心地为自己缝制了黑丝绒的旗袍。这一时期，萧红很注意衣着。路过江津的高兰，去看望罗烽、白朗，巧遇了萧红。让他不禁在心底低低叹息的，是她憔悴的面容。同时又一惊喜，萧红穿着深红色镶着大宽边的绸质旗袍，"好漂亮的衣服啊，在她应是第一次吧！"一年多未见的几个朋友，在四面透风的木板房中，以感情彼此温暖着。吃着泡菜、腌肉，喝着泸州大曲和江津特产橘精酒谈笑往事。喝得最猛最多的是萧红，诉说着自己的伤痛，使高兰伤感而又哀戚。萧红在微醺中站起来，抽出一本书说："为了欢迎寒夜而来的诗人，我朗诵一首诗吧。"可哀婉凄凉的诗句还没有读完，萧红就用书把脸盖住了。他们在冷而静的深夜，摸索着走下高坡，送高兰到只有两三点渔火的江边。他接过她们馈赠的一大包柑橘，登上江边的小划子之前，握手告别："再见吧！……回来时再看你们。"萧红说："不要回来了！再去就去到咱们家乡去了！你不想家吗？家乡这时候已经下雪了！该多冷啊！"萧红顿了一下，叹息似的说，"我们多么想那雪呀。"②

---

① 白朗：《遥祭——纪念知友萧红》，1942年6月15日《文艺月报》。
② 高兰：《雪夜忆萧红》，王观泉编《怀念萧红》，东方出版社，2011，第139页。

江津只有一家小医院,临产的时候,白朗把萧红送进这家医院,整个医院只有她一个病人。不久,她顺利地生下了一个男孩,又白又胖,前额很低,和萧军长得一模一样。白朗头几天去看的时候,那个孩子还好好的,过了3天,再去就说死了。医生要检查死亡原因,萧红本人反应冷淡,说死了就死了吧,这么小要养大也太不容易。这个孩子无疑是萧红生活史上的又一个谜。那家医院很小,医疗档案也没有保留下来。①许多年以后,梅志在《爱的悲剧》一文中写道:"就这样,她结束了做母亲的责任和对孩子的爱。""这当然是萧红的不幸!但她绝对不是不愿意做母亲,她是爱孩子的。是谁剥夺了她做母亲的权利?爱自己孩子的权利?难道一个女作家还不能养活一个孩子吗?我无法理解。不过我对她在'爱'的这方面更看出了她的一些弱点。"②

　　萧红一个人住在医院里,老说害怕,闹着要出院。但白朗的房东不让

---

① 根据对白朗养女金玉良女士的一次采访,她是听她母亲生前说的。1999年6月《香港文学》登载了金玉良的《一首诗稿的联想——略记罗烽、白朗与萧红的交往》,她在文中说:"一天,萧红对白朗说牙疼,要吃止疼片。白朗给她送去德国拜尔产的'加当片',这是比阿司匹林厉害得多的镇痛药。第二天一早,白朗很早就去医院,萧红告诉她孩子夜里抽风死了。白朗性格率直爽朗,遇事少转脑筋。听到这突然的消息马上急了,说,昨晚孩子还好好的,怎么说死就死了?她要找大夫理论。而萧红死活阻挡不让找大夫……"这应该是关于这个孩子最权威的说法,因为当时只有白朗在她身边。梅志的惶惑也是来源于此,她在1995年秋接待笔者的采访时,也是持这样的说法。但是,我最初采访的时候,听到的是另外的死因。这些说法都出现在20世纪90年代初,白朗和梅志都已经进入暮年。白朗有过两次精神分裂的经历,一次是在延安整风的时期,失语一年半,满嘴牙齿都脱落;另一次,是在"文化大革命"期间。梅志由于胡风案件,也有过长期被监禁的历史,容易接受这样的说法。所以,这种说法带有后设的性质,叙事者的精神状况对于其可靠性会有影响。实际上,白朗并没有看见死婴,而且,所有资料都未显示死婴。如果医护人员不介入,产后的萧红是无法独自处理尸体的。她们的推测基于萧红一开始就不想要这个孩子,曾经打胎未成,加上她们都认为萧红并不爱端木蕻良,留恋的是萧军,是为了气萧军才和端木蕻良结合,所以才有这样的结论。梅志的推断则是针对端木蕻良,认为是端木蕻良不愿意接受这个孩子,逼得萧红出此下策。在萧红的婚变中,他们都是同情萧军而排斥端木蕻良的。实际上还有两种可能性:其一是孩子根本就没有死,萧红偷偷送人了,为了一了百了结束和萧军的联系,向朋友隐瞒了真相。即使孩子真的死了,也可能是没有育婴经验,在睡眠中被子盖得过多窒息而死,小婴儿是非常脆弱的,稍有不慎就会夭折。而且,即使死了,医护人员是不可能不知道的。所以,这一说法的漏洞很多,带有臆想的性质。

② 梅志:《"爱"的悲剧》,《花椒红了》,中国华侨出版社,1995,第2—3页。

她住在家里,当地有一种迷信的风俗,认为未出满月的女人住在家里是不吉利的。要住的话,就要在屋里地上铺满红布,这显然是一个刁难的借口。白朗没办法,只好买了船票,直接把萧红从医院送到去重庆的船上。分别的时候,萧红说:"莉,我愿你永久幸福。"白朗说:"我也愿你永久幸福。""我吗?"萧红惊问着,接着是一声苦笑,"我会幸福吗?莉,未来的远景已经摆在我的面前了,我将孤寂忧悒以终生。"①在所有人不解与猜疑的目光中,萧红是会感到孤寂忧悒的,但是,她又没有能力彻底脱离这个朋友圈子,时时需要他们无私的帮助,就像她无法挣脱战乱的历史一样,情感的挣扎总是以失败告终。罗烽事先给端木写了信,告知"生一子已殁",还有萧红抵达重庆的船班日期。

回到重庆之初,他们可能借住在一个朋友家,萧红脸色稍微红润了些,香烟也抽得少了,精神比较振奋。和黑龙江老乡学运领袖魏克敦谈起他们1928年投身"一一·九"反五路游行示威的往事,有声有色地又说又笑。②萧红在江津生产期间,端木通过友人,已经在长江沙坪坝的对岸,歌乐山云顶寺下面找到了房子。那是乡村建设所创办的招待所,入秋以后,几乎没有人居住,又设有食堂,附近有莲花池,山腰建有著名的歌乐山保育院,院长是王昆仑的夫人曹孟君。重庆冬天的气温平均10℃左右。那里的环境幽静,非常适宜休养,也适于写作。接到罗烽的信,端木蕻良就到码头去接回了萧红。两个人见面之后,再也没有提起孩子的事情。在端木蕻良可能不便触动她的伤心事,在萧红也不想让端木蕻良分担自己的烦恼,希望了断过去的一切恩怨情仇,更轻松地开始生活与工作。

端木蕻良为求生计,每天早出晚归,下山先到北碚复旦大学上课,再去沙坪坝编辑《文摘战时旬刊》,在三地来回奔波。有时候赶不上轮渡,就在随便什么地方挤住一宿,人迅速地消瘦了。而轮渡又经常发生翻船事件,萧红听说了就坚决不许端木蕻良乘船,要他绕远坐汽车,这样耗费的时间

---

① 白朗:《遥祭——纪念知友萧红》,1942年6月15日《文艺月报》。
② 张琳:《忆女作家萧红二三事》,王观泉编《怀念萧红》,东方出版社,2011,第164页。

就更多,汽车票也很难买,去晚了就买不到,而且临时找房间也很难。端木蕻良只得早出晚归,一度连他们的近邻、住在山坡下的音乐家季峰和沙梅夫妇竟以为端木蕻良不在这里住了。① 萧红则独自在家写作。她拖着产后病弱的身体,在这里应新华社之约,为纪念世界语创始人柴门霍夫的专刊,完成了散文《我之读世界语》。又把《万年青》和《在东京》两篇文章,改写成《鲁迅先生》,分一二两篇发表在《新华日报》上。萧红喜欢孩子,特别是失去两个孩子之后,天然的母性更加需要寄托,对儿童教育有着浓厚的兴趣,常常和曹孟君一起散步,谈论儿童教育的问题,还到保育院去参观过。保育院是国民党妇女指导委员会出资办的,早期的孤儿是李宗仁从战区带出来的孩子,第一夫人宋美龄常常带着一群记者来视察。院里的职工分为亲国民党和亲共产党的两派,蒋夫人一来,欢迎的标语中时常出现几条"蒋夫人,我们要吃饭"的标语,很是煞风景。保育院的资金拮据,孩子们和职工的生活都很清苦。闲暇的时候,端木蕻良和萧红经常去看孩子们,帮助做些力所能及的事情,成了不在编的职员。有一个叫林小二的孩子给他们留下了深刻的印象,萧红专门为他写了一篇散文《林小二》,端木蕻良以保育院为背景的长篇《新都花絮》中有一个叫小小的孩子,也是以他为原型。②

12月22日,端木蕻良陪同萧红到枇杷山的塔斯社重庆分社,接受了塔斯社记者、《苏联文艺》主编B.H.罗果夫的采访。罗果夫主要是想了解鲁迅的情况,特别是他和瞿秋白的关系,以及谁还比较了解鲁迅的问题,大概是为写作鲁迅传做准备。萧红向他讲述了和鲁迅相识的过程,如何在鲁迅的支持下出版《生死场》的情况,回忆了她所知道的鲁迅与瞿秋白的友谊,还有其他左翼文化人和鲁迅的来往。萧红建议他去采访的人,除了他的两个弟弟以外,多数和鲁迅有同乡关系,老朋友许寿裳、蔡元培,学生韦素园、孙伏园、许钦文兄妹,此外就是作家台静农,以及俄文翻译家曹靖华。1939年在鲁迅逝世3周年的集会上,他们再次会面。此后,罗果夫和萧红学习

---

① 曹革成《我的婶婶萧红》、孔海立《忧郁的东北人端木蕻良》、丁言昭《萧红传》。
② 曹革成《我的婶婶萧红》、孔海立《忧郁的东北人端木蕻良》等。

汉语,在她的指点下读鲁迅,并且读懂了《阿Q正传》。1939年10月,在苏联驻华大使馆召开纪念十月革命胜利的纪念会上,他们受到罗果夫的邀请。出席会议期间,罗果夫表示要翻译他们的作品,希望允许并且协助。他们高兴地答应下来,后来罗果夫翻译出版的《中国短篇小说选》收录了萧红的《莲花池》,萧红的作品第一次为俄罗斯读者所了解。直到年底他即将回国之前,罗果夫对萧红做了最后的告别拜访。① 罗果夫回国途经新疆,遇见了茅盾,向他谈起对萧红、端木蕻良的印象。1940年3月28日,茅盾在给蒋锡金的信中写道:"罗果夫过此时,曾与略谈,彼时端木与红姑尚未赴港,果于端木、红姑皆赞许。"

也是在这个月,池田幸子只身来到重庆,住进米花街1号阴暗的小胡同。她已经身怀八九个月的身孕,鹿地亘在四处忙于反战同盟的宣传工作,听说萧红在重庆格外高兴,就邀请她到米花街1号同住。这让萧红很为难,端木蕻良的奔波劳累已经让她担心,而池田又是来中国支持抗战的外国友人,和她有着不浅的交谊,眼看又要分娩。她和端木蕻良商量,端木蕻良当然只好支持她去照顾池田。萧红从歌乐山上搬到了重庆市里,端木蕻良也过起了歌乐山、北碚、沙坪坝、米花街四地的游击生活。

有一次,她们在一家茶馆休息。因为怀孕而着装宽松随便的池田,觉得别人看自己一定很奇怪。萧红和她开玩笑,让她说是从前线下来的伤兵。池田接着她的玩笑,指着自己的手腕说,是的,就说日本兵在这里刺了一个洞,而后一吹,就把我吹胖了。而且,她觉得中国的老百姓是一定会相信,因为一切坏事和奇怪的事,日本人都做得出来。这使萧红回忆起自己小弟弟的一次被吹的经历。1910年开始,东北流行了最严重的黑死病(鼠疫),大面积的蔓延虽然被遏制了,但是在局部地区还有。在萧红10多岁的时候,她的小弟弟被传染上,天主堂的英国医生在他的肚子上切开一

---

① [苏]B.H.罗果夫、李良佑:《同萧红与潘梓年谈论鲁迅——摘自30年代的笔记》,《新文学史料》2009年第10期。在这篇文章中,罗果夫还提到20世纪20年代在哈尔滨和萧红学汉语的往事,可能时间记忆有误。如果是30年代初,是有可能的。

个小口,插上针管,让凉水通过接在针管上的长皮管灌进他的肚子里,也像吹了似的。弟弟后来死了,这个情节让萧红难以忘怀,把它写进了《生死场》的《传染病》一节,放在平儿的身上,连学医出身的鲁迅看了都觉得匪夷所思,说在医学上可没有这样的治疗法。池田认为那是外国人跑到中国来做实验,把中国人当成实验室里的动物,几百人用同样的方法治疗,然后统计出数据,多少人死掉,多少人康复,多少人无效,来证明设想。在他们自己的国家,这样随便的实验是不被允许的。池田的父亲是军医,在东北的时候,用德文写了很多日记。她为了学德文而读父亲的日记,发现里面写着,关于黑死病到满洲去试试,用各种的药、各种的方法试试。而且在他和朋友的闲谈中,说到中国去治病很容易,因为中国人很多没有吃过药,所以吃一点药什么病都可以治,给他们一些牙粉吃,头痛也好了,肚子痛也好了。萧红听着像是海外奇谈,其时她不知道,以"原木"为代号拿中国人进行细菌实验的日军"731"部队,正在她的故乡哈尔滨摧残中国人。由此又说到了报上登载日本兵吃人肉的消息,池田认为他们吃女人肉是可能的,因为女人肉白、很漂亮,一定是几个人开玩笑,说用火烤着吃一吃……因为他们今天活着,明天活不活着也不知道,什么时候回家也不知道,是一种变态心理……萧红深信不疑,就像中国人相信外国医生比中国医生好一样。[①]1939年的1月9日,她把这次闲谈写成了文章初刊于1939年1月15日重庆《全民枪战》五日刊48号。

上海沦陷之后,绿川英子和丈夫刘仁也流亡到香港,1938年返回武汉。由郭沫若推荐,绿川英子在国民党中央宣传部国际宣传处的中央电台担任日语广播员。日军特务机关查出她的真实姓名,于1938年11月1日在东京的《都新闻》上,刊登她的照片,并称之为"娇声卖国贼",还给她的父亲写信,要他"引咎自杀"。武汉失陷之后,大约11月底,他们随国民政府机关迁到重庆。他们也在为房子发愁,找房子的时候,遇到了刚刚在旅馆

---

① 萧红:《牙粉医病法》,《萧红全集·散文卷》,北京燕山出版社,2014,第343页。

中落下脚的梅志。①因为一时找不到住处,绿川英子就在米花街1号的池田幸子家短暂住了些日子,后来搬到了学田湾。②

年底的时候,萧红先是在街上碰见绿川英子。绿川英子看见萧红和往日一样闪烁了两只大眼睛,发出响亮的声音,可是从她身上总有一种不是相隔一年而是相隔数年的感觉。战乱中的人,总是变化大的,隔世之感是常态。她对萧红说:"你的名字漂亮,你的文章也漂亮,而你本人更漂亮了。"萧红娴静地听着,代替了初次和异国同性见面的酬答。其实到这时为止,萧红在她的心目中只不过是现代社会中通常的"女作家"罢了,有优雅的文章和罗曼蒂克的生活。以女色出现在文坛,跟着女色的消失,也一同在文坛消失……不久,她搬到米花街1号,与池田幸子、萧红同住,逐渐改变了原来的看法。三个人形同姐妹,在互助中一起快乐地生活。汉口陷落以后,战局告了一个段落。她们生出远离前线的安闲感,白天在重庆所具有的享乐生涯中度过,夜里就又落在不与战争相关的闲谈中。在这些场面中,萧红便是一个善于抽烟、善于喝酒、善于谈天、善于唱歌的不可少的角色。她常常为临盆期近,不便自由外出的池田煮她所得意的拿手牛肉,并且像亲姐妹一般关心地和池田无话不谈。绿川英子向池田讲起在武昌码头看见端木蕻良和萧红的情景,蒙蒙的细雨中,大腹便便的萧红夹在濡湿的蚂蚁一样的逃难人群中,自己撑着伞,提着笨重的行李,步履艰难。而轻装的端木蕻良,则拿着手杖站在一边。萧红只得时不时用嫌恶而轻蔑的眼光,看看自己那日渐隆起的肚皮……池田幸子不止一次地向绿川英子感叹:"进步作家的她,为什么另一方面又那么比男性柔弱,一股脑儿被男性所支配呢?"③

当时,池田幸子和鹿地亘、绿川英子夫妇都在重庆搞日本人反战同盟活动,经常邀请端木和萧红做对敌广播讲话。但他们很忙,常常抽不出时间去参加这些活动。萧红很爱打扮,身体复原以后,就要端木蕻良陪着她

---

① 梅志:《胡风传》,十月文艺出版社,1998,第410页。
② 曹革成:《我的姊姊萧红》,时代文艺出版社,2005,第130页。
③ 绿川英子:《忆萧红》,王观泉编《怀念萧红》,黑龙江人民出版社,1981,第56页。

去买了几块衣料。萧红拿着衣料去找池田幸子和绿川英子,为她商量衣服的式样。有一次,萧红一个人去找她们,直到天黑也没有回来。端木蕻良不放心,就去接她。一进池田幸子的门,看见她们三位女士谈得正欢,桌上放着咖啡和零食。见端木蕻良来了,很高兴地迎接了他。端木蕻良说时间不早了,要接萧红回去。她们立刻笑起来,开始和端木蕻良打趣。池田幸子说:"分开这么一会儿就不行了?怪不得萧红这么漂亮呢,买这么多衣料打扮她。"绿川英子也笑着说:"萧红好不容易出来了,我们是不会放她回去的。"端木蕻良只是一个劲地傻笑。萧红很高兴,温情地看着端木蕻良说:"我今天不回去了,你也不要来接我,我们聊够了,我会自己回去的。"池田幸子说:"萧红在我们这,你就放心吧。没人把她抢了去。"端木蕻良没办法,只好独自回去。①过了几天,萧红才回来,身上穿着新旗袍,那是用端木蕻良为她买的一块黑丝绒裁制而成,还镶上茶金色的丝边。②

绿川英子听到的都是对于端木蕻良和萧红关系不好的议论:"人们就不明白端木为什么在朋友面前始终否认他和她的结婚。尽管如此,她对他的从属性却是一天一天加强了。看见她那巨大的圆眼睛,和听到她那响亮的声音的机会也就日渐减少。"③萧红的身体尚在复原中,又有自己的事情要做,自然不可能扔下端木蕻良,长久陪着她们闲谈。由于语言的问题,绿川英子与池田都和胡风来往甚多。鹿地亘夫妇和绿川英子发表公开演讲的时候,经常要由胡风当翻译。《新华日报》的十六名记者从武汉护送报社的器材乘小江轮撤退到鄂西某地,途中被日机轰炸扫射而牺牲,是第一批为抗日救国的文化事业殉难的烈士。在1939年12月3日的追悼会上,绿川英子做了讲话,是由刚到重庆第三天的胡风当翻译,胡风还买了红绸,写上"民族英魂",送到追悼会上。④而且,任何一对夫妻都需要自己独立的

---

① 钟耀群:《端木与萧红》,中国文联出版社,1998,第54页。
② 赵淑敏:《埋藏在心底的她》,孙延林主编《萧红研究》第一辑,哈尔滨出版社,1993,第141页。
③ 绿川英子:《忆萧红》,王观泉编《怀念萧红》,黑龙江人民出版社,1981,第56页。
④ 梅志:《胡风传》,十月文艺出版社,1998,第410页。

空间与时间,朋友是不应该随便搅扰和干涉的。绿川英子夫妇搬到学田湾,她们也就很少见面了。萧红搬下歌乐山以后,她们几乎就断了来往。至于端木蕻良否认与萧红结婚,大概只是回避这个话题。抗战胜利以后,绿川英子随丈夫带着儿子奔赴东北,在哈尔滨担任东北社会调查研究所研究员。解放战争临近的时候,全家撤退到佳木斯,她因为人工流产手术感染,于1947年1月10日离世,享年35岁,也是让人扼腕叹息的憾事。

胡风携带怀着孩子的梅志和大儿子,于1938年12月1日到达重庆,住在瓷器街永华旅馆的一间七八平米的小房子里,那还是朋友刘雪苇的同乡专门为他们让出来的。胡风为了生计,在复旦担任日语和文艺理论的教授,每周6节课,文学院长伍蠡甫为他设了一门创作课。胡风为了生计,从住处赶到黄桷镇的复旦大学,一次来回要3天。此外,还在国际宣传处以特派员的名义,从事一份工作。1939年的1月,日军开始轰炸重庆,计划4次,直到雾月来临,气象不允许飞行为止。1月15日凌晨2点,梅志开始阵痛,用滑竿抬着走了三四家医院,都因为人满为患而不收。江苏医院的一位女医生说,你们赶快回旅馆去,我立即就来。回到住处,天已经大亮,医生赶来帮助她,直到11点才生下一个女孩儿。医生刚将孩子洗好,警报就响了起来,她连手都来不及擦干净,夹上包就跑,只来得及留下一句话,说明天她会来复查的。①

萧红听说梅志生了孩子的消息,就拿了一株一尺长的红梅花,去看梅志。她穿着一身黑丝绒的旗袍,亭亭玉立地站在梅志面前,显得十分高贵清雅,脸色也像梅花白里透出点淡淡的红色,梅志觉得她真美,忘了普通的应酬,拉着她的手亲亲热热地说起话来。萧红坐在她的床边上,看了看一团血红的小婴孩。胡风接过梅花没有地方插,就把它捆在梅志的床头上,自己有事出去了。"你的孩子呢?一定很大了吧?"梅志关心地问她。"死了,生下来三天就死了!"她有点凄然地回答。梅志大吃一惊:"怎么会死的?

---

① 梅志:《胡风传》,十月文艺出版社,1998,第414页。

是男孩还是女孩?""是男孩。唉！死了也好,我怎么拖得起呀……"停了一会儿,她又讲了自己在宜昌赶船跌倒爬不起来的事情,当时就希望孩子跌出来,"我实在拖不起了,我一个人怎么把他拖大！……"梅志不能说什么,就顺着她的话,说了一堆做女人生孩子的难处。两个人都为做女人而叹息。梅志的儿子玩儿得满头大汗地进来了,他高兴地叫着萧姑姑。萧红说:"他长高了,可是瘦了。"梅志仔细地望着她说:"你倒比过去胖了,精神也好,穿上这衣服可真漂亮。"她高兴地说:"是我自己做的,这衣料,这金线,还有这铜扣子,都是我在地摊上买的,这么一凑合不是成了一件上等的衣服了吗?"梅志心想原来她是爱美的,也很有审美力,过去是没有时间,没有心情打扮自己,这次可自己动手精心打扮了。胡风回来后,他们就带着大孩子一同出去了。

这一时期,他们经常去看胡风夫妇,如果是萧红一个人去,他们就谈得很好,如果是和端木蕻良一起去,就显得无话可说。梅志觉得可能是自己不愿意说,萧红也不敢随便说。有一次,萧红顺路去看胡风夫妇,梅志看见萧红就想起萧军从兰州寄来的信和照片。她不假思索地从抽屉里取出来给她看。萧红仔细地看着信,也看了照片,看了正面又看反面。反面写着:"这是我们从兰州临行前一天在黄河边'圣地'上照的。那只狗也是我们的朋友……"萧红手里拿着照片一声不响,脸上也毫无表情,刚才的红潮早退了,脸上显出白里透青的颜色,像石雕似的呆坐着。梅志发慌了,后悔了。"想不到萧红对萧军还有这么深的感情,看得出她心里是后悔、失望、伤心的。这张照片对她是个不小的打击,但又是必然要来的一个打击。"后来她像醒过来了,仍旧没有做任何表示,只是说:"我走了,你同胡风说我来过了。"萧红逃避似的匆匆走了。①

在梅志这不经意的举动只当是朋友之间传递信息,而且她以为萧红不会在乎。而对于萧红来说几乎是被揭了疮疤,刚刚淡忘的屈辱痛苦又被照

---

① 梅志:《"爱"的悲剧》,《花椒红了》,中国华侨出版社,1995,第2—3页。

片唤回,平静的心态也被扰乱。从梅志描述的着装和精神状态来说,萧红虽然失去了孩子,但是和端木蕻良在一起的生活是有幸福感的,未必是出于对萧军的感情,即使有感情也会封存心底。她不愿意提起不堪回首的往事,自然只好逃也似的匆匆离去。回到家里,她和端木说起这件事,端木蕻良问:"孩子多大了?"萧红淡淡地说:"谁知道!"① 可见萧红对这件事情是没有太大兴趣的,朋友的好意反而使她心情黯淡。这大概就是她和这些朋友日益疏远的主要原因。

萧红和端木蕻良一直计划出一本以鲁迅命名的杂志,想赶在鲁迅逝世二周年的时候出版。为了配合许广平在上海创办的《鲁迅风》杂志,感到为鲁迅做的工作太少了,急于多做一些事情,四处联络希望能够面世,但是由于颠沛流离的战乱生活而无法实现。1938年底或1939年初,许广平给萧红写信,让代为搜集重庆纪念鲁迅逝世二周年活动的新闻报道。萧红因为没能参加纪念活动,当时没有留意,事过之后则不易查找,一时难以辑全,她深感懊悔。3月4日,她在给许广平的信中,表达了自己的心情之后,讲述自己办《鲁迅》杂志的计划。她觉得自己一开始操之过急了,不应该赶时间,但是并不放弃,想尽办法收集稿子,找出版关系,还要设法弄钱。她设想刊物的装帧要美观,因为鲁迅先生喜欢漂亮的书籍。稿子宁缺毋滥,所以出不定期刊,有钱有稿就出一本。容量要大,本头要厚,计划每期载长篇一个、短篇两三个,散文一篇,诗有好的就上一篇,没有好的就不上。要有研究文章和传记。她恳请许广平写回忆录,因为年轻人对于自己敬仰的导师知道得太少了,希望在他的生活细节中学习做人。她还打算请鲁迅的老友茅盾和台静农等写文章,使更多的人了解鲁迅、学习鲁迅。并且提到他们在重庆的朋友,提起鲁迅的时候,都以"导师"称呼,就像"街上的车轮"和"檐前的滴水"一样,"这声音到处响着的"。当然,这个计划也最终搁浅,战争的环境使她无法正常开展自己的计划。

---

① 钟耀群:《端木与萧红》,中国文联出版社,1998。

雾季一过,天气好起来,日军又开始实行大轰炸计划。5月3日,5月4日,连续两天,成群的日机,沿长江北岸向人烟最稠密、工商业最繁华的市区轰炸,投放大量的燃烧弹,大火烧了两天两夜,死伤4000余人,市廛被大火焚毁3/4,十万人无家可归。萧红远在歌乐山而幸免于难。12日,她下山进城,眼看繁华市井已成瓦砾成堆的死城,废墟中还冒着烟,空气里混合着尸体腐烂和烧焦的气味。这天,又有四十余架日机来轰炸,她躲在中央公园的铁狮子附近逃过一劫。13天后,铁狮子毁于日机的炸弹,几百名无辜者丧生。萧红义愤难平,写下了《轰炸前后》,发表在端木蕻良编辑的《文摘战时旬刊》,改名为《放火者》,控诉日本法西斯的野蛮行径。

　　端木蕻良和萧红发现住的房子里闹耗子,起先不知道,带的一些食物都让耗子拖得七零八落的。蜀地历来以鼠患著称,这使来自北方的人非常不习惯。胡风出生才十几天的小女儿,就被老鼠抓咬得皮破血流,梅志心疼得大哭一场。①萧红特别害怕耗子,一见到就会惊叫起来。还有一次,耗子互相追逐,居然掉到了帐顶上②。再加上端木蕻良每天上班路太远,交通又不便利,已经疲惫不堪。端木蕻良就去找孙寒冰,商量是否能为他俩找一处离复旦大学比较近的房子。5月,孙寒冰在黄桷树山下苗圃,为他们找到两间空房子。③

---

① 梅志:《胡风传》,十月文艺出版社,1998,第415页。
② 钟耀群:《端木与萧红》,中国文联出版社,1998。
③ 曹革成:《我的婶婶萧红》,时代文艺出版社,2005,第135页。

第三十八章
栖身北碚

5月,他们搬下了歌乐山。①夏天,孙寒冰和文摘社负责人贾开基知道萧红已经回到重庆,身体也好时,就到他们苗圃中的家里来看她,还想请萧红在复旦大学担任一两节文学课。萧红连考虑也不考虑,就一口回绝了,说得孙寒冰和贾开基几乎下不了台。端木蕻良也不会圆场,但他说和萧红再商量商量。孙寒冰和贾开基走了以后,萧红说:"我怎么能去教书? 教书必得备课,还要把讲义编好。这和写小说散文不一样。讲课时间长了,就会变成'学究',要搞创作也只会写'教授'小说了。有人写小说就有学究味儿,我不教书,还是自由自在地搞我的创作好。"端木蕻良知道萧红崇尚的就是自由,觉得她说得也对,就不再提教书的事了。萧红笑着说,"有人巴不得到大学去教书呢,我可不稀罕教授头衔。"端木蕻良笑着说:"不去就不去吧,干吗把矛头对准'在下'呢?"萧红咯咯地笑着说:"我现在是教授家属,否则连住的地方也没有呢!"两个人高兴地笑作一团。从这时开始,他们才过上不受外界干扰的夫妇生活。因为离市区很远,来往的旧友不多。②

苗圃离复旦大学很近,学生来访的不少,萧红也参加了一些社会活动,复旦的师生当时组织了读书会和抗日文艺习作会,经常在月夜的旷野聚会

---

① 曹革成:《我的婶婶萧红》,时代文艺出版社,2005,第135页。
② 钟耀群:《端木与萧红》,中国文联出版社,1998,第54页。

讨论。中秋之夜,师生唱起《流亡曲》,萧红安慰周围的同学:"不要悲伤的,我们总有一天要打回老家去的。"①

萧红因为拒绝了教授的聘任,在这里当起了专职的"教授夫人"。端木蕻良有固定的工资收入,加上额外一些稿费和编辑收入,还有萧红的稿费,两个人的经济条件是比较充裕的,生活环境也还算安稳。萧红沉浸在创作中,和以往的朋友基本断绝了来往,以至于被称为"自囚在他们两个人的小世界中"。②实际上,摆脱了原来的情感纠葛,在新的环境和新的朋友圈子中,心灵的创伤可以及早复原,精神也可以自由舒展,更专注于创作。到8月底的时候,萧红已经完成发表了小说六部、散文七篇。此外,她这个时期的身体已经出现病象,时常干咳,是肺结核的症状。当时,重庆的物价很贵,营养条件很差,医疗条件也很差,肺病、心脏病和肠炎、疟疾是多发病。萧红染病之后,曾经给端木蕻良的二哥曹汉奇写信,了解北平协和医院开办的西山疗养院的情况。当时,曹汉奇因为脊椎骨结核,正在协和医院开办的西山结核疗养院治疗休养。

秋天,他们又搬到了秉庄。那是黄桷镇上仅有的一栋二层的现代楼房,是复旦大学的教授宿舍。他们住一楼的一间房中,进楼一个大通道,房间在北面,阳光要透过楼道照进屋里,大约和筒子楼的学生宿舍相似。③复旦大学因日本入侵从上海迁到重庆,当时有一千多名学生,不少内迁的著名作家应邀担任教职。除了胡风以外,靳以、马宗融、方令孺等都在那里当教授。学校的校舍和设备都非常简单,大教室设在一个大户人家的祠堂里,小教室则征用附近民房,都是平房。环境艰苦,生活单调,为了买一点小东西都要过江,信件稍微快一点。④萧红在秉庄写作更加勤奋,加上周围都是以读书写作为职业的高级知识分子,一般不喜欢交际走动,萧红和外界的交往更加稀少。她家的窗户上糊了暗色的纸,加上熬夜写作、白天

---

①③ 曹革成:《我的婶婶萧红》,时代文艺出版社,2005,第136页。
② 绿川英子:《忆萧红》,王观泉编《怀念萧红》,黑龙江人民出版社,1981,第56页。
④ 孔海立:《忧郁的东北人端木蕻良》,上海书店出版社,1999,第105页。他是根据靳以夫人、当年复旦大学的学生陶肃琼1992年5月给他的信。

休息的作息时间,邻居从来看不见端木蕻良出门,以至于住在她楼上的靳以夫人,根本就不知道有这么一家邻居。①

萧红在写作和家务中,支撑着病弱的身体,乐观地参加了一些社会活动。9月10日,由胡风、陈子展发起,"中华文艺界抗敌协会北碚联谊会"在黄桷树镇的王家花园成立。参加的十七人中,除了担任复旦教授的那些著名作家之外,还有作家何容(老谈)、老向(王向辰)、《文艺》月刊主编胡绍轩等。萧红和端木蕻良一起,参加了这次联谊会。电影剧作家王林谷在北碚还组织了"火焰山文艺社",半月出壁刊一期,萧红以稿件支持,还应"火焰山文艺社"之邀,为文学爱好者讲座。②

经常来的还有家乡沦陷的东北老乡,李满红、姚奔、赵蔚青都有着刻骨铭心的丧失故土之痛。他们既喜欢唱歌,又爱写诗,早就知道端木蕻良与萧红,因此常到秉庄来看望他们。李满红身体不好,有青年诗人之称,还会舞剑,有时特意带了剑来舞给他们看。姚奔也经常在报上发表诗,非常热情,除了帮助萧红记录资料,还自告奋勇地为端木蕻良复写文章。他们来的时候,遇到吃饭就吃饭,遇到包饺子,就和萧红一起包饺子。端木蕻良什么都不会做,萧红就笑他生来就有"坐享其成"的福气。李满红说能伺候两位老师,还是他们学生的福气呢。因为他会舞剑,说将来要为两位老师当保镖。③他们当时都在重庆东北青年教育救济处办的东北青年升学补习班学习,准备考大学,住地在离黄桷树镇不远的文笔坨。李满红写诗,端木蕻良为他修改推荐诗稿,后来又设法帮他出版诗集,获取币值高的港币稿费,补贴清贫的学生生活。萧红和端木蕻良都鼓励他们学外语,姚奔和赵蔚青考上了复旦大学英语系,李满红改考俄文,进入迁到山西固城的西北联大。④

10月19日,是鲁迅先生逝世三周年。搬入秉庄之后,萧红就着手创作

---

① 见孔海立:《忧郁的东北人端木蕻良》,上海书店出版社,1999,第105页。他是根据靳以夫人、当年复旦大学的学生陶肃琼1992年5月给他的信。
②③④ 曹革成:《我的婶婶萧红》,时代文艺出版社,2005,第135页,第156页,第136页。

《回忆鲁迅先生》的长篇回忆录。她对端木蕻良说:"我不愿意写长篇大论的文章,我觉得鲁迅先生就是在日常生活上,也随时在关心青年。我要凭着记忆,一点一滴都写下来。没有见到鲁迅先生的人,会觉得鲁迅先生一定会很严厉。但见到鲁迅先生之后,时间越长,就会觉得鲁迅先生是非常慈祥的。"①怀着对鲁迅先生的无限怀念与崇高的敬仰,萧红已经写了不少回忆鲁迅的短文。刚到北碚的时候,她身体衰弱,体力不济,为了赶时间写作,萧红就请姚奔帮助做了部分的记录,先由萧红口述,然后再整理成文。他们有时在嘉陵江边大树下的露天茶馆里,有时在自己的小屋里,边回忆边讲述边写作。此时,她把以往写作的零散文章重新整理、修订,完成了长篇回忆录《回忆鲁迅先生》。1939年10月26日脱稿后,萧红把它寄到上海,请许广平先生审订。这篇文章1940年7月由重庆妇女生活出版社出版单行本的时候,还附有鲁迅先生的老朋友许寿裳先生所作的《鲁迅的生活》和许广平先生的《鲁迅和青年们》两篇文章。后记中写道:"右一章系记先师鲁迅先生日常生活的一面,其间关于治学之经略,接世之方法,或未涉及。将来如有机会,当能有所续记。" 这是萧红要端木蕻良用她的名义写一篇后记,端木蕻良写这几句话时,也是受到寿裳先生的启发才写的。但是,萧红不同意。她说,你怎么敢这样说呢?她要端木蕻良把这话删去。端木蕻良说,个人有个人的感受和理解,把个人的感受如实记录下来,对将来研究鲁迅先生的人,还是能提供一些有参考价值的资料呢。许寿裳先生也说,不要删,将来写续篇时,知道多少说多少,知道什么写什么,怎样理解就怎样写,读者还可以从你的理解中多得到一些看法呢。所以还是没有删去。②

萧红和端木蕻良显然是一对创作上的伙伴,经常在一起切磋讨论。戴望舒在香港主持《星岛日报·星座》,给萧红和端木蕻良来信约稿。他希望是长篇,以便连载。端木蕻良本来有长篇的计划,也为解决生活问题,就一

---

① 曹革成:《我的婶婶萧红》,时代文艺出版社,2005,第137页。
② 端木蕻良:《鲁迅先生和萧红二三事》,《新文学史料》1981年第3期。

口答应下来准备写一篇民族抗战的小说《大江》。戴望舒为了使版面活跃,又来信要端木亲笔题写篇名。萧红看了信,顺手在桌子上提起毛笔,在毛边纸上写上"大江"两个字。后来他们就把这两个字寄了出去,作为端木蕻良连载小说的题目。萧红觉得自己写得不好,只是留个纪念,但是端木蕻良觉得她的字写得很好。不久,端木蕻良因感受风寒,犯了风湿病起不了床。他打算写信告诉戴望舒,登个启事说:"作者有病暂停。"萧红让他不要停,由她来接着写。她将《大江》从头到尾看了一遍,向端木蕻良说了自己的想法,端木蕻良认为可以,就写了下去,写一段和端木蕻良念一段,端木蕻良觉得好,就寄出发表了。①

10月,萧红为了参加苏联大使馆在枇杷山举行的十月革命纪念节庆祝活动,从北碚到了重庆,住在一家旅馆里。曹靖华来看她,她向曹靖华打开自己的精神世界,谈了自己的经历和所受的屈辱。曹靖华感叹着说:"认识了你,我才认识了生活。""以后不要再过这种生活了……"后来,萧红和端木蕻良又一起去探望曹靖华,曹靖华发现端木蕻良的《大江》的原稿上是萧红的字迹,便问她:"为什么像是你的字呢?"萧红答道:"我抄的……"曹靖华坦率地说:"你不能给他抄稿子,他怎么能让你抄呢?不能再这样。"②曹靖华看见的大约就是端木蕻良生病期间,萧红代笔的那段文字,而萧红的回答大约是为了掩饰代笔的实情。战时的邮路不畅通,为了防止稿件的意外遗失,当时端木蕻良请姚奔等学生又帮助抄录了一份③,萧红代为抄写的可能性不大。

萧红一直都想写长篇,只是流离失所的逃亡,使她不能沉下心来写作。生活安定下来以后,她开始写作《马伯乐》。最初的叙事动机是短篇《逃难》,发表于1939年1月21日《文摘战时旬刊》,主人公何南生在这部长篇中化身为马伯乐。萧红极尽她讽刺幽默的才能,把她对新式小知识者尴

---

① 钟耀群:《端木与萧红》,中国文联出版社,1998。还可以参见端木蕻良《我与萧红》。
② 骆宾基:《萧红小传》,黑龙江人民出版社,1981,第92页。
③ 曹革成:《我的姊姊萧红》,时代文艺出版社,2005,第143页。

尬历史处境与精神缺陷的认识,集中在这个只会逃避现实、说大话而一无所能的"没用人"的身上,也通过他逃难过程中的见闻,展示了战时社会的众生相,其鞭辟入里的批判性延续着鲁迅国民性的思考。端木蕻良已经给《文艺阵地》写信,告知萧红在创作长篇,有连载的意向,但是,在重庆期间却没有发表。有人推测,大概是由于1938年4月张天翼发表了《华威先生》,引起了轩然大波的争论。一些激进的言论,以之为贬损了中国人的形象,"可资敌作反宣传的材料"。争论持续一年多,最激烈的时期恰恰是在重庆的1939年下半年,这导致了作者和编者共同的犹豫,萧红中途辍笔没有完成这部长篇。①

萧红这一时期的家务负担是很重的,端木蕻良身体不好,工作也繁忙,基本没有什么生活能力,加上萧红一开始就觉得他为自己做了牺牲,也珍惜他的文学才能,所有的家务琐事都要自己去料理。尽管雇了一个四川小女佣,有些事情她大约是不放心让女佣做的,或者小女孩儿也不会做。比如炊事,她喜欢亲自下厨为端木蕻良做拿手的俄国大菜:炸牛排、羊肉饼、煮罗宋汤等,这和她早年的哈尔滨生活有关系。由于在日本生活过,萧红还精通日本料理,特别拿手的是日本鸡素烧。但几乎没有做过在上海为鲁迅做过的葱油饼,可见重庆时期萧红的生活方式是很洋派的②,生活的质量不是很低。萧红有些劳碌命,做家务多少有些自愿,既是对枯燥写作生活的调剂,也是女性安排生活的乐趣所在。她的母亲一心想把她培养成大家闺秀,她所上的女校有家政的教育,在上海时期,许广平看到她熟练的面食技术,就曾感叹:"如果有一个安定的,相当合适的家庭,使萧红先生主持家政,我相信她会弄得很体贴的。"③梅志曾亲自看见她随着保姆,在杂货摊上选购日用品,匆匆忙忙地走着,只想赶快离开。梅志看到这个情景,也

---

① 曹革成:《我的姊姊萧红》,时代文艺出版社,2005,第142页。
② 孔海立:《忧郁的东北人端木蕻良》,上海书店出版社,1999,第111页。他是根据1996年8月2日对端木蕻良的采访录音整理。
③ 许广平:《追忆萧红》,王观泉编《怀念萧红》,黑龙江人民出版社,1981,第9页。

不便和她打招呼。胡风带着梅志去看望靳以的时候,也绕过萧红和端木蕻良的家门。梅志看见过傍晚散步看风景的萧红,邀请她到家里坐,萧红犹豫了一下说:"不了,下次吧,下次我会去看你们的。"胡风一直关心萧红的状况,但梅志知道萧红是不会再来他们家的。深秋时节,梅志经常在下午到复旦大学收发室取邮件,每每看见端木蕻良穿着咖啡色的夹克,低着脑袋在前面走,萧红相隔两米远,低着头尾随其后。不知道他们关系的人,只当是两个路人呢。知道的也可以认为他们不和刚吵了架哩!都低着头不高兴和人打招呼,别人也就不去和他们打招呼了。萧红有时在旗袍外面加一件红毛衣,背影看去比以前消瘦多了,肩耸得更高,抬着肩,缩着脖子,略微佝偻着背,真不像一个还不到30岁的少妇。无法和上海时期那个昂首挺胸、和胡风在马路上赛跑,踏出一串皮鞋脆响的北方姑娘联系起来。她看见的完全是一个早期肺病患者的形象,可见萧红的消瘦与病弱。有一个东北流亡的女生,和萧红特别要好,经常陪她过江去办各种事情。萧红常常找她诉说苦闷,对自己的生活感到十分不如意。梅志由此得出结论,萧红的生活是孤独的,也不快乐。并且一厢情愿地归结为和萧军的分手,是她不快乐的根源。①实际上,在那个紧张的战争年代,谁又能快乐呢?萧红和端木蕻良都沉浸在自己的写作中,一前一后地出行或者只是临时有急事外出时的偶然片段。

靳以(1909—1959),原名章方叙,天津人,现代著名作家、编辑家。南开中学毕业之后,入复旦大学,先读预科,后毕业于复旦大学商学院国际贸易系。1932年,大学毕业之后,到哈尔滨协助父亲经营五金行,后弃商从文,以短篇小说《圣型》成名。此时,他除了担任复旦大学教授、和端木蕻良合编《文摘战时旬刊》之外,还主编《国民公报》副刊《文群》。作为同事,他和端木蕻良来往只限于公务。所谓合编,只是把稿子集在一起,交给文摘社。杂志社比较大,大家彼此接触不多,所以端木蕻良和他来往并不密切。②但是,

---

① 梅志:《"爱"的悲剧》,《花椒红了》,中国华侨出版社,1995,第2—3页。
② 端木蕻良:《我与萧红》,曹革成《我的婶婶萧红》,时代文艺出版社,2005。

他很关注萧红的生活,为她的劳累窘困抱不平。端木蕻良全是艺术家的风度,拖着长头发,入晚便睡,中午12点钟起床,吃过饭,还要睡一大觉。在炎阳下东跑西跑的是萧红,在那不平的山城中走上走下拜访朋友的也是萧红,烧饭做衣服是萧红,早晨因为端木蕻良没有起来,饿着肚子等候的也是萧红。①最为让他愤慨的则是那起恶仆事件。

复旦大学的教师各种政治信仰和党派背景的都有,其中还有文化特务。体育教员陈炳德住在秉庄宿舍中,任务之一就是监视左翼教授。萧红和端木蕻良早被告知了他的身份,所以时时提防着。他家的保姆也因此而十分嚣张,欺负别家的保姆,专和左翼教授作对。她时常把酱油瓶、鞋袜放在萧红他们的窗台上,搞得他们无法开窗透气。端木蕻良多次交涉,她就是不听。有一次,她又把一双鞋放在窗台上,端木蕻良气不过,把鞋扔到了地上。②那个泼辣的女佣打上门来,操着四川话骂人,端木蕻良气不过,一掌把她推出门去,她就势摔倒在地耍赖,撒起泼来,从院子里闹到大街上,小镇传得满城风雨。端木蕻良把门一关,不再理睬那个悍妇的吵骂,大约也听不懂她的四川话。而他家的小用人很高兴,认为自己的主人很厉害,给自己的脸上也添了光彩。③那个凶悍的恶仆则不依不饶,萧红抵挡不住,只好跑到楼上去求助靳以。萧红非常紧张,苍白的脸色上是稍高的颧骨和大眼睛,一副愁眉不展的焦虑神色。她反复用一口带哈尔滨口音的国语叙述事情的经过,并且气愤地责怪端木蕻良惹出了祸却要她收拾,好像打人的不是他……耿直而好助人的靳以,耐心听完萧红的诉说,很同情她的处境,就陪伴她带着恶仆,到镇公所回话,到医院验伤,最后是赔了些钱了事。④端木蕻良大约一时冲动,没有想到泼妇的凶悍无赖,只好躲着了事,因为中国男人信奉"好男不和女斗"。这样尴尬的局面,他就是出来也无法收拾,只好由萧红求助旁人了断,办理各种琐碎麻烦的事务。在端木蕻良,这也是没有办法的

---

① ④ 靳以:《悼萧红》,王观泉编《怀念萧红》,黑龙江人民出版社,1981,第73页。
② 曹革成:《我的婶婶萧红》,时代文艺出版社,2005,第137页。还可以参见靳以等人的文章。
③ 孔海立:《忧郁的东北人端木蕻良》,上海书店出版社,1999,第28页。

办法,民间所谓能惹事搪不了事,他公子哥的性格也可见一斑。

　　生活原本就很枯燥,这件事成为小镇上的新闻,沸沸扬扬地流传,连梅志也听说了。她的邻居是复旦大学的会计系主任,有一天嘲笑着对她说:"张太太,你们文学家可真行啊,丈夫打了人,叫老婆去跑镇公所,听说他老婆也是文学家,真贤惠啊!"梅志一听就知道是在说萧红,开始还不相信,反问对方是不是"搞错了",不想那人却说:"哪会搞错,现在哪个不知,哪个不晓啊。"梅志心想萧红又遇到不如意的事情了。后来,她在码头上等船看到靳以,两个人谈起萧红,梅志才了解到更多的细节。靳以说起端木蕻良与萧红的生活状况,激动得面红耳赤,以至于有些愤怒。梅志听了以后,也觉得靳以对端木蕻良的责备是应该的。①这件事无疑在朋友们当中引起了公愤,也使端木蕻良的形象更加黯淡。"一当他的肩头该抗负什么的时候,他就移到萧红的肩上。"②

　　大概是从这件事开始,萧红和靳以他们有了来往。为了感谢他的帮助,萧红也会上去坐一坐。她多是和靳以交谈,因为靳以曾经在哈尔滨生活过,所以和萧红也算是半个老乡。靳以的夫人陶肃琼也是从这个时候开始注意观察萧红,发现萧红常常一个人为了应付一些家务琐事,跑进跑出,跑东跑西的,看得出是家里的顶梁柱。和许多教授夫人相比,她并不以漂亮见长,可是以知识女性的特殊风度引人注目。萧红身体单薄,着装的衣料也不讲究,但式样和颜色搭配得别具一格,很有吸引人的气质。③靳以这时也会偶尔到他们家去,对于他们之间的家庭生活有了更细致入微的观察。靳以偶尔到他们的房里去,总看到端木蕻良蜷缩在床上睡着。萧红也许在看书,或是写什么。有一次,看见靳以走进去,她才放下笔,为了不惊醒那个睡着的端木蕻良。

　　我低声问她:"你在写什么文章?"

---

① 梅志:《"爱"的悲剧》,《花椒红了》,中国华侨出版社,1995,第2—3页。
② 骆宾基:《萧红小传》,黑龙江人民出版社,1981,第91页。
③ 孔海立:《忧郁的东北人端木蕻良》,上海书店出版社,1999,第28页。

她一面脸微红地把原稿纸掩上,一面也低声回答我:"我在写回忆鲁迅先生的文章。"

这轻微的声音却引起那个睡着的人的好奇,一面揉着眼睛一咕噜爬起来,一面略带一点轻蔑的语气说:"你又写这样的文章,我看看,我看看……"

他果真看了一点,便又鄙夷地笑起来:"这也值得写,这有什么好写?……"

他不顾别人的难堪,便发出那奸狡的笑来,萧红的脸就更红了,带了一点气愤地说:"你管我做什么,你写得好你去写你的,我也害不着你的事,你何必这样笑呢?"

他并没有再说什么,可是他的笑没有停止。我也觉得不平,便默默地走了……①

这件事情大约是可信的,因为萧红在武汉的时候,就经历过萧军和端木蕻良以女作家开玩笑而感到的不平,写进文章里。这一次,端木蕻良大概也还是在开玩笑,但是没有顾忌萧红在外人面前的感受,只顾随心所欲,可见不谙世故。晚年,端木蕻良写了一篇文章,似是解释自己早年不拘礼节带给萧红的伤害。由于多年疾病缠身,总愿意听些有趣的事儿,从此便得了个爱笑的毛病,"有时,当着客人,也会莫名其妙地笑起来,也真是可以说失态,常常弄得自己也很不好意思,但又无法医治,不知如何是好。"②由对萧红的哀怜而引发对端木蕻良的愤怒,这也是所有人夸大了他们之间矛盾的心理逻辑。"当她和端木蕻良同居的时候,在人生的路上,怕已经走得很疲乏了,她需要休息,需要一点安宁的生活,没有想到她会遇见这样一个自私的人……而萧红从他那里所得到的呢,是精神的折磨。他看不起她,他好像更把女子看成男子的附庸。她怎么能安宁呢,怎么能使疾病脱离她的身体呢?……"③实际上,尽管萧红向别人抱怨端木蕻良,但他们之间的

---

①③ 靳以:《悼萧红》,王观泉编《怀念萧红》,黑龙江人民出版社,1981,第73页。
② 端木蕻良:《谈笑》,《化作桃林》,上海古籍出版社,2000,第147页。

默契还是很深的,也有很和谐的那一面,"怨"其实也是爱的一种表现。当时,端木蕻良只有27岁,还是一个被宠惯了的大孩子,加上萧红心理上的负担,一味迁就的结果,使端木蕻良从来没有意识到这个"姐姐"也有疲惫的时候,而且在外人面前特别需要尊重的敏感。至于他对萧红写作内容的取笑,还隐含着性别立场制约的文字观念的天然差异,相对男性自觉担当的历史责任与精神价值来说,女性更关注饮食、男女、生老病死一类日常生命现象中永恒的情感问题,故显得琐碎而为男性作家以为不足取。

1939年,日机轰炸重庆频繁,共出动飞机八百六十五架次,轰炸三十四次,仅6月份就轰炸二十次。五千余和平居民丧生,四千余人受伤。12月,开始轰炸北碚,因为他们听说北碚有个武器库。复旦大学遭到严重破坏,教学无法正常开展。而且,他们白天炸,夜晚袭扰,所有人都不得安生。①胡风和吕振羽分析,日本人是想效法希特勒用轰炸来逼蒋介石投降,因为硬攻重庆那是太困难了,加上亲日派的压力,老蒋已不像在武汉时那么坚决抗日了。②

萧红和端木蕻良埋头创作,对敌人的轰炸充耳不闻,经常是同事们来敲他们窗户,要他们快走,他们才夹着稿子走出来。有时就在山坳里摆的小茶摊上,边躲警报边写作;或是在山坡的大树下靠着,纸放在膝盖的硬板上写作。敌机有时在山头上盘旋,既不投弹也不飞走,使他们不胜烦躁。③日夜不得休息,无法正常写作,加上有恶仆的文化特务强邻骚扰和流言的包围,萧红和端木蕻良都有些支持不住了。当时,又出了一个隧道大惨案,端木蕻良也觉得萧红在这儿要活不长了,两个人商量,就想离开重庆。④端木蕻良主张去桂林,武汉沦陷之后,文化人除了重庆,到桂林的最多。当时在桂林的著名人士,有胡愈之、千家驹、张铁生、范长江、郭沫若、夏衍、巴金、艾青、田汉、叶圣陶等数百人。八路军在那里设有办事处,周恩来、叶剑英等中共

---

① 曹革成:《我的婶婶萧红》,时代文艺出版社,2005,第145页。
② 梅志:《胡风传》,十月文艺出版社,1998,第442页。
③ 钟耀群:《端木与萧红》,中国文联出版社,1998。
④ 端木蕻良:《我与萧红》,曹革成《我的婶婶萧红》,时代文艺出版社,2005。

领导人常去视察指导。而香港的朋友比较少,海外情况又不了解。萧红则认为,广州沦陷,重庆被轰炸,日军会继续向西南推进,桂林如果遭到轰炸,还是受不了,又要转移,不如去香港,可以维持较长时间的和平环境。他们与香港文坛已经有了联系,戴望舒主编的《星岛日报》副刊,发表了萧红的《旷野的呼喊》等文章,连载着端木蕻良的《大江》。端木蕻良的《新都花絮》即将在杨刚主持的《大公报》副刊连载。正在这个时候,孙寒冰又请端木蕻良为复旦大学设在香港的大时代书局编一套"大时代文艺丛书"。所以,端木蕻良也接受了萧红的主张,决定去香港。①

萧红主张去香港,可能还有一个原因,是可以彻底脱离萧军的朋友圈子,逃离他的影响。1938年7月18日,萧军携带新婚的夫人王德芬入川,到达成都,任《新民报》副刊《新民座谈》主编。1938年11月,萧军出版了《侧面》的第一部《我留在临汾》,其中有对端木蕻良极其鄙薄的描写,也有对萧红不实的叙述,这些都影响着朋友们的看法。萧红看到以后很生气,想写文章申辩,被端木蕻良阻止了。1939年3月22日,《侧面》全部脱稿。就在他们走后的一个多月,3月间,萧军经峨眉山到达重庆,4月中旬,他的夫人也来到重庆。②不知道萧红和端木蕻良是否听说了萧军的动向,如果已经知晓,大概也是他们急于离开重庆的原因之一。以萧红当时病弱的身体和疲惫的精神,是没有心力应对这一强刺激的。即使事先不知道,去香港也无意中避免了尴尬。重庆的左翼文化圈子就那么小,要回避也不容易。

只是他们还有些顾虑,端木蕻良考虑到内地正在热火朝天地抗战,去香港是否合适。萧红则认为一个作家的任务,是写出好作品来,这就是对抗战的贡献,其他都不重要。他们游移不定,就去大田湾,征求华岗的意见。③

华岗(1903—1972),浙江龙游人,本名华延年,又名华少峰、华西园,曾

---

① 曹革成:《我的婶婶萧红》,时代文艺出版社,2005,第145—146页。
② 张毓茂:《萧军年谱》,《跋涉者——萧军》,春风文艺出版社,2002,第468页。
③ 钟耀群:《端木与萧红》,中国文联出版社,1998,第54页。

化名潘鸿文、刘少陵、华仲修、林少侯、林石父,笔名石修、晓风、方衡等,是中共早期职业革命家、编辑家、哲学家、史学家、教育家。华岗1932年任中共满洲特委书记,对东北比较熟悉,对东北作家也有近似同乡的感情。他从监狱被保释出来到武汉,任新创办的《新华日报》主编时期,萧红和端木蕻良就和他认识了。华岗也到了重庆,因为抵制王明而被罢免职务,住在大田湾"养病",从事研究和写作。萧红和端木蕻良和他来往较多,建立了深厚的友谊。华岗在"赋闲"期间,在四川走了不少地方,看到红军的各种遗迹,回来以后,向萧红他们讲述自己的见闻,大家都兴奋异常。萧红提议,将来有机会可以一起沿着红军长征路线走一趟,把这人类历史的奇迹写成小说,传达给世人。华岗正在编写《中国民族解放运动史》,看见萧红和端木蕻良来访很高兴。他很赞成他们去香港,说香港的文艺阵地也需要人,不是没事干,而是有许多事要干。不过经济方面要有保证才行,萧红说明自己和端木蕻良都有一些文章在香港的报刊上发表,生活不会成问题。华岗才放心地说:"那么你们就去香港吧。"①

端木蕻良把他们的决定告诉了孙寒冰,得到了孙寒冰的支持,告诉他们复旦大学在香港办有大时代书店,到香港可以住在书店楼上,继续保持联系。②他们和香港文化界的朋友联系,他们自然热烈地欢迎,以为可以壮大当地的文艺力量。③

他们决定不惊动大家,悄悄地离去。主要原因是怕消息传开,国民党阻挠他们出行④。

萧红只对老朋友张梅林说:"过几天,我要去香港。"

"你自己?"

"两个人。你别告诉别人。"⑤

去香港的飞机票也很难买,托人订票要提前一个月,就是找朋友买票

---

①③ 曹革成:《我的婶婶萧红》,时代文艺出版社,2005,第144页、第146页。
② 钟耀群:《端木与萧红》,中国文联出版社,1998,第54页。
④ 端木蕻良:《我与萧红》,曹革成《我的婶婶萧红》,时代文艺出版社,2005。
⑤ 梅林:《忆萧红》,王观泉编《怀念萧红》,黑龙江人民出版社,1981,第63—66页。

也至少需要十天半个月,1940年1月14日,萧红和端木蕻良进城,托在中国银行工作的朋友袁东衣购买机票。没有想到,当天晚上就被告知第二天有一张,17日有两张,都是给中国银行保留的机动舱位。他们当即定下了17日的票,没有时间再回北碚,匆匆打电话给端木蕻良二哥曹汉奇的同学与远亲贾开基夫妇,请他们帮助收拾稿件、书信、转租房子和处理别人稿件等等琐事。两个人几乎是空着手上了飞机,这是萧红离开各地的时候,最狼狈的一次。①

他们不辞而别,甚至连用人都来不及辞退,这引起许多朋友的误解与不满。②胡风给许广平写信,说萧红和端木蕻良"秘密飞港,行止诡秘"。这自然有着多年老友,觉得受了不辞而别的绝情冷遇,伤怀之下而"冒酸水"的意味。这使萧红很生气,她给华岗写信说:"我想他大概不是存心诬陷,但是这话说出来,对人是否有好处呢?绝对没有,而且是有害的。中国人就是这样随便说话……这种自由自在的说话,是损人不利己的。"1940年7月7日,她在给华岗的信中又说,"想当年胡风也受到过人家的诬陷,那时是还活着的周先生把那诬陷者给击退了。现在事情也不过三五年,他就出来用同样的手法对待他的同伙了。呜呼哀哉!"胡风在给艾青的信里,也谈起这件事,胡风说:"汪精卫到了香港,端木也到了香港。"在公开发表的信中,还说端木蕻良在香港安下一个"香窝"。后来,艾青把这些话告诉了端木,这自然让萧红和端木蕻良都很生气,和胡风的关系降到冰点,③由此,他们也彻底脱离了萧军的情感罗网。

---

① 曹革成:《我的姊姊萧红》,时代文艺出版社,2005,第146页。
② 梅志:《"爱"的悲剧》,《花椒红了》,中国华侨出版社,1995,第2—3页。
③ 端木蕻良:《我与萧红》,曹革成《我的姊姊萧红》,时代文艺出版社,2005。

第三十九章
避居香港

香港早在新石器时代就有人类活动,不少地方发现了新石器时代人类聚居的遗址。唐朝开元二十四年,香港属于循州,设立屯门军镇,派员2000驻守,目的是保护海上贸易。大步一带海面盛产珍珠,南汉刘氏于公元963年设官办珠场,昌盛一时,至宋太祖赵匡胤灭南汉后被禁止。清以前,香港的沥源、大奚山沙螺湾的土壤适合牙香树生长,所以种香及产香也慢慢发展起来,设码头运输香料故得名。香港海岸线漫长,有多处盐场被开发,公元971年(北宋开宝四年),于九龙湾一带设立官富场,并派盐官驻守,负责产盐及统筹各小型盐场。公元1183年(南宋孝宗淳熙十年五月廿九日)大奚山的私盐被禁,公元1197年(南宋宁宗庆元三年)大奚山发生骚乱。1514年(明正德九年)葡萄牙派兵抵达并攻占屯门,遂于1521年(明正德十六年)中葡战争爆发,至8月,明军大获全胜。清代,香港一直属新安县管辖。1841年,第一次鸦片战争清朝败于大英帝国,并于翌年与英国签订《南京条约》,将香港岛连同邻近的鸭脷洲割让予英国。1860年清廷再败于英法联军,被逼签下《北京条约》,把九龙半岛南部,连同邻近的昂船洲一同割让给英国。1898年,英国通过与清廷签订《展拓香港界址专条》及其他一系列租借条约,租借九龙半岛北部、新界和邻近的两百多个离岛但九龙砦城除外,租期99年。英国设立总督,按照英国的法律管理香港。至20世纪30年代末,香港已经有40多年的殖民地历史。

1940年1月17日,萧红和端木蕻良从重庆起飞,几个小时之后,降落在九龙启德机场。悠闲安宁的和平生活景象,使萧红一下从重庆紧张局促的战争状态中松弛下来。亚热带的植物、闽粤方言的市声中夹杂着不伦不类的英语,也提示着她到达的是又一个异乡英属殖民地性质。①

到达香港后,他们住在九龙尖沙咀金巴利道纳士佛台一间相当大的楼房,据说原为孙寒冰租住。②房间朝南,前面直通一个大阳台,空气流通,对萧红的身体很有好处。房东是一位能说几句普通话的年轻小姐,家人都在西沙群岛做买卖,房子家具都是现成的。他们刚安顿下来,戴望舒就来了,突然出现在他们面前。他们从来没有见过面,戴望舒自报家门:"我是戴望舒。"他们一见如故,一起出去吃了饭。第二天一早,戴望舒又来接萧红和端木蕻良,到他位于薄扶林道香港大学网球场对面的山坡的家"林泉居"。那是一栋背山临海的三层楼房,屋旁有小溪,远处还有一线飞瀑。戴望舒的夫人穆丽娟和女儿朵朵,对他们都很热情,欢迎他们搬来一起住。他们很喜欢这个地方,觉得适宜写作。但是端木蕻良的腿又犯了风湿病,上来要爬很长的一段山路不方便,他们就推辞了。

不久,孙寒冰来港办事,告诉端木蕻良大时代书店隔壁已经腾出了房子,希望他和萧红能搬过去,这样便于编辑"大时代丛书",端木蕻良是这套丛书的主编。萧红不喜欢房东小姐,立刻就同意了。1940年的春天,端木蕻良和萧红搬到九龙尖沙咀金巴利道纳士佛台3号二楼,住进一间不到二十平米的房间。对面是《经济杂志》主编许幸初的办公室,许幸初不常来上班,偶尔来一下,处理完事务就走了。有电话可以使用,有朋友来还可以在他的办公室里接待,就像他们的客厅一样。萧红请了一位临时保姆,按时来打扫卫生。他们的生活虽然不富裕,但基本上安定下来。屋里放着一张大床,一张大写字台,两个人相对而坐,各自埋头写作。③

---

① 曹革成:《我的婶婶萧红》,时代文艺出版社,2005,第147页。
② 叶君:《从异乡到异乡》,中国社会科学出版社,2009,第358页。
③ 钟耀群:《端木与萧红》,中国文联出版社,1998,第66页。

香港文化界对他们非常热情。1月30日,叶灵凤主持的《立报》副刊《言林》就发布消息:"端木蕻良、萧红,昨日由内地来,暂寄九龙某处。"2月5日,中华全国文艺界抗敌协会香港分会,由林焕平主持在大东酒家举行聚餐会,欢迎他们的到来,萧红在席间做了报告,题目是《重庆文化粮食恐慌情况,希望留港文化人能加紧供应工作》。3月初,为纪念三八妇女节,香港的几个女校联合成立了劳军游艺会的筹备委员会。3月3日晚上7点,该会在坚道养女子中学举行了座谈会,邀请廖梦醒和萧红参加,谈论了"女学生和三八妇女节"①。4月,他们以中华全国文协会员身份登记加入香港文协。4月14日,出席换届大会,与会者六十人,端木蕻良被选为理事。他们一下认识了不少新朋友,打开了社交的局面。5月11日,他们一起到迁港的岭南大学,参加"艺文社"师生主办的第一届文艺座谈会,萧红兴致勃勃地做了关于抗战文艺的发言,重申她在《七月》座谈会上的观点,强调战时生活的多样性。5月12日,萧红和端木蕻良一起出席黄自纪念音乐欣赏会,为纪念著名音乐家黄自逝世两周年。后来,她还到香港文协举办的文艺讲习会,为文学青年讲演。②可见,萧红一到香港,就投身到抗日文化活动中,是相当活跃的。

尽管萧红此时的交游很广,但又陷入了忧郁的心境,大概是由于写作和社会活动过于劳累。也由于初到香港,环境陌生,语言不通等原因,她一时无法融入外界的生活。这一年春夏之交的时候,她写信给多年的挚友白朗说:"……不知为什么,莉,我的心情永久是如此抑郁,这里的一切是多么恬静和幽美,有田,有漫山遍野的鲜花和婉啭的鸟鸣,更有澎湃泛白的海潮,面对碧澄的海水,常会使人神醉,这一切不都是我以往所梦想的佳境吗?然而呵,如今我却只感到寂寞!在这里我没有交往,因为没有推心置腹的朋友。因此,常常使我想到你。莉,我将尽可能冬天回去。"③端木蕻

---

① 卢玮銮:《一九四〇年萧红在香港》,《明报月刊》1979年11月,第14卷第12期。
② 曹革成:《我的婶婶萧红》,时代文艺出版社,2005,第147—149页。
③ 白朗:《遥祭》,《萧红全集》下卷,哈尔滨出版社,1998,第1310页。

良的社会活动很多,常常是早晨出去,深夜才能回来。经常是萧红一个人在家里写作,广东保姆语言又不通,所以她常常感到孤寂。便和端木蕻良说,还不如回内地好。端木蕻良也有同感,觉得香港缺少内地热气腾腾的抗日气氛,也有回内地的意思,但是不知道应该到哪里去。5月27日,日军出动几十架飞机轰炸北碚,孙寒冰等百余人罹难,贾开基被炸断一条手臂①。据说,日军误将复旦大学的新校舍当作了军营。②消息传来,震动整个香港。萧红和端木蕻良都非常悲痛,更加深了回内地的念头。萧红无意中又躲过了一次大劫,如果留在北碚,在轰炸中的命运就很难说了。

6月24日,萧红给住在重庆大田湾"养病"的华岗写信说:"我们虽然住在香港,香港是比重庆舒服得多,房子、吃的都不坏,但是天天想回重庆,尤其是我,好像是离不开自己的国土的。香港的朋友不多,生活又贵。所好的是文章到底写出来了,只为了写文章还打算再住一个期间。"萧红在这封信中还写道,到了香港以后,身体不太好,写几天文章,就要病几天。大约是因为对气候不太适应。华岗很快回了信,说香港也非久留之地。到1940年的下半年,形势更加严峻。正是国际问题专家拼命讨论"日本南进乎?北进乎?"的时候,因此香港的空气也是疟疾式的。每次空气紧张的时候,萧红就给张梅林写信说,正在购买飞机票回重庆,希望能先找到方便房子。但是紧张空气一过,她又延宕下来,以长篇小说《马伯乐》未完成和有病为理由。③

除了环境的不适之感,和朋友之间的隔阂也是让她心绪烦乱,闲话传到她的耳朵里,这使她很生气。7月28日,她在写给华岗的信中说:"关于胡之乱语,他自己不去撤销,似乎别人去谏一点意,他也要不以为然的,那就是他不是糊涂人,不是糊涂人说出来的话,还会不正确的吗?他自己一定是以为很正确。假若有人去解释,我怕连那去解释的人也要受到他心灵

---

① 曹革成:《我的婶婶萧红》,时代文艺出版社,2005,第149页。
② 梅志:《胡风传》,十月文艺出版社,1998,第439页。
③ 梅林:《忆萧红》,王观泉编《怀念萧红》,黑龙江人民出版社,1981,第69页。

上的反感。那还是随他去吧!"和胡风的矛盾使萧红感到很痛苦,他们是多年的朋友,现在为了这些小事闹得不愉快。萧红由此感到社会的险恶,"世界是可怕的,但是以前还没有自身经历过,也不过从周先生的文章上看过,现在却不了,是实实在在来到自己的身上了。当我晓得了这事时,我坐立不安地过了两个钟头,那心情是很痛苦的。过后一想,才觉得可笑,未免太小孩子气了。开初那是因为我不能相信,纳闷,奇怪,想不明白。这样说似乎是后来想明白了的样子,可也并没有想明白,因为我也不想这些了。若是越想越不可解,岂不想出毛病来了吗?你想要替我解释,我是衷心地感激,但话不要说了。"

这一时期,萧红和华岗的联系最多。在所有旧日朋友都和他们心存隔阂的时候,只有华岗成为她精神的支柱。华岗关心着萧红的身体和创作,使萧红十分感动。萧红也关心着华岗的工作,写信托人到上海的一家书店找熟人代为考查他的《中华民族解放运动史》一书的出版情况。"远在万里之外,故人仍为故人计",他们的友谊是深厚的。这一封信里,萧红还附上了《马伯乐》的第一章,请华岗看看主人公是否可笑,并请他读后转交给曹靖华先生。

这个时期,萧红的写作非常勤奋,用端木蕻良的话来说,她"对创作有一种宗教感情"。①4月10日,她就发表了短篇《后花园》,是到港两个多月期间,在安家、搬家和社会活动的间隙中写成的。这部作品可以看作是《呼兰河传》的姐妹篇,是以东北农村乡土人物的命运为内容,在抒情诗一样的旋律中,展开主人公磨倌冯二成子一生"近乎于没有戏的"悲剧故事。他暗恋着邻居家的女儿,由于自卑而没有勇气说出来,眼睁睁地看着她出嫁,又默默地照顾着她的母亲赵老太太,直到她也搬走了。他陷入了原始的悲哀,痛哭了一场之后,追问起人生的意义,结论当然是没有的。他接受了寡妇老王的关照,和她结了婚,生了孩子。后来,老王死了,孩子也死了,后花

---

① 端木蕻良:《我与萧红》,曹革成《我的姊姊萧红》,时代文艺出版社,2005。

园换了主人,冯二成子仍然年复一年平静地生活着。萧红以细腻的笔触,写出了乡土人生的悲凉。这里已经没有了她早期作品中的阶级压迫,也没有外来暴力的血腥屠戮,而是一种困惑而无望的忍耐,在日常生活的悲剧中追寻生命的意义。这篇小说发表在1940年4月10日至25日香港《大公报》副刊《文艺》与《学生界》。

这一年,萧红出版了三本书。3月,她的短篇小说集《旷野的呼喊》,由郑伯奇主编的《每月文库》出版,收录了她到重庆以后的小说新作。6月,《萧红散文》作为端木蕻良"大时代文艺丛书"的一种,由香港大时代书局出版,收录了她在上海和重庆时期的一些散文作品。7月,《回忆鲁迅先生》由重庆妇女生活社发行。端木蕻良在1939年到1940年,也出版了多部作品。这样,他们的稿费收入就比较可观,经济条件的改善使萧红可以从容地写作长篇。

她开始续写在重庆没有完成的长篇《马伯乐》,到6、7月间第一部就脱稿了。《马伯乐》原来的名字叫《马先生》,后来端木蕻良建议她改用法国汉学家亨利·巴斯伯乐的中文名字"马伯乐"。他出版专著,认为汉语言中没有语法概念和词性,引起中国语言学家们的抨击。借用他的名字命名自视甚高的主人公,也算是对迷恋西方文化而又一知半解的半吊子小知识分子善意的嘲讽。而且套用了中国古代《伯乐相马》的寓言故事,主人公既是马又是伯乐,也是反讽的手法,象征着他两不靠谱的尴尬处境。小说原计划写三部,循着萧红自己逃亡的路线,第一部从青岛到上海,第二部从上海到武汉,第三部从武汉到重庆,①可以说是三部曲的"四城记",隐含着萧红对现代文明大都市的观感。也以马伯乐的眼睛为游动的视点,写出了战时社会的众生相,揭露嘲讽了那些无耻的社会蠹虫和各种丑恶的角色。萧红的目光则凝聚在马伯乐身上,从他充满洋奴气息的家庭开始,讥讽其父作为

---

① 可参见刘以鬯《萧红的〈马伯乐〉续稿》,孙延林主编《萧红研究》第三辑,哈尔滨出版社,1998,第281页。当然,萧红高寿的话,也可以继续写下去,但目前显示的信息只到重庆。

一个伪善的基督徒的种种恶行,犀利地揭示了绅士阶级的虚伪。主人公马伯乐经常挂在嘴边的两句话是"到那时可怎么办哪?""他妈的中国人。"他看不惯自己的父亲一味崇洋媚外,可自己则既崇洋又媚外。他讨厌妻子爱钱如命,可自己又一毛不拔。他试图开辟各种事业,譬如开书店,写小说,但都是有始无终,一事无成,对现实只有一味地逃避。尽管战争给他带来了威胁,但又成全了他名正言顺逃避的理由。萧红幽默和讽刺的才能,在这篇小说中发挥得淋漓尽致。她出神入化地写出了一个自私自利、怨天尤人、深陷于悲观哲学中的"没用人"的形象,可以看到高尔基《没用人的一生》的潜在影响,也可以看到对从鲁迅开始,正当创作高峰期的老舍、张天翼等作家讽刺文学的沿革。在中国现代的讽刺和幽默文学中,萧红的《马伯乐》也属上乘之作。但这部作品发表之后,没有引起相应的关注,主要原因也是由于它偏离了抗战文学的主潮,也偏离了左翼文学关怀大众的宗旨。马伯乐由生活富裕的青岛逃到上海过悲惨的生活,又由上海逃到武汉(内地),体现着他基本的处世哲学:"万事总要留个退步。"在全民族抗战的火热时代,他除发发牢骚之外,只能苟全性命地奔逃。除此之外,萧红还讽刺了大城市商业社会颓废享乐的风气,那些发国难财的狡诈奸商,精神萎靡的知识者,无聊且无耻的食客,各种各样卑鄙小人的丑恶嘴脸。这些人物都体现着溃败的社会中的腐朽势力,他们的滑稽可笑,反映了萧红对国民性的思考,以及在民族危亡时刻内心沉郁的隐痛。所以,这虽然不是一部直接表现抗日的作品,却是从一个方面写出了中国的战时生活,归根到底是有益于民族精神的健全,有益于民族解放战争胜利的。特别是当她写作这部作品的时候,正在阅读华岗的《中华民族解放运动史》,认为"写的实在好","中国无有第二人也"。这也从一个角度说明她思考的深入,把鲁迅对于国民性的思考揳入反抗外来暴力的时代主题中,延续了"五四"的精神。

《马伯乐》第一部写完之后,交重庆大时代书局出版,萧红此时还在写另一部长篇。7月28日,她在写给华岗的信中说:"在这一月中,我打算写完一长篇小说,内容是写我的一个同学,因为追求革命,而把恋爱牺牲了。

那对方的男子,本也是革命者,就因为彼此都对革命起着过高的热情的浪潮,而彼此又都把握不了那革命,所以那悲剧在一开头就已经注定的了。但是一看起来他们在精神上是无时不在幸福之中。但是那种幸福就像薄纱一样,轻轻地就被风吹走了。结果是一个东,一个西,不通音信,男婚女嫁。在那默默的一年一月的时间里,有的时候,某一方面听到了传闻那哀感是仍会升起来的,不过不怎具体罢了。就像听到了海上的难船的呼救似的,辽远,空阔,似有似无。同时那种惊惧的感情,我要把它写出来。假若人的心上可以放一块砖头的话,那么这块砖头再过十年去翻动它,那滋味就绝不相同于去翻动一块放在墙角的砖头。"萧红的这个写作计划没有实现,手稿也在她死后遗失了。①这部长篇大约是从重庆开始写作的,所以是杀青的计划。而且创作的灵感也起于重庆,她曾经向端木蕻良透露过大致内容,提到华岗在一家饺子馆讲的"故事",实际上是他和葛琴的婚恋经历。华岗告诉端木蕻良与萧红,他和葛琴结婚以后,自己的兴趣转向政治,葛琴的兴趣则在文学,经常为了一个问题争执不下,谁也说服不了对方。葛琴经常去找搞文艺理论的邵荃麟请教,久而久之产生感情。等到华岗被捕出狱之后,他们已经夫妻数年。华岗是党报的主编,而邵荃麟则是左翼文化运动的领导人之一,经常由于工作需要在会上碰头,华岗因此常陷入复杂的感情矛盾。②但是,这部小说终于没有写完,她转而去赶写《呼兰河传》,边写边登,12月20日完稿,从9月1日开始连载,到12月27日全部刊载完毕。

  她为什么放下几近完成的长篇,去赶写刚开头的新著作?也许是由于发表的困难,因为是写革命者的生活,即使是在统一抗战的时代气氛中,也

---

① 据曹革成说是端木蕻良因为上了日军的黑名单,乘船离港的时候,发现有人跟踪,借船在澳门靠岸之机,仓皇下船躲过一劫,无法取出压在行李堆下的箱子,到广州湾码头,发现箱子里的东西全部散失,其中都是他和萧红的手稿,这部小说手稿应该也在其中。见曹革成《我的婶婶萧红》,第218页。另一种说法,是箱子取出来了,后又丢失了。总之这部手稿丢了。

② 曹革成:《我的婶婶萧红》,时代文艺出版社,2005,第163页。

是遭忌的;也许是出于经济的考虑,要先写能够发表的《呼兰河传》;甚至只是编辑的说服,被纳入了刊物的出版周期,无暇完成自己的写作计划;也许是时间的问题,意想不到的新任务不断插进来,影响了原来的写作进度;甚至是心境的变化生出新的灵感,放下了原来的计划。1940年前后,各地的外乡人纷纷拥入香港,引起物价高涨、住房紧张。整个香港充满思乡的浓郁情调,港九报纸杂志泛滥着各种乡音乡情。①编辑趁势拉稿,萧红构思多年,有部分成稿,已经成竹在胸,大概是《呼兰河传》边写边发的主客观原因。此后,她又写了《后花园》《小城三月》,都是以故乡为背景的作品,她还向端木蕻良讲述了10个短篇的计划,连题目都拟好了,《还乡人》《采菱船》《珠子姐》等,就差写出来了,还有其他的中长篇的计划,比如表现北大荒早期开拓者的《泥河传》,当为她母系的家族史。据说是在端木蕻良的建议下,写一组松散的"呼兰河系列"②。一直到生命垂危的时刻,她向骆宾基口述,由骆宾基根据回忆记录的《红玻璃的故事》,也是以乡土人物为主人公。可见,正是这股"乡愁"激活了她最浓郁的诗情,是她创作灵感最充沛的源泉,形成了她的艺术世界中最炫目的部分。与之相对的则是包括《马伯乐》在内的以现代小知识分子为主人公的系列,失散了的革命者婚恋小说,还有计划中以哈尔滨学生运动为题材,表现"五四式的转折"的长篇《晚钟》,则都属于这个系列。

萧红开始续写《呼兰河传》的时候,一开始的题目还没有最后定下来。端木蕻良对她说:"你这部长篇应取你家乡的一条河作名字。什么'泥河''土河'都不合适!"萧红想了一下说:"我家是呼兰县,县里有条河,叫呼兰河。"萧红原来打算叫《呼兰河的女儿》,端木蕻良早年曾经看过一本外国名著叫《尼罗河传》,就说不如就叫《呼兰河传》③,"从你童年写起。就像呼兰河水一样涓涓流过,你跟着这涓涓流水成长……多美!"萧红也高兴地说:"好!就叫《呼兰河传》!"这是一部在国家危难时期,背井离乡的作者,对故

---

①② 曹革成:《我的婶婶萧红》,时代文艺出版社,2005,第164页、第169页。
③ 孔海立:《忧郁的东北人端木蕻良》,上海书店出版社,1999,第107页。

乡一往情深的恋歌。萧红从1936年在日本时开始酝酿,1938年从武汉开始写作,由于颠沛流离,一直没有大块的时间把它写完。到了香港,生活安定下来,她又接续起中断了好久的写作。她回忆起童年的种种往事:慈祥的老祖父、贫穷的有二伯、悲惨的小团圆媳妇、情感丰富的冯歪嘴子……众多的人物都栩栩如生地涌进她的脑海。小县城里人们的善良、愚昧、自私、麻木、势利、迷信,以及沉滞刻板单调的古旧生活方式,都与她早已成熟的文艺思想相合拍,引起她的愤慨和悲悯。她不分昼夜地写着,抒发自己对乡土既爱又怨的复杂感情。这部小说带有明显的祭奠性质,祭奠了所有的亡灵,在与乡土故人的和解中也祭奠了自己的童年。

促使萧红自愿放下写作计划的重要事件,大概是鲁迅诞辰六十周年的庆祝活动。鲁迅先生诞生于1881年9月25日,阴历的八月初三,到1940年虚岁正好60,周岁59。按照中国人的传统风俗,以虚岁纪年,逢九为吉,是应该庆贺的大生日。当时民国政府已经废除了阴历,改用公元纪年。上海文艺界人士征得许广平同意,定在8月3日各地一起举办隆重的纪念活动。倡议一发出,重庆、桂林、昆明、成都、延安、香港等地积极响应。在文协香港分会倡议下,中华全国漫画家协会香港分会、青年记者协会香港分会、华人政府文员协会、香港业余联谊社、中华全国木刻协会香港分会等救亡团体发起举行集会,以"国难方殷,正宜发扬鲁迅精神"为主旨,积极筹备纪念活动,要达到近年来最大规模。《文艺阵地》4卷12期登载报道:"香港方面,自接得上海函约后,亦已由端木蕻良、杨刚及全国文艺界抗敌协会香港分会,进行推动,届时拟举行一盛大之群众纪念仪式"。萧红自然是义不容辞,她在6月24日致华岗的信中,就提到了为了纪念鲁迅的六十诞辰,打算写一篇文章,"题目尚未定"。她还询问华岗是否有文章,有的话请寄给《文艺阵地》。因为"上海方面要扩大纪念。很欢迎大家多把放在心里的理论和感情发挥出来"。7月,她的《回忆鲁迅先生》顺时出版,是一份重礼。南洋的洪丝丝知道萧红写了《回忆鲁迅先生》,就来信要她将稿子寄去,要在南洋出版。萧红为了寄出的稿子应和内地发表的有所区别,上心上意地做了增删改动。端木蕻良在协调组织的繁忙活动中,赶写发表了《论鲁迅》《略论民族魂鲁迅》《论阿Q》等近九万字的系列文章。戴望舒也尽心竭力,承担起办理登记、接洽会场等需与官方打交道的所有巨细事务。

杨刚是文协负责文艺宣传的理事,也是地下党分管文艺宣传的负责人之一。她受文协委托,提议让萧红写一个关于鲁迅先生的剧本,通过舞台表演展示鲁迅先生的形象和生平。她来找萧红,对她说:"只有你见过鲁迅先生,只有你才能形象地将鲁迅先生搬上舞台,你来写个剧本,我们排了演出纪念他。"萧红一口回绝,认为用艺术形式表现鲁迅先生是极其严肃的事情,不能有丝毫的歪曲,况且"鲁迅先生一生所涉至广,想用一个戏剧的形式来描写是很困难的一件事。"再说,她也没有写过戏剧,运用这种形式没有把握。端木在南开的时候搞过话剧运动,在《南开双周》上发表过剧本《斗争》,又发表了一系列关于鲁迅的论文,对鲁迅的精神有比较深入的理解。而萧红熟悉鲁迅的生活,两个人合作还是可以尝试一下。在杨刚的再三劝说下,萧红接受了这个任务。杨刚还建议由端木蕻良来饰演鲁迅,这次是端木蕻良一口回绝了。端木蕻良猛然想起他在南开上中学的时候,曾经看过一位外国哑剧大师的表演,建议萧红用哑剧的形式来写鲁迅先生。这个构想受到文协同仁的赞同,他用了两天的时间,为萧红拟定出提纲,两个人再互相研究、补充后定稿。①内中的人物众多,不适合舞台演出,丁聪和徐迟就把它改编了一下,最后才搬上舞台。②

8月3日,香港各发起单位在加路连山的孔圣堂举行了内容相当丰富的纪念晚会。由许地山致开会词之后,萧红介绍了鲁迅先生的生平事迹,内容"大部系根据先生自传,并参证先生对人所讲述者,加以个人之批评"。③会上演出的节目很多,首先唱了纪念鲁迅先生的歌曲,第一句是:"欢呼今

---

① 钟耀群:《端木与萧红》,中国文联出版社,1998,第66页。但是根据曹革成的说法,是由端木蕻良执笔,萧红最后修改定稿的,见曹革成:《我的婶婶萧红》,时代文艺出版社,2005,第152页。
② 丁言昭:《萧红传》,江苏文艺出版社,1993,第244页,她是根据对徐迟的一次采访。
③ 《本港文艺团体昨纪念鲁迅诞辰》,载1940年8月4日《大公报》。

天8月3日革命人道主义诞生……"然后演出了田汉编剧的《阿Q正传》、鲁迅的剧作《过客》和哑剧《民族魂鲁迅》,鲁迅的角色由银行职员张宗祜担任。还演唱了香港何君谱曲的鲁迅诗:"惯于长夜过春时……"徐迟上台表演了朗诵。①"那天的会是不寻常的,不但团结了在港的各个救亡组织,而且在醉生梦死的高等华人之中,打了一针,使他们知道祖国在危急之秋,每个人对救亡都须做出贡献。自从这次会以后,为支援敌后根据地进行筹款工作,打下了坚实的基础。"②

冯亦代在《哑剧的试演——〈民族魂鲁迅〉》中说:"香港文协在筹备庆祝鲁迅先生六十岁诞辰时,就立意用一种最庄严的戏剧形式,将先生一生的奋斗史表现出来。哑剧的形式在中国似乎尚未见采用,但在西方演剧史上特别是宗教演剧方面,它却有过它的地位的。它以沉默、严肃、表情动作的直接简单取胜,最适宜于表现伟大端庄、垂为模范的人物。以它来再现鲁迅先生,似乎能传达先生的崇高以外,更予观众一种膜拜性的吸力,使先生生活史的楷模性更能凝定在我们后辈人的生活样式里面。因此,便决定把它实现了。"萧红费了几昼夜的工夫完成了一个严密周详的创作。可惜囿于文协的经济情况,人力与时间的局促,这剧本竟不能与观众见面③。

10月19日,萧红又参加了鲁迅先生逝世4周年纪念会。她穿着黑丝绒的旗袍,朗诵了鲁迅的杂文。留给人的印象是"瘦却却的,发音不高,发音不高但朗诵得疾徐顿挫有致"④。10月21日—31日,《民族魂鲁迅》以萧红的名义在《大公报》上连载。结束时,附了作者的话,为端木蕻良代笔:"鲁迅先生一生所涉至广,想用一个戏剧的形式来描写,是很困难的,尤其用不能讲话的哑剧。所以这里我取冷处理的态度,是用鲁迅先生的冷静、沉淀,来和他周围世界的鬼祟跳嚣做个对比。"

1940年11月前后,端木蕻良和萧红结识了"国兴社"的社长胡愈之。

---

① 丁言昭:《萧红传》,江苏文艺出版社,1993,第243页,她是根据对于丁聪的一次采访。
② 冯亦代:《戴望舒在香港》,《新文学史料》1980年第4期。
③ 1940年8月11日《大公报》。
④ 孔海立:《忧郁的东北人端木蕻良》,上海书店出版社,1999,第117页。

10月,胡愈之从桂林前往新加坡就任由陈嘉庚主办的南洋商报的总编辑,途经香港的时候逗留了一段时间,帮助文协香港分会开展一些工作。他又介绍他们认识了东北民主运动活动家、东北抗敌协会会长周鲸文。周鲸文听说端木蕻良和萧红来到香港也很高兴,急于和他们见面。有一天下午,萧红和端木蕻良到雪厂街10号交易所大楼拜访周鲸文,他们既是同乡,又是文化界人士,所以一见如故,彼此非常亲切。①周鲸文非常器重他们,马上就和他们商议,由他出资筹办大型文学刊物《时代文学》。同时和端木蕻良任主编,他只挂个名,实际上全由端木蕻良负责。他还计划筹建《时代妇女》杂志,请萧红任主编。周鲸文话刚说完,萧红立刻说她身体不好,干不了。周鲸文微笑着说:"什么事也不要你干,只要你挂一个名,具体事都由下面人来干,甚至也不用看审稿。"萧红是从不图虚名的,仍然坚决不干。周鲸文只好婉转地说,"那就请萧红女士再考虑考虑吧。"接着就和端木蕻良商量起筹办《时代文学》的具体事宜②。从此,他们就常相往来,有时到酒楼饮茶,有时到周鲸文家做客。周鲸文在《时代批评》上,为萧红和端木蕻良提供了大量的版面③。

　　周鲸文(1909—1985),号维鲁,辽宁锦县人。东北军将领张作相的外甥,曾就读于北京汇文中学、日本早稻田大学、美国密歇根大学、英国伦敦大学。1931年回国在哈尔滨主办《晨光晚报》,九一八事变后,利用报纸积极鼓吹抗日救国。嫩江"江桥抗战"爆发,曾代表哈尔滨文化界亲赴前线慰问抗日将士。1932年2月5日,哈尔滨沦陷后,日本侵略军疯狂迫害爱国人士,他逃到北平。此后,长期在平、津、沪等地组织东北救亡青年组织,从事抗日救国活动。七七抗战爆发后,他担任东北救亡总会会长,出版《自救》杂志,1936年任流亡东北大学的秘书长、代理校长等职务,在流亡的东北人中影响很大。1938年初,他到香港创办"时代书店",

---

① 周鲸文:《忆萧红》,《时代批评》1975年第33卷第12期,第40页。
② 钟耀群:《端木与萧红》,中国文联出版社,1998,第71—72页。
③ 周鲸文:《忆萧红》,《时代批评》1975年第33卷第12期。

出版《时代批评》。后为中国民主同盟的发起人之一,并且担任中央委员。他的舅舅张作相与张作霖是拜把的兄弟,皇姑屯事件之后,尽力辅佐张学良,深得张学良的敬重,称之为"老叔""辅帅"。周鲸文与张学良关系密切,经营着时代书店和其他商务,财力十分充裕。在他的支持下,《时代文学》于1941年6月1日创刊,周鲸文与端木蕻良担任主编,实际上是端木蕻良负责。《时代文学》共出版六期,最后因香港沦陷而告终。①在以后的接触中,周鲸文夫妇得到一种印象,就是"端木对萧红不太关心"。他们得出的结论是"端木虽系男人,还像小孩子,没有大丈夫气。萧红虽系女人,性情坚强,倒有些男人气质"。而且"端木与萧红结合,也许操主动权的是萧红"。②

  1941年来临的时候,萧红的心情已经比较舒展了,文章写作发表得顺利,有了新的朋友,逐渐适应了环境。她和端木蕻良自制了贺年片,寄给亲近的朋友。他们也收到朋友们寄来的自制贺年卡,其中有许地山的。③他们还到朋友家拜年,有的时候是分头去。圣诞节前夕,萧红自己拎了一个大蛋糕去看望周鲸文,她走了一大截山路,又爬了一大截楼梯,累得气喘吁吁,进屋坐下好长时间才平息下来。④1月24日,她写信给华岗说:"香港旧年很热闹,想去年来此时,刚来不久,现已一年了,不知何时可回重庆?""香港的天气正好,出外野游的人渐渐多起来。"带着这样的好心情,萧红又开始了《马伯乐》续篇(也就是计划中的第二部)的写作。

---

① ③ 曹革成:《我的婶婶萧红》,时代文艺出版社,2005,第118页,第170页。
② ④ 周鲸文:《忆萧红》,《时代批评》1975年第33卷第12期。

第四十章
情系呼兰

萧红的好心情维持的时间不长,1月4日至14日,爆发了震惊中外的皖南事变,国共两党的关系陷入极度紧张。萧红被这突发的事件震惊得够呛,因为她的弟弟张秀珂就在新四军里,上海一别已经近4年没有见面,音信也断了有3年多。加上对沦陷故乡亲人的惦念,她的心情无比沉痛,放下《马伯乐》续篇的写作,立即开始写一部以国难家仇为内容的小说。至3月26日完成,这就是1.6万字的小说《北中国》,4月13日至29日在《星岛日报》连载。小说中的耿大先生的儿子投身抗日音信全无,他因此而神经衰弱。当听到儿子在中国人的内战中牺牲的消息以后,他陷入迷狂。为了他的安全,家人把他关在凉亭中,最终由于炭火烟气窒息而亡。这个形象的原型显然是萧红的父亲张廷举,故事的主干大概是起于萧红的一个噩梦。当时,她大概听到了一些有关张秀珂的谎信,也可能从老家到香港的流亡者那里,知道了一些流传的家事,由此带来深度的焦虑。在党派斗争的曲折表达中,她也缓解了和父亲的心理对抗,开始理解了上一代人呵护晚辈的一片苦心。

1941年2月中,因为萧红住的尖沙咀金巴利道纳士佛台3号要调整房子,他们就搬到尖沙咀乐道8号,那是大时代书局二楼的一间房子。仍然是一张大床,一张大写字台,两个人仍然面对面而坐。只是有抽屉的那一面让给端木蕻良,因为端木蕻良编刊物,用起来方便些。他们请了一个小时工料理家务,平时到小铺就餐,节省出时间写作,萧红又开始续写《马伯乐》的续篇。

皖南事变之后,大批文化人拥入香港。萧红经常在乐道8号家中招待朋友,做她拿手的各种饭食。2月下旬,史沫特莱、夏衍、范长江等人到港,文协香港分会在思豪大酒店开茶会欢迎。请萧红当主持,她只致了礼节性的欢迎词,没有多谈。3月,邹韬奋、茅盾等来港。4月17日,萧红和端木蕻良出席香港文艺界联欢会,主要是欢迎茅盾、夏衍等人来港。茅盾在会上报告了抗战以来,文艺运动和民族形势、大众化等争论问题的现状。皖南事变之后,八路军驻港办事处根据南方局的指示,决定创立一份有战斗力的报纸。这一年的年初,廖承志召集夏衍、邹韬奋、范长江等8人研究办报方针,取名"华商报",文艺副刊为"灯塔",于4月8日创刊。5月4日,《灯塔》登出"五四"专刊,发表了茅盾、巴人、叶以群、林林和萧红、端木蕻良的文章。萧红的文章题目是《骨架和灵魂》,曲折地表达了对党派斗争中自相残杀的愤怒。她指出"五四"运动发生20年了,可"'五四'的时代又来了。""没有想到自己还要拿刀枪,照样地来演一遍。"当然,她的倾向在处于劣势的左翼一方。①

由于精神的紧张焦虑,连续写作的劳累,经常为赶稿子熬夜,萧红的身体越来越不好,经常咳嗽、发烧。她在困苦的生活中煎熬惯了,并不把自己的病当回事,端木蕻良买来温度计,要萧红相信科学,但萧红说她的体温从来都是37度以上,各人的体质不一样。端木蕻良没有办法说服她,就买了退烧和治咳嗽的药,萧红也不肯吃。端木蕻良拿她也没有办法。②

1940年9月,史沫特莱为了治疗痢疾胆囊炎,从桂林搭乘运钞机,越过日军战地,秘密飞到香港,准备病好之后,回到中国内地或去印度支那前线。她住在半岛酒店,离萧红居住的乐道只隔一个街区。当时,她已经上了日军的黑名单,港英当局慑于日军南下的攻势和在港的亲日势力,曾企

---

① 曹革成:《我的婶婶萧红》,时代文艺出版社,2005,第179页。
② 钟耀群:《端木与萧红》,中国文联出版社,1998。

图阻止她滞留,失败以后,又一度禁止她公开露面,不许她公开参与社会活动和发表演说,甚至连文章也不许发表。因此,史沫特莱很低调,在朋友、港英政府医务总监的夫人希尔达·塞尔温·克拉克介绍下,住进香港最大的公立医院玛丽皇后医院(简称玛丽医院)。经过港府首席医务顾问威金森治疗康复,出院以后住进香港主教罗纳德·霍尔(中文名字何鸣华)的乡间别墅——地哨号玫瑰谷。史沫特莱的朋友都是"从事各种各样帮助中国军人和平民救济工作"。希尔达是中国红十字会外国后援会的秘书,又是宋庆龄任主席的保卫中国同盟秘书,当地有"红色希尔达"之称。主教罗纳德也同情中国抗战,有"粉色主教"之称。史沫特莱大概就是在2月17日,在思豪酒家茶会上,与主持会议的萧红重逢,并且发表了演说。事后,萧红和端木蕻良被告知,她不受当局欢迎,不要和她来往太密切,可能会受牵连报复。①

  过了不久,史沫特莱突然来到九龙乐道8号看望端木蕻良和萧红。她看到萧红和端木蕻良的住房,十分惊讶:"你们这两位大作家,竟然住在这么小的一间房子里,太不可思议了!……这怎么能生活?还创作作品?……"她拉着萧红的手,仔细地打量她,"瘦了,比我见到你的时候瘦多了!不过,更美丽了!更美丽了……"端木蕻良向史沫特莱说起萧红的健康情况,以及她拒绝治疗的情景。史沫特莱听了皱着眉头说,"这怎么可以?健康是最主要的,特别是战争时期,我这次回美国就是为了治病。"随即她讲了国际局势:战火不但不会很快地熄灭,还有扩大的趋势,香港也不是久留之地。她透露当时港英当局已在做3个月的战斗准备,同时悄悄地把英国妇女儿童撤往澳大利亚。她建议他们,不如去南洋,那里回旋的余地大,也有益于萧红养病。她可以为他们联系去新加坡。然后,她让萧红收拾一两件换洗衣服,随她一起去香港主教罗纳德·霍尔的地哨号玫瑰谷去住些时候,说那里很宽敞,阳光、空气都好极了。萧红还在犹豫,在端木

---

① 曹革成:《我的婶婶萧红》,时代文艺出版社,2005,第180页。

蕻良的劝说下还是跟着史沫特莱走了。史沫特莱利用自己的关系,为萧红联系了玛丽医院,收费可以优惠,希望萧红能全面地检查一下。①她还亲自安排新加坡的朋友来港,与他们见面,建立撤退的联系。②萧红在玫瑰谷继续写作《马伯乐》,不久,因为放心不下端木蕻良又回到乐道8号的家中。

　　4月中,茅盾先生和夫人到了香港。萧红鼓动茅盾夫妇一起到新加坡去,但茅盾因为工作关系不能离开香港。③由于找不到合适的同伴,萧红只好滞留在香港。

　　1941年5月,香港的美国总领事馆把史沫特莱列入若港岛战争爆发,必须第一批转移的美国公民,她已经为日本军事当局视为最危险的敌人。史沫特莱被迫放弃重返中国内地的打算,决定回美国去,向美国人民宣传中国人民艰苦卓绝的抗日战争。下旬,史沫特莱订了回美国的船票,到乐道8号来向端木蕻良和萧红告别。她带来了新四军里的材料,有欢送她的诗歌和壁报、歌曲等等,准备当作回国后写书的资料。端木蕻良问她在美国的通信地址,史沫特莱说她在美国的家族已经分散,只有一个洗衣为生的姐姐,也已经多年不见,要回国后再联系。当时许多报刊都已经封杀她,好像只有一家德国报纸《法兰克福报》愿意登她的文章。她留下了十个短篇小说,都是打印稿,端木蕻良后来在《时代文学》上发表了几篇。④史沫特莱要了萧红和端木蕻良的作品,带到美国去翻译发表。萧红给了她一篇《马房之夜》,同时还拿出《生死场》的单行本,题签后交给史沫特莱,请她带回美国赠给辛克莱。史沫特莱答应一定带到,并留下自己的联系方式,希望互相通信、寄文章。临走的时候,还叮嘱萧红去玛丽医院看病。不久,史沫特莱回到美国,将《马房之夜》介绍给斯诺的前妻海伦·福斯特,海伦·福斯特与人合作把它翻译成英文,发表在她主编的《亚细亚》月刊1941年第9期上。辛克莱给萧红写来了感谢信,并且寄来了他的近作《合作社》。⑤海

---

①②③④　曹革成:《我的婶婶萧红》,时代文艺出版社,2005,第180页,第180页,第181页,第181页。

⑤　葛浩文:《〈萧红与美国作家〉补遗》,王观泉编《怀念萧红》,黑龙江人民出版社,1981,第139页。

伦·福斯特也写来信,为《亚细亚》杂志,向萧红和端木蕻良约稿。

1941年6月,胡风在周恩来的安排之下,受组织派遣到达香港。①听说萧红健康情况不佳,住在家里养病,就去看她。萧红比过去显得更瘦、更苍白了。虽然躺在床上精神倒还好,很高兴地和胡风聊天,她当时很兴奋地说:"我们办一个大杂志吧?把我们的老朋友都找来写稿子,把萧军也找来。"她又说,"如果萧军知道我病着,我去信要他来,只要他能来,他一定会来看我帮助我的。"胡风很理解她的怀旧心情,但是不明白她为什么这样寂寞、孤独,他只能劝慰她,希望她好好保重身体,安心养病。以后是能见到这些老朋友的,还有许多做不完的工作呢!②看到病弱的萧红,胡风对端木蕻良的成见又升级了:"我不得不在心里叹息,某种陈腐势力的代表者把写出过'北方人民的对于生的坚强,对于死的挣扎','会给你们以坚强和挣扎的力气'的这个作者毁坏到了这个地步,使她的精神气质的'健全'——'明确和新鲜'都暗淡和发霉了。"③其中胡风关于萧红对于萧军的转述,也和《北中国》一样,带有和解的性质。萧红的心境实在悲凉,大有"人之将死,其言也善"的平和,是生命行将消逝的征兆。

1941年6月,萧红还写了短篇小说《小城三月》,是以她童年的挚友开姨作为原型的,在这部作品中,她放弃了对家庭的嫌恶态度,父亲是一个有维新思想的形象,家庭也是一个开放而民主的家庭。这更接近萧红家庭的实际情况,也反映出萧红对于父辈的理解。主人公翠姨是个美丽善良而又脆弱的女孩,她暗恋着堂兄,又没有勇气反抗媒妁之言和父母之命,同时也觉得自己没有能力走进堂兄现代文明的生活世界,终于幸福地抑郁而死。这篇小说也是思乡之作,体现着萧红的启蒙主张,但写得更委婉,因而也更动人。她揭露的是几千年的封建婚姻制度,也关怀着那些在新与旧的文化夹缝中挣扎,而终于不能摆脱弃儿处境的文化边缘人。萧红运用了《红楼

---

① 梅志:《胡风传》,十月文艺出版社,1998,第455页。
② 胡风:《悼萧红》,《萧红》,人民文学出版社,1984,第2页。
③ 《胡风自传》,江苏文艺出版社,1996。

梦》中"宝黛"爱情悲剧的原型,置换在翠姨与堂兄的恋爱悲剧中。从中可以看出,萧红古典文学的深厚修养。这篇小说写好后,她要端木蕻良为她画一幅插图。端木蕻良欣然同意,但对小说里写的哈尔滨不熟悉,不知道从何下手。萧红就告诉他,画一驾马车在大雪中飞奔,另外画一幅书中女主人公翠姨站在松花江畔,眺望对岸的景色和近处的啤酒桶。端木蕻良按照她的意思画了出来,萧红接过端木蕻良手中的笔,题了《小城三月》,并且签了名。这篇小说发表在1941年7月1日香港《时代文学》第一卷第二期。

9月1日,她在香港《时代文学》第一卷第四期上,发表了《给流亡异地的东北同胞书》,号召东北同胞"为了失去土地上的高粱、谷子,努力吧;为了失去的土地,年老的母亲,努力吧;为了失去的地面上的痛心的一切记忆,努力吧!"是以1938年9月18日发表的《寄东北流亡者》一文为基础,增加了一些内容重新发表①,但第二人称的复数改为第一人称复数。

9月,萧红又写了《"九·一八"致弟弟书》,以深厚的亲情回忆了和弟弟聚少离多的愁苦,但笔调却是清新健朗的,此时,她大概知道了张秀珂平安的消息。这封信发表在1941年9月20日香港《大公报·文艺》第一一八六期,1941年9月26日桂林《大公报》文艺专栏重发。这些文章都反映了萧红投身民族解放斗争的巨大热忱,反映了她和时代脉搏息息相通的战斗精神,以及郁闷的内心感受。她在香港时期,身体是病弱的,但创作却是高产的,是她短暂生涯中又一个丰收期。

10月5日,正逢中秋节,端木蕻良突然接到一个陌生人的电话。他说他叫骆宾基,是内地来的一个青年作家,到香港后找不到工作,现在困居在旅馆里,请求给予帮助。端木看过他的小说《边陲线上》,又有东北同乡一层关系,便问清他所住旅馆的地址,上门去看他。骆宾基是皖南事变之后,从国内辗转逃出来的。到澳门,已经没有旅费,当掉行李买的船票,于9月28日左右到达香港。他举目无亲,身无分文。端木蕻良了解了他的情况,便写了介绍信,

---

① 曹革成:《我的婶婶萧红》,时代文艺出版社,2005,第191页。

要他到时代书店找林泉和张慕辛。他又打电话给周鲸文,问是不是可以将骆宾基安置在时代书店的职工宿舍里。周鲸文同意了,张慕辛找到了骆宾基,为他付了旅馆的钱,取出行李,搬到时代书店的宿舍,和自己同住。张慕辛还在《时代批评》上留出版面,发表了骆宾基的短篇小说《生活的意义》,是描写南方军队士兵生活的作品。①端木蕻良又问他是否有稿子,可以在《时代文学》上发表,拿稿费维持生活。骆宾基拿出一个长篇小说《人与土地》,端木蕻良撤下自己在《时代文学》五、六期合刊的长篇连载《大时代》,换上骆宾基的小说,解决了他的生活问题。萧红还为这部小说设计了报头式的刊头画,又肥又大的高粱叶子,就像稠密的树林子。对此,骆宾基很是感激。

骆宾基(1917—1994),原名张璞君,祖籍山东,生于吉林省珲春县。在哈尔滨与萧红的胞弟张秀珂同过学。"九一八"事变后到关内读书,1934年夏到哈尔滨学俄语,想将来到苏联去留学。在那里结识了金剑啸,从他那听说萧红的《生死场》在上海出版了,鲁迅先生为这本书作了序。他于1936年逃亡到上海,参加上海的抗日救亡运动,开始文学创作活动。上海沦陷后,在浙东参加共产党,从事抗日文艺活动。他在时代书店住了些日子,又被于毅夫安排到九龙宋之的腾出来的房子去住。②他在上海的时候,曾经与张秀珂有来往,作为弟弟的朋友,萧红对他怀有亲近的感情,端木蕻良把他带到九龙乐道8号的家中,两个人见了面,自然有一番亲热的叙谈。③

这一年的8、9月间,萧红常失眠、咳嗽、发烧、头疼,他们决定到玛丽医院去看看。④端木蕻良打电话,请袁大顿过来陪他们去玛丽医院看病。因为袁大顿是广东东莞人,在语言上可以当翻译。袁大顿很快就来了,叫了车,到海边上轮渡过了海,又叫了车到了玛丽医院,找到史沫特莱留下名字的医生,很顺利地看了病。那位大夫态度很好,建议先住院检查一下,费用是遵照何鸣华主教嘱咐的优惠价收取的。袁大顿去问了头等、二等、三等

---

① 见张慕辛给端木蕻良的信。曹革成:《我的姐姐萧红》,时代文艺出版社,2005,第201页。
② 韩文敏:《现代作家骆宾基》,北京燕山出版社,1989。
③④ 端木蕻良:《我与萧红》,曹革成《我的姐姐萧红》,时代文艺出版社,2005。

病房的价格,都是成倍增长的数目。萧红和端木蕻良合计,既然是做检查,住不了几天,就决定住三等病房。他们告诉院方,预交费用下午送来,领了住院证,就把萧红送进了病房。《时代批评》的编辑张慕辛(东北人)和时代书店的经理林泉,听说萧红病了,于10月的某一天一起去看她。当时,萧红穿着一件金丝绒的旗袍,显得整齐修长,但看起来面容有些憔悴,行动比较迟缓。她笑着说:"没有什么了不起的病,谢谢你们。"萧红忙着写作,很少到香港去,端木蕻良有事来看朋友,朋友拉他去喝茶,他总是说:"出来很久了,家中只有萧红,要早点回去。"①

萧红预计要把《马伯乐》写成三部曲,但刚写到第二部,她就一病不起。萧红和端木蕻良在香港发表了不少文章,但要用稿费来交住院费,还是远远不够的。端木蕻良不得不首先去找周鲸文,谈了萧红需要住院检查的情况。周鲸文很爽快,告诉端木蕻良,要萧红放心治好病,一切费用由他负责。说着就开了支票,交给袁大顿,让他到医院办理住院手续。端木蕻良和袁大顿又来到医院,萧红高兴地说头痛好多了,还向端木蕻良介绍同病房的病友。袁大顿办好了手续也来到病房,摇着脑袋说:"还是优惠呢,一天的住院费,就够老百姓一个月的伙食费了。"萧红担心地问:"很贵吗?"端木蕻良忙接过来说:"这你就别管了,周先生开了支票来了。"萧红说:"好吧,有财东做后台,就住几天吧!"

经过全面的检查,医院确诊萧红患了肺结核,就从普通病房搬到隔离病房里。萧红的病榻是在玛丽医院四楼的前方走廊②上,正面临着大海,看着那起潮的海,那大块的万里长空,吸着旷野的新鲜空气,这时萧红的心境还是很愉快的。在寂寞中她把一本《圣经》看完了。见到袁大顿他们,总嚷着太寂寞,要他们带新书给她看。但医生坚决不容许,袁大顿没办法,只得送给她一些画报。她笑了,说袁大顿他们把她当小孩子对待。③

---

① 张慕辛:《忆萧红》,1980年11月26日《羊城晚报》。
② 应该是骑楼,是从正楼接出来的居室,比阳台大。
③ 袁大顿:《怀萧红》,王观泉编《怀念萧红》,黑龙江人民出版社,1981,第78—79页。

萧红的肺结核很严重,X光检查,两片肺叶上都有空洞。医生主张打空气针治疗。萧红很害怕,但医生坚持这个治疗方案,否则空洞不能愈合。端木蕻良拿不定主意,征询了周鲸文夫妇、于毅夫夫妇和夏衍的意见。他们都说肺部有空洞,打空气针还是当时一种先进的治疗方法。于毅夫和周太太还到医院看望了萧红,劝她进行空气针治疗。萧红想通了,只有听从医生的。第一次打空气针之后,萧红痛苦地嚷嚷不如死了好。①在打空气针之前,萧红虽然有病,但还是走动如常人,还可以照常写作。一打空气针倒真成了病人,体力不够了,行动不便了,咳嗽也加剧了②。又过了一两天,便觉得不那么憋气了;进行第二次、第三次空气针治疗以后,就没有什么太大的反应了;咳嗽也减轻了,胃口也好了,嚷嚷着要吃罐头了。10月份的时候,萧红又可以创作了。她在医院里继续写《马伯乐》的第二部,边写边在《时代文学》上连载,袁大顿按时来取稿子。③

端木蕻良定时去看萧红,她总是高兴地向他介绍周围病人的情况。有一次,孙夫人宋庆龄来慰劳旁边的一位工人,萧红真想过去和她握握手。舞蹈家戴爱莲,也在这个病区里住过一阵④。蒋光慈的夫人吴似鸿去看望戴爱莲,戴爱莲对她说:"嗯!萧红在间壁,你去看她吗?"吴似鸿走进萧红的病房,看到"她似乎睡着了,一双大红皮拖鞋放在床边的地板上,房中只有她一个人,并没有见到去探望她的友人,寂寞的空气充满了全室。幸喜那房子是靠花园的,光线非常充足,但缺少人间的暖气,虽然是在南方的秋季"。吴似鸿站在门口迟疑着不想上前,因为萧红并不认识她,如果和她曾相识,互相有了友情,就会等她醒来,和她轻轻地谈几句,安慰她一番。但她们不过是一对生疏者,所以吴似鸿最终还是退出了房门。吴似鸿在上海的时候,读过萧红的《生死场》,觉得她的格调冷峻,不像一般女子那样充满柔思和温情,很想见见她。有一天,她在拉都路看到萧红在买菜,手上提了

---

① 周鲸文:《忆萧红》,《时代批评》1975年第33卷第12期。
② 钟耀群:《端木与萧红》(五),《香港文学》,1997年第12期。
③ 袁大顿:《怀萧红》,王观泉编《怀念萧红》,黑龙江人民出版社,1981,第78—79页。
④ 钟耀群:《端木与萧红》,中国文联出版社,1998。

一个小篮子,里面放了一块豆腐,正在准备买其他的菜。她上着一件黑色呢外套,下穿一条男式长裤子,梳着两条小辫子。不久吴似鸿到女作家白薇家,一进去看见萧红正在和白薇说话,穿着短上衣,短裙子,边说边打手势,"脸上无温情,也见不到笑容,神情分着你我,好像她与外界保持了相当的距离"。她觉得萧红的身上有一股寒冷的气质。萧红说完话就告辞走了,白薇对吴似鸿说:"她很关心我,当我一个钱也没有的时候,她就送钱来给我用。"又说,"多少人爱她啊!许多人都追求她,发疯似的追求她!"在香港的商务印书馆,吴似鸿又看见过一次萧红,但直到第四次在医院里看见她,还是没能和她说过一句话。吴似鸿在许多年后想起来,还是感到深深的遗憾。①

萧红在医院里结识了蒙古族著名记者、编辑家、艺术理论家萨空了的夫人金秉英。她们在电梯里相遇,听到彼此是北方口音,就交谈起来。金秉英和丈夫都爱好文学,又与端木蕻良相熟。端木蕻良向萨空了约过稿子。萧红便经常和金秉英在一起闲聊②。柳亚子的女儿柳无垢与端木蕻良是清华大学的同学,曾给宋庆龄当过秘书,英文很好。端木蕻良约她为《时代文学》翻译作品,由此认识了萧红。听说萧红生病住院,她就去探视过几次。萧红对富氧治疗肺病很有信心,更多关注的是时局和创作。萧红和她主要谈了"文坛的寂寞,国内青年的苦闷,文化工作者的岗位和怎样守住自己的岗位"。最后一次去探望的时候,萧红谈到自己在武汉小金龙巷被当局拘留的事件,依然是与当局实行白色恐怖有关的话题,她的精神状态还是不错的。③

11月中,《马伯乐》的积稿已经发表完了,但故事的发展还很长邈。袁大顿到医院去探望萧红,并告诉她《马伯乐》的积稿已刊完,续稿怎么办。这一问,萧红怔住了说:"大顿,这我可不能写了。你就在刊物上说我有病,算完了吧。我很可惜,还没有把那忧伤的马伯乐,提出一个光明的交代。"

---

① 吴似鸿:《萧红印象记》,《怀念萧红》,东方出版社,2011,第171页。
② 钟耀群:《端木与萧红》,中国文联出版社,1998,第88—92页。
③ 曹革成:《我的姐姐萧红》,时代文艺出版社,2005,第191页。

袁大顿看出她的神情好像很忧愁似的，自己也很难过。萧红语气一转，又说道，"年轻人要多用功……年轻人有着生命的欢欣，身体壮实的爱好，美的欣慕，打扮的留恋，智识的吸取；我们要使他们能发掘生命的幽微隐秘，寻出被拘囚被锤楚得体无完肤了的人类的真理！"这段话使袁大顿记忆终身，对于当时只有二十来岁的袁大顿来说，萧红无疑是一位好教师。①《马伯乐》发表完的时候，注明"第九章完，全文未完"。第九章（二）结尾处，大家都向往着到重庆去，应该是第二部的结束，即将开始的是去重庆的内容，属于第三部。萧红终于没有把这本书写完，《马伯乐》成了一部未竟的作品。

入冬以后，气候转冷，玛丽医院骑楼的结核病区就不如夏秋季那样舒服了，海风变凉了。萧红觉得不适应，想出院。端木蕻良也怕萧红受不住海风吹，旧病未好，又染上感冒。端木蕻良就去找医生，医生对他说："你太太的病很严重！两边肺上的空洞，进行了这几个月的治疗，虽然控制住了，没有继续扩大，但离出院还很遥远。你要劝太太打消出院的念头。冬季到了，我们医院是会采取措施的。怎能使住院的病人患感冒呢？"端木蕻良凉了半截，不敢照实对萧红说，只说医生说治了这一个疗程再说。萧红以为没有几天了，也就不再嚷嚷着出院。

有一天，刮起十二级台风。端木接到护士打来的电话，说萧红病危。端木蕻良连夜赶到医院，看萧红没有什么异样，才知道虚惊一场。他告诉萧红，文协要召开鲁迅先生逝世5周年纪念会。萧红没有等他说完，立刻说："我要出院，我要参加！纪念鲁迅先生的会，我怎能不参加呢？"端木蕻良说："那得医生同意才行呀。"又安慰萧红说，"我正在托人找面临大海的房子，找到了就来接你出院。"但萧红对住院已经很不耐烦。后来，端木蕻良又去看萧红的时候，她又嚷嚷着要出院。端木蕻良说待他问问周鲸文的意见，因为住院费都是周鲸文资助的，出院与否，也得向周鲸文打个招呼。萧红这才暂时平静下来。②

---

① 袁大顿：《怀萧红》，王观泉编《怀念萧红》，黑龙江人民出版社，1991，第78—79页。
② 钟耀群：《端木与萧红》，中国文联出版社，1998，第93页。

萧红还是被海风吹得受了凉,病势加重了,不停地咳嗽着。她恳求医生给她打止咳针,然而医生很不耐烦,因为这是三等病房,而且院方的药品是有规定的,由医生来开,不是由病人请求。萧红像十年前那样,遭受到冷视和精神上的虐待。深夜她要求一个姓张的女看护为她打个电话,她恳求端木蕻良立刻来。端木蕻良赶来宽慰她安心,并且打电话给周鲸文。第二天,他们来探望她。萧红恳求出院,回到九龙的家中去。周鲸文对她说:"你要安心,你知道你回到家里那个阴沉的小屋子里去,怎么会养好呢?而且请医生来往,又不方便又耗费,你在这里的医药费我来负担,你宽心养病好了。"

而萧红是不堪那种冷视的,医生对她说:"咳嗽不要紧呀!你不能发急……肺病还有不咳嗽的吗?"医生完全是大英殖民地培养出来的那种绅士,他们仍然搪塞着,没有给她打针。萧红愤怒了,因为她自己没有得到朋友的信任,她的朋友反而信任着医生。她沉默了。夜深,她想,她会死在这些冷视者的手里的。她的朋友们都尽力安慰她,然而这痛苦只有她自己能感受得到,她逐渐地不安起来。她想,还是要靠自己,她必定得离开这不供药品的所在,她不能再咳嗽下去了……她披起衣裳,偷偷下了床。她已经走过寂静的屋外走道,然而在楼梯口,她被护士拦住了,于是惊动了医生们,他们对她轻蔑地说:"你要做什么?"萧红说:"我要离开你们的医院,我不住了。"女护士说:"医生不给签字,你不能出院呀!"萧红倔犟地说:"我不管,我是要出院的!""你发疯了吗?"主诊医生说,"你不管,若是你丈夫向我们要人呢?"萧红几乎要哭了:"我要回去!"医生冷冷地说:"回去躺着吧,等到明天你丈夫签了字,领你出去!"萧红被扶持到她的阳台上的病床上。她抱怨端木蕻良只听医生的,不会真诚地为她着想,他会推托,会说宽慰话。当时她想到萧军:"若是萧军在四川,我打一个电报给他,请他接我出去,他一定会来接我的。"①

10月19日,文协在福建商会义学举办"鲁迅先生逝世5周年纪念会",

---

① 骆宾基:《萧红小传》,黑龙江人民出版社,1981,第94—96页。

端木在会上结识了柳亚子先生,遂成忘年之交。端木蕻良向他索要诗文,他一挥而就。11月下旬,文协香港分会在温莎餐厅为郭沫若举行"祝寿会",柳亚子、茅盾、端木蕻良等近百人参加。会后,柳亚子邀请端木蕻良到他寓所询问东北沦陷史,听后悲愤地即席题诗赠端木蕻良,并呈萧红。端木蕻良拿着柳亚子的赠诗去医院给萧红看,碰上于毅夫也在,萧红身边放着大包小包,端木蕻良感到很奇怪。萧红高兴地告诉端木蕻良:"于毅夫先生来接我出院了。"于毅夫说:"萧红既然那么想出院,看她目前情况,硬要她住在医院里反而不好,不如出院试试看,不好再回来嘛。肺病病人,心情是很主要的!"萧红对端木蕻良说:"毕竟年长的比你知道得多,咱们赶快走吧!"端木蕻良要给周鲸文打电话。萧红着急地说,"回去再打吧!"端木蕻良无奈,只得和值班护士说,家中有事,回去几天再来,好在还没有结账呢。萧红回到家里,高兴极了,往还未叠被的床上一坐说,"终于回来了!"

　　第二天,太阳老高了,他俩还没起床。外面响起敲门的声音,端木蕻良急忙起来问:"谁?"一位长者的声音说:"是我。"端木蕻良听出来是柳亚子的声音,慌忙告诉萧红。两人急忙穿上衣服,拉平被子,萧红进卫生间梳洗,端木蕻良便去开门。柳亚子笑眯眯地走进来,说他去九龙医院看女儿,顺便来看看端木蕻良。端木蕻良一边为柳亚子沏茶,一边说:"萧红昨天从医院回来了。"萧红从卫生间走出来[1],高兴而尊敬地向柳亚子先生问好。"她热情地和柳亚子握手,好像对一个相熟的故人。"[2]柳亚子握着萧红的手,眯着眼睛端详着她:"才女!久闻大名了!幸会。"萧红微笑着,多少有些忸怩:"这怎么敢当呀?我们还得请柳先生多多指教呢。"端木蕻良担心萧红身体不支,将被子叠好放在床头,要萧红靠在床头说话。同时告诉柳亚子,萧红刚出院,怕她累着。又转身告诉萧红:"柳先生是长辈,不会介意的。"柳亚子也说:"对、对,快躺下,我可以把椅子挪到床边来谈话。"萧红只得顺从地靠在床上,端木蕻良忙把柳亚子先生的座椅挪到床边,他们相见

---

[1] 钟耀群:《端木与萧红》,中国文联出版社,1998,第94页。
[2] 柳亚子:《记萧红女士》,王观泉编《怀念萧红》,黑龙江人民出版社,1981,第23页。

恨晚地聊起来。柳亚子边聊边起身到书桌旁,提笔赠诗给萧红:

> 谔谔曹郎莫万华,温馨更爱女郎花。
> 文坛驰骋连双璧,病榻殷勤伺一茶。
> 长白山头期杀贼,黑龙江畔漫思家。
> 云扬风起非无日,玉体还应惜鬓华。

柳亚子边念边写,写完看看端木蕻良和萧红,将诗从头到尾念了一遍后,双手拿起送给端木蕻良。端木蕻良忙躬身双手接过说:"能得柳先生墨宝,太荣幸了!"柳亚子转身和萧红握手告辞说:"贱内还在家等着呢。"萧红要起来送,被柳亚子制止了。①

于毅夫(1903—1982),黑龙江肇东人。青年时代就读于南开中学、北京平民大学、燕京大学。1935年夏起在东北人民抗日会工作,主办会刊《东北之光》。1936年7月加入中国共产党,1937年6月参与领导成立"东北救亡总会"任常务委员兼宣传部部长。端木蕻良打电话,告诉周鲸文"萧红出院了"。周鲸文很奇怪:肺病治愈不会这样快,为什么这样快出院呢?端木蕻良在电话里告诉他:"萧红不满意官气十足的护士小姐,不好好照顾病人。她又讨厌让她住骑楼(主要为新鲜空气),昨天,于毅夫去看她,萧红把这种情况告诉了他。萧红想出院,回家住,于毅夫也赞成。就这样,于毅夫把她接回来了。"周鲸文很不以为然,他自然体会到萧红所述之苦,第二天,就和夫人到九龙看望萧红。他们住一间20平方尺左右的屋子,中间一个大床,有个书桌,东西放得横七竖八,还有一个取暖烧水用的小火炉。萧红就躺在那张又老又破的床上。见到这种情况,周鲸文很心酸,这就是中国文化人的生活。萧红和端木蕻良在中国文艺界已是成名的作家,而生活如此艰苦,其他写作为生的文人,生活更可知了。萧红见周鲸文来访,精神

---

① 钟耀群:《端木与萧红》,中国文联出版社,1998,第96页。

稍微振作，但已是筋疲力尽的样子。瘦削的脸，只有两只大眼睛有时尚流露光芒。周鲸文和夫人安慰了她一番，并且劝她回玛丽医院，家里这种环境对她这种病是不好的。萧红首肯，同时，她又似正经似开玩笑地说："周先生，你正提倡人权运动，请不要忘记了我这份人权。"周鲸文很坦然地说："你放心吧！"当时，周鲸文也批评了于毅夫不该任性把她接出来。他在心里埋怨于毅夫，只是感情用事，把萧红从医院接出来，而又不能对她有什么帮助。实际那时于毅夫的生活也相当苦，他也无力帮助。萧红和端木蕻良都同意周鲸文的建议，由端木蕻良负责去办。周鲸文夫妇离开的时候，送给他们一些钱。①

柳亚子（1887—1958），江苏吴江人，原名慰高，字稼轩，号亚子。晚清著名诗人，创办并主持南社，出版诗集《磨剑室诗词集》《磨剑室文录》。民国时曾任孙中山总统府秘书，中国国民党中央监察委员、上海通志馆馆长。"四一二"政变后，被通缉，逃往日本。1928年回国，进行反蒋活动。抗日战争时期，与宋庆龄、何香凝等从事抗日民主活动，曾任中国国民党革命委员会中央常务委员兼监察委员会主席，三民主义同志联合会中央常务理事，1940年底，到香港，住九龙柯士甸道，1941年1月，与宋庆龄、何香凝、彭泽民等发表宣言，谴责国民党制造皖南事变，后又拒绝出席国民党中央全会。在港期间，他广泛接触左翼文化人。端木蕻良在自己主编的《时代文学》上，为他提供大量版面发表诗作。柳亚子经常来看萧红，和她聊天，使萧红觉得很愉快。12月初，柳亚子和著名记者爱泼斯坦到医院去看望女儿柳无垢，带着一朵盛开的菊花转道来到萧红家，小屋里立即弥漫着沁人的清香。萧红顺手把桌子上花瓶里原来的花拿了出来，把菊花插了进去。柳亚子请萧红为自己的诗册题诗，萧红欣然写下："天涯孤女有人怜！"②便泪流满面，写不下去了，萧红感慨万分地说，如果病好了，一起去看电影，再到小楼喝酒，就高兴极了③。柳亚子也为之感动，沉吟写下：

---

① 周鲸文：《忆萧红》（五），《时代批评》1975年第33卷第12期。
② 钟耀群：《端木与萧红》，中国文联出版社，1998，第96页。
③ 柳亚子：《记萧红女士》，王观泉编《怀念萧红》，黑龙江人民出版社，1981，第23页。

轻扬炉烟静不哗,胆瓶为我斥群花。
誓求良药三年艾,依旧清谈一饼茶。
风雪龙城愁失地,江湖鸥梦倘宜家。
天涯孤女休垂泪,珍重春韶鬓未华①。

萧红对柳亚子的感情像童年时的祖父,上海时期的鲁迅。柳亚子还为萧红介绍了李国基、黄大维等香港著名中医,他们开过药之后,又一致主张以静养为主。②柳亚子还亲自出面,特地请周鲸文吃茶,希望他能多资助些钱开销萧红治病的费用。周鲸文表示义不容辞,一切医疗费用他可以完全负责。史沫特莱临行前给萧红资助了一些钱,于毅夫代表香港地下党又筹集一些药费。③这样,萧红的医药费基本没有了问题。

金秉英知道萧红出院了,也常到家里来看她。因为都是东北人,两个人非常说得来,只要金秉英三两天不来,端木蕻良不在家,萧红便写条子要保姆送去请金秉英来聊天。④

端木蕻良要应付《时代文学》的编务,袁大顿到九龙的机会便频繁起来。因为端木蕻良走不开,他和萧红的许多事情,都是袁大顿替他们来办。这时,来探望萧红的友人很多,茅盾、巴人、骆宾基、杨刚等都常来,袁大顿于是替他俩接待客人。有时,萧红神态不安,需要休息,袁大顿也替她权充挡驾来访的人的"门人"。由于在家医疗不便,萧红的病一天比一天更糟了。白天她睡得也很不宁,卧榻常常要南移又要北移,端木蕻良和袁大顿就像给她摆动摇篮一样地去把她的床摆东又摆西。她喉头的痰越来越多了,袁大顿替她买来痰盂,替她买药品一天有时要跑上几趟。萧红是很自信的,她要常常知道自己病情的变化。有一次,萧红要袁大顿到屈氏药

---

①②③ 曹革成:《我的姐姐萧红》,时代文艺出版社,2005,第197页,第196、197页,第196、197页。
④ 钟耀群:《端木与萧红》,中国文联出版社,1998,第96页。

房买一支摄氏水银体温计,因为不在行,买了一支华氏的回来,于是,萧红难得地笑了,温和地给袁大顿解释了一套体温计的使用法。萧红真挚的心,在苦难临头的时候也为人打开着。①袁大顿定于12日6日回广东东莞结婚,行前来向萧红和端木蕻良辞行。他说这几天外面风声很紧,如果港九有什么骚乱,欢迎萧红和端木蕻良到他家乡去,乡间房子还是可以的,粗茶淡饭也招待得起,希望他们不要嫌弃。萧红和端木蕻良忙恭喜他,希望他结婚后带喜糖来吃。②

---

① 袁大顿:《怀萧红》,王观泉编《怀念萧红》,黑龙江人民出版社,1981,第78—79页。
② 钟耀群:《端木与萧红》,中国文联出版社,1998,第96页。

第四十一章
在战火中挣扎

12月6日,袁大顿回东莞结婚了。12月7日,萧红收到了斯诺前妻海伦·福斯特寄来的200元港币的稿费,端木蕻良代她奔走办理领取外汇的手续。手续还没有办完,日本偷袭珍珠港,太平洋战争爆发。这笔稿费便再也没有拿到。

1941年12月8日,是夏威夷时间12月7日,由于两国在国际日期变更线的两侧,因此同一个日期却是两天。12月8日,日本政府颁布了对英、美两国宣战的天皇诏书,太平洋战争正式爆发。8日清晨7点,日本飞机已向香港投弹,香港进入战时状态。日军一边偷袭珍珠港,重创美国海军基地,一边空袭英国殖民地港九地区,轮番轰炸九龙启德机场,扼断香港地区唯一与外界联系的航空港。同时,日军第三十八师团,分两路沿青山道和广九铁路,南进袭击新界和九龙半岛。罪恶的战争爆发了,善良的香港市民还以为是港英当局在搞演习。一半也是由于连日紧张的神经战空气中,不断地防空演习,一道道紧急疏散命令,使香港居民已经疲了。就连国际问题专家也不相信,日本会在1941年发动太平洋战争。著名记者范长江也说,据报告是演习。不久,从九龙深水湾过来的车带来了启德机场、深水湾英军营房被炸的消息,人们骚动起来,纷纷登上各种船只渡海奔向香港本岛[①]。政

---

① 曹革成:《我的婶婶萧红》,时代文艺出版社,2005,第198—199页。

府发表新的交通公告,从香港可以自由过九龙,从九龙岛过香港,除了军人以外,必须先到亚士厘道西人青年会旁门领通行证。及至9点,西人青年会门前已经挤得水泄不通。①

  这时,萧红并未进入玛丽医院,还住在九龙乐道8号那间小屋里。战争的声障残酷地刺激着萧红的耳膜,震荡的声浪引起剧烈的头疼,她捂着耳朵,依偎在端木蕻良的怀里,一步也不放他离开。她要端木蕻良打电话,请柳亚子先生来,商量怎么办。端木蕻良要办的事情很多,要到银行取款,战争一爆发,肯定物价暴涨,无论是为了萧红治病,还是日常生活,都需要大笔的费用。他不知道,此时银行提款必须是五百元和一百元的大票,而一港币中午的购物量比起早晨8点已经相差很大。他还急需去买大量食品,特别是病人所需的营养品。但也为时已晚,港英当局已下令粮食统购,一个小时不到,各种食品店的面包被抢购一空,排队的人还不肯离去。端木蕻良无法分身,为了使萧红的情绪稳定下来,他只好求助柳亚子,写了一张便条托人捎给他。②8点多,端木蕻良接到骆宾基的电话,说香港眼看要打起来了,他准备回内地去,特向端木蕻良辞行并致谢。端木蕻良心想,骆宾基光杆一个人,不如请他留下来,帮助自己照顾一下萧红,以后可以一起走。他向骆宾基说了自己的想法,骆宾基说当然可以,他是张秀珂的朋友,又得到过端木蕻良和萧红的大力帮助当然义不容辞,便说能够协助照顾萧红女士,对自己是莫大的荣幸。立即,就从香港过海来到九龙乐道8号。③

  柳亚子还不知道战争已开始,写了个回条说是演习。后来报馆来了人,他才知道是战争,急忙冒险赶到乐道8号,来安慰萧红。9点多钟,柳亚子先生神色匆匆地走进萧红的房间,脸色非常严肃。他向萧红说:"你好一些了吗?"萧红抓住他的手,眼睛现着恐怖说:"我害怕!""你怕什么呢?"柳亚子先生说,"不要怕。""我怕……我就要死。"萧红黯然地说。"这时候谁敢

---

① 叶君:《从异乡到异乡》,中国社会科学出版社,2009,第388页。
② 曹革成:《我的婶婶萧红》,时代文艺出版社,2005,第198—199页。
③ 钟耀群:《端木与萧红》,中国文联出版社,1998。

说能活下去呢?"柳亚子站起来,"这是发扬民族正义的时候,谁都要死,人总是要死的。为了发扬我们民族的浩然正气,这时候就要把死看得很平常……"他还激动地说了一些话,骆宾基在他身上看见了一种大无畏的精神。说完之后,柳亚子就走了。端木蕻良也随着他走了,临走的时候对骆宾基说:"你不要走,陪陪萧红,我一会儿就回来。"萧红用喑哑低弱的声音说:"我是要活的!"萧红脸色惨白现着恐怖,对骆宾基说,"你不要离开我,我怕……"九龙已经陷入一片恐怖和混乱中。萧红在疲倦中昏昏欲睡,拉着骆宾基的手。骆宾基感觉她仿佛怕被人在紧张中抛弃。①

端木蕻良在外面处理了一些事务回来,和骆宾基商量下一步的办法,想带着萧红到东莞找袁大顿。但是,当时以为他结完婚就会很快回来,没有留下地址。正在懊悔不止,却得知日军行动非常迅速,东莞已经沦陷,连九龙的一些街区都可以看见日军的铁丝网。他们意识到已经被困在了九龙,正在一筹莫展之际,于毅夫急匆匆地来了。他是奉中共党组织之命,专门负责联络他们的秘密领导人。萧红知道有中共党组织的关照,恐惧有所缓解,心里踏实了一些,三个人一起共商对策。于毅夫告诉他们,自己的夫人和孩子都已经转移到香港安置妥当,是专程赶来帮助他们转移的,九龙即将陷落,必须迅速渡海到香港。白天目标太大,夜晚来临的时候渡海,由骆宾基负责照顾萧红,端木蕻良开始收拾东西,于毅夫出去联系船只。②

夜幕降临的时候,他们用床单做了一副临时担架,抬着萧红出门,雇了两辆人力车,把她放在上面,到达港口之后,乘坐小划子渡海到香港,坐车赶到《时代批评》职工宿舍。没有想到他们扑了一个空,时代书店的店员告诉他们,大炮响了以后,张慕辛和林泉住到思豪大酒店去了。端木蕻良一行人就坐原车到了思豪大酒店,此时已是第二天的清晨。思豪大酒店的女老板是个东北人,男人在南洋做生意,她和时代书店的人都很熟悉。战争爆发以后,市面上供应混乱,张慕辛和林泉想找钢筋水泥结实的楼房住,又

---

① 骆宾基:《萧红小传》,黑龙江人民出版社,1981,第97页。
② 曹革成:《我的婶婶萧红》,时代文艺出版社,2005,第191页。

知道张学铭(张学良的弟弟)在五层长期包有房间,他一般住在山上别墅里,下山来的时候就在酒店落脚休息,那套房子一直空着,他们通过女老板住了进去。看到端木蕻良和萧红来了,便毫不犹豫地将这套房间让了出来,他们住到别的空房子里去了。

当他们护送萧红过海那天的深夜,八路军驻港办事处负责人廖承志接到密电,指示太平洋战争爆发以后,要与英美建立统一战线的大政方针。其中第四点是:"香港文化人、党的人员、交通情报人员应向南洋及东江撤退,此事应酌办。"同时又接到周恩来的电话,具体部署滞港人员从澳门或广州湾(即湛江)撤退到桂林的方案。端木蕻良安置好萧红,就和于毅夫一起出去了解情况。香港已经陷于一片瘫痪,水、电、交通都停了,一些乱仔也乘机出来抢劫。于毅夫告诉端木蕻良,南方局书记周恩来已经致电廖承志,尽快接出滞港的进步文化人。过几天要在格罗斯打大酒店地下室召集滞港文化人,布置撤退事宜。①端木蕻良开始的时候是打算跟着地下党的组织撤退的②,回来以后告诉了萧红,又匆匆地走了。这又深深地伤了萧红的心。这当中大概有一个误会,端木蕻良大概无法告诉萧红地下党的秘密安排,同时觉得有于毅夫等人负责,萧红不会没有人管,而且已经请骆宾基帮助照顾萧红,觉得离开也放心。临走的时候,没有格外交代。这样,萧红以为他抛弃了自己。

他刚走,《大公报》的记者杨刚就来探望萧红。杨刚走了之后,骆宾基要到九龙去抢救他的小说稿《人与土地》,那是他用两年的时间在桐油灯下写出来的一部长篇,就向萧红告别。那时候萧红已经半年走动困难了,她躺在床上说:"英国兵都在码头上戒严,你为什么冒险呢?"

"我要偷渡。"骆宾基说。

"那么你就不管你的朋友了吗?"

"还有什么呢?我已经帮你安排好了。"

---

① 钟耀群:《端木与萧红》,中国文联出版社,1998,第99页。
② 周鲸文:《忆萧红》,《时代批评》1975年第33卷第12期。

"你朋友的生命要紧还是你的稿子要紧？"

"那——我的朋友和我一样，可是我的稿子比我的生命还要紧。"

"那——你就去！"

"那是自然的。"

骆宾基并没有具体说怎样为萧红安排的，是否托付给了张幕辛和林泉，他们当时也住在这家酒店里。或者不明就里，以为端木蕻良只是临时出去，自己离开一段时间，萧红不至于没有人管，没有想到他会一去数天不归。

萧红埋过脸去，对他说了一些"崇高精神"和"作家向作家的要求"之类的理论话语，骆宾基就沉思着在萧红面前安定下来了。

萧红说："对现在的灾难，我需要的就是友情的慷慨！你不要以为我会在这个时候死了，我会好起来，我有自信。"

萧红说："你的眼光就表示你是把我怎么来看的，这是我从前第一回见到你的时候，就感觉到的了。你也曾经把我当作一个私生活是浪漫式的作家来看的吧！你是不是在没有和我见面以前就站在萧军那方面不同情我？我知道，和萧军的离开是一个问题的结束，和端木又是另一个问题的开始，你不清楚真相，为什么就先以为是他对，是我不对呢？做人是不该这样对人粗莽。"

萧红说："我早就该和端木分开了，可是那时候我还不想回到家里去，现在我要在我父亲面前投降了，惨败了，丢盔弃甲的了。因为我的身体倒下来了，想不到我会有今天！"

"端木是准备和他们突围的。他从今天起，就不来了，他已经和我说了告别的话。我不是已经说得很清楚吗？我要回到家乡去。你的责任是送我到上海。你不是要去青岛吗？送我到许广平先生那里，你就算是给了我很大的恩惠。我不会忘记。有一天，我还会健健康康地出来。我还有《呼兰河传》的第二部可写……"

骆宾基觉得端木蕻良的所作所为不可思议。

萧红说:"他吗?各人有各人的打算,谁知道这样的人在世界上是想追求些什么?我们不能共患难。"她又说,"我为什么要向别人诉苦呢!有苦,你就自己用手遮盖起来,一个人不能生活得太可怜了。要生活得美,但对自己的人就例外。"①作为张秀珂的朋友,萧红是把骆宾基当娘家人看待的,所以有"自己人"的例外。

骆宾基被她的悲伤所感动,放弃了抢救手稿的打算,留下来一心一意地照顾、陪伴萧红。萧红和骆宾基在炮火的轰击下,互相倾诉着自己走过的坎坷经历,两个人亲密得像姐弟一样无话不谈。

9日,港九之间海运中断。10日,日军占领九龙的几处高地,炮击隔海的香港军事要塞。香港交通中断,粮食供应非常紧张。港币只有小额流通,市民争相外逃,社会秩序混乱异常。11日,粮食实行配给,限定每人只许在指定地点购买一到十元的米,黑市交易开始活跃,私人汽车都被征用。中午12点,英军从九龙开始撤退。12日,九龙陷落。中午,日军派人过海向港英当局劝降,遭到拒绝,立即全面空袭和炮轰,香港地面大火熊熊,不时断水断电,烂仔(帮会成员、流氓地痞)趁火打劫,大肆抢掠,治安一片混乱。15日开始,从晚7点半至翌晨6点半实行戒严,食品管制售卖,面包只在一早供应。17日早9点半,对准居民区炮击两个小时,死伤不计其数,中午又派人过海劝降,遭到拒绝后,下午4点开始至前半夜,大炮猛烈攻击。次日(18日)一早,日军继续空袭,猛轰商业繁华区中环的街市。炮火点燃了位于西角的美孚汽油库,黑烟滚滚升起,小部日军趁火掩护,强行登陆香港。晚上,敌对双方互射大炮,震耳欲聋。与此同时,日军在新加坡疯狂扩大占领区。②

在外界翻天覆地的战争炮火中,萧红和骆宾基一直在短暂安宁的一隅中倾心交谈。萧红向他谈了与鲁迅先生的相识与交往,有许多要在鲁迅先生面前倾诉而又一个字也说不出来的心情。骆宾基谈到与冯雪峰的来往,

---

① 骆宾基:《萧红小传》,黑龙江人民出版社,1981,第97页。
② 曹革成:《我的婶婶萧红》,时代文艺出版社,2005,第202页。

他曾三次去他的家乡,他说冯雪峰所住的乡间带阁楼的农舍,是金碧辉煌的宫殿,光辉灿烂的智慧世界的天堂。他还告诉萧红,冯雪峰写了一部名叫《卢代之死》的长篇小说,是描写红军长征的,还没有完成。里面有毛泽东,有红军战士忍饥挨饿爬雪山过草地的情节。当时,冯雪峰关在上饶集中营里,生死难卜,恐怕是没法把这部书完成了。骆宾基的话深深感动了萧红,联想起当年在重庆和华岗的约定,再次表示等到病好之后,邀几个朋友与骆宾基一起到红军走过的地方走一趟,共同完成这部小说。这就是萧红念念不忘的那半部"红楼"。①

他们俩还大谈古今中外的文学名著,从鲁迅谈到托尔斯泰的《战争与和平》。骆宾基说:"《战争与和平》真是一部伟大的佳作,艺术的高峰!"萧红却不以为然,她认为艺术上只有佳作没有高峰。她说:"我认为,在艺术上是没有什么高峰的。一个有出息的作家,在创作上应该走自己的路。有的人认为小说就一定要写得像托尔斯泰、巴尔扎克和契诃夫的作品那样,我不相信这一套,其实有各式各样的生活,各式各样的作家,也有各式各样的小说。"②

当然,他们谈得最多的还是各自的经历。萧红向他讲述了自己为了求学而和家庭闹翻之后,历尽的各种磨难,当然也包括对端木蕻良的抱怨,往日压抑心底的委屈在情变之后都喷涌出来。这让骆宾基感到意外,他说:"我不理解,怎么和这样的人能在一块共同生活三四年呢?这不太痛苦吗!"骆宾基问她。

萧红说:"筋骨若是痛得厉害了,皮肤流点血也就麻木不觉了。"

正在这个时候,端木蕻良走进来,还为萧红带来两个苹果,还有柳亚子转交给萧红的四十元美金。这使萧红和骆宾基都感到意外,因为从战争爆发的第二天(9日)出去以后,他就一直没有露面,他们以为他躲到哪儿去了。

---

① 骆宾基:《写在〈萧红选集〉(香港版)出版之时》,《长春》1980年7月号。另可参见《萧红身边的"贾宝玉"——访骆宾基同志》,未刊稿。
② 刘慧心:《老作家骆宾基》,《西湖》1982年8月。

萧红问他:"你不是准备突围吗?"

"小包都打起来了,等着消息呢!"端木蕻良说着,去为萧红刷洗痰盂。待的时间不长,端木就又匆匆忙忙地走了。①

12月9日一早,柳亚子带着夫人和刚出院的女儿渡海住进香港西摩道,逃难中夫人受了枪伤,已经自顾不暇。端木蕻良知道消息后,就去探望,柳亚子交给端木蕻良四十元美金让转交萧红,以备逃难之需。②萧红听说柳亚子先生也到了香港,非常高兴,夜晚时分,打电话感谢他的慷慨相助,还告诉他:"我完全像好人似的,我的精神很好。"柳亚子听到萧红的声音也很高兴,说:"你能打电话了呀!"萧红对端木蕻良和骆宾基说:"他那个高兴的口气……在这样慌乱的时候,他还能注意到我的声音,说是从我的声音就知道精神好了,这真是诗人的真挚。在这混乱的时刻,谁还注意一个友人的声音呢?"③

12月中旬,炮火越来越激烈,端木蕻良看到萧红病得很厉害,大约和有关人士沟通协商,取消了撤退的计划④,又回到了思豪大酒店,守在萧红身边。激烈的炮火,不时的停水停电,恶劣的伙食,都使萧红感到战争情势的严重。除了迫不得已,她禁止端木蕻良外出。端木蕻良取消突围的计划,使萧红感到安慰,情绪也稳定下来。他们三个人在炮火中,在酒店纷杂的气氛里,闲谈各自的经历,谈自己的创作设想,萧红和端木蕻良对骆宾基都有了更深的了解。其间,于毅夫、杨刚、文协的同事、《时代批评》的同事,都经常来看望萧红。无论谁来,都引起她一阵兴奋。⑤

英日隔海炮战的18日晚上,端木蕻良正在酒精炉上为萧红做吃的,骆宾基陪伴在萧红的身边。萧红兴致勃勃地向他讲述自己一篇小说《望花筒》的构思,"而战争的炮火虽然时时震得窗玻璃作响,但我们却如置身于现实的局外,虽然有时讲述者突然睁大两只眼睛凝视空间,意在侦听炮弹落处,但也为我的如处世外的听者之入迷神色所宽慰,继续讲下去,以后她

---

①③ 骆宾基:《萧红小传》,黑龙江人民出版社,1981,第100页。
②⑤ 曹革成:《我的婶婶萧红》,时代文艺出版社,2005,第202页,第203页。
④ 周鲸文:《忆萧红》,《时代批评》,1975年第12月份第33卷第12期。

曾称我也是在观念里生活的人。"①后来骆宾基把它整理记录下来,以《红玻璃的故事》为题,发表在1943年1月15日出版的《人世间》第一卷第三期上,文风酷似萧红的手笔。

当萧红的故事接近尾声的时候,突然"轰隆"一声巨响,六楼中弹了,整个大楼都剧烈震动起来,空气里弥漫着呛人的硫黄气味,骆宾基夺门而出避到底楼,端木蕻良急忙放下碗跑到床前搂紧萧红。门外一阵喧闹,寂静下来之后,所有的人都躲到酒店的防空洞里,整个大楼里只有他们两个人。端木蕻良与萧红商量,再住在这里很危险,一定要设法离开。②入夜,炮火稍微平静一些,骆宾基回来了,对端木蕻良说:"酒店的人都往半山一栋空别墅跑,我们是不是去那里躲一躲?至少不会被炮弹炸死。"③19日一早,端木蕻良雇了民夫,抬着萧红往后山别墅走,半路又遇上炮击,民夫想扔下担架逃命,端木蕻良情急之中,威胁他们不把病人抬上去就不给钱,勉强把萧红抬进山上一座空空荡荡的别墅。④很多逃难的人占据了合适的位置,端木蕻良和骆宾基找好地方,铺上毯子,让萧红躺在上面。别墅里无水无电,人多空气污浊,实在无法常住,而且地势高,很容易成为轰炸目标。接近傍晚的时候,炮弹的落点逐渐靠近,终于中了炮弹。端木蕻良留下骆宾基照顾萧红,独自下山设法⑤。

前一天(18日)的下午,廖承志在香港告罗士打酒店,分批会见文化界和爱国民主人士,传达撤退方案,确定每一个小组的负责人,分发必要的经费。端木蕻良是香港文协的理事,应该去参加碰头会,因为萧红有病走不开。他下山的路上,正好遇到于毅夫找来,同来的还有他的妻子和两个孩子。于毅夫告诉端木蕻良,自己负责安排他和萧红的撤退。得知萧红的处境,就跟着端木蕻良上山,把躺椅绑在两根木棍上,和端木蕻良抬着萧红去周鲸文家⑥。下午两三点钟的时候,他们到达东部联合道7号一个小山坡

---

①③ 丁言昭:《萧红传》,江苏文艺出版社,1993,第272—273页。她所录是骆宾基1980年4月9日给她的信。
②④⑤⑥ 曹革成:《我的姊姊萧红》,时代文艺出版社,2005,第203页,第204页,第205页,第204页。

上的周家。周家处于火线网上,斜对面是保良局,正对着英军高射炮阵地,战争开始,保良局前的广场也是英军炮兵阵地,成为轰炸目标,而且,三楼已经中弹两颗。周家已经住满了逃难的人,自己家的七八口加上多家亲友,老老少少共有二十多口都挤住在二楼。幸巧,周鲸文的汽车被香港当局战时征用,空出一大间车房。而且这间车房,三面是山,顶上是楼,可作为很好的防空洞,只是门口向西面对马路是唯一危险的地方。但里面已经住了杨姓朋友一家十几口,而且十分潮湿。一有警报,三十多口人都挤进车房,空气不流通,时间一长久就窒息难耐。于毅夫说自己家人可以挤住到一个亲戚家,就是萧红的住处没办法。周鲸文给他分析了自己家的住房情况,一天不知道要跑多少趟警报,萧红行动不便,来回都要人抬,会不胜其烦。车库里面潮湿,也不利于萧红的病。周、杨两家都有七八岁的孩子,萧红患有严重的肺病,不能不为孩子们考虑。商量的结果,决定把萧红送到告罗士打酒店,由端木蕻良照顾。临走的时候,周鲸文又交给端木蕻良500元港币①。

从18日晚开始,全岛电力中断,一夜枪声不断,日军从香港的东北角和太古船澳登陆,电厂工人逃亡。战前七八分一磅的面包,此时涨到一元三角,质量还不好。一筒苏打饼干要卖到八元。大街行人稀少,只有买米的人排着长队。酒店已经无自来水供应,靠自己抽水维持饮食,严禁房客洗澡。19日,日机时时盘旋空中,全岛停水停电。23日,日军从东部登陆进入黄泥涌道,眼看跑马地不保,那一带的人纷纷向岛内迁移。周鲸文家离黄泥涌道不远,全家迁到中环自己的交易行里。端木蕻良把萧红转移出来,曾在何镜吾家落过脚,后来又安置到中环的一家裁缝铺。他们离开不久,日军迅速占领告罗士打酒店,改名丰岛酒店,作为指挥部。

裁缝铺里条件不好,也不安全,端木蕻良只好再去找周鲸文。24日,在去周鲸文家的途中,走到香港酒店正遇到萨空了,他得知萧红搬来搬去,连饮食都困难,也十分同情,两个人一起到周鲸文的交易行。周鲸文听了这些情况,

---

① 周鲸文:《忆萧红》,《时代批评》1975年第33卷第12期。

想到斯丹利街时代书店的职工宿舍,让端木蕻良把萧红转移到了书库里面。那里宽敞、安静,书店同仁和萧红都很熟,也可帮忙照料。裁缝铺和书店在一条街,相距两三百米,萧红终于在时代书店的书库里安顿下来。大家都来帮忙照顾,端木蕻良轻松了一些,萧红也感到友情的温暖,而增加了安全感。

然而战争还在升级,当天下午,日机疯狂轰炸全港,西环一代落弹最多,沿海仓库起火,入夜以后依然火光冲天,炮声响彻一夜。有人数着一个小时打了五百二十二炮,日军滥施淫威,为了胁迫港英当局投降。整个城市没有灯光和人声,只有硝烟和爆炸的声浪。25日,是西方传统的圣诞节,但确是一个令所有香港人感到恐怖和耻辱的日子。下午,前线溃退,港督下令停战。晚上6点,港方竖起了白旗,日军先头部队占领香港酒店,香港彻底陷落。日军占领香港以后,派出特务四处搜捕抗日人士、中共党员和左翼文化人。傍晚,周鲸文换上广东一带流行的工装,离开他"抗日工作大本营",准备撤离香港。临行之际,到时代书店职工宿舍,他和书店同人话别,相约到大陆再见。周鲸文专门去书库看望萧红,见她正蜷缩在小床上安睡,便悄然离去,没有想到这竟然成为永诀。张慕辛等也随同他一起离去。

28日,日军举行"入城仪式"。同时宣布十元以下的港币可以流通,黑市迅速兴起大票换小票的交易,只以六折成交。不久,又推行军票,一元军票相当二元港币,货币迅速贬值。食品限量供应,一人每次按照定价可购买米麦2.5两。米价涨到一斤一元,而且还往往有价无市。棺材价格陡涨,最次一副也过百元。铺板钉成的木匣,也要二三十元一个。店铺关闭,赌摊盛行。文化人打扮成市民模样,烂仔重新划分势力范围,挨家挨户收取保护费。流氓械斗不止,杀人越货的恶性案件不时发生。大酒店成了西方人士的临时集中营,日军处处设卡,严查过往行人,实行宵禁,全面清查户口。广贴告示,限令抗日分子到"大日本行政部"或"指导部"自首,否则"格杀勿论"。文化人为了避免搜捕,频繁迁徙,使营救工作更加困难。营救人员认为躲在家里相对安全,找到一些著名文化人士,要求他们不要出门,粮食蔬菜都由地下党组织派人送去。

萧红的病势加重,她除了咳嗽、发烧,喉头肿大,胸也闷得透不过气来。端木蕻良心急如焚,先是工装打扮,四处奔走,寻找可以求医的地方。后来发现日军对衣着整齐的人比较客气,又换上西装革履,每日外出寻找医院。所有的医院都大门紧闭,连买一片阿司匹林的药店都没有。他看到报上登载内山完造到了香港,便想借重鲁迅和他的友谊,帮助萧红治病。在开明书店两位同仁的陪同下,他暗暗打听内山的住址。不久即得知,这是日本特务机关的骗局,以内山完造的名义刊登启事,"邀请"文化界人士前去会面,遂作罢。于毅夫找到端木蕻良,代表组织给了萧红一笔很少但是已经非常宝贵的医疗费,通知他,自己另有安排其他人撤离的任务,他和萧红的撤离已经安排王福时来负责,撤离费用也交给了王福时,一旦萧红能够行走,就去和王福时联系,由他设法护送他们离港。

端木蕻良找到柳亚子,得知中共方面已经安排他和何香凝近日离港。何香凝身体不好,萧红立即拿出自己的鱼肝油,让端木蕻良给她送去。1月9日下午,茅盾夫妇、叶以群、戈宝权、邹韬奋、胡绳夫妇、廖沫沙、于伶夫妇等分成两批,由东江纵队的交通员安排出港。朋友和同事越走越多,熟人越来越少,端木蕻良可以求助的机会也越来越小,抛头露面的时间却越来越长,随时都有生命的危险。他穿着开战前就是唯一的新皮鞋,十几里、几十里地在敌人岗哨下来回穿梭,到处打听开业的医院,终于在跑马地发现,养和医院开门收治病人了![1]

养和医院的前身是养和疗养院,1926年改为医院。由留洋博士、著名外科医生李淑芬出任院长,他的弟弟李树培曾担任副院长。医院规模不大,但是设备很好。香港有钱的人都到那里去治疗,是战前声誉最好的私人医院。能够在这个时候开业,必有它特殊的背景,后来发现,里面连护士都是外国人。[2]端木蕻良接触到院长的弟弟李树培,他答应可以介绍一个

---

[1] 曹革成:《我的婶婶萧红》,时代文艺出版社,2005,另可参见周鲸文《忆萧红》。

[2] 曹革成:《我的婶婶萧红》,时代文艺出版社,2005,第207页。端木蕻良晚年回忆,院长是李树魁,不知个中缘由,差错在何处。

房间,但不要美金、港币,只要军票。并且要先付手续费和一个星期的住院费,还有一个星期的护理费。只按照白天算,一个夜班另要加二十五元钱①。端木蕻良满口答应,飞跑着回来筹措费用。这消息对于他来说,无异于绝处逢生。

  日军在皇后大道的渣打银行设立了军票交换所。据当时的亲历者记录,从跑马地到皇后大道一带气氛恐怖,三步一岗,五步一哨。行人如惊弓之鸟,洪流一样挤在马路一侧行走,经过岗哨不敢正眼相视,只用余光打量周围动静。至湾仔,人分流,一股走湾仔大马路,另一股走皇后大道东侧。皇后大道沿途是无数小贩和赌摊。走到坚尼地道市场前,东边站着一个日本士兵,几乎没有人往东走。几个人走过去,立即被那士兵用枪阻止,并搜遍全身。穿过一条斜街到英京酒家,也有士兵把守。再向东就在路上安置了障碍物,只有一条马路可以通行。除了乘汽车的人,所有行人都要搜身,携带的箱子要打开搜查。端木蕻良在这样恐怖的气氛中,为了兑换军票往返多次。②除此之外,银行关门以后,他大概在来不及的时候,还临时向街上的票贩子高价兑换过军票。他终于预付了所有的费用,回到时代书店的库房,立即扶萧红坐起来,对骆宾基说:"快!我已经找到医院了,你赶快收拾一下萧红的洗漱用具,咱们这就走。"③

---

 ① 端木蕻良:《我与萧红》,曹革成《我的婶婶萧红》,时代文艺出版社,2005。
 ② 曹革成:《我的婶婶萧红》,时代文艺出版社,2005,第207页。
 ③ 钟耀群:《端木与萧红》,中国文联出版社,1998,第103页。

第四十二章
与蓝天碧水永处

1月12日,萧红住进了跑马地养和医院。

骆宾基连日服侍萧红,已经筋疲力尽,见端木蕻良在她身边,就坦率地说,要找一个安安静静的地方大睡一觉。萧红听了之后,让端木蕻良回避,单独对骆宾基说,还要请他护送自己回上海,回时代书店休息一宿是可以的,但是绝对不要离开香港回九龙。第二天,医生要会诊,可能要做手术,她希望骆宾基能陪在身边。骆宾基答应了,傍晚时分走出养和医院①。

萧红已经预感生命难以挽留,便向端木蕻良交代后事。她最重视的是自己的作品,要端木蕻良加以保护,将来不要让人随意删改她的作品。所有的版权都由端木负责,她还亲笔立了一字据。但是,端木蕻良根本不愿意想这个事情,顺手把那张纸撕了。端木蕻良认为自己是她的丈夫,萧红的版权继承无可置疑,就应该是他继承。再说,立了字据,岂不是表明萧红要不久于人世吗?他不愿意想这个问题,也不愿意萧红心里有死亡的阴影。而萧红主要担心的是她早期作品的版权,特别放心不下。第二件事情,是关于身后的安葬问题。萧红多年以前就向端木蕻良谈起,她若是死了,想埋在鲁迅先生的墓旁。她视鲁迅为自己的恩师,以为没有鲁迅就没有自己的今天。端木蕻良当然尊重她的意愿,只要将来条件允许,自然全

---

① 叶君:《从异乡到异乡》,中国社会科学出版社,2009。

力以赴。萧红提出目前要先把自己埋在一个风景区,要面向大海,要用白色的绸子包裹自己。第三件事,是要端木蕻良务必答应,将来有条件的时候,一定要去哈尔滨,找到她和汪恩甲的孩子。最后一件事是酬谢骆宾基。人家是外人,肯留下来受累陪伴照应,实在也是难得,两个人为此商量了多次。萧红认为,骆宾基是为自己留下来的,把自己的某本书的版税送给他比较有意义。端木蕻良也赞同她的意见,只是不同意把《生死场》的版税给他,因为这本书篇幅不长,又再版多次,加起来版税也没有多少,不如把《呼兰河传》的版税送给他,因为是新书,篇幅长,再版的机会也多,版税也相对比较丰厚。萧红同意了,后来当面告诉骆宾基这个决定。①

第二天,李树培为萧红做了检查。当他知道萧红和端木蕻良是当时香港文化界著名作家之后,态度稍微好了一些。检查的结果是萧红患的是气管结瘤,所以引起呼吸不畅、胸闷憋气,必须立即进行手术,否则就有封喉的危险。端木蕻良不同意这个治疗方案,拒绝在有关文件上签字。因为他知道患有结核病的人是不能够开刀的,伤口无法愈合。他的二哥曹汉奇就是患了脊椎结核,在协和医院开刀后,结果溃烂不封口,一直躺了8年,现在还在北京西山疗养院中卧着。李树培微笑了一下说,是听你的,还是听我的?!端木蕻良说,当然是听大夫的。李树培说,那就签字吧。端木蕻良仍然不肯签,萧红求医心切,希望尽早摆脱病魔的纠缠,就对他说:"开刀有什么了不起?别婆婆妈妈的了,你就签字吧!"端木蕻良坚决地说:"我不签!"萧红发急了说:"你不签,我签!"自作主张,在手术单上签了字,把命运交给了大夫。②这是违背常规的,战争时期制度松弛,而端木蕻良日后则认为是李树培急于搜财草率行事。

手术失败了,并没有发现肿瘤。时间不长,萧红就被推回了病房。端木蕻良闯进手术室,发现手术盘里没有割下的东西,立刻感觉上当。回到病房,看到萧红的喉部泅血不多,觉得手术水平还可以。萧红很快苏醒了

---

① 曹革成:《我的婶婶萧红》,时代文艺出版社,2005,第212页。
② 钟耀群:《端木与萧红》,中国文联出版社,1998,第102—103页。

过来,说明麻醉技术也很高,他只好把自己的怀疑隐藏起来。萧红用鼻音呜呜地说:"我胸疼,是不是我的胸?"端木蕻良的眼睛红了,但是没有其他的办法,只好硬着头皮面对这个现实了。萧红大概和她的母亲姜玉兰一样,患的是心脏方面的疾病,所以说胸疼。战争的惊吓、颠沛流离的环境、饮食的潦草、情绪的长期紧张焦虑,都可能引起心血管的病变,也会导致呼吸困难。而喉头肿大,则可能是上呼吸道感染导致的气管病症。养和医院是以外科见长,手术之前的检查大概不够全面细致,以至于误诊为喉头结瘤。

当时萧红的精神还是好的。

黄昏时分,萧红躺在跑马地养和医院的病室里,端木蕻良和骆宾基在酒精蒸汽炉旁。萧红平静地靠在活椅式的病床上说:"人类的精神只有两种,一种是向上的发展,追求他的最高峰;一种是向下的,卑劣和自私……作家在世界上追求什么呢?""若是没有大的善良,大的慷慨,譬如说,端木,我说这话你听着,若是你在街上碰见一个孤苦无靠的讨饭的,袋里若是还有多余的铜板,就掷给他两个,不要想,给他又有什么用呢?""他向你伸手了,就给他。你不要管有用没有用,你管他有用没有用做什么?凡事对自己并不受多大损失,对人若有些好处的就该去做。我们的生活不是这世界上的获得者,我们要给予。"

萧红又说:"我本来还想写些东西,可是我知道我就要离开你们了,留着那半部红楼给别人写去了……你们难过什么呢?人,谁有不死的呢?总要有死的那一天,你们能活到80岁吗?生活得这样,身体又这样虚,死,算什么呢!我很坦然的。"她又安慰骆宾基说,"不要哭,你要好好地生活,我也是舍不得离开你们呀!"

萧红的眼睛湿润了,她又低声说:"这样死,我不甘心……"端木蕻良站在床边哀哭着说:"我们一定要挽救你。"他痛哭着把骆宾基招呼到门外,商量办法,两个人为了共同的亲人紧紧握手、拥抱。①

---

① 骆宾基:《萧红小传》,黑龙江人民出版社,1981,第100页。

端木蕻良担心的术后炎症出现了,伤口不封口,引发了高烧,萧红陷入了昏迷。加上喉管开刀以后怕粘连,临时救急,插进了一根铜质吸管,还要不时用吸痰器为她吸痰,痛苦自然是不用说了。端木蕻良反复交涉,医院表示已经无能为力。端木蕻良顾不上和他们理论,又拖着疲惫不堪的身体上路了。他一家一家医院找过去,仍然没有开业的。从香港的东北部绕山走到香港的西南角,终于发现玛丽医院已经开业,他去交涉的结果,院方表示愿意接受萧红。回到养和医院,告诉萧红这个情况。萧红低声对端木蕻良说:"这里不能住,咱们还是到玛丽医院去吧,那里有专治肺病的,我是老病人,他们会接纳的。"两家医院直线距离是四十多里,中间隔着丘陵。端木蕻良自己要走四五个小时,萧红根本不能走动,如何送过去呢?

1月18日,端木蕻良将萧红托付给请的一位荷兰籍女特护,就出来找车。但车全被日军征用了,他正一筹莫展,忽然听到路边有用英语说话的声音,说话的人是一个戴着朝日新闻社红臂章的年轻人。端木蕻良想,日本也有反战分子,应该有些人道主义的精神,便硬着头皮上前用英语自我介绍:"我是端木蕻良,我的妻子是萧红,她病得很重,我需要车子送她去玛丽医院,不知你们能不能帮助我?"他们听到这两个名字,露出惊讶的表情,立即表示愿意提供帮助,便让端木蕻良随他们到办公室。其中的一个人还将他的名字告诉端木蕻良,叫"小椋"。在那里,端木蕻良还遇到了英国在华的左翼人士邱茉莉女士。她是个中国通,很早就投身援助中国革命的事业,1939年到香港,与港英当局的新闻情报部门很熟。她和萨空了来往密切,曾协助他们筹办一份抗战刊物。香港沦陷以后,她向萨空了透露,要到玛丽医院掩藏身份。端木蕻良和她相识,但没有什么交往。后来,她曾一度被囚禁在日军的集中营,自己设法跑了出来。小椋为他调出一部车,帮助端木蕻良把萧红送到玛丽医院。①因为萧红不久前是这里的病人,账还没有结,又是朝日新闻社的车送去的,所以很顺利地住进去了。车进玛丽

---

① 曹革成:《我的婶婶萧红》,时代文艺出版社,2005,第210页。

医院门口的时候,在院门右侧的窗口,萧红向伏在窗口问询的年轻病妇,表示问候的微笑,那就是曾经和她共在骑楼度夏的女工。下午2点,在手术室换了喉口的呼吸管。夜晚,萧红在六楼的病室里平静地躺着,盖了院方的白羊毛毯。

19日夜12点,萧红见守护在一旁的骆宾基醒来,眼睛即现出"你睡得好吗"的关切神情,又微微笑着,用手势要笔。她在拍纸簿上写道,"我将与蓝天碧水永处,留得那半部《红楼》给别人写了。"写最初几个字的时候,骆宾基曾说:"你不要这样想,为什么……"萧红挥手示意不要阻拦她的思路。她又写道:"半生尽遭白眼冷遇……身先死,不甘,不甘。"并掷笔微笑。3时示意吃药,并吃苹果半个。这时候,她由喉口铜管呼吸,声带无力发音,然而神色很怡然。她向骆宾基要纸写道,"这是你最后和我吃的半个苹果了!"[1]萧红喉头的痰更多了。端木蕻良几乎不停地为她吸痰,否则就会窒息。夜里,萧红有些昏迷,大小便都不会喊端木蕻良了。第二天清晨,端木蕻良为她倒便盆回来,忽然觉得萧红比夜里好了,清醒了。她要端木蕻良拿纸笔来,在纸上写道,"我活不长了,我死后要葬在鲁迅先生墓旁。现在办不到,将来要为我办,现在我死了,你要把我埋在大海边,我要面向大海,要用白毯子包着我……"端木蕻良强忍着泪水安慰她说:"你不会死的,等你病好了,我们一起回内地去,我们还有好多东西要写呢……"[2]日本记者小椋也到医院来看过萧红与端木蕻良。端木蕻良抱怨都是养和医院开刀开坏了,否则不会这样严重。小椋说:"不开刀,萧红女士也活不长了。"端木蕻良觉得怎么也能够维持几年,认为小椋那样说就是为了减轻日本侵华的战争罪恶。[3]尽管小椋给了他很多帮助,一想到他是日本人,端木蕻良就生出戒心。

1月21日早晨,萧红和端木蕻良与骆宾基谈话,她的脸色红润,样子很

---

[1] 骆宾基:《萧红小传》,黑龙江人民出版社,1981,第103页。
[2] 钟耀群:《端木与萧红》,中国文联出版社,1998,第107页。
[3] 端木蕻良:《我与萧红》,曹革成《我的婶婶萧红》,时代文艺出版社,2005。

愉快,而且吃了半个牛肉罐头。这是回光返照,萧红用生命最后的热力和骆宾基交谈。她说:"我完全好了似的,从来没有吃得这样多。骆宾基,坐下来抽支烟吧!没有火吗?"骆宾基说不想抽烟,实际上确实是没有火。萧红说,"我给你想法。"骆宾基说:"这些事你就不要操心,你养你的病好啦!"萧红说:"等一会儿,护士就来了。"她按了一下床头上的电铃。骆宾基说:"你知道整个医院都没有人了。"他为找盒火柴,曾去厨房、楼上、楼下到处走过。

骆宾基走出玛丽医院的大门,想在附近的乡村或是公路上碰到小摊什么的,买一盒火柴,逐渐走到了香港市区。他想,从战争开始,就没有回九龙去过,现在日本军占领已经26天了,他为什么不借这个机会到九龙去一趟?医院里有端木蕻良在,而且萧红今天又很好。他惦记着自己的小说稿子。他排入了尖沙咀渡口的购票队伍,直到12时,才上了船。香港到九龙每隔20分钟就有一班船,然而骆宾基没有想到,去九龙仍需要排长队,而且,7点渡轮就停止了。他站在队尾,而仍然陆续有些人接着排,终于都先后被日本兵驱散了。骆宾基于1月22日回到香港,手里捧着一大盒面包和罐头,走到玛丽医院,大门已挂上"大日本陆军战地医院"的牌子,日本哨兵用刺刀截住他,被无理地搜查。骆宾基问:"这里的病人到哪里去了?"然而哨兵没有理他,退了回去,他也就捧着盒子,跟在他身后,走进医院。六楼的病室完全空了。床上、墙上一个纸条也没有留[①]。

1月22日一早,日军突然闯进玛丽医院,宣布军管,所有病人一律被赶出门外。到了早晨3点萧红就昏过去了,玛丽医院的人员帮助端木蕻良把萧红送到了法国医院,法籍的老主治医生态度很好,但是医院连消炎药也没有,只能用盐水消毒。药品是第一军需品,已经全被管制了,市面上的药店也无药供应,连孩子发高烧都只能大量喝开水。很快,法国医院也被军管了,法国医生把萧红接到圣士提反女校,那里有他设立的一个临时救护站,除了残损的桌椅和硬冷的铁床,没有基本的医疗条件。午前9点,端木

---

① 骆宾基:《萧红小传》,黑龙江人民出版社,1981,第104页。

蕻良偕同骆宾基到了红十字会临时设立的圣士提反临时医院。

萧红一会儿清醒,一会儿迷糊,已经完全不能出声了,喉头脓肿的部分涌出带颜色的白沫。端木蕻良不停地给她吸痰,陷入绝望的无奈中。萧红大概清楚自己的处境,向端木蕻良示意要纸笔,写下"鲁迅""大海"几个字。端木蕻良心痛不已,在纸上写"你不会死的,我们一定会救治你的。"萧红摇了摇头,又陷入了昏迷。端木蕻良问那个法国老医生,萧红还有希望吗?他说,在这个情况下,我很难说这个话,假使在正常的情况下,她是有希望的,我可以保证这一点,现在这个情况,只能维持现状。我尽量把现有的好药都拿出来了,使出了我最大的本事。①

萧红陷入了深度昏迷,医生向端木蕻良表示要准备后事了。

萧红仰脸躺着,脸色惨白,合着眼睛,头发披散地垂在枕后,但牙齿还有光泽,嘴唇还红,后来逐渐转黄,脸色也逐渐灰暗,喉头刀口处有泡沫涌出。

上午10点钟,萧红这位一生流亡、抗争的伟大女作家,拼尽生命的全部热力与才华,完成了文学的灿烂绽放之后,满怀遗憾地告别了她无比留恋的世界,享年只有31岁。②

她非死于肺病,实际肺已经结疤,验痰无菌。

"落花无语对萧红",这是端木蕻良在萧红病重期间的怅然之作,他身心疲惫伤心欲绝。还没有撤退的朋友同事,听到萧红去世的消息,纷纷冒险赶来做最后的告别。张学良的弟弟张学铭、原东北军师长张廷枢,还有《时代批评》的同事都来了,凑了奠仪送给萧红。张廷枢惋惜地说:"花了许多人力物力,竟没能救活萧红……"

当时的形势下,香港市民惊恐不安,人死了无力埋葬就扔在街头。加上中流弹和饥饿、生病的无名路倒,一片凄惨景象。日军占领当局每天派人到街道和医疗站去收尸,搬上尸车运去埋葬,西盘营高街陶淑运动场成

---

① 端木蕻良:《我与萧红》,曹革成《我的姊姊萧红》,时代文艺出版社,2005。
② 曹革成:《我的姊姊萧红》,时代文艺出版社,2005,第102—104页。

了堆放尸体的万人坑。这些尸体不穿衣服、不分男女,尸枕相藉,惨不忍睹。端木蕻良把朋友和同事送给萧红的奠仪藏在贴身的衬衣里,忍着巨大的悲痛,下决心尽最大的努力,让萧红有尊严地离世。他请一位摄影师为萧红拍了遗容,又剪了一缕萧红的头发,小心地收藏起来。第二天一早,他守在萧红的遗体旁边,等待与前来收尸的人交涉。那天来收尸的恰巧是占领军的香港政府卫生督察马超棟,专门负责港岛地区的尸体和埋殓等事务。他带着工人和车辆来到圣士提反女校,端木蕻良上前说明了自己的身份,请他协助安葬萧红。马超棟也是个文人,而且是萧红和端木蕻良作品的爱好者,沦陷以后,迫于生计才谋了这份差事。他答应了端木蕻良的请求,用医院的白毡包裹了萧红的遗体,放在尸车的特别车厢里运走。他又指点端木蕻良如何向当局有关部门交涉火化的手续。端木蕻良通过小椋,到日军占领当局办出了死亡证、火葬证和骨灰认领证。办事的人也是个文人,会英语,端木蕻良用英文和他交谈,他立即客气多了。他问骨灰埋葬在哪里,端木蕻良用英文说浅水湾。他可能刚来不久,不知道浅水湾是著名风景区,根本不允许埋人,竟然答应了,签署了许可证,这对端木蕻良是一个难得的安慰,可以实现萧红面对大海的遗愿。

　　香港当时有两个火化场,一个是给市民用的,管理混乱,需排长队等待,而且是混体火化。还有一个在东区跑马地的背后,是日本人专用的,单炉火化。1月24日,马超棟安排萧红的遗体在日本人专用的火葬场单体火化。端木蕻良给印度籍的司炉工递上小费,他比较精心地烧殓了萧红的遗体。当时死亡的人很多,不使上钱,烧殓时间短,火化后的骨灰都塞不进骨灰盒。当端木蕻良去取骨灰的时候,那个工人说:"烧得很好,灵魂可以上天了。"听到这样的话,端木蕻良的眼泪再也止不住了。当时,连骨灰盒也供不应求,他只好敲开一家古董店,在老板诧异的眼神中,买了一大一小两个素色的古董罐子,把骨灰分放在两个罐子里,他要履行对萧红的诺言,一个埋在大海边,另一个想试着带走,这样,至少在战后能够保住萧红的一部分骨灰。过了两天,端木蕻良去火化场领取萧红骨灰,分别装在两个罐子里。

为了甩掉日本记者小椋的纠缠,端木蕻良应香港大学中文系主任马鉴(马季明)邀请,带着骨灰罐住到他的家里。中国人是讲忌讳的,带着骨灰瓶住到别人家是犯忌的。而如柳亚子所言,马鉴"深谙儒佛道学",所以并不介意,他为端木蕻良安排了一间向阳的房间休息。实际上,端木蕻良已经上了日军的黑名单,日后,他们曾找到戴望舒出示黑名单,点着端木蕻良的名字追问下落。

战前著名的海滨浴场浅水湾,此时已经被日军封锁成为无人区。端木蕻良抱着萧红的骨灰罐,在骆宾基的陪同下,步行几个小时,穿越丘陵山路,钻过铁丝网,一路寻找合适的地点。走到丽都酒店花园,离着不远,就是几天前加拿大海军陆战队登陆地点,失败后遗留下了无数尸体,血腥气扑鼻。他看中一个面向大海的小花坛,四周是水泥砌起大块石头的围圈,既牢固又不至于被雨水冲击,位置也突出,便于将来寻找辨认。他用手指扒开石头,在土中挖出一个坑,把萧红的骨灰罐放进去,封好土之后,又搬来不少石头垒砌坟包,把带来的木牌插在上面,用石头压紧,木排上有他亲笔写下的"萧红之墓"。

端木蕻良回到马鉴家已经月上中天,但是他尽管疲劳悲伤,却无法休息。考虑到逃离香港的路途险恶,前程莫测,带着萧红的骨灰,闹不好就会随便埋在什么地方,或者路上丢弃了,不如埋在一个准确的地方保险。第二天的傍晚,他抱着另一个骨灰罐,在一位香港大学学生的陪同下,悄悄来到了圣士提反女校。他送萧红到临时医疗站的时候,就留意了女校的地理环境。女校后山林木茂密,他选择了东北方向的山坡,在一棵不太大的树下,让那个学生用铁锹挖土,端木蕻良觉得坑浅,又用手四下里深掏了一阵,把骨灰罐放了进去。封好土之后,避免被人发现,又盖上了草皮①。但是,这个墓一直未被发现,所以就成为萧红生活史上的最后一个谜。

萧红这个没有家园的孩子,流离了半生,终于带着她浓浓的乡愁,安睡

---

① 曹革成:《我的婶婶萧红》,时代文艺出版社,2005,第213—217页。

在大地之母的怀抱中。

　　据说萧红在临死之前还说过:"我一生最大的痛苦和不幸却是因为我是一个女人。"[①]从少女时代为求学、婚姻与家庭斗争,到战争爆发之后一路奔逃,为生存而奋斗,为情感而挣扎,为疾病而痛苦……她受尽了折磨,却用血书写了近百万灼热的文字,汇入民族解放的伟大抗争行列,从"五四"的启蒙立场到"对着人类的愚昧",始终都以独立的姿态行走在历史的断谷中。她以一己病弱的血肉之躯,承担了女性、民族乃至人类的所有苦难。

　　这个从黑土地上走出来的伟大作家——呼兰河的女儿,将永垂不朽。

---

① 葛浩文:《萧红新传》,三联书店(香港)有限公司,1989,第146—147页。他是根据孙陵的《骆宾基》一文。

原版自序　错动历史中的文学飞翔

相遇萧红,对于一个以现当代文学研究为业的人来说,无疑是一个极大的幸运。但是,能够读懂萧红,却不是一件容易的事情。她的意义长期被遮蔽,首先是被自己的传奇经历所遮蔽,然后是被鲁迅遮蔽,还有就是被萧军遮蔽。在目前已经出版的《中国现代文学史》著作中,很少有为她设专节论述的。一般是放在左翼文学的题目下,近年则多放在东北作家群的范畴中,只有在女性文学史中有她独立的章节。左翼的身份使她获得被言说的合法性,东北作家群的归纳使她得到乡土的认同,而女作家的前卫姿态又使她的政治、文化、人生、人性等方面的诸多思考被忽略。至于那些商业炒作式的写作,更是以不幸身世的煽情抹杀了她思想和艺术的成就。当然,这也说明了她的丰富性,可以从各个角度被阐释,被各个层次和各个时代的读者所接受,好的作家都能为后人提供一个阐释的空间。

但是对于还原一个真实的萧红无疑困难重重,她所生活的历史情境如此错动混乱,不仅是辛亥革命、五四运动、抗日战争等中国现代化过程的重大历史变动,还有她所生长的东北地区独特的政治史轨迹,张氏父子治下反日维护路权的运动,张学良易帜之后的中东路事件,"九一八"以后日本法西斯的猖獗,都直接影响到她的命运。她所承载的乡土文化如此独特,肃慎、东胡、扶余与汉四大族系,在漫长的历史中生活在这块肥沃的黑土地上。清代长达200年的封禁,只有发配的流人和逃荒的破产农民,带来了中原的文化,闯关东的破产农民在文化史的"奇劫巨变"中,迎击了铁血文明的外族入侵。最现代的文明裹挟着最原始的文化,层层累积的移民传统带来了神奇的人生场景与形态。萧红所生长的家庭又如此畸形,作为逃荒暴富的山东移民后代,衰落中的中兴,迫于时势的变通,血缘关系的复杂,上一代人阴暗的心理纠葛,都使她的成长历尽曲折,至今仍有一些无法彻底释解的谜团。十几年以前,我仓促写作《萧红传》的时候,就充满了疑惑,只能坚持一个原则,搞不清的地方全部存疑。五年前开始,我在学校开设"萧红研究"的课程,每年教一轮,每次都有新的发现,实地的考察、访谈和广泛地搜集资料,使大量的疑点得以冰释,仍有谜底无法揭开,也只好继续存疑。但是,这一次发现的萧红显然丰满了许多,称之为大传尚可差强人意。

一

对于萧红身世的考辨,实在应该感谢呼兰学人和几代哈尔滨学者以及萧红亲属所做的大量工作,家世基本已经搞清楚,最大的一个谜团得以解开,萧红就是张家的女儿。但是由于时代的变迁与调查者的立场,仍然有一些结论大可质疑。

在萧红的生活史中现存最大的一个谜团,是订婚的时间与未婚夫的人间蒸发。前者关系到萧红求学等一系列奋斗的困厄所在,后者关系到她情感生活的巨大转折,而且,两者又都是一个问题的延续。最早的说法是3岁订婚,而后则是14岁上高小的时候订婚,她的嫡亲侄子张抗先生坚持后一种说法,铁峰先生当年找到介绍人于兴阁,也证实了这个说法。最新的调查成果来自她的堂妹张秀珉,萧红是在初中二年级、18岁的时候,由她的六叔张廷献介绍定亲。三种说法时间相差不少,但都是一个人,汪恩甲或者汪殿甲。只有铁峰先生根据于兴阁的说法,认为是呼兰驻军游击帮统王廷兰的次子王恩甲。

这一说法最近似乎已经彻底被否定了,因为王廷兰作为抗日殉国的名将,家世一目了然,他只有一个正式名分的儿子王凤桐,比萧红大3岁,在16岁的时候与呼兰一商家女结婚,次年生子。1932年,哈尔滨沦陷后,王廷兰代表马占山到齐齐哈尔接触李顿调查团代表,被捕后在日本特务的严刑拷打之下坚贞不屈,最后被装进麻袋从楼上扔下去,壮烈殉国。王家不堪日本特务的骚扰,悄悄逃往关里投奔张学良抗战,后人一直延续至今。但是,仍有一些蛛丝马迹让人疑惑。张秀珉说六叔张廷献和汪恩甲的哥哥汪大澄是要好同学,受汪大澄之托为汪恩甲介绍对象。既是同学,张廷献把自己的侄女介绍给同学的弟弟,自己岂不矮了一辈,这在19世纪30年代的东北是不合礼法的,何况乡绅张家又是极讲门第和体面的。

　　萧红小学毕业之后,全班绝大多数同学继续升学,父亲张廷举却坚决不许她继续到哈尔滨读书,这也是一个匪夷所思的疑点。仅仅用重男轻女的封建思想是不足以解释的,因为张廷举是新派乡绅,是呼兰提倡女学的头面人物,阻止自己的女儿读书,要受到教育界同仁的鄙夷,也要受到前妻家族的压力。而且,对于所有为萧红说情的亲朋一概不做任何解释,其中必有难言之隐。致使萧红在家停学一年,最后是她向家庭施行了"骗术"才到哈尔滨上了初中。她的同学好友徐淑娟对于她的叙述基本都是属实的,当年萧红曾经对她说,自己很小就被家里订给豪门,允许出来上学也是为了攀这门高亲。汪恩甲的父亲只是一个小官吏,是谈不上高亲的,除非他另有不为人知的神秘身世。曹革成先生在《我的婶婶萧红》一书中,提到长期流传着一个说法,汪恩甲本姓王。还有一个传说,萧红的祖母范氏的哥哥是某地的一个督军。所有关于范氏的回忆,她都是神神道道、好走动,在家里说一不二。当时的东北乡间,订婚有口头和正式下礼两个步骤,萧红的父母婚事就是由范氏最早托人提亲,延搁了四年之后才正式下礼成婚。3岁订婚一说,也未必就是空穴来风,以范氏的精明强干,联姻一个军界豪门也是可能的,后人未必知晓内情,作为过继子的张廷举又不便说破。萧红祖父八十大寿的时候,马占山、王廷兰和呼兰县长等军政要人都亲自赴宴,马占山赠匾额,并且当场把她家所在的英顺胡同改名长寿胡同,胡同原名得自驻军将领之名。张廷举当时只是一个小学校长,何来如此大的排场和威势? 萧红对祖母颇多怨愤,是否与这密不告人的婚约有关? 14岁订婚的说法,大概是旧话重提,因为萧红这时有一次伤心欲绝的初恋,并且抑郁生病半年,对方是破落了的二姑家的哥哥,应该是《呼兰河传》中兰哥的原型,后者贫病而死,萧红在小说《叶子》中对此有过详细的描述,不仅场景与人物和她家偶合,没有亲历是写不出那样哀婉悲凉的体验。于兴阁出面做媒,就在这个时候,而后来张廷举阻止萧红升学,大概也和这次提婚有关,而父亲的最终妥协和萧红对徐淑娟的自述,是否还隐藏着双方家长幕后的暗中协商? 汪恩甲家在哈尔滨顾乡屯,本人也已经师范毕业在哈尔滨工作了,萧红到哈尔滨读书可以离他近一些。而18岁的正式订婚,也是由于她在"反五路"游行中活跃,招来不少异性青年,引起家长的紧张。她与未婚夫同居是在黑龙江政局急剧动荡之时,马占山将军打响了武装抗日的第一枪,汪恩甲的失踪就是在王廷兰殉国前后。萧红一生不说婆家与未婚夫的坏话,对自己的婚事讳莫如深,大概都和这不可言说的神秘婚约有关。

二

把萧红从所有意识形态的简单逻辑中剥离出来,发现一个真实、完整的萧红,是我多年的努力,而传记的写作是这个努力得以实现的基础。事实上,我们当代文坛讨论的所有问题,萧红那里几乎都有。譬如,乡村溃败、底层写作、身体叙事、民族国家、性别政治、终极关怀、生命价值等等,甚至包括早期后殖民的问题,更不用说民族化和文体的问题等等。在近年去政治化和去意识形态化的潮流中,萧红被新一代研究者从左翼文学中剥离出来的同时,也从历史的具体情境中被分解出来,所谓矫枉过正,合法性的宽松有了新的阐释可能。甚至有的论者认为她根本不是"抗日作家",这无疑是违背历史真实与她创作实际的。彻底的去政治化、去意识形态化就是去历史化,从鉴赏的角度是可以的,但是从传记的写作与学术的研究来说则是虚妄的。除了调查考辨之外,还需要与她的文本互读互证,这也是尊重作者的基本学术准则。

人是植根于历史当中的,而文化思潮、意识形态与具体的历史情境总是相互扭结,是所有人成长的意义空间,是历史土壤的一部分。完全以意识形态去解释一个卓越的作家自然是愚蠢的,而完全不顾意识形态的作用,试图抽象出一个没有历史政治色彩的作家也太过虚妄。这就是本书试图克服的两种倾向,希望在尽可能真实的历史还原中,发现这个奇特的艺术生命,是以什么样的方式植根于什么样的历史当中,又以怎样独特的心路历程回应错动历史的政治、文化、艺术思潮,完成内心纠葛向文学绽放的转化,而最终超越了自己的时代。

萧红一开始写作就是左翼的立场,第一篇小说《王阿嫂的死》就是以惨烈的阶级压迫刷新了读者的视野。乡村大地主阶级的豪横与无法无天,是东北地区最显赫的文化特征。因为是流民集聚的地区,黑龙江至晚清"慈禧新政"之前几乎没有民治机构,一直都是军政合一的管理方式,相对于中原的儒家规范,大地主更多是在以渔猎为主的通古斯原住民的生荒土地上,通过跑马占地式的开拓,与官府丈量土地时的营私舞弊发展起来的豪强地主。国民党的势力是在张学良易帜之后,才渗透过来。由于政治统治的疏松,天高皇帝远,匪患又十分严重,大地主的庄园都有深壕高墙,还建有炮台,豢养着私人武装。萧红祖辈聚族而居的张家大本营黑龙江阿城福昌号屯,村外被一条矩形的壕沟围着,沟深三米多,只在南面和东面开门。夏天,为了防止匪患,沟内还蓄满着水。张家老宅因为在屯子的中心,被称为腰院张家。四周由高墙围着,墙基1.5米宽,高3.5米,围墙四角设有炮台,炮台上有步枪和大台杆(土炮),昼夜有人在炮台上放哨。大院只正南有门,平时关着,只开一角门,有打更的人守着。萧红早期的小说《出嫁》等,都是以这里为背景,而她笔下所有的地主都姓张,可见是以自己的家族叙事为主。《夜风》里面的人物设置可以和张氏家族的血缘亲属关系一一对应,所以要想抹杀她以阶级论为核心的左翼倾向也是很难的。她成名之后,被父亲开除族籍,理由之一是"侮蔑家长",也可见与封建地主家庭矛盾的不可调和。

三

然而,萧红最终超越了左翼的立场,开启了通往永恒的文学之门。这主要是和她的性别立场与女性独特的生命体验有关系,为了求学与婚姻自主,她和家庭爆发了最初的冲突,这是五四精神之女最一般的奋斗起点,由此开始了苦难的跋涉之旅。由于两度离家出走到北平求学,被家庭软禁在福昌号屯腰院张家中6个月,在历史急剧错动的九一八事变之后的混乱中,逃出被软禁的老宅,一度流浪街头,拒绝受和自己处于两极的父亲的豢养。她在开始发表作品的时候只有22岁,但是已经有了和两个男人同居的经历,遭际了痛失亲子的人生大悲,完成了女性生命的基本过程。她现存最早发表的散文《弃儿》,细致生动地记叙了自己生产前后的窘迫处境与内心感受。她是以女性的经验洞察着历史,超越了意识形态的幻影,也超越了党派的立场。

尽管萧红的一生都主要生活在左翼文化人的圈子里,每当危难的时刻,都得到共产党人朋友的帮助,曾经还一度想加入共产党而去征求鲁迅的意见,鲁迅出于对她的爱护与激赏,以环境太残酷为理由打消了她的念头。地下党组织也曾经想发展她,但是看到她那副"不可救药"的艺术家风度和任性的自由主义思想作风,便放弃了初衷。她对于党派政治的心理疏离也以不同的方式表达出来,除了和舒群、高原等人的当面争吵之外,在《渺茫中》等作品中,更是从生命的情感价值的角度,对于党派政治的组织形式表达了深刻的质疑。

性别的立场与女性的经验都是她接受左翼思想的基础,作为弱势群体的一员,她始终认同民众的苦难,而且仰视他们顽强的生命力。这无疑适应了全民抗战的时代主潮,顺应了在外来暴力的威胁之下,建立历史主体的种族需要。她对聂绀弩说,我的人物比我高,一开始的时候,我也悲悯我的人物,写着写着感觉就变了,我觉得我不配悲悯他们,倒是他们应该来悲悯我才对。这实际上也把自己和鲁迅那些自觉地承担着启蒙责任的精英知识分子区别了出来。但是,她并没有放弃启蒙立场,而是随着历史大势的变动,调整着自己思想的罗盘。1939年4月,她在《七月》座谈会上,对于"战场高于一切"的急功近利的文学观念大不以为然,公开表示作家不是属于某个阶级的,作家是属于人类的,作家的写作要永远对着人类的愚昧。当时,人类最大的愚昧就是遍及全球的法西斯战争。萧红一开始就针对这人类浩劫写作,《生死场》中后几章都和日本军队的入侵有关,只是她不是正面表现民众的抗日斗争,而是以更多的笔墨描写外族入侵摧毁了乡土社会传统的生活方式,也震动着民众的精神心理。历史时间的断裂,使村民们原本贫苦的生活更加难以为继,苦难以加速度的方式导致乡村社会的崩溃,彻底改变了生和死的形式,民族国家的意识也因此被强行植入蒙昧生存中的民众头脑。"八一三"抗战爆发之后,她写下了《天空的点缀》等文章,直接参与了全民抗战的伟大事业。1939年,她在重庆又写作了《牙粉医病法》,揭露了外国医生在东北乡间草菅人命的医疗暴行,这就是早期后殖民的问题,是对《生死场》中《传染病》一节素材的重申,也和当时日军在华的暴行接上了榫,这篇文章由于"反日倾向"而长期不能被批准发表。

当然,性别的立场在她始终都没有泯灭。从启蒙到救亡,从左翼到人类情怀,从民族国家到乡土之恋,她都是以女性独特的感知方式表达历史错动中的人性追问。《生死场》中最触目的是女性的生存惨状,月英的病象,三个女人生产的刑罚,因为生活无着而像一大一小两条干鱼一样上吊自杀的祖孙俩,王婆曲折悲惨的经历,"一生的痛苦都是没有代价的"。金枝盲目地受孕,受到乡土文化的精神挤压,孩子被破产的丈夫在暴怒中摔死之后,为逃避日军横行的破产乡村,化装进城缝穷,又被一个中国男人强暴,种族的立场与性别的立场发生了抵牾。她想去当尼姑,彻底摆脱苦难的人间,结果女人最后一个精神的避难所尼姑庵,也因为战争关闭了。这就是终极关怀的问题,哪里是安放灵魂的处所?!《呼兰河传》中王大姑娘自由婚姻,承受了乡土社会公众舆论的话语施暴。至于小团圆媳妇的命运更是让人发指的残酷暴行,其中有同胞之间鲁迅所谓"无主名无意识杀人团"的愚昧,也有超越了种族的人性施虐本能。"五四"的启蒙立场,一直以女性的视角潜在地影响着萧红对世界人生的观察。在《呼兰河传》中,唯一健康的人性故事就是磨倌冯歪嘴子和王大姑娘非婚结合,尽管贫穷、尽管受人歧视,却满怀希望坚韧不拔地顽强生活下去。这和富于反抗精神的王婆一样,是让萧红感到心灵震动的乡土人物。在冯歪嘴子的形象中,萧红再一次完成了人生价值精神认同的自我确立。

而对于新式知识者的屡屡幻灭,使萧红的讽刺得到淋漓尽致地挥洒。1930年夏天,她随着远房姑表兄弟陆哲舜偷偷跑到北平,入北京师大女附中高中部读书,受到家庭的经济制裁之后,陆哲舜顶不住压力,两个人双双败退回哈尔滨。离京之前,萧红曾说他是"商人重利轻别离"。她在未婚夫汪恩甲人间蒸发之后,陷落在东兴顺旅馆,和萧军迅速结合,在共同生活的6年中,萧军频繁发生外遇。当年许广平对萧军说,萧红从来不说你不好。萧军回答,她是这个世界上真正爱我的人,我们以前的历史太复杂。认识萧红以前,萧军已经有10年婚龄,和前妻育有两个女儿。把妻子送回老家之后,和两三个女子关系暧昧,暗恋着一个叫李玛丽的文学沙龙主人,追求南方姑娘陈涓多年,致使学生气的萧红倍觉感情的荒凉,以至独自东渡避到日本。以后的种种事端,更是让她无法忍受。不仅是爱情的"苦杯"与郁积在胸的"沙粒",而且所有的朋友都站在萧军一边,连她弟弟张秀珂也要在萧红逝世十几年之后,才能理解当年她和萧军的争吵并不怪萧红。萧红要摆脱萧军的影响,走独立的人生之路,就像当年想摆脱父亲张廷举的影响一样。但是,她的逃亡总是以失败告终,就像逃离历史的冲动最终以死亡结束在战火中。她躲到日本,被萧军为了结束"没有结果的恋爱"而叫了回来;她逃进白鹅画院,被萧军的朋友打探到消息带了回来;她独自跑到北平，又被萧军以身体有病而骗了回来，实际上萧军真正担心的是萧红会不会爱上她的朋友李洁吾。直到1937年夏，端木蕻良的出现，才使她获得彻底摆脱对萧军的精神依附。实际上，这摆脱也并不彻底，人是无法彻底割断自己的历史的。由于和端木蕻良的结合，她受到所有旧日朋友的诟病，而她自己也背上了思想的包袱，因为端木蕻良是初婚的处子，萧红因此觉得他为自己做了牺牲，而心甘情愿地为他料理所有的生活琐事，久而久之，便也觉出劳累。而所有早期左翼文人朋友都对端木蕻良心存轻视，更不用说异性隐秘的暗恋，她面临的是友谊与爱情的抉择。

而且，就是在新派文人的圈子里，她也时时感受到性别的精神歧视。萧红由此看到一些人性的永恒问题，是政治革命和文化改良都无法解决的。在《三个无聊人》一文中，她讽刺那些以人道的精神与学者的态度去嫖娼的新式知识者；在《夏夜》中，她嘲笑左翼文人对少女红唇的人血比喻是酸葡萄心理，一旦得到红唇少女的爱情，便放弃文化的批判。在《马伯乐》中，她嘲笑了深陷于悲观哲学的新式小知识分子，只会怨天尤人、夸夸其谈而一无所能的可笑性格，同时也揭示了他们在中外文化冲撞的历史情境中进退维谷的尴尬，既是伯乐又是马，完全是一个"没用人"的滑稽形象。其洞察力也是女性的视角，而温和的软幽默也体现着女性独特的智慧。

但是，在萧红那里，性别的问题是和人生的问题、阶级的问题、种族的问题搅缠在一起的。她是从切实的人生出发，以生命的价值为原点，去表现历史人生的种种苦难，民族国家的宏大主题也因此而具有了深厚的民众生活基础，自身的生命体验则是所有问题得以融会为艺术整体的情感酵母。

四

萧红在艺术上是非常前卫的。

她的艺术修养有着多个源头，童年和祖父学诗的音韵启蒙，早年乡土生活民间艺术的熏陶,在国际化大都市哈尔滨读书时期,20世纪美术新潮的影响,还有学习外语的过程中,对域外民族艺术的涉猎,都影响着她的写作。她一生学过四种外语,中学读的是英语班,和萧军一起学习俄文,在上海学了世界语,在旅日期间又学了日语。这些语言中渗透着不同的艺术思维方式,形成多个参照系,启迪着她对汉语的独特领悟。

一般来说,她早期的作品较多受到域外先锋美术的影响。《生死场》几乎是一组富于象征性的画面,鲁迅当年"略图"与"叙事写景胜于人物的刻画"的评价,就有保留地说出了她的特点。而身体的装饰性,则以儿童式的想象带给小说以新鲜明丽的视觉效果,"刑罚的日子"一节,毫不相关的三个女人生产的场面明显带有先锋美术的构图特征,夸张地放大了女人独特的苦难。而她所有作品中都具有前卫艺术感觉主义的表现特征,以散文集《商市街》最充分。在1937年的《萧军日记》中,记叙了他们之间一次有趣的争吵,起因是为了一个细节描写的分歧,萧军认为萧红的写法不是小说的方式,而是诗的方式,自己的写法才是小说的方式。两个人争吵不休,萧红气得哭起来。鹿地亘来访,弄清原委之后说,你们两个写得都很好,一个是古典主义的精确,一个是感觉主义的新鲜。可见,萧红是有相当艺术自觉的,而且,当时她刚旅日归来不久,日本民族对于感觉的极端重视也和西方前卫的美术潮流合拍。

她晚期的代表作《呼兰河传》则主要是以中国古典诗歌为主要的艺术源泉,这是它被更多的中国读者所激赏的原因。音韵的自然流露,节奏的复沓,都暗示和强化着乡土人生的悲凉主题。成长中失乐园的过程也因此而格外清晰,邻近生命终点的时候,她以这样的挽歌形式,祭奠了自己的童年,也祭奠了所有的乡土故人,使哀祭的基本文体尤其显豁。

萧红文学的时间形式也适应着错动的历史,交织出多种不同的形式。她的历史时间是断裂的,《生死场》以日军入侵为界限分为前后两段相隔10年,近于蒙太奇式地剪辑出乡土人生的故事。晚期从《后花园》开始的乡土叙事,基本的时间形式则是农耕民族封闭循环的文化时间,适应了对于单调生活与重复人生的悲凉喟叹。而《呼兰河传》则在封闭循环的传统文化时间框架中,揳入了钟表所象征的现代文明的时间形式,既与中国近代的历史相契合,又与成长的过程相适应,容纳了不同的生命周期。乡土人生与大的文化时间框架同构,表现为生老病死的无穷循环。而叙事者则跳出了这时间形式之外,隔着断裂的历史时间,以回顾的方式审视记忆中的家园,追问"人生何如?"最终超越了左翼文学以阶级论为核心的立场。

这样丰富的艺术创新,成功地完成了汉语写作的现代化转型。萧红在对民族与民众的苦难认同中,以血书写了生命的诗篇,在错动的历史中完成了自己的文学飞翔,超越了自己的时代,这就是她永生的价值所在。当年,萧红曾经想以《呼兰河的女儿》命名她的《呼兰河传》。今年是她来到这混乱世间的100周年,以这个名字命名追寻她匆忙离去身影的著作,也许是最切近她文学理想的描述,至少是笔者最诚挚的祭奠。

2011年春一稿
2015年5月修订

原版后记

《呼兰河的女儿——萧红全传》是在我十年前写作的《萧红传》基础上,大量更改之后完成的。

当年写作《萧红传》的时候,就是仓促上阵,连她的故乡也没有去过,资料的搜集也只限于北京、香港和东京,关于黑龙江的近现代历史几乎是从《东北近代史》和《东北现代史》里抠出来的,对于她的家世与早期经历主要是依赖当地学者的最新工作成果。尽管自以为尽力严谨,资料搜集和阅读的粗疏与考辨的马虎,今天读来,不免汗颜。十年中,当地的学者发现了不少佚文,对于她的家世有了更准确的了解,不少文献资料解密,使字母变为图像,而网络的发达也使资料搜集变得容易。而我自己工作条件的改善与生活环境的变化,也使深入细致的研究成为可能。新著不仅字数、图片大量增加,而且着意增补了历史文化的背景与人物的传记资料,尽可能还原萧红生活的大历史与小环境。随着年龄与阅历的增长,在一些资料的考辨方面也具有了方法论的改良,尽可能保留多种声音的叙事,也尽可能分析通透,既存疑又推测,存疑的同时保留多种可能的开放性叙事,所有叫不准的地方仍然全部存疑。

能够写成这样一本书,首先应该感谢所有现代文学史专家的工作,他们对萧红以及所有现代作家,特别是东北作家群的研究工作,为我的写作提供了宽广的基础。而萧红研究的学人们半个多世纪以来深入细致的调查，更是我的工作得以开展的前提。尤其应该感谢我的同窗好友杨殿军、徐彤夫妇，是他们为我的访学提供了优越的条件，而且尽最大努力坚持不懈地支持萧红研究的工作。王贺英同学以她精湛的日文与广博的东北近现代文化史知识，为我答疑解惑，使我的工作得以深入。特别应该感谢的是章海宁先生，他以多年细致的调查工作带领我们实地考察，在资料搜集方面给予了无私的帮助。在他的介绍下，结识了张抗先生等萧红的近亲和叶君、刘乃翘等哈尔滨的萧红研究专家。他们以及所有当地学者的工作令我佩服，也令我惭愧。沈阳师范大学图书馆的刘偲偲、卢金梅女士不厌其烦地为我查找资料，杨晶女士为我购买图书。在此一并致谢。

还需要再次感谢的是日本的平石淑子女士，我 2000 年在东京访学期间，她在百忙中带我寻访萧红当年的遗迹，使我至今受惠。在香港的小思女士为我查找了海外的萧红资料，也是我一直难以忘怀的。还要特别鸣谢袁权女士，她以专注与细致，多次纠正我原著中的错误。臧永清先生大力扶助本书的出版，张晶女士为此书的编辑耗时颇多，都令我感动，特此致谢！

季红真

2015 年 9 月

主要参考书目

《萧红全集》(上、下),哈尔滨出版社,1991。

《萧红全集》(上、中、下),哈尔滨出版社,1998。

《萧红全集》(四卷本),黑龙江大学出版社,2011。

王观泉编《怀念萧红》,哈尔滨出版社,1981。

王观泉编《怀念萧红》,东方出版社,2011。

李重华主编《呼兰学人说萧红》,哈尔滨出版社,1991。

孙延林主编《萧红研究》(1、2、3卷),哈尔滨出版社,1998。

孙茂山主编《萧红身世考》,哈尔滨出版社,2003。

萧军《鲁迅给萧军萧红信简注释录》,黑龙江人民出版社,1980。

萧军《萧红书简辑存注释录》,黑龙江人民出版社,1981。

萧军、萧红《跋涉》(复制本),花城出版社,1983。

萧军《涓涓》,甘肃人民出版社,1983。

萧军《从临汾到延安》,陕西人民出版社,1983。

萧军《萧军全集》,华夏出版社,2008。

骆宾基《萧红小传》,黑龙江人民出版社,1981。

庐湘《萧军萧红外传》,北方妇女儿童出版社,1986。

[美]葛浩文《萧红新传》,三联书店(香港)有限公司,1989。

丁言昭《萧红传》,江苏文艺出版社,1993。

叶君《从异乡到异乡》,中国社会科学出版社,2009。

《北方论丛》(第4辑),哈尔滨师范大学"北方论丛"编辑部。

《东北现代文学史料》,黑龙江省社会科学院文学研究所编。

《东北现代文学研究》,辽宁社会科学院文学研究所编。

《滨江星火》,哈尔滨出版社,1993。

张毓茂《跋涉者——萧军》,辽宁人民出版社,2000。

刘以鬯《端木蕻良论》,世界知识出版社,1977。

钟耀群《端木与萧红》,中国文联出版社,1998。

孔海立《忧郁的东北人——端木蕻良传》,上海书店出版社,1999。

曹革成《我的婶婶萧红》,时代文艺出版社,2005。

《胡风自传》,江苏文艺出版社,1996。

梅志《胡风传》,十月文艺出版社,1998。

孙陵《浮世小品》,正中书局,1963。

卢玮銮《香港文纵》,香港华汉出版社,1987。

萧红